J. T. (Joseph Thomas) Fowler

The coucher book of Selby

Volume I

J. T. (Joseph Thomas) Fowler

The coucher book of Selby
Volume I

ISBN/EAN: 9783741140884

Manufactured in Europe, USA, Canada, Australia, Japa

Cover: Foto ©Thomas Meinert / pixelio.de

Manufactured and distributed by brebook publishing software
(www.brebook.com)

J. T. (Joseph Thomas) Fowler

The coucher book of Selby

THE YORKSHIRE
Archæological and Topographical
ASSOCIATION.

RECORD SERIES.
VOL. X.
FOR THE YEAR 1890.

THE COUCHER BOOK OF SELBY,
VOL. I.

From the Original MS. in the Possession
of Thomas Brooke, Esq., F.S.A.,

TO WHICH IS PREFIXED

HISTORIA SELEBIENSIS MONASTERII,

Reprinted from Labbe,

Nova Bibliotheca MSS. Librorum,

EDITED BY

The Rev. J. T. FOWLER, M.A., F.S.A.,

*Member of the Councils of the Yorkshire Archæological and Topographical
Association and of the Surtees Society, etc.*

PRINTED FOR THE SOCIETY.
1891.

HISTORICAL INTRODUCTION.

THE great Benedictine Abbey of Selby was one of those founded immediately after the Norman Conquest, and it claimed the Conqueror himself as its founder. According to the legendary *Historia*,[1] which certainly includes much that is historical, a monk named Benedict had come all the way from Auxerre in obedience to an intimation from S. Germanus, bringing with him a relic of the saint, and, after many strange adventures, had established himself at Selby as an anchorite. Here he attracted the notice of Hugh, the Sheriff of Yorkshire, who introduced him to King William, probably at York. The king made him a small grant of land on which to build a monastery, which grant he augmented by the foundation charter printed below.[2] The *Historia* speaks of the *ingens raritas* of monasteries in the north of England at that time, there being only the *Congregatio Dunelmensis*, which, indeed, was not a monastic establishment until some years later. Thus far the *Historia*, in the heading of which the date of foundation is given as 1069, which is the date given by Symeon of Durham,[3] and is probably correct. There is no reference in any known early writing to what has been supposed to be William's reason for founding a monastery at Selby, namely, that it was the birthplace of his first English-born son, afterwards Henry I. There has, however, long been a local tradition to this effect, and there is nothing to make it incredible—indeed, as Professor Freeman remarks, the very unlikeliness of the thing suggests a groundwork of truth.[4] William may very well have designed that his son should be born

---

[1] Printed below, pp. [1]—[54]. For an analysis of it see Freeman, *Norman Conquest*, III, 798.

[2] No. I.   [3] *Hist. Regum s.a.*   [4] *N.C.*, iv, 230.

at York, the metropolis of that part of his kingdom which he had so hardly won, just as Edward the First provided that his son should be born at Carnarvon. The then little vill of Selby was not on one of the main roads, and it has been suggested[1] that the royal household may have been travelling by water down the Trent and up the Ouse, making for York, but obliged to tarry at Selby, so that there are some elements of probability about the tradition. Against it is the silence referred to above, particularly in the foundation charter, amid the pompous phraseology of which there must surely have been some reference to so remarkable a reason for the foundation, had such reason existed. Nor, again, is there any reference to it in the short confirmatory charter of Henry himself.[2] And supposing we distrust these early charters as possibly forgeries, contemporary writers, such as Orderic, must have known of it and mentioned it, as must the author of the *Historia*, writing in 1174.[3] It is apparently first mentioned by Camden[4] (1600), and then by Speed[5] (1611), Fuller[6] (1662), Browne Willis[7] (c. 1715), Burton[8] (1758), and others. Burton speaks of their showing in his day the painted chamber "wherein they pretend that this king was born," and then proceeds to show that "this is an error" by referring to an inscription on a cross-beam apparently attributing the building to Abbot Deeping (1504-18). This, however, may only have referred to some "restoration" of an earlier building.

[1] By Mr. A. S. Ellis, in *Yks. Arch. Jrnl.*, iv, 123, where he refers to Domesday, I, fo. 337, from which we learn that, if the king's messengers came to Torksey, the men of that place were to provide them with shipping for York, and that the sheriff was to find provisions for the messengers and sailors. This shows that the Trent and Ouse route was a usual one.

[2] No. III.

[3] See p. [54]. The date at the beginning (1184) appears to be wrong.

[4] *Britannia*, p. 632.

[5] *Hist. of Great Britain*, p. 425.

[6] *Worthies*, p. 190.

[7] *Mitred Abbeys*, in Hearne's Appendix to Leland's Collectanea, 1774, vi, 242.

[8] *Monasticon Ebor.*, 387.

But there seems to be no reason to doubt the statement in the *Historia*,[1] that the first buildings were all of wood, and, indeed, the Abbey can hardly have possessed any rooms whatever at the time of Henry's birth, which is not precisely known, but was probably earlier than 1069.[2] It would seem, then, that the tradition of the birth of Henry I at Selby is one of late growth, and that it has very small claims on our acceptance in any way. How it arose it is impossible to say. Matthew Paris[3] has yet another story. Speaking of William's two monasteries in England, Battle and Selby, he says that William founded Selby because, lest he should be supplanted either in his kingdom or in his dukedom, or in both, he had previously poisoned some near relation. This must be a later development of the scandal connected with the sudden death of Conan of Brittany. First of all, this was attributed to poison, and then there were those who blamed William for it, but, as would seem, without any sufficient grounds even for suspicion. On the whole, by far the most reasonable explanation of William's foundation is that already referred to as contained in the *Historia*,[4] namely, that Hugh the Sheriff was so impressed by the holiness and the reputation of Benedict and his wonder-working relic that he induced the king to provide that, in place of an anchor-hold, there should spring up an abbey, of which the anchorite should be the first abbot. The gifts of William were confirmed and supplemented by his successors, and were at once augmented by those of some of his principal followers. Gilbert Tison, for example, the *summus vexillator*,[5] whom we seem to see mounted on his horse and bearing the banner in the Bayeux tapestry, gave lands at the instance of Queen Matilda for the souls of the holy King Edward, of William " the Bastard," of their parents and successors, and for her own soul. It is remarkable that Selby is not mentioned, save incidentally, in the Domesday

---

[1] Cap. xxvii. [2] *N.C.*, iv, 794. [3] See *N.C.*, iv, 802.
[4] Cap. xiii-xv. [5] No. DCCVI.

Survey, although many places in its immediate neighbourhood
are. There are, however, in the original Domesday record for
Yorkshire frequent blanks, in some of which, perhaps, the
possessions of the Abbot of Selby might have been entered, had
not some circumstances now unknown come in the way. There
are many other omissions of the same kind.[1] In the reign of
William Rufus, Selby comes into notice in connexion with the
settlement of the long-standing dispute as to whether Lincoln
and Lindsey were subject to York or to Canterbury.[2] In 1067,
Remigius, the Norman Bishop of Dorchester, in the province of
Canterbury, had removed the see to Lincoln, a step strongly
opposed by the Archbishops of York, as an invasion on their
alleged jurisdiction in Lindsey. In 1071 the Pope referred the
dispute to a home-synod, which was held in 1072, and decided
that the Humber should be the southern boundary of the diocese
of York. But Thomas I, Archbishop of York, never gave up his
claim to Lindsey, nor would he consent to anything that seemed
to involve any encroachment by the province of Canterbury upon
that of York. Accordingly he refused (during the four years'
vacancy between Lanfranc and Anselm) to dedicate Remigius's
new minister at Lincoln in 1092, or to consecrate Robert Bloet
as his successor in Lincoln, though he would have consecrated
him to Dorchester ; and when he consecrated Anselm, he
expressly forbade him to perform the same rite for Bloet, so
long as he claimed to sit in Lincoln. It is said that the king
was induced by heavy bribes to settle the dispute by formally
transferring Lincoln and Lindsey from York to Canterbury, but
giving in some sort Selby Abbey and S. Oswald's at Gloucester
to the Archbishop of York. The charter by which this was
effected is printed in the *Monasticon*, vii, 1177, and more
accurately from Archbishop Greenfield's Register at York, I, 45,

---

[1] See Morrell's *Hist. of Selby*, 21.

[2] On which see Raine's *Fasti Ebor.*, I, 150, Freeman's *William Rufus*, I,
447, and authorities there cited.

in *Fasti Ebor.*, I, 151*n.*, from which it is copied in the note.[1]
We should be glad to know what was the precise relationship
between Canterbury and Rochester referred to in the charter.
It appears that, at any rate, Gundulf, the first Norman Bishop
of Rochester, recognised Lanfranc as his patron, and one in a
position to give him precedence. "Lanfrancus . . . Gundulfum
solum post sese præ omnibus aliis præposuit."[2] Gundulf
expresses himself as follows: "Gundulfus . . . non meis meritis,
sed gratia Dei, et vocatione domini Lanfranci archiepiscopi
Cantuariensis ad curam episcopatus Roffensis sui vocatus."[3]
So that Burton appears to have been justified in saying[4] that
William Rufus "gave the patronage" to Thomas. He further
states that not long after "the said archbishop regranted this
church of St. Germans," referring to the charter here numbered

---

[1] Carta Willelmi Secundi Regis.
"In nomine Patris, et Filii, et Spiritus Sancti, Amen. Summi Patris fuit
consilium ut sanctam civitatem suam, cœlestem scilicet Jerusalem, quæ
superbia diaboli divisa erat, morte dilectissimi Filii sui intercedente,
redintegretur, et per redempcionem generis humani angelica dampna
reparet: hac consideracione, ego Willelmus Dei gracia rex Anglorum,
Willelmi regis filius qui Edwardo regi hereditario jure successit, videns
ecclesiam Anglorum ex parte divisam et discordantem, resartire concupimus
quod male scissum fuerat, et ad unitatem veræ caritatis revocare quod diu
indiscussum sub discordia manserat. Redemi igitur de meis propriis
possessionibus calumpniam[1] quam habet Eboracensis ecclesia et Thomas
ejusdem ecclesiæ archiepiscopus super Lincolniam et super Lindissim et super
mansiones Stou et Ludam, et dedi pro eis ecclesiæ Sancti Petri Eboracensis
jure perpetuo possidendas, abbaciam Sancti Germani de Saleby, et ecclesiam
Sancti Oswaldi de Glocestria, cum omnibus ad eas jure pertinentibus, et ita
dedi archiepiscopo Thomæ et successoribus ejus abbaciam Sancti Germani,
sicut archiepiscopus Cantuarensis habet episcopatum Rofensem. Et propter
hæc prædicta beneficia benigne dimisit et gratanter Thomas archiepiscopus
in æternum, consenciente clero ejus, prædictam calumpniam, in præsencia
mea et episcoporum et procerum meorum, mihi et Roberto episcopo Lyncoln.
et successoribus ejus. Hujus autem calumpniæ redempcionem feci ego
gracia ejusdem Roberti episcopi, quia cancellarius meus extiterat."
[2] *E Textu Roffensi* (1640), p. 141, in *Monasticon* (1817-30), I, 172.
[3] *Carta Gundulfi*, in *Monasticon* (1673), III, 1, (1817-30) I, 175.
[4] *Mon. Ebor.*, 388.
[1] "Calumnia, a claim, not necessarily a false one." Stubbs, *Select Charters*, Glossary.

CCCCLXXXVIII, in another copy of which[1] for "terras" we find
"ecclesias." With the church he would probably give the
monks freedom to elect their own abbots, which, according to
Burton, they had licence from the Crown to do.

It was during the time of Hugh de Lacy, the second abbot
(1097-1123), that the first stone buildings were constructed.
We learn from the *Historia*[2] how Hugh himself, probably
a son of the great Norman Baron Ilbert de Lacy,[3] laboured
as a common workman, taking his wages every "Sabbath"
(Saturday) and giving them away to the poor. It is probable
that in the eastern bays of the present Norman nave,[4] and in the
North transept (Pl. II), we may even now see some of his work;
but the choir of the church, subsequently rebuilt on a magnificent
scale in the Decorated period (Pl. I), would be the part first constructed. The tower, the greater part of which fell on Sunday
morning, March 30, 1690, destroying the south transept and part
of the south aisle of the nave,[5] was of this first period. The lowest
stage, and the north-west angle to the top of the middle stage,
remain in their original state; the rest is rebuilt in brick, with a
facing of ashlar, the original Norman windows, with nook-shafts
and chevron-mouldings, being re-inserted in the middle stage.
Two of these, namely, those next to the north-west angle, have
never been disturbed, and retain their original internal jambs
and shafts. The projection of the newel staircase is seen
outside. The remaining transept is also of the first period,
with later insertions. Each transept had at first an apsidal
eastern chapel. The south aisle wall, which was the north wall
of the cloister, is earlier than most parts of the nave, and shows
that, as soon as the monks had built their choir and transepts,
their next care was to provide a cloister. Abbot Hugh's work
in the nave seems to have comprised the two eastern bays on

[1] *Mon. Angl.*, No. v. This also has "parentis" for "pariterque."
[2] Cap. xxvii.   [3] Morrell, 51; Ellis, in Yks. Arch. Jrnl., iv, 141.
[4] Four bays on each side of the great arcade, and two of the triforium.
[5] Burton, 407.

either side as high as the triforium stringcourse, but on the north side a portion of the third arch from the east is also of his time, as well as rather more than two bays of the wall of the north aisle.   The vaulting of the two eastern bays of the south aisle is also of this period, and is the only piece of Norman vaulting left in the church.   The Norman builders carried up the piers on both sides, including the capitals as far as the fourth bay from the east, and there can be little doubt that the work was stopped suddenly on the death of Abbot Hugh, as there was no preparation made for a pause; such as is commonly found to have been the case when similar buildings were carried out in sections.   Nearly half a century must have elapsed before the work was continued, and it was not finally completed before the last years of the 12th century, or the beginning of the 13th. About 1170, another large section was added, this included the great arcades on either side, the remainder of the wall of the north aisle, the north porch, the lower portion of the west front, and the triforium stage on the north side, from the Norman bays at the east end to the west wall.   After another pause of about 20 years the triforium and clerestory on the south side, and the upper part of the west front, were added, and finally the clerestory on the north side, in the fully developed Early English style. The difference in the designs of the two clerestories is very remarkable ; the earlier one, on the south, being a range of separate lancets, with two windows in each bay, while the later one, on the north, is a triple arcade with only one window in each bay.[1]

[1] There is an old view, in the possession of Mr. W. W. Morrell, now of York, drawn after 1704, of which Mr. Tweedie gives a small woodcut in his Handbook, p. 15, and which, if trustworthy, would show that about this time a top stage was placed on the tower corresponding in style with the west front, which is transitional, passing into Early English.   The parapet is represented as like that of the aisles and clerestory of the choir, and there are four pinnacles or spirelets covered with lead.   Flat buttresses, with niches on their faces, enclose the angles.   These and some other buttresses are shown in the so-called "South Prospect" in the old *Monasticon*

During the building of the original church, about ten abbots had ruled over the house, and the possessions of the Abbey had been gradually increasing. Many early dated charters in these volumes, and many which are undated, belong to this memorable twelfth century. In 1189 the Abbey obtained from Richard I a charter, confirmed by succeeding sovereigns, granting them exemption from Danegeld, sheriffs' aids, and other payments.[1] Meanwhile, according to the *Historia*, the miracles of S. Germanus abounded.[2] The fame of these would attract worshippers and offerings. The miracles are very like those related of other saints at the same period, those, for example, which Reginald, writing *c.* 1170, attributed to St. Cuthbert,[3] as having occurred "novellis temporibus." Notices of the abbots during the thirteenth century, as of those previous and following, may be seen in Morrell's history. The wealth of the house now increased through the system of appropriation of the rectorial tithes of the churches of which the abbot and the monks were patrons. Thus they obtained Snaith,[4] and in the present volume will be found the "ordinations" of the vicarages of five churches so appropriated.[5] In the case of one of these, namely Adlingfleet, we have the Pope's bull, assigning, in 1306, as a reason for the appropriation, that the abbot and convent proposed to extend

which shows the North side, and which, as to its main features, is apparently correct. It does not show the niches. Mr. Morrell's picture is puzzling. On the one hand, it represents what the tower might have been much more closely than we should expect in a picture of its apparent date, viz., as having an Early English top stage and a Decorated parapet; on the other, it is totally unlike King's view in Dugdale. Mr. Morrell had not seen this picture when he wrote his History of Selby. The great gateway seems, from the view in Morrell, facing p. 117, from a drawing in the Bodleian Library, to have been in the style of about 1200. Some remains of the undercroft of the western range of claustral buildings, which remained until comparatively lately, and are shown in old views, were also of this period. (Buckler, in Morrell, 117).

[1] Nos. XI, XIII, XXXIII, XLIV.   [2] See *Capitula*, pp. [2], [29].
[3] Reginaldi Dunelmensis Libellus.   Surtees Soc., vol. I.
[4] Burton, p. 400.
[5] No. DCII.

their church in a very sumptuous manner.[1]   How this intention was carried out, we see in the magnificent Decorated choir which has taken the place of Abbot Hugh's original eastern portion of the church.   Archbishop Melton also directed that as soon as the monks of Selby had money enough they were to build the new choir.[2] This was probably done during the abbacies of John de Heslyngton (1335-41) and Geoffrey de Gadesby (1341-62).   The foundation' of the east wall of the old Norman church, which terminated in an apse, was seen during the restoration of 1890-1 in the third bay from the west, or about 55 feet from the east wall of the tower.   The usual plan, of building as much of the new work as possible before disturbing any of the old, of which the grand eastern arms of Carlisle and Tynemouth are such clear examples, was followed at Selby.   The wall of the north aisle, as high as the parapet, with the exception of the western bay adjoining the north transept, but including the east window of the aisle, the whole of the aisle wall arcade, up to the sills of the windows all round the choir, the lower story of the sacristy building, and the wall between it and the choir aisle to its full height, were first built.   All this could conveniently be done, and no doubt was done before the old choir was touched.   A comparison with several distinctly dated examples of contemporary work shows that this section was finished by about 1280.   Lack of funds necessitated a pause, and it was not before 1320 that the next section of the work, comprising the south-eastern portion of the aisle wall, as high as the parapet, and probably the great arcades, was built. The remaining portions, including the whole of the clerestory, the great east window, with the gable above it, and the room over the sacristy, were probably completed by the year 1340 ; and within the following 20 years the clerestory windows of the north transept, which, no doubt, had their counterparts in the

---

[1] In the exaggerated language usual in such documents it is stated that the old church was *nimia vetustate consumpta*, *i.e.*, Abbot Hugh's Romanesque had gone out of fashion.

[2] Morrell, 83.

now vanished southern wing, were inserted.   The fall of the
tower destroyed the portion of the south aisle between the south
transept and the west wall of the sacristy.   This was probably
like that part of the same aisle to the east of the sacristy.   This
beautiful sacristy (Pl. I), with chamber over it, which may
have served as a library, treasury, or muniment-room, or
may have been used in more ways than one, is one of the
finest, if not the finest, remaining in England, and contains
the stone trough of a lavatory, and recesses, probably intended
to contain vessels, elements, etc., prepared ready for masses.

   The original glazing of the great east window has in great
part survived to our own day, as one of the finest known
examples of a "Jesse window," with the "Doom" in the tracery-
lights.   Burton[1] gives a short account from Dr. Johnston's MSS.
of what it was in 1670, agreeing with what is left of it now.   In
1822 six subjects from it were represented in fine coloured
engravings by William Fowler, of Winterton.[2]   In 1845 it
was going so rapidly to decay that all the glass, except
that of the tracery-lights, was taken down and packed
away in boxes.   The whole of this glass is now being
re-leaded, and the design completed in the parts where the
glass is lost, by Messrs. Ward and Hughes, at the expense
of a generous townsman of Selby, Mr. William Liversidge.
It was minutely described by the late Mr. James Fowler, who
gave much valuable help in the restoration of the original
design, in a series of articles in the *Selby Times*, reprinted as a
brochure.[3]   As compared with the two other Jesse windows
which have most nearly resembled it, viz., those at Carlisle and
Shrewsbury, the Selby window "is the finest and most important,
since, though mutilated and in places injured beyond recovery,
it alone contains the whole design of a window of this kind of

[1] *Mon. Ebor.*, 407.
[2] *Engravings*, second Appendix, Nos. 16-21.
[3] By Bellerby and Son, Selby, 1890, see pp. 14-20.

the first class—Jesse and Doom together, complete."[1] Certainly so magnificent a work of art brings home to us most vividly how intent the abbot and convent must have been on having their new choir as glorious as wealth and skill could make it. And the other windows in the choir were in keeping with the principal one, being filled with armorial and other glass, of which a few portions remain, giving some idea of what has been lost.

While these extensive works were going on at the church, the abbot and convent were not unmindful of their responsibilities as landowners. Abbot Gadesby (1341-67) undertook great engineering works, in order to reclaim a swamp called Inclesmore, near to Rawcliffe.[2] In 1345 he was treating with John of Gaunt, the lord of the adjacent territory, having completed the work about two years before. He appears to have met with the same kind of opposition from the fenmen as Vermuyden met with in the seventeenth century, while engaged in his great work of draining the Levels. A petition was presented to Parliament against him, and about half a century after his death certain inhabitants of Hatfield destroyed his sluices. In 25 Edw. III (1351), commissioners were appointed to repair the banks and ditches.[3] In our second volume will be found the record[4] of a trial held at Whitgift in 1356 to enquire into the defects in river banks, drainage works, bridges, and causeways in Marshland, and to settle how far the Abbot of Selby was responsible for the reparation of a certain *gulla*, or drain, and its banks. Abbot Shireburn (1368-1407) reconstructed the sluices of his predecessor that had been destroyed ; but, as they were too high and too broad, and not strong enough, they had to be rebuilt. He also obtained restitution of Inclesmore, of which his predecessor had been deprived ; and, during his abbacy, a long-standing dispute about the rights of the abbey in the church

[1] J. Fowler, p. 15.   [2] See pp. 3, 64, 65, 67, of this volume.
[3] Morrell, 86, 87 ; Stonehouse's *Isle of Axholme*, 61.
[4] No. DCCL.

of Snaith was finally settled by a decree of the chancellor of the Archbishop of York, confirmed by the dean and chapter, March 30, 1409. Burton gives full particulars.[1]

We now come to the fifteenth century, to which belong a number of extant account-rolls now in the hands of Canon Raine, who is preparing the most important portions of them for publication. They will throw great light on the daily life of the monastery; meanwhile some translations of extracts from them are accessible in Morrell's *History of Selby*. The church having been completed, there was nothing to be done further than some alterations in accordance with the fashion of the time. At each end of the transept was inserted a great perpendicular window; that at the north end has seven lights divided by a transom, and retains a little of its painted glass in the tracery. The south window, whatever it may have been, was of course destroyed by the fall of the tower. A Perpendicular window of three lights was inserted at the west end. This cost 36s. 9d. for glazing in 1413-4.[2] During the abbacy of John Ousthorpe (1436-66), the last important addition was made to the fabric of the church, the eastern aisle being added to the north transept in place of the original semicircular altar-space, on the endowment of the chantry of St. Catharine (the only chantry within the church) by John Lathom. It has two Perpendicular windows, each of five lights. The nave was, during this century, re-roofed on the usual plan of cutting off the decayed ends of the rafters of the high-pitched roof and using them for one of low pitch, or nearly flat. This still remains as a ceiling under a modern high roof. Abbot Deeping (1504-18) built a half-timber structure in two stages over part of the undercroft of the western range[3]; in this

---

[1] *Mon. Ebor.*, 401, copied in *Mon. Angl.* (1821), III, 493n. See also Morrell, 88, 89; Robinson (now Norcliffe), *Priory and Peculiar of Snaith,* 33.

[2] Morrell, p. 97. The plates in Sir G. G. Scott's report on Selby show a two-light square-headed Perpendicular window at the west end of the south aisle, and over it a small window, blocked. The "restorers" have destroyed these interesting features and inserted a sham transitional window.

[3] Tweedie, *Handbook to Selby Church*, 1890, p. 15; *Mon. Angl.*, III, 485.

was the chamber that used to be shown as that in which Henry I was born (see above, p. vi).

The last abbot was Robert Selby, *alias* Rogers (1526-40). He appears to have steered clear of Aske's insurrection called the "Pilgrimage of Grace" in 1536, for he took his seat in Parliament in 1539, and secured liberal pensions for himself and his twenty-three monks—£100 for himself and from £8 down to £2 13s. 4d. for the rest, according to the offices they held.[1] The Commissioners of the North for the suppression of the monasteries wrote one of their letters to Cromwell from Selby, 8th December, 1537, mentioning that they had dissolved Selby and some other Yorkshire houses; but there is no indication of any difficulty with the abbot, such as they met with in some cases. The formal surrender was made December 6, 1539. The abbot was living at Gowthorp in Selby, July 27, 1543, when he delivered up the "Coucher book" here printed to some one whose name does not appear.[2] This brings us to the conclusion of the period to which these volumes especially relate. In the preface to the second volume we hope to be able to show the descent of much at least of the property held by the Abbey up to the Dissolution, from that great change to the present time.

The Coucher book, Cartulary, or Register, here printed, is a manuscript on vellum, written on 222 leaves (13 × 9 inches), two of which are unfolioed, namely those between 190 and 191, and 194 and 195, and there are two folios 92. The body of the MS. is written in a hand of the early fourteenth century, with rubricated headings and capital letters alternately red and blue, but additions have been made in several later hands. The latest date in the MS. is 1434. It is the "Registrum abbatiæ de Selby, penes Thomam Walmesly de Dunkehalgh in com. Lancastr. arm. A.D. 1620, postea penes Carolum Walmesly de Skyner arm.

---

[1] Augm. Office account. Dugd., *Mon. Angl.,* III, 505; Morrell, 113.
[2] See below, in this volume, p. 2. It is not unlikely to have been Leonard Beckwith, on whom see Morrell, 134.

contin. foll. cxxii in membr." noticed by Tanner, and in the new edition of the *Monasticon*, III, 497. Burton refers to it as "Coucher book of Selby, in parchment, containing 222 leaves." *Mon. Ebor.*, 339n. The charters printed in the *Monasticon* were principally taken from this MS. See also MS. Rog. Dodsworth in Bibl. Bodl., tom. cxviij, fol. 1-41; tom. cxlv, fol. 55. Burton made use of a transcript once in the possession of Nathaniel Johnston, M.D., of Pontefract. Among Lord Londesborough's documents is a paper book of notes from it, in parchment wrapper, endorsed "Breviates collected out of the Seleby Coucher booke." The original would no doubt pass into the hands of the Walmsleys with other evidences connected with the abbey lands, which were acquired first by Sir Leonard Beckwith, then by purchase from his son Roger, by George, sixth Earl of Shrewsbury, and then, probably by purchase, from the earl, by Sir Thomas Walmsley. From the Walmsleys the property and the documents passed to Robert, seventh Lord Petre, of Writtle, who married Catharine, only sister and heiress of Francis Walmsley, of Dunkenhalgh.[1] The MS. was bought by the late T. and W. Boone, of Bond Street, about 1867-8, from the then Lord Petre. While yet a mass of unpromising looking vellum, it was offered to the British Museum, and sent to Tucker, the binder, who repaired the leaves and bound it as it is now. It was not taken by the Museum, but in May, 1868, it was purchased by Thomas Brooke, Esq., F.S.A., of Armitage Bridge, to whose munificence we are indebted for the present edition, which is being issued entirely at his expense. The pagination of the MS. is in the handwriting of Richard Gascoigne, who worked with Dugdale.[2] It does not appear to have lost anything since it was in his hands. The editor has attempted to reproduce the MS. as closely as possible, with all its mistakes and solecisms, but with extensions of the abbreviations and occasional corrections in notes. In order to save space, from Vol. I, page 202 onward, a system of

[1] Morrel, 134-147.
[2] *Dict. Nat. Biog.*, xxi, 40.

abbreviations has been adopted in constantly recurring phrases, but every word in the original is represented by one letter at least. Occasional notes have been appended by way of explanation or illustration, but to annotate a work of this sort as it might be done would be a work of many years. Henceforth the original materials will be at the command of historical students.

The present volume contains to the end of the *recto* of fol. 120 of the MS.

The platinotype illustrations have been admirably executed by Mr. C. C. Hodges, of Hexham.

Pl. I shows the south side of the exterior of the Abbey Church, with the sacristy, the rebuilt tower, the small remaining portion of the south transept, etc.

Pl. II is from a negative taken expressly for this volume in order to show a characteristic portion of Abbot Hugh's work.

Pl. III (as are Pl. IV and Pl. V) is from casts by Mr. Ready, of the British Museum. The seal of Abbot Richard is the one described in *Mon. Angl.*, III, 498. The inscription is: ✠ RICARD' DEI GRA MINISTER HVMI[LIS EC]CL'E SCI GERMANI DE SELEBI. That of Abbot Thomas is from an imperfect impression appended, together with a fine seal and counterseal of Symon, Abbot of St. Mary's, York, to an inspeximus of a bull of Gregory IX relating to Howden, in the Treasury at Durham (1ª 1ª Archiepiscopalium). Only a few letters of the inscription remain. It may have been: [✠ SIGILLVM THO]ME : D[EI GRACIA, *etc.*] : SELE[BI]. The Abbot, or St. Germanus, is represented with a book, possibly the Rule of St. Benedict, held over his breast in his left hand, and a crosier in his right hand.

Pl. IV represents the seal and counterseal of Abbot William de Aslakby described in Vol. III of the *Monasticon*, and very roughly figured in Pl. XX of the same volume. The seal represents an abbot pontifically vested, but without the mitre, seated, the left hand holding a crosier and the right raised in blessing. The inscription is: [SIG]ILLV SCI GERMANI SELEBIENSIS . ECL'E.

The counterseal is a Roman gem representing a head, with the words DN HONORIVS AUG., set in a border, with the words, ✠ CAPVD . NOSTRVM . CRISTVS . EST.

Pl. V is from three portions of impressions at Durham. One is attached to a certificate addressed to the Prior of Durham, June 4, 1465 (No. 6872) ; another, to a list of the monks of Selby, not dated (No. 6663); and the third is loose. In a recess surrounded by tabernacle-work is standing St. Germanus, vested pontifically, with the crosier in his left hand and his right raised in blessing, under his feet are the words, scus germanus, and under these a shield bearing three swans, the arms of the Abbey.[1] Most of the marginal inscription is lost, but these portions remain, Sigillum : iobis . . . selby.

The Editor desires to express his thanks to Canon Raine for the kind help which he has given him in looking over all the proof-sheets of this volume, and to Mr. Hodges for the architectural notes given above.

Bp. HATFIELD'S HALL,
    DURHAM,
        March, 1891.

---

[1] Sa. three swans close arg. with the bill and feet or. A crosier in pale through a mitre is drawn at one side of the shield. Tonge's Visitation (1530), Surtees Soc. ed., p. 62.

SELBY ABBEY CHURCH.
THE SOUTH SIDE 1880

SELBY ABBEY CHURCH,

FROM THE N.W.

SHOWING PARTS OF THE NORMAN TRANSEPT AND CENTRAL TOWER.

PLATE III.

SEAL OF ABBOT
THOMAS DE WHALLEY, 1258

SEAL OF ONE OF THE ABBOTS
RICHARD, c. 1190-1237.

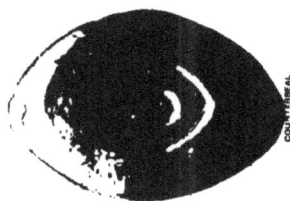

PLATE IV.

COUNTERSEAL.

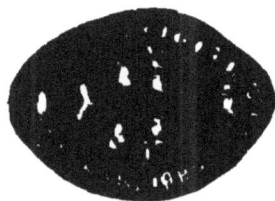

SEAL OF ABBOT WILLIAM
DE ABLABEY, 1293

PLATE V.

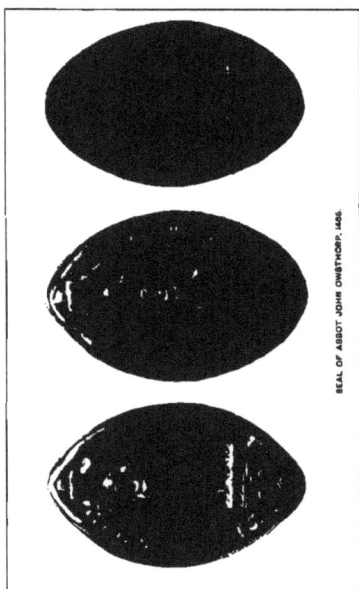

SEAL OF ABBOT JOHN OWSTHORP, 1405.

HISTORIA SELEBIENSIS MONASTERII,

QVOD FVNDATVM EST IN ANGLIA,

in honore Sancti Germani Autissiodorensis Episcopi, anno
ab Incarnatione Domini millesimo sexagesimo nono.

Auctore Anonymo qui scribebat anno MCLXXXIV.

[LABBE, Novæ Bibliothecæ MSS. librorum, Parisiis, 1657, Tom. i, pp. 594-
626; ACTA SS. BOLL., Julii, Tom. vii, 290-304; translated and condensed
in BARING GOULD's " Lives of the Saints," July 31, 691-697].

Labbe,
p. 594.

DILECTIONIS tuæ precibus infinitis, virorum mihi Carissime,
quibus me Historiographum creare non desinis, plurima
sunt, quæ me huc vsque parere vetuerunt. Talibus siquidem
ac tantis passim obedire rogatibus ætas immatura me vetuit,
paruitas imperita prohibuit, ignorantia tenebrosa retraxit. Hæ
sunt meæ obstinationis causæ præcipuæ, hæ excusationes iustæ
silentij, hæ ad excusationem compulsiones violentæ. Cæterum
tua sagacitas quod amica simplicitate non valuit impetrare per
se, astuta calliditate pene violenter extorsit per alium ; quippe
dum tuis precibus illius domni scilicet Prioris imperia sociasti,
cuius iussionibus obuiare nec patitur ratio, nec sinit institutio
regularis. Sic coniunctis viribus, tu precibus amicis inuitas ad
studium, ille imperiali obedentia compellit ad obsequium : tibi
quippe quia amicus es, resistere obstinate non debeo ; illi, quia
Dominus et pater est, obuiare nec volo, nec valeo. Negotium
igitur curabo, quod imponitis, aggrediar hoc opus arduum hebes
et inscius, vestra sane merita meis viribus anteponens, et plus in
vestris orationibus, quam in mea possibilitate confidens ;
aggredior inquam opus egregium puer et paruulus, qualiterque
Ecclesia Selebiensis fundata sit, quæ causa, quis modus
fundationis extitit, qui et fundatores fuerint, sicut ex ipsius
Domni Prioris cæterorumque seniorum relatione inuestigare
potuero, Domini Dei nostri gratia adiuuante, litteris insinuare
curabo. Precor autem omnes huius opusculi nostri lectores,
eorum vestigiis mente prouolutus et animo, quatinus meam
pusillitatem in charitate, quæ Deus est, supportantes meæ
infirmitati compatientes, nec inordinate positis obloqui, nec
pueriliter studeant derogare tractatis. Satis est me meo proprio
iudicio iudicari, præterea rusticitatis est et inclementiæ illum
accusare vel obloqui qui primitus accusator est ; sui præsump-

tionis autem calumniam obedientia regularis, quæ ad hoc opus me compulit, refrænabit, simplicitatemque calami agrestis ætas tenella, quæ vix vicesimum secundum annum ingreditur, excusabit.

INCIPIVNT . CAPITVLA.

[1] So printed by the Bollandist editor, who thinks that Lymington in Hampshire may be meant. We ought probably to read *Linnam*, and understand it of Lynn in Norfolk, whence a ship would be much more likely to be sailing for York than from any southern port.

XVIII. *Qualiter filius Vicecomitis a caduca gutta*[1] *curatus per digitum sit.*

XIX. *Qualiter Benedictus Abbas ordinatus prece et pretio vbicunque potuit, terras acquisiuit.*

XX. *Exemplar cartæ Vvilermi Regis Benedicto ad confirmationem quæstuum collatæ.*

XXI. *Quam prudens et quam studiosus circa sui et Fratrum profectum Benedictus fuit.*

XXII. *Quomodo Benedictus Fratres qui pecuniam apportauerant, crudeliter affligens plurimos aduersum se commouit.*

XXIII. *Quomodo læsi Fratres in Monasterio discordiam seminantes et Abbatem per prouinciam diffamantes ad Regem accusauerunt.*

XXIV. *Quomodo Benedictus Stephanum Abbatem Eboracensem iussu Regis ipsum capere volentem repulit.*

XXV. *Quomodo Benedictus dans locum inuidiæ, de Selebia discessit.*

XXVI. *Quomodo Hugo Abbas Benedicto succedens Monasterium plurimis extulit incrementis.*

XXVII. *Quomodo fundamenta Monasterij longius ab aqua iacens ipse quotidie cucullo indutus operario laborabat.*

XXVIII. *Quomodo charitate plenus et affluens in omnibus se sicut Dei minister exhibuit.*

XXIX. *Quomodo finem suum præcognoscens sese in Abbatia deposuit.*

XXX. *Quomodo post depositum onus pastorale plurima Sanctorum loca visitauit et postea domum reuersus fæliciter obiit.*

XXXI. *Versus vice Epitaphij de eodem scripti.*

XXXII. *De Abbate Herberto et illius moralitate.*

XXXIII. *Qualiter laborem infinitum sibi cernens incumbere de regiminis loco transtulit.*

XXXIV. *Quod illi successit Abbas Durannus et de aqua quæ Capellæ gradum transire nequiuit.*

XXXV. *Qualis idem Durannus fuit, et quam ob causam pastoralem honorem et onus admisit.*

I.

Prima quidem Lectione, de Venerandi Patris et Patroni nostri Germani digito, qui totius pæne nostræ narrationis causa est et materia, qualiter eum de dextera Præsulis olim violenter quidam decerpserit, manifestare dignum duxi. Quod quidem tibi,

----
[1] Epilepsy.

Lector, ideo prima Lectionis fronte insinuare curaui, vt cum
Historicam narrationem inchoauero, sine digressionis habitu
continuetur oratio, nec sit necesse de historia ad alia narranda
digredi, cum quod scire oportet de digito tibi præcedenti
relatione fuerit antea patefactum. Fuit in Autissiodorensi
Cœnobio, vbi beatissimi Germani corpusculum incorruptum
requiescit et integrum, frater quidam, qui etiam inibi sub-
secretarij fungebatur officio, qui in beatissimi Confessoris
amorem specialis igne dilectionis accensus extitit, in eius laude
continuus, in memoria sedulus, in obsequio studiosus. Hic vt
ei esset memoria præsulis de frequenti frequentior, spes ex certa
certior, cultus ex deuoto deuotior, nescio cuius spiritus
suggestione concepit, vt aliquid monumenti de Sanctissimo
Sancti corpore furtiuus inuasor abstraheret. Hoc facile quidem
crediderim hunc animum sinistri spiritus persuasione conceptum,
cum eum et amoris incendium ad culpam compulerit, et ad
præsumptionis ausum simplex et pia intentio animauerit.
Huiusmodi effectu mente concepto ad effectum opus affectum
perducere totis desideriis anhelabat, temporis oportunitatem
expectat, horæ congruentiam præstolatur. Nec mera; nocturnum silentium Monachorum, et custodum absentia, sociorum et
custodum subtractio, ad conceptam animo rem exequendam
p. 596. horam congruam, constantem animum, silentij fidem contulerunt,
credebat homo latere debere rem factam sub tenebris, morta-
liumque deuitare notitiam, quod sub solius Dei perficeretur
aspectu. Hac spe confirmatus in anima ad factum, locum quo
sanctissimi præsulis corpus requiescit adiuit, præmeditatusque,
vt credo, quid eripere voluisset, digitum medium manus dexteræ
sacrilegij reus vel morsu, vel abscissione destruxit.

II.

Vix se temerarius ab ausu præsumptuoso retraxerat, cum
confessoris offensi admirabilem et inauditam sæculis in se
præsensit vltionem, quæ tam admirabilis est, et plena stupore,
vt difficile sit agnoscere vtrum in ea plus ira præsulis, quam
clementia, plus misericordia, quam iudicium commendetur.
Mox namque vt reatum reus admiserat, diuinitatis quodam
agitatus impulsu, virtuteque coactus reum pectus infatigabiliter
pugno tundere cœpit vtroque, semper voce flebili continua
lamentatione declamans, Sancte Germane miserere mei. Postea
quandiu superfuit ab hoc mirabili satisfactionis genere cessare
non potuit, nisi cum corpusculum aut soporis quiete foueret, aut
ciborum perceptione reficeret. Respice quæso et mirare

mirabilem Germanum fecisse mirabiliter, respice et mirare
clementem Pontificem erga filium non immisericorditer iniuria
commoueri, et si commotus iniuria, sat tamen clementer et
paternæ commotionis repressit incendium, dum non ad salutis
virtutisve dispendium, sed ad obtentum veniæ, ad satisfactionem
offensæ, ad beatitudinis meritum vltionis exercuit disciplinam.
Sic igitur dum se reus deprehensum a diuinitatis majestate
sentiret, digitum super altare necessitate coactus reposuit, in
satisfactione prænotata continua lamentatione perdurans, nec
intercessit dilatio, cum ad eum quosdam de fratribus conduxit
fortuna : aspiciunt et mirantur miraculum omnibus sæculis
admirandum, non diu celari potuit res digna spectaculo, paucis
primo præcognita ad plurimorum notitiam in momento peruenit :
accurrunt Monachi, dumque passum accelerant singuli, in hora
congregantur vniuersi, in Conuentu publico reus de euentu
conuentus causam edisserit, exposuit modum, confitetur
admissum, ostenditur digitus in altari quem rapuit, manifestatur
sententia quam ex rapina promeruit : plangunt Monachi præsulem
tam vehementer offensum, plangunt errorem fratris immensum :
plangunt filij patris iniuriam, plangunt fraterni reatus incuriam.

III.

Communi subinde fratrum consilio corpus præsulis in tali loco
reponitur, sic aptatur, vt sine plurimorum consensu nec aspici
valeat, nec adiri : circumcluditur siquidem vsquequaque forti
muro sarcofagus, vno tantum ostio ferreo admittente accessum
ad requiescentis honorem, indeficienti lumine lampas ibi
perseuerat accensa, quæ vt illius cuius deseruit honori circa sacri
Sepulchri ambitum præsentiam commendaret, visa quindecim
diebus ferme totidemque noctibus, dum semper arderet nihil
imminutionis prætulisse. Nec illud silendum est, quod si
fortuito casu per noctem illam extingui contigit, sicut in libro
miraculorum eius scribitur, nulla indulgeatur custodibus requies,
nulla potiendi somno facultas, donec defecti luminis obsequium
reparetur, interdum cuiusdam manus impulsu molestius impetun-
tur, vt nemini impune dubitare liceat debita loco seruitia non
inepte, non segniter exercenda. Digitus autem in eburnea
pyxide compositus honorifice vice corporis Altario superpositus
eminebat, qui ad incorrupti corporis inuincibile argumentum, ita
carnis et cutis integritate perseuerat ornatus, vt pili etiam
infra mediam iuncturam tam firmiter cuti adhæreant, quod ad
intuentium admirationem per eos in sublime digitus possit et
soleat eleuari. Iis ita digestis, ad historicæ narrationis
accedamus exordium.

IV.

Eodem ferme tempore, quo Angliam Dux Normanniæ Willelmus inuaserat, potentique dextera suo subiugauit imperio, fuit in prædicto Autissiodor. Cœnobio Frater quidam nomine Benedictus, nec immerito sane tali nomine vocitatus, nam tanquam de re nomen sortitus habere meruit benedictionem a Domino et misericordiam a Deo salutari suo. Hic in eodem educatus Cœnobio loci illius Abbati sub seculari habitu diu multumque seruierat, tamque tempus aduenerat, quo et egregij iuuenis obsequia sua sibi præmia postulabant; et benignus Dominus non eius ingratus obsequiis, illum honorifice remunerare ˋparabat, et ne remuneratio iuuenis animum vel votum offenderet, duarum illi rerum proposuit optionem, vt scilicet quod mallet e duobus eligeret, vel militiæ cingulum in sæculo, vel militiam Monachatus in Monasterio : optionem ergo huiuscemodi proponente, respondit Abbati Benedictus, *melior est,* inquit, *dies vna in atriis tuis Domine super millia, elegi prouidus abiectus esse in domo Domini Dei mei magis quam habitare in tabernaculis peccatorum, quia misericordiam et virtutem diligit Deus, gratiam et gloriam dabit Dominus.* Infinita est in sæculo militantium multitudo, verum quod pudor est dicere, vitiis potius quam virtutibus seruientium : infamis est militia solo nomine militare, et dedecus indecens vitiis et inertiæ seruire sub armis, ad hæc spiritalia castra me confero, vbi nec virtus præmio, nec honestas reuerentiæ carebit honore : Illi Domino militabo, qui suos milites virtute corroborat, quiete lætificat, gloria et honore coronat. Nec mora, Monachicis disciplinis Benedictus iniectus, litterisque appositus, ordinem Monachorum et seruitium in breui didicit, quia in lege Domini voluntas eius, et in mandatis eius meditabatur die ac nocte. Sic ergo dum ambularet de virtute in virtutem, dum ascensiones in corde suo disponeret, dedit ei Dominus fungi Sacerdotio, et habere laudem in nomine ipsius, ac deinde tanquam moribus et genere fuerit Leuita sacrorum secretorum custos et conscius eius pro vitæ merito pro morum honestate prælatus.

V.

Quo officio dum tempore plurimo fungeretur, fidelisque seruus et prudens in modico et in maiori probaretur, beatus Germanus ei nocturna visione apparuit, talibusque eum tanquam alterum Abraham est allocutus affatibus : *Egredere,* inquit, *de terra tua, et de cognatione tua et de hac domo patris tui, et veni in terram quam monstrauero tibi.* Est locus in Anglia, vocaturque Selebia,

meo prouisus honori, meæ laudis prædestinatus obsequijs, mei
nominis titulis celebris futurus et gloria : qui super ripam Vsæ
fluminis situs, non plurimum distat ab Eboraca ciuitate.
Huius te loci prouidi et præelegi meo nomini fundatorem,
fundabisque tibi cellam in possessione Regali, quæ scilicet
prope pertinet ad ius Regis, et ne tantam talemque peregrina-
tionem solus formides arripere, meo crede comitatu consolaberis,
meo consilio confirmaberis, mea protectione munieris : Digitum
etiam meum, qui super altare est, in mei memoriam tecum
asportabis, quem vt secure et sine amissionis periculo ferre
valeas, brachium tuum inter cubitum et scapulam cultello
aperies, et infra illud digitum collocabis. Nec hoc facere
trepides, quia nec effundes sanguinem, nec pœnam tolerabis.
Ijs dictis visio sacratissimi Confessoris ablata. Mane ergo facto
nolens Benedictus obseruare somnia, quæ multos multoties
errare fecerunt, neglexit visionem, nec attendit, cui se beatus
Germanus iterata visione demonstrans increpauit, cur neglexisset
quod viderat, imperauit vt omnia quam citius implere satageret :
neglexit adhuc Benedictus visionem, sicut antea iam fecerat,
nec aliquid de visionis executione cogitabat. Nec immemor
suscepti negotij tertio se Monacho sicut primo et secundo jam
fecerat, beatus Confessor ostendit, quem solito seuerius affatus
taliter aspera ratione conuenit : Heus, inquit, num tanti a te
habitus sum, vt visionem meam digneris implere ? Iam tertio
tibi frustra apparui, votum et velle meum apperui, nec tamen
hactenus imperiis meis parere parasti ; prædico igitur, et in
veritate pronuncio, quod nisi citius iussionem meam adimpleueris,
inobedientiæ tuæ grauem excipies et perferes vltionem.

VI.

p. 598. Hac Benedictus voce perterritus exinde cœpit secum de
profectione tractare, et quoniam discessionem suam rationis et
licentiæ libertate munire volebat, ingressus Capitulum licentiam
petiit abeundi, causam tamen discessionis miraculumque visionis
omnino dissimulans, nec impetrare valens vice prima quod petijt
patienter suspendit negotium, dieque crastina licentiam iterum
satis auide postulabat, reclamant singuli, resistunt vniuersi, et in
contumelias Monachi Monachorum omnium voces vna prosiliunt,
clamores perstrepunt, iurgia proferuntur,

> *Voces immites, conuicia, iurgia lites,*
> *Lis creat, ordo mouet, fert furor, ira fouet.*

Contumeliosam itaque passus repulsam necessitate compulsus
clanculo discedere cogitabat, digitum gloriosi præsulis, sicut ei

iusserat, ipse nocturno silentio rapuit, apertoque brachio suo
digitum infra reposuit ; in quo solo facto miracula plurima
coruscant, quia nec vulnus inuenit sanguinem, nec vulneratus
cruciatus incommodum : accessit etiam ad hæc non inferioris
prodigij splendor et gloria, quia ·cum pretiosum pignus ad
brachium admouisset, ad illius susceptionem continuo se vulnus
hiatu citissimo sufficienter aperuit, susceptoque digito iterum se
recenti reclusione recepit. Ligauit tamen ille vulnus linteolis,
ac si brachium cauterarium haberet, quo facto factisque cæteris
quæ facere compulit itineris apparatus, Deo se commendans et
sanctissimo patrono suo Germano, media nocte Monasterium
egressus, iter ingreditur, quod Gallicana ducebat ad littora.
Iamque crastina dies illuxerat, nec illius absentia diutius latere
valebat, primo quidem sociis et sacrorum custodibus ac deinde
Fratribus omnibus illius discessus innotuit, quæritur in Monasterio, nec inuenitur ; inquiritur per ciuitatem, nec vlla de eo
certitudo cognoscitur, exploratur per Ecclesiam sat sollicite, si
salua sint omnia, si illo discedente cuncta, quæ sub cura eius
fuerant, intacta remanserint. Dum ergo considerantur omnia,
singula pertractantur, ad extremum pretiosum præsulis digitum
abesse compererunt : tunc clamor per Ecclesiam oritur, et
turbatio per Monasterium funditur, tunc gemitus et lamenta per
ciuitatis ambitum eleuantur :

> *Tunc doluit quiuis, mulier, mas, aduena, ciuis,*
> *Hinc gemitus iuuenum personat, inde senum :*
> *Doctus, hebes, stultus, sensatus, paruus, adultus,*
> *Femina, vir flebant, fletuque fluente madebant.*

Ad persequendum postremo Monachum per itinera plurima
plurimi destinantur.

> *Insequitur Monachum Monachorum turba furentum,*
> *Atque minans cædes hinc eques, inde pedes.*

Vnum plurimi prosequuntur, vnanimes persequentes inueniunt,
inuenientes capiunt, capientes clementer arguunt, indignanter
increpant, vehementer obiurgant, sacrilegij demum Benedictus
arguitur de digito sacratissimo secrete palamque conuenitur :
diffitetur imposita, constanti ratione se nec sacrilegum nec
sacrilegij conscium viua voce testatur, sed illi quorum cor
induratum, quorum fuit manus extenta nec eius excusationem
accipiunt, nec vllam approbant rationem. Cæterum vim et
violentiam ingerentes manus iniiciunt, vestibus eum expoliant,
omnia perscrutantur incassum, tandem consummato labore quia
scrutati sunt inique, dispendioso defecerunt scrutantes scrutinio,
nec super eum quod quærebant reperire valentes maxima

perturbatione confusi Autissiodorum redierunt. Benedictus autem ad mare perueniens prospero et fœlici cursu cum pretioso thesauro deuenit in Angliam.

VII.

Secundis itaque ventorum afflatibus Anglica Benedictus ad littora pro Selebeia Salesbyriam cœpit inquirere, quam ab insulanis edoctus ad eam quasi ad locum sibi diuinitus prædestinatum festinabat,

Dum citus accelerat, vt quod mens pes quoque quærat,
Consummans breuiter abbreuiauit iter.

Fuit tunc temporis in Salesbyria ciuis quidam, Eduuardus nomine, vir omni morum honestate præfulgens, et inter secularia p. 599. vitam et morem diffitens secularem, habitu tamen et specie specimen in eo secularitatis apparebat; qui etiam non minus census quam sensus locupletatus honore propter diuersarum opum affluentem congeriem diues cognominabatur : hic ergo Salesbiriam aduenientem Benedictum solemni suscepit officio, susceptum deuoto releuauit obsequio, releuatum fideli et amico confortauit consilio, cumque diebus paucis apud eum perendinaret, Benedictus tam familiaris, tam amicus ei effectus est, vt eum semper de reliquo quandiu superfuit prædictus Eduuardus vt amicum coleret, vt fratrum diligeret, vt patrem et Dominum honoraret !

Hæc tria veridicum seruant constanter Amicum,
Vsus in ijs clamat semper amicus amat.

Testantur hoc illius non minus pretiosa quam speciosa munuscula, quæ charitate ductus ad decorem domus Domini ad sanctissimi Præsulis Germani reuerentiam Benedicto postea delegauit ; siquidem ei contulit ad pretiosi digiti repositionem phylacterium quoddam aureum, rotundum, quantitate præcipuum, qualitate perspicuum, cælatura mirificum, opere pretiosum, quod vsque hodie in Monasterio Selebiensi conseruatum, omnes se contemplantes non minus in sui ipsius laudem, quam admirationem pro antiqui operis accendit dignitate. Dedit ei etiam ad altare operimentum linteum quoddam opere mirifico decoratum maiestatis Domini cum Euangelistis quatuor, sed et crucifici Domini necnon etiam duodecim Apostolorum continens imagines opere plumario[1] supertextas. Longum omnia retexere

---

[1] Feather-stitch, in which the stitches were laid down longwise and seemed to overlap one another like the feathers of a bird. ROCK, *Textiles,* p. 81.

quæ Benedicto contulit. Hæc tantum ad fidelis viri monimentum memorasse sufficiat, maxime cum vsque hodie in Monasterio conseruetur vtrumque. Cum igitur, vt dicere cœperam, ab hoc viro perenni memoria digno Salesbyriam adueniens Benedictus exciperetur hospitio, venerabili hospiti suo cuncta, quæ sibi contigerant, seriatim exposuit, gloriosi scilicet præsulis apparitionem, apparentis allocutionem, alloquentis iussionem, iussionis executionem ; suspendit tamen aliqua nec plura de visionis iussione narrauit, quam vera et firma experientia certam probauerat. Summa totius narrationis hoc extitit, quod eum Beatus Germanus in Angliam ad Salisbyria delegauerat : sic quippe putabat dixisse Confessorem, quia nomen Salesbyriæ percelebere fuit, Selebiæ vero tunc temporis satis incognitum, et quia Salesbyriam prius sæpe nominari Benedictus audierat, illo se putabat a beato Germano transmissum. Igitur vt fidem audientibus faceret, Benedictus brachium suum ostendit digitum præsulis continens pretiosum, grates summas et gratias omnes Deo et beato Germano persoluunt. Illum bene venisse proclamant, felicem fore locum tam gloriosi præsulis patrocinio profitentur. Ac tum putabat Benedictus, se ad locum sibi a Deo prædestinatum peruenisse, cum neque ciuitatem Eboracam, neque Vsam fluuium in illis finibus esse deprehendit, tunc admodum constristatus· cœpit intra se valde scandalizari, et a fide deficere, maxime quia locum, quem per visionem vt putabat audierat, sed loci signa non inuenisset ; lætitiam tamen et gaudium vultu præferens anxietatem et scandalum, quod patiebatur, callide dissimulabat,

Vultus lætitia mæstos simulata serenans,
  Scandala dissimulat mentis amara viri.

VIII.

Iam exorto vespere se tardior hora protraxerat, et Benedictum itineris fatigatio, mentis anxietas, cogitationum molestia ad refectionem, ad soporem, ad requiem inuitabant :

Cum labor, anxietas, vaga mens monuere soporem,
  Dormit homo, valeat vt sic reparare vigorem :

Quem altius sopore depressum beatus Germanus apparens subridensque paululum talibus allocutus affatibus : Quid, inquit Benedictus tam nouus hospes et aduena, tam abundanti tristitia, subitoque mœrore confunderis,

Dic quid agis, quid habes, dic quæ tibi causa doloris
  Sunt mala quæ pateris intus, aperta foris.

Nam tuæ habitationi locum congruum inuenisti ? Si sedule

petisses, sollicite quæsisses, instanter pulsasses, de acceptione
p. 600. certissima, de inuentione promtissima, de apertione et congau-
deres ; non dixi tibi Salesbyriam, sed vt requireres Selebeiam,
quod nomen beatus Germanus septus syllabarum producendo
repetens : verum, inquit, ne tibi rursus elapso loci nomine error
auertat a peruio, iam tibi locum ipsum ostendam, vt cum ad
illum iterato perueneris, cespitem scias quem elegi cognoscere :
sic fatus, raptum hominem, siue in corpore, siue extra corpus,
nescio, Deus scit, vniuersum loci situm illi demonstrans, Hæc,
inquit, requies mea in sæculum sæculi, hic habitabo quoniam
elegi eam. His dictis visio disparuit confessoris.

IX.

Mane autem facto, quæ viderat, hospiti suo Benedictus
exposuit, interiectisque diebus non plurimis accepto ab eodem
hospite suo Clerico quodam Teobaldo nomine, qui scilicet
interpres eius esset, Lumam[1] Benedictus vsque peruenit, quo cum
peruenisset, nauem inibi reperit onerariam, quæ cursum Eboracam destinabat ad vrbem.   Verum inclementia demorata
ventorum quindecim dierum intercessu vel amplius, illic oneraria
iacuerat.   Crediderim sane, nec immerito ventorum hanc
aduersitatem cælitus commoueri, quatenus sic rate retenta
Benedicto illuc aduenienti non euectionis præsto deesset
obsequium : quod ex ipsa aeris immutatione sat patenter datur
intelligi, quia in secunda die qua illo Benedictus aduenerat, mox
aere mutato ventorum opportunitas, auræ serenitas, æquoris
tranquillitas ad nauigationem prouocabat ituros.   Asserit se
domnus Prior hæc apud Lumam a quadam Matrona valde
decrepita didicisse, quo se iuuenculam in domo patris sui
Benedictum vidisse perhibuit hospitatum, et cum eundem
Benedictum infirmitas fortasse coegisset vt balneis vteretur,
brachium suum dexterum in quo digitus gloriosus continebatur,
iugiter ab aquis in sublime suspendens, precauit summopere ne
aquarum iniuria digitus offenderetur, quod cum vidissent, qui
aderant, et cur hoc faceret inquirerent, prius infirmitatem
quandam dixit se habere in brachio, sed postmodum rei
veritatem et ordinem hospiti suo narrauit, seque illo dixit
aduenisse, vt ibi nauem conscendens per aquarum fluxum locum
sibi prædestinatum adiret.

[1] P. [2] _n._

X.

Igitur nautæ prædictæ nauis Benedicti voluntatem cognoscentes, et se ad illius ingressum benedici confidentes, illum cum
maximo gaudio in eam suscipiunt, omnia quæ ei erant necessaria
deuote conferentes, Benedicto itaque eorum aggregato consortio,
   Aura datur lenis, volat vndis cymba serenis,
      Transuolat alta ratis æquora sana satis.
   Nil graue, nil triste monstrat mare, te duce, Christe,
      Rector vt optarat æquora primus arat.
Sicque prospero uentorum impulsu mare peruolantes in Vsam
fluuium elapsi sunt, nec mora, loco qui Selebeia dicitur, appro-
pinquant, quem eminus Benedictus intuitus, eumque continuo
ex pristina visione recognoscens, hic, inquit, hic, ad terras
reducite, quia hic locus quem elegit Dominus, sicque ad terram
cum sociis demissus a nautis, e vestigio super ripa fluminis ad
honorem Domini signum Crucis eleuauit, ac deinde sub quadam
miræ magnitudinis quercu, quæ a patriotis *Strihac* vocabatur,
in regali possessione frondibus et foliis paruulum construxit
habitaculum, anno circiter ab Incarnatione Domini millesimo
sexagesimo nono, qui est annus quartus Willermi primi Regis.

XI.

Loci deinde situm vniuersum vsquequaque Benedictus ex-
plorando perlustrans, territorium, confinia, prædiorumque et
possessionum metas et terminos perambulans, quid cuiuis
adiaceret dominio diligenter addidicit, vidensque, locum amœnis-
simum tam frequenti nemore consitum, tam abundanti diuerso-
p. 601. que flumine coronatum, tanquam terrenum quendam Paradisum,
illum amplexatus, non minus de illius vtili opportunitate, quam
ex inuentione celeri congaudebat.   Cæterum quoniam se
præbet occasio specialius aliquid et apertius de loci situ vel
qualitate dicendum est : cuius nomen *Selebi* dicitur Anglice,
quod interpretatum Latine dicitur *Marini vituli villa,* quod
vocabulum est sortitus, quia pisces huiusmodi frequenter ibi
solebant capi antiquitus.   Situs super ripam Vsæ fluminis, ad
Australem scilicet plagam Eboracæ Ciuitatis, ab eadem distans
non plurimum, sed quasi spatio miliariorum decem, interiacente
nemorum et syluarum multiplici circunstantia ex omni parte
coronatur.[1]   Quæ amœno loco multum decoris conferunt, plus
tamen vtilitatis impendunt, inter quæ nemora plurima sunt

---

[1] On the forest between Ouse and Derwent, see Burton and Raine's
Hemingbrough, pp. 1-3. Many of the early assarts, riddings, or clearings,
are mentioned in the Selby charters.

quantitate, qualitate præcipua, quæ proprie eiusdem loci dominio
adiacent et appendent, aquarum etiam tanta vicinitate fruitur,
tot et tantis cursibus circuncinctus munitur, vt exceptis lacubus
et stagnis quæ piscibus copiosa proxima sunt, quibus etiam
molendina curantur, trium regalium fluuiorum Vsæ scilicet,
Derpente[1] et Air proximitate locus gaudeat, vtilitate vigeat, copia
sustentetur, sunt namque prædicti tres fluuij valde insignes, et
omni genere piscium, qui in aquis dulcibus inueniuntur, abun-
dantes. Harum igitur duarum rerum, nemorum videlicet, et
aquarum commoditate Selebia præpollens tertiæ rei non minus
vtilis, lapidis scilicet insignissimi, copia ad omnem structuram
nobilissimi, ad omnem cælaturam aptissimi præditatur. Quid
plura? habentur in eodem loco vel in locis eidem loco pertinentibus quæcunque, vt ita dixerim, ad Regni gubernacula postu-
lantur. Monasterium præterea tam pulchre, tam insigniter in
illo suo secreto sedet recessu, vt ex omni parte per vias publicas
a longe gradientibus Ecclesiæ turris, et cætera quædam
officinarum tecta, quæ aliquantulum in sublime consurgunt,
appareant et ostendantur. Quidquid etiam ad Eboracum de
transmarinis partibus, vel ex vllis Angliæ portubus aduehitur
nauigio, vel ab illa deportatur, ante portas Monasterij Selebiensis transire consueuit; sed quoniam hæc de loci qualitate per
digressum exponentes aliquantulum ab incæpta narratione
recessimus, his omissis ad ea prosequenda, quæ cœpimus,
redeamus.

XII.

Cum itaque, sicuti prælibatum est sibi paruulum tugurium
vel potius vmbraculum Benedictus construxisset, illo, pretioso
pignori, digito scilicet sacratissimo, continuas laudes persoluens,
iuges excubias amministrans, attendit summopere, ne vnquam
reliquiis venerandis diuina deessent obsequia, exhibet officium
sacris, satis officiose prouidet obsequium ne desit eis studiose,
verum ne diutius illa pretiosa lucerna sub modio posita in illa
deserti solitudine lateret abscondita, sed potius in publico
sublimata, lucensque quamplurimis ab omnibus coleretur, ad
habitaculum Benedicti mutum quendam fortuna conduxerat, qui
nutu annuens benedictionem aliquam sibi fieri postulabat, quod
Benedictus intuitus, ibique materiam suæ demonstrationis et
profectus intelligens conuersus ad patronum benignissimum.
En, inquit, beatissime Germane, in peregrinatione barbara positi
non cognoscimur, in siluestri gremio demersi non videmur, in

---

[1] So also in Acta SS., the mistake having arisen out of the old form of "w."

heremi solitudine detrusi ab omnibus ignoramur : ostende ergo super hunc miserum tuam misericordiam vt videamur, exalta tuam potentiam ne vlterius ignoremur. Sic fatus digitum præsulis pretiosum apprehendens, super os muti salutare Crucis signum expressit. Sicque prædamnatæ linguæ retinaculis dissolutis in vsum loquendi modo mirabili oris officium relaxatur.

Os, sic dum tangit digitus, sua vincula frangit,
Passio victa iacet, non mage lingua tacet,
Purgantur venæ ; nocuo rumpuntur habenæ,
Os patet, affatur lingua, loquela datur.

Hoc deinde per regionis amplitudinem vsquequaque diuulgato miraculo non minus in Benedicti, quam in beati Germani reuerentiam et amorem omnium comprouincialium affectus accenduntur et animi. Ingens etiam raritas Monachorum quæ tunc temporis extitit, duplo ad Benedictum honorandum et colendum studia cunctorum excitauit : per totam enim Eboraci p. 602. Siriam, excepta Dunelmensi Congregatione, nec Monachus nec Monachorum locus aliquis in illis diebus facile valuit reperiri.

XIII.

Contigit autem eodem tempore vt Vicecomes Eboracensis Hugo scilicet, filius Baldrici, iuxta Selebeiam euectus nauigio pertransiret, qui cum super ripam fluminis Crucis eleuatum conspexisset signaculum, interrogauit quam ob causam ibi Crux emineret elata, cumque rem didicisset continuo iussit ad terram nauem reducere, vt Dei seruum allocuturus exiret : comitabatur autem eum non modica militiæ multitudo, quia bellicæ classis immanitate perdurante, non adhuc perfectæ pacis tranquillitas ab armis et acie militem absoluerat. Fregit hoc in illis finibus Anglorum indomita ferocitas et inuicta constantia, qui semper ad vindictam suam in Gallos insurgentes vltra vires et posse, vbicunque sibi inuicem obuiabant, quis eorum plus posset in viribus experiri nitebantur. Hac de causa tanta militum multitudine prædictus Vicecomes constipatus incedebat, qui cum ad Benedicti Cellulam peruenisset, reperit eum fortuitu ante sacras reliquias in Oratione procumbentem, et orationis fine præstolato ab oratione surgentem, Monachum humiliter salutauit, illumque bene venisse deuotissime proclamauit. Quem Benedictus gratanter resalutans aduentus sui causam, et modum illi seriatim exposuit, digitum sanctissimi Præsulis Germani, quem attulerat, illis omnibus patenter ostendens, dicebat se aduenam et peregrinum nullum in illis regionibus notum habere, nullum præcognitum, se nullius nisi solius Dei, et beati Germani adiutorio roborari : quamobrem, inquit, tuæ protectioni me submittens, tuo consilio me committens, tuam suppliciter exoro clementiam, vt ad id quod cœpi consummandum pro Dei amore tuo me informes consilio, tuo me prosequaris auxilio, tua me solertia consoleris. Annuit illico vir fidelis, et ad preces serui Dei aurem inclinans benignissime : faciam, inquit, libentissime, quæ precaris, quia Deo mihi incolumitatem largiente me habebis cooperatorem in quæstubus, fautorem in votis, cultorem in prosperis, et adiutorem in aduersis.

XIV.

Hæc dicens iussit mox tentorium suum extendere, vt hospitij vice digitum gloriosum exciperet, et susceptionis honoraret obsequio : quod cum perfecisset, nec eum plus inibi demorari curæ suæ pateretur officium, tentorium sicut erat extentum hospiti, quem in eo susceperat offerens dereliquit, afferens inusitatum esse remanente hospite hospitium deportare, ac sic cum cæteris proceribus, qui latus eius ambiebant, Benedicto vale dicens, mox omnes coniugibus suis mandauerunt, vt Carpentarios ad Capellam construendam Benedicto delegarent, et omnia quæ eis erant necessaria ministrarent. Quod illæ mox deuotissime prosequentes missis carpentariis, oratoriolum, in honore beati Germani in eodem scilicet loco, vbi vsque huc Capella villæ[1] perseuerat erecta, construere fecerunt.

XV.

Vicecomes autem prædictæ promissionis suæ non immemor Benedictum in omnibus quæ poterat secundum vires et posse suum promouere nitebatur, sed quoniam in Regali possessione Rege nesciente defixerat habitaculum, consilium habuit, vt quam citius valeret, Regi se Benedictus ostenderet, vt illius authoritate munitus securius inchoata perficeret, perductusque a Vicecomite ante Regem Willermum primum, cum aduentus sui causam modumque Regi narrasset, concessit ei Rex benignissime, ut Monasterium in sua possessione fundaret, dans ei de propria mensa fundationis locum, vnam scilicet carrucatam terræ, in qua Monasterium et villa, quæ Selebeia dicitur, constructa sunt, et nemus quoddam vocatum *Flaxlei*, et villam quandam vocatam *Roupeclif*[2], et aliam dimidiam carrucatam terræ in *Braitum,* et cum iis omnibus piscariam vnam, quæ dicitur *Witegift.*

[1] Probably the *parva ecclesia* of the charters. In the same way the church of St. Mary-le-Bow at Durham occupies the site of the wattled church in which the body of St. Cuthbert was at first placed.

[2] For *Rouwecliff; cf.* [13] *n.*

XVI.

p. 603. His acceptis a Rege Willermo reuersus cum pace Benedictus officinas regulares circa Capellam suam institit ædificare. Cœperunt illico sensim plurimi ad eius se conferre consortium, depositaque secularitatis imagine suaui iugo Christi sui cordis et corporis humiliare ceruices, quos Benedictus aduenientes prudenter excipiens, sed et alios, maximeque illos, quos indole bona pollere callebat, plurimis exhortationibus alliciens, infra breue tempus conuentum sibi fratrum congregauit. Fuit namque vir bona sapientiæ dote ditatus, et in sua lingua specialiter eloquens et disertus, licet non satis artibus liberalibus esset edoctus,

> Cui mens, lingua, genæ, consulta, diserta, serenæ,
> Præstant ad morem facienda, loquenda, decorem,
> Tullius ore, Cato sed mente, Parisque decore,
> Intus habens decoris munia, signa foris.

XVII.

Fuit autem eodem tempore quidam Princeps latronum nomine Suuam, filius Sigge, qui in vicinis nemoribus cum adhærentibus sibi complicibus assiduis discursibus vagabatur, ex cuius consortio quidam maledictus Benedicto inuidens, et insidians nequam spiritus instigatione corruptus, vt ea, quæ habebat Benedictus, furtiuus prædo diriperet, ad Capellam nocturno silentio violentus accessit, deinde vim et violentiam sacris ambiens inferre sacrilegus, vt ostium eleuaret de cardine, manum temerariam incunctanter iniecit, nec distulit vlterius suam potentiam virtuosam, potentemque virtutem ostendere Beati Germani prouocata benignitas, quippe mox, vt contigit, maligna dextera ad Capellæ parietem adhæsit tam firmiter, vt et vires amitteret, ne damnum perficeret, et posse perderet, ne se a scelere non offensus auerteret. Sic is, qui aliena venerat, tollere, nec cum semetipso tantum abire permissus, diei iubar Monachorum aduentum tremulus et inuitus expectabat, demum inuentus a Monachis, crimenque confessus, voti etiam interpositione constringens, quod nunquam illis male faciendo beatum Germanum ostenderet, orantibus pro se Monachis vix promeruit, vt liber abire sineretur.

XVIII.

Ex multis et magnis miraculis, quæ tunc temporis sæpissime refulsere, pauca sunt admodum quæ ad nostræ posteritatis

potuerunt peruenire notitiam ; vnde cauendum summopere, ne
aliquod irrelatum remaneat, quod ex illis veridica seniorum valuimus relatione cognoscere. Ab Ernissio Deburum[1] tunc Eboracensi
Vicecomite centum marcas eo tempore Benedictus assumens
digitum ei pretioso loco pignoris pro tanti pretij quantitate
commisit, et cum prædictum pondus argenti coram testibus erat
suscepturus, pignus illud pretiosum de loculo producens, et per
pilos, qui infra mediam iuncturam cuti adhærebant, coram
vniuersis eleuans in sublime, quam, inquit ad Vicecomitem, tibi
arrham tradam in sacculo diligenter attende, quod vel quale tuæ
pecuniæ pignus suscipias, cuius est profecto sine æstimatione
quantitas, sine diffinitione qualitas, sine pretio pretium, sine
comparatione virtus et subsidium : sicque digitum pretiosissi-
mum reponens in loculo Vicecomitis commisit diligentiæ, quem
ille cum summa suscipiens reuerentia deuotione tanta coluit,
honore tanto seruauit, vt hinc et inde duo semper ardentia
luminaria illius prouideret et procuraret obsequio, nec sine
pietatis mercede tantæ venerationis reuerentiam reliquiis insignis
huiusmodi confessoris exhibuit, recepit illico beneficium, quod
fidei pietas, quod deuotionis reuerentia promeruerat : habebat
siquidem filium ætatis satis acerbæ, Hugonem nomine, qui
lachrymabili infirmitatis genere prægrauatus caduca solebat
passione vexari qui patris et iussu et monitu cum quadam nocte
reliquijs deuotas exsoluisset excubias, clementissimi Germani
meritis tali salutis et incolumitatis dono ditatus est, vt totius
p. 604. passionis exemptus incommodo nunquam de reliquo illius
passionis molestia grauaretur.

XIX.

Postquam igitur, vt prædixi Conuentum sibi fratrum congre-
gasset Benedictus, volente et iubente Rege Willermo, a piæ
memoriæ Thoma seniore, Archiepiscopo Eboracensi Domini Dei
gratia Abbas ordinatus, ac postea sicut antea totis viribus ad
questus et ad profectus domus suæ semper attentus, vbicunque
terras vel possessiones adquirere, vel prece vel pretio se posse
sperabat, illuc se totis viribus et studiis inclinauit, et contulit.
Vnde Gaufridi de Lauuierce[2] notitiam, et familiaritatem adeptus
magna prece, sed multo maiori pretio adquisiuit ab eo villam
egregiam cum omnibus pertinenciis : acquisiuit et aliam de
Guidone de Ramecurt,[3] quæ dicitur Stauford ;[4] bonæ vero
memorie Thomas Archiepiscopus supradictus Deo et Sancto

---

[1] Erneis de Burun.
[2] Geoffrey de la Wirche.
[3] Guido de Rannelcurt.
[4] Read "Stanford."

[B]

Germano duas villas Fristunam scilicet et Selebeiam Minorem, in puram et perpetuam contulit eleemosynam. Is itaque omnibus acquisitis adiuit Abbas Benedictus Lundonias, vbi tunc temporis Rex Willermus aderat, postulauitque Regem, vt possessiones et terras, quas acquisierat, sui priuilegij, et Cartulæ collatione confirmaret, et vt Abbatiam suam, cuius vellet, libertatis dignitate donaret : annuit illico Rex benignissime, petitionemque Benedicti scribendo taliter adimpleuit.

XX.

Willermus fortissimus, immo potentissimus Rex omnium Regum illorum, a quibus eo tempore sceptra Regalia sub Diuino gubernabantur, Maximum Imperium Anglicæ terræ regens, quod promissione atque voluntate Dei primum signis mirabilibusque prodigiis, ac deinde magnis viribus, bellisque debellando Anglos, tandem acquisitum gubernans, viris, tam Ecclesiasticis, quam suis Comitibus, Baronibusque ac ministris omnibus salutes a diuina Prouidentia Dei misericordia, et mea bonitate. Diuina clementia inspirato deuote postulanti Benedicto, Abbati deuotissimo, Cœnobium in honore Domini nostri Iesu-Christi, et beatissime eius Genitricis et Virginis Mariæ, et Sancti Germani Autissiodorensis Episcopi fundare concessi : in quo fundamine conjeci et Regali liberalitate posui, et dedi de propria mea mensa ipsam, Selebiam, videlicet vnam carrucatam terræ de *Snartes*,[1] et sex bouatas de *Flaxlei*, et *Roupeclif*, et dimidiam carrucatam in *Brattum*, et vnam piscariam *Witegift*, et terras a Thoma Archiepiscopo eidem Ecclesiæ datas videlicet *Fristunam et Selebiam minorem*, tam secundum viuam vocem, quam secundum breuis eius tenorem, scilicet vnum Hundret, qui iacet in Vice-Comitatu Lincolniæ, quem dedit Gaufridus de *Lauuirche*, et Stauford[2] que in Vicecomitatu Hametoniæ quem dedit Vuido de Ramecurt, sine vllo retentu confirmaui, et dando concessi, et cuncta cum iis, quæ vndecunque, tam in terris et in possessionibus, quam in aliis oblationibus, quæ instinctu Spiritus Sancti a deuotis benefactoribus offerri, et quoquo versum iure, prece, et pretio adquiri possunt, sub Regali munere, ab omni exactione et molestia, et vexatione, solute, quiete, et libere, prout decet eleemosynam Regiam et propriam Abbatiam Regis, interminabili, et perpetua pace tenere, et curtem[3] suam cum saca et soca, et tol, et tem, et Infaugenpef,[4] et cum omnibus consuetudinibus, quas meliores habet Ecclesia Sancti Petri Eboracensis, habere et

---

[1] Snaith.   [2] Read "Stanford."
[3] Read "curiam."   [4] Read "Infangenþef."

perpetuo possidere ad testimonium, et confirmationem huius Elemosynæ dominationis[1] pro salute animæ meæ, et tam præcedentium meorum, quam subsequentium. Data Carta hæc et consummata apud Lundonias in præsentia istorum scilicet Odonis Baiocensis Episcopi, Eduardi de Salesburia, Hugonis de Portu, et totius Curiæ Regis.[2] Dedit etiam et ei aliam subsequenti tempore Cartulam huiusmodi : Willelmus Rex Anglorum Thomæ Archiepiscopo et Vicecomitibus suis, et cæteris fidelibus suis Francigenis et Anglicis salus. Volo et præcipio vt Ecclesia Sancti Germani de Selebi, ita bene amodo habeat omnes consuetudines suas, sicut melius habet Ecclesia Sancti Petri suas de Eboraco, et ita volo, vt terras suas Sanctus Germanus quietas habeat, sicut Sanctus Petrus de Eboraco habet suas : et hoc concedo pro Dei amore et salute animæ patris mei, et meæ, et tam præcedentium meorum, quam subsequentium.[3]

p. 605.

XXI.

Superioris itaque dote priuilegij a Regis munificentia donatus Benedictus domum reuersus omnia sibi credita cum pace et tranquillitate regebat, ambulabat sane de virtutibus in virtutes, de bono in melius, de profectibus in profectus, semetipsum virtutibus et meritis, fratres religione et ordine, domum possessionibus et substantiis extollendo,

Quæstubus Ecclesiam, se moribus, ordine Fratres,
Extulit, ornauit, glorificauit herus.
Diuitias domui, meritum sibi, religionem
Adquirens, cumulans, instituensque gregi.

Sic quippe cum Iacob inter Rachel et Liam alternis vicibus discurrebat, vt nec pro negotiis exterioribus animarum lucra negligeret, prout rerum vel temporum varietas exigebat, vtrisque se prudenter eo aptans et accommodans, reddebat sane quæ sunt Cæsaris Cæsari, et quæ sunt Dei Deo. Cum Paulo Apostolo factus omnibus omnia vt omnes lucrifaceret. Sic itaque,

Pax intus, tutela foris, pater hic, ibi quæstor,
Diutius intus seruat, ab hoste foris.
Pacificis plus pace fuit, plus hostibus hoste,
Plus cruce crudeli, plus pietate pio.

XXII.

Verum quam se semper rebus prosperis admiscere conatur aduersitas, et prosperitatis gaudium infortunium frequenter

---

[1] Read " donationis."   [2] For this charter see below, p. 11.
[3] Below, p. 12.

intercipit, qualiter de sinu pacis et portu tranquillitatis exciderit, breuiter insinuabo. Ad communes vsus Monasterij octoginta ferme libras argenti in Ecclesiæ thesauro congregauerat, quod duo cognoscentes de Monachis, quorum alter Radulphus, alter Raudulphus vocabatur, auaritia tentati, et tentatione superati, prædictum pondus argenti furantes apportauerunt. Quorum Abbas vt cognouit crimen, ingemiscens, et facinus eorum e vestigio cum manu valida prosecutus denique prope Norampthunam comprehendens, tantum iracundiæ, tantum furoris ex eorum iniquitate concepit, vt discretionis et æquitatis moderamine derelicto, eos et famulos etiam, qui eorum fugam comitati fuerant, omnes primo variis afflictos iniuriis, postremo damnatione membrorum genitalium euirauerit : zelum quidem, vt ait Apostolus, habens Dei, sed non secundum scientiam : iuste quidem persecutus facinus, sed iniuste, quia crudeliter facinoris exercuit vltionem. Vnde factum, vt omnes, qui prænotatæ crudelitatis factam audirent, tantam illius tyrannidem detestantes, plurimum erga eum commouerentur.

XXIII.

Per Monasterium deinde prædictorum Fratrum oblocutionibus oriuntur iurgia, crescunt scandala, murmura conualescunt, dissensiones turbant, detractiones sæuiunt, pax extinguitur, discordia viuit et regnat : sic modicum fermenti totam massam solet corrumpere, sic vnius ouis morbidæ valetudo totius gregis salutem inquinat et destruit sanitatem; sic denique vnius Fratris murmur et detractio totius congregationis concordiam dissipat, vnitatem diuidit, charitatem eneruat. Hinc quippe per Salomonem dicitur, *maledictus omnis susurro et bilinguis, multos enim turbauit pacem habentes*: quod illi discordiæ seminatores virulentis oblocutionibus facientes, Abbatem per Prouincias et Monasteria diffamare non cessauerunt, donec apud Regem ipsum Willermum secundum crimen imponentes, illum accusauerunt, qui sicut illius moris erat, semper ad sinistram declinans, in accusatum Abbatem Benedictum, sicut in quamplures fecerat, crudelitatis suæ cogitauit exercere tyrannidem, vnde factum vt Abbati Stephano Eboracensi, qui fortasse tunc præsens aderat, imperaret, vt Abbatem Benedictum caperet, captumque custodiret, vsque dum aliud de eo fieri eius coegisset imperium.

XXIV.

p. 606.   Abbas ergo Stephanus necessitate coactus vellet nollet, idipsum se facturam esse spopondit : sed cum domum reuertere-

tur, in campo, qui *Segesuuald* dicitur, Abbati Benedicto illum
contigit obuiare, et cum se inuicem salutassent, sic Abbas
Stephanus Benedictum allocutus : mallem, inquit, Domine
Benedicte, te alibi, quam hic inuenisse : coarctat me quippe
Regis imperium, vt te capiam, et ad illius te præsto teneam
iussionem : quod Benedictus audiens resiliuit, et vehementer
indignans baculum pastoralem de manu famuli citius arripuit,
taliterque locutus est : heu, proh dolor ! inquit, quod hanc diem
videre supersum, tanquam latronem comprehendere me venistis.
Nunc ergo gladios et fustes arripite, quia viribus vtendum :
apparebit inter vos quis sit audacior, quia per Dominum meum
sanctum Germanum, quandiu mihi vigor fuerit, non impune mihi
vestrum aliquis appropinquare tentabit.   Quod vt vidit Abbas
Stephanus, sicut erat vir sapiens et maturus, subridens retro-
cessit, et deflexo loro per aliam viam reuersus est in regionem
suam.

XXV.

Videns autem postea Benedictus plurimorum aduersum se
malitiam commoueri, nec facile se posse ad pacem pristinam et
tranquillitatem peruenire, præsentiens maxime, cum aduersam
partem plurimorum fauor et consensus armaret in crimine,
locum inuidiæ dare disposuit : probo siquidem et sapienti fretus
consilio discordiæ pestem discedendo maluit extinguere, quam
resistendo procaciter liuoris crimen augere.   Pudendum quippe
duxit dominium, si sic præeesset, vt non prodesset, si custodiret
illorum corpora, quorum animas amittebat et animos, si viribus
illorum extorqueret obsequium, quorum virtutibus non allicere
valebat affectum : vniuersis itaque congregatis Monasterium et
omnem Monasterij substantiam eorum curæ committens, licentiam petiit abeundi.   Quod licet multis displicuisset, et plurimi
reclamarent, nullatenus remanere consensit, sed vnicuique
benedictionem, quam meruerat, derelinquens, flentibus et
dolentibus, quibus erat mens melior, discessit.   Adiuit autem,
vt dicunt quidam, Rouecestriam, vbi quandiu superfuit,
honestissime conuersatus, et post obitum illius, sicut Abbatem
decebat, honorabiliter tumulatus.   Præfuit autem Monasterio
quod fundauerat, sicut ex subsequentium illius temporibus
potest colligi, xxvij annis, scilicet ab anno iiij Willermi primi
Regis vsque ad decimum Willermi secundi.

XXVI.

Taliter itaque, sicut prælibauimus, Abbate Benedicto de
Abbatia remoto vir piæ recordationis Hugo curam suscepit
pastoralis officij, qui multo tempore prius in Monasterio
Præpositus Congregationis electione, Regis fauore, Archiepiscopi Girardi approbatione promotus et ordinatus. Fuit namque
vir simplex, timens Deum, et recedens a malo, charitate
præcipuus, humilitate mirabilis, pietate laudabilis, continentia
gloriosus. Talem quippe eum suo tempore et ostendit moralitas,
et fama celebrauit, vnde factum vt ab omnibus, qui eum nosse
poterant, magnificaretur, et a singulis prædicaretur, a populis
honoraretur, a Clericis diligeretur, a principibus coleretur, a
Sacerdotibus amaretur. Supererant adhuc quippe per illos dies
bonæ boni sæculi reliquiæ. Vigebat probitas, bonitas enitebat,
valor et virtus conregnabant, honorabantur serui Dei, religio
deuote colebatur, et vt hanc exaltarent certatim sua studia
singuli conferebant. Tantum denique se quisque lucratum
fuisse gaudebat, quantum pro Dei amore Dei seruis beneficii
contulisset. Inde contigit, vt in suo tempore Monasterium idem
Abbas Hugo plurimarum plurimis rerum adaugeret incrementis:
Abbatiam siquidem suo quæstu redditibus extulit, Ecclesiis
quamplurimis insigniuit, ornauit honoribus, ornamentis honora-
uit, decorauit substantiis, prædiis et possessionibus ampliauit.

XXVII.

p. 607. Ecclesiæ quoque, sed et omnium officinarum regularium
fundamenta in loco vbi nunc Abbatia, devotus architectus ipse
locauit : nam usque ad suum tempus omnes officinæ ligneæ
fuerant, sed et flumini omnes contiguæ, quarum ille, sicut
prædiximus, aliquantulum ab aqua longius fundamenta coniecit.
Circa quod opus tantus ei ardor inerat, tanta deuotio, vt
omnia, quæ ipsi operi conferre poterat, nihil sibi viderentur, nisi
etiam ipse aliquid proprie de suo contulisset. Ducebat
quippe satis exiguum illud tantum operariis amministrare,
quod larga deuotio fidelium beneficii offerebat, si non aliquid
ex se et per se ipse impenderet, sed tamen quid ex suo posset
impendere, quid habuit quod non accepit, oblationes fidelium,
redditus possessionum, non sua, sed beati Germani esse
sciebat, illa prudenter et vtiliter dispensare, non tam virtutis
esset et meriti, quam dissipare, vel ad libitum tractare,
sacrilegij et rapinæ. Hæc igitur prudenter intelligens tale
studuit operi beneficium impendere, quod conferre magnæ esset

virtutis et meriti, retrahere vero nec culpæ nec vitij. Quotidie siquidem cucullo indutus operario, lapides, calcem, et quæque operi necessaria humeris suis supposita cum cæteris operariis ad murum solebat aduehere, et omni sabbato mercedem sibi sicut unus ex operariis accipiens, pauperibus erogauit, vt illud scilicet impleret, quod scriptum : de tuis iustis laboribus da pauperibus. Tandem ergo maxima Ecclesiæ parte Dei adiutorio perfecta, regularibus etiam officinis regulariter circumædificatis vigilia beati Patroni Germani suas oues caulis pastor deuotus induxit. Hæc igitur ad admirabilem et deuotam circa domus suæ prouectum sollicitudinem ostendendam breuiter euo luta.

XXVIII.

Cæterum de charitate eius et pietate quid dicam ? cum vtraque semper virtute plenus et affluens, gauderet cum gaudentibus, et fleret cum flentibus, numquam sine illius pœna puniri potuit aliquis, vel in successibus prosperari : aliorum successus suos profectus æstimabat, aliorum infortunium suum damnum esse credebat. Quis enim vel sine illius mœrore passus est noxia, vel sine illius gaudio meruit profutura ? o quam sæpe suis votis restitit vt aliorum voluntati satisfaceret ! quam sæpe penuriam passus est, vt aliorum inopiam subleuaret ! nam si aliquando contigisset vt vestem minus idoneam aliquis haberet e fratribus, confestim eum ad se secreto aduocans suam solebat abstrahere, et ei tribuere, meliorem videlicet pro priore commutans, sic de cibo, sic de potu, sic de cæteris rebus facere solebat. Fuerat autem consuetudo quotidie quando domi esset, antequam fratres pransuri refectorium intrarent, primum pulmentum per omnes mensas circumferre et apponere. Omni die duorum pauperum cibum de coquina accipiens ad suam ipsius mensam solebat afferre et cum suo componere, vt tanto scilicet sibi districtiorem indiceret abstinentiam quanto per præsentem eleemosynam pauperum maiorem cogitaret inopiam. Prætermitto quam fuerit in orationibus sedulus, quam in canticis et hymnis spiritualibus assiduus, quam in psalmorum modulatione deuotus, in huiusmodi namque studiis tanta fuit ei delectatio, tanta deuotio, vt sæpissime matutinis expletis officiis domum infirmorum soleret adire, et ibi cum quodam Clerico Aluuino nomine, qui in eadem domo famulabatur, psalterium et litanias decantare, quod et solebat facere, cum iter quoduis ageret, adiunctis scilicet sibi clericis, quos famulorum loco secum ducebat, tota die psallendo et orando proficisci ; sed quia longum est omnia quæ de illo sunt bona referre, hæc pauca ad illius honestissimam moralitatem demonstrandam memorasse sufficiat. Nunc ad illius finem se narratio nostra retorqueat.

XXIX.

Cum namque viginti et sex annis Monasterio præfuisset, ab anno videlicet decimo Willermi secundi, vsque ad annum vicesimum tertium Henrici Regis, finem suum, vt credo per spiritum imminere prænouit, et quia noluit in prælatione finire, Archiepiscopum Turstinum de Curæ Pastoralis absolutione, nemine

p. 608. sciente, conuenit, qui licet inuitus plurimumque reluctans, Abbatis tandem voluntati consensit, adiunctisque sibi religiosis et honestis Patriæ personis Radulpho scilicet Dunelmense Episcopo, Radulpho Episcopo Orcadum, Gaufrido Abbate Eboracensi, Priore Pontefractensi, et aliis plurimis quos enumerare longum est, Selebiam tanquam de alia causa tractaturus aduenit. Quibus in capitulo considentibus surgens ex improuiso Abbas Hugo solo prostratus absolutionem suæ petiuit obedientiæ. Tunc mœror et luctus omnium, tunc planctus et gemitus vna prosiliunt, tunc dolor subitus tanto vehementius, quanto et repente Monachorum omnium mentes affecit et animos. Reclamabant Episcopi, vniuersæ personæ resistebant, dissuadentes, deprecantes, obseruantes, ne pastor oues desereret, ne filios pater inconsultos relinqueret, ne Monasterium moderamine rectoris orbatum raptoribus exponeret et prædonibus, quorum precibus et lacrymis dum ille non moueretur, cum festinatione absoluit eum Archiepiscopus : non enim pure Abbatem Hugonem dilexerat, quia ille vnus fuit ex eis, qui in electione eius reclamauerant, et ideo se facilius ab[1] absolutionem eius inclinauerat, sed tamen non sine timore : timebat quippe se Regis indignationem incursurum, si ad illius notitiam perueniret, quod in Abbatiam suam manus contra rationem iniecisset. Vnde factum, vt absoluto a cura pastorali Abbate Hugone omnem exteriorem curam domus, non cuilibet ex suis, sed Priori, Willermo scilicet Magno, commendaret, sed et baculum Pastoralem cum ei vellet Abbas Hugo reddere, non adquieuit accipere, sed super altare iussit deponere.

XXX.

Sic itaque Pastoralibus curis fœliciter vir ille fœlix exoneratus, multa sanctorum loca per Angliam orationum gratia visitauit,

[1] Read "ad."

et cum eum apud sanctum Albanum et apud Dunelmum honorabiliter, et cum magna reuerentia, sicut virum sanctissimum vellent retinere, nunquam sibi ipse persuadere potuit, vt a beato Germano aliquantulum temporis moraretur. Domum ergo reuersus, vitam eremiticam in prædio quodam *Scablu* nomine, non longe a Monasterio honorabiliter cœpit exercere. Cumque duos annos post gradationem suam peregisset spatiandi gratia, quodam tempore domum aduenit : tunc incommodo repente corripitur, languore deprimitur, febribus aggrauatur, tanquam manifeste daretur intelligi maximam de eo curam beatum Germanum habuisse, quem suo sic instinctu ad se reuocauerat, vt ibi videlicet corpus requiesceret, vbi æternam requiem multis beneficiis promeruerat. Cum itaque diebus paucis acerrima valetudine vexaretur, rebus demum exemptus humanis, appositus ad patres suos, et ab Herberto tunc Abbate Monasterij cum magna reuerentia, sicut talem ac tantum decebat virum, in Capitulo tumulatus, de quo vice Epitaphij sic cecinimus Elegiace.

XXXI.

VERSUS DE ABBATE HUGONE.

Hugo decus morum, decor orbis, flos Monachorum,
Cum ruit, omne ruit quod Monachile fuit.
Lux animæ viua, via vitæ, pacis oliua,
Cum fugit et vadit, ius, decus, ordo cadit.
Hic vir virtutis, decoris vas, vnda salutis,
Gloria, dum steterat, religionis erat,
Præ cunctis humilis, aliis carus, sibi vilis,
Mente minor puero, plusque rigore, fero.
Non homo, sed vermis, sibi non vir, res sed inermis,
Mens sibi, mors finis, terra fauilla cinis.
Mos sibi se flere, mens sternere, vota valere.
Nolle malo mori viuere, velle mori.
Esse sibi Regem mens, cunctis vota subesse,
Cor prodesse gregi, lex ratione regi,
Simplicitas puerum probat hunc, ars, sensus Homerum.

p. 609.
Vis probitas iuuenem, consiliumque senem,
Libertas socium, dominum valor, actio diuum,
Gratus amor Fratrem, sollicitudo Patrem.
Sic Monachile decus par cunctis, omnibus æquus,
Cuique coaptatur, cui comes ipse datur.
Diuitiis superis, teneris pietate, seueris
Iudicio, pueris mente decore meris.

Iustitia iustis, spe sanctis, ore venustis
Actibus ingenuis, ingeniisque suis.
Quæstibus, hic primus, et opimis rebus opimus,
Plura suæ domui contulit arte sui.
Ecclesiam fecit, cuius fundamina iecit,
Cui tulit et dona plurima larga bona
Sic vir plusque viro virtutum munere miro
Dum viruit periit, dum stetit interiit.
Cum cadit is, cadimus, et eo pereunte perimus,
Cum premit hunc finis, fit decus omne cinis.
Se caro dat terræ, quod sumpsit iussa referre,
Semina missa metit, spiritus astra petit.

XXXII.

Igitur postquam se Abbas Hugo de sede pastorali transtulerat, successit ei in Monasterii regimine Herbertus, vir valde Monachus, et ordinis obseruatione probatissimus, qui ex Sancto Albano electus, a Rege collaudatus, bene sibi pastoris et nomen et officium perpetuo vendicasset, si Columbinam in se simplicitatem serpentis prudentia temperasset. Sed quia simplicitatem suam nec ornauit ad plenum prudentia, nec discretio temperauit, ei plus obfuit, quam profuit, quantum quidem ad Pastoralem curam exercendam. Fuit quippe vir admodum simplex, et satis, plusquam rectorem decebat Ecclesiæ. Quia sic quietem Mariæ diligebat, et partem, vt omnem Marthæ sollicitudinem desereret, et laborem, nulla de rebus exterioribus ei cura, nec sollicitudo, de possessionibus, de substantiis Monasterij nihil agebat, nihil cogitabat, nesciuit de ijs iudicare, nec voluit, recolens quia, nemo militans Deo, se negotiis implicat secularibus, sedebat in Claustro solitarius, et tacebat, psallebat, orabat. Legit et decerpsit flores de scripturis, ipse primus ingrediebatur ad horas, ultimus exibat. Quid plura? Sic interioribus professus Monachum, vt in exterioribus omnino diffiteretur Abbatem. Ex hoc accidit, vt res exteriores certo procuratore carentes non bene cœperint administrari, inculti agri, horrea demolita, mansionum extirpata pecuaria, summam inopiam Monachis pollicebantur imminere, consulitur ille, sed consulentibus se consulere nesciebat, querimoniis huiusmodi frequenter eius corrumpitur Lectio, præpeditur oratio, contemplatio defraudatur, et ad hæc accessit afflictionis grauioris incommodum, quia nec apud cum querela solatium, nec necessitas inuenit remedium.

XXXIII.

Cum itaque quatuor annis vix in regimine perdurasset, cernens sibi laborem infinitum incumbere, vnum sibi vidit superesse consilium, vt se videlicet de tali cura transferret. Aduenerat in Angliam eo tempore Cardinalis quidam Apostolicæ sedis Legatus, Ioannes nomine, quem Herbertus apud Eboracum allocutus, de officij sui cura consuluit; cumque illius moralitatem Cardinalis didicisset, nihil, inquit, tibi frater hoc tempore vel tuis moribus cum pastoris officio: simplicitas hoc tempore reputatur ignorantia, humilitas ignobilitas, mansuetudo stultitia. Quam ob causam in veritate tibi consulo, vt onus pastorale deponas, et sarcinam, et cum se diceret Herbertus hoc ratum habere consilium, hoc quærere, hoc desiderare, absoluit eum Cardinalis. Veniens itaque domum, continuoque vale dicens Fratribus, et Monasterium eorum curæ committens, ad Sanctum Albanum reversus est.

XXXIV.

p. 610.　　Post cuius discessionum electus Durannus quidam Monachus Sanctæ Mariæ Eboraci, qui nouem annis præfuit Monasterio, scilicet vsque ad annum nouissimum Regis Henrici, in cuius Duranni tempore res magna contigit et plena stupore, quæ vt paginis inserta præluceat, breuiter hanc memorabo. Niuis et glaciei dissolutione mirabili Vsa fluuius mirabiliter excrescens ripas suas vehementer excesserat, cuius inundatio tam repentina fuerat et insolita, vt cum matutinorum signo pulsante nihil appareret, antequam fratres Matutinas percantassent, per totum Claustrum et officinas se aqua diffudisset, tunc villæ Capella, quæ fluminis alueo fuit contigua, tanto plus aquarum impulsibus periclitata, quanto maiori fluminis rigore concussa, circa quam satis se præsentem ostendit Beati Germani potens benignitas et benigna potestas; nam cum aqua per quindecim fere dies excrescens se super Capellæ parietes qui virgultis contecti fuerant, quinque fere cubitis extulisset, nunquam tamen valuit infra Capellam vnum gradum qui ante altare fuit, excedere, quamuis parietibus vsquequaque carie consumptis foramina per circuitum et plurima paterent et maxima. Visum ergo et diligentius exploratum, et inuenta aqua duobus cubitis esse altior extra, quam intus. Hoc miraculum tam cognitum et diualgatum, vt adhuc etiam quasi prouerbium euolitet per ora cunctorum. Dicunt etiam in eadem Capella luminaria ardentia sæpius visa fuisse, sæpe voces Psallentium et Cantantium auditas et intellectas, sed in diebus Abbatis Duranni hoc quod retulimus contigit de aqua miraculum.

XXXV.

Erat autem isdem Durannus vir in exterioribus valde prudens, sed in interioribus et sibi et aliis longe plusquam oportuit negligentior : erat siquidem multimoda gratiarum dote donatus, liberali scilicet scientia sufficienter eruditus, forensium sapientia bene consummatus, præterea facundus eloquio, acutus ingenio, munificus dextera, decorus facie, expensis nobilis, nobilitate conspicuus, verum ad tot instrumenta virtutum, quæ habuit, corrumpenda accessit fermentum erroris, noxia videlicet familiaritas suspectarum personarum. Amabat quippe Rex Salomon mulieres alienigenas multum quæ subuerterunt cor eius, et eum errare fecerunt, vnde publice diffamatus, et notatus per prouinciam laicis fuit scandalum, ordinatis opprobrium. Correptus autem sæpius et increpatus a Monachis cum nulla ratione malus vsus inolitus valeret aboleri, tandem suadente et consulente supradicto Archiepiscopo Trustino, Pastoris honorem cum onere a Conuentu deserere compulsus. Cum autem ei per omnia Archiepiscopus restitisset, ne amissum recuperaret honorem, adiuit ille Cluniacum, vbi sub religionis et ordinis professione honeste cœpit conuersari, vnde postea Abbatis Cluniacensis collatione nobilem et excellentem in Anglia adeptus Prioratum regnante Domino nostro Iesu Christo, cui cum Patre et Spiritu Sancto, honor virtus et gloria, nunc et per omnia sæculorum sæcula.

MONITUM AVCTORIS, SEV PRÆFATO IN SEQVENS OPVSCVLVM.

Superioris exaratione voluminis iam ex vtraque parte scheda decursa præsentis opusculi proposueram finire laborem, quod me facere dum non permittitis, facitis indiscrete, quia et meam tenuitatem tam immoderato labore vexatis, et inuidorum, si qui sint, aduersum me liuorem excitatis, odiosum me facitis Chananeis et Phereseis habitatoribus terre huius. Illis siquidem materiam augetis inuidiæ, dum honoris mihi causas administratis et gloriæ, vnde tremulus satis et dubius istud prosequor vestræ iussionis opusculum, quia timeo quod futurum præsentio, ne scriptoris causa contemnatur pagina, ne occasione vilis Historiographi pretiosa subsannetur et respuatur historia. Sunt enim quamplurimi in hoc tempore, qui non quod, sed quis dicas, attendunt : qui peruersam metonymiam facientes non p. 611. personam ex dictis, sed ex persona dicta volunt approbare, timeo quod iam imminere video, ne ij tales ob meam paruitatem

a me scriptam subsannent historiam, nec dedignentur legere
quæ tam vilem personam cognouerint edidisse. Quamobrem
ab hoc labore manum retrahere proposueram, sed vos, qui
pene violenter hoc coegistis incipere, violentius cogitis et
implere : factus sum insipiens, vos me coegistis siquidem non
veni voluntatem meam facere, sed eius qui misit me : meis votis
restiti, vt vestris satisfacerem, meam voluntatem adnihilo, dum
vestram implere laboro.   Neque iniquitas mea, neque peccatum
meum, sine iniquitate cucurri, et direxi, inuidorum insaniæ,
scandalis pusillorum, quæ ex hoc nostro studio fortasse
contrahentur vos arbitror in capite debere respicere, quia vos
huius operis adiutores estis, ego minister.   Cæterum sunt
aliqui, quibus respondendum, qui suam inuidiam volentes
palliare, quasi iusta ratione hoc Opusculum nostrum nitantur
reprobare, dicentes, a nemine debere rem scribi, nisi a quo
potuit et videri, nec aliquem debere credere rem ex auditu quam
probare non potuit ex visu.   Quid ergo, nonne fides ex auditu,
quanta audiuimus et cognouimus ea, quia patres nostri opera
Dei et virtutes eius narrauerunt nobis, ne sint occultata a filiis
eorum in generatione altera, et tamen maiorem historiæ partem
ab Abbate scilicet Hugone vsque ad calcem vidisse potius quam
audiuisse me iudico, quia illorum ore locutus sum qui viderunt.
Testem inuoco conscium secretorum, me aliud non narrasse,
quam ab illis audiui, qui etiam tales sunt, vt eorum maturitati
discredere infidelitatis signum sit et nota perfidiæ.   Hæc me
paucis dixisse non sine magno cordis dolore liuor et oblocutio
compulit inuidorum.   Cæterum bene facient si se ab huiusmodi
vitio correxerint, qui sibi conscij se cognouerint hic notari : si
autem peccator adiciat ad peccandum, ad illius nos non
pertinebit excessus, sit sanguis eius super eum : nos Paulum
habentes Apostolum, Christi bonus odor erimus, et in iis qui
salui fiunt, et in iis qui pereunt.

CAPVT I.   *De electione Abbatis Walteri.*

II.   *De moralitate eiusdem, etiam prædicationis instantia.*

III.   *Versus de eodem.*

IV.   *De Abbate Helia.*

V.   *De homine, qui Ecclesiæ fores in guerra volebat effringere,
et qualiter percussus sit.*

VI.   *De milite, qui equum de Cœmeterio rapuit.*

VII.   *De milite, qui de Ecclesia quendam rapuit et eduxit.*

VIII.   *De eo quod nullus sine alicuius experientia flagelli potest
euadere qui Sanctum Germanum quoquo modo offenderit.*

IX. *De Capella quæ inter incendia permansit illæsa.*

X. *Quod milites nullum in guerra Captiuum tenere propter Sanctum Germanum valebant.*

XI. *De pellipario qualiter Sanctum Germanum inuocans a vinculis liberatus.*

XII. *De paruulo qui Sancti Germani inuocatione liberatus est.*

XIII. *De muliere, quæ se pro viro suo obsidem dederat, qualiter euasit.*

XIV. *De Clerico, qui pro parte obses tenebatur, qualiter meruit liberari.*

XV. *De viris quos Sanctus Germanus visibiliter apparens absoluit et eduxit.*

XVI. *De quodam Willermo, qui de summitate Castelli mirabiliter euasit.*

XVII. *De rustico, qui Sanctum Germanum inuocans nullius cruciatus sciuit sentire supplicium.*

XVIII. *De Martino, qui hominem Sancti Germani volens calumniari, loqui non valuit.*

XIX. *Quomodo illum a militibus suspensum Sanctus Germanus a morte saluauit.*

XX. *Quomodo idem Martinus vsque ad mortem vulneratus infra diem tertium restitutus sospitati.*

XXI. *De eo, quod plurima abbreuiationis gratia sunt omissa.*[1]

XXII. *Quomodo Abbas Helias degradatus, et Germanus Ecclesiæ Prælatus.*

XXIII. *Quomodo Abbas Germanus redeunti Heliæ cessit, et iterum authoritate Legati redijt.*

XXIV. *De moralitate Abbatis Germani et illius obitu.*

XXV. *Versus vice epitaphij de eodem scripti.*

XXVI. *De Cistellis, quæ in flumine ceciderant, quomodo illa, quæ reliquias continebat, sicca inuenta.*

p. 612. XXVII. *De reclusa, cui Sanctus Germanus apparuit, et Selebiam per visum ostendit.*[1]

XXVIII. *De puero bimo, quem carri rota contriuit.*[1]

XXIX. *De femina, quam Sanctus Germanus per visum increpauit, cum famulos suos non attentius honorasset.*

XXX. *De Canonico a quartano febrium incommodo ante feretrum liberato.*

XXXI. *De muliercula, quæ xv annis infirmitate laborauerat, quomodo sanata.*

[1] These headings do not correspond with the chapters as divided in the text.

XXXII. *De paruulo contracto et sanato.*

XXXIII. *De puella morti proxima quomodo sanitatem ante feretrum recepit.*

XXXIV. *De homine languido, quomodo nocte Sancti Germani, sanitati restitutus.*

XXXV. *De homine vexato a dæmone, quomodo per reliquias mundatus sit.*

XXXVI. *De rustico, cuius manibus vanga adhæsit.*

XXXVII. *De homine inflato, quomodo Sanctum Germanum inuocans sanatus sit.*

I.

Postquam Abbatem Durannum de regiminis excellentia sua culpa deiecerat, Pastorali moderamine per duos annos Abbatia viduata permansit. Egit hoc de Abbate eligendo inter Monachos exorta dissensio, quia dum vnusquisque alterius voluntati restitit, nullius ad effectum valuit velle perduci. Fuerunt siquidem eo tempore plurimi in Monasterio, qui ad Prælationis fastigium suspirabant, vnde dum vnusquisque promotioni propriæ intendebat, altèrius electioni reclamabat. Cum autem se tam diuturna contentione distrahi frustra viderent, et se ab inuicem præpediri mutua infestatione dolerent, tandem sub vna se colligentes sententia domni Archiepiscopi Turstini procedente consilio Priorem Pontefractensem Vualterum elegerunt.

II.

Fuit autem idem Walterus moribus et ætate bene maturus, artium liberalium assertione præcipuus, religionem grauitate prouectus, famæ celebratione specialis. Denique nihil imperfectionis in eo moralis plenitudo dereliquerat, nisi quod aliquantulum iracundus extitit et festinus; sed eius ira vix ei cessit ad vitium, quia ad modum stipulæ, quanto facilius solebat accendi, tanto citius consueuit extingui, quippe nec inuenit in eius sinu requiem, nec in eius corpore reperit mansionem. Igitur electus a Monachis, et a sæpe dicto Antistite Turstino consecratus, multarum ornamento virtutum, multorum priuilegio meritorum Prælationis honore se dignum esse monstrauit : tanta siquidem sollicitudine, tanta deuotione spiritualibus rebus curam adhibuit, vt cum Maria ad pedes Iesu sedere iocundans, omnem exteriorum Cœnobij administrationem cuidam ex Monachis Willermo scilicet Grandi commendaret, quatinus ipse tanto liberius spiritualibus vacare posset profectibus, quanto a terrenarum rerum impedimentis esset absolutus; Moysi videlicet in hac parte secutus exemplum, qui pro se viros septuaginta supra populum constituit, vt quantó se ab exterioribus causis absconderet, tanto ardentius interna penetraret. Regulæ quotidie lectionem in Capitulo solebat exponere, ne se de ignorantia quis fratrum excusaret, prædicabat verbum Dei, instabat oportune, importune arguebat, increpabat, obsecrabat, in omni patientia et doctrina, proferebat doctus scriba' de thesauro suo noua et vetera, gaudium et pœnam, supplicium et gloriam, vt promittendo gaudium, excitaret ad meritum, et minando supplicia a subditorum moribus noxas omnes extirparet et vitia : præterea prædicationis instantiam honestæ conuersationis authoritate in se ipse roborabat, et vocis libertate, collatione disciplinæ moralis ornabat. Sicut enim defendebat loquendo quod vixit, sic ornabat profecto viuendo quod dixit, castigauit cum Apostolo corpus suum, et seruituti subiecit, ne aliis forsitan prædicans, ipse reprobus efficeretur, quos verbo genuit, nutriuit exemplo, quia quod vocibus prædicauit, moribus adimpleuit. Sed tamen, quamuis interioribus curis tanta se studiositate contulisset, nequaquam tamen omnimodis a causis forensibus se subtraxit, si quando necessitas exigebat, pro proximorum vtilitate charitatis condescensione clementer inseruiit : summa siquidem prudentia

p. 613. dispersa congregans, et modesta temperantia congregata conseruans, præcauit summopere, ne in suo tempore domus alicuius in commodi dispendium vel alicuius damni periculum pareretur, sic itaque constanti vigilantia, dum et interiora purgaret a vitiis, et exteriora protegeret ab inimicis, fortiter et suauiter disponens omnia, pacifice et tranquille perficiens vniuersa, cursum pastoralis officij sex annorum curriculo terminauit : diuturno quippe attenuatus incommodo pridie Kal. Martij hominem exuens migrauit a sæculo, et in Monasterij Capitulo cum summæ venerationis obsequio, cum magnæ deuotionis reuerentia traditus sepulturæ, ad cuius laudem sic elegiaco carmine dictum est.

III.

Stella cadit cleri, perit hæres almus Homeri,
   Dum mors Valteri demetit ora meri.
Tullius hærede, parili Cato, Pallas et æde,
   Priuatur sede Musa, Minerua pede.
Claudicat ars dia, titubat iam philosophia,
   Cumque theoria iuncta sophia pia.
Plangite Pierides, vester ruit almus Atrides,

Quemque premunt lapides, plangat amica fides.
Ars perit et Clerus, quia corruit alter Homerus.
Orbis honor verus, religionis herus.
Artibus armatus, morum probitate probatus,
Legibus ornatus, artibus arte datus.
Artibus omnigenis pollens, titulisque serenis,
Consiliis plenis, sensibus, ore, genis.
Sic sibi quoque dato virtutum munere grato
Est Paris ore, Cato moribus, arte Plato.
Flos decor Ecclesiæ, Cleri decus, aula sophiæ,
Regula Iustitiæ mentis honore piæ.
Digna sit orbe coli Waltero laus data soli,
Qui demptus Soli transit ad astra poli.
Est Caro facta Cinis, laus eius nescia finis,
Quem cum diuinis viuere Christe sinis.

IV.

Huic sucessit Helias Paganellus Prior Sanctæ Trinitatis Eboraci, qui omnino pene laicus, excepta psalmorum recordatione, vtpote conuersus ex milite, pro morum tanta honestate et exteriorum scientia, qua bene pollebat, electionem omnium promeruit, et affectum illexit. Ordinatus autem bene præfuit, quia in multis profuit, et maxime in hoc, quod Monasterij possessiones ab hostium et prædonum violentia viriliter protegebat, quanquam eo tempore bellicæ cladis immanitate vbique regnante tyrannorum et prædonum insania quemque opprimeret, rebusque spoliaret quem viribus imparem cognoscebat, sed quoniam ad alia quæ digna memoria in illius tempore contigerunt festinamus, hoc de illo compendiose dixerimus, quod omnia sibi credita viriliter et vigilanter seruauerit, prudenterque seruando bene et fideliter vsibus Monachorum ministrauerit.

V.

Contigit ergo in eius tempore vt Henricus de Laci, qui eiusdem cognatus extitit, communicato cum eo consilio in Selebio Castellum eleuaret, nec præteriuit hebdomada cum hoc cognoscens Comes Willermus....[1] cui fuit cum Henrico congressus, incœptum Castellum obsidere festinauit: villam ergo primum anxiis impetens et furibundis insultibus cum diu pugnatorum repelleretur instantia, tandem aditum clandestinum per Monachorum habuit officinas. Interea propter metum inuadentium hostium, propter prædonum effrænem incursum, ad

---

[1] This blank is in Labbe's text.

[c]

Cœmeterij refugium, ad Ecclesiæ præsidium, se cum sua supellectili quisque contulerat; villam igitur hostium et

p. 614.

prædonum ingressis agminibus, ad prædæ raptum, ad rapinæ congeriem singuli vires et studia conferebant, sed cum domos rebus et habitatore vacuas et vacantes reperissent, plures ex eis ad inuasionem Ecclesiæ crudelitas rapacitatis attraxit, quorum vnus cæteris in malum audacior, Ecclesiæ fores dé vectibus eijceret palum leuatorium ostio submisit in limine, tunc vna vox omnium foris astantium in cœlum defertur, vt seipsum defenderet, suam domum protegeret, suis inimicis resisteret beatus Germanus postulatur, nec plus in scelere processerat sceleratus ille sacrilegus, e vestigio diuinitatis attritus iudicio cecidit resupinus, edoctus proculdubio non plus sapere quam oportuit, sed sapere ad sobrietatem. Cœpit illico tam vehementi tumore per omnes artus miser grossescere, vt ipsa sua inflammatione pene cutis extenta rumperetur, ac deinde perseuerante tumore tam deformi nigredine obfuscari, vt Mauro simillimus pice vel fuligine cacabatus putaretur, denique leuatus, et ad hospitium delatus a sociis, in doloris lecto collocatus, tunc aliquantulum passione suspensa, doloreque laxato in se reuersus, nomine Benedictum Monachum qui operi præfuit, vt absolutus res suas ei tribueret, fecit accersiri. Qui cum aduenisset et illum vidisset, tam repentino horrore ac timore correptus, ac si dæmonem facie ad faciem conspexisset: rogatus autem vt res languentis ad operis vsus acciperet, ita respondit, oblationes, inquit, impiorum abominabiles Domino quæ offeruntur ex scelere. Traditus hic totus Sathanæ, nec habet in eo partem Dominus desuper, aut hereditatem omnipotens de excelsis. Vix verba compleuerat, et mox rediuiua calamitas adeo miserum fatigabat, vt ei præsente Monacho nescio qua diuina virtute protinus vnum ex oculis vis doloris eijceret: tunc metu et horrore cogente cum Monachus festinasset exire, priusquam peruenisset ad ostium, oculus qui misero remanserat de capite sicut prior erupit: ad modum namque pruni præmaturi, quod cum manu premitur, lapidem solet euomere, sic illius oculi passionis anxietate depressi, cum sanguinis constipatione migrarunt de suis sedibus, et eruperunt. Notandum quod fortasse vitia quæ in eo percussa sunt ipsius percussionis qualitatibus sunt notata dum per tumorem corporis mentis superbia, per óbfuscationem nigredinis conscientiæ malitia, per oculorum amissum cordis cæcitas ostensa. Ideo quippe, sicut dicit Gregorius,[1] fiunt exteriora miracula, vt mentes

[1] In Evangelia, lib. I, Hom. iv.; Opp. Paris, 1705, Tom. I, 1448. "Ad hoc quippe visibilia miracula coruscant, ut corda videntium ad fidem invisibilium pertrahant."

hominum ad interiora perducantur, quatinus per hoc, quod mirum visibiliter ostenditur, ea quæ mirabiliora sunt inuisibilia credantur. Volens ergo confessor eximius per vnius interitum plurimos ab offensa saluare, causas verberis denotauit in verbere, vt hoc cognoscentes homines vitia regnare timerent in se, quæ tam districte puniri cognouissent in alio, vexatus itaque miser ille tantæ passionis pœna, tanti cruciatus incommodo, vix diem tertium in languore sustinuit, quin ei sicut oculos, sic et animam cum magna cruciationis anxietate valitudo passionis auferret, sicque factum vt plurimi a talibus ausis illius cohiberentur interitu, nec aliquis beatum Germanum auderet offendere, qui illius damnati vel vidisset vel audisset admirabilem et infœlicem euentum.

VI.

Fuerunt tamen aliqui, qui eodem die priusquam illius manifestaretur interitus, ad opus simile, licet ad non tam omnino temerarium, manus extenderet, quorum fortasse sacrilega potuisset latere præsumptio, si non eam vltio subsequens diuina propalaret. Quidam namque ex militibus Paganus Foliot nomine, eodem die equum de Cœmeterio rapuit et eduxit, sed non impune, reuerentia postposita confessoris hoc præsumpsit, cuius protinus indignationem pertulit, et expertus iram : ad vindictam quippe malefacti mox antequam Cœmeterium egredi potuisset, vulnus recepit lethale, cuius irremediabili damnatus incommodo, et mentis et corporis salutem amisit : sicut enim corpus languorem ex vulnere, sic et animus amentiam contraxit ex languore, sed hac in re hoc mirabile videbatur, quod licet tam acerrimo fuisset vulnere saucius, qualiter tamen vel a quo fuisset vulneratus, penitus ignorauit : cum itaque perseueranti valitudine grauaretur, omnemque modum et mensuram accrescens languor excederet, intra dies paucos singulari calamitate viam vniuersæ carnis ingrediens, præsentis vitæ miseriam terminauit.

VII.

p. 615.   Equitem alium ad tantam amentiam auiditas rapinæ protraxerat, vt ex ipsa Ecclesia vi et violentia quendam abstraheret, abstractumque captiuum deduceret, cuius temeritatem temporis postposita dilatione comes vltio prosecuta. Diuinitatis namque sententia contractis et conflexis artubus membrorum et vsu et officio priuatus emarcuit, qui percussus doluit, attritusque suscepit disciplinam, quia tantum melius profecit ex verbere, quanto deterius affligebatur ex scelere, donansque subinde libertate captiuum, votique se promissione constringens, quod confessorem, quem offendebat, satisfacturus ex offensa requireret, Monachorum pro se intercedente conuentu, pristinæ restitutus sospitati.

VIII.

His ergo tribus prælibatis exemplis diligenter obsecro, prudens Lector, aduerte, quam sui quam suorum iniuriæ districtus vltor beatus Germanus existat, hoc in libro miraculorum eius legimus, hoc exemplis inibi suppositis discimus, hoc in hostium nostrorum euentibus frequenter approbamus, hoc quasi vulgare prouerbium habentes in ore afferunt nostri seniores, dicentes, aut vix, aut nunquam aliquem se vidisse, qui beatum Germanum, vel furto, vel fraude, vel alicuius rei ablatione prouocasset, qui sine alicuius experientia flagelli potuisset euadere. Alij puniuntur inopia, alij valetudine et infirmitate flagellantur, quidam quod durius ante mortem integritate memoriæ, quidam sensus sanitate priuantur, quod nos tanto liberius et indubitanter asserimus, quanto, inquam, plurimis, licet minores simus, hoc viderimus approbatum ; sed hæc peccatorum percussio vtrum clementiæ Confessoris deputanda sit, an furori, non temere quisquam definire presumat: percussionum quippe diuersa sunt scelera, et sunt aliqui quos clementia iudicis flagellis atterit, vt purget : quidam vero quos furor affligit vt damnet : omnis namque diuina percussio secundum Gregorium,[1] aut in nobis purgatio præsentis vitæ est, aut initium pœnæ subsequentis : sed infeliciores sunt quicunque sine pœna vel flagello punienda committunt, quia iuxta Augustinum[2] nihil infelicius fœlicitate peccantium, qua pænalis nutritur impunitas, met ala consuetudo[3] velut hostis interior roboratur. Verum sicut beatus Germanus in sui vel suorum iniurias vlciscendo districtus esse probatur, sic in subueniendo de se præsumentibus omnino clemens et benignissimus. Quod quidem satis euidenter miraculorum subsequens enarratio declarabit.

IX.

Hostes namque postquam villam inuaserant, inuasamque rapacitatis violentia deprædati fuerant, tandem se de tam dissoluta diffusione congregantes in aciem collegerunt. Castellum autem vnius Henrici tantummodo munitum præsidio cum

[1] Moral. in Job, xxii, 35 ; Opp. Paris. 1705, Tom. I, 571.
[2] Ad Marcellinum Ep. cxxxviii ; Opp. Paris. 1679, Tom. II., p. 416.
[3] " Voluntas."—S. Aug.

tota die coniunctis viribus oppugnassent, nihil proficientes inani
labore, se diem illam exegisse doluerunt ad vesperam. Repulsam
ergo suam alicubi vindicare studentes accensis ignibus villam
incendio damnauerunt. Ignis igitur alimentum ex omni parte
reperiens, non acquieuit accensus, donec totius pene villæ
fabricam in vnum redigeret quasi fornacis incendium. Tunc
circa pretiosi Præsulis Germani Capellam, cuius superius in
superiori libello meminimus, ostensum satis euidens et insigne
miraculum : æstuantibus quippe circuncincta flammarum incen-
diis permansit intacta, igniumque sæuientium periclitata
fulminibus perseuerauit illæsa, quamuis ei tanta proximitate hinc
et inde domorum adhærerent ædificia, vt propinquiora cum
accendisset incendium, vltra Capellam quasi in vnum crinem e
diuerso veniens se flamma colligere videretur. Quæ res ipsos
etiam hostes adeo stupore repleuit, vt mirantes loquerentur
adinuicem, si super hoc tugurium congereremus incendium,
antea liquesceret, quia arderet : fidenter dixerim illum clementem
scilicet Germanum esse præsentem, illum hanc Capellam
combustionis eripuisse discrimini, qui attriti pedis olim præ-
p. 616. grauatus incommodo hospitium suum ab exustione protegens a
periculo saluauit incendij, et hoc pro maximo habere debemus
honore, pro summo tenere solatio, cum speciali deuotione
venerari, quod antiqua miracula, quæ gessit in corpore, quadam
reiteratione dignatur apud nos clemens innouare patronus. Vno
siquidem virtutis genere, eademque miraculi qualitate expaues-
cens, illic flamma præsulis hospitium, hic Ecclesiam, vtrobique
præsentiam transiliuit vltra citraque desæuiens, et inter globos
flammantis incendij incolume tabernaculum, quod inclusus
habitator seruabat, emicuit, nec hoc præterire debemus, quod
cum crux quædam, quæ in eadam adoratur Capella, foris contra
ignem fuisset allata, continuo se repressit incendium, et se in
seipsum retorquens Crucem illam vbicunque portaretur, quasi
fugere conabatur.

X.

Igitur cum prædictus Comes post dies aliquot Castellum
obtinuisset, Henrici milites inde deiiciens, suos intra constituit,
qui rapinis vacantes et prouinciæ deprædationibus insistentes,
omnes opprimebant quibus viribus preualebant, sed grauem in
beatum Germanum est crudelitas eorum sortita vicinum, qui eis
in omne damnum imminere solebat : nam aut raro aut nunquam
aliquem captiuum, qui vel minimam in beatum Germanum fidem
conceperat, retinere valebant, quin eum perderent ereptum
piissimi clementia Confessoris, quod exemplis suppositis satis
liquido comprobauimus.

XI.

Pelliparium quendam ex Pontefracto crudelitas eorum infausta rapuerat, a quo cum pro redemptione pretium exigerent, quod dare nequiuit, quasi votis eorum voluntatique contrarium diu multumque diuersis cum cruciatibus afflixerunt. Qui sibi deesse sentiens ad euadendi remedium humanum omne solatium, ad diuinum se totis desideriis inclinauit auxilium : Sanctum Germanum iugi lamentatione proclamat, assiduis gemitibus inuocat, continua deuotione requirit. Vnde custodibus furore commotis, quadam die, cum ad discursum omnes procederent, vinculis eum omnimodis, quam firmius potuerunt, arctantes taliter illum ironica subsannatione deridebant : clama, inquit, ne cesses, quasi tuba exalta vocem tuam, ne sileas antequam vincula clamore dissoluas, si quid potest, adiuuet te misertus tui, tuus Sanctus Germanus ille, quem inuocas. Sicque festinantes ad præedam illum custodem hospitii reliquerunt, pondere grauatum catenarum, post quorum egressum vix hora præteriit, cum ei manus, quæ post tergum vinciebantur, cœperunt repente dissolui, quas ad se retrahens, et ad votum expandens, vincula gauisus sui clamoris virtute dirupta, cumque secum de facto cogitaret vidit subito de lignis, quæ pedes eius compresserant, clauos emergere, ligna ab inuicem dissolui, laxari vincula, seras amoueri. Pedes ergo satagens ad se retrahere nullius obstaculi sensit retinaculum. Surgens itaque quam citius quasi de sua salute sollicitus ad Ecclesiæ se præsidium contulit modo mirabili confessoris adiutorio liberatus.

XII.

Item filium paruulum quidam et captiuis obsidem pro sua redemptione cuidam militi dereliquerat, qui paruulus edoctus Sanctum inuocare Germanum, eodera modo, quo superior, a vinculis meruit liberari.

XIII.

Quædam mulier quoad vsque vir suus debitum redderet, obsidem se pro eodem dederat inimicis ; sed cum venisset terminus, quo nouem marcas vir suus reddere constituerat, nouem coniugi suæ denarios delegauit, quos cum illa militi, cui debebantur, obtulisset, in indignationem illum vehementer commouit, et accendit in iram, quæ tam fuit effera, plenaque furore, vt mamillarum vel manuum abscissionem prænotatus eques ei minaretur. Tunc solito asperior hiems inhorruerat,

p. 617. quæ nimium et ventorum aspirata procellis quemque fœlicem
fecerat, qui sub tectorum præsidio meruit inueniri. Quod
cernens miles vel potius miser ille, quia nihil miserabilius quam
nescire misereri, mulierculam illam pene nudam tota nocte sub
dio constituens, hiemalis rigóris totum sustinere coegit
horrorem. Namque manibus a tergo ligatis, pedibusque per
medium parietem compedum et catenarum artatione constrictis,
duplicem miseram perferre fecit cruciatum, cum brumalis scilicet
tempestatis incommodo nexuum et catenarum flebilem afflic-
tionem : Vnde totis visceribus ad clementem Germanum illa
conuersa, eo deuotius, quo et opportunius adiutorium illius
postulabat : nec mora, manibus et pedibus diuina virtute
vinculis absolutis, ad Ecclesiam nocte media, cum Fratres
matutinos hymnos cantassent, incolumis et læta peruenit.

XIV.

Item Clericus quidam pro genitoris redemptione obses
tenebatur in vinculis, nec pater eius debitum reddiderat, iam
præstitutus terminus præterierat, nec reddendi prælationem
expetierat, cuius fidei falsitas fraudisque fallacia in detrimentum
et supplicium innocentis filij tota redundabat. Pro paternæ
quippe transgressionis iniuria nati punitur innocentia. Qui
pudore confunditur, opprobriis eiuratur, suppliciis atteritur,
minis prædamnatur. Quadam namque die, cum manus miles
pransurus ablueret, iuuenis vt manicas teneret abluentis accessit.
Quem cum ille indignationis rancore repellens : quid, inquit,
inter homines te canis pessime præsumis immergere, fuge
velocius, et hoc interim habeto solatium, quod non citius ea
mensa tolletur e gremio, quin de te dignam et grauem capiam
vltionem. Repulsus taliter inter manducandum petita licentia
ex parte curiæ cum custode vinctus exiuit, vidensque Ecclesiam,
o, inquit, sancte Germane meæ miseriæ dignare misereri,
experiar in me quæso, quam clemens erga alios tam benignam
audiui sæpe clementiam. Vix hæc intra se verba compleuerat,
et ecce compedis annulum de pede subito sensit descendisse,
quem manu subleuans, volucrique cursu per mediam domum
exiliens, ad Ecclesiam quam citius potuit, properauit. Inse-
quuntur eum ex omni parte quamplurimi, et licet eum attingere
multi potuissent, nullus tamen in eum vt retineretur, manus
valebat inijcere. Sicque beati Germani se protegente clementia
præsidium Ecclesiæ nemine subiuit obstante.

XV.

Ex vnius pagi consortio viri fuere septem, qui sub vna custodia simul in vinculis tenebantur afflicti. Ad quos seruandos tanto processerat custodia durior, cura sollicitior, vigilantia cautior, quanto de illis sperabatur redemptio ditior, census profusior, pecunia maior. Pedes, ligna ; manus, vincula constrinxerant : affligebantur tam immenso catenarum pondere, vt eos potius ferrea moles opprimeret, quam ambitus coarctaret, nec tamen milites securos reddidit huiusmodi captiuis illata captiuitas, semper eos dubios et suspectos fecerat solita miseratio Germani clementissimi, et illum iugiter inuocans mirabilis fides et deuotio captiuorum, qui semper illum in corde tenentes, et ore nunquam ab illius inuocatione cessare volebant, vnde custodibus ordinatis assiduam et indeffessam eis custodiam militum sollicitudo prouiderat, vt si eos vincula retinere non possent, saltem vel custodum et vigilum sagacitas a fuga prohiberet. Cum ergo nocte quadam egentes, angustiati, afflicti, miseri, gementes sederent, ex omni parte cum luminaribus custodes habentes, reserato subito ostio, quod seris artabatur, ingressa persona pulcherrima, quæ vnum illorum talibus affata sermonibus. Quid, inquit, clamas ad me, surge velociter et Ecclesiæ quam citius pete refugium. At ille cum lachrymis, O Domine, inquit, quomodo possem fugere, qui tot vinculorum concatenatione prostratus immobilis effectus sum, et si vinculis absolueret exire non possem custodium istorum præsentia prædamnatus. Et persona : nunc, inquit, videbis, quid facturus sim, surgere ne differas, satagensque complere, quod moneo, ad munimem te transfer Ecclesiæ. Tunc ille pedes satagens ad se retrahere, nullum impediens sensit obstaculum : similiter cæteris vinculis absolutis liberatum se comperit, et sensit p. 618. expeditum, vix absolutionis suæ sortem edixerat, cum se omnes similiter inuenerunt absolutos, continuoque surgentes, obstante nemine, nullo retinente, præeunte persona, ad Ecclesiam peruenerunt. Hæc omnia custodes videntes et intelligentes, taliter sunt diuina virtute percussi, vt et motum perderent, et vocem, donec ad villæ medium fugitiua turba venisset.

XVI.

Cum ergo se taliter milites a Confessoris potentia conspexissent illudi, plus de pudoris immanitate, quam de damni magnitudine sunt confusi, vnde, Præsulis clementiæ quasi rebellare nitentes, consilium contra eum inierunt, vt vel vnum ex captiuis ab illius

ereptione seruando viderentur illius potentiæ suis viribus
restitisse et in hoc cæterorum omnium captiuorum admissum
bene se vendicasse crederent, et tenerent, si vel vnum ex ipsis
quasi fortiores a beati Germani liberatione retinere valerent.
Igitur vt hæc fierent certatim singuli sua consilia contulerunt,
vnum ergo Willermum nomine, capientes infra domum quandam
in Castelli summitate recluserunt, de longinqua regione specialiter pro hac causa cáthenam miræ magnitudinis et horroris
attulerant, hanc a domus tecto, vbi eam cuidam asseri clauis
affixerunt, dependentem collo circundedere captiui : alligabantur
præterea pedes eius in compedibus, et manus eius in manicis
ferreis : tali custodia prædamnatus doloris et anxietatis vulnere
miser tabescebat, spem tamen suam in beato Germano collo-
cauerat, cuius auxilium continua deuotione postulabat. Nec
incassum eius adiutorium tam instanter petierat, quem sine
dilatione temporis habere meruit adiutorem. Iam namque
decursa hebdomada, Dominica dies illuxerat, qua milites omnes·
et famuli ad Missarum audienda solemnia de Castello descende-
rant, ianitor etiam ipse, qui captiui custos extiterat, obserato
ostio domus tanquam citius reuersurus exiuit, tunc intuens se
captiuus sine custode relictum clementem Germanum obnoxius
inuocabat. Nec mora, manuum et pedum solutionem meruit
deuotio fideliter postulantis, qui protinus manus extendens ad
fortia, tectum cellulæ dissipauit, asseremque catenæ suæ adhæ-
rentem in humeris accipiens per foramen evasit sicque sepium et
herciorum hirsuta transcendens acumina, fossarum profunditates
et abyssos quomodo vel qualiter nesciuit transiliens, populorum
denique ab Ecclesia redeuntium occursus præteriens, ad Capellæ
munimen, nemine perturbante, peruenit.

XVII.

Rusticum alium cum cepissent, nec se vellent eius custodiæ
milites diutius inquietare molestia, vt citius ab eo redemptionis
pretium extorquerent, plurimis eum tormentis affecerunt, sed
cum piissimi nomen inuocasset Germani, tale tantumque Præsulis
erga se cognouit beneficium, vt quasi munimine Regio septus
nullius passionis incommodum, nullius cruciatus sentire sciret
supplicium, vnde cum tortoribus tormenta deridens omnes, quas
ei hostes irrogare poterant, despexit iniurias : mole namque
loricarum aggrauatum cum illum nunc per manus nunc per
pedes tyranni suspenderent funem, de fumo subterponentes,
nihil ingerere valuere supplicij.   Hiemalibus item mensibus cum
eum mergerent, et nunc hac, nunc illac traherent chordis sub

glacie, nihil passus iniuriæ, locum quietis et refrigerij adeptum
se fuisse gaudebat afflictus, sicque confessoris adiutorio protectus
a pœnis, ab hostium mancipatione etiam confestim meruit
liberari.

XVIII.

Marcas quindecim duobus militibus nocturno silentio prædo
furtiuus abstulerat, cuius criminis reatum cuidam ex armigeris
suis, cui Martinus fuit vocabulum, imponentes, illum furti facti
vel authorem, vel complicem esse dixerunt, quod cum ille viua
voce negaret, quatinus ab eo rei confessionem extorquerent,
multimodis et multis eum cruciatibus affecerunt.   Qui in arcto
positus, ut imminentes cruciatus vel euaderet, vel differret, quia
p. 619. veram nesciuit confessionem, mendacem aduersus semet ipse
composuit.   Dixit namque se furatum fuisse pecuniam et
cuidam ex hominibus Sancti Germani Roberto nomine, totam
commisisse, ad Monachos hac causa fit militum subinde
concursus, vnanimiter se de facto sibi damno conquerentium,
cum eis etiam miser ille famulus eorum aduenerat, hominem
Sancti Germani de furti participatione vel exceptione calumnia-
turus, quem iniqua plenum cogitatione quidam ex Monachis,
Willermus scilicet grandis intelligens, ex parte te, inquit, Dei et
Sancti Germani prohibeo te, ne falsum super hunc hominem
clamorem emittas : adhæsit misero lingua mox faucibus, et
interdicto sermonis officio, vis vocis in gutture damnata defecit,
instant milites vt loquatur, vt modum rei vel reatus edicat omnes
hortantur, sed non prius a damnationis vinculis solui meruit,
quam ab iniqua cogitatione, qua virum innocentem calumniari
proposuerat, mentem omnino purgasset : mutans ergo animum,
omnemque mentiendi voluntatem abiiciens, vsu recepto loquendi
tales prorupit in voces, oportet obedire Deo magis quam
hominibus, veritatem oportet dicere, cui mentiendi est omnis
ablata facultas, vnde in veritate profiteor, quod nunquam iste
me sciente, de vestro censu vel paruum, vel magnum habuit aut
cognouit.

XIX.

Quod vt milites audierunt verecundo rubore suffusi pariter ad
hospitia redierunt.   Pœnis item acerrimus miser addicitur,
suppliciis afficitur, cruciatibus examinatur.   Qui tantæ passionis
instantiam, sicut antea fecerat aliquo cogitans interuallo
dirumpere : iam, inquit, militibus, quia nullum de euasione spei
solatium est, bonum et verum vobis dabo de pecuniæ vestræ

recuperatione consilium : ad viuarium pergite, ibique quam
citius inuenturi saccellum quærite, quia inibi me fateor pecuniam
abscondisse demergendo sub flumine ; nec distulere milites
huiusmodi, si verum esset, probare consilium, rastris et vncis
tota die gurgitis imum discerpunt, sed nihil exoptato reperire
valentes dispendioso labore defecerè delusi, vnde vehementi
furore repleti ad illusionis tantæ vindictam omnes assurgunt,
vno animo concordique consilio famulum illum sumentes in
crastino in secreto nemoris recessu suspensione damnauerunt,
ad hospitium subinde reuersi cum iam furore sedato rationis
lumen mentis tranquillitas admisisset, sic vnus eorum cæteros
affatus : stultam, inquit, rem et inconsultam fecimus, qui hunc
hominem sine iudicialis definitione sententiæ, sine criminis
alicuius approbatione damnare præsumpsimns, siquidem erga
Dominum et erga homines iustam damnationem promeruimus
qui istum iniuste damnauimus. Festinemus igitur vt illum
deponentes de stipite, alicuius artis industria temeritatem nostram
palliemus. Ad locum itaque quo illum damnauerant, concite
venientes, quem iam mortuum se reperturos putabant, saluum
et incolumem inuenerunt : et cum illos ad se venire vidisset,
recedite, inquit, pro Dei amore recedite, nec me vlterius
inquietare velitis, Sanctus Germanus, quem inuocaui sæpissime,
ab omni mie periculi saluauit discrimine. Ipse me suis manibus
in cruce sustinuit, nec vllam laquei molestiam sentire permisit.

XX.

Solutus tandem et ad hospitium reductus nouis suppliciis
iterato subiicitur, quem hostium vesana crudelitas tam vehementer afflixit, vt abundantiori absorptus tristitia eligeret potius
vitam finiendo terminare supplicium, quam diutius subsistendo
tanti discriminis tardius inuenire remedium. Casu vestes iuxta
eum mulier consuerat, cuius ille forcipes audacter arripiens, et ab
inuicem in frusta detorquens, semetipsum in corde percussit, et
quanta valuit virtute perfodit. Ruit ilico miser Elannus, et
manante iugiter madefactus sanguine mortuo similis iacebat
immobilis. Clamor mox populi repentinus assurgit, volat fama
per villam se ipsum occidisse Martinum ferebatur per ora
cunctorum, quod audiens Monachus ille, quem prænominaui,
Willermus, cum cæteris et ille festinus accurrit, qui milites
increpatione contumeliosa redargueret. Vos, inquit, huius reatu
criminis adstricti tenemini, quoniam ad hanc rem perpetrandam
non tam fuit occasio, quam violentia compulsio vestra crudelitas.
p. 620. Vel iam nunc illum, cum plus punire nequeat, cesset punire velle

nostra vesania. Mihi nunc illum ad honorem beati Germani
donate, vt si verum quod illum in ligno Sanctus Germanus a
morte saluauit, nunc illum saluti pristinæ sua virtute restituat;
quod cum milites libenter annuissent, vulneratum illum et vix
vitalem halitum in corpore habentem, ad Monasterii cœmeterium
Monachus fecit afferri, protinusque faciens illi cum aquæ
benedictæ, qua relequias lauerat, admixtione de virentis herbæ
gramine potionem, infra diem tertium piissimi præsulis auxilio
pristinæ restituit sospitati. His igitur miraculis, quæ ad
notitiam nostram multorum relatione peruenerunt, breuiter
annotatis, ad prosecutionis historiæ seriem redeamus, si hoc tua
prudentia, lector, agnoscat, plurima nos abbreuiationis gratia
præterisse, ne si circa singula quæ audiuimus, et vera probaui-
mus, moraremur, generaret legentibus lectionis prolixitas
congesta fastidium.

XXI.

Cum igitur nouem annis Abbas Helias præfuisset Ecclesiæ de
iure regiminis Henricus eum Archiepiscopus callida machinatione
deiecit, cuius facta fuit occasio, quod eiusdem electioni cum
quibusdam aliis Abbas Helias obstiterat, vnde præsul vehementer offensus nulla se voluit virtute restringere, cum iniuriæ
suæ prosecutor et vltor inclemens existeret. Sed cum nihil
reprehensionis in Abbatem reperisset, artis callidæ fretus
astutia fraudulenter intercepit improuidum, siquidem blandimen-
tis eum tot et tantis in tantum subegit, vt ab eo iusjurandum
extorqueret, quod eius se consilio Abbas omnino committeret,
quo facto sic eum allocutus Archiepiscopus: quia te frater meo
consilio commisisti, hoc meum noueris esse consultum, vt te de
prælationis dimittas fastigio, nihil viro laico cum pastoris officio,
cæcus si cæco ducatum præstiterit, vtriusque casus repentinus
extiterit, non bene poterit aliorum animabus consulere, qui
inter virtutes et vitia subtili nescit discretione discernere, vnde te
scieris discrimen damnationis incurrere, si sarcinam differas
huius curæ deponere. Quod audiens Helias sero sui pœnitens
callida se vidit circumuentione deceptum, nec tamen reniti
valens aut resistere, continuo se de pastorali cura transuexit.
Quo facto post dies aliquot electus a Monachis Willermus ille,
cuius sæpius memoriam feci, sed eius promotioni non adquiescens
Archiepiscopus Germanum Priorem de Thinemu Monachum
sancti Albani promouere totis viribus satagebat. Cuius voluntati ferme per annum et dimidium Monachi resistentes, nunquam
illius dispositioni consentire volebant; dicebant enim se nec

Germanum, nec aliam suscepturos donec Helias, qui Canonice electus et benedictus fuerat, Ecclesiæ iudicium Canonica discretione Abbatiæ vel redderet vel auferret, nec eos valuit ab hac obiectione præsul deflectere, donec eos quasi rebelles et religionis inimicos anathematis vltione damnaret, sicque demum eos ad consensum emolliens publica reclamatione cessante Germanum coegit excipere.

XXII.

Post cuius exceptionem vix trium mensium spatium præteriuit, cum Archiepiscopus Henricus hominem exuens, diem clausit extremum. Tunc Helias Capituli sancti Petri corroboratus consilio, totius Cleri iudicio, per Archidiaconem Osbertum, quia iniuste et contra Canonum instituta fuerat deiectus, Abbatiæ restitutus, cuius aduentem Germanus præcognoscens equos suos festinanter ascendit, et Sanctum Albanum adiuit, cumque ibi dimidium fere annum moraretur, Theobaldi Cantuariensis Archiepiscopi, qui tunc legationis dignitate fungebatur, authoritate, dignitati propriæ restitutus, et Helias eiectus. Supradictus namque Archidiaconus Osbertus, et cæteri, quia plures quorum consilio et adiutorio Abbatiam intrauerat, ab eo se deflexerant, et ad aliam partem declinauerant, vnde apud Synodum a legato degradatus ad sanctam Trinitatem Eboracum reuersus est.

XXIII.

p. 621.

Rediens itaque Germanus Selebeiam cum honore et reuerentia tali viro digna susceptus, et prælatus Ecclesiæ fuit, siquidem idem Germanus Monachus probatissime et vt breui clausula multa concludam, omni virtute quæ Monachum decet, decenter effulgens, nec facile reperiri valuit suo tempore vel persona religiosior, vel Monachus ordinatior, cui tanta fuisset copia virtutis ad meritum, vel morum integritas ad subditorum exemplum. Quidquid namque dicebat, vel ogebat, nihil fuit aliud, quam honestatis et honoris indicium, virtutis et religionis exercitium, maturitatis et perfectionis exemplum. Qua vero benignitate et humanitate subditos tractauit, qua charitate et amore dilexit, qua sollicitudine et pietate necessaria prouidit et ministrauit, non nostræ possibilitatis exponere, maxime, cum ad huius opusculi finem quanta possumus breuitate festinemus. Sed cum septem annis Monasterio præfuisset, carnis tactus molestia, ingrauescente valetudine vehementer cœpit vrgeri. Suum ergo prænoscens imminere discessum, quadam die Fratrum manibus sustentatus in Capitulum se fecit adduci,

humiliterque coram Priore, cæterisque Fratribus considentibus
humo prostratus, se in pluribus deliquisse fatebatur, non talem
se Fratribus exhibuisse, qualem oportuerat, nec sic res
Monasterij tractasse, sicut decebat, cum lachrymis proponebat,
suscipiensque corporalem verbi coram Fratribus disciplinam ad
lectum suum flentibus et dolentibus omnibus adductus, nec
multo post, cum quotidie vis doloris excresceret, nono videlicet
Kalend. Decembris ergastulo carnis eductus appositus ad
Patres suos, et in Capitulo Monasterij, sicut talem ac tantum
decebat virum, reuerenter tumulatus.   Cui etiam, sicut cæteris,
qui inibi requiescunt, Epitaphium hoc modo versibus Hexametris
adaptauimus.

> *Tristis adest vitio, vitijs corrumpitur orbis*
> *Qui ruit exitio, lapsu, discrimine, morbis.*
> *Mundus abit, nec habet quod nos abeundo moretur,*
> *Quod tenet, aut quod habet, nec stat, nec stare meretur.*
> *Sic viget vt pereat, sic est vt desinat esse :*
> *Sic stat vt intereat, subit hoc caro quæque necesse.*
> *Sic hominum generi constat generale perire.*
> *Omnia prætereunt celeri mortalia fine,*
> *Et subito pereunt misera data sorte ruinæ.*
> *Hæc sors lethalis, sors aspera conditionis,*
> *Sors mala plena malis decus aufert religionis.*
> *Occidit et periit decus et decor orbis honoris,*
> *Cum pius interiit Germanus gemma decoris.*
> *Vir vitæ speculum, pietatis formula, morum*
> *Exemplar, tumulum sortitur sorte reorum.*
> *Laude virum cupiens attollere tam specialem*
> *Deficio nequiens hominem describere talem.*
> *Quem scio, quem video, maiorem laudis honore,*
> *Quam volo, quam valeo perstringere mente, vel ore.*
> *Hoc precor ergo sibi pro laudis honore dicitur,*
> *Quod nequit ascribi sua quod pia vita meretur.*
> *Dicere me liceat quod non reticere licebit.*
> *Sic licet intereat caro, spiritus astra tenebit.*
> *Vermibus esca datur hæc, hic collega supernis,*
> *Iure coaptatur, hic cœlis, ista cauernis.*

XXVI.

Nec inserere Lectioni tædeat miracula, quæ circa feretrum
suum in peregrinatione prædicationis beatus Germanus dignatus
ostendere : nam cum in supradicti Abbatis Germani temporibus
aliquantulum in prædicationis gratia fratres cum feretro labora-

rent, se de suis curam habere quam maximam signis multis plurimisque prodigiis Confessor eximius frequenter ostendit. Ex quibus multa omittentes, hæc paucula dignum duximus mandare memoriæ, ne opera diuina, quæ ad Sanctorum laudem et gloriam contigerunt, omnino videremur silentio præterisse. Cum namque tempore quodam iter agerent flumen quoddam eos oportebat transire per Pontem, cumque pertransissent, equum onerarium, qui cistellas ferebat, in fluminis medio lapso pede contigit cecidisse. Clamor omnium in cœlum sustollitur, beati Germani præsidium vox vniuersorum vna petebat. Monachus cui nomen Benedictus humo prostratus, lachrymisque perfusus de sanctuariorum madefactione, quam de caballi periculo verebatur. Coniunctis tamen viribus, collatisque consiliis cum magno labore caballum cum onere tandem ad terram pertraxerunt, ad aquarum eliciendam iniuriam citius cistellas aperiunt, quarum altera vestimenta cum reliquiis, altera ceras mappulas, cætera iter agentibus necessaria continebat, aqua plenam reperissent; illam, quæ reliquiis conseruandis seruiebat, ita siccam et intactam inuenerunt, ac si nunquam illam laticis vllus contigisset excursus.

XXVII.

Pagum quendam alio tempore prætereuntes carrum sua supellectili oneratum ante se duci fecerunt. Infans bimus stans casu in tugurij cuiusdam ostiolo, cum citius metu carri voluisset aufugere, repente cecidit, et vsque ad viæ medium uolutatus est: equiductor id nesciens cum incunctanter cum carro progrederetur, vna rota vehiculi per ventrem iacentis transiuit infantis, quod cum vidissent, qui sequebantur, eleuatis vocibus vt caueret, vt staret carri ductor, hortantur. Quorum ille vocibus attonitus subito restitit, equumque paululum cum habena recullans, totam iterum per infantis pectus transire coegit: mater pueri de tugurio repente prosiliens cœlum gemitu, aerem clamore repleuit, puerum de solo sustulit extentum exanimem nihil indicij vitalis habentem. Comitabatur tum feretrum domnus nunc Prior, quo nunquam aliquis in sanctum Germanum deuotior, qui videns quod factum fuerat, timensque ne aliqua illis inde tribulatio nasceretur, dolore plenus ad pium patronum conuersus veluti familiari vel parili taliter loquebatur. Quid sancte Germane fecisti, nos te prædicamus suscitasse defunctos et tu e contrario viuentes interficis. Nuntios vt homicidas ad prætorium vis duci facere, iudicis subiciendos sententiæ. Iam facito quod volueris, quia non antea feretrum

isto de loco mouebitur, quam ab hac offensa nos liberos et
immunes reddideris. Sic fatus mox cum cæteris omnibus equo
desiliens orationem pro puero faciebat, interim sub feretro mater
tenebat infantem, qui oratione completa, cum inter matris manus
non conualuisset ad terram sub sanctuariis Monacho iubente
depositus, et mox vt terram tetigit quasi indignans quod super
nudam humum poneretur, modo mirabili rediuiuus exurgit, et
veluti si nihil passus fuisset incommodi, sancti Germani virtute
saluatus aufugit exiliens.

XXVIII.

Inde progredientes in Ecclesia quadam pernoctauerunt, cuius
parieti cellulam habebat quædam Reclusa contiguam, quæ cum
ad fenestram suam eadem nocte sedens orando forsitan obdor-
miuisset, sanctus ei Confessor Germanus apparuit, eam huiusmodi ratione conueniens: Quid, inquit, sopore deprimeris? Cum
te magis conueniat vigilare, an ignoras,˙quam sancta quam
pretiosa sunt ista sanctuaria, quæ coram te cernis præsentia,
domum etiam meam, vnde hæc sunt, eam tibi demonstrabo,
moxque eam per visum Selebiam adducens, vniuersique loci
situm, Ecclesiam, Monachos etiam in choro psallentes, cœmeterium, quod arboribus nuceis consitum, aperte demonstrans :
hæc, inquit domus mea, ij Monachi, horum fraternitatem post
finem tibi valde necessariam die crastina ne obliuiscaris expetere:
Clerico etiam, qui pro reliquijs ad populum loquitur, ex mea
parte hoc dicito, quod nisi se a dissolutione leuitateque compes-
cat, infra annum pudendam inobedientiæ suæ perferet vltionem.
Mane igitur facto, se fidelis fœmina Monachorum precibus
p. 623. benefactisque committens vniuersa, quæ per visum viderat,
seriatim exposuit. Clerico autem Radulpho nomine, quæ
Confessor iusserat, cuncta narrauit, quæ cum ille non attendisset,
eodem anno, sicut Confessor comminatus fuerat, magnum et
pudore plenum incurrit infortunium.

XXIX.

Nec huic visioni fuit illud dissimile, quod cum quædam femina,
quæ eos hospitio susceperat, minus illis deuote ministrasset,
nocte sequenti sanctus ei Germanus apparuit, et cur famulos
suos et sanctuaria non attentius honorasset, aspera obiurgatione
quæsiuit, præcepitque, vt in crastino vbicunque essent in
prouincia, eos accersiret, et deuotis eos obsequis præueniendo
digna satisfactione pristinam negligentiam emendaret. Quoddam etiam fidei commissum eadem mulier cum esset iuuencula

stolide fecerat, quod obliuioni tradens omnimodo negligenter
violauerat, quod ei beatus Germanus ad memoriam reducens,
cui, quando, et vbi hoc fecerat, manifeste declarauit, et vt tanti
reatus excessum humili satageret confessione corrigere, diligenter admonuit, quæ omnia complens illa cum summa diligentia
precibus et orationibus in crastino se Monachorum humiliter et
deuote commisit.

XXX.

Febrium adeo Canonicus quartano vexabatur incommodo, vt
nullius adiutorio medicinæ valens liberari, sub mortis discrimine
plus desperatione, quam morbo tabesceret. Hic ante feretrum
cum summæ deuotionis reuerentia veniens et auxilium piissimi
Germani cum magna contritione cordis implorans, hausta, qua
reliquæ lotæ fuerant, aqua benedicta, omni valetudinis calamitate
depulsa, pristinæ restitutus est sospitati.

XXXI.

Apud Donuuicum muliercula quædam fuerat quæ quindecim
annis, vt aiebat, valetudine tanta laborauerat, vt nunquam
progredi sine duorum baculorum sustentatione valeret. Hæc
cum eo feretrum adueniret, cum cæteris et ipsa, sicut valebat,
occurrit, et in Ecclesiam Sancti Ioannis, vbi stationem acceperat,
deuotissime prosecuta, cumque piissimi Præsulis Germani
clementiam diutius implorasset, turba plebium discedente,
domicilium et ipsa repetiit. Mane facto tantum sibi virtutis
accessisse persensit, vt vnius ei baculi sustentatio bene sufficeret,
venit ad Ecclesiam, fecit quod potuit, dedit quod habuit, fragmen
panis ad feretrum obtulit matrona fidelis. Monachus cum rem
gestam cognouisset, spem, inquit, habeto bonam in Sancti
Germani clementia, cras præsens aderis, tibique salutiferam de
aqua benedicta conferam potionem. Annuit mulier, in crastino
venit sine baculo, tantam se virtvtem et incolumitatem habere
protestans, quanta se nunquam a natiuitate meminit habuisse,
sicque poculum salutare degustans, Germani piissimi meritis
profectum suæ valetudinis meruit retinere remedium.

XXXII.

Affuit ante feretrum die crastina non inferioris fidei fœmina
filiarum quatuor adhærentium sibi circuncincta processu, aderat
quintus puer masculus quinque annis a natiuitate lachrymabili
contractionis damnatus incommodo, contractis siquidem et

conflexis neruis in poplite pedis vnius et gressum et motum
perdiderat : pro illius supplicaturæ salute candelas habentes in
manibus mater et sorores aduenerant, cumque pro paruuli
sanitate diutius exorassent, accessit mater ad Monachum, et vt
cum reliquiis genu pueri languidum tangeret, cum lachrymis
postulauit, quod frater annuens, arreptis reliquiis super infantis
genu posuit, psalmum quinquagesimum[1] cum precibus et collecta
decantans, puer protinus in lachrymis et clamore prorumpens
angustiari cœpit, ac si totius cruris incisionem pateretur,
extendentes se nerui cœperunt crepere, veluti si corrigias
quasdam aliquis ibi fregisset, sicque Sanctorum meritis, quorum
ibi reliquiæ ferebantur, mater tristitiæ, puer infirmitatis miseria
liberati, domum cum summo gaudio redierunt.

p. 624.

XXXIII.

Ecclesiam quandam, vt ibi cum feretro pernoctarent, intrare
volentes ostium inuenerunt seris arctatum, clauem Monachus
allaturus domum Sacerdotis expetiit. Quo cum peruenisset
sororem Presbyteri tanta reperit infirmitate grauari, vt nocte
proxima deberet ad munimen exitus Chrismatis vnctione liniri.
Occupauerat adeo totam familiam fletus et gemitus, vt vix de
negotio vel breue responsum ab eis Monachus extorquere
valeret. Tunc salutare consilium illis impertiens ; quid, inquit,
vos ipsos lachrymis, infirmam clamore confunditis, candelam illi
facite, quæ hac nocte reliquiarum nostrarum honori deseruiat, et
credo, quia si fides vestra non obuiat, cito circa eam diuinæ
videbitis operationis indicium, et factum est, mater pro filia
nocte cum candela sanctuarijs vigilias deuotas exsoluit. Mane
facto tanto se leuamine perfusam sensit ægrota, vt e lecto
prosiliens amicorum manibus sustentata veniret ad Ecclesiam,
vbi cum Missas audiens, et orationibus insistens, ad horam
vsque nonam feretro ministrasset, excubias diuina copiosius
meliorata virtute domum repedauit, nullius indigens sustenta-
tionis auxilio. Hinc ad ea, quæ hoc nostro tempore fieri
vidimus, enucleanda procedat oratio.

XXXIV.

Anno, vt arbitror, ab Incarnatione Domini millesimo centesimo
sexagesimo septimo, qui annus septimus Abbatis Gilerberti,
languidus quidam, Ketellus nomine, ab amicis in carro
Selebiam deductus in villula, quæ Gaiteford dicitur, ad
sancti præsulis Germani solemnitatem descenderat : nocte
festiuitatis in Ecclesiam delatus a suis inter chorum et altare

[1] Psalm li in English versions.

cum luminari deponitur, tunc sicut mos languidis ante curationem vehementius cœpit vrgeri, tantoque durius languore vexari, quanto salutationis illius velocius imminebat et tempus et hora. Institit sane tam miserabilibus vocibus, tam lachrymosis gemitibus, tam planctuosis suspiriis, vt nos omnes, qui in choro fuimus, sui doloris compassione plurimum promoueret. Circa secundum nocturnum membra sua visceraque tanta sensit commotione turbari, ac si omnia eius interiora quadam reuolutione versarentur. Nausea subinde diu multumque laborans sanitatis sibi tandem appropinquante remedio, quod pectus suum infecerat, valetudinis virus euomuit. Sicque paulisper sumpto sopore cum euigilasset, infirmitatis exclusa molestia, perfectæ salutis sibi diuina virtute sensit accessisse subsidium. Surgens ergo protinus, et oblationem suam faciens nemini quicquam de suæ recuperatione salutis ostendens, domum pedetentim reuersus, nec tamen celari res potuit, quæ celari non debuit. Mittitur ergo totius consultu capituli fidelis frater, qui rei mirabilis euentum approbet, modum exquirat, veritatem exploret. Qui ad prædictum Pagum veniens loci seniores in Ecclesiam conuocauit, statuitur in medio, qui sanatus fuerat, de salutis suæ recuperatione conuenitur. Tunc ille, ego, inquit, Domine, per hos quinque annos sicut præsentes omnes nouerunt, tanto languore grauatus sum, vt nunquam ad opus aliquod manus valerem extendere, nunquam, quem non citius euomerem, cibum aliquem sumere, nunquam vel ad Ecclesiam progredi sine aliorum adiutorio præualerem : cumque cum vxore sua omnes, qui præsentes fuerunt, vnius acclamationis sententia hoc se vidisse, sic se rem habere testarentur, adiecit ille : Huiuscemodi ergo, Domine, damnatus incommodo plurima sanctorum loca visitaui, sed semper deterioratus ex labore itineris infirmior redij, quam exiui, infortunio tanto tabescens non exire, non progredi vltra disposui : cumque propositum illud bene tenerem, apparuit mihi nocte quadam vir pulcherrimus, dicens se esse Sanctum Germanum, et cum obnoxius illum pro salute mea deprecarer, ad Ecclesiam, inquit, meam in festiuitatis meæ solemnio venies, si ab hac qua laboras molestia cupis liberari. Veni, sicut iusserat, et ab infirmitate Dei gratia, sicut cernitis, liberatus sum. Reductus ergo a Monacho, et in foro venalium die Dominica populo demonstratus, Ecclesiæ sanctæ representatur incolumnis, solemni eum processione suscepimus, et Te Dominum[1] laudamus quanta valuimus deuotione cantantes, nomen Domini benediximus, cui est honor et gloria in sæcula sæculorum. Amen.

p. 625.

[1] So both in Labbe and in the Acta SS.

XXXV.

In crastino festiuitatis nostri Pontificis beati Petri Apostolorum Principis solemnitatem, quæ ad Vincula nominatur, per orbem celebrat vniuersalis Ecclesia. Qua die ioculatores, qui ad festiuitatem nostram conueniunt, cereum festiuum ad vesperas solent offerre, quod cum in anno prænotato cum histrionum et saltantium lasciua iactantia vniuerso eos vulgo prosequente fecissent, Monachi cuiusdam famulum, qui ad festiuitatem venerat, intra Ecclesiam dæmonium arripuit, et in terram projecit, tanta protinus miser vexatus insania, tanto furore repletus, vt si sineretur semetipsum suis dentibus mordicus discerpsisset. Verum astantium populorum vi et virtute cohibitus, cum manibus diutius teneri bene non posset, quodam extentus et ligatus in assere, coram altari deponitur, beati Germani clementiæ commendatur, funibus vsquequaque ligatus cum sic coartaretur, vt nullum in eo membrun moueri potuisset, rotantibus et totis aspectibus furibundis et indefessis vocibus barbaris et inauditis sermonibus suam insaniam propalabat. Cum igitur cum fratres vehementer sine cessacione vexari conspicerent, eius miseriæ condolentes in aliquo misericordiæ opere subuenire satagebant ; orationem siquidem pro eo facientes sudariam Sancti Præsulis nostri Germani super caput eius, super pectus autem phylacterium, carnem Sanctæ Virginis Agathæ cum cæteris reliquijs continens posuerunt. Inter tam sancta sanctuaria perfidus inuasor malignus hostis artatus quo fugeret quo se verteret non habebat, hoc vnum sibi possibile reperit vt inuasum hominem derelinquens sanctuariorum præsentiam repentino deuitaret elapsu : fædas igitur et fœtore plenas post se semitas derelinquens per os iacentis vomitu eiectus exilit. Sicque Sanctorum meritis homo liberatus, omnem in momento vultus et animi ferocitatem abiecit, et velut agnus mansuetissimus caput declinans oculorum palpebras in soporem deflexit. In sequenti die post Missæ maioris Euangelium sanum illum et incqlumem cum signorum pulsatione, et festiuo, Te Dominum laudamus, suscepimus, Dominum in donis suis, et Germanum sanctissimum in omnibus operibus suis benedicentes, qui de Ecclesia sua curam se habere maximam tot virtutum et miraculorum signis tam frequenter ostendit.

XXXVI.

Rusticus quidam in prouincia, quæ Elmete dicitur, anno subsequenti fuerat, qui reuerentiam Sancti Confessoris oblitus ista festiuitatis suæ die hortum operaturus intrauerat. Verum tantæ tamque reuerendæ solemnitatis die non diutius operando violare permissus, reatum, quem ex tali præsumptione contraxerat, mox indice pœna cognouit. Cum namque tota virtute terram effoderet, adhæsit repente tam firmiter manibus suis vanga quam tenuit, vt nullo modo illis excuti posset, vel auferri. Nec antea meruit ab huiusmodi damnationis vinculo liberari, quam Sacerdoti reatum confessus, voti se etiam promissione constringeret, quod Ecclesiam Sancti Germani cum oblatione sua requireret, et semper de reliquo, quandiu viueret, diem illam solemniter celebraret. Tunc demum clementissimi Germani clementia liberatus Selebiam cum oblatione sua peruieniens, et satisfactionem ex offensa faciens, discrimen quod temere incurrerat, et fœliciter euaserat, nobis exposuit.

XXXVII.

Nec prætereundum, quod non solum apud nos, verum etiam omnibus in locis vbicunque Præsulem nostrum tribulatus aliquis inuocauerit, et Ecclesiam suam expetere se fideli mente promiserit, votorum suorum optatum consequi meretur effectum. Hoc nautarum et naufragorum ereptione sæpe didicimus, hoc infirmantium et male habentium saluatione frequenter experti sumus, et hoc quidem multo sæpius solet accidere, quam vt exemplis indigeat approbari. Hoc vnum tamen antequam liber calce claudatur, referatur exemplum. Homo quidam ex pago, qui Duuigtum dicitur, in nemore, die quadam ante octauas Sancti Germani laboraturus exierat, cumque cibum, quem secum attulerat, sine potu sumpsisset, tantam præ ardore solis nimio et laboris instantia incurrit sitim, vt nisi citius alicuius potus sedaretur exhaustu, animam exhalare putares: aquam igitur diu multumque quærens, nec vsui aptam inueniens, pluuialem et patentem tandem reperit et assumpsit, quam incredibili auiditate absorbens potius, quam ebibens, cum infœlici poculo infœliciorem deglutiuit et pestem. Mox siquidem vt potauerat, tanta cæpit inflatione grossessere, vt antequam domum peruenire valeret, per omnes eius artus se tumor lethalis effudisset. Itaque collocatus in lectulo, cum per momenta singula tumor cum languore succresceret, spe omni salutis exclusa in moribundi sensibus futuræ tantum mortis regnabat imago. In tanta tribulatione laborantem consolantes vicini frequenter cucurrerunt. Cum cæteris ad infirmum intrauit quædam matrona fidelis, quæ videns infirmum valetudine tanta tabescere, inquit, fili carissime, si aliquam in Sanctum Germanum fidem concipiens, illum te requisiturum cum tua oblatione fideli mente permitteret, credo

p. 626.

quod illius merito cito reciperes sanitatem.   Ad illius festiuitatem descenderam, et tot ibi languidos suæ salutis vidi
recuperare medelam, vt difficile crediderim aliquem in eum spem
bonam habentem sui voti non citius effectum pomereri.   Is
languidus in deuotionis arce leuatus votum vouens se Sancti
Germani mœnia, si conualeret, expetiturum cum oblatione
promisit.   Lichino[1] demum se metiens, antequam hora præteriit,
diuino quodam melioratus antidoto, vomitu totum quod eum
infecerat virus eiecit, sicque peste valitudinis totius elicita infra
diem tertium pristinæ restitutus sospitati, votum suum deinde
persoluens, ad Ecclesiam nostram vsque peruenit, et quæ circa
se facta fuerant, nobis seriatim exposuit.   Actum autem hoc
anno Incarnati Verbi Dei, millesimo centesimo septuagesimo
quarto fundationis Ecclesiæ nostræ centesimo sexto, Abbatis
Gileberti decimo quarto, quo etiam anno hæc scribere aggressi
sumus, præueniente et prosequente studium nostrum gratia Dei,
qui viuit et regnat trinus et vnus, per omnia sæcula sæculorum.
Amen.

[1] The Bollandist editor makes this note, " *Lichinum,* id est ellychnium.
Sed cur eo se metiebatur?   Credo, ut cereum confici juberet ejusdem
secum longitudinis, quam oblaturum se voverit."   There is a representation
of a man being measured for such a "trindle" in the St. William window
at York.   See Yorks. Arch. Journal, III, 309, 310, and coloured plate.

EXPLICIT.

TABULA.

Quære composicionem inter Abbatem de Selby et dominum de Moubray post cartas de Staneforth.

Item composicionem inter Abbatem et Archidiaconum de Stow post cartas de Eluysthwayt.

Quære stagnum post cartas de Snayth.

Quære piscariam de Wythgift post easdem cartas.

Quære cartam Henrici Lascy de Wytgift de capella post easdem.

Quære cartas domini R. Moubray de metis de Crull post Stanforth et cartas Rogeri Moubray.

Quære exemplificacionem de Quytgyft post evidentias de Holme, cap. xxvi.

Quære ordinaciones vicariarum de Athelingflete, Stallingburgh, Redburne, Crulle, Luddington, inter cartas de Kelkfeld et cartas de Wystow.

ENTRIES NOT MADE IN THE ORIGINAL TABULA.

1. Carta Henrici de Lascy.
   Memoranda.
2. Carta Henrici de Lascy.
3. Indentura de Stagno.
4. Confirmacio regis Stephani.
5. Concessio Johannis de Lascy.
6. Carta Walteri Aunger.
7. Quieta clamacio de Grangia de Redenesse.
8. Carta de situ ejusdem.
9. Litera de placea de Redenesse.

I.—CARTÆ REGUM.

i. Carta Willelmi I.
ii. „ Willelmi.
iii. „ Henrici I.
iv. „ Henrici II.
v. „ ejusdem.
vi. „ Johannis.

[1] From this point to "cartas de Wystow," the entries are in various hands.

[1] Numbered lxviii in the printed edition, where all the documents are, by an error of the press, numbered ten too many from this point.

ENTRIES IN THE ORIGINAL TABULA.

f. 2.   II.—HIC INCIPIUNT CARTÆ DE FEODO DE SELEBY.

[1] This and the preceding entry, and their numbers, have been omitted in the MS.

---

[1] After this entry the numbers clviij—ccxvij are entered, but not the headings of the charters, which have not been inserted in the text after clvj.

f. 3.
II.—HIC INCIPIUNT CARTÆ DE BRAITON.

[1] This and the three following charters are entered in the text *secunda manu.*

f. 3*v*.

---

[1] *Prima manu* in the text, perhaps lxxxviij in the *Tabula.*

[2] *Secunda manu* in the text, not included in the *Tabula.*

[1] The last in the text.

---

[1] Not in *Tabula*, but in text *prima manu*.   [2] Not in *Tabula*, but in text *secunda manu*.

[1] Should be "Osberti."

---

[1] The former *secunda manu*, the latter *prima manu* in text ; neither is entered in *Tabula*.
[2] Not entered in *Tabula*, entered *secunda manu* in text.
[3] Entered *secunda manu* in *Tabula* ; no charters to correspond.
[4] *Secunda manu* in text, not entered in *Tabula*.

[1] Not entered in the *Tabula, secunda manu* in the text.

¹ As in last note.　² Not entered here in the *Tabula*; in the text *prima manu*.

---

[1] Should be "Walteri."
[2] As in note on p. xiv.

[The remainder of the *Tabula* will be prefixed to Vol. II.]

CARTULARIUM ABBATHIÆ S. GERMANI DE SELEBY.

CHARTERS INSERTED.

I. ON THE FIRST LEAF, BEFORE THE "TABULA."

(1)

Mon. Angl. III, 499, No. xvii.

f. 1.
A.D.
1304.

Omnibus hoc scriptum visuris vel audituris, Henricus de Lascy,[1] comes Lincolniæ, Constabularius Cestriæ, salutem in Domino. Noveritis nos, pro salute animæ nostræ et antecessorum nostrorum, concessisse Abbati et Conventui de Seleby quod ipsi et successores sui habeant et teneant cymiterium in villa de Wytegift olim dedicatum, sicut fossatis includitur, usque ad quandam placeam ubi feria nostra annuatim tenetur ad festum Beatæ Mariæ Magdalenæ, juxta cymiterium prædictum, in villa prædicta versus boream, ad construendam ecclesiam sive capellam in eodem cymiterio in honore Beatæ Mariæ Magdalenæ, in qua quidem ecclesia sive capella homines nunc inhabitantes et imposterum inhabitaturi in villis de Ouseflet, Wytegift, Essetoft, Redenesse, et Swynflet, et etiam tenentes undecim bovatas terræ in Folquardeby, et tresdecim bovatas terræ in Haldaneby, quæ quidem villæ prædictæ sunt infra limites parochiæ de Snayth, divina officia audient, et sacramenta ecclesiastica percipient et habebunt, prout aliquo tempore plenius, melius, liberius, et honestius percipere et habere consueverunt in ecclesia quæ nuper prostrata fuit per dominum Johannem le Fraunceys, tunc Rectorem ecclesiæ de Athelingflet, in cymiterio prædicto. Tenendum prædictum cymiterium in liberam elemosinam in forma prædicta, sine reclamacione nostri vel hæredum nostrorum, imperpetuum. In cujus rei testimonium has literas nostras sigillo nostro sigillatas eisdem Abbati et Conventui fieri fecimus patentes. Dat. apud Clifton juxta Eboracum, die Jovis prox. ante festum Sanctorum Apostolorum Symonis et Judæ, anno graciæ Domini Millesimo trescentesimo quarto.

[1] For names of persons and places not explained in the notes, see the alphabetical list at the end.

C——[1] Canonicorum de Hirst juxta Belton per Nigellum de Aubeneye, videlicet habitacionem de Hirst, et totum illud nemus quod vocatur nemus de Hirst, et Hirstsike, et le marais quod est circa Hirst ex utraque parte realiter (?) ad sartandum, claudendum, et ad usus suos ordinandum, et totum marays de Hirst, usque in ——[2] Don.[3]

This Bouke was delyvered to me by Maister Robert Rogers[4] uppon Fryday the xxvii[th] day off July, anno regni Regis Henrici viij xxxv[to], at his house in Gowthorp in Selby, Sir George Goode beyng present his chapleyn.[5] (*No signature*).

[1] Illegible; this paragraph has been much injured by retouching, application of tincture of galls, etc.

[2] A word crossed out.

[3] The passage in the foundation charter of Hirst (before 1135) runs thus :—"Habitationem in Hyrst, et totum illud nemus ad sartandum, ad usus suos, et marais quod est circa Hyrst, et de Hyrst, usque in Don."— *Mon. Angl.* 1661, II, 42.

[4] Robert Selby, alias Rogers, the last Abbot. He surrendered Dec. 6, 1539.

[5] In a hand of the period (1543-4).

II. BETWEEN THE TABLE OF CONTENTS AND THE FOUNDATION CHARTER.

(2)

CARTA COMITIS LINCOLNIÆ DE MORA INFRA MANERIUM ET SOKAM
DE S[NAYTH].

ANNO DOMINI ETC. XI°, ISTA CARTA REMANET IN CUSTODIA
DOMINÆ ELIZABETH LESCROPE.

f. 8.
c. A.D.
1300.

Omnibus hoc scriptum visuris vel audituris, Henricus de Lascy, comes Lincolniæ, salutem in Domino sempiternam. Volentes graciam facere Johanni de Yortheburg, concessimus pro nobis et hæredibus nostris quod ipse Johannes et hæredes sui habeant et teneant septem perticatas moræ in latitudine jacentes inter moras quas Radulfus Gausel solebat tenere et moras Priorissæ de Nonnecotona, simul cum fundo sub prædictis septem perticatis moræ; et quæ quidem mora jacet in Inglesmore in manerio et soka de Snayth juxta Swynflete, et se extendit versus austrum quantum profunda mora ad turbas fodiendas duraverit in longitudine, et de latitudine septem perticatarum, nisi mora illa temporibus futuris per loca versus austrum fuerit magis stricta; salvis tamen nobis et hæredibus nostris vastis et pasturis nostris ex parte boriali aquæ de Done ubique versus borialem usque ad profunditatem moræ prædictæ ubi turbæ poterint per ipsum Johannem et · hæredes suos convenienter fodi temporibus futuris ad omnimoda approuyamenta nostra in eisdem vastis et pasturis facienda, quocienscunque, quandocunque et qualitercunque melius ad opus nostrum viderimus expedire imperpetuum; et salvis nobis et hæredibus nostris pastura in prædicta mora ipsi Johanni et hæredibus suis concessa tam ante fodicionem et asportacionem turbarum in eadem mora quam post fodicionem et asportacionem earundem. Et si forte terra sub prædicta mora in agriculturam seu pratum reducatur, tunc, post asportacionem bladi et fœni, semper in eisdem terris et pratis pasturam cum averiis nostris propriis et hæredum nostrorum habebimus. Concessimus insuper eidem Johanni et hæredibus suis pro nobis et hæredibus nostris quod habeant omnimoda aysiamenta in omnibus antiquis viis, semitis et calcetis, in prædicta mora, tam ab antiquo usitatis quam in mora per præsentem cartam ipsi Johanni et hæredibus suis concessa, apperiendi fodiendi cum gutteris et seweris et appericionibus ad prædictam moram siccandam, cum libertate prædictam moram apperiendi, tollendi turbas, fodiendi eas, et alia bona sua usque ad aquas de Ouse et de Done cariandi et naves ibidem cariandi et inde abducendi, libere quiete et pacifice pro voluntate sua imperpetuum, absque contradictione vel impedimento nostri, hæredis, balliorum, seu aliorum ministrorum nostrorum quorumcunque, imperpetuum; reddendo inde nobis et hæredibus nostris annuatim duodecim denarios argenti, medietatem scilicet ad Pentecosten, et aliam medietatem ad festum Sancti Martini in hyeme, et faciendo omnia alia servicia debita et consueta pro prædicta mora imperpetuum. Et, præterea, idem Johannes et hæredes sui et eorum assignati et tenentes fossatum aquæ de Ouse ex opposito morarum prædictarum, quocienscunque per intemperiem aquæ maris vel prædictæ aquæ de Ouse fractum fuerit vel asportatum in parte vel in toto, reparabunt et de novo facient quociescunque necesse fuerit imperpetuum; et, præterea, idem Johannes concessit pro se et hæredibus suis quod via imperpetuum remaneat tam larga inter fossatum aquæ de Ouse et inter moras prædictas sicut fuit die confeccionis præsentis scripti, scilicet sexaginta pedum ad minus. Et nos Henricus et hæredes nostri prædictam moram cum fundo in forma suprascripta prædicto Johanni et hæredibus suis contra omnes gentes warantizabimus. Et in omnium præmissorum testimonium parti hujus scripti cyrograffati penes prædictum Johannem et hæredes suos remanenti sigillum nostrum fecimus apponi, et alteri parti penes nos remanenti sigillum ipsius Johannis est appensum. Hiis testibus, dominis Willelmo le Vavasour, Milone de Stapelton militibus, Willelmo de Nony, Thoma de Fissheburne, Olivero de Stanesfeud tunc receptore castri Pontisfracti, et aliis.

(3)

INDENTURA INTER ARCHIEPISCOPUM ET ABBATEM DE STAGNO VOCATO LE DAMME.

f. 9.
A.D.
1321.

Cum aliqualis disceptacio mota fuisset inter venerabilem patrem dominum Willelmum, Dei gracia Ebor. Archiepiscopum, Angliæ primatem, ex parte una, et Abbatem et Conventum de Seleby ex altera, super proprietatem aquæ decurrentis de parco ejusdem Archiepiscopi usque manerium de Thorp; videlicet inter terram ejusdem Archiepiscopi de Shireburn ex parte una, et terram ipsorum Abbatis et Conventus, de Hamelton et de Thorp, ex altera, quam quidem aquam iidem . .[1] Abbas et Conventus vendicant tanquam stagnum et vivarium

---

[1] The dots are in the MS.

suum de Seleby; tandem amicabiliter conquievit in hunc
modum ; videlicet quod prædicti . . Abbas et Conventus concesserunt pro se et successoribus suis prædicto domino Archiepiscopo
et successoribus suis Archiepiscopis Ebor. totam illam
aquam de vivario sive stagno suo prædicto quæ est subtus
Abbeholm versus orientem usque ad prædictum parcum dicti
domini Archiepiscopi de Schireburn versus occidentem, habendam
et tenendam sibi et successoribus suis Archiepiscopis in
separalitate ut aquam suam separalem, sine impedimento vel
contradictione prædictorum . . Abbatis et Conventus vel eorum
successorum imperpetuum ; fossato currente inter Abbeholm et
Hamelton in eo statu remanente quo hactenus fuit et in præsenti
existit ; ita tamen quod pali figantur in aqua prædicta ex
transverso in loco prædicto versus orientem per dictos . . Abbatem
et Conventum, ita quod cigni, naves, nec batelli, eundo nec redeundo, poterint pertransire quovismodo ; et quod cursus aquæ
prædictæ nullo modo impediatur vel ipsa aqua a cursu solito
aliqualiter divertatur. Et dictus dominus Archiepiscopus
concessit, remisit et quietum clamavit pro se et successoribus
suis Archiepiscopis dictis . . Abbati et Conventui et eorum
successoribus, totum vivarium sive stagnum et totam aquam
ejusdem vivarii sive stagni integraliter a prædicto loco
de Abbeholm usque molendina sua aquatica de Seleby,
prout temporibus Archiepiscoporum Ebor. prædecessorum dicti
Archiepiscopi haberi consueverunt et possident in præsenti ;
habendum et tenendum in sepalalitate (sic), ut vivarium et stagnum suum et piscariam separalem, tam in longitudine quam in
latitudine, et quod bene licebit eisdem . . Abbati et Conventui et
eorum successoribus alveum aquæ vivarii sive stagni prædicti
mundificare, et quod inde projectum fuerit tam ex parte riparam
prædicti domini Archiepiscopi versus boscum de Schirburn et
Skaholm quam ex alia parte jactare quocienscunque sibi viderint
expedire. Et quod homines prædictorum . . Abbatis et Conventus
eorumque successorum ibidem piscantes vel cariagia facientes, ire
possint super ripas dicti domini Archiepiscopi, et naves ibi
applicare, trahere et ad terram attachiare, et retia ibidem exciccare
pro voluntate sua sine impedimento dicti domini Archiepiscopi
vel successorum suorum. Et similiter quod prædicti . . Abbas et
Conventus per piscatores suos prosequantur ubique piscariam
suam, et piscentur tam in alveo aquæ vivarii sive stagni prædicti
quam in aqua ex utraque parte, cum terram superundaverit, tam
ex parte domini Archiepiscopi quam ex parte prædictorum . .
Abbatis et Conventus. Ita quod nec idem Archiepiscopus nec
successores sui, vel aliquis ex parte ipsorum, in aliquo loco aquæ

prædictæ a prædicto loco de Abbeholm usque Seleby piscari possint vel pisces ibidem capere valeant seu debeant quoquomodo ; salvis semper eidem domino . . Archiepiscopo et successoribus suis omnimodis proficuis soli sui inter boscum suum de Schirburn et Skaholm et alveum aquæ stagni prædicti cum aqua fuerit inde retracta, et quod de eodem solo suo utilitatem suam facere possint prout potius sibi viderint expedire ; salvis etiam eisdem Abbati et Conventui omnimodis aysiamentis et proficuis superius eis concessis. In cujus rei testimonium tam dictus dominus Archiepiscopus sigillum suum quam dicti . . Abbas et Conventus sigillum suum commune huic indenturæ alternatim apposuerunt. Hiis testibus, dominis Roberto de Rither, Roberto de Reygate, et Hugone de Pikeword, militibus, et Johanne de Lascy, Thoma de Merston, Thoma Attehalleyate de Schirburn, et aliis. Dat. apud Cawod. viii Kal. Julii, anno graciæ Millesimo trecentesimo vicesimo primo.

(4)

CONFIRMATIO REGIS FACTA ECCLESIÆ SANCTI GERMANI DE SELEBY ET MONACHIS IBIDEM DE OMNIBUS SIBI PRÆCONCESSIS.

f. 9v.
A.D.
1154.

Stephanus Rex Anglorum[1] Archiepiscopis Episcopis Abbatibus Justitiariis, Comitibus, Baronibus, Vicecomitibus, Ministris et omnibus fidelibus suis totius Angliæ, salutem. Sciatis me confirmasse hac mea præsenti carta ecclesiæ Sancti Germani de Saleby et monachis in illa Deo servientibus quidquid fundator ejusdem ecclesiæ venerabilis Rex Angliæ, Willelmus avus meus, illis in elemosinam dedit ; scilicet ipsum manerium de Seleby, unam carucatam terræ de Sneid et sex bovatas terræ de Flaxlei et Rodecliff, et dimidiam carucatam terræ in Brayton, et unam piscariam Witegift, et, præterea, terras a Thoma Archiepiscopo eis datas, scilicet Fristonam et Salebiam minorem, et, præterea, Crull, scilicet unum hundredum in vicecomitatu Lincolniæ, et Stanford cum pertinentiis ejus in vicecomitatu Hametoniæ, quas eis dederunt Galfridus de la Wirche et Wydo de Rainelcurt, et, prætereas (sic), alias terras suas a quocunque fideli illis datas, scilicet ecclesiam de Stalingburgh cum pertinentiis ejus, et ecclesiam de Redeburna cum pertinentiis ejus, et ecclesiam de Ascheby cum pertinentiis ejus, et ecclesiam de Sneid cum pertinentiis ejus, et Hameltonam quam Ilbertus de Lacy in elemosinam dedit cum pertinentiis ejus, et Gunby cum pertinentiis ejus, et terram de Duffeld, et Acastram cum pertinentiis ejus quam Osbertus

---

[1] Always Angl. in MS., but here extended in accordance with the usual styles of the sovereigns.

Vicecomes in elemosinam dedit et Rogerus de Mulbray postea carta sua confirmavit, et Hillum cum pertinentiis ejus quam secundus Thomas Archiepiscopus dedit, et Stayntonam in Cravana quam Hugo filius Euerardi in elemosinam dedit, et terram de Chalchefeld quam Hermerus in elemosinam dedit, et unam carucatam terræ in Amecotes quam Nigellus de Albeneia ad luminare ecclesiæ dedit, et terram de Bramwik, et terram de Donecastria, et omnes alias terras suas et tenuras eorum in elemosinam eis datas ; quare volo et firmiter præcipio quod prædicta ecclesia et monachi omnes præscriptas tenuras suas bene et in pace, libere et quiete et honorifice teneant, in bosco et plano, in pratis et pascuis, in aquis et piscariis, in stagnis et molendinis, in viis et semitis, in civitate et extra, et omnibus in locis, cum soca et saca, toll et theam, et infangentheaf, et cum omnibus libertatibus et liberis consuetudinibus et imperpetuam elemosinam, solutam et quietam de omni seculari exactione et servitio, sicut præfatus Willelmus Rex Angliæ eas illis carta sua confirmavit. Testibus Hugone Episcopo Dunelm., et Roberto Episcopo Lincoln., et Ricardo de Lacy, et Ricardo de Caneuill, apud Dracas in obsidione.[1]

(5)

JOHANNES DE LASCY CONCEDIT ABBATI DE SELEBY ET ECCLESIÆ
OMNEM MEDIETATEM AGISTAMENTI IN PASTURA DE SNAYTH
ET COWICK.

f. 10.   Anno regni Regis Henrici filii Regis Johannis xiiio, venerunt
A.D. gentes Willelmi Comitis Warenne apud Rouclif die Sancti
1229, Dioni(sii) ? et insultaverunt homines de villa, et ceperunt averia
Oct. 9. sua, et fugaverunt apud Thorn et detinuerunt, quousque Ricardus
Abbas de Seleby adiit Johannem de Lascy et petiit auxilium ejus, et pro auxilio suo dedit eidem Johanni c acras prati in Wasto de Rouclif, et medietatem agistamenti in pastura ejusdem villæ. Et idem Johannes dedit eidem Abbati et ecclesiæ suæ medietatem agistamenti in pastura de Snayth et Cowyk. Et confederati sunt Johannes de Lascy et Abbas de Seleby contra Willelmum Comitem Warenni, et deliberaverunt averia prædicti Abbatis, vi et armis, apud Thorn.

(6)

CARTA WALTERI AUNGER DE REDENESSE.

A.D.   Sciant præsentes et futuri, quod ego Walterus Aunger de
1324, Redenesse dedi, concessi, et hac præsenti carta mea confirmavi,
Aug. 19.

---

[1] Stephen besieged Drax in 1154.—William of Newburgh, I, xxxii.

magistro Galfrido de la Gale, clerico, unum toftum cum
pertinenciis in Redenesse, sicut jacet in latitudine inter
mesuagium Jacobi filii mei ex parte occidentali, et terram Galfridi
Stulle ex parte orientali, et in longitudine a regia strata ejusdem
villæ versus austrum, usque ad filum aquæ de Ouse versus
boriam . . Habendum et tenendum prædicto magistro Galfrido,
hæredibus, et assignatis suis, de capitalibus dominis feodi illius,
per servicia quæ ad illud toftum pertinent, imperpetuum.
Præterea, concessi eidem magistro Galfrido hæredibus, et
assignatis suis, quod idem Galfridus, hæredes, et assignati sui
habeant unum chiminum per medium mesuagii mei, longitudinis
quinquaginta et quatuor perticarum, videlicet in parte orientali
ejusdem mesuagii, usque quendam locum qui vocatur le
Croftdyk, pro fœno et blado et aliis rebus et necessariis suis
quibuscunque, cum carris et carectis suis et omnibus aliis modis
ibidem pro voluntate sua cariandis, videlicet a festo Sancti Petri
ad Vincula usque ad festum Sancti Martini in hyeme, cum libero
ingressu et egressu et transitu competenti, in longitudine a
regia strata prædicta usque prædictum locum del Croftdyk,
singulis annis, sine impedimento mei vel hæredum meorum,
imperpetuum. Et ego vero prædictus Walterus et hæredes mei
prædictum messuagium cum chimino prædicto ut prædictum est
prædicto magistro Galfrido, hæredibus, et assignatis suis, contra
omnes homines warantizabimus, acquietabimus, et defendemus
imperpetuum. In cujus rei testimonium præsenti cartæ sigillum
meum apposui. Hiis testibus, domino Thomæ de Houk milite,
Willelmo de la Mare, Thoma de Egmanton, Adam de
Haukesgarth, Willelmo Gaterist, Petro de Thorntonhous,
Willelmo de Crull de Swynflet, Hugoni Malecake, et aliis. Dat.
apud Redenesse, decimo nono die mensis Augusti, anno
Domini Millesimo CCC^{mo} vicesimo quarto.

(7)

QUIETA CLAMACIO ADÆ DE HAUKESGARTH ET AGNETIS UXORIS
SUÆ DE GRANGIA DE REDENESSE.

A.D.
1325,
May 5.
Universis Christi fidelibus ad quos præsens scriptum pervenerit,
Adam de Haukesgarth de Redenesse et Agnes uxor ejus, salutem
in Domino. Noveritis nos concessisse et confirmasse magistro
Galfrido de la Gale, clerico, donacionem et concessionem quam
Walterus Aunger de Redenesse ei fecit de uno tofto cum
pertinenciis suis in Redenesse, sicut jacet in latitudine inter
mesuagium Jacobi Aunger ex parte occidentali, et terram
Galfridi Stulle ex parte orientali, et in longitudine a regia strata

ejusdem villæ versus austrum usque ad filum aquæ de Ouse
versus boream, prout in carta prædicti Walteri eidem magistro
Galfrido inde confecta plenius continetur. Et remisimus et
quietum clamavimus pro nobis et hæredibus nostris eidem
magistro Galfrido, hæredibus, et assignatis suis, totum jus et
clamium quod habuimus, aut habemus seu habere poterimus in
futurum, in prædicto tofto cum pertinenciis, aut in aliquo redditu
vel servicio exeuntibus de eodem ; ita quod nec nos nec hæredes
nostri, nec aliquis per nos (*sic*)[1] vel nomine nostro, aliquid juris vel
clamii in prædicto tofto cum pertinenciis, aut in aliquo redditu vel
servicio de eodem exeuntibus, de cetero exigere vel vendicare
poterimus in futurum. In cujus rei testimonium præsenti scripto
sigilla nostra apposuimus. Hiis testibus, Johanne de Hekingham,
Illardo de Usflet, Thoma de Egmanton, Willelmo Gaterist,
Petro de Thorntonhous, Willelmo de Crull, et aliis. Dat. apud
Redenesse quinto die mensis Maii, Anno Domini Millesimo
CCC^{mo} vicesimo quinto, et regni Regis Edwardi filii Regis
Edwardi decimo octavo.

(8)

DE SITU GRANGIÆ DE REDENESSE CONCESSÆ ABBATI DE SELEBY ET CONVENTUI.

f. 10*v*.
A.D.
1325,
June 7.

Sciant præsentes et futuri, quod ego magister Galfridus de la
Gale, clericus, dedi, concessi, et hac præsenti carta mea confirmavi
dominis Abbati et Conventui de Seleby, unum mesuagium cum
pertinenciis in Redenesse, videlicet illud quod habui de dono et
feoffamento Walteri Aunger de Redenesse sub nomine tofti,
sicut jacet in latitudine inter mesuagium Jacobi filii prædicti
Walteri Aunger ex parte occidentali, et terram Galfridi Stulle
ex parte orientali, et in longitudine, a regia strata ejusdem villæ
versus austrum usque ad filum aquæ de Ouse versus boream,
sicut in carta feoffamenti dicti Walteri michi inde confecta
plenius continetur. Habendum et tenendum prædictis Abbati et
Conventui et eorum successoribus de capitalibus dominis feodi
illius per servicia quæ ad illud mesuagium pertinent imperpetuum.
Præterea, concessi eisdem Abbati et Conventui et successoribus
suis, quod iidem Abbas et Conventus et eorum successores
imperpetuum habeant unum chiminum per medium mesuagii
dicti Walteri Aunger, longitudinis quinquaginta et quatuor
perticatarum, videlicet in parte orientali ejusdem mesuagii usque
quendam locum qui vocatur le Croftdike, pro fœno et bladis et
omnimodis aliis rebus suis necessariis quibuscunque, cum carris

---

[1] Should be " pro nobis."

et carrectis suis et omnibus aliis modis ibidem pro voluntate sua cariandis, illud videlicet chiminum quod idem Walterus michi concessit et carta sua confirmavit, prout in eadem carta michi inde confecta plenius continetur, scilicet a festo Sancti Petri ad Vincula usque ad festum Sancti Martini in hyeme, cum liberis ingressu et egressu et transitu competenti in longitudine a regia strata prædicta usque prædictum locum del Croftdike, singulis annis, sine impedimento mei vel hæredum meorum imperpetuum. Et ego vero Galfridus et hæredes mei prædictum mesuagium cum pertinenciis, et cum chimino prædicto ut prædictum est, prædictis Abbati et Conventui et eorum successoribus contra omnes homines warantizabimus, acquietabimus, et defendemus imperpetuum. In cujus rei testimonium præsenti cartæ sigillum meum apposui. Hiis testibus, domino Thoma de Houk milite, Willelmo de la Mare, Thoma de Egmanton, Adam de Haukes-garth, Willelmo Gaterist, Petro de Thorntonhous, Willelmo de Crull de Swynflet, Hugone Malecake, et aliis. Dat. apud Redenesse die Veneris prox. ante festum Sanctæ Trinitatis, Anno Domini Millesimo CCC^mo vicesimo quinto, et regni Regis Edwardi filii Regis Edwardi decimo octavo.

(9)

LITTERA ATTORNATORIA DE PLACEA DE REDENESSE.

A.D.
1325,
June 11.

Noverint universi, quod nos Johannes, permissione divina Abbas de Seleby, assignavimus et loco nostro posuimus fratrem Ricardum Athelingflet, commonachum domus nostræ, ad recipiendam nomine nostro seisinam de uno mesuagio cum pertinenciis in Redenesse, quod magister Galfridus de la Gale ex licencia domini Regis nobis concessit, et carta sua confirmavit. In cujus rei testimonium has literas nostras eidem fratri Ricardo fieri fecimus patentes, sigillo nostro signatas. Dat. apud Seleby, die Martis in festo Sancti Barnabæ Apostoli, anno regni Regis Edwardi filii Regis Edwardi decimo octavo.

An. Dom. 1325, *secunda manu.*

CHARTERS ENTERED IN THE FIRST INSTANCE.

I.

CONCESSIO WILLELMI PRIMI DE FUNDACIONE ABBATIÆ
DE SELEBY.

Mon. Angl. III, 499, No. i.

f. 11.
c. A.D.
1070.

In nomine Sanctæ et Individuæ Trinitatis, Patris et Filii et Spiritus Sancti, Amen. Willelmus fortissimus immo potentissimus Rex omnium regum illorum a quibus eo tempore ceptra regalia sub divo gubernantur, maximum imperium Anglicæ terræ regens, quod permissione atque voluntate Dei primum signis mirabilibus[que] prodigiis, ac deinde magnis viribus bellisque debellando Anglos, tandem adquisitum gubernans, viris tam ecclesiasticis quam suis comitibus baronibusque atque ministris omnibus, salutos (sic).[1] Divina providente Dei misericordia et mea bonitate, divina clemencia inspirata, devote postulanti Benedicto Abbati devotissimo, cœnobium in honore Domini nostri Jesu Christi et beatissimæ ejus genetricis et virginis Mariæ et Sancti Germani Autissiodorensis Episcopi in Salebya fundare concessi. In quo fundamine conjeci et regali libertate posui et dedi de mea propria mensa ipsam Selebiam, videlicet unam carucatam terræ de Snaith, et sex bovatas de Flaxley et Rodecliff, et dimidiam carucatam in Braiton, et unam piscariam Wytegift, et terras a Thoma Archiepiscopo eidem ecclesiæ datas, videlicet Fristonam et Salebiam minorem, tam secundum vivam vocem quam juxta brevis ejus tenorem. Eodem modo Crull, scilicet unum hundred, quæ jacet in vicecomitatu Lincolniæ, et Stanford, quæ est vicecomitatu Hamtoniæ, quas dederunt Gaufridus de la Wyrchi et Wedo de Rannecurt, sine ullo retentu confirmavi et dando concessi, et cuncta cum hiis quæ undecunque tam in terris et possessionibus quam in aliis oblationibus quæ instinctu Sancti Spiritus a devotis benefactoribus offerri, et quaquaversum jure prece et pretio adquiri possint sub regali munere, ab omni exactione et molestia et vexatione, solute et quiete et libere, prout decet elemosinam regiam et propriam Abbatiam, interminabili et perpetua pace tenere, et curiam suam cum saca et soca, et tol et theam, et infangenethef, et

---

[1] " One hardly knows," says Freeman, referring to this charter (*Norman Conquest*, iv, 800), what to make of its stilted and inflated beginning, which savours rather of Æthelred than of William." The great prodigy referred to was the comet of 1066, on which see Freeman, *N. C.*, iii, 70-73.

cum omnibus consuetudinibus quas meliores habet ecclesia
Sancti Petri Ebor., habere et perpetuo possidere.   Ad
testimonium et ad confirmationem hujus elemosinæ donationis
pro salute animæ meæ et tam præcedentium meorum quam
subsequentium, data carta hæc et confirmata apud Londinium
in præsentia istorum, scilicet Odonis Baiocencis Episcopi, Edwardi
de Salebiria, Hugonis de Portu, Hugonis de Montefort, Roberti
de Olloy, Ricardi filii Comitis Gilberti, Baldwini fratris ejus,
Remigii Episcopi,[1] Radulfi Talebois, Roberti de Teiny, Gaufridi
de la Wirchy, et totius curiæ regis.

II.

CARTA WILLELMI (II vel I ?) REGIS ANGLORUM.[2]

A.D.
1087-1100.
Willelmus Rex Anglorum Thomæ Archiepiscopo et vicecomitibus suis, ceterisque fidelibus suis Francigenis et Anglicis,
salutem.   Volo et præcipio ut ecclesia Sancti Germani di Seleby
ita bene amodo habeat omnes consuetudines suas sicut melius
habet ecclesia Sancti Petri suas de Everwyk.   Et ita volo ut terras
suas Sanctus Germanus quietas habeat sicut Sanctus Petrus de
Everwyk habet suas, et hoc ei concedo pro Dei amore et salute
animæ patris mei.   Teste Ivone Talebois.

III.

CARTA HENRICI (I) REGIS ANGLORUM.

A.D.
1101-9.
Henricus Rex Anglorum Osberto Vicecomiti et omnibus
Baronibus suis de Lincolnesira, salutem.   Sciatis nos concessisse
pro anima mea et pro anima patris et matris meæ, donationem et
elemosinam quam fecit Gaufridus de Wyrcha ecclesiæ Sancti
Germani de Seleby, scilicet Crull et omnia quæ adjacent ei,
solutam et quietam ab omni servitio et consuetudine præter
Danegeld.   Teste Girardo Archiepiscopo Eboracensi, apud
Londinium.

IV.

CARTA HENRICI (II) REGIS ANGLORUM.

A.D.
1155-62.
Henricus Rex Anglorum et Dux Normanniæ et Aquitaniæ et
Comes Andegaviæ, Archiepiscopis, Episcopis, Baronibus,
Justitiariis, Vicecomitibus et omnibus hominibus suis totius
Angliæ, salutem.   Volo et præcipio ut ecclesia Sancti Germani de

---

[1] As Symeon of Durham (Hist. Regum s.a.) says that Selby Abbey
"sumpsit exordium" in 1069, and as Remigius became bishop in 1070, the
charter is probably of the latter date.

[2] See above, p. 6n.

Seleby ita bene et honorifice habeat omnes consuetudines suas
sicut melius habet ecclesia Sancti Petri suas de Eboraco, et curiam
suam plenarie habeat. Et ita volo ut terras suas Sanctus
Germanus quietas habeat, sicut Sanctus Petrus de Eboraco habet
suas, et sicut carta Willelmi Regis proavi mei sibi confirmat, et
hoc ei concedo pro Dei amore et salute animarum antecessorum
meorum. Testibus Thoma cancellario, et Reginaldo comite
Cornubiæ, apud Eboracum.

V.

CARTA HENRICI (II) REGIS ANGLORUM.

A.D.
1155-62.

Henricus, Dei gratia Rex Anglorum et Dux Normanniæ et
Aquitaniæ, et Comes Andegaviæ, Archiepiscopis, Episcopis,
Abbatibus, Justitiariis, Comitibus, Baronibus, Vicecomitibus,
ministris, et omnibus fidelibus suis totius Angliæ, salutem.
Sciatis me confirmasse hac mea præsenti carta ecclesiæ Sancti
Germani de Seleby et monachis in illa Deo servientibus, quidquid

f. 11v.

fundator ejusdem ecclesiæ, venerabilis Rex Angliæ Willelmus
proavus meus, illis in elemosinam dedit, scilicet ipsum manerium
de Seleby, videlicet unam carucatam terræ de Snayth, et vj bovatas
terræ de Flaxeley et Roudeclive, et dimidiam carucatam terræ in
Braiton, et unam piscariam, scilicet Wytegift, et præterea terras
a Thoma archiepiscopo eidem ecclesiæ datas, scilicet Fristonam
et Selebyam minorem, et præterea Crull, scilicet unum hundred
in Vicecomitatu Lincoln., et Stanford cum pertinentiis quæ
est in Vicecomitatu Hamton., quas eis dederunt Gaufridus de
la Wyrche et Wydo de Rannelcurt, et præterea alias tenuras suas
a quocunque fideli illis datas, scilicet ecclesiam de Stalingburgh
cum pertinentiis ejus, et ecclesiam de Redburne cum pertinentiis
ejus, et ecclesiam de Askeby cum pertinentiis ejus, et ecclesiam de
Snayth cum pertinentiis ejus, quam Gerardus Archiepiscopus eis
in elemosinam dedit, et Hamelton quam Ilbertus de Lacy eis in
elemosinam dedit cum pertinentiis ejus, et terram de Duffeld et
Acastram cum pertinentiis ejus quam Osbertus Vicecomes eis in
elemosinam dedit, et Rogerus de Mobray postea carta suâ
confirmavit, et Illum cum pertinentiis ejus quam secundus
Thomas Archiepiscopus eis dedit, et Thorp et Stainton in
Cravena quam Hugo filius Euerardi eis in elemosinam dedit, et
terram de Chelchefeld quam Hermerus eis in elemosinam dedit,
et unam carrucatam terræ in Amecotes quam Nigellus de
Albeneia ad luminaria eis dedit, et terram de Bramwit, et terram
de Donecastria, et unam carucatam terræ in Usaburna, et omnes
alias terras suas et tenuras eorum in elemosinas eis datas. Quare

volo et firmiter præcipio quod prædicta ecclesia et monachi
omnes p̃ræscriptas tenuras suas bene et in pace et libere et
quiete et honorifice teneant, in bosco, in plano, in pratis et
pascuis, in aquis et piscariis, in stagnis et molendinis, in viis et
semitis, in civitate et extra, et in omnibus locis, cum soca et saca,
et toll et theam, et infangenethef, et cum omnibus libertatibus et
liberis consuetudinibus, et in perpetuam elemosinam ; solutam
et quietam de omni sæculari exactione et servitio, sicut ecclesia
Sancti Petri Ebor. est.   Et ut præfatus Willelmus proavus
meus et Henricus Rex avus meus eas illis cartis suis confirmaverunt.   Testibus, Tebaldo Archiepiscopo Cant., et Roberto
Episcopo Linc., et aliis.

VI.

CARTA JOHANNIS REGIS (sic).[1]

A.D.
1154.

J. (sic) Rex Angl. [etc., as on fo. 9v, above, p. 6, but
reads Seleby, Flaxelay, Snaith, Braiton, Wytegift ; for eis in line
10, eidem ecclesiæ ; Gaufridus de la Wyrche ; Wydo de
Rannelcurt ; for prætereas, præterea ; Redburne ; Askeby ;
Gunneby ; Mobray ; Stantonam in Cravena ; Kelkefeld ;
Albania ; tol ; infangunethef ; inperpetuam ; Canwill, and
Bracas].

VII.

CARTA STEPHANI REGIS.

f. 12.
A.D.
1135-54.

Stephanus Rex Anglorum, Justitiariis, Vicecomitibus, et Baronibus et ministris, et omnibus fidelibus suis de Eborscira,
salutem.   Præcipio quod ecclesia Sancti Germani de Seleby et
Abbas et monachi ibidem Deo servientes habeant omnes libertates
suas et suas liberas consuetudines, in thelonio et passagio, et
terris et molendinis, et in omnibus possessionibus suis, in burgis
et extra burgum, et in omnibus rebus et locis, ita bene et in pace
et honorifice sicut melius et liberius habuerunt tempore Regis
Henrici avunculi mei et mei postea.   Ne super hoc aliquis eis
injuriam vel contumeliam inde faciat, quia nulli warantizare
volo qui eis inde detrimentum fecerit vel eos infestaverit.
Testibus, etc.

VIII.

CARTA JOHANNIS REGIS.

A.D.
1199-1213.

Johannes Dei gratia Rex Angliæ, Dominus Hyberniæ, et Dux
Normanniæ et Aquitaniæ, Comes Andegaviæ, Archiepiscopis,

---

[1] So entered by mistake in the cartulary ; it is Stephen's charter as given
above, p. 6, with the different readings noted.   It speaks of the Conqueror as
"avus meus," and is witnessed by men of Stephen's time, not of John's.

Episcopis, Abbatibus, Comitibus, Baronibus, Justitiariis, Vicecomitibus, Præpositis, et omnibus ballivis, ministris, et fidelibus
suis, salutem. Sciatis nos concessisse et præsenti carta nostra
confirmasse ecclesiæ Sancti Germani de Seleby et monachis in
illa Deo servientibus, quidquid fundator ejusdem ecclesiæ
venerabilis Rex Angl. Willelmus, proavus Henrici Regis patris
nostri, illis in elemosinam dedit, scilicet ipsum manerium de
Seleby, videlicet unam carucatam terræ de Snayth, et vj bovatas
terræ de Flaxelay et Roucliff, et dimidiam carucatam terræ in
Brayton, et unam piscariam, scilicet Witegift, et præterea terras
a Thoma Archiepiscopo eidem ecclesiæ datas, scilicet Fristonam
et Selebyam minorem, et præterea Crull, scilicet unum hundredum
in Vicecomitatu Lincoln., et Stanford cum pertinentiis ejus, quæ
(est) in Vicecomitatu Hamton., quas eis dederunt Gaufridus de
la Wyrche et Wydo de Relinecurt, et præterea alias tenuras suas
a quocunque fideli eis datas, scilicet ecclesiam de Stalingburgh
cum pertinentiis ejus, et ecclesiam de Redburn cum pertinentiis
ejus, et ecclesiam de Askeby cum pertinentiis ejus, et ecclesiam de
Snaith cum pertinentiis ejus quam Gerardus Archiepiscopus eis
in elemosinam dedit, et Hamelton quam Ilbertus de Lascy eis in
elemosinam dedit, et Gunneby cum pertinentiis ejus, et terram de
Duffeld et Acastram cum pertinentiis ejus quam Osbertus eis in
elemosinam dedit, et Rogerus de Moubray postea carta sua
confirmavit, et Hillum cum pertinentiis ejus quam secundus
Thomas Archiepiscopus eis dedit, et Stainton in Cravena quam
Hugo filius Euerardi eis in elemosinam dedit, et terram de
Kelkefeld quam Hermerus eis in elemosinam dedit, et unam
carucatam terræ in Amecotes quam Nigellus de Albaneia ad
luminaria eis dedit, et terram de Bramwic, et terram de Donecastria, et unam carucatam terræ in Useburn, et omnes alias terras
suas et tenuras eorum in elemosinas eis datas sicut carta Regis
Henrici patris nostri rationabiliter testatur. Quare volumus et
firmiter præcipimus quod prædicta ecclesia et monachi omnes
præscriptas tenuras suas bene et in pace, libere et quiete et
honorifice teneant, in bosco et in plano, in pratis et pascuis, in
aquis et piscariis, in stagnis et molendinis, in viis et semitis, in
civitatibus et extra, et in omnibus locis, cum soca et saca, tol et
theam, et infangenethef, et cum omnibus libertatibus et liberis
consuetudinibus in perpetuam elemosinam, solutam et quietam
ex omni seculari exactione et servitio, sicut ecclesia Sancti Petri
Ebor. est, et ut præfatus Willelmus proavus Henrici patris
nostri et Henricus Rex avus patris nostri eas illis cartis suis
confirmaverunt, et sicut carta prædicti Henrici Regis patris
nostri rationabiliter testatur. Præterea præcipimus quod

monachi de Seleby teneant vivarium suum cum quo fundata est Abbatia illa a Rege Willelmo patre Henrici proavi patris mei, et ab antecessoribus ejusdem, solute et quiete et juste, tam in longitudine quam in latitudine, a fine usque ad finem ex utraque parte ; quod si quis sine permissione monachorum in eo venerit piscare, forisfactus sit apud nos et apud justitiam nostram, sicut carta Regis Henrici avi patris nostri rationabiliter testatur. Concedimus etiam eis et confirmamus omnes alias rationabiles donationes eis factas, sicut cartæ donatorum rationabiliter testantur. Hiis testibus, Galfrido filio Petri Com. Essexiæ, Willelmo Briwer, Simone de Pateshill, Willelmo de Cantipull (*sic*), Ricardo de Heret', etc.

IX.

CARTA HENRICI (I) REGIS ANGLORUM.

f. 12v.   Henricus Rex Anglorum Justitiariis, Vicecomitibus, et omnibus
A.D.   Baronibus suis de Everewykscira, salutem. Præcipio quod
1100-1135. monachi de Seleby teneant vivarium suum cum quo fundata est Abbatia illa a patre meo Willelmo Rege et ab antecessoribus meis, solute et quiete et juste, tam in longitudine quam in latitudine, a fine usque ad finem ex utraque parte ; quod si quis sine permissione eorundem monachorum in eo venerit piscare, forisfactus sit apud me et apud justitiam meam. Teste Nigello de Albaneia apud Pontefratch.

X.

CARTA EJUSDEM (*sic, lege* HENRICI II).

A.D.   Henricus Rex Anglorum, et Dux Norm. et Aquit., et
1154-1181. Comes Andeg., R(ogero) Archiepiscopo Ebor. et ministris suis de Eboracscira, salutem. Præcipio quod Abbas et monachi de Seleby habeant et teneant bene et in pace, et libere et honorifice et juste, vivarium suum de Seleby, sicut illud melius et liberius tenuerunt tempore Henrici Regis avi mei. Et sicut carta ejusdem Henrici Regis avi mei,[1] testatur. Et prohibeo ne quis in eo piscet vel piscem capiat sine eorum licencia. Teste Willelmo filio Johannis apud Eboracum.

XI.

CARTA RICARDI (I) DEI GRACIA REGIS ANGLIÆ.

A.D.   Ricardus Dei gratia Rex Angliæ, Dux Norm. et Aquit.,
1189. Comes Andeg., Archiepiscopis, Episcopis, Abbatibus, Comiti-

[1] These words are copied twice over in the original book.

bus, Baronibus, Justitiariis, Vicecomitibus, senescallis, præpositis, et omnibus ballivis et fidelibus suis, salutem. Sciatis nos recepisse in nostra propria manu et custodia et protectione, sicut unam de propriis elemosinis nostris, Abbatiam Sancti Germani de Seleby, cum omnibus pertinentiis suis. Quare volumus et firmiter præcipimus, quod prædicta Abbatia de Seleby et monachi in ea Deo servientes, omnia tenementa sua teneant, bene et in pace, libere et quiete, et integre et plenarie et honorifice, in bosco et plano, in pratis et pascuis, in aquis et mariscis, in piscariis, in toftis et croftis, in viis et semitis, et in omnibus locis, tam in Burgo quam extra Burgum, libera et quieta de Geldo et Danegeldo et auxiliis Vicecomitum, et omnibus aliis, et Wapentagiis et Hundredis et Schiris et tenematallis, et murdris et scutagiis, et sumagiis et cariagiis, et assisis et summonitionibus, et de omnibus placitis et querelis et occasionibus, et vastis et essartis, et de reguardo forestæ, et de misericordiis, et de omnibus consuetudinibus, et de omni terreno servicio et seculari exactione, cum saca et soca, et tol et theam, et infangenethef et utfangenethef, et de blodwite et wrek, et de omnibus aliis libertatibus. Et volumus et præcipimus quod monachi prædicti et homines eorum habeant salvum conductum nostrum, et sint quieti et liberi de passagio, pontagio, et omni theloneo et stallagio, per omnes civitates nostras et burgos, et vendunt (*sic*) et emant libere et quiete, et volumus quod sint quieti a transverso per omnes portus nostros. Et si quis versus domum illam aliquid de possessionibus clamaverit, prohibemus ne pro aliquo respondeant nec in placitum ponantur, nisi per nos et in præsentia nostra. Testibus H(ugone) Dunolmensi, H(ugone) Coventrensi, H(uberto) Sareburiensi Episcopis, Johanne Marescallo, Willelmo Mariscallo, Willelmo filio Audelini, Gaufrido filio Petri, Roberto de Wytefeld. Dat. per manum Willelmi de Longo campo cancellarii nostri, Eliensis electi, v die Decembris, anno primo regni nostri, apud Cantuar.

XII.

CARTA RICARDI (I) REGIS ANGLIÆ.

Mon. Angl. III, 501, No. xviii, Dat. 11 Nov.

A.D.
1189.
Ricardus Dei gratia Rex Angliæ et Dux Norm. et Aquit., et Comes Andegauiæ, Archiepiscopis, Episcopis, Abbatibus, Justitiariis, Comitibus, Baronibus, Vicecomitibus, ministris, et omnibus fidelibus suis totius Angliæ, salutem. Sciatis nos confirmasse hac nostra præsenti carta ecclesiæ Sancti Germani de Seleby et monachis in illa Deo servientibus, quidquid

B

fundator ejusdem ecclesiæ venerabilis Rex Willelmus proavus
noster in elemosinam illis dedit, et illustris Rex Henricus pater
noster carta sua illis confirmavit, scilicet illum manerium de
Seleby, videlicet unam carucatam terræ de Sneyth, et sex bovatas
terræ de Flaxeley et Roucliff, et dimidiam carucatam terræ in
Brayton, et unam piscariam, scilicet Wytegift, et præterea terras
a Thoma Archiepiscopo eidem ecclesiæ datas, scilicet Fristonam
et Salebiam minorem, et præterea Crull, scilicet unum
houndredum in Vicecomitatu Lincoln., et Stanford cum
pertinentiis ejus quæ est in Vicecomitatu Hamton., quas eis
dederunt Gaufridus de la Wyrche et Wydo de Reinecurt, et
terram de Boresworth, et terram de Minsterton, et præterea alias
tenuras suas a quocunque fideli illis datas, scilicet ecclesiam de
Stalingburgh cum pertinentiis ejus, et ecclesiam de Reddeburne,
et ecclesiam de Askeby, et ecclesiam de Elvelay, et ecclesiam de
Botenesford, cum pertinentiis eorum, et ecclesiam de Sneyth cum
pertinentiis ejus quam Gerardus Archiepiscopus eis in elemosinam
dedit, liberam et quietam ab omni consuetudine, sicut sunt
præbendæ Canonicorum Sancti Petri, et sicut cartæ Gerardi et
Thomæ Archiepiscoporum illis confirmant, et Hamelton quam
f. 13.   Ilbertus de Lacy eis in elemosinam dedit, et Hillum et Gunneby
cum pertinentiis suis, et terram de Duffeld, et Acastram cum
pertinentiis ejus quam Osbertus vicecomes eis dedit, et Hillum
cum pertinentiis ejus quam secundum (*sic*) Thomas Archiepiscopus eis dedit, et Staintona in Cravena quam Hugo filius
Euerardi eis dedit, et terram de Kelkefeld quam Hermerus eis
dedit, et terram de Bramwyk, et terram de Boterwyk, et terram
Angoteby, scilicet duas bovatas quas Wydo de Ver eis dedit, et
terram de Holme, scilicet duas bovatas, et terram de Arnesnest,
et terram de Donecastria, et unam carucatam terræ in Useburne,
et decimam de Welgeton de dominio quod fuit Augusti de Caucy,
et molendinum de Schitelington et omnes alias terras suas et
tenuras eorum in elemosinas eis datas.   Quare volumus et
firmiter præcipimus quod prædicta ecclesia et monachi omnes
præscriptas tenuras suas bene et in pace, libere et quiete et
honorifice teneant, in bosco et plano, in pratis et pascuis, in aquis
et piscariis, in stagnis et molendinis, in viis et semitis, in
civitatibus et extra, et in omnibus locis, cum soca et saca, et tol et
theam, et infangenethef, et cum omnibus libertatibus et liberis
consuetudinibus in perpetuam elemosinam, solutam et quietam
de omni seculari exactione et servitio et consuetudine, et de
hundredis, wapentagiis sequendis, et auxiliis vicecomitum dandis,
et in omnibus rebus, esse liberam, prout decet elemosinam regiam
et propriam Abbatiam Regis, et sicut ecclesia Sancti Petri

Ebor. est.   Testibus Hugone Episcopo Dunelm., Godefrido
Wynt. Episcopo, Huberto Sarebur. Episcopo, Willelmo Eliensi
electo cancellario nostro, Ricardo Lond. electo, Johanne Comite
Moret', Reyg. de Pratello, Willelmo Marescallo, Johanne
Marescallo, Willelmo de Sancto. Ivone, Roberto Marmiun.
Data per manum Willelmi cancellarii nostri et Eliensis electi,
apud Westmonasterium, anno primo regni nostri, v die
Novembris.

XIII.

A.D.   Johannes Dei gratia Rex Angliæ, Dominus Hyberniæ, Dux
1204.   Norm. et Aquit., et Comes Andeg., Archiepiscopis, Episcopis,
Abbatibus, Comitibus, Baronibus, Justitiariis, Vicecomitibus,
senescallis, præpositis, ministris, et omnibus ballivis et fidelibus
suis, salutem.   Sciatis nos recepisse in nostra propria manu,
custodia, et protectione, sicut unam de propriis elemosinis
nostris, Abbatiam Sancti Germani de Seleby cum omnibus
pertinentiis suis.   Quare volumus et firmiter præcipimus, quod
prædicta Abbatia de Seleby et monachi in ea Deo servientes,
omnia tenementa sua teneant bene et in pace, libere et quiete,
integre et plenarie et honorifice, in bosco et plano, in pratis et
pascuis, in aquis et mariscis, et in omnibus locis tam in Burgo quam
extra Burgum, libera et quieta de geldo et danegeldo, et auxiliis
vicecomitum et de franco pleggio, ita tamen quod francus plegius
per visum servientis nostri fiat in Curia ipsius Abbatis, et
misericordiæ inde provenientes sint ipsius Abbatis et successorum
suorum, et de Wapentagiis et Hundredis, et scyris et
tamenetallo et de pecunia danda pro murdris et summagiis, nisi
teneant feodum unde summagium facere debeant, et cariagiis, et
omnibus occasionibus, et de vastis et essartis, et de parcis et
vivariis, et stagnis firmandis, cum soca et saca, et toll et teham, et
infangenethef et utfangenethef, et blodwite et wrek, et omnibus
aliis libertatibus quæ ad prædictam Abbatiam pertinent.   Et
volumus et præcipimus quod prædicti monachi et homines eorum
habeant salvum et securum conductum nostrum, et sint liberi
et quieti de passagio et pontagio et teloneo et stallagio per omnes
civitates nostras et burgos, et vendant libere et quiete ea quæ
habuerint de nutritura et pastura et terra propria, et emant libere
et quiete sibi necessaria ad usus et sustentationem propriam,
salva in omnibus libertate civitatis London'.   Et volumus
quod Abbas et monachi de Seleby sint quieti a traverso per omnes
portus nostros, et quod homines eorum habeant in pace omnia

catalla sua ubicunque naves eorum fregerint in terra nostra, dummodo aliquis eorum a naufragio vivus evaserit. Et si quis versus domum illam aliquid de possessionibus ejus clamaverit, prohibemus ne pro aliquo respondeant, nec in placitum ponantur, nisi per nos et in præsentia nostra vel eorum capitali justitiario nostro. Præterea concessimus et hac præsenti carta nostra confirmavimus prædictis Abbati et monachis de Seleby, quod habeant Warennam in manerio suo de Stanford, quod est infra forestam nostram, et in manerio suo de Crull et pertinentiis, et quod nullus venetur in Warennis (illis) sine licencia eorum, super forisfacturam decem librarum, et quod habeant captionem omnium piscium in omnibus aquis suis, exceptis hiis quæ ad nos pertinent de piscibus regalibus. Testibus Galfrido filio Petri Comite Essexiæ, Roberto filio Rogeri, Willelmo Bruerre, Hugone

f. 13v. de Nevil, Simone de Pateshull, Willelmo de Cantilup, et Petro de Stoke. Data per manum Simonis præpositi Beverlacensis et Archidiaconi Wellensis, apud Eboracum, xxvi die Februarii, anno regni nostri quinto.

XIV.

CARTA JOHANNIS REGIS ANGLIÆ.

A.D.
1199.

Johannes Dei gratia Rex Angliæ, Dominus Hyberniæ, Dux Norm. et Aquit., Comes Andeg., Justitiariis, Vicecomitibus, præpositis, et omnibus ballivis et fidelibus suis, salutem. Sciatis nos suscepisse in manum, custodiam, et protectionem nostram, dilectos nobis Abbatem et monachos Abbatiæ de Seleby, quæ est de dominico nostro fundata, et omnes terras, res, redditus, et possessiones suas. Et ideo vobis mandamus et firmiter præcipimus, quod prædictos Abbatem et monachos et omnes terras, res, redditus, et possessiones suas, custodiatis, protegatis, manu teneatis, et defendatis, sicut nostra dominica, nec inferatis eis vel inferri permittatis, molestiam, injuriam, aut gravamen, contra libertates ecclesiæ suæ et contra dignitatem coronæ nostræ. Et si in aliquo eis fuerit forisfactum, id eis sine dilatione faciatis emendari. Prohibemus etiam quod non ponantur in placitum de aliquo quod pertineat ad personam Abbatis vel monasterium suum, nisi coram nobis vel capitali Justitiario nostro. Teste meipso apud Chinon,[1] xxv die Septembris.

---

[1] King John was at Chinon in Touraine, Sept. 2 and 26, 1199.—*Archæologia*, xxii, 128.

XV.

CARTA HENRICI (III) REGIS ANGLIÆ.

A.D.
1230. Henricus, Dei gratia Rex Angliæ, Dominus Hyberniæ, Dux Norm. et Aquit., et Comes Andeg'., Archiepiscopis, Episcopis, Abbatibus, Prioribus, Comitibus, Baronibus, Justitiariis, forestariis, vicecomitibus, præpositis, ministris, et omnibus ballivis et fidelibus suis, salutem. Sciatis nos concessisse, et præsenti carta nostra confirmasse ecclesiæ Sancti Germani de Seleby, et monachis in illa Deo servientibus, quidquid fundator ejusdem ecclesiæ venerabilis Rex Angliæ Willelmus, proavus Henrici Regis avi nostri, illis in elemosinam dedit, scilicet ipsum manerium de Seleby, videlicet unam carucatam terræ de Snaith, et vj bovatas terræ de Flaxlay et Roucliff, et dimidiam carucatam terræ in Braiton, et unam piscariam, scilicet Wytegift, et, præterea, terras a Thoma Archiepiscopo eidem ecclesiæ datas, scilicet Fristonam et Selebiam minorem, et præterea Crull, scilicet unum hundredum in Vicecomitatu Linc., et Stanford cum pertinentiis ejus quæ est in Vicecomitatu Hamton., quas eis dederunt Gaufridus de la Wyrche et Wydo de Reyinecurt, et præterea alias tenuras suas a quocunque illis datas, scilicet ecclesiam de Stalingburg cum pertinentiis ejus, et ecclesiam de Reddeburna cum pertinentiis ejus, et ecclesiam de Askeby cum pertinentiis ejus, et ecclesiam de Snaith cum pertinentiis ejus, quam Gerardus Archiepiscopus eis in elemosinam dedit, et Hamelton quam Ilbertus de Lascy eis in elemosinam dedit cum pertinentiis ejus, et Gunneby cum pertinentiis ejus, et terram de Duffeld et Acastram cum pertinentiis ejus quam Osbertus Vicecomes eis in elemosinam dedit, et Rogerus Moybra postea carta sua confirmavit, et Hillum cum pertinentiis ejus quam secundus Thomas Archiepiscopus eis dedit, et Torp et Staintonam in Crauene quam Hugo filius Euerardi eis in elemosinam dedit, et terram de Kelkefeld quam Hermerus eis in elemosinam dedit, et unam carucatam terræ in Amcotes quam Nigellus de Albaneia ad luminaria ecclesiæ dedit, et terram de Bramwik, et terram de Donecastre, et unam carucatam terræ in Useburne, et omnes alias terras suas et tenuras eorum in elemosinas eis datas sicut carta Regis Henrici avi nostri et carta domini Johannis Regis patris nostri quas inde habent rationabiliter testantur. Quare volumus et firmiter præcipimus quod prædicta ecclesia et monachi omnes præscriptas tenuras suas bene et in pace, libere et quiete et honorifice teneant, in bosco et plano, in pratis et pascuis, in aquis et piscariis, in stagnis (et) molendinis, in viis et semitis, in civitatibus et extra, et in omnibus locis, cum soca et saca, tol et

theam, infangenethef et utfangenethef, et cum omnibus libertatibus et liberis consuetudinibus in perpetuam elemosinam, solutam et quietam de omni seculari exactione et servitio, sicut ecclesia Sancti Petri Ebor. est; et ut præfatus Willelmus, proavus Henrici avi nostri, et Henricus Rex, avus Henrici Regis patris domini Johannis Regis patris nostri, eas illis cartis suis confirmaverunt. Et sicut cartæ prædicti Henrici Regis proavi nostri et domini Johannis Regis patris nostri rationabiliter testantur. Præterea præcipimus quod monachi de Seleby teneant vivarium suum cum quo fundata est Abbatia illa a Rege Willelmo, patre Henrici Regis proavi Henrici Regis avi nostri, et ab antecessoribus ejusdem, solute et quiete et juste, tam in longitudine quam in latitudine, a fine usque ad finem ex utraque parte; et si quis sine permissione monachorum in eo venerit piscari, forisfactus sit apud nos et apud Justitiam nostram, sicut carta Regis Henrici avi Henrici Regis, patris domini Johannis Regis patris nostri, rationabiliter testantur. Concedimus etiam eis et confirmavimus omnes istas rationibiles donationes eis factas sicut cartæ donatorum testantur, et sicut prædictis donationibus, concessionibus et libertatibus hucusque usi sunt. Hiis testibus venerabilibus patribus W(altero) Carliolense, et A(lexandro) Coventrensi, et Lichefeldensi Episcopis, etc. Dat. per manum venerabilis patris R(adulphi) Cycestrensis Episcopi et Cancellarii nostri, apud Wyntoniam, quinto decimo die Aprilis, anno regni nostri quarto decimo.

f. 14.

XVI.

CARTA HENRICI (III) REGIS ANGLIÆ.

A.D. 1252.

Henricus Dei gratia Rex Angliæ, Dominus Hyberniæ, Dux Norm. et Aquit., Comes Andeg., Archiepiscopis, Episcopis, Abbatibus, Prioribus, Comitibus, Baronibus, Justitiariis, Vice-comitibus, præpositis, ministris, et omnibus ballivis et fidelibus suis, salutem. Sciatis nos concessisse, et hac præsenti carta nostra confirmasse dilectis nobis in Christo Abbati et Con-ventui de Seleby, quod ipsi et successores sui imperpetuum habeant Warennam in omnibus dominicis terris maneriorum suorum de Seleby, Thorp, Hamelton, Friston, Hillum, Acastre, Chelleslawe, Holme, Snaith, Rouclif, et Estoft, in comitatu Ebor., dum tamen terræ illæ non sint infra metas forestæ nostræ. Ita quod nullus intret terras illas ad fugandum in eis vel ad aliquid capiendum quod ad Warennam pertinet, sine licencia et voluntate prædictorum Abbatis et Conventus vel successorum eorum, super forisfacturam nostram decem librarum. Quare volumus et firmiter præcipimus pro nobis et hæredibus nostris quod prædicti

Abbas et Conventus aut eorum successores imperpetuum habeant liberam Warennam, in omnibus dominicis terris, suis maneriorum suorum de Seleby, Thorp, Hamelton, Friston, Hillum, Acastre, Chelleslawe, Holme, Snaith, Rouclif, et Estoft, in comitatu Ebor., dum tamen terræ illæ non sint infra metas forestæ nostræ. Ita quod nullus intret terras illas ad fugandum in eis vel ad aliquid capiendum quod ad Warennam pertinet, sine licencia et voluntate prædictorum Abbatis et Conventus vel successorum suorum, super forisfacturam nostram decem librarum, sicut prædictum est. Hiis testibus, venerabilibus patribus Waltero Ebor. Archiepiscopo, etc. Dat. per manum nostram apud Eboracum, vj die Januarii, anno regni nostri tricesimo sexto.

XVII.

CARTA HENRICI (II) REGIS ANGLORUM.

A.D.
1154-1162. Henricus Rex Anglorum, et Dux Norm. et Aquit., et Comes Andeg., Rogero de Moubray, salutem. Præcipio quod Abbas de Seleby et monachi habeant canes suos ad forestarium suum in terra sua de Crull, ipsi et homines sui, ita juste et quiete, sicut habere solebant tempore Regis Henrici avi mei, et, nisi feceris, justitia mea faciat fieri. Teste Thoma Canc., apud Pet.

XVIII.

(CARTA HENRICI I REGIS ANGLORUM.)

A.D.
1109-1119. Henricus Rex Anglorum Episcopo Lincolniensi, et Vicecomiti, et omnibus ministris suis Lincolniensibus et Laircestrensibus et Norhamtonensibus, salutem. Præcipio quod Sanctus Germanus de Seleby et terra et homines sui de Crull et Stalingburg et Stanford et in eis quæ eis pertinent habeant thol et team, et soch et sach, et infangenethef, et omnes consuetudines et libertates suas in omnibus rebus, quia has quietas et libertates (*sic*)[1] habet ecclesia Sancti Petri de Eboraco, secundum cujus dignitates et libertates concessi has et dedi Sancto Germano. Quare præcipio quod supra hoc nullo modo eos infestatis. Teste Thoma (II) Archiepiscopo Ebor., apud Wodestok.

XIX.

CARTA HENRICI (I) REGIS.

A.D.
1101-1109. Henricus Rex Anglorum Girardo Archiepiscopo, et Osberto Vicecomiti, et omnibus Baronibus suis Francis et Anglis de

[1] Read "liberas."

Everwikscira, salutem. Sciatis quod volo et præcipio ut Abbatia Sancti Germani de Seleby in loco in quo a patre meo et matre fundata´est permaneat quieta, nec de illo loco ad aliam transmutetur, sed ibi permaneat cum omnibus consuetudinibus et libertatibus quas unquam meliores habuit in tempore patris et matris meæ, et fratris. Et quidcunque eidem ecclesiæ pro Deo et anima mea bene pater voluit, volo et concedo. Testibus R. Canc., et Thoma Capellano, et Nigello de Albineia, et Unfredo de Albineia, apud Trumpington.

XX.

CARTA HENRICI (I) REGIS.

A.D.
1100-1135.

Henricus Rex Anglorum Episcopo Lincoln. et Vicecomitibus et omnibus Baronibus et fidelibus suis Francis et Anglis de Lincolnescira et de Leycestrescira et Norhamtonescira, salutem. Sciatis quia concessi Abbati de Seleby et monachis suis consuetudinem suam, scilicet ut habeant socam et sacam, et tol et team, et infanganthef, in terra sua de Stanford, et de Crull, et de Stalingburg, et omnes alias consuetudines suas, ita bene et plenarie et honorifice in omnibus rebus, sicut melius et plenarie habent per aliam terram suam de Eboracscira. Teste Eustacio filio Johannis, apud Wyntoniam.

f. 14v.

XXI.

CARTA HENRICI (II) REGIS ANGLORUM.

A.D.
1154-62.

Henricus Rex Anglorum, Dux Norm. et Aquit., et Comes Andegav., Archiepiscopis, Episcopis, Baronibus, Justitiariis, Vicecomitibus, et omnibus hominibus suis totius Angliæ, salutem. Volo et præcipio quod Abbas de ecclesia Sancti Germani de Seleby et monachi ibidem Deo servientes habeant plenarie curiam suam et socam et sacam, et tol et team, et infangenthef, in terra sua de Stanford, de Crull, et de Stalingburg, et omnes alias consuetudines suas, ita bene et plenarie et honorifice in omnibus rebus sicut melius et plenarius habent per aliam terram suam de Eboracscira et sicut carta Willelmi Regis proavi mei et carta Henrici Regis avi mei illis confirmant. Testibus Thoma Cancellario et Reginaldo Comite Cornubiæ, apud Norham.[1]

XXII.

CARTA HENRICI (I) REGIS ANGLORUM.

A.D.
1101-1109.

Henricus Rex Angliæ Girardo Archiepiscopo Ebor. et Nigello (de) Albaneia et omnibus Baronibus suis de Eboracscira, salutem.

[1] i.e., Northampton.

Concedo et confirmo ecclesiæ Sancti Germani villam Hameltonam et omnia ad eam pertinentia quam dedit ei Ilbertus de Lascy concessu Odonis Episcopi Baiocensis. Et præcipio ut liberam et quietam eam teneant ab omni servitio ad ipsum Ilbertum. . .[1] Teste Roberto Episcopo Lincoln., apud Londinium.

XXIII.

CARTA MATILDIS REGINÆ ANGLORUM.

A.D. 101-1109.

Matildis Regina Anglorum G(irardo) Ebor. Archiepiscopo, et R(oberto) Lincoln. Episcopo, et H. Vicecomiti de Hamton ascira, et omnibus Baronibus de Hamtonascira et Lerecestrescira, et A. Camerario, et omnibus ministris suis de Roukingaham, salutem. Sciatis quod concessu et voluntate domini mei Regis calumpniam, quam habebam super manerium de Stamford, iiij videlicet libras, et calumpniam duorum militum Deo et ecclesiæ Sancti Germani de Salebia, pro salute domini mei et meæ et animabus antecessorum nostrorum, imperpetuum clamavi quietam. Et volo et præcipio ut manerium de Stanford habeat socam et sacam, et tol et team, et infangantheaf (*in orig.* intacantheaf), et omnes illas consuetudines præcipio ut habeat quas haberet si in dominio meo esset. Præcipio itaque ministris meis ut defendant et manuteneant manerium de Stanford tanquam meum proprium. Testibus R(anulpho) Dunelmensi Episcopo, et T. filio Comitis, et Th. Capellano, apud Wyntoniam.

XXIV.

CARTA WILLELMI (I *vel* II) REGIS ANGLORUM.

c. A.D. 1087.

Willelmus Rex Anglorum Thomæ Archiepiscopo Ebor. et Erni de Bur(un ?) et omnibus Baronibus suis de Eboracscira, Francis et Anglis, salutem. Præcipio quod Abbas de Seleby et monachi sui teneant in mea firma pace villam de Hamelton cum appendiciis suis, quam dedit eis Ilbertus de Lascy, solutam et quietam ab omni servitio ad ipsam pertinente. Teste Iuone de Taleboys apud Wyntoniam.

XXV.

CARTA HENRICI (I) REGIS ANGLORUM.

A.D. 1101-1109.

Henricus Dei gratia[2] Rex Anglorum Girardo Ebor. Archiepiscopo, et Bertramo de Verdun, et Baronibus suis, Francis et Anglis, de Eboracscira, salutem. Sciatis me concessisse

---

[1] A word lost here, "pertinente," or "debito."

[2] Sir H. Nicolas says that only two instances were known to him in which Henry I used "Dei gratia."—*Chron. Hist.,* 366.

Hugoni Abbati de Seleby ecclesias de Snayth, et quicquid eis pertinuit tempore Regis Edwardi, et in tempore patris et fratris mei. Et præcipio ut honorifice teneant, cum saca et soca, et thol et theam, ita ut inde nullum servitium faciat præter orationes Regis et ecclesiæ, et sicut Rex Willelmus præcepit per breve suum. Testibus Roberto Episcopo Lincoln., et Vr(?) de Alb(?),[1] apud Seresbiriam, in concilio, et faciat semper curiam domus ejus ut primitus petit.

XXVI.

CARTA HENRICI (II) REGIS ANGLORUM.

Henricus Rex Anglorum et Dux Norm. et Aquit. et Comes Andegaviæ Gamello filio Basinc, salutem. Præcipio quod Abbas et monachi de Seleby habeant et teneant, bene et in pace, et libere et juste, suas v bovatas terræ in Pouilgleton, sicut eas melius habuerunt tempore Henrici Regis avi mei, in bosco et plano, et essartis, et nominatim juxta Wenetam, et, nisi feceris, justitiarius vel vicecomes meus de Eboraco faciat. Teste Willelmo filio Johannis, apud Eboracum.

XXVII.

CARTA RICARDI (I) REGIS ANGLIÆ.

Ricardus Dei gratia Rex Angliæ, Dux Norm. et Aquit., Comes Andeg., Archiepiscopis, Episcopis, Abbatibus, Comitibus, Baronibus, Justitiariis, Vicecomitibus, senescallis, præpositis, et omnibus ballivis et fidelibus suis, salutem. Sciatis nos recepisse in manu nostra et custodia et protectione, Abbatiam Sancti Germani de Seleby, cum omnibus pertinentiis suis, sicut propriam dominicam elemosinam nostram. Quare volumus et firmiter præcipimus quod monachi in prædicta Abbatia Deo servientes et omnes homines eorum habeant salvum conductum nostrum, et sint quieti et liberi de passagio et pontagio, et omni f. 15. theloneo et stallagio et consuetudine per omnes civitates nostras et burgos, et per totam terram nostram, et habeant wrek et catalla sua ubicunque naves suæ fregerint, et vendant et emant libere et quiete, et præcipimus quod sint quieti a transverso per omnes portus nostros, sicut carta nostra magno sigillo signata eis confirmavimus. Et prohibemus ne quis eos vexet vel disturbet contra præceptum nostrum. Teste Willelmo Eliensi Episcopo, apud Westmonasterium, xviij die Januarii.

---

[1] So apparently in MS. We should expect "Nigel de Albini."

XXVIII.

CARTA JOHANNIS REGIS ANGLIÆ.

A.D.
1204. Johannes Dei gratia Rex Angliæ, Dominus Hyberniæ, et Dux Norm. et Aquit., Comes Andeg., Archiepiscopis, Episcopis, Abbatibus, Comitibus, Baronibus, Justitiariis, Vicecomitibus, præpositis, ministris, et omnibus ballivis et fidelibus suis, salutem. Sciatis nos concessisse et præsenti carta nostra confirmasse Abbati et monachis de Seleby rationabiles donationes subscriptas, scilicet de dono Willelmi Tisson, ecclesiam de Elvelay; de dono Wydonis de Ver, ecclesiam de Botenelford cum omnibus pertinentiis suis, ut ecclesiam Sancti Bartholomei ex occidentali parte Lincolniæ juxta Castellum cum omnibus pertinentiis suis ; de dono Rogeri de Moubray, vj bovatas terræ et v acras terræ in Elvestuett; de dono Nigelli de Moubray, touncroft et omnes croftos qui sunt in Moswod ; præterea concessimus eis et confirmavimus, de dono Wydonis de Ver, totam terram in Botrewyck super Trent de feodo et tenura sua, cum omnibus pertinentiis in omnibus locis, et quatuor piscarias eidem tenuræ pertinentes, sicut cartæ prædictorum donatorum quas inde habent rationabiliter testantur. Quare volumus et firmiter præcipimus quod prædicti Abbas et monachi de Seleby habeant et teneant omnia prædicta bene et in pace, libere et quiete, integre, plenarie et honorifice, in omnibus locis et rebus, cum omnibus libertatibus et liberis consuetudinibus suis, sicut prædictum est. Testibus Galfrido filio Petri Comite Essexiæ et aliis. Dat. per manum Simonis præpositi Beverlacensis Archidiaconi Wellensis, apud Notingham, v die Martii, anno regni nostri quinto.

XXIX.

CARTA HENRICI (I) REGIS ANGLORUM.

A.D.
101-1109. Henricus Rex Anglorum Girardo Archiepiscopo et Osberto Vicecomiti, et omnibus Baronibus, et fidelibus suis Francis et Anglis de Everwykescira, salutem. Præcipio ut Sanctus Germanus de Seleby et Abbas Hugo et successores sui et monachi ibidem Deo et Sancto Germano servientes habeant et cum pace et honore teneant terram suam de Rodecliva, et dimidiam carucatam in Brayton, et terram vj bovatarum in Flaxelay, et piscariam suam de Wytegift, sicut melius et honorabilius unquam tenuit[1] tempore patris et fratris mei, et cum eisdem consuetudinibus. Quia volo et concedo ut ipse Abbas, et monachi de Seleby, habeant

---

[1] Read "tenuerunt."

omnes res et consuetudines suas omnes ita bene et honorifice, et
in omnibus ita plenarie, sicut melius unquam habuerunt tempore
patris et fratris mei, et hoc pro animabus patris et fratris mei et
matris meæ et omnium antecessorum meorum et pro memetipso
et uxore mea et omnibus successoribus meis. Et inde tu,
Osberte Vicecomes,[1] ne amplius inde audiam clamorem. Teste
Walding cancellario, apud Allonestan.

XXX.

CARTA (HENRICI I)[2] REGIS ANGLORUM.

A.D.
1115-1119.
Rex Anglorum Thomæ Archiepiscopo Ebor. et Justitiariis
et Baronibus et omnibus ministris suis de Eboracschira, salutem.
Sciatis me concessisse et confirmasse hac præsenti cartula,
donationem quam Osbertus Vicecomes fecit de Acastra Sancto
Germano de Seleby et monachis ibidem Deo servientibus, pro
anima patris mei et pro animabus antecessorum meorum, ita ut
ipsi eandem villam bene et in pace teneant. Testibus
Roberto (Episc.) Lincoln., et Bernardo Episcopo Sancti David, et
Roberto comite filio Regis apud (*left blank*).

XXXI.

CARTA R (WILLELMI II ?)[3] REGIS ANGLIÆ.

Rex Angliæ Roberto Episcopo Lincoln. et Osberto Vicecomiti et fidelibus suis de Lincolascira, salutem. Sciatis me
concessisse finem et conventionem quam Abbas de Seleby et
Nigellus de Albineia de consuetudinibus inter eos fecerunt de
terra de Crull, de quieta clamatione, scilicet, ejusdem terræ. Teste
Demell(?) ap' Lod(?).

XXXII.

CARTA HENRICI (II) REGIS ANGLORUM.

A.D.
1154-1198.
Henricus Rex Anglorum, et Dux Norm. et Aquit., et
Comes Andeg., Justitiariis, Vicecomitibus, et ministris, et
forestariis suis et omnibus fidelibus suis de Eboracscira, salutem.
Sciatis me concessisse et confirmasse Deo et ecclesiæ Sancti
Germani de Seleby et monachis ibidem Deo servientibus,
septemdecem acras de essartis in manerio eorum de Acastro,
quod situm est inter Usam et Werf. Quare volo et firmiter

---

[1] Supply "vide."

[2] There is only an initial letter in the MS. and it is not very evident what
letter the scribe intended. But the charter must be assigned to Henry I.

[3] The initial letter R is quite distinct, but the charter must be assigned to
William II.

præcipio quod prædicti monachi prædictas xvij acras teneant
bene et in pace et libere et quiete et honorifice, sicut tenent alias
tenuras suas in Eboracscira et ejusdem libertatibus. Testibus
Ricardo de Luci et Simone filio Petri apud Boliam.

XXXIII.

CARTA HENRICI (III) REGIS ANGLORUM.

A.D.
1230.
f. 15ᵛ.

Henricus Dei gracia Rex Anglorum, Dominus Hiberniæ, Dux
Norm., Aquit., et Comes Andeg., Archiepiscopis, Episcopis,
Abbatibus, Prioribus, Comitibus, Baronibus, Justitiariis,
Forestariis, Vicecomitibus, præpositis, ministris, et omnibus
ballivis et fidelibus suis, salutem. Inspeximus cartam domini
Johannis Regis patris nostri in hæc verba.

A.D.
1204.

Johannes, etc. Sciatis nos recepisse, etc. Quare volumus
et firmiter præcipimus, quod prædicta Abbatia de Seleby et
monachi in ea Deo servientes, omnia tenementa sua teneant
bene et in pace, libere et quiete, integre et plenarie et honorifice,
in bosco et plano, in pratis et pascuis, in aquis et mariscis et in
piscariis, in toftis et croftis, in viis et semitis, et in omnibus
locis tam in burgo quam extra burgum, libera et quieta de
geldo et danegeldo, et auxiliis Vicecomitis et de franco plegio.
Ita tamen quod francus plegius per visum servientis nostri fiat
in curia ipsius Abbatis, et misericordiæ inde provenientes sint
ipsius Abbatis et successorum suorum, et de wapentagiis et
hundredis, et sciris et tenemetallo et de pecunia danda pro
murdro et sumagiis, nisi teneant feodum unde sumagium
facere debeant, et cariagiis, et omnibus occasionibus, et de
vastis et essartis, et de parcis, vivariis, et stagnis firmandis, cum
soca et saca, et tol et team, et infangenethef et unfangene-
thef, et blodwyte et wrek, et omnibus aliis libertatibus
quæ ad prædictam Abbatiam pertinent. Et volumus et
præcipimus quod prædicti monachi et homines eorum habeant
salvum conductum nostrum, et sint quieti et liberi de
passagio et pontagio et theloneo et stallagio per omnes
civitates nostras et burgos, et vendant libere et quiete ea
quæ habuerint de nutritura et pastura et terra propria, et
emant libere et quiete sibi necessaria ad usus et sustentationem propriam, salva in omnibus libertate civitatis Lond. ;
et volumus quod monachi de Seleby sint quieti a traverso
per omnes portus nostros. Et quod omnes homines eorum
habeant in pace omnia catalla sua ubicunque eorum
naves fregerint in terra nostra dummodo aliquis eorum a
naufragio vivus evaserit. Præterea concessimus et præsenti

carta nostra confirmavimus prædictis Abbati et monachis de Seleby, quod habeant Warennam in manerio suo de Stanford, quod est infra forestam nostram, et in manerio suo de Crull et pertinentiis. Et quod nullus venetur in Warennis illis sine licencia eorum, super forisfacturam decem librarum. Et quod habeant captionem omnium piscium in omnibus aquis suis, exceptis hiis quæ ad nos pertinent de piscibus regalibus. Testibus Galfrido (*ut supra* ; No. XIII).

Nos igitur prædictam concessionem cum libertatibus prædictis gratam et ratam habentes pro nobis et hæredibus nostris ipsas præsenti carta nostra duximus confirmandas, sicut ipsis concessione et libertatibus hucusque usi sunt. Hiis testibus venerabilibus patribus Waltero Carleolensi, et Alexandro Coventrensi et Lichefeldensi Episcopis, et L(ucas)? Dublinensi electo, Huberto de Burgo Comite Cantiæ Justitiario nostro, Stephano de Segrave, Radulfo de Troblevil, Godefrido de Craucumbe, Gilberto Basset, Johanne filio Philippi, Henrico de Capella, et aliis. Data per manum venerabilis patris Radulphi Cycestrensis Episcopi et Cancellarii nostri, apud Wyntoniam, quinto decimo die Aprilis, anno regni nostri quarto decimo.

XXXIV.

CARTA EDWARDI (I) REGIS ANGLIÆ.

A.D. 1292.

Edwardus Dei gratia Rex Angliæ, Dominus Hyberniæ, et Dux Aquitaniæ, omnibus ad quos præsentes literæ pervenerint, salutem. Licet de communi consilio regni nostri providerimus quod non liceat viris religiosis seu aliis ingredi feodum alicujus ita quod ad manum mortuam deveniat, sine licentia nostra et capitalis domini de quo res illa in mediate illa *(sic)* tenetur. Volentes tamen dilecto nobis Rogero Basi de Eboraco gratiam facere specialem dedimus ei licentiam quantum in nobis est quod ipse unum mesuagium cum pertinentiis in Eboraco dare possit et assignare dilectis nobis in Christo Abbati et Conventui de Seleby, habendum et tenendum eisdem Abbati et Conventui

f. 16.

et successoribus suis imperpetuum. Et etiam eisdem Abbati et Conventui quod mesuagium ab eodem Rogero recipere possint tenore præsentium similiter licentiam concedimus specialem. Nolentes quod idem Rogerus vel hæredes sui aut prædicti Abbas et Conventus seu successores sui ratione statuti prædicti per nos vel hæredes nostros inde occasionentur. Salvis tamen capitalibus dominis feodi illius servitiis inde debitis et consuetis. In cujus rei testimonium has literas nostras fieri fecimus patentes. Teste meipso apud Westmonasterium octavo die Aprilis, anno regni nostri vicesimo.

XXXV.

CARTA STEPHANI REGIS ANGLIÆ.

A.D.
1135-1154.
Stephanus Rex Angliæ, Justitiariis, Vicecomitibus, et Baronibus, et ministris, et omnibus fidelibus suis de Eboracscira, salutem. Præcipio quod ecclesia Sancti Germani de Seleby et Abbas et monachi ibidem Deo servientes habeant omnes libertates suas et suas liberas consuetudines in teloneo et passagio, et terris et molendinis, et in omnibus possessionibus suis in Burgis et extra Burgos et in omnibus rebus et locis, ita bene et in pace et honorifice, sicut melius et liberius habuerunt tempore Regis Henrici avunculi mei et meo postea, ne super hoc aliquis eis injuriam vel contumeliam inde faciat ; quia nulli warantizare volo qui eis inde detrimentum fecerit vel eos infestaverit. Teste Roberto de Ver, apud Eboracum.

XXXVI.

CARTA HENRICI (II) REGIS ANGLIÆ.

A.D.
1154-1189.
Henricus Rex Angliæ, et Dux Norm. et Aquitaniæ, et Comes Andeg., Gamello filio Bosingi, salutem. Præcipio quod monachi de Seleby juste habeant suam rectam partem de terris quæ lucratæ sunt post mortem Regis Henrici avi mei in Busco de Balna sicut ipsi habeant in campis Polingtoniæ ad quam boscum illud pertinent. Et nisi feceris Justitiarius vel vicecomes meus faciat. Teste Willelmo filio Johannis, apud Wyntoniam.

XXXVII.

CARTA EDWARDI (I) REGIS ANGLIÆ.

A.D.
1286.
Edwardus Dei gratia Rex Angliæ, Dominus Hiberniæ, et Dux Aquitaniæ, Archiepiscopis, Episcopis, Abbatibus, Prioribus, Comitibus, Baronibus, Justitiariis, Vicecomitibus, præpositis, ministris, et omnibus ballivis et fidelibus suis, salutem. Inpeximus cartam quam Dominus Willelmus quondam Rex Angliæ fecit dilectis nobis in Christo Abbati et Conventui de Seleby in hæc verba.
In nomine Sanctæ et individuæ Trinitatis, Patris et Filii et Spiritus Sancti, Amen. Willelmus fortissimus ut supra. Ad testimonium et ad confirmationem hujus elemosinæ donationis pro salute animæ meæ (et) tam præcedentium meorum quam subsequentium, data carta hæc et confirmata apud Londinium in præsentia istorum, scilicet Odonis Baiocensis Episcopi, Edwardi de Salebria, Hugonis de Portu,

Hugonis de Monteforth, Roberti de Olley, Ricardi filii Comitis
Gilberti, Baldewyni fratris ejus, Remigii Episcopi, Radulfi
Taleboys, Roberte de Teini, Galfridi de la Wyrche, et totius
Curiæ Regis.

Nos autem concessiones prædictas et donationes ratas
habentes et gratas eas pro nobis et hæredibus nostris quantum
in nobis est concedimus et confirmamus sicut carta prædicta
juste et rationabiliter testatur. Hiis testibus, Venerabilibus
patribus Godefrido Wygornensi, Roberto Batonensi et Wellensi,
Willelmo Norwycensi Episcopis, Edmundo fratre nostro Comite
Cornubiæ, Henrico de Lascy Comite Lincolniæ, Willelmo de
Bello Campo Comite de Warewyk, Reginaldo de Grey, Roberto
filio Johannis, Ricardo de Bosco, et aliis. Data per manum
nostram apud Westmonasterium xxviij die Aprilis, anno regni
nostri quarto decimo.

XXXVIII.

(CARTA EDWARDI I.)

A.D.
1304.

Edwardus Dei gratia Rex Angliæ, Dominus Hyberniæ, et Dux
Aquitaniæ, omnibus ad quos præsentes literæ pervenerint,
salutem. Sciatis quod per finem quem dilectus nobis in Christo
Abbas de Seleby fecit nobiscum coram Thesaurario et Baronibus
nostris de Scaccario, perdonavimus eidem Abbati et Conventui
ejusdem loci transgressionem quam fecerunt adquirendo sibi et
successoribus suis in feodo tresdecim solidatas et quatuor
denaratas redditus cum pertinentiis in Folkerthorp, ex dono et
feoffamento Aliciæ filiæ Thomæ de Gunneby, et unum mesuagium
novem acras prati et quatuordecim solidatas redditus cum
pertinentiis in Brygham et Gunneby, ex dono et feoffamento
Willelmi de Thornetoft, et duo tofta unam bovatam tresdecim
acras quartam partem unius bovatæ, et octavam partem unius
bovatæ terræ tresdecim solidatas, et sex denaratas redditus et
medietatem unius tofti et unius molendini cum pertinentiis in

f. 16v.

Amcotes ex dono et feoffamento Margaretæ de Crul et Radulphi
de Scotton de Seleby, et quinque acras prati cum pertinentiis in
Estoft ex dono et feoffamento Willelmi de Estoft, et quindecim
acras terræ cum pertinentiis in Gunneby ex dono et feoffamento
Willelmi de· Tadecastre post publicationem statuti nostri de
terris et tenementis ad manum mortuam non ponendis editi, et
messuagium illud, tofta, terram, pratum, redditum, et medietatem
cum pertinentiis ingrediendo, nostra super hoc licentia non
optenta. Et concessimus eisdem Abbati et Conventui pro nobis
et hæredibus nostris, quantum in nobis est, quod ipsi prædicta

messuagium, tofta, terram, pratum, redditum, et medietatem cum pertinentiis, retineant et habeant sibi et successoribus suis prædictis de capitalibus dominis feodi illius per servitia inde debita et consueta imperpetuum, sine occasione vel impedimento nostri vel hæredum nostrorum, justitiariorum, escaetorum, vicecomitum, aut aliorum ballivorum seu ministrorum nostrorum quorumcunque, statuto nostro prædicto non obstante. In cujus rei testimonium has literas nostras fieri fecimus patentes. Teste meipso apud Brustwyk, vicesimo octavo die Novembris, anno regni nostri tricesimo tertio.[1]

XXXIX.

(CARTA EDWARDI II.)

A.D. 1312.

Edwardus Dei gratia Rex Angliæ, Dominus Hyberniæ, et Dux Aquitaniæ, omnibus ad quos præsentes literæ pervenerint, salutem. Sciatis quod pro xl et ix libris et viij solidis in quibus dilectis nobis in Christo Abbati et Conventui de Seleby pro bladis et aliis victualibus ab ipsis pro sustentatione hospitii nostri nuper emptis tenebamur, et quos iidem Abbas et Conventus nobis postmodum remiserunt, concessimus et licentiam dedimus pro nobis et hæredibus nostris, quantum in nobis est, eisdem Abbati et Conventui, quod ipsi terras, tenementa et redditus usque ad valorem xx et viij librarum annuatim, tam de feodo suo proprio quam alieno, exceptis terris, tenementis et redditibus quæ de nobis tenentur in capite, adquirere possint, habendum et tenendum sibi et successoribus suis imperpetuum, statuto de terris et tenementis ad manum mortuam non ponendis edito non obstante, dum tamen per inquisitionem inde in forma debita faciendam et in cancellaria nostra vel hæredum nostrorum legitime retornandam compertum sit quod id fieri poterit absque præjudicio nostro et alterius uniuscunque. Præterea volentes eisdem Abbati et Conventui gratiam facere ampliorem, donationes et concessiones quas Petrus Housald de uno messuagio, et decem acris terræ cum pertinentiis in Seleby, et Walterus del Hill de duabus solidatis redditus cum pertinentiis in eadem villa, et duabus denaratis redditus cum pertinentiis in Bardelby, et Willelmus de Hamelton de octo solidatis redditus cum pertinentiis in Lund juxta Gayteford, et Johannes Forestarius de ix solidatis redditus et sex denaratis redditus cum pertinentiis in Burtona juxta Brayton, et Normanus Darcy de una messaria cum pertinentiis in Staling-

---

[1] Numbers I to XXXVIII are all in the same writing, with rubricated headings and illuminated capitals. From this point to the end of f. 46 of the MS., the charters are entered in various hands, and without any use of colour.

C

burg, et Willelmus Balle de Stalingburg de duabus acris terræ et dimidio cum pertinentiis in eadem villa, et Adam de Roma de quibusdem terris et tenementis cum pertinentiis in Acaster, necnon remissionem et quietam clamantiam quam Henricus filius Symonis de Rouclyve de toto jure et clamio suo quod habuit in quibusdam toftis, terris et tenementis in prædicta villa de Rouclyve fecerunt præfatis Abbati et Conventui, habendis sibi et successoribus suis imperpetuum post pupplicationem statuti prædicti, licentia domini Edwardi quondam Regis Angliæ patris nostri aut nostra super hoc non obtenta, ratas habentes et securas, eas pro nobis et hæredibus nostris quantum in nobis est concedimus et confirmamus, sicut scripta prædictorum Petri, Walteri, Willelmi, Johannis, Normani, Willelmi et Henrici præfatis Abbati et Conventui inde facta rationabiliter testantur, nolentes quod prædicti Abbas et Conventus aut successores sui ratione statuti prædicti per nos vel hæredes nostros, justitiarios, escaetores, vicecomites, aut alios ballivos, seu ministros nostros quoscunque inde occasionentur, molestentur in alio seu graventur. In cujus rei testimonium has literas nostras fieri fecimus patentes. Teste meipso apud Eboracum, xxiij die Februarii, anno regni nostri quinto.

f. 17.

XL.

(CARTA EDWARDI II.)

A.D. 1314.

Edwardus Dei gratia Rex Angliæ, Dominus Hyberniæ, et Dux Aquitaniæ, omnibus ad quos præsentes literæ pervenerint, salutem. Sciatis quod cum per literas nostras patentes concesserimus et licentiam dederimus pro nobis et hæredibus nostris, quantum in nobis est, dilectis nobis in Christo Abbati et Conventui de Seleby, quod ipsi viginti et octo libratas terrarum tenementorum et reddituum de feodo suo proprio seu alieno, exceptis terris tenementis et redditibus quæ de nobis tenentur in capite, adquirere possint, habenda et tenenda (sic) sibi et successoribus suis in perpetuum, statuto de terris et tenementis ad manum mortuam non ponendis edito non obstante, prout in literis nostris prædictis plenius continetur ; nos, volentes concessionem nostram prædictam effectui debito mancipari, concessimus et licentiam dedimus pro nobis et hæredibus nostris, quantum in nobis est, Margaretæ Tapes de Crull, quod ipsa unum messuagium et medietatem unius messuagii, decem acras terræ, novem acras prati et dimidiam, et unam piscariam et dimidiam cum pertinentiis in Crull, et Nicholao de Cawod quod ipse unum toftum cum pertinentiis in Estoft, quæ de prædicto Abbati tenentur, et quæ valent per annum in omnibus exitibus juxta

verum valorem eorundem viginti et tres solidos et unum
denarium sicut per inquisitionem per dilectum et fidelem
nostrum Johannem de Eure, Escaetorem nostrum citra Trentam
de mandato nostro factam, et in cancellaria nostra retornatam
plenius est compertum dare possint et assignare præfatis Abbati
et Conventui, habenda et tenenda sibi et successoribus suis in
perpetuum in partem satisfactionis viginti et octo libratarum
terrarum, tenementorum et reddituum prædictorum ; et eisdem
Abbati et Conventui quod ipsi prædicta messuagium, toftum,
terram, pratum, piscariam, et medietates prædictas cum pertinentiis a præfatis Margareta et Nicholao recipere possint, et
tenere sibi et successoribus suis prædictis in perpetuum sicut
prædictum est, tenore præsentium, similiter licentiam dedimus
specialem, statuto prædicto non obstante ; nolentes quod
prædicti Margareta et Nicholaus vel hæredes sui seu prædicti
Abbas et Conventus aut successores sui, ratione statuti prædicti
per nos vel hæredes nostros inde occasionentur, molestentur
in aliquo seu graventur, salvis tamen capitalibus dominis feodi
illius servitiis inde debitis et consuetis. In cujus rei testimonium
has literas nostras fieri fecimus patentes. Teste meipso, apud
Berewicum super Twedam, quinto decimo die Junii, anno regni
nostri septimo.

XLI.

(CARTA EDWARDI II.)

A.D.
1315.
Edwardus Dei gratia Rex Angliæ, Dominus Hiberniæ, et Dux
Aquitaniæ, omnibus ad quos præsentes literæ pervenerint,
salutem. Sciatis quod cum per literas nostras patentes
concesserimus et licentiam dederimus pro nobis et hæredibus
nostros, quantum in nobis est, dilectis nobis in Christo Abbati et
Conventui de Seleby, quod ipsi viginti et octo libratas terrarum,
tenementorum et reddituum de feodo suo proprio seu alieno
exceptis terris tenementis et redditibus quæ de nobis tenentur
in capite, adquirere possint, habenda et tenenda sibi et
successoribus suis in perpetuum, statuto de terris et tenementis ad manum mortuam non ponendis edito non obstante,
prout in literis nostris prædictis plenius continetur. Nos,
volentes concessionem nostram prædictam effectui debito
mancipari, concessimus et licentiam dedimus pro nobis et
hæredibus nostris quantum in nobis est Thomæ de Acastra, quod
ipse quinque acras bosci cum pertinentiis in Acastra quæ de
prædicto Abbati tenentur et quæ valent per annum in omnibus
exitibus juxta verum valorem ejusdem duos solidos et sex

denarios, sicut per inquisitionem per dilectum et fidelem nostrum Johannem de Eure, Escaetorem nostrum ultra Trentam de mandato nostro factam et in cancellaria nostra retornatam, plenius est compertum, dare possit et assignare præfatis Abbati et Conventui, habendas et tenendas sibi et successoribus suis in perpetuum in partem satisfactionis viginti et octo libratarum terrarum tenementorum et reddituum prædictorum ; et eisdem

f. 17v. Abbati et Conventui, quod ipsi boscum prædictum cum pertinentiis a præfato Thoma recipere possint et tenere sibi et successoribus suis prædictis in perpetuum, sicut prædictum est tenore præsentium, similiter licentiam dedimus specialem, statuto prædicto non obstante, nolentes quod prædictus Thomas vel hæredes sui aut prædicti Abbas et Conventus seu successores sui ratione statuti prædicti per nos vel hæredes nostros inde occasionentur, molestentur in aliquo seu graventur, salvis tamen capitalibus dominis feodi illius servitiis inde debitis et consuetis. In cujus rei testimonium has literas nostras fieri fecimus patentes. Teste meipso, apud Westmonasterium, vicesimo quinto die Januarii, anno regni nostri octavo.

XLII.

(CARTA EDWARDI II.)

A.D. 1315.
Edwardus Dei gratia Rex Angliæ, Dominus Hiberniæ, et Dux Aquitaniæ, omnibus ad quos præsentes literæ pervenerint, salutem. Licet de communi consilio regni nostri statutum sit quod non liceat viris religiosis seu aliis ingredi feodum alicujus ita quod ad manum mortuam deveniat sine licentia nostra et capitalis domini de quo res illa immediate tenetur ; volentes tamen dilectis nobis in Christo Abbati et Conventui de Seleby gratiam facere specialem, concessimus et licentiam dedimus pro nobis et hæredibus nostris, quantum in nobis est, Thomæ Ketil de Acastre, quod ipse unum messuagium, viginti duas acras terræ et tres acras prati et dimidiam cum pertinentiis in Acastre, quæ sunt de feodo dictorum Abbatis et Conventus, et quæ viginti solidos valent per annum, sicut per inquisitionem quam per dilectum clericum nostrum Robertum de Cliderhou, escaetorem nostrum ultra Trentam fieri fecimus est compertum, dare possit et assignare eisdem Abbati et Conventui, habenda et tenenda sibi et successoribus suis in perpetuum in partem satisfactionis viginti et octo libratarum terræ et redditus per annum, quas eisdem Abbati et Conventui et successoribus suis de feodo suo vel alieno, exceptis terris tenementis et redditibus quæ de nobis tenentur in capite, concessimus adquirendas ; et eisdem Abbati

et Conventui quod ipsi prædicta messuagium terram et pratum cum pertinentiis a præfato Thoma recipere possint et tenere sibi et successoribus suis in perpetuum, sicut prædictum est tenore præsentium, similiter licentiam dedimus specialem, nolentes quod prædictus Thomas vel hæredes sui seu præfati Abbas et Conventus aut successores sui, ratione statuti prædicti per nos vel hæredes nostros inde occasionentur in aliquo seu graventur, salvis tamen capitalibus dominis feodi illius servitiis inde debitis et consuetis. In cujus rei testimonium has literas nostras fieri fecimus patentes. Teste me ipso, apud Dytton, primo die Octobris, anno regni nostri nono.

XLIII.

(CARTA EDWARDI II.)

A.D.
1317.

Edwardus Dei gratia Rex Angliæ, Dominus Hiberniæ, et Dux Aquitaniæ, omnibus ad quos præsentes literæ pervenerint, salutem. Sciatis quod cum per literas nostras patentes concesserimus et licentiam dederimus pro nobis et hæredibus nostris quantum in nobis est dilectis nobis in Christo Abbati et Conventui de Seleby, quod ipsi viginti et octo libratas terrarum, tenementorum et reddituum de feodo suo proprio seu alieno, exceptis terris tenementis et redditibus quæ de nobis tenentur in capite, adquirere possint, habendas et tenendas sibi et successoribus suis imperpetuum; statuto de terris et tenementis ad manum mortuam non ponendis edito non obstante, prout in literis nostris prædictis plenius continetur; nos, volentes concessionem nostram prædictam effectui debito mancipari, concessimus et licentiam dedimus pro nobis et hæredibus nostris quantum in nobis est Henrico Irewys de Seleby, quod ipse tria messuagia, triginta et quatuor acras terræ cum pertinentiis in Seleby, quæ de prædicto Abbate tenentur et quæ valent per annum in omnibus exitibus juxta verum valorem eorundem viginti solidos, sicut per inquisitionem per dilectum et fidelem nostrum Robertum de Sapy, escaetorem nostrum ultra Trentam de mandato nostro factam et in cancellaria nostra retornatam plenius est compertum, dare possit et assignare præfatis Abbati et Conventui, habenda et tenenda sibi et successoribus suis imperpetuum in partem satisfactionis viginti et octo libratarum terrarum, tenementorum et reddituum prædictorum; et eisdem Abbati et Conventui, quod ipsi prædicta messuagia tria cum pertinentiis a præfato Henrico recipere, et, habita inde plena et

f. 18.

pacifica seisina, ea cum pertinentiis retro dare possint et concedere dicto Henrico, habenda et tenenda eidem Henrico ad totam vitam suam, ita quod post mortem ejusdem Henrici messuagia illa et terræ cum pertinentiis ad ipsos Abbatem et Conventum et successores suos integre revertantur, tenenda sibi et successoribus suis prædictis imperpetuum, sicut prædictum est tenore præsentium; similiter licentiam dedimus specialem, statuto prædicto non obstante, nolentes quod prædictus Henricus vel hæredes sui, aut prædicti Abbas et Conventus seu successores sui, ratione statuti prædicti per nos vel hæredes nostros inde occasionentur molestentur in aliquo, seu graventur, salvis tamen capitalibus dominis feodi illius servitiis inde debitis et consuetis. In cujus rei testimonium has literas nostras fieri fecimus patentes. Teste meipso, apud Eboracum, quinto die Septembris, anno regni nostri undecimo.

XLIV

(INSPEXIMUS EDWARDI II.)

A.D.
1319,
Feb. 4.
Edwardus Dei gratia Rex Angliæ Dominus Hyberniæ et Dux Aquitaniæ, Archiepiscopis, Episcopis, Abbatibus, Prioribus, Comitibus, Baronibus, Justitiariis, Vicecomitibus, præpositis, ministris, et omnibus ballivis et fidelibus suis, salutem. Inspeximus cartam domini Henrici quondam Regis Angliæ progenitoris nostri in hæc verba, " Henricus Rex Angliæ," etc. (No. IV).

Inspeximus etiam quandam cartam domini Ricardi, quondam Regis Angliæ, progenitoris nostri in hæc verba, " Ricardus d. g. Rex Angliæ, etc. (No. XI).

Inspeximus insuper quandam aliam cartam ejusdem Ricardi progenitoris nostri in hæc verba, " Ricardus," etc. (No. XI), ximo die Novembris.[1]

f. 18v.
Inspeximus etiam quandam cartam confirmationis quam celebris memoriæ dominus Henricus quondam Rex Angliæ avus noster fecit dilectis nobis in Christo Abbati et monachis loci prædicti in hæc verba, " Henricus d. g.," etc. (No. XXXIII).

f. 19.
Inspeximus insuper quandam aliam cartam confirmationis ejusdem Henrici avi nostri in hæc verba, "Henricus d. g.," etc. (No. XV).

f. 19v.
Inspeximus etiam quandam cartam confirmationis quam celebris memoriæ dominus Edwardus quondam Rex Angliæ pater noster fecit prædicto Abbati et Conventui loci prædicti in hæc verba, " Edwardus d. g.," etc. (No. XXXVII).

---

[1] In the charter itself, as copied above, the date is given as v die Novembris. There are also other slight verbal differences in this recital.

f. 20.   Nos autem donationes, concessiones, et confirmationes prædictas ratas habentes et gratas, eas pro nobis et hæredibus
nostris, quantum in nobis est, præfatis Abbati et Conventui et
eorum successoribus imperpetuum concedimus et confirmamus,
sicut cartæ prædictæ rationabiliter testantur, istis verbis in
una carta prædicti Regis Ricardi contentis, videlicet, "quod
quieti sint de assisis, summonitionibus, placitis, querelis, et
misericordiis," et etiam ista clausula in eadem carta similiter
contenta, "prohibemus ne pro aliquo respondeant nec in placitum
ponantur nisi per nos et in præsentia nostra," exclusis penitus et
exceptis.   Præterea, volentes eisdem Abbati et Conventui
gratiam facere ampliorem, concessimus eis et hac carta nostra
confirmavimus pro nobis et hæredibus nostris, quod licet ipsi
vel prædecessores sui aliqua vel aliquibus libertatum prædictarum
in dictis cartis contentarum hactenus plene usi non fuerint, iidem
tamen Abbas et Conventus et successores sui libertatibus illis et
earum qualibet sine impedimento nostri vel hæredum nostrorum,
justitiariorum, escaetorum, vicecomitum, aut aliorum ballivorum
seu ministrorum nostrorum quorumcunque, de cetero plene
gaudeant et utantur, prædictis verbis et clausula superius
exceptis semper exclusis, sicut prædictum est.   Et cum superius
in carta prædicti Henrici Regis avi nostri contineatur quod
francus plegius in curiis ipsius Abbatis et successorum suorum
per visum servientis ipsius avi nostri et hæredum suorum
teneatur, et quod misericordiæ inde provenientes sint ipsius
Abbatis et successorum suorum prædictorum, nos, pro majori
quiete prædictorum Abbatis et Conventus et successorum suorum,
concedimus et hac carta nostra confirmamus pro nobis et
hæredibus nostris, quod visus hujusmodi franciplegii de cetero
teneatur in curia ipsorum Abbatis et Conventus et successorum
suorum, absque hoc quod aliquis serviens noster vel hæredum
nostrorum visum inde habeat, vel se inde in aliquo intromittat.
Hiis testibus, venerabilibus patribus Willelmo Ebor. Archiepiscopo, Angliæ primate, Johanne Eliensi Episcopo Cancellario
nostro, Johanne Norwicensi, et Rogero Sar. Episcopis, Johanne
de Britania Comite Richmundiæ, Henrico de Lancastria, Hugone
le Despenser juniore, Willelmo de Ros, Willelmo le Latimer,
Rogero Dammerys, Bartholomæo de Badelesmere senescallo
hospitii nostri, et aliis.   Dat. per manum nostrum apud Ebor.,
quarto die Febuarii, anno regni nostri duodecimo.

XLV.

(CARTA EDWARDI II.)

A.D.   Edwardus, Dei gratia Rex Angliæ, Dominus Hiberniæ, et Dux
1319.

Aquitaniæ, omnibus ad quos præsentes literæ pervenerint,
salutem. Sciatis quod de gratia nostra speciali concessimus et
licentiam dedimus pro nobis et hæredibus nostris, quantum in
nobis est, dilectis nobis in Christo Abbati et Conventui de
Seleby, quod ipsi ex transverso aquæ de Use in feodo suo de
Seleby in quodam loco qui vocatur Impegarth, quendam
gurgitem longitudinis[1] quadraginta pedum citra filum aquæ
ejusdem facere possint et tenere, sibi et successoribus suis
imperpetuum, sine occasione vel impedimento nostri vel hæredum
nostrorum, justitiariorum, escaetorum, vicecomitum, aut aliorum
ballivorum seu ministrorum nostrorum quorumcunque ; ita
tamen quod gurges ille filum aquæ prædictæ non attingat, et
quod inter gurgitem illum et ripam dictæ aquæ in feodo dictorum
Abbatis et Conventus ibidem pro navibus sufficiens transitus
dimittatur. In cujus rei testimonium has literas nostras fieri
fecimus patentes. Teste meipso apud Eboracum, decimo die
Januarii, anno regni nostri duodecimo.

XLVI.

(CARTA EDWARDI II.)

A.D.
1321.

Edwardus, Dei gratia Rex Angliæ, Dominus Hiberniæ, et Dux
Aquitaniæ, omnibus ad quos præsentes literæ pervenerint,
salutem. Sciatis quod cum per literas nostras patentes
concesserimus et licentiam dederimus pro nobis et hæredibus
nostris, quantum in nobis est, dilectis nobis in Christo Abbati et
Conventui de Seleby, quod ipsi viginti et octo libratas terrarum,
tenementorum, et reddituum, tam de feodo suo proprio quam
alieno, exceptis terris et tenementis et redditibus quæ de nobis
tenentur in capite, adquirere possint, habendas et tenendas sibi
et successoribus suis imperpetuum, statuto de terris et tenementis
ad manum mortuam non ponendis edito non obstante, prout in
literis nostris prædictis plenius continetur ; nos, volentes
concessionem nostram prædictam effectui debito mancipari,
concessimus et licentiam dedimus pro nobis et hæredibus nostris,
quantum in nobis est, Magistro Alano de Aslakeby, personæ
ecclesiæ de Staneford super Auen, quod ipse unum messuagium,
viginti et octo acras et unam rodam terræ, tres rodas prati, et
pasturam ad quatuor boves cum pertinentiis in Staneford et

f. 20v.

Aune, quæ de prædictis Abbate et Conventu tenentur, et quæ
valent per annum in omnibus exitibus, juxta verum valorem
eorundem, decem solidos et quatuor denarios, sicut per
inquisitionem per dilectum et fidelem nostrum Ricardum de

---

[1] Read "latitudinis"; see below, MS. fo. 31.

Rodeneye, escaetorem nostrum citra Trentam, de mandato nostro factam et in cancellaria nostra retornatam plenius est compertum, dare possit et assignare præfatis Abbati et Conventui, habenda et tenenda sibi et successoribus (suis) imperpetuum, in partem satisfactionis viginti et octo libratarum, terrarum, tenementorum et reddituum prædictorum ; et eisdem Abbati et Conventui, quod ipsi prædicta messuagium, terram, pratum et pasturam, cum pertinentiis, a præfato Alano recipere possint et tenere, sibi et successoribus suis prædictis imperpetuum, sicut prædictum est, tenore præsentium similiter licentiam dedimus specialem, statuto prædicto non obstante ; nolentes quod prædictus Alanus vel hæredes sui aut prædicti Abbas et Conventus vel successores sui ratione statuti prædicti per nos vel hæredes nostros inde occasionentur, molestentur in aliquo, seu graventur, salvis tamen capitalibus dominis feodi illius servitiis inde debitis et consuetis. In cujus rei testimonium has literas nostras fieri fecimus patentes. Teste meipso apud Westmonasterium, vicesimo die Julii, anno regni nostri quinto decimo.

XLVII.

(CARTA EDWARDI II.)

A.D.
1325.
Edwardus, Dei gratia Rex Angliæ, Dominus Hiberniæ, et Dux Aquitaniæ, omnibus ad quos præsentes literæ pervenerint, salutem. Sciatis quod cum nuper pro quadraginta et novem libris et octo solidis in quibus dilectis nobis in Christo Abbati et Conventui de Seleby pro bladis et aliis victualibus ab ipsis pro sustentatione hospitii nostri tunc emptis tenebamur, et quos iidem Abbas et Conventus nobis postmodum remiserunt, per literas nostras patentes concesserimus et licentiam dederimus pro nobis et hæredibus nostris, quantum in nobis est, eisdem Abbati et Conventui quod ipsi terras, tenementa, et redditus, usque ad valorem viginti et octo libratarum annuarum, tam de feodo suo proprio quam alieno, exceptis terris, tenementis, et redditibus quæ de nobis tenentur in capite, adquirere possint, habendas et tenendas sibi et successoribus suis imperpetuum, statuto de terris et tenementis ad manum mortuam non ponendis edito non obstante, prout in literis nostris prædictis plenius continetur ; nos, volentes concessionem nostram effectui debito mancipari, concessimus et licentiam dedimus pro nobis et hæredibus nostris, quantum in nobis est, Magistro Galfrido de la Gale, clerico, quod ipse unum messuagium cum pertinentiis in Rednesse, quod de alio quam de nobis tenetur, et quod valet per

annum in omnibus exitibus juxta verum valorem ejusdem duodecim denarios, sicut per inquisitionem per dilectum nobis Symonem de Grymmesby, escaetorem nostrum in Comitatibus Eboracsciræ, Westmerlandiæ, Cumbriæ, et Northumbriæ, inde de mandato nostro factam et in cancellaria nostra retornatam est compertum, dare possit et assignare præfatis Abbati et Conventui, habendum et tenendum sibi et successoribus suis imperpetuum, in partem satisfactionis viginti et octo libratarum terrarum, tenementorum, et reddituum prædictorum ; et eisdem Abbati et Conventui, quod ipsi messuagium prædictum cum pertinentiis a præfato Galfrido recipere possint et tenere, sibi et successoribus suis prædictis imperpetuum, sicut prædictum est, tenore præsentium similiter licentiam dedimus specialem, statuto prædicto non obstante ; nolentes quod prædictus Galfridus vel hæredes sui, aut præfati Abbas et Conventus, seu successores sui, ratione statuti prædicti per nos vel hæredes nostros inde occasionentur in aliquo seu graventur ; salvis tamen capitalibus dominis feodi illius servitiis inde debitis et consuetis. In cujus rei testimonium has literas nostras fieri fecimus patentes. Teste meipso apud Porcestriam, quinto decimo die Maii, anno regni nostri decimo octavo.

XLVIII.

(CARTA EDWARDI II.)

A.D. 1326.

Edwardus, Dei gratia Rex Angliæ, Dominus Hiberniæ, et Dux Aquitaniæ,[1] omnibus ad quos præsentes literæ pervenerint, salutem. Sciatis quod cum nuper pro quadraginta et novem libris et octo solidis in quibus dilectis nobis Christo Abbati et Conventui de Seleby pro bladis et aliis victualibus ab ipsis pro sustentatione hospitii nostri dudum emptis tenebamur, et quos iidem Abbas et Conventus nobis postmodum remiserunt, concesserimus et licentiam dederimus pro nobis et hæredibus nostris, quantum in nobis est, eisdem Abbati et Conventui, quod ipsi terras, tenementa et redditus usque ad valorem viginti et octo librarum annuarum, tam de feodo suo proprio quam alieno, exceptis terris, tenementis, et reddditibus quæ de nobis tenentur in capite, adquirere possint ; habendas sibi et successoribus suis imperpetuum, statuto de terris et tenementis ad manum mortuam non ponendis edito non obstante, prout in literis nostris patentibus præfatis Abbati et Conventui inde confectis

---

[1] Edward II used this style until his 19th year, when, his son being created Duke of Aquitaine, that title was relinquished. In some Privy Seal documents, however, of 20 Edw. II, as here, "Dux Aquitaniæ" is retained.

plenius continetur ; nos, volentes concessionem nostram
prædictam effectui debito mancipari, concessimus et licentiam
dedimus pro nobis et hæredibus nostris, quantum in nobis est,
eisdem Abbati et Conventui, quod ipsi tresdecim acras terræ
cum pertinentiis in Seleby quas idem Abbas de Thoma de
Cawod, et unum messuagium cum pertinentiis in eadem villa
quod idem Abbas de Juliana filia Johannis filii Reyneri, et unum
messuagium cum pertinentiis in eadem villa quod Johannes de
Wystowe, quondam Abbas de Seleby, de Johanne de Crull de
Stayner, et duodecim denaratas redditus cum pertinentiis in
eadem villa quas Willelmus de Aslagby, quondam Abbas de
f. 21. Seleby, de Willelmo Gyly, et quinque acras terræ et dimidiam
cum pertinentiis in eadem villa quas Symon de Scardeburgh,
quondam Abbas de Seleby, de Thoma filio Iuonis de Seleby, et
unum toftum et duas acras et unam rodam terræ cum pertinentiis
in eadem villa quæ idem Symon, quondam Abbas de Seleby, de
Thoma Ichegamen et Nicholao de Cawod, et unam acram terræ
cum pertinentiis in eadem villa quam idem Symon, quondam
Abbas de Seleby, de Ricardo Pertrik, et unum messuagium cum
pertinentiis in eadem villa quod idem Symon, quondam Abbas
de Seleby, de Johanne Droury de Crull, et unum messuagium
cum pertinentiis in eadem villa quod idem Symon, quondam
Abbas de Seleby, de Margeria Nightegale, quæ de præfatis
Abbate et Conventu tenentur, et quæ idem Abbas et prædecessores sui prædicti post publicationem statuti de terris et
tenementis ad manum mortuam non ponendis editi sibi et
successoribus suis in feodo adquisiverunt, licentia domini
Edwardi, quondam regis Angliæ, patris nostri, aut nostra, super
hoc non optenta, quæ quidem messuagia, toftum, et terra valent
per annum in omnibus exitibus juxta verum valorem eorundem
viginti et unum solidos et duos denarios, sicut per inquisitionem
per dilectum nobis Simonem de Grymmesby, escaetorem
nostrum in Comitatibus Eboraci, Westmerlandiæ, Northumbriæ,
et Cumbriæ, inde de mandato nostro factam et in cancellaria
nostra retornatam est compertum, retineant et habeant sibi et
successoribus suis imperpetuum, in valorem viginti et duorum
solidorum et duorum denariorum, in partem satisfactionis viginti
et octo libratarum terrarum, tenementorum, et reddituum
prædictorum, sine occasione vel impedimento nostro vel hæredum
nostrorum, justitiariorum, escaetorum, vicecomitum, aut aliorum
ballivorum seu ministrorum nostrorum quorumcunque, statuto
prædicto non obstante. In cujus rei testimonium has literas
nostras fieri fecimus patentes. Teste meipso apud Porcestriam,
quinto decimo die Septembris, anno regni nostri vicesimo.

XLIX.

(CARTA EDWARDI II.)

A.D.
1323 Edwardus, Dei gratia Rex Angliæ, Dominus Hiberniæ, et Dux Aquitaniæ, omnibus ad quos præsentes literæ pervenerint, salutem. Sciatis quod de gratia nostra speciali concessimus et licentiam dedimus pro nobis et hæredibus nostris, quantum in nobis est, dilectis nobis in Christo Abbati et Conventui de Seleby, quod ipsi ecclesiam de Stanford, Lincolnensis diœcesis, quæ est de advocatione sua propria, appropriare, et eam sic appropriatam in proprios usus tenere possint, sibi et successoribus suis imperpetuum, sine occasione vel impedimento nostri vel hæredum nostrorum, justitiariorum, escaetorum, vicecomitum, aut aliorum ballivorum seu ministrorum nostrorum quorumcunque, statuto de terris et tenementis ad manum mortuam non ponendis edito non obstante. In cujus rei testimonium has literas nostras fieri fecimus patentes. Teste meipso apud Rothewell, sexto decimo die Maii, anno regni nostri sexto decimo.

L.

(CARTA EDWARDI II.)

A.D.
1313. Edwardus, Dei gratia Rex Angliæ, Dominus Hiberniæ, et Dux Aquitaniæ, omnibus ad quos præsentes literæ pervenerint, salutem. Sciatis quod cum dilecti nobis in Christo Abbas et Conventus de Seleby, tempore domini Edwardi nuper Regis Angliæ patris nostri, pro utilitate domus suæ, ut accepimus, per diversa scripta sua concessissent Johanni de Buringham quod ipse duo messuagia, medietatem unius bovatæ terræ cum pertinentiis in Gerlethorp, et Willelmo Bardolf de Amcotes, quod ipse medietatem unius mesuagii et unius bovatæ terræ cum pertinentiis in Amcotes, et Radulfo filio Radulfi de Amcotes, quod ipse medietatem unius messuagii et unius bovatæ terræ cum pertinentiis in eadem villa, quæ ipsi et eorum antecessores prius tenuerunt de prædictis Abbate et Conventu et eorum prædecessoribus in villenagio, ut nativi Abbatis loci prædicti, habeant et teneant ad totam vitam ipsorum Johannis, Willelmi, et Radulphi, de prædictis Abbate et Conventu et successoribus suis libere pro quadam certa firma eisdem Abbati et Conventui annuatim reddenda, iidemque Abbas et Conventus similiter dedissent et concessissent Johanni de Buterwyk unum messuagium et medietatem unius bovatæ terræ cum pertinentiis in Gerlethorp, et Willelmo filio Johannis de Gerlethorp unum

messuagium et medietatem unius bovatæ terræ cum pertinentiis in eadem villa, tenenda ad totam vitam prædictorum Johannis de Buterwyk et Willelmi filii Johannis, de prædictis Abbate et Conventu et successoribus suis pro certa firma eisdem Abbati et Conventui reddenda, prout in scriptis prædictis dicitur plenius contineri, licentia dicti patris nostri aut nostra super hiis non optenta, quæ quidem tenementa occasione transgressionum prædictarum capta sunt in manum nostrum; nos, de gratia nostra speciali perdonavimus transgressiones factas in hac parte, et concessimus pro nobis et hæredibus nostris, quantum in nobis est, præfatis Johanni, Willelmo, Radulfo, Johanni, et Willelmo, quod ipsi terras et tenementa prædicta cum pertinentiis, videlicet quilibet eorum, parcellam sibi sic concessam rehabeant et teneant ad totam vitam suam de prædictis Abbate et Conventu et successoribus suis, ut est dictum, juxta vim et effectum scriptorum prædictorum; ita quod post mortem cujuslibet tenentium prædictorum, prædicti Abbas et Conventus terras et tenementa prædicta ingredi possint et tenere sibi et successoribus suis de nobis et hæredibus nostris, per eadem servitia per quæ prius tenebantur, sine occasione vel impedimento nostri vel hæredum nostrorum, justitiariorum, escaetorum, vicecomitum, aut aliorum ballivorum seu ministrorum nostrorum quorumcunque, statuto de terris et tenementis ad manum mortuam non ponendis edito non obstante. In cujus rei testimonium has literas nostras fieri fecimus patentes. Teste meipso apud Westmonasterium, xxvi die Januarii, anno regni nostri sexto.

Per breve de privato sigillo.

LI.

(CARTA EDWARDI II.)

f. 21v.
A.D.
1317.

Edwardus, Dei gratia Rex Angliæ, Dominus Hiberniæ, et Dux Aquitaniæ, omnibus ad quos præsentes literæ pervenerint, salutem. Sciatis quod cum dilecti nobis in Christo Abbas et Conventus de Seleby per scriptum suum concessissent et dimississent Petro de Ludington, clerico, jam defuncto, et Johanni de Ludington, unam bovatam terræ et dimidiam cum pertinentiis in Ludington, quam quidem terram prædictus Petrus prius tenuit de præfatis Abbate et Conventu in villenagio, ut parcellam manerii sui de Crull, habendas et tenendas eisdem Petro et Johanni et hæredibus de corpore ipsius Johannis exeuntibus, de prædictis Abbate et Conventu et successoribus suis, per servitia in dicto scripto contenta, imperpetuum; ita quod si idem Johannes sine hærede de corpore suo exeunte obierit, tunc prædicta terra cum pertinentiis ad prædictos

Abbatem et Conventum et successores suos integre revertatur, tenenda eodem modo quo eam tenuerunt antequam, ad manus prædicti Petri sic devenerit, ac prædicti Petrus et Johannes terram illam virtute dimissionis prædictæ ingressi fuissent, idemque Johannes eam teneat in præsenti, licentia domini Edwardi nuper Regis Angliæ patris nostri aut nostra super hoc non optenta ; nos, de gratia nostra speciali perdonavimus trangressiones factas in hac parte, et concessimus pro nobis et hæredibus nostris, quantum in nobis est, præfato Johanni, quod ipse et hæredes sui prædicti habeant et teneant terram prædictam cum pertinentiis de prædictis Abbate et Conventu et successoribus suis per servitia supradicta imperpetuum ; nolentes quod prædicti Abbas et Conventus seu successores sui, seu prædictus Johannes vel hæredes sui prædicti, ratione præmissorum per nos vel hæredes nostros, justitiarios, escaetores, vicecomites, aut alios ballivos seu ministros nostros quoscunque, occasionentur, molestentur in aliquo, seu graventur. In cujus rei testimonium has literas nostras fieri fecimus patentes. Teste meipso apud Westmonasterium, duodecimo die Martii, anno regni nostri decimo.

Per breve de privato sigillo.

LII.

(CARTA EDWARDI II *vel* III.)

A.D.
1319, or
1338.

Edwardus, Dei gratia Rex Angliæ, Dominus Hiberniæ, et Dux Aquitaniæ, omnibus ad quos præsentes literæ pervenerint, salutem. Sciatis quod cum dilecti nobis in Christo Abbas et Conventus de Seleby et quidam prædecessorum suorum, pro utilitate domus prædictæ, quasdam terras et quædam tenementa cum pertinentiis in Seleby, quæ de nobis tenentur in capite, ut dicitur, diversis hominibus ejusdem villæ, tam temporibus domini Edwardi nuper Regis Angliæ patris nostri quam nostro, dimiserint ad terminum vitæ eorundem hominum habenda, videlicet, Willelmo de Thornton de Seleby unum messuagium cum pertinentiis in Seleby, tenendum ad terminum vitæ ipsius Willelmi ; et Henrico Yrwys et Margeriæ uxori ejus unum toftum cum pertinentiis in eadem villa quod fuit Alani Fraunceys, ad terminum vitæ eorundem Henrici et Margeriæ ; et Henrico filio Hugonis Ward de Seleby unum messuagium cum pertinentiis in eadem villa ad terminum vitæ ipsius Henrici ; et Roberto Ettelose(?) et Agneti uxori ejus unum messuagium cum pertinentiis in eadem villa ad terminum vitæ eorundem Roberti et Agnetis ; et Thomæ de Celario de Seleby unum messuagium cum

pertinentiis in eadem villa ad terminum vitæ ipsius Thomæ ; et
Roberto le Pulter et Milisanti uxori ejus duo messuagia et duas
acras terræ cum pertinentiis in eadem villa ad terminum vitæ
eorundem Roberti et Milisantis ; et Thomæ Stalworth de Seleby
et Isabellæ uxori ejus unum messuagium, quinque acras terræ et
duas acras prati cum · pertinentiis in eadem villa ad terminum
vitæ eorundem Thomæ et Isabellæ ; et Johanni filio Roberti le
Schepird de Seleby et Johannæ uxori ejus unum messuagium et
quandam shopam cum pertinentiis in eadem villa ad terminum
vitæ eorundem Johannis et Johannæ ; et Radulfo le Chaundeler
et Agneti uxori ejus unum messuagium cum pertinentiis in
eadem villa ad terminum vitæ ipsorum Radulfi et Agnetis ; et
Galfrido Pertryk de Seleby et Christianæ uxori ejus unam acram
terræ cum pertinentiis in eadem villa ad terminum vitæ ipsorum
Galfridi et Christianæ ; et Petro le Feure de Seleby et Rogero
filio ejus unum toftum cum forgea superædificata et aliis
pertinentiis suis in eadem villa ad terminum vitæ ipsorum Petri
et Rogeri ; et Alano de Ellerker de Seleby et Dyonisiæ uxori
ejus unum messuagium cum pertinentiis in eadem villa ad
terminum vitæ ipsorum Alani et Dionisiæ ; et Willelmo le
Ferour de Seleby et Elenæ uxori ejus duo messuagia cum
pertinentiis in eadem villa ad terminum vitæ ipsorum Willelmi

f. 22. et Elenæ ; et Johanni de Ayremine, nautæ, de Seleby, sex acras
terræ cum pertinentiis in eadem villa ad terminum vitæ ipsius
Johannis ; et Adæ le Folour de Seleby et Margaretæ uxori ejus
unum messuagium et unum molendinum cum pertinentiis in
eadem villa ad terminum vitæ ipsorum Adæ et Margaretæ ; et
Johanni de Hemingburgh viginti acras terræ cum pertinentiis in
eadem villa ad terminum vitæ ipsius Johannis ; et Johanni
Cophirst unum messuagium cum pertinentiis in eadem villa ad
terminum vitæ ipsius Johannis ; et Hugoni de Pykkeworth et
Margeriæ uxori ejus unum messuagium cum pertinentiis in
eadem villa ad terminum vitæ ipsorum Hugonis et Margeriæ ;
et Willelmo Feriby et Agneti uxori ejus unum messuagium cum
pertinentiis in eadem villa ad terminum vitæ ipsorum Willelmi
et Agnetis ; et Waltero filio Roberti de Appilgarth de Seleby et
Agneti uxori ejus unum messuagium et unam acram terræ cum
pertinentiis in eadem villa ad terminum vitæ ipsorum Walteri et
Agnetis ; et Thomæ de Scarburgh, capellano, unum messuagium
cum pertinentiis in eadem villa ad terminum vitæ ipsius Thomæ ;
et Rogero le Breuster de Seleby et Margaretæ uxori ejus unum
messuagium cum pertinentiis in eadem villa ad terminum vitæ
ipsorum Rogeri et Margaretæ ; et Gilberto le Boller et Margeriæ
uxori ejus unum messuagium cum pertinentiis in eadem villa ad

terminum vitæ ipsorum Gilberti et Margeriæ ; et Henrico de
Rouclif unum messuagium cum pertinentiis in eadem villa ad
terminum vitæ ipsius Henrici ; et Johanni Burnet et Margeriæ
uxori ejus unum messuagium cum pertinentiis in eadem villa ad
terminum vitæ ipsorum Johannis et Margeriæ ; et Isabellæ quæ
fuit uxor Johannis del Sartren unam acram terræ cum pertinentiis
in eadem villa ad terminum vitæ ipsius Isabellæ ; et Geuæ quæ
fuit uxor Ricardi Geuæ et Johanni filio ejusdem Ricardi unum
messuagium cum pertinentiis in eadem villa ad terminum vitæ
ipsorum Geuæ et Johannis ; et Johanni Talbot unam shopam in
eadem villa ad terminum vitæ ipsius Johannis ; et Martino le
Taillour de Seleby duas shopas cum pertinentiis in eadem villa
ad terminum vitæ ipsius Martini ; et Roberto le Pulter, Johanni
le Chapman, Willelmo Dodde seniori, Willelmo Dodde juniori,
et Thomæ Pachett, quinque shopas cum pertinentiis in eadem
villa ad terminum vitæ ipsorum Roberti, Johannis, Willelmi,
Willelmi et Thomæ, tenendas de prædictis Abbate et Conventu
et eorum successoribus pro certa firma eisdem Abbati et
Conventu inde annuatim reddenda ; ac prædicti Abbas et
Conventus nobis jam supplicaverunt ut tam ipsorum quam
dictorum tenentium indempnitati, ne occasione dimissionum
hujusmodi futuris temporibus impeciantur, velimus prospicere in
hac parte, præsertim cum temporibus vacationum domus prædictæ
redditus de terris et tenementis prædictis exeuntes ad nos et
hæredes nostros pertinere debeant, durantibus vacationibus
supradictis, nos ad præmissa considerationem habentes, ac
eorum supplicationi eo favorabilius annuentes, qui dimissiones
prædictæ ad comodum nostrum temporibus vacationum domus
prædictæ cedere dinoscantur, ut est dictum, de gratia nostra
speciali perdonavimus transgressiones factas in hac parte, et
concessimus pro nobis et hæredibus nostris, quantum in nobis est,
eisdem Willelmo, Henrico, Margeriæ, Henrico, Roberto, Agneti,
Thomæ, Roberto, Milisanti, Thomæ, Isabellæ, Johanni, Johannæ,
Radulfo, Agneti, Galfrido, Christianæ, Petro, Rogero, Alano,
Dionisiæ, Willelmo, Elenæ, Johanni, Adæ, Margaretæ, Johanni,
Johanni, Hugoni, Margeriæ, Willelmo, Agneti, Waltero, Agneti,
Thomæ, Rogero, Margaretæ, Gilberto, Margeriæ, Henrico,
Johanni, Margeriæ, Isabellæ, Geuæ, Johanni, Johanni, Margeriæ,
Roberto, Johanni, Willelmo, Willelmo, et Thomæ, quod ipsi
terras et tenementa prædicta cum pertinentiis habeant et teneant
ad terminum vitæ suæ de prædictis Abbate et Conventu et
eorum successoribus, pro dicta firma eisdem Abbati et Conventui
et successoribus suis prædictis annuatim reddenda, juxta formam
dimissionum prædictarum, sine occasione, vel impedimento

nostri vel hæredum nostrorum, justitiariorum, escaetorum, vicecomitum, aut aliorum ballivorum seu ministrorum nostrorum
quorumcunque ; ita tamen quod post mortem cujuslibet
f. 22v. tenentis terrarum et tenementorum prædictorum, terræ et
tenementa cum pertinentiis, quæ idem tenens in forma prædicta
tenuerit, ad præfatos Abbatem et Conventum et successores suos
integre revertantur. In cujus rei testimonium has literas nostras
fieri fecimus patentes. Teste meipso apud Westmonasterium,
viii⁰ die Febuarii, anno regni nostri duodecimo.

Per breve de privato sigillo.

LIII.

(CARTA EDWARDI III.)

A.D.
1340.
Edwardus, Dei gratia Rex Angliæ et Franciæ et Dominus
Hiberniæ, omnibus ad quos præsentes literæ pervenerint,
salutem. Sciatis quod nos, attendentes Abbatiam de Seleby in
vacationibus ejusdem temporibus præteritis, per vastum et
destructionem boscorum et nemorum ac aliorum ad Abbatiam
illam pertinentium per escaetores et alios custodes Abbatiæ
illius temporibus progenitorum nostrorum, quondam Regum
Angliæ, præter conscientiam et voluntatem eorundem progenitorum, dampna quamplurima passam fuisse, volentesque juxta
formam statuti de custodiis temporalium Abbatiarum et aliarum
prælaciarum, decanis et capitulis et prioribus et conventibus
earundem prælaciarum concedendis in ultimo parliamento nostro
apud Westmonasterium tento de communi consilio regni nostri
Angliæ editi, necnon ad instantem requisitionem prædicti Abbatis,
dictam Abbathiam illæsam imposterum a dampnis hujusmodi
preservari, concessimus eisdem Abbati et Conventui, pro nobis
et hæredibus nostris, quod Prior et Conventus Abbatiæ prædictæ
et eorum successores in singulis vacationibus Abbatiæ ejusdem,
quotiens videre ipsam ex nunc vacare contigerit per mortem,
cessionem, resignationem, vel quovis alio modo, habeant et
teneant custodiam Abbatiæ illius et omnium temporalium
ejusdem, cum omnibus rebus et bonis ad eandem Abbatiam
qualitercunque spectantibus, adeo plene et integre sicut aliquis
Abbas loci illius Abbatiam prædictam et temporalia ejusdem cum
omnibus rebus et bonis ad eandem pertinentibus, sede plena,
aliquibus temporibus retroactis, habere et tenere consuevit, vel
nos aut hæredes nostri custodiam illam cum omnibus rebus et
bonis prædictis temporibus vacationum prædictarum habere
possemus vel deberemus, si in manu nostra vel hæredum
nostrorum retenta fuissent ; ita quod dicti Prior et Conventus de

D

temporalibus rebus et bonis prædictis plenam et liberam administrationem habeant, et omnimoda emolumenta percipiant, et inde disponere et ordinare possint, prout eis melius et utilius videbitur faciendum ; salvis nobis et hæredibus nostris feodis militum et advocationibus ecclesiarum ejusdem Abbatiæ hujusmodi vacationibus durantibus, reddendo nobis et hæredibus nostris in qualibet vacatione Abbatiæ illius quaterviginti libras pro toto tempore quo vacationem illam durare contigerit. Et volumus et concedimus pro nobis et hæredibus nostris, quod prædicti Prior et Conventus et eorum successores imperpetuum habeant et teneant custodiam Abbatiæ prædictæ singulis temporibus vacationum ejusdem in forma prædicta, per quantum tempus duraverint vacationes ejusdem Abbatiæ ; ita quod nullus escaetor, vicecomes, aut alius ballivus vel minister noster aut hæredum nostrorum de custodia Abbatiæ illius, maneriorum, grangiarum, aut aliarum rerum seu bonorum quorumcunque ad dictam Abbatiam spectancium quoquomodo, ratione vacationis illius se in aliquo intromittat; hoc tamen excepto, quod escaetor, vel alius minister noster seu hæredum nostrorum qui pro tempore fuerit, infra portas tantum Abbatiæ prædictæ in principio cujuslibet vacationis ejusdem, quandam simplicem seisinam nomine nostri Regii dominii capiat, et ea sic capta statim exinde recedat, absque fidelitate seu recognitione ab aliquo tenente dictæ Abbatiæ vel aliquo alio inde capiendo seu et (inde[1]) asportando ; ita quod ultra unum diem occasione seisinæ prædictæ moram ibi non faciat, nec aliquem ibidem substituat loco sui. Volumus insuper et concedimus pro nobis et hæredibus nostris, quod si nos forsitan vel hæredes nostri aliquo tempore vacationis prædictæ Abbatiæ excercitum nostrum fecerimus summoneri, prædicti Prior et Conventus et successores sui pro propriis et dominicis feodis militum Abbatiæ illius in manibus ipsorum Prioris et Conventus tunc existentibus, ad servitium in eodem excercitu faciendum minime teneantur, nec occasione servitii illius molestentur in aliquo seu graventur, set inde penitus sint quieti; salvis tamen nobis et hæredibus nostris servitiis feodorum militum quæ tenentur de Abbatia prædicta temporibus vacationum ejusdem, ad nos pertinentibus ratione exercitus supradicti. In cujus rei testimonium literas nostras fieri fecimus patentes. Teste Edwardo Duce Cornubiæ et Comite Cestriæ, filio nostro carissimo, Custode Angliæ, apud Kenyngton, sexto decimo die Julii, anno regni nostri Angliæ quarto decimo, regni vero nostri Franciæ primo.

Per consilium juxta formam statuti inde editi.   Brayton.

[1] The word "inde" has been crossed out.

LIV.

(INSPEXIMUS EDWARDI III.)

f. 23.   Edwardus, Dei gratia Rex Angliæ, Dominus Hiberniæ, et
A.D.   Dux Aquitaniæ, omnibus ad quos præsentes literæ pervenerint,
1333·   salutem.   Inspeximus tenorem recordi et processus cujusdem
assisæ novæ disseisinæ, quæ inter Abbatem de Seleby et
Johannem de Warenna Comitem Surriæ et alios in brevi nostro
originali contentos summonita fuit et capta coram nobis apud
Eboracum de tenementis in Estoft, in hæc verba :—Assisa venit
recognoscere si Johannes de Warenna Comes Surriæ, Willelmus
de Stayngate de Thorne, Johannes filius Ricardi le Baillif de
Thorne, et Hugo frater ejusdem Johannis, Johannes Hauxlyn de
Thorne, Johannes filius Willelmi filii Matildæ de Thorne, et
Robertus le Hunte de Haytefeld injuste, etc., disseisiaverunt
Abbatem de Seleby de libero tenemento suo in Estoft post
primam, etc.   Et unde queritur quod disseisiavit eum de
octigentis acris pasturæ cum pertinentiis, etc.   Et Johannes de
Warenna per Johannem de Donecastria attornatum suum venit,
et alii non venerunt, set quidam Willelmus de Scarkill respondet
pro eis tanquam eorum ballivus, et pro eis dicit quod ipsi nullam
inde fecerunt injuriam seu disseisinam, et de hoc ponit se super
assisam, etc.   Et prædictus Comes ut tenens, etc., dicit quod
tenementa in visu posita sunt in Thorne et non in Estoft, et
quod tenementa illa sunt parcella manerii de Thorne.   Et dicit
quod dominus Edwardus nuper Rex Angliæ, pater domini Regis
nunc, seisitus fuit de manerio prædicto cum pertinentiis, et illud
dedit et concessit eidem Comiti tenendum ad totam vitam ipsius
Comitis, reversionem ejusdem manerii ad ipsum Regem patrem,
etc., et hæredes suos resignando.   Et dicit quod dominus Rex
nunc per quandam cartam suam eidem Comiti concessit et
licentiam dedit specialem quod ipse in vastis suis, in manerio
prædicto, et in aliis castris et maneriis in carta illa contentis,
quæ idem Comes de ipso domino Rege tenet ad terminum vitæ
suæ, et quæ post mortem ejusdem Comitis ad ipsum dominum
Regem et hæredes suos reverti debent, se appropriare posset,
prout carta illa plenius testatur in hæc verba, " Edwardus, Dei
A.D.   " gratia Rex Angliæ, Dominus Hiberniæ, et Dux Aquitaniæ,
1331,   " omnibus ad quos præsentes literæ pervenerint, salutem.   Quia
March 25.   " accepimus per inquisitionem quam per dilectum clericum
" nostrum Johannem de Houton, escaetorem nostrum ultra
" Trentam, fieri fecimus, quod non est ad dampnum vel
" præjudicium nostri aut aliorum si concedamus dilecto et fideli
" nostro Johanni de Warenna Comiti Surriæ quod ipse de vastis

"suis in castro et maneriis suis de Conyngesburgh, Sandale,
"Haytefeld, Wakefeld, Thorne, et Souresbyshire, quæ de nobis
"tenet ad terminum vitæ suæ, et quæ post mortem suam ad
"nos et hæredes nostros reverti debent, se appropriare usque
"ad valorem ducentarum librarum per annum, et eadem vasta
"certis tenentibus ea recipere volentibus dimittere possit,
"habenda sibi et hæredibus suis pro certa firma eidem Comiti
"ad totam vitam suam, et nobis et hæredibus nostris post
"mortem ipsius Comitis annuatim inde reddenda; nos, volentes
"eidem Comiti gratiam in hac parte facere specialem, conces-
"simus et licentiam dedimus pro nobis et hæredibus nostris,
"quantum in nobis est, eidem Comiti, quod ipse de vastis
"prædictis se appruare usque ad valorem ducentarum
"librarum prædictarum per annum, et eadem vasta certis
"tenentibus ea recipere volentibus dimittere possit, habenda et
"tenenda sibi et hæredibus suis vel ad terminum vitæ seu in
"feodo talliato, pro certa firma præfato Comiti ad totam vitam
"suam et nobis et hæredibus nostris post mortem ipsius Comitis
"reddenda, et eisdem tenentibus quod ipsi hujusmodi vasta a
"præfato Comite recipere possint et tenere in forma prædicta
"sine occasione vel impedimento nostri vel hæredum nostrorum,
"justitiariorum, escaetorum, vicecomitum, aut aliorum balli-
"vorum seu ministrorum nostrorum quorumcunque. In cujus
"rei testimonium has literas nostras fieri fecimus patentes.
"Teste meipso apud Westmonasterium, vicesimo quinto die
"Martii, anno regni nostri quinto." Unde petit quod
justitiarii hic ad assisam prædictam capiendam ipso domino Rege
in consilio non procedant, etc. Et prædictus Abbas dicit quod
tenementa prædicta modo in visu posita sunt in Estoft et non in
Thorne, et quod tenementa illa non sunt parcella manerii de
Thorne, et hoc prætendit verificare per assisam, etc. Et petit
quod justitiarii ad captionem assisæ prædictæ procedant, etc. Et
prædictus Comes dicit quod ipse ad hoc sine domino Rege in hac
parte pars esse non potest. Unde petit quod assisa illa quousque
locutum fuerit cum domino Rege remaneat capienda, etc. Et
super hoc datus est dies tam prædicto Abbati quam prædicto
Comiti et aliis hic die Jovis prox. post octavas Sancti Hilarii,
etc. Et interim loquendum est cum domino Rege, etc. Ad
quem diem venit prædictus Abbas, et similiter prædictus Comes
per prædictum attornatum suum venit, et prædicti Willelmus
de Stayngate et alii non venerunt. Et super hoc dominus Rex

A.D.
1332,
Dec. 5.

misit breve suum clausum hic in hæc verba; "Edwardus, Dei
"gratia Rex Angliæ, Dominus Hiberniæ, et Dux Aquitaniæ,
"dilectis et fidelibus suis Galfrido le Scrope et sociis suis,

"Justitiariis ad placita coram nobis tenenda assignatis, salutem.
"Ex parte dilecti nobis in Christo Abbatis de Seleby nobis est
"ostensum quod cum ipse nuper arrainavisset coram nobis
"quandam assisam novæ disseisinæ versus Johannem de
"Warenna Comitem Surriæ et·alios in brevi nostro originali
"contentos, de tenementis in Estoft, et octingentas acras pasturæ
"in visu posuisset, et præfatus Comes ut tenens pasturæ
"prædictæ per Johannem de Donecastria attornatam suum
"placitando coram nobis in curia prædicta asseruisset tenementa
"in visu posita esse in Thorne et non in Estoft, et tenementa
"illa esse parcellam manerii de Thorne, et dominum Edwardum
"nuper Regem Angliæ patrem nostrum de manerio prædicto
"aliquando seisitum fuisse, et illud præfato Comiti dedisse et

f. 23v. "concessisse tenendum ad totam vitam ipsius comitis, rever-
"sionem ejusdem manerii ad ipsum patrem nostrum et hæredes
"suos resignando, nosque per quandam cartam eidem Comiti
"concessisse et licentiam dedisse, quod ipse de vastis suis in
"manerio prædicto et in aliis castris et maneriis in carta illa
"contentis, quæ idem Comes de nobis tenet ad terminum vitæ
"suæ, et quæ post mortem ejusdem Comitis ad nos et hæredes
"nostros reverti debent, se appruare posset et sic nobis in-
"consultis inde respondere non debere, et licet præfatus Abbas
"placitando coram nobis asseruisset quod tenementa prædicta
"sic in visu posita sunt in Estoft et non in Thorne, et quod
"tenementa illa non sunt parcella manerii de Thorne, et hoc
"prætendisset verificare per assisam, petivissetque quod ad
"captionem assisæ prædictæ procederetis, vos inter homines ad
"assisam illam capiendam ulterius procedere distulistis, in ipsius
"Abbatis dispendium non modicum, et ecclesiæ suæ Sancti
"Germani de Seleby exhæredationis periculum manifestum,
"super quo supplicavit se per nos de remedio congruo provideri;
"nos, nolentes præfato Abbati justitiam differri in hac parte,
"vobis mandamus quod assisam illam capiendam secundum
"legem et consuetudinem regni nostri procedatis, allegatione
"prædicta non obstante; ita tamen quod ad judicium inde
"reddendum nobis inconsultis nullatenus procedatur. Teste
"meipso apud Ebor. vo die Decembris, anno regni nostri sexto."
Et super hoc quæsitum est a prædicto Comite et aliis si quid
dicere sciant quare ad captionem assisæ prædictæ procedi non
debet, juxta tenorem brevis prædicti. Et prædictus Willelmus
de Skargill respondet pro dicto Willelmo de Stayngate, et pro
omnibus aliis præterquam pro prædicto Comite, tanquam eorum
ballivus, et pro eis dicit ut prius, quod ipsi nullam injuriam seu
disseisinam prædicto Abbati inde fecerunt, et de hoc ponit se

super assisam, etc. Et prædictus Comes per prædictum attornatum suum ut tenens, etc., dicit ut prius, quod tenementa in visu posita sunt in Thorne et non in Estoft, et quod sunt parcella manerii de Thorne, unde petit judicium dè brevi, etc. Et si, etc., tunc dicit quod ipse nullam ei fecit injuriam seu disseisinam, etc., et de hoc ponit se super assisam, etc. Et prædictus Abbas similiter. Ideo capiatur inde assisa, etc.

Et super hoc venerunt quidam Willelmus de Estfeld et Willelmus de Scharpelowe, servientes dominæ Philippæ ReginæAngliæ, et protulerunt quandam literam sub privato sigillo domini Regis in curia hic in hæc verba, " Edward, par la grace de dieu roi A.D. 1333, Jan. 18. " d'Engleterre seigneur d'Irlaund et Ducs d'Aquitaine, a nos " cheres et foialx monsieur Geffrei Lescrop et ses compaignons, " Justices de nostre banck, Salutz. Come l'Abbè de Seleby eit "arraine une assise de novele disseisine versus le Comte de " Garenne et autres nomez en le brief, et eit mys en sa veule un " Wast q'est apportenante au manoir de Snayth, quel nous " avons assignez a nostre chere compaigne Phelippe, Roigne " d'Engleterre, et le quel apres son deces doit reverter a nous, "vous mandoms et chargeons que en cele busoigne vous eiez si " avisement que rien y soit attemptez ne fait que purra tourner " en prejudice ou desheriteson de nous, ou de nostre dite com- " paigne sicome nous nous fioms de vous. Donne south (*sic; read* " ' soubs') nostre prive seale, a Euerwyk, le xviii jour de Janever, " Lane de nostre regne sisme." Et dicunt quod tenementa in visu posita sunt in villa de Snayth infra dominium prædictæ Reginæ, et non in Estoft, neque in Thorne, et petunt quod nichil attemptetur per assisam istam quod cedere possit in præjudicium seu exhæredationem domini Regis seu dictæ Reginæ. Unde dictum est præfatis servientibus dominæ Reginæ, quod ostendant curiæ quicquid poterint pro jure domini Regis et Reginæ in hac parte manutenendo, et quod calumpnient recognitores assisæ prædictæ, si qui, etc. Et iidem Willelmus de Estfeld et Willelmus de Scharpelowe aliquos recognitores ejusdem assisæ calumpniant qui ad eorum calumpniam fuerunt triati et amoti, etc. Et Jurati electi et triati dicunt super sacramentum suum quod tenementa in visu posita sunt in Estoft et non in Thorne, nec in Snayth, et quod non sunt parcella manerii de Thorne, et quod prædictus Comes et tenentes sui in Thorne, ratione terrarum et tenementorum suorum in Thorne, cum omnimodis averiis suis omni tempore anni communicare debent in tenementis prædictis ; salvo præfato Abbati proficuis agistiamenti sui inde faciendi. Et dicunt quod prædicti Willelmus de Stayngate et omnes alii in brevi notati præter prædictum Comitem dissei-

siaverunt prædictum Abbatem de tenementis prædictis, sicut
queritur, ad dampnum ipsius Abbatis decem librarum. Et quod
prædictus Comes nullam ei fecit injuriam seu disseisinam, etc.
Postea dominus Rex mandavit Justitiariis suis hic per breve

A.D.
1333,
Feb. 4.

suum clausum in hæc verba ; "Edwardus, Dei gratia Rex
"Angliæ, Dominus Hiberniæ, et Dux Aquitaniæ, dilectis et
"fidelibus suis Galfrido le Scrop et sociis suis, justitiariis ad
"placita coram nobis tenenda assignatis, salutem. Cum nuper
"ad prosecutionem dilecti nobis in Christo Abbatis de Seleby
"nobis suggerentis ipsum nuper arrainiasse coram nobis
"quandam assisam novæ disseisinæ per breve nostrum versus
"Johannem de Warenna Comitem Surriæ et alios in brevi
"nostro originali contentos de tenementis in Estoft, et
"octingentas acras pasturæ in visu posuisse, ac præfatum
"Comitem ut tenentem pasturæ prædictæ, per Johannem de
"Donecastria attornatum suum placitando coram nobis in curia
"nostra asseruisse tenementa in visu posita esse in Thorne et
"non in Estoft, ac tenementa illa esse parcellam manerii de
"Thorne, et dominum Edwardum nuper Regem Angliæ patrem
"nostrum de manerio prædicto aliquando seisitum fuisse, et
"illud præfato Comiti dedisse et concessisse tenendum ad totam
"vitam ipsius Comitis, reversionem ejusdem manerii ad ipsum
"patrem nostrum et hæredes suos resignando, nosque per
"quandam cartam nostram eidem Comiti concessisse et
"licentiam dedisse quod ipse in vastis suis in manerio prædicto
"et in aliis castris et maneriis in carta illa contentis, quæ idem
"Comes de nobis tenet ad terminum vitæ suæ, et quæ post

f. 24.

"mortem ejusdem Comitis ad nos et hæredes nostros reverti
"debent, se appruare posset, et sic nobis inconsultis inde
"respondere non debere, ac præfatum Abbatem placitando
"coram nobis asseruisse tenementa prædicta sic in visu posita
"esse in Estoft et non in Thorne, nec parcellam dicti manerii de
"Thorne, et hoc prætendisse verificare per assisam, petivisseque
"quod ad captionem assisæ prædictæ procederitis, ac vos ad
"assisam illam capiendum distulisse, vobis mandaverimus quod
"ad assisam illam capiendam secundum legem ad consuetudinem
"regni nostri procederetis, allegatione prædicta non obstante ;
"ita quod ad judicium inde reddendum nobis inconsultis nulla-
"tenus procederetur ; cujus quidem mandati prætextu vos ut
"accepimus assisam illam in forma prædicta cepistis et ad
"judicium inde reddendum procedere distulistis, in ipsius
"Abbatis dispendium non modicum et ecclesiæ suæ Sancti
"Germani de Seleby exhæredationis periculum manifestum, per
"quod præfatus Abbas nobis per petitionem suam coram nobis

"et consilio nostro exhibitam supplicavit ut ad judicium inde
"reddendum procedi faciamus ; nos, volentes[1] præfato Abbati
"justitiam differri in hac parte, vobis mandamus quod, si ita est,
"tunc ad judicium inde reddendum cum ea celeritate qua de jure
"poteritis procedatis, non obstante carta seu allegatione
"prædictis ; salvo in omnibus jure nostro. Teste meipso apud
"Eboracum, quarto die Februarii, anno regni nostri septimo."

Ideo consideratum est quod prædictus Abbas recuperet inde
seisinam suam per visum recognitorum, et dampna sua
prædicta. Et prædictus Abbas in misericordia pro falso clamio
versus præfatum Comitem. Et similiter prædicti Willelmus
de Stayngate de Thorne, Johannes filius Ricardi le Baillif de
Thorne, et Hugo frater ejusdem Johannis, Johannes Hauxlyn
de Thorne, Johannes filius Willelmi filii Matildæ de Thorne,
et Robertus le Hunte de Haytefeld in misericordia pro
disseisina, etc.

Nos autem ad majorem notitiam præmissorum tenorem
prædictum ad requisitionem prædicti Abbatis tenore præsentium
duximus exemplificandum. In cujus rei testimonium has literas
nostras fieri fecimus patentes. Teste meipso apud Marlebergh,
secundo die Novembris, anno regni nostri septimo.

A.D.
1333,
Nov. 2.

LV.

(INSPEXIMUS EDWARDI III.)

A.D.
1334

Edwardus, Dei gratia Rex Angliæ, Dominus Hiberniæ, et
Dux Aquitaniæ, omnibus ad quos præsentes literæ pervenerint,
salutem. Inspeximus tenores recordorum et processuum
loquelarum quæ fuerunt in curia domini Edwardi nuper Regis
Angliæ, patris nostri, coram Willelmo de Bereford et sociis suis,
justitiariis dicti patris nostri de banco, per brevia sua quos coram
nobis in cancellaria nostra venire fecimus in hæc verba :—

A.D.
1323,
Oct. 7.

Placita apud Eboracum, coram Willelmo de Bereford et
sociis suis, justitiariis domini Regis de banco, in octavis Sancti
Michaelis, anno regni Regis Edwardi filii Regis Edwardi
decimo septimo. Rot. xlii Linc.

Robertus filius Ricardi de Brunneby per Johannem Ichun(?)
attornatum suum petit versus Robertum Attekyrke de
Amcotes unam acram terræ cum pertinentiis in Amcotes.
Et versus Hugonem Attebrigg de Amcotes unam acram
terræ cum pertinentiis in eadem villa, et versus Robertum
Gybelot de Amcotes unam acram terræ cum pertinentiis
in eadem villa, ut jus et hæreditatem suam, et de

---

[1] So in MS., for "nolentes."

quibus iidem Robertus, Hugo, et Robertus injuste et sine judicio disseisinæ Ricardum de Brunneby, patrem prædicti Roberti filii Ricardi, cujus hæres ipse est, post partem placitum, etc. Et unde dicit quod prædictus Ricardus pater, etc., fuit seisitus in dominico suo ut de feodo et jure tempore pacis, tempore Edwardi Regis patris domini Regis nunc, capiendis inde expliciis ad valentiam, etc. Et de ipso Ricardo descendit jus, etc., isti Roberto filio Ricardo ut filio et hæredi, qui nunc petit, et de quibus, etc. Et inde producit sectam, etc. Et Robertus Attekyrke et alii veniunt, et prædicti Robertus Attekyrke et Hugo, quoad tenementa versus eos separatim petita, dicunt quod non possunt aliqua tenementa reddere, etc., eo quod ipsi sunt villani Abbatis de Seleby. Et petunt judicium de brevi. Et prædictus Robertus filius Ricardi non potest hoc dedicere. Ideo consideratum est quod prædicti Robertus Attekyrke et Hugo eant inde sine die. Et prædictus Robertus filius Ricardi nichil capiat per breve istud, set sit in misericordia pro falso clamio, etc. Et prædictus Robertus Gybelot, quoad prædictam terram versus eum petitam, dicit quod ipse non tenet terram illam, nec tenuit die impetitionis brevis sui, scilicet vicesimo octavo die Augusti anno regni Regis nunc decimo septimo. Et de hoc ponit se super patriam. Et Robertus filius Ricardi similiter. Ideo præceptum est vicecomiti quod venire faciat apud Westmonasterium in octavis Sancti Hillarii xii, etc., per quos, etc. Et qui veniunt, etc., ad recognoscendum, etc. Quia tam, etc.

Placita ibidem coram eisdem justitiariis domini Regis de Banco die, anno, et rotulo supradictis, Lincolniæ. Robertus filius Ricardi de Bruneby petit versus Adam le Provost de Ludyngton unam acram terræ cum pertinentiis in Ludyngton, et versus Ricardum Bithehall de Ludyngton unam acram terræ cum pertinentiis in eadem villa, et versus Ricardum filium Willelmi de Ludyngton unam acram terræ cum pertinentiis in eadem villa, et versus Johannem Mekan de Ludyngton unam acram terræ cum pertinentiis in eadem villa, ut jus et hæreditatem suam. Et de quibus iidem Adam, Ricardus, Ricardus, et Johannes injuste et sine judicio disseisiaverunt Ricardum de Bruneby, patrem prædicti Roberti, cujus hæres ipse est post primam, etc. Et unde dicit quod prædictus Ricardus pater, etc., fuit seisitus in dominico suo, ut de feodo et jure tempore pacis, tempore Edwardi Regis patris domini Regis nunc capiendis inde expletis ad valentiam, etc. Et de ipso Ricardo descendit jus, etc., isti Roberto ut filio et hæredi, qui nunc petit, etc. Et de quibus, etc. Et inde producit sectam, etc. Et

Adam et alii veniunt et quilibet eorum dicit quod ipse est villanus Abbatis de Seleby, unde petit judicium, etc. Et Robertus non potest hoc dedicere. Ideo consideratum est quod prædicti Adam et alii eant inde sine die. Et prædictus

Robertus nichil capiat per breve istud, set sit in misericordia pro falso clamio, etc.

Placita ibidem coram eisdem justitiariis de Banco, die, anno et rotulo supradictis, Lincolniæ. Robertus filius Ricardi de Bruneby petit versus Willelmum Dullyng de Gerlethorp unam acram terræ cum pertinentiis in Gerlethorp ; et versus Adam Jopp de Gerlethorpe unam acram terræ cum pertinentiis in eadem villa, et versus Johannem Kyng de Gerlethorpe unam acram terræ cum pertinentiis in eadem villa, et versus Robertum Deken de Gerlethorpe unam acram terræ cum pertinentiis in eadem villa, ut jus et hæreditatem suam; et de quibus iidem Willelmus, Adam, Johannes, et Robertus injuste et sine judicio disseisiaverunt Ricardum de Bruneby, patrem prædicti Roberti filii Ricardi, cujus hæres ipse est post primam, etc. Et unde dicit quod prædictus Ricardus pater, etc., fuit seisitus in dominico suo ut de feodo et jure tempore pacis, tempore Edwardi Regis patris domini Regis nunc, capiendis inde explecionibus ad valentiam, etc. Et de prædicto Ricardo descendit jus, etc., isti Roberto ut filio et hæredi, qui nunc petit, etc. Et de quibus, etc. Et inde producit sectam, etc. Et Willelmus et alii veniunt, et quilibet eorum dicit quod ipse est villanus Abbatis de Seleby, unde petit judicium, etc. Et Robertus filius Ricardi non potest hoc dedicere. Ideo consideratum est quod prædicti Willelmus et alii eant inde sine die. Et prædictus Robertus filius Ricardi nichil capiat per breve istud, set sit in misericordia pro falso clamio, etc.

Placita ibidem coram eisdem justitiariis domini Regis de Banco a die Sancti Michaelis in xv dies, anno regni ejusdem Regis septimo decimo. Ro. lxiiio Linc.

Robertus filius Ricardi de Bruneby petit versus Johannem Brachit unam acram terræ cum pertinentiis in Gerlethorpe; et versus Ricardum Proudefot de Gerlethorp unam acram terræ cum pertinentiis in eadem villa, ut jus et hæreditatem suam; et de quibus iidem Johannes et Ricardus injuste et sine judicio disseisiaverunt Ricardum de Bruneby, patrem prædicti Roberti filii Ricardi, cujus hæres ipse est, post primam, etc. Et Johannes et Ricardus veniunt, et uterque eorum dicit quod ipse est villanus Abbatis de Seleby. Et prædictus Robertus filius Ricardi non potest hoc dedicere. Ideo consideratum est quod prædicti Johannes et Ricardus eant inde sine die.

Et prædictus Robertus nichil capiat per breve suum, set sit in misericordia pro falso clamio, etc.

A.D.
1323,
July 1.

Placita apud Eboracum coram Willelmo de Bereford et sociis suis, justitiariis domini Regis de Banco, in octavis Sancti Johannes Baptistæ, anno regni Regis Edwardi filii Regis Edwardi sexto decimo. Ro. clxxxix° Linc.

Willelmus filius Hugonis Page per Johannem de Ichun(?) attornatum suum petit versus Martinum Ordelyng de Gerlethorpe unam acram terræ cum pertinentiis in Gerlethorpe ; et versus Johannem Drop de Gerlethorp duas acras terræ cum pertinentiis in eadem villa ; et versus Thomam Westiby de Gerlethorpe duas acras terræ cum pertinentiis in eadem villa ; et versus Thomam Kyng de Gerlethorpe duas acras terræ cum pertinentiis in eadem villa ; et versus Walterum Wace de Ludyngton duas acras terræ cum pertinentiis in Ludyngton ; et versus Ricardum filium Nicholai de Ludyngton unam acram terræ cum pertinentiis in eadem villa ; et versus Robertum filium Radulfi de Amcotes duas acras terræ cum pertinentiis in Amcotes, ut jus et hæreditatem suam ; et de quibus iidem Martinus, Johannes, Thomas, Thomas, Walterus, Ricardus et Robertus injuste et sine judicio disseisiaverunt Hugonem Page, patrem prædicti Willelmi, cujus hæres ipse est post primam, etc. Et Martinus et alii veniunt in propriis personis suis ; et quilibet eorum dicit quod ipse est villanus Abbatis de Seleby ; et quod quilibet eorum tenet tenementa versus eos singillatim petita in villenagio de prædicto Abbate, etc. Ideo consideratum est quod prædictus Martinus et alii eant inde sine die. Et prædictus Willelmus nichil capiat per breve suum, set sit in misericordia pro falso clamio, etc.

Nos autem tenores prædictos ad requisitionem dilectorum nobis in Christo Abbatis et Conventus loci prædicti duximus exemplificandos. In cujus rei testimonium has literas nostras fieri fecimus patentes. Teste meipso apud Wodestok, vicesimo octavo die Januarii, anno regni nostri octavo.

A.D.
1334,
Jan. 28.

LVI.

(INSPEXIMUS EDWARDI III.)

A.D.
1330.

Edwardus, Dei gratia Rex Angliæ, Dominus Hiberniæ, et Dux Aquitaniæ, omnibus ad quos præsentes literæ pervenerint, salutem. Inspeximus tenorem recordi et processus loquelæ quæ fuit coram Thesaurario et Baronibus de Scaccario domini Edwardi nuper Regis Angliæ patris nostri, per breve suum inter

Walterum nuper Conventrensem et Lichefeldensem Episcopum,[1] et tunc Abbatem de Seleby,[2] in hæc verba.

Dominus Rex mandavit hic breve suum de magno sigillo suo quod est inter communia de anno duodecimo in hæc verba, " Edwardus, Dei gratia Rex Angliæ, Dominus Hiberniæ, et " Dux Aquitaniæ, Thesaurario et Baronibus suis de Scaccario, " salutem. Monstravit nobis dilectus nobis in Christo Abbas " de Seleby quod cum quidam prædecessor suus per quod- " dam scriptum suum obligatorium teneretur venerabili patri " Waltero Coventrensi et Lichefeldensi Episcopo in mille et " sexcentis marcis, et per quandam recognitionem ad " scaccarium domini Edwardi, quondam Regis Angliæ, patris " nostri, similiter inde factam, et in ducentis marcis per " quandam aliam recognitionem ad idem scaccarium inde " factam, ac licet prædecessor prædicti Abbatis nuper tempore " quo terræ et tenementa præfati Episcopi quibusdam de " causis in manu nostra fuerunt, et debita quæ sibi debebantur " ad opus nostrum levari fecimus mille et centum et viginti " et quinque marcas de dictis mille et octingentis marcis, " nobis et mercatoribus nomine nostro de mandato nostro, " et residuum ejusdem summæ mille et octingentarum " marcarum præfato Episcopo postmodum solvisset, sicut idem " Abbas per rotulos et memoranda scaccarii prædicti de " prædictis mille, centum et viginti et quinque marcis nobis et " ad opus nostrum sic solutis, et per literas acquietantiæ ipsius " Episcopi patentes de solutione residui prædictæ summæ " mille et octingentarum marcarum eidem Episcopo facta " paratus est ut asserit edocere ; prædictus tamen Episcopus " dictum scriptum obligatorium præfato Abbati restituere ac " prædictas recognitiones cancellare contradicit præfato Abbati, " ut dicit, nichilominus comminando quod totam pecuniam sic " solutam a dicto Abbate virtute prædicti scripti obligatorii " faciet extorquere, quod si fieret, in oppressionem status " domus prædictæ et Abbatis prædicti manifeste redundaret,

f. 25. " vobis mandamus, quod, vocato coram vobis præfato " Episcopo, et inspectis rotulis et memorandis scaccarii nostri " prædicti, si inveneritis per eadem quod prædictæ mille et " centum et viginti et quinque marcæ nobis et aliis nomine " nostro et ad mandatum nostrum solutæ fuerint, et per literas " acquietantiæ præfati Episcopi vobis constiterit residuum " dictæ summæ mille et octingentarum marcarum eidem

---

[1] Walter de Langton, Lord Treasurer; Bp. of Coventry and Lichfield 1295-1322.
[2] Simon de Scardeburgh, 1313-20.

"Episcopo fuisse solutum, tunc dictas recognitiones in
"eodem scaccario sic factas adnullari, et prædictum scriptum
"obligatorium præfato Abbati restitui faciatis. Teste meipso

A.D.
1319,
Jan. 20.

"apud Eboracum, xxº die Januarii, anno regni nostri
"duodecimo; per ipsum Regem."·

Prætextu cujus brevis, vocato præfato Episcopo, continu-
atoque processu versus ipsum Episcopum ad sectam prædicti
Abbatis, per præfixionem dierum pro defaltia ipsius Episcopi

A.D.
1320,
June 25.

usque ad crastinum Sancti Johannis Baptistæ hoc anno tertio
decimo. Ad quem diem præfatus Abbas per Ricardum de
Cestria attornatum suum venit, et prædictus Episcopus non
venit. Et Abbas per dictum attornatum suum dicit quod
quidam Willelmus Abbas de Seleby[1] prædecessor suus et
ejusdem loci conventus fecerunt præfato Episcopo quoddam
scriptum obligatorium de mille et sexcentis marcis, de quo
scripto fit mentio superius in mandato prædicto, quod quidem
scriptum iidem Abbas et Conventus postmodum recognoverunt
ad scaccarium Regis Edwardi, patris Regis nunc, esse
factum suum, etc., et se tenuerunt præfato Episcopo in
prædictis mille et sexcentis marcis contentis in eodem
scripto, solvendis eidem Episcopo ad terminos in eodem
scripto contentos, etc. Et dicit quod illæ mille et
sexcentæ marcæ in scripto prædicto, et prædictæ mille et
sexcentæ marcæ in eadem recognitione contentæ, sunt unum
et idem debitum, et hoc liquere potest curiæ per tenorem
scripti prædicti, quod quidem scriptum facit mentionem
expressam de recognitione predicta, etc. Dicit etiam quod
iidem Abbas et Conventus tenebantur præfato Episcopo in
ducentis marcis, per aliam recognitionem suam hic ad
scaccarium factam, solvendis ad terminos in eadem recognitione contentos, etc., de quibus dicit se solvisse præfato
Episcopo ante captionem debitorum suorum in manu Regis
sexcentas sexaginta et quindecim marcas, per septem
acquietantias ipsius Episcopi quas ostendit et quas dicit esse
factum ipsius Episcopi, et de residuo debiti prædicti dicit se
solvisse domino Regi nunc in Garderoba sua anno primo
ducentas marcas, et residuum ejusdem debiti, videlicet
nongintas et viginti et quinque marcas Johanni Vanne et
sociis suis, mercatoribus de societate Ballardorum de Luka,[2]
per assignationem Regis eis inde factam, tempore quo debita
ipsius Episcopi fuerunt in manu Regis, etc., in partem
solutionis debitorum in quibus dominus Rex eisdem

---

[1] William de Aslakby, 1300-1313.
[2] A great banking company at Lucca.

mercatoribus tenebatur, etc. Et petit quod fiat scrutinium
rotulorum super illo, et quod Thesaurarius et Barones sibi
faciant justitiæ complementum in præmissis, secundum
tenorem mandati Regis supradicti. Et super hoc, inspectis
rotulis, etc., compertum est in memorandis anni trecesimi
tertii Regis Edwardi patris, inter recognitiones de termino
Sancti Michaelis, quod quidam Willelmus Abbas de Seleby
et ejusdem loci conventus tenebantur præfato Episcopo in
mille et sexcentis marcis per scriptum suum obligatorium
recognitum in memorandis prædictis, et de verbo ad verbum
irrotulatum ibidem, cujus scripti datum est apud Seleby,
primo die mensis Novembris anno domini millesimo tricen-
tesimo quarto, et dicti Regis Edwardi patris trecesimo
secundo, quod quidem scriptum idem Willelmus, tunc Abbas
de Seleby, pro se et Conventu suo et successoribus suis
recognovit esse factum suum et domus suæ prædictæ, et se
teneri præfato Episcopo in mille et sexcentis marcis prædictis,
solvendis dicto Episcopo ad terminos in dicto scripto
contentos, videlicet ad festum Sancti Michaelis tunc prox.
futurum ducentas marcas, et sic de anno in annum ad idem
festum Sancti Michaelis ducentas marcas, quousque prædictæ
mille et sexcentæ marcæ eidem Episcopo fuerint persolutæ,
etc. Unde liquet manifeste quod prædictæ mille et sexcentæ
marcæ in præfato scripto obligatorio contentæ sunt eædem
mille et sexcentæ marcæ eidem Episcopo per præfatum
Abbatem hic recognitæ, sicut superius continetur. Compertum
est etiam in memorandis anni trecesimi quarti dicti Regis
Edwardi patris, inter recognitiones de termino Paschæ, quod
Willelmus Abbas de Seleby pro se et Conventu suo recognovit
se teneri præfato Episcopo in ducentis marcis, solvendis eidem
ad terminos in eadem recognitione contentos, etc., et sic est
summa totalis duarum recognitionum prædictarum mille et
octingentæ marcæ, de quibus præfatus Episcopus præsens
hic ad scaccarium, vicesimo octavo die Aprilis anno duodecimo
Regis Edwardi nunc, cognovit se recepisse de prædictis mille
et sexcentis marcis sexcentas et sexaginta et quindecim
marcas, sicut annotatur in memorandis anni trecesimi tertii
supradicti, super recognitionem prædictam. Compertum est
etiam in Rotulis placitorum de debitis dicti Episcopi de
tempore quo fuerunt in manu Regis Edwardi nunc hic in
Thesauria existentibus, quod idem Abbas solvit per distric-
tionem hujus curiæ in Garderoba ipsius Regis nunc Johanni
de Banested, custodi ejusdem Garderobæ, super expensis
hospitii ipsius Regis, ducentas marcas per literas ipsius

A.D.
1304-5.

A.D.
1304,
Nov. 1.

A.D.
1305-6.

A.D.
1319.

A.D.
1304-5.

A.D.
1307.

Regis patentes de magno sigillo suo datas apud Westmonasterium xiiii° die Decembris anno primo Regis nunc,
et Johanni Vanne et sociis suis mercatoribus de societàte
Ballardorum de Luka per assignacionem ipsius Regis nunc
eisdem mercatoribus factam de debito prædicto, in partem
solutionis debitorum in quibus idem Rex dictis mercatoribus
tenebatur, sexcentas et sexdecim libras, tresdecim solidos, et
quatuor denarios, quam quidem summam præfatus Johannes
Vanne et socii sui prædicti alias præsentes hic in curia
cognoverunt se recepisse de præfato Abbate de Seleby, et sic
persolvit prædictus Abbas prædictas mille et octingentas
marcas. Et ideo consideratum est quod prædicti Abbas et
Conventus quieti sint inperpetuum versus præfatum Episcopum, hæredes, et executores suos, de prædictis mille et
octingentis marcis, et quod dictæ recognitiones retrahantur et
adnullentur, et quod prædictus Episcopus, hæredes, seu
executores sui, decetero nullam habeant executionem ad
levandum debitum prædictum, seu aliquam partem inde de
præfatis Abbate et Conventu, seu eorum successoribus, et
quod prædictum scriptum obligatorium de prædictis mille et
sexcentis marcis, quod penes prædictum Episcopum remanet,
decetero pro nullo habeatur et nullius sit valoris, ad quorumcunque manus contigerit devenire.

Nos autem tenorem prædictum ad requisitionem dilecti nobis
in Christo nunc Abbatis de Seleby,[1] tenore præsentium duximus
exemplificandum. In cujus rei testimonium, has literas nostras

A.D.
1330,
Jan. 26.

fieri fecimus patentes. Teste meipso apud Eltham xxvi° die
Januarii anno regni nostri quarto.

LVII.

(INSPEXIMUS OF EDW. III).

f. 25v.
A.D.
1342.

Edwardus, Dei gratia Rex Angliæ et Franciæ, et Dominus
Hiberniæ, omnibus ad quos præsentes literæ pervenerint,
salutem. Inspeximus quandam commissionem, tempore domini
Edwardi nuper Regis Angliæ patris nostri factam, in hæc
verba :—

A.D.
1324.

Edwardus, Dei gratia Rex Angliæ, Dominus Hiberniæ, et
Dux Aquitaniæ, dilectis et fidelibus suis Henrico le Scrop,
Willelmo de Herle, et Johanni de Denom, salutem. Monstra-
verunt nobis dilecti nobis in Christo Abbas[1] et Conventus de
Seleby, per petitionem suam coram nobis et consilio nostro
exhibitam, quod cum Johannes nuper Abbas de Seleby,[2]

[1] John de Wystowe, 1320-1335.
[2] A former John de Wystowe, 1293-1300.

prædecessor ipsius Abbatis, et ejusdem loci conventus, de quibusdam vastis, moris, et turbariis in Inchilsmore, pertinentibus ad maneria sua de Rouclif et Estoft, continentibus in se circiter mille et trescentas acras, et de sexdecim solidatis redditus cum pertinentiis in dicto manerio de Estoft, quæ iidem Johannes Abbas et Conventus et prædecessores sui a tempore fundationis Abbatiæ prædictæ ut de jure ecclesiæ suæ de Seleby pacifice tenuerant, per Henricum de Lascy, dudum Comitem Lincolniæ, injuste et sine judicio disseisiti fuissent, et licet iidem Abbas et Conventus versus præfatum Comitem dum vixit et post ejus decessum versus Thomam nuper Comitem Lancastriæ, ad cujus manus prædicta vasta, moræ, turbariæ, et redditus postmodum devenerint, cum omni diligentia qua potuerunt prosecuti fuissent pro restitutione inde optinenda, justitiam tamen aliquam in hac parte assequere non potuerint ; ac, vasta, moræ, turbariæ, et redditus prædicta per forisfacturam præfati Comitis Lancastriæ ad manus nostras tanquam escaeta nostra jam devenerint, et in manu nostra existant,[1] per quod iidem Abbas et Conventus nobis cum instantia supplicaverunt ut eis in hac parte fieri faciamus justitiæ complementum ; nos, volentes super præmissis plenius certiorari et ulterius fieri quod est justum, assignavimus vos et duos vestrum ad inquirendum per sacramentum tam militum quam aliorum proborum et legalium hominum de Comitatu Eboraci, per quos rei veritas melius sciri poterit, si prædictus Johannes Abbas et ejusdem loci Conventus et eorum prædecessores de prædictis vastis, moris, turbariis, et redditu a tempore fundationis Abbatiæ prædictæ, ut de jure ecclesiæ suæ seisiti fuerint necne, et si sic, tunc quo titulo, per quem, quo tempore, qualiter, et quo modo, et si per præfatum Comitem Lincolniæ inde disseisiti fuerunt, sicut dicunt, an per alium, et si per præfatum Comitem, tunc quo tempore, qualiter, et quo modo, et si per alium, tunc per quem, quo tempore, qualiter, et quo modo, et si prædicti Abbas et Conventus vel prædecessores sui jus suum in hac parte aliquo tempore præfatis Comitibus aut aliis remiserint vel quietum clameraverint necne, et si sic, tunc cui, vel quibus, quo tempore, qualiter, et quo modo, et ubi vasta, moræ et turbariæ prædictæ ac tenementa unde redditus ille provenit existant, et de quo vel de quibus teneantur, utrum videlicet de nobis an de alio, et si de nobis, tunc per quod servitium, qualiter, et quo modo, et quantum vasta, moræ, et turbariæ prædicta valeant per annum in omnibus exitibus, et utrum prædicta vasta, moræ, turbariæ et redditus ad

[1] Thomas, Earl of Lancaster, was beheaded March 22, 1322, as a traitor to the Crown.

manerium de Snayth aliquo tempore pertinuerant vel pertineant necne, et si sic, tunc qualiter, et quo modo, et de aliis circumstantiis præmissa contingentibus plenius veritatem. Et ideo nobis mandamus quod ad certos dies quos vos vel duo vestrum ad hoc provideritis, ad prædicta vasta, moras, turbarias, et tenementa unde redditus ille provenit attendatis, et diligenter super præmissis in præsentia dilecti nobis Thomæ Dayuill, custodis castri et honoris de Pontefracto, faciatis inquisitionem, et eam distincte et aperte factam, nobis sub sigillis vestris vel duorum vestrum, et sigillis eorum per quos facta fuerit, sine dilatione mittatis, et hoc breve mandavimus etiam præfato Thomæ quod ad certos dies, quos vos vel duo vestrum ei scire faciatis, ad dicta loca attendat, proponatque coram vobis pro nobis in hac parte ea quæ viderit expedire, et Vicecomiti nostro Comitatus prædicti, quod ad certos dies quos vos vel duo vestrum ei scire faciatis, venire faciat coram vobis vel duobus vestrum ad loca prædicta, tot et tales, tam milites quam alios probos et legales homines de balliva sua, per quos rei veritas in præmissis melius sciri poterit et inquiri. In cujus rei testimonium has literas nostras fieri fecimus patentes. Teste meipso apud Westmonasterium, xiiii° die Junii anno regni nostri xvii°.

A.D. 1324, June 17.

Per ipsum Regem et per petitionem de consilio.

Inspeximus etiam quandam inquisitionem tempore ejusdem patris nostri captam et in cancellaria nostra retornatam in hæc verba :—

A.D. 1326, Jan. 15.

Inquisitio capta apud Estoft coram Willelmo de Herle et Johanne de Denom, die Mercurii prox. post festum Sancti Hillarii, anno regni Regis Edwardi filii Regis Edwardi xix°, attendentibus ad tenementa in commissione contenta juxta formam commissionis prædictæ eis inde directæ, et huic inquisitioni consutæ, in præsentia Thomæ Dayuill, custodis castri et honoris de Pontefracto, ad hoc præmuniti per

f. 26.

sacramentum Warini de Scargill, Rogeri de Novo Mercato, Roberti de Reygate, Jacoby de Bosuill, Ricardi Dauerenges, Hugonis de Picworth, Reginaldi de Salesbury, militum, Johannis de Snayth, Wichardi de Stubbes, Ricardi de Fetherstane, Stephani de Rednes, Johannis de Bekyngham, Nicholai Deuias, Willelmi filii Thomæ de Snayth, Willelmi de Hustwayt, Johannis de Fenton, Roberti de Osgotby, Roberti de Babbethorpe, Johannis de Cliff, Thomæ de Grenefeld, Willelmi Sybri, Ricardi Speller, Willelmi de Crull, et Petri de Thornetonhouses, ad hac simul electorum et juratorum. Qui dicunt super sacramentum suum quod quidem Johannes, nuper Abbas de Seleby, prædecessor ipsius Abbatis nunc, fuit seisitus de quibusdam vastis, moris, et

E

turbariis in Roucliue, videlicet de circiter sexcentis acris vasti, moræ et turbariæ in Inclesmore in Roucliue, ut parcella manerii de Roucliue, quod quidem manerium prædictus Johannes Abbas et prædecessores sui tenuerant in liberam, puram, et perpetuam elemosinam a tempore fundationis Abbatiæ prædictæ, una cum prædictis vasto, mora, et turbaria, ut parcella manerii prædicti, de dono domini Willelmi quondam Regis Angliæ, Conquæstoris; et etiam de quibusdam vastis in Estoft, videlicet de circiter quingentis acris vasti, et de redditu sexdecim solidorum similiter in Estoft. Et dicunt quod prædecessores prædicti Abbatis habuerunt prædicta vastum et redditum de dono Galfridi de la Wirche, tenenda sibi et successoribus suis inperpetuum. Et prædicta vastum et redditus nunc tenentur de domino Rege per servitia triginta et octo solidorum et octo denariorum. Et dicunt quod prædictus Johannes Abbas et ejusdem loci Conventus et prædecessores sui fuerunt seisiti de prædictis tenementis in Roucliue et Estoft, ut de jure ecclesiæ suæ de Seleby, videlicet fodiendo turbas, pascendo averia sua, capiendo agistiamentum de averiis extraneorum, et de aliis proficuis et exitibus quibuscunque inde provenientibus, a tempore quo non extat memoria usque in anno (*sic*) domini Edwardi Regis Angliæ patris domini Regis nunc trecesimo; quo anno Henricus de Lascy, dudum Comes Lincolniæ, præfatum Johannem[1] Abbatem de Seleby de prædictis vasto, moris, turbariis, et redditibus injuste disseisiavit, et inde obiit seisitus; post cujus mortem, prædicta tenementa devenerunt ad manus Thomæ nuper Comitis Lancastriæ, qui inde obiit seisitus, per cujus forisfacturam prædicta tenementa devenerunt ad manum domini Regis nunc tanquam escaeta sua, et adhuc in manu sua existunt. Et dicunt quod prædictus Johannes Abbas et Conventus et postea successores sui secuti fuerunt versus præfatos Comites pro restitutione inde habenda, justitiam tamen in hac parte hactenus habere non potuerunt. Dicunt etiam quod nec prædictus Abbas qui nunc est nec prædecessores sui præfatis Comitibus nec alicui alii jus suum in hac parte remiserunt nec quietum clamaverunt. Et dicunt quod prædicta vasta, moræ, et turbariæ sunt in Roucliue et Estoft, et tenementa unde redditus ille provenit sunt in Estoft, et tenentur de domino Rege, sicut superius dictum est. Et dicunt quod vasta, moræ, et turbariæ in Roucliue valent per annum in omnibus exitibus quadraginta solidos. Et dicunt quod vastum in Estoft valet per annum in omnibus exitibus, ultra servitium domino Regi debitum, decem solidos. Dicunt etiam

A.D. 1301-2.

---

[1] William de Aslakby was Abbot in 1301-2, but perhaps there is a mistake in the year. See p. 63n.

quod vasta, moræ et turbariæ et redditus in Roucliue et Estoft non pertinent ad manerium de Snayth, nec pertinuerunt a tempore quo memoria existit. In cujus rei testimonium prædicti jurati huic inquisitioni sigilla sua apposuerunt. Dat. apud Estoft, die Mercurii prædicto, anno domini Regis nunc decimo nono.

A.D. 1326, Jan. 15.

Inspeximus insuper irrotulamentum cujusdam brevis clausi facti in hæc verba :—

A.D. 1327.

Edwardus, Dei gratia Rex Angliæ, Dominus Hiberniæ, et Dux Aquitaniæ, dilecto sibi Johanni de Twath, Custodi quarundum terrarum et tenementorum in manu nostra existentium in Comitatu Ebor., salutem. Quia compertum est per inquisitionem per dilectos et fideles nostros Willelmum de Herle et Johannem de Denom de mandato domini Edwardi nuper Regis Angliæ patris nostri, in præsentia Thomæ Deyuill, Custodis castri et honoris de Pontefracto factam, et in Cancellaria ipsius patris nostri retornatam, quod quidam Johannes, nuper Abbas de Seleby, prædecessor nunc Abbatis loci illius, fuit seisitus de quibusdam vastis, moris, et turbariis in Roucliue, videlicet de circiter sexcentis acris vasti, moræ, et turbariæ in Inclesmore in Roucliue, ut parcella manerii de Roucliue, quod quidem manerium prædictus Johannes Abbas et prædecessores sui tenuerunt in liberam, puram, et perpetuam elemosinam a tempore fundationis Abbatiæ prædictæ, una cum prædictis vasto, mora, et turbaria, de dono Willelmi quondam Regis Angliæ, Conquæstoris, et etiam de quibusdam vastis in Estoft, videlicet de circiter quingentis acris vasti, et de redditu sexdecim solidorum in eadem villa, quæ quidem vastum et redditus prædecessores ipsius Abbatis habuerunt de dono Galfridi de la Wirche, tenenda sibi et successoribus suis imperpetuum, et quod eadem vastum et redditus tenentur de nobis per servitium triginta et octo solidorum et octo denariorum, quodque prædictus Johannes Abbas et ejusdem loci Conventus et prædecessores sui fuerunt seisiti de prædictis tenementis in Roucliue et Estoft ut de jure ecclesiæ suæ de Seleby, videlicet fodiendo turbas, pascendo averia sua, capiendo agistiamentum de averiis extraneorum, et de aliis proficuis et exitibus quibuscunque inde provenientibus, a tempore cujus contrarii memoria non existit usque in anno (*sic*) celebris memoriæ domini Edwardi, quondam Regis Angliæ avi nostri trecesimo, quo tempore

A.D. 1301-2.

Henricus de Lascy nuper Comes Lincolniæ præfatum Johannem Abbatem de Seleby de prædictis vastis, moris, turbariis, et redditibus injuste disseisivit et inde obiit seisitus, post cujus mortem prædicta tenementa ad manum Thomæ, nuper Comitis

Lancastriæ devenerunt, quo inde similiter obiit seisitus ; per cujus mortem eadem tenementa ad manus dicti patris nostri devenerunt, et adhuc in manu nostra existunt ; et quod prædictus Abbas qui nunc est seu prædecessores sui præfatis Comitibus aut alicui alii jus suum in hac parte non remiserunt nec quietum clamaverunt, quodque prædicta vastum, moræ, et turbariæ valent per annum in omnibus exitibus quinquaginta solidos ; vobis mandamus, quod dilectis nobis in Christo Johanni[1] nunc Abbati loci prædicti et Conventui ejusdem loci de prædictis vastis, moris, turbariis, et redditibus cum pertinentiis, plenam restitutionem habere faciatis indilate, tenenda prout ea tenuerunt ante disseisinam prædictam, salvo jure nostro et

A.D.
1327,
Feb. 9.

alterius cujuscunque.   Volumus enim vos inde erga nos ex nunc exonerari. Teste meipso apud Westmonasterium, nono die Februarii, anno regni nostri primo.   Per petitionem de consilio.

Nos, tenorem Commissionis, inquisitionis, et irrotulamenti prædictorum, ad requisitionem nunc Abbatus et Conventus loci

A.D.
1342,
May 4.

prædicti, duximus exemplificandum.   In cujus rei testimonium, has literas nostras fieri fecimus patentes.   Teste meipso apud Westmonasterium, quarto die Maii, anno regni nostri Angliæ xvi°, regni vero nostri Franciæ tertio.

LXVIII.

(INSPEXIMUS EDWARDI III).

A.D.
1343,
July 10.

Edwardus, Dei gratia Rex Angliæ, Franciæ, et Dominus Hiberniæ, omnibus ad quos præsentes literæ pervenerint, salutem. Inspeximus quandam certificationem per Thesaurarium et Barones de Scaccario nostro in Cancellaria nostra de mandato nostro missam in hæc verba :—

In libro de Domesday inter terras Regis de West Ridyng in Comitatu Ebor. continetur sic ; M. In Roudeclife Turbern 1 car. ad geld. tra ad dim. car. vs.[2]

Nos autem certificationem prædictam ad requisitionem dilecti nobis in Christo Abbatis de Seleby tenore præsentium duximus exemplificandam.   In cujus rei testimonium has literas nostras fieri fecimus patentes. Teste meipso apud Windesore x° die Julii, anno regni nostri Angliæ decimo septimo, regni vero nostri Franciæ quarto.

---

[1] John de Wystowe the second.

[2] Facsimile of Yorkshire portion, p. vii, col. 2 ; Printed ed., f. 301r., col. 2. Turbern appears as tenant in the next entry in Domesday.

LXIX.

(CARTA EDWARDI III).

f. 26v.
A.D.
1350,
June 20.

Edwardus, Dei gratia Rex Angliæ, et Franciæ, et Dominus Hiberniæ, omnibus ad quos præsentes literæ pervenerint, salutem. Sciatis quod cum dominus Edwardus, nuper Rex Angliæ, pater noster, per literas suas patentes concesserit et licentiam dederit pro se et hæredibus suis, quantum in ipso fuit, dilectis nobis in Christo Abbati et Conventui de Seleby, quod ipsi terras, tenementa, et redditus ad valentiam viginti et octo librarum per annum, tam de feodo suo proprio quam alieno, terris, tenementis et redditibus quæ de ipso patre nostro tenebantur in capite exceptis, adquirere possent, habenda et tenenda sibi et successoribus suis imperpetuum, statuto de terris et tenementis ad manum mortuam non ponendis edito non obstante, prout in literis ipsius patris nostri prædictis plenius continetur ; nos, volentes concessionem ejusdem patris nostri prædictam effectui debito mancipari, concessimus et licentiam dedimus pro nobis et hæredibus nostris, quantum in nobis est, Roberto de Folquarby, Henrico de Estoft, et Johanni de Peterburgh, quod ipsi concedere possint quod unum messuagium cum pertinentiis in Seleby quod Willelmus Helwys et Isabella uxor ejus tenent ad terminum vitæ suæ de præfatis Roberto, Henrico, et Johanne, et quod post mortem prædictorum Willelmi et Isabellæ ad præfatos Robertum, Henricum, et Johannem reverti, deberet post decessum eorundem Willelmi et Isabellæ præfatis Abbati et Conventui remaneat, habendum et tenendum sibi et successoribus suis imperpetuum ; et eisdem Abbati et Conventui quod ipsi unam acram et unam rodam terræ cum pertinentiis in eadem villa quas Johannes Raynor in testamento suo in ultima voluntate sua ; et quandam placeam terræ cum pertinentiis in eadem villa, continentem in se viginti et quatuor pedes terræ in longitudine et decem et octo pedes terræ in latitudine, quam Willelmus de Poyll in testamento suo in ultima[1] sua ; et unum messuagium cum pertinentiis in eadem villa quod Walterus Capes in testamento suo in ultima voluntate sua ; et duodecim denaratas redditus cum pertinentiis in eadem villa quas Agnes quæ fuit uxor Roberti Hasard in testamento suo in ultima voluntate sua ; et unum messuagium cum pertinentiis in eadem villa quod Martinus le Taillour de Selby in testamento suo in ultima voluntate sua ; et unum messuagium cum pertinentiis in eadem villa quod Rogerus le Boteler de Selby in testamento suo in ultima voluntate sua

---

[1] Supply "voluntate."

præfatis Abbati et Conventui juxta consuetudinem villæ prædictæ
legaverunt ; et quatuor acras terræ cum pertinentiis in eadem
villa quas Johannes le Hunter in testamento suo in ultima
voluntate sua Aliciæ matri suæ et Willelmo filio ejusdem sic
legavit, habendas ad totam vitam eorundem Aliciæ et Willelmi
filii ejus, ita quod post mortem eorundem Aliciæ et Willelmi
filii ejus, prædictæ quatuor acræ terræ remaneant eisdem Abbati
et Conventui et successoribus suis imperpetuum ; quæ quidem
messuagia, terra, et redditus de nobis non tenentur, quedem[1]
messuagia et terra valent per annum viginti solidos et novem
denarios, sicut per inquisitionem inde per dilectum et fidelem
nostrum Gerardum Saluayn, escaetorem nostrum in comitatu
Eboraci de mandato nostro factam et in cancellaria nostra
retornatam est compertum, post mortem eorundem Aliciæ et
Willelmi filii ejus ingredi possint et teneri, similiter cum
mesuagiis, terra, et redditu prædictis, sibi et successoribus suis
in valorem triginta solidorum in partem satisfactionis viginti et
octo libratarum terræ et redditus prædictarum in perpetuum,
statuto prædicto non obstante ; nolentes quod præfati Robertus,
Henricus, et Johannes de Peterburgh vel hæredes sui, seu
hæredes prædictorum Johannis Raner, Willelmi de Poill,
Walteri, Agnetis, Martini, Rogeri, et Johannis le Hunter, aut
præfati Abbas et Conventus seu successores sui ratione
præmissorum seu statuti prædicti, per nos vel hæredes nostros
inde occasionentur, molestentur in aliquo, seu graventur ;
salvis tamen capitalibus dominis feodi illius servitiis inde debitis
et consuetis. In cujus rei testimonium has literas nostras fieri
fecimus patentes. Teste meipso, apud Westmonasterium,
vicesimo die Junii, anno regni nostri Angliæ vicesimo quarto,
regni vero nostri Franciæ undecimo.

LXX.

(CARTA EDWARDI III).

f. 27.
A.D.
1348,
Apr. 7.

Edwardus, Dei gratia Rex Angliæ et Franciæ et Dominus
Hiberniæ, omnibus ad quos præsentes literæ pervenerint,
salutem. Sciatis quod cum dominus Edwardus, nuper Rex
Angliæ, pater noster, per literas suas patentes concecesset (*sic*)
et licentiam dedisset pro se et hæredibus suis, quantum in ipso
fuit, dilectis nobis in Christo Abbati et Conventui de Selby,
quod ipsi ecclesiam · de Stanford, Lincoln. dioecesis, quæ de
advocatione eorundem Abbatis et Conventus existit, appropriare,
et ecclesiam illam sic appropriatam in proprios usus tenere

---

[1] Read "quæ quidem."

possent, sibi et successoribus suis imperpetuum, statuto de terris et tenementis ad manum mortuam non ponendis edito non obstante, nos, pro eo quod dicta concessio per præfatum patrem nostrum sic facta non fuit executioni demandata, necnon pro eo quod præfati Abbas et Conventus literas nostras prædictas, ac etiam duas alias literas patentes obligatorias sub magno sigillo nostro signatas, de quinquaginta libris in quibus eisdem Abbati et Conventui ex certis causis tenebamur, et quas iidem Abbas et Conventus nobis remiserunt, nobis restituerunt in cancellaria nostra cancellandas, ac etiam per finem centum marcarum quas præfati Abbas et Conventus nobis in camera nostra solverunt præ manibus, concessimus et licentiam dedimus pro nobis et hæredibus nostris, quantum in nobis est, eisdem Abbati et Conventui, quod ipsi ecclesiam de Brayton, Ebor. dioecesis, quæ similiter est de advocatione sua propria ut dicitur, appropriare, et eam sic appropriatam tenere possint, sibi et successoribus suis prædictis imperpetuum, statuto prædicto non obstante, nolentes quod iidem Abbas et Conventus, ratione statuti prædicti, seu pro eo quod advocatio dictæ ecclesiæ de Brayton de nobis tenetur in capite, per nos vel hæredes nostros, justitiarios, escaetores, vicecomites, aut alios ballivos seu ministros nostros quoscunque occasionentur, molestentur in aliquo, seu graventur. In cujus rei testimonium, has literas nostras fieri fecimus patentes. Teste meipso apud Westmonasterium, septimo die Aprilis, anno regni nostri Angliæ vicesimo secundo, regni vero nostri Franciæ nono.

LXXI.

(CARTA EDWARDI III).

A.D.
1532,
Dec. 14. Edwardus, Dei gratia Rex Angliæ et Franciæ et Dominus Hiberniæ, omnibus ad quos præsentes literæ pervenerint, salutem. Sciatis quod cum dominus Edwardus, nuper Rex Angliæ, pater noster, per literas suas patentes, concessisset et licentiam dedisset pro se et hæredibus suis, quantum in ipso fuit, dilectis nobis in Christo Abbati et Conventui de Seleby, quod ipsi terras, tenementa, et redditus ad valorem viginti et octo librarum per annum, tam de feodo suo proprio quam alieno, terris, tenementis, et redditibus quæ de ipso patre nostro tenebantur in capite exceptis, adquirere possint, habenda et tenenda sibi et successoribus suis imperpetuum, statuto de terris et tenementis ad manum mortuam non ponendis edito non obstante, prout in literis ipsius patris nostri prædictis plenius continetur ; nos, volentes concessionem ejusdem patris nostri

prædictam effectui debito mancipari, concessimus et licentiam dedimus pro nobis et hæredibus nostris, quantum in nobis est, præfatis Abbati et Conventui, quod ipsi unum messuagium cum pertinentiis [in eadem villa]¹ in Selby, quod Thomas de Scardeburgh capellanus in testamento suo et ultima voluntate sua, et unam acram terræ cum pertinentiis in eadem villa quam Willelmus de Poile in testamento suo et ultima volutate sua eisdem Abbati et Conventui juxta consuetudinem villæ legaverunt, quæ quidem messuagium et terra de nobis non tenentur, et quæ valent per annum tres solidos et ix denarios, sicut per inquisitionem inde per dilectum et fidelem nostrum Petrum de Nuttel, nuper escaetorem nostrum in comitatu Eboraci de mandato nostro captam, et in cancellaria nostra retornatam est compertum, ingredi possint et tenere, sibi et successoribus suis in valorem vi solidorum in partem satisfactionis xxᵗⁱ et octo li. terræ et redditus prædictorum imperpetuum, statuto prædicto non obstante ; nolentes quod hæredes prædictorum Thomæ et Willelmi, aut præfati Abbas et Conventus vel successores sui ratione præmissorum seu statuti prædicti per nos vel hæredes nostros inde occasionentur, molestentur in aliquo, seu graventur ; salvis tamen capitalibus dominis feodi illius servitiis inde debitis et consuetis. In cujus rei testimonium, has literas nostras fieri fecimus patentes. Teste meipso apud Westmonasterium, quarto decimo die Decembris, anno regni nostri Angliæ vicesimo sexto, regni vero nostri Franciæ tertio decimo

f. 27v.

LXXII.

(INSPEXIMUS EDWARDI III).

A.D. 1353, Dec. 1.

Edwardus, Dei gratia Rex Angliæ et Franciæ, et Dominus Hiberniæ, omnibus ad quos præsentes literæ pervenerint, salutem. Inspeximus tenorem recordi et processus nobis in cancellaria nostra per thesaurarium et barones de scaccario nostro missum in hæc verba :—

Tenor recordi et processus habiti coram baronibus de scaccario de termino Sanctæ Trinitatis, Anno xxviiⁱᵒ Regis Edwardi tertii a conquæstu. Ebor.

Dominus Rex mandavit hic breve suum de magno sigillo suo quod est inter communia de hoc anno in hæc verba :—

Brief under great seal, June 27, 1353.

Edwardus Dei gratia Rex Angliæ et Franciæ et Dominus Hiberniæ, thesaurario et baronibus suis de scaccario, salutem. Cum inter certas libertates ecclesiæ Sancti Germani de Selby et monachis in illa Deo servientibus per cartas progenitorum

¹ Underdotted in MS.

nostrorum quondam Regum Angliæ quas confirmavimus
concessas, concessimus sic eisdem, quod ipsi terras et
tenementa sua in Stanford cum pertinentiis in comitatu
Northamt., et Acastre cum pertinentiis in comitatu Ebor.,
ac omnia alia tenementa sua ac tenuras eorum teneant
bene et in pace, libere et quiete et integre, et plenarie
et honorifice, in bosco et plano, in pratis et pascuis, in aquis
et mariscis, in piscariis, in toftis et croftis, in viis et semitis,
in omnibus locis, tam in burgo quam extra burgum, in geldis
et Denegeldis, in auxiliis vicecomitum et omnibus aliis, et cum
omnibus libertatibus et liberis consuetudinibus, in perpetuam
elemosinam, solutam et quietam de omni seculari actione et
servitio et consuetudine, et in omnibus rebus liberam, prout
decet elemosinam regiam, et propriam Abbatiam ipsi progenitores
nostri recepissent in eorum propria manu, custodia, et
protectione, sicut unam de propriis elemosinis regiis, Abbatiam
Sancti Germani de Seleby cum omnibus pertinentiis suis, ac
celebris memoriæ dominus Edwardus nuper Rex Angliæ pater
noster cartas illas per cartam suam confirmaverit, et concesserit
pro se et hæredibus suis tunc Abbati et Conventui loci prædicti,
quod licet ipsi vel prædecessores sui aliqua vel aliquibus
libertatum in dictis cartis contentarum plene usi non fuissent,
iidem tamen Abbas et Conventus et successores sui libertatibus
illis et earum qualibet sine impedimento ipsius, nostri, vel
hæredum suorum, justitiariorum, escaetorum, vicecomitum, aut
aliorum ballivorum seu ministrorum suorum quorumcunque
extunc plene gauderent et uterentur, prout in cartis et confirmationibus prædictis, quas inspeximus, plenius continetur ; et jam,
ex parte dilecti nobis in Christo nunc Abbatis loci prædicti,
nobis est conquerendo monstratum, quod licet ipse sic de jure
teneat, dictique prædecessores sui Abbates loci prædicti a
tempore confectionis cartarum dictarum progenitorum nostrorum
similiter tenuissent Abbatiam prædictam, et terras et tenementa
sua in Stanford et Doune in dicto Comitatu Northamt., et
Stormesworth in Comitatu Leycestr., quæ loca de Doune et
Stormesworth sunt parcellæ de Stanford, ut dicitur ; necnon
terras et tenementa in Acastre in dicto Comitatu Ebor., et
alias terras et tenementa ad eandem Abbatiam pertinentia, in
liberam, puram, et perpetuam elemosinam, de jure quieta de
auxiliis ad primogenitos filios eorundem progenitorum
nostrorum milites faciendos, et ad primogenitas filias
suas maritandas concessis, vos nihilominus, pro eo quod in
rotulis scaccarii prædicti compertum existit quod nuper vicecomites Ebor. se super compotis suis diversis annis

f. 28. redditus de diversis pecuniarum summis pro hujusmodi auxiliis erga dictos progenitores nostros minus provide contra formam cartarum prædictarum onerarunt, videlicet de centum solidis pro Abbate de Seleby de auxilio domino Henrico quondam Regi Angliæ proavo nostro ad primogenitam filiam suam maritandam, anno regni sui vicesimo nono concesso, sacco assesso ad viginti solidos, et de duobus' solidis et octo denariis pro eodem Abbate de auxilio domino Edwardo quondam Regi Angliæ avo nostro ad primogenitam filiam suam maritandam anno regni sui decimo octavo concesso pro una carucata terræ in Acastre Selby, ipsum nunc Abbatem pro diversis pecuniæ summis nobis solvendis, tam in dictis comitatibus Northamt. et Leyc. quam in dicto comitatu Ebor., videlicet quatuor libris pro duobus feodis in Stanford et Doune in dicto comitatu Northamt., tresdecim solidis et quatuor denariis pro tertia parte unius feodi in Stormesworth in dicto comitatu Leyc., et pro octo solidis pro quinta parte unius feodi in Acastre in dicto comitatu Ebor. de auxilio nobis ad primogenitum filium nostrum militem faciendum nuper concesso, per summonitionem scaccarii prædicti graviter distringi et ipsum ea occasione multipliciter inquietari facitis, in ipsius nunc Abbatis dampnum non modicum et gravamen, et contra tenorem cartarum et confirmationum prædictarum, super quo sibi per nos remedium adhiberi; nos, nolentes prædictum nunc Abbatem indebite onerari, vobis mandamus quod, scrutatis rotulis et memorandis scaccari prædicti, si per inspectionem eorundem vobis constare poterit prædecessores prædicti nunc Abbatis de hujusmodi auxiliis a tempore confectionis cartarum prædictarum usque dictos xxix^m, et decimum octavum annos quietos fuisse, visisque cartis et confirmationibus prædictis, si per inspectionem earundem vel per inquisitionem inde si necesse fuerit faciendam, aut alio modo legitimo vobis constare poterit prædecessores prædicti nunc Abbatis terras et tenementa sua prædicta in perpetuam elemosinam de hujusmodi auxilio solutam et quietam tenuisse, et Doune et Stormesworth, parcellas de Stanford existere, ut prædictum est, dictumque nunc Abbatem de dicto auxilio nobis sic concesso pro terris et tenementis suis in comitatibus prædictis de jure onerari non debere, [tunc?], exactioni quam eidem nunc Abbati pro summis prædictis de auxilio nobis præstando pro eisdem terris et tenementis in Stanford, Doune, Stormesworth, et Acastre factæ supersederi, et ipsum inde ad idem scaccarium exonerari, et quietum esse faciatis, eo non obstante quod dicti vicecomites de summis

¹ Written like "tunc" with a redundant n or u.

prædictis a prædecessoribus dicti nunc Abbatis pro auxiliis
prædictis proavo et avo nostris concessis, exactis ad idem
scaccarium nostrum minus provide, ut præmittitur, onerati
extiterunt. Teste meipso apud Westmonasterium, xxvii° die
Junii, anno regni nostri Angliæ vicesimo septimo, regni vero
Franciæ quarto decimo.

Et modo in octabis Sancti Johannis Baptistæ hoc termino
venit hic prædictus Abbas per Henricum de Caue, commonachum et attornatum suum, et petit sibi fieri quod, etc.,
secundum tenorem brevis prædicti. Et de tenentia sua de dictis
terris et tenementis suis in Stanford, Doune, Stormesworth, et
Acastre, in forma superius suggesta in brevi, ostendit quandam
cartam Regis nunc de confirmatione quarundam cartarum
diversorum progenitorum suorum, de quibus fit mentio in
eodem brevi, cujus carta de confirmatione data est apud
Eboracum quinto die Martii, anno regni sui secundo, et quæ
irrotulatur alibi in hiis memorandis inter recorda de hoc termino,
in qua quidam carta de confirmatione annotatur tenor cujusdem
cartæ Regis Ricardi, cujus data est apud Westmonasterium xi
die Novembris, anno regni sui primo, per quam ipse Rex
Ricardus inter alia in eadem carta sua contenta confirmavit
ecclesiæ Sancti Germani de Selby, et monachis in ea Deo
servientibus, quicquid fundator ejusdem ecclesiæ Rex Willelmus,
proavus ipsius Regis Ricardi, in elemosinam illis dedit, et
Rex Henricus, pater ipsius Regis Ricardi carta sua illis
confirmavit, scilicet manerium de Selby, et Stanford cum
pertinentiis suis, et Acastram cum pertinentiis suis, et alia
quamplura terra et tenementa inibi specificata, tenenda
in perpetuam elemosinam, solutam et quietam de omni seculari
exactione, servitio, et consuetudine, et de hundredis et

wappentachiis sequendis, et de auxiliis vicecomitum dandis,
et in omnibus rebus esse liberam, prout decet elemosinam
regiam et propriam Abbatiam Regis ; annotatur etiam in eadem
carta de confirmatione tenor cujusdam cartæ Regis Johannis,
cujus data est apud Eboracum xxvi° die Februarii, anno regni
sui quinto, per quam dominus Rex Johannes recepit in manu
sua propria, custodia, et protectione, sicut unam de propriis
elemosinis suis, Abbatiam Sancti Germani de Selby cum
pertinentiis suis, volens et præcipiens quod eadem Abbatia de
Selby et monachi in ea Deo servientes omnia tenementa sua
teneant bene et in pace, libere et quiete et integre, et plenarie
et honorifice, in bosco et in plano, in pratis et pascuis, in aquis
et mariscis et piscariis, in toftis et croftis, in viis et semitis,
et in omnibus locis tam in burgo quam extra burgum, libera

et quieta de geldo et Danegeldo et auxiliis vicecomitum et de franco plegio. Annotatur similiter in eadem carta de confirmatione tenor cujusdam cartæ Regis Edwardi, patris Regis nunc, cujus data est apud Eboracum quarto die Februarii, anno regni sui duodecimo, per quam idem Rex pater confirmavit donationes, concessiones et confirmationes prædictas, pro se et hæredibus suis, præfatis Abbati et Conventui, et eorum successoribus imperpetuum, et per quam idem Rex concessit et confirmavit, pro se et hæredibus suis, eisdem Abbati et Conventui, quod licet ipse vel prædecessores sui aliqua vel aliquibus libertatum in dictis cartis contentarum antea usi non fuissent, iidem tamen Abbas et Conventus et successores sui libertatibus illis et earum qualibet ex tunc plene gauderent et uterentur, sine impedimento ipsius Regis patris vel hæredum suorum, justitiariorum, escaetorum, vicecomitum, aut aliorum ballivorum seu ministrorum suorum quorumcunque, quas quidem cartas regum Ricardi et Johannis, una cum quibusdam aliis cartis dominus Rex nunc per dictam cartam suam confirmavit, sicut cartæ prædictæ rationabiliter testantur. Et, facto scrutinio rotulorum super superius suggestis in brevi, compertum est in magno rotulo de anno xxiiii° regis hujus, quod subscriptæ pecuniarum summæ de auxilio eidem Regi nunc ad primogenitum filium suum militem faciendum concesso exiguntur de Abbate de Selby, videlicet in Northamtonia iiij libræ pro duobus feodis in Stanford et Doune, item in Warr. (et) Leyc. xxxiiiˢ iiijᵈ pro dimidio feòdi et tertia parte unius feodi militis in Quenyngburgh et Stormesworth, de quibus xxxiiiˢ iiijᵈ sic ibidem exactis, xxˢ sunt pro dicto feodo in Quenyngburgh, unde dictus Abbas se non queritur ad præsens, et residuum xiiiˢ iiijᵈ sunt de tertia parte unius feodi militis in Stormesworth, sicut continetur in rotulo de particulis compotorum domini Philipi de Folevill militis et sociorum suorum, collectorum ejusdem auxilii in comitatu Leycestriæ in thesaurario existentium, in quibus annotatur quod Stormesworth est parcella manerii de Stanford, de quibus xiiiˢ iiijᵈ dictus Abbas queritur, etc. ; et in Eboracscira viiiˢ pro quinta parte unius feodi in Acastre. Et, facto ulterius scrutinio rotulorum si videlicet Abbas loci prædicti solverit seu contribuerit temporibus progenitorum regis nunc ad hujusmodi auxilia pro filiis regum primogenitis militibus faciendis, seu filiabus suis maritandis, seu inde oneratus fuit ante dictum annum xxixᵐ Regis Henrici, non est compertum penes scaccarium quicquam de hujusmodi solutione, contributione, seu exactione[1] ante eundem annum

[1] Altered to this apparently ; in the margin is written "exoneracione."

xxix^m, neque tempore sequenti, præterquam de prædictis octo solidis dudum exactis de Abbate de Selby de auxilio dicto proavo Regis nunc supra dicto anno xxix^vo, ad primogenitam filiam suam maritandam concesso, unde vicecomes tunc Eboracensis oneratus fuit, sicut continetur in Rotulo xxx^mo ejusdem regis proavi regis nunc, nulla facta mentione ibidem seu alibi in scaccario pro quibus terris seu tenementis, etc. Et præter ij^s viii^d nuper exactis de Abbate loci prædicti de consimili auxilio dicto avo regis nunc prædicto anno xviii° concesso pro una carucata terræ in Acastre Selby, unde tunc vicecomes Eboracensis oneratus fuit, sicut continetur in rotulo x^mo Regis Edwardi, patris Regis nunc, quæ quidem onera vicecomitum, ut patet per breve 'supradictum, cedere non debent in onus dicti Abbatis exemplariter sive dampnum. Et quia, viso processu prædicto, invenitur quod Stormesworth est parcella manerii de Stanford, set de Doune nichil est compertum per quod liquere poterit curiæ quod sit parcella ejusdem manerii ut superius suggeritur in brevi, dictum est præfato Abbati quod informet curiæ super suggestione sua inde et aliorum præmissorum, qui dicit se paratum esse verificare qualitercunque curiæ, etc., quod

f. 29. Doune est, et semper fuit parcella ejusdem manerii, asserens ulterius quod omnia terra et tenementa prædicta in dictis locis de Stanford, Doune, Stormesworth, et Acastre, pro quibus ut præmittitur oneratur de auxilio Regi nunc concesso, fuerunt in possessione domus suæ prædictæ tempore confectionis cartæ dicti Regis Ricardi, videlicet supradicto xi^mo die Novembris, et quod Abbates loci prædicti ab eodem die hucusque possessionem suam in forma supradicta et juxta vim et effectum ejusdem cartæ et aliarum cartarum prædictarum absque interruptione continuarunt, et quod ipse Abbas nunc seu aliquis prædecessorum suorum ab eodem xi^mo die Novembris hucusque non tenuit, habuit, seu aliqualiter acquisivit domui suæ prædictæ in locis prædictis seu aliquo eorundem, aliqua terras seu tenementa, alia quam ea quæ dicto xi^mo die Novembris sic fuerunt in possessione domus suæ prædictæ; et hoc similiter prætendit

Hugo de Appleby to take three inquisitions by Oct. 6, for which letters patent are issued July 5. verificare prout curia, etc. Ideo concordatum est quod inquiratur inde, et quod Hugo de Appleby, rememorator hujus scaccarii, assignetur ad inquisitiones illas capiendas, etc., ita quod eas habeat in octabis Sancti Michaelis, etc., et fiunt ei inde literæ patentes quinto die Julii, hoc termino. Et præceptum est vicecomitibus Northamt., Leyc. et Ebor. singillatim, quod ad certos dies et loca quos idem Hugo, etc., venire facere coram eodem Hugone tot et tales, tam milites, etc., quam alios probos, etc., quorum quilibet, etc., per quos, etc., et qui nec, etc., ad recognoscendum, etc. Et datus est dies præfato Abbati hic ad dictas octabas ad audiendum et recipiendum super præmissis quod, etc. Et concessum est præfato Abbati quod interim habeat respectum, etc. Ad quem diem idem Abbas venit, et prædictus Hugo liberavit hic tres inquisitiones coram eo super præmissis captas, unam videlicet apud Lilleburne in comitatu Northamtoniæ, die Mercurii in vigilia Sancti Jacobi Apostoli hoc anno xxvii°, in præsentia ipsius Abbatis ibidem comparentis per Henricum de Caue commonachum et attornatam suum, per sacramentum Johannis Louet, Willelmi de Oxton, Ricardi Terry, Thomæ de la Huse junioris, Petri de Pydyngton, Willelmi Cundewyn, Johannis Botiller, Johannis Gerrard, Willelmi Baylly, Willelmi Gregory, Willelmi Terry, et Ricardi Goderich, qui jurati dicunt super sacramentum suum quod Doune est parcella manerii de Stanford, et fuit parcella ejusdem xi^{mo} die Novembris anno primo regni regis Ricardi, et diu antea fuit. Dicunt etiam iidem jurati, quod omnia terra et tenementa prædicti Abbatis in Stanford et Doune, pro quibus idem Abbas oneratur de auxilio Regi ad primogenitum filium suum militem faciendum concessa[1] fuerunt in possessione domus de Selby xi^{mo} die Novembris supradicto, et quod Abbas nunc ejusdem domus et prædecessores sui Abbates ibidem ab eodem xi^{mo} die Novembris hucusque possessionem suam inde sine interruptione continuarunt, et ea tenuerunt secundum tenores cartæ dicti Regis Ricardi et aliarum cartarum progenitorum Regis nunc eis factarum de prædictis terris et tenementis. Et dicunt dicti jurati quod nec Abbas de Selby qui nunc est, nec aliquis prædecessorum suorum a prædicto xi^{mo} die Novembris hucusque tenuit, habuit, seu dictæ domui suæ perquisivit in Stanford et Doune, seu eorum altero, aliqua terras seu tenementa, alia quam ea quæ eodem xi^{mo} die Novembris fuerunt in possessione dictæ domus de Selby. Et aliam inquisitionem apud Leycestriam, die Jovis in festo Sancti Jacobi Apostoli hoc anno in præsentia dicti Abbatis de Selby ibidem comparentis per dictum attornatum suum per sacramentum Rogeri de Kylby, Johannis de Boudon de Swynford, Johannis Rose de eadem, Thomæ Beaumys de eadem, Ricardi de Walcote, Galfridi le Bayllyf de eadem, Willelmi Husthou de Cotesbech, Willelmi Dekyn de Pulteney, Willelmi Lewyn de Thorp, Nicholai Steyn de Gosseby, Stephani Fre de Bytnesdell, et Willelmi Daukyn de Petelyngt(?) qui jurati dicunt super sacramentum suum quod Stormesworth est membrum et parcella manerii de Stanford in comitatu Northamtoniæ, et fuit parcella

The Abbot appears Oct. 6, and Hugh delivers the three inquisitions, viz., one taken July 24, at Lilleburne,

Another July 25, at Leicester,

[1] MS., concesso.

ejusdem xi^{mo} die Novembris anno primo regni Regis Ricardi, et diu antea. Dicunt etiam quod omnia terra et tenementa prædicti Abbatis in Stormesworth, pro quibus ipse oneratur de auxilio Regi ad primogenitum filium suum militem faciendum, concessa[1] fuerunt in possessione dictæ domus de Selby dicto xi^{mo} die Novembris ; et quod Abbas loci prædicti et prædecessores sui Abbates ibidem ab eodem xi^{mo} die Novembris hucusque possessionem suam de terris et tenementis suis in Stormesworth sine interruptione continuarunt, et ea tenuerunt secundum tenores cartæ dicti Regis Ricardi et quarundam aliarum cartarum progenitorum Regis eis inde factarum. Et dicunt dicti jurati quod nec prædictus Abbas nunc nec aliquis prædecessorum suorum a prædicto xi^{mo} die Novembris hucusque tenuit, habuit, seu aliqualiter perquisivit dictæ domui de Selby, aliqua terras seu tenementa in Stormesworth, alia quam ea quæ dicto xi^{mo} die Novembris fuerunt in possessione domus suæ prædictæ. Et tertiam inquisitionem apud Eboracum die Mercurii prox. post festum Sancti Petri ad vincula hoc anno in præsentia dicti Abbatis de Selby ibidem comparentis per Willelmum de Vsflet attornatum suum, per sacramentum Johannis de Fenton, Roberti de Berlay, Roberti de Ryuill, Johannis de Newland, Johannis de Okelesthorp, Thomæ Jerom, Johannis de Helperby, Johannis de Cawode, Rogeri Walker, Henrici de Stokbrig, Johannis filii Willelmi de Rosteholm, et Ricardi de Newhagh. Et in jure dicunt super sacramentum suum quod villa de Acastre, quæ est Abbatis de Selby, fuit in possessione Abbatis de Selby anno regni Regis Ricardi progenitoris Regis hujus primo, et quod quidam Osbertus vicecomes diu ante, tempore videlicet Willelmi dudum Regis Angliæ, proavi ipsius Regis Ricardi, dedit tunc Abbati et monachis de Selby, illam Acastriam cum pertinentiis suis, et idem Rex Willelmus et alii reges Angliæ quamplures eiạdem Abbati et monachis eandem villam per cartas suas confirmaverunt, in liberam et perpetuam elemosinam, solutam et quietam de omni seculari exactione, servitio, et consuetudine. Dicunt etiam iidem jurati, quod prædictus Abbas nunc et prædecessores sui possessionem suam de dicta villa de Acastre a dicto xi^{mo} die Novembris hucusque absque interruptione continuarunt et eam tenuerunt, juxta vim et effectum cartæ dicti Regis Ricardi, præter quinque acras bosci cum pertinentiis in Acastre Selby, quas quidam Simon de Scardburgh, quondam Abbas loci prædicti, anno octavo Regis Edwardi patris Regis nunc, perquisivit in dominico de Thoma de Acastre, qui eas

And a third August 7, at York.

f. 29v.

MS., concesso.

tenuit per certa servitia de eodem Abbate ut parcellam ejusdem villæ, et quæ quinque acræ bosci valent per annum ij^s vj^d, et præter unum messuagium, xxii acr. terræ, iij acr. prati et dimid., cum pertinentiis in eadem villa, quas dictus Simon, anno ix° dicti Regis patris, perquisivit in dominico de Thoma Ketil de Acastre, qui eas tenuit de Abbate loci prædicti per servitium xii denariorum per annum, et sectam curiæ suæ de Acastre de tribus septimanis in tres septimanas, quæ quidem messuagium, terra, et pratum valent per annum xx^s, et unde dictus Simon habuit cartas ipsius regis patris de licentia. Et dicunt similiter iidem jurati, quod nec prædictus Abbas nunc, nec aliquis prædecessorum suorum, aliqua terras seu tenementa in dicta villa de Acastre alia quam boscum, messuagium, terram, et pratum supradicta, post dictum xi^m diem Novembris perquisivit. Requisiti iidem jurati si boscus, messuagium, terra, et pratum supradicta per feodum militis vel partem feodi aliquo tempore tenebantur necne, dicunt quod non.

These three inquisitions returned to the exchequer the following year.   Quæ quidem tres inquisitiones sunt inter inquisitiones retornatas ad scaccarium anno xxviij° Regis hujus.

The award of the Court.   Et, habita deliberatione per barones super præmissis, consideratum est quod dictus Abbas de prædictis iiij libris pro duobus feodis in Stanford et Doune in dicto comitatu Northamtoniæ, ac etiam de prædictis xiii^s iiij^d pro tertia parte unius feodi militis in Stormesworth in dicto comitatu Leycestriæ, ab eo exactis de auxilio prædicto, exoneretur et quietus existat, prætextu brevis, scrutinii, et inquisitionum prædictorum. Set quoad prædictos viii solidos de prædicto auxilio in Acastre, quia in inquisitione inde supradicta invenitur quod prædictus Simon de Scardburgh, quondam Abbas de Selby, anno octavo Regis Edwardi, patris Regis hujus, perquisivit in dominico quinque acras bosci cum pertinentiis ibidem de Thoma de Acastre, qui eas tenuit per certa servitia de eodem Abbate ut parcella ejusdem villæ, et nulla fit mentio in eadem inquisitione per quæ servitia dictus Thomas prædictas quinque acras bosci tenuit, nec etiam fit mentio in eadem inquisitione si prædictus Thomas Ketel, de quo prædictus Simon Abbas perquisivit in dominico anno ix° dicti Regis Edwardi patris dicta messuagium, xxii acras terræ, tres acras prati et dimidiam in villa de Acastre, et qui ea tenuit per servitium xii denariorum per annum et sectam curiæ dicti Abbatis de Acastre, de tribus septimanis in tres septimanas

eadem tenementa tenuit de Abbate loci prædicti per servitia illa
in socagio necne, et similiter in eadem inquisitione invenitur quod
dictus Simon Abbas habuit cartas dicti Regis patris de licentia
perquirendi boscum, messuagium, terram, et pratum supradicta,
nec constat curiæ de hujusmodi licentia, etc.   Visum est curiæ
expediens esse pro rege quod inquiratur de servitiis prædictis
ante quam ulterius, etc.   Ideo fiat inde inquisitio.   Et concordatum est quod mandetur escaetori regis in comitatu Ebor. quod
diligenter inquirat per quæ servitia dictæ quinque acræ bosci
tenebantur de præfato Abbate ante adquisitionem prædictam, et
si eædem quinque acræ bosci et etiam dicta messuagium, xxii
acræ terræ, et tres acræ prati et dimidia, tenebantur de dicto
Abbate in socagio necne, et similiter quod hujusmodi boscum et
alia terras et tenementa prædicta capiat in manu regis, nisi
prædictus Abbas coram eo veraciter poterit edocere de licentia
prædicta, etc.   Et mandatum est ei, etc., xv° die Octobris, ita
quod inquisitionem illam habeat hic ac etiam de toto facto suo
constare faciat baronibus hic a die Sancti Martini in xv dies.   Et
nichilominus pro majore securitate Regis, etc., idem dies datus
est præfato Abbati ad ostendendas cartas suas de hujusmodi
licentia si quas, etc.   Et ad recipiendum inde quod curiæ, etc.
Ad quem diem dictus Abbas venit et escaetor domini Regis in
comitatu prædicto, videlicet Milo de Stapelton de Hathelsay,
retornans breve sibi super præmissis dirrectum, una cum quadam
inquisitione coram eo capta, eidem brevi consuta, cujus quidem
inquisitionis tenor talis est.

Inquisitio capta apud Selby coram Milone de Stapelton de
Hathelsay, escaetore domini Regis in com. Ebor. die Lunæ
prox. post festum Omnium Sanctorum, anno Regis Edwardi
tertii post Conquæstum Angliæ vicesimo septimo, secundum
tenorem brevis domini Regis huic inquisitioni attachiati, per
sacramentum Johannis de Fenton, Roberti Ryuill, Johannis de
Okelesthorp, Roberti de Berley, Gilberti de Schirburne, Henrici
de Stockbrig, Johannis Lovet de Fenton, Ricardi le Clerk de
Bretton, Thomæ atte Wode de Birne, Roberti filii Margeriæ de
Rithire, Petri de Preston, et Johannis de Berley, juratorum, qui
dicunt super sacramentum suum quod Thomas de Acastre illas
quinque acras bosci in Acastre Seleby, in brevi contentas huic
inquisitioni attachiato, antequam Simon de Scardeburgh,
quondam Abbas de Seleby, eas perquisivit de eodem Thoma de
Acastre in feodo, sibi et domui suæ, easdem quinque acras
tenuit de Abbate loci prædicti in socagium, videlicet per
fidelitatem et per servitium v^d per annum ad terminos Sancti
Martini et Pentecostes per æquales portiones pro omni servitio,

ut parcellam villæ de Acastre. Et dicunt quod Thomas Ketel unum messuagium, viginti duas acras terræ, tres acras prati et dimidiam in eadem villa de Acastre in dicto brevi contenta, antequam præfatus Simon Abbas tenementa illa perquisivit de eodem Thoma Ketel in feodo sibi et domui suæ prædictæ, tenementa illa tenuit de Abbate loci prædicti in socagium, videlicet per fidelitatem et per servitium xvi^d per annum ad terminos prædictos per æquales portiones et per suam faciendam sectam ad curiam ipsius Abbatis de Acastre Selby, de tribus septimanis in tres septimanas, pro omni servitio, ut parcellam dictæ villæ de Acastre. Item dicunt quod prædictus Simon, quondam Abbas, prædictas quinque acras bosci perquisivit in feodo de prædicto Thoma de Acastre per cartam licentiæ domini Edwardi, nuper Regis Angliæ, patris regis nunc sub data xxv^o die Januarii anno regni sui octavo. Et dicunt quod idem Simon, quondam Abbas, prædicta messuagium, terram, et pratum, cum pertinentiis, perquisivit in feodo de prædicto Thoma Ketel per cartam licentiæ dicti domini Edwardi nuper Regis Angliæ, patris Regis nunc, sub data primo die Octobris, anno regni sui nono, quas quidem duas cartas de licentia Abbatis de Selby qui nunc est coram prædicto escaetore et præfatis juratis super captione hujus inquisitionis ostendebat manifeste. In cujus rei testimonium prædicti jurati huic inquisitioni sigilla sua apposuerunt. Et super hoc idem Abbas per dictum attornatum suum ostendit hic duas cartas regias de licentia, etc., quarum unius quoad boscum prædictum tenor sequitur in hæc verba : Edwardus, etc. (see above, No. xli).

Et tenor alterius cartæ quoad messuagium, terram et pratum supradicta sequitur in hæc verba : Edwardus, etc. (see above, No. xlii), anno regni nostri nono.

Ideo consideratum est quod prædictus Abbas de prædictis viii solidis pro quinta parte unius feodi militis in Acastre in dicto Com. Ebor. ab eo exactis de auxilio prædicto exoneretur et quietus existat, prætextu brevis scrutinii inquisitionum et cartarum supradictarum.

Nos autem tenorem recordi et processus prædictorum ad requisitionem prædicti nunc Abbatis duximus exemplificandum.

In cujus rei testimonium has literas nostras fieri fecimus patentes. Teste meipso apud Westmonasterium, primo die Decembris, anno regni nostri Angliæ vicesimo septimo, regni vero nostri Franciæ quarto decimo.

The Abbot produces two charters of Edw. II, one dated Jan. 25, 1315, and the other Oct. 1, 1315. Further award. f. 30v.

Dec. 1, 1353.

LXXIII.

(INSPEXIMUS EDWARDI III).

A.D.
1332,
Dec. 29.

Edwardus, Dei gratia Rex Angliæ, Dominus Hiberniæ, Dux Aquitaniæ, omnibus ad quos præsentes literæ pervenerint, salutem. Inspeximus recordum et processum loquelæ quæ fuit coram Hugone de Cressyngham et sociis dudum Justitiariis domini Edwardi, quondam Regis Angliæ, avi nostri, itinerantibus in Comitatu Ebor., inter ipsium avum nostrum et Johannem de Warenna, tunc Comitem Surreiæ, et quosdam alios quæ coram nobis in cancellaria nostra sub sigillo scaccarii nostri venire fecimus in hæc verba :—

Assize
case,
A.D.
1293.

Placita de juratis et assisis coram Hugone de Cressyngham, Willelmo de Ormesby, Johanne Wogan, Magistro Johanne Lovel, et Willelmo de Mortuo mari, Justitiariis domini Regis itinerantibus apud Eboracum, a die Sanctæ Trinitatie in xv dies, anno regni Regis Edwardi filii Regis Henrici vicesimo primo. Ebor.

Johannes de Warenna Comes Surreiæ, Petrus de Lund, Ricardus ballivus de Thorn, et Thomas filius Margaretæ, attachiati fuerunt ad respondendum domino Regi de placito quare ipsi, simul cum Willelmo filio Matill', Johanne de Dewesbiry, Rogero del Wyk, Galfrido Hyne, Eustachio de Thorne, et Johanne le Bryder, ceperunt averia Abbathiæ de Selby, quæ est in custodia ipsius domini Regis sede vacante, videlicet decem boves, decem vaccas, duodecim bovettos, et duodecim juvencas, die Veneris prox. ante festum Sancti Dunstani, anno regni ipsius domini Regis vicesimo secundo, infra summonitionem istius itineris, in pastura prædictæ Abbatiæ, inter Heynes et Crull, et ea injuste detinuerunt per decem dies, unde quatuor fame interierunt, quousque deliberata fuerunt per præceptum Justitiariorum in contemptum domini Regis centum librarum ; et etiam, quare ipsi Comes, Petrus, Ricardus, et Thomas, simul cum aliis, venerunt die Lunæ prox. ante Ascensionem Domini anno supradicto in loco prædicto, et Robertum in Venella fodientem turbas suas in custodia et protectione domini Regis verberaverunt et male tractaverunt, et turbas suas amputaverunt, et ipsum cum turbis suis in fossatum jactaverunt, in contemptum domini Regis, etc. Et Rogerus

f. 31.

de Hexham, qui sequitur pro domino Rege hoc paratus est verificare pro domino Rege, etc. Et Comes et alii per attornatum ipsius Comitis veniunt. Et defendunt vim et injuriam quæ, etc. Et Comes, Petrus, et Ricardus dicunt quod ipsi averia prædicta non ceperunt, [nec] aliquid de captione eorundem sciverunt, nec aliquam aliam trangressionem domino Regi inde fecerunt. Et de hoc ponunt se super patriam. Et Thomas dicit quod ipse habet communiam pasturæ in prædicto loco, et ipse invenit averia diversorum hominum communantia in prædicta pastura qui communiam non habent in eadem, propter quod ipse cepit averia illa sicut ei bene licuit, etc., set bene defendit quod nulla averia domini Regis ibi cepit, etc. Et de hoc ponit se super patriam. Ideo inquiratur, etc. Jurati dicunt super sacramentum suum quod omnes Abbates de Selby semper hucusque habere consueverunt omnia animalia sua in prædicta pastura, et similiter aliena averia agistare in eadem pro voluntate sua, et sic cousueverunt Reges Angliæ tempore vacationis, etc. Et dicunt quod prædictis die et anno habuit dictus rex in prædicta pastura plura animalia de prædicta Abbatia in custodia sua existentia, et etiam fuerunt aliena averia in eadem pastura per escaëtorem domini Regis agistata. Et dicunt quod prædicti Ricardus et Thomas ceperunt averia illa injuste et ea detinuerunt quousque deliberatæ fuerunt per præceptum justitiariorum hic ; set prædictus comes nihil inde scivit, nec ea averia capere fecit nec detinere, set dicunt quod prædictus Petrus præcepit capere averia quorumcunque extraneorum agistata, set non averia domini Regis nec averia in custodia sua existentia, et dicunt quod prædictus Thomas nullam communiam habet in prædicta pastura. Et dicunt quod ipsi non sciunt de aliquibus averiis mortuis per hujusmodi imparcamentum, etc. Dicunt etiam quod ipsi non verberaverunt prædictum Robertum in Venella, etc., set dicunt quod prædictas turbas fregerunt et rejecerunt in fossatis, etc. Et jurati quæsiti si prædicti Petrus, Ricardus et Thomas sciverunt prædicta averia esse in custodia domini Regis ratione prædictæ Abbatiæ in manu sua existentis, etc., dicunt quod sic, etc. Et ideo consideratum est quod prædicti Ricardus et Thomas committantur gaolæ, et Petrus in misericordia, etc. Et Comes inde sine die, etc. Et Willelmus et alii attachientur per corpora, etc. Nos autem tenorem recordi et processus prædictorum ad requisitionem dilecti nobis in Christo nunc Abbatis dicti loci de Seleby duximus testificandum. In cujus rei testimonium has literas nostras fieri fecimus patentes. Teste meipso apud Beverlacum, xxixº die Decembris, anno regni nostri sexto.

LXXIV.

(CARTA EDWARDI III).

A.D.
1361,
Feb. 16.

Edwàrdus, Dei gratia Rex Angliæ, Dominus Hiberniæ, et Aquitaniæ, omnibus ad quos præsentes literæ pervenerint, salutem. Sciatis quod de gratia nostra speciali concessimus et licentiam dedimus pro nobis et hæredibus nostris, quantum in nobis est, dilectis nobis in Christo Abbati et Conventui de Selby, quod ipsi ecclesiam de Stanford in comitatu Northamtoniæ, quæ est de advocatione sua propria et de nobis tenetur in capite ut dicitur, appropriare, et ecclesiam illam sic appropriatam in proprios usus tenere, sibi et successoribus suis imperpetuum, sine occasione vel impedimento nostri vel hæredum nostrorum, justitiariorum, escaetorum, vicecomitum, aut aliorum ballivorum seu ministrorum nostrorum quorumcunque, statuto de terris et tenementis ad manum mortuam non ponendis edito, seu eo quod advocatio prædicta de nobis tenetur in capite sicut prædictum est, non obstantibus. In cujus rei testimonium has literas nostras fieri fecimus patentes. Teste meipso apud Westmonasterium, sexto decimo die Februarii, anno regni nostri tricesimo quinto.

Per breve de privato sigillo.

LXXV.

(CARTA EDWARDI II).

Edwardus, etc. (A repetition of No. xlv). De gurgite de Seleby faciendo, but with "latitudinis" here for "longitudinis" above. In a later hand, this note follows :—Et quod habeant captionem omnium piscium in omnibus aquis suis, exceptis hiis quæ ad nos pertinent de piscibus regalibus.

LXXVI.

(CARTA EDWARDI II).

f. 31v. Edwardus, etc. (as above, No. xxxiv).

LXXVII.

(INSPEXIMUS EDWARDI III).

Edwardus, Dei gratia Rex Angliæ, Dominus Hiberniæ et Aquitaniæ, omnibus ad quos præsentes literæ pervenerint, salutem. Inspeximus tenorem recordi et processus assisæ novæ disseisinæ nobis in cancellariam nostram per dilectum et fidelem nostrum Johannem Moubray de mandato nostro missum in hæc verba :—

Assize case, June 27, 1366. Placita assisarum apud Eboracum coram Johanne Moubray et Rogero de Foulthorp, Justitiariis domini Regis ad assisas in Comitatu Eboraci capiendas assignatis, die Lunæ prox. post festum Sancti Jacobi Apostoli, anno regni Regis Edwardi tertii a conquæstu quadragesimo.   Ebor.

Assisa venit recognoscere si Galfridus Abbas de Seleby injuste, etc., disseisivit Willelmum Bene de Garlethorp de libero tenemento suo in Estoft post primam, etc. ; et unde idem Willelmus per Thomam de Thwayt attornatum suum queritur quod disseisivit eum de uno messuagio et quatuor acris terræ cum pertinentiis, etc. Et Abbas per Robertum de Acastre attornatum suum venit, et dicit quod prædictus Willelmus ad hoc breve suum respondere non debet, quia dicit quod ipse Willelmus est villanus ipsius Abbatis de manerio suo de Estoft, ut de jure ecclesiæ suæ Sancti Germani de Selby, et ipse Abbas de eodem Willelmo ut de villano suo seisitus est ; et hoc paratus est verificare, etc., unde petit judicium, etc. Et Willelmus dicit quod ipse liber est et liberæ conditionis, et non villanus prædicti Abbatis, in forma qua ipse superius versus eum allegavit ; et hoc petit quod inquiratur per assisam, etc. ; et prædictus Abbas similiter. Ideo capiatur inde jurata loco assisæ, etc. Recognitores ad hoc de consensu partium electi, triati, et jurati, veniunt, qui dicunt super sacramentum suum quod prædictus Willelmus est villanus prædicti Abbatis de manerio suo de Estoft supradicto, ut de jure ecclesiæ ipsius Abbatis Sancti Germani prædicti, et idem Abbas de eodem Willelmo ut de villano suo seisitus est. Ideo consideratum est quod idem Willelmus nichil capiat per breve suum set sit in misericordia pro falso clamio suo, etc. ; et prædictus Abbas eat inde sine die, etc.

Inspeximus etiam tenorem recordi et processus nobis in dictam cancellariam nostram per dilectum et fidelem nostrum Johannem de Boys de mandato nostro missum in hæc verba :—

Assize case, June 27, 1366. Placita apud Kyrketon, coram Johanne de Boys et sociis suis, Justitiariis domini Regis ad pacem de West-riddings in Comitatu Lincolniæ conservandam assignatis, die Sabbati prox. ante festum Sanctorum Petri et Pauli Apostolorum, anno regni Regis Edwardi tertii post conquæstum quadragesimo. Lincoln.

Jurati diversorum hundredorum alias præsentaverunt, etc., quod Johannes Goldale, commonachus Abbatis de Selby, Johannes Brewster del Ostery, Johannes de Estoft, Ricardus Emson de Crull, et Ricardus filius Roberti filii Willelmi de Crull, die Martis prox. ante festum Conversionis Sancti Pauli, anno xxxvij^{mo} Edwardi tertii post conquæstum, noctanter intraverunt clausum Willelmi Bene apud Garlethorp, et ibidem minaverunt dictum Willelmum et Johannam uxorem ejus de vita et membris, et Willelmum Jope de Gerlethorp ibidem cum prædicto Willelmo Bene existentem, verberaverunt, vulneraverunt, et alia enormia, etc., ad grave dampnum, etc., et contra pacem, etc. Item

præsentaverunt quod iidem Johannes Goldale, Johannes
Breuster, et Ricardus Emeson de Crull, intraverunt clausum
dicti Willelmi Bene apud Gerlethorp, die Mercurii prox. ante
festum Sancti Pauli anno supradicto, et ibidem novem capones,
f. 32. sex gallinas, et tres anates ipsius Willelmi ibidem inventas,
ceperunt et asportaverunt, etc., ad, dampnum, etc., et contra
pacem, etc. Item præsentaverunt quod Ricardus Emeson de
Crull, ex concensu et præcepto dicti Johannis Goldale, venit in
pasturam domini Edwardi de Langelay apud Çrull, et ibidem iiij
porcos et unam suem precii duarum marcarum prædicti Willelmi
Bene, inventos ibidem die Lunæ prox. post festum Sancti
Michaelis anno xxxviii° Regis Edwardi tertii post conquæstum,
et etiam sexdecim aucas precii v solidorum ibidem inventas,
cepit, abduxit, et asportavit, ad grave dampnum, etc., et contra
pacem, etc.   Item præsentaverunt quod dictus Johannes
Goldale die Jovis prox. ante festum Sancti Pauli anno xxxvii°
Regis Edwardi tertii post conquæstum, apud Gerelethorp,
noctanter, clausum dicti Willelmi Bene intravit, et ibidem unam
cistam prædicti Willelmi fregit, et diversa bona, videlicet aurum
et argentum et alia jocalia, ad valentiam decem librarum
asportavit, et clavem dictæ cistæ penes se detinuit, et adhuc
detinet, ad grave dampnum, etc., et contra pacem, etc. Post
quod præceptum fuit vicecomiti, quod venire faceret Abbatem de
Selby, et Johannem de Goldale, commonachum Abbatis,
Johannem Breuster, et alios, etc., quod essent hic ad hunc diem
ad respondendum domino Regi super præmissis, etc. Et dictus
Abbas et Johannes de Goldale, commonachus prædicti Abbatis,
per attornatum suum veniunt. Præfatus Johannes Brewster et
alii per attornatum suum veniunt similiter. Et inde allocuti per
Justitiarios quod velint de præmissis sibi impositis penes
dominum Regem se acquietarę, etc., prædictus Abbas pro se (et
Johanne) de Goldale commonacho suo per attornatum suum,
Johannes Breuster et alii per attornatum suum, dicunt quod quo
(ad) minandum Willelmum Bene et Johannam uxorem ejus de
vita et membris, ac etiam ad verberandum et vulnerandum
Willelmum Jope die Martis prox. ante festum Sancti Pauli, anno
xxxvii° Regis Edwardi tertii, apud Gerlthorp, de nullo inde sunt
culpabiles ; et de hoc ponunt se super patriam, etc. Et quoad
intrationem clausi dicti Willelmi Bene apud Gerlethorp, die et
anno prædictis, dicti Abbas et Johannes Goldale dicunt per
attornatum suum quod prædicti Willelmus Bene et Willelmus
Jope sunt et extiterunt nativi dicti Abbatis de manerio suo de
Crull, unde manerium de Estoft est membrum, ut de jure
ecclesiæ suæ Sancti Germani de Selby, et quod prædicti

Willelmus et Willelmus ac omnes antecessores sui a tempore cujus contrarii non extat memoria, sunt et extiterunt nativi Abbatis de Seleby et prædecessorum suorum, ut de jure ecclesiæ suæ prædictæ, etc. Et dicunt quod prædictus Johannes de Goldale, ex præcepto dicti Abbatis, venit apud Gerlthorp die et anno in præsentamento et contentis ; et præfatum Willelmum Bene ut nativum ipsius Abbatis seisivit, et ipsum ex præcepto dicti Abbatis domini sui præcepit quod veniret apud Selby indilate et intendenciam suam de villenagio suo faceret sicut villano interfuit, etc. ; et Johannes Breuster et alii dicunt quod venerunt in auxilium cum pace ad seisandum corpus dicti Willelmi Bene, die et anno prædictis, absque aliqua injuria facta, etc., et hoc prætendunt verificare, etc. Et præfatus Abbas pro se et Johanne Goldale commonacho suo per attornatum suum dicunt quod præfatus Willelmus Jope super seisinam corporis dicti Willelmi Bene, nativi dicti Abbatis, rescussum fecisse voluisset contra præfatum Johannem Goldale, perturbando ipsum in dictis suis et factis, ad seisandum corpus dicti Willelmi Bene, contra jus dicti Abbatis et ecclesiæ suæ Sancti Germani de Selby, injuste, et super hoc idem Johannes Goldale immediate dedit quandam alapam eidem Willelmo Jope, nativo dicti Abbatis, castigando ipsum ex verbis suis contra dominum suum sic agitatis, et non ex aliqua malicia ipsius Johannis, contra pacem, præcogitata nec aliqua alia de causa, et hoc prætendit verificare, etc. Et non intendunt quod dominus Rex aliquam injuriam in personam dicti Johannes de Goldale ea de causa velit assignare, etc., et petunt se ex hoc per Justitiarios adjudicari, etc. Et prædictus Abbas pro se et pro prædicto Johanne Goldale per attornatum suum dicit quod quoad intrandum clausum dicti Willelmi Bene apud Gerlethorp die Martis prox. ante festum Sancti Pauli anno supradicto, et novem capones, sex gallinas, et f. 32v. tres anates ipsius Willelmi ibidem inventos cum Johanne Breuster et Ricardo Emson cepisse et asportasse debuisset, contra pacem, dicunt per attornatum suum quod dictus Willelmus Bene est nativus ipsius Abbatis, et omnes antecessores sui a tempore quo non extat memoria extiterunt nativi Abbatis de Seleby et prædecessorum suorum, de manerio supradicto, ut de jure ecclesiæ suæ prædictæ, ut superius, etc. Et dicunt quod idem Johannes Goldale venit ex præcepto dicti Abbatis, loco, die, et anno prædictis, et bona et catalla prædicta in possessione dicti Willelmi Bene, villani dicti Abbatis, ibidem inventa, ad opus dicti Abbatis seisivit et abduxit, ut catalla dicti Abbatis, sicut ei bene licuit, et non intendunt quod dominus Rex de asportatione bonorum dicti Abbatis in forma prædicta aliquam injuriam in

personam dicti Johannis Goldale velit assignare, etc. Et
prædicti Johannes Breuster et Ricardus Emson per attornatum
suum dicunt quod venerunt in auxilium dicti Johannis ad bona
dicti Abbatis sic asportanda et non alia de causa, et hoc
prætendunt verificare, etc. Et quoad hoc quod Ricardus Emson
de Crull ex consensu et præcepto, prædicti Johannis Goldale
venit in pastura domini Edwardi de Langelay apud Crull die
Lunæ prox. post festum Sancti Michaelis anno xxxviij₀ Regis
Edwardi tertii, et iiij porcos et unam suem precii duarum
marcarum, et etiam sexdecim aucas precii vˢ prædicti Willelmi
Bene, ibidem inventos, cepisse, abduxisse, et asportasse debuisset,
contra pacem, etc., prædicti Abbas, Johannes, et Ricardus per
attornatum suum dicunt quod præfatus Willelmus Bene est
nativus ipsius Abbatis ut superius, etc., et omnes antecessores
sui nativi prædicti Abbatis, etc. Et dicunt quod idem Ricardus
venit ex parte dicti Abbatis et ex ejus præcepto apud Crull, die
et anno prædictis, et bona et catalla prædicta in possessione
prædicti Willelmi Bene, villani dicti Abbatis, ibidem inventa, ad
opus dicti Abbatis, ex ejus præcepto seisivit, cepit, abduxit, et
asportavit, sicut ei bene licuit, et non alia de causa. Et non
intendunt quod dominus Rex de asportatione et abductione
bonorum et catallorum prædictorum prædicti Abbatis in
possessione dicti villani sui inventorum, ad opus prædicti
Abbatis sic abductorum et asportatorum, et ex ejus præcepto,
aliquam injuriam in personam dicti Ricardi velit assignare, etc.
Et quoad hoc quod prædictus Johannes Goldale die Jovis
prox. ante festum Sancti Pauli, anno xxxviiᵒ Regis Edwardi
tertii, apud Gerlethorp, clausum Willelmi Bene noctanter intrasse
et ibidem quandam cistam prædicti Willelmi fregisse et diversa
bona et catalla, videlicet aurum et argentum et alia jocalia ad
valentiam x librarum asportasse debuisset, et clavem prædictæ
cistæ penes se detinuisse, contra pacem, etc., prædictus Abbas
pro se et pro prædicto Johanne commonacho suo per attornatum
dicit, quod Willelmus Bene est nativus ipsius Abbatis, ut
superius, etc., et quod omnes antecessores ipsius Willelmi sunt
nativi ipsius Abbatis, etc. Et quod prædictus Johannes Goldale
ex præcepto dicti Abbatis venit apud Gerlthorp die et anno
prædictis, et bona et catalla prædicta in possessione prædicti
Willelmi Bene, nativi Abbatis, ibidem inventa, ad opus dicti
Abbatis seisivit, cepit, et asportavit cum pace, sicut sibi bene
licuit. Et non intendit quod dominus Rex aliquam injuriam per
asportationem bonorum et catallorum prædictorum in forma prædicta in personam dicti Johannis Goldale velit assignare, etc. Et
Johannes de Wylughby contra sequitur pro domino Rege, et dicit

quod prædicti Willelmus Bene et Willelmus Jope sunt liberi et
liberæ conditionis, et quod præfati Johannes Goldale, Johannes
Breuster, et omnes alii in dictis præsentamentis nominati, dictas
transgressiones fecerunt contra pacem, ex injuria sua propria, et
non ea de causa sicut prædicti Abbas et alii dicunt ; et hoc
prætendit pro domino Rege verificare, etc. Et prædicti Abbas
et omnes alii similiter; per quod præceptum est vicecomiti quod
immediate venire faceret hic coram Justitiariis ad hunc diem,
xviij de discretioribus et sapient. hominibus de partibus de
Westthruthing, qui nec prædictos Abbatem, Johannem Goldale,
nec alios, etc., aliqua affinitate attingant, ad faciendam juratam,
etc. Et super hoc vicecomes venire fecit xviii, etc., sicut, etc.
Et xii inde jurati, in quos Johannes de Wilughby qui sequitur pro
domino Rege se posuit, et similiter Abbas et alii se posuerunt,
veniunt, etc. Et jurati ad hoc electi et triati dicunt per
sacramentum[1]

LXXVIII.

(INSPEXIMUS RICARDI II).

f. 33.
A.D.
1381,
Nov. 6.

Ricardus, Dei gratia Rex Angliæ et Franciæ et Dominus
Hiberniæ, Archiepiscopis, Episcopis, Abbatibus, Prioribus,
Ducibus, Comitibus, Baronibus, Justitiariis, Vicecomitibus,
Præpositis, Ministris, et omnibus ballivis et fidelibus suis,
salutem. Inspeximus cartam confirmationis quam celebris
memoriæ dominus Edwardus nuper Rex Angliæ avus noster
fecit Abbati et Conventui de Seleby in hæc verba ;

Inspexi-
mus Edw.
III, Nov.
6, 1328.

Edwardus, Dei gratia Rex Angliæ, Dominus Hiberniæ, et
Dux Aquitaniæ, Archiepiscopis, Episcopis, Abbatibus, Prioribus,
Comitibus, Baronibus, Justitiariis, Vicecomitibus, Præpositis,
Ministris, et omnibus ballivis et fidelibus suis, salutem.

Inspexi-
mus Edw.
II, Feb. 4,
1319.

Inspeximus cartam confirmationis quam celebris memoriæ
dominus Edwardus nuper Rex Angliæ pater noster fecit Abbati
et Conventui de Seleby in hæc verba ;

Edwardus, Dei gratia, etc. (No. xliv).

Subscrip-
tion of In-
speximus
Edw. III.
f. 36.

Nos autem, donationes, concessiones, et confirmationes
prædictas ratas habentes et gratas, eas pro nobis et hæredibus
nostris, quantum in nobis est, præfatis Abbati et Conventui et
eorum successoribus concedimus et confirmamus, sicut dicta
carta confirmationis rationabiliter testatur. Hiis testibus,
venerabilibus patribus Willelmo Archiepiscopo Ebor., Angliæ
primate, Johanne Winton., Adamo Wygorn., et Johanne Karl.

---

[1] Here, at the end of f. 32v, this record stops abruptly.

episcopis, Henrico Comite Lancastriæ et Leycestriæ, Thoma Wake, Gilberto Talibot, Johanne de Crumwell, Johanne Mautrauers, senescallo hospitii nostri, et aliis. Data per manum nostram, apud Ebor., quinto die Martii, anno regni nostri secundo.

Subscription of Inspeximus Ric. II. Nos autem, donationes, concessiones, et confirmationes prædictas ratas habentes et gratas, eas pro nobis et hæredibus nostris, quantum in nobis est, acceptamus, approbamus, ratificamus, et eas dilectis nobis in Christo nunc Abbati et Conventui loci prædicti et eorum successoribus imperpetuum concedimus et confirmamus, sicut cartæ prædictæ plenius et rationabiliter testantur; præterea volentes eisdem Abbati et Conventui gratiam in hac parte facere uberiorem, concessimus eis et hac carta nostra confirmavimus pro nobis et hæredibus nostris quod, licet ipsi vel prædecessores sui aliqua vel aliquibus libertatum vel quietantiarum in dictis cartis contentarum aliquo casu emergente hactenus plene usi non fuerint, ipsi tamen Abbas et Conventus et eorum successores libertatibus et quietantiis illis, et earum qualibet, plene decetero gaudeant et utantur, sine occasione vel impedimento nostri vel hæredum nostrorum, justitiariorum, escaetorum, vicecomitum, aut aliorum ballivorum seu ministrorum nostrorum quorumcunque, prædictis verbis et clausula superius exceptis semper exclusis. Hiis testibus, venerabilibus patribus, Willelmo Electo Cantuar., confirmato cancellario nostro, Alexandro Archiepiscopo Ebor., Angliæ primate, Willelmo Wynton., et Johanne Lincoln. Episcopis, Johanne Rege Castellæ et Legionis Duce Lancastr., et Thoma Comite Buk(ingamiæ) avunculis nostris carissimis, Ricardo Arundell, Thoma de Bello Campo Warr., et Henrico de Percy Northumbr. Comitibus, Hugone de Segraue Thesaurario nostro, Johanne de Monte Acuto senescallo hospitii nostri, Albredo de Veer Camerario nostro, et aliis. Dat. per manum nostrum apud Westmonasterium, sexto die Novembris, anno regni nostri quinto.

LXXIX.

(INSPEXIMUS HENRICI IV).

A.D. 1401, Feb. 7. Henricus, Dei gratia Rex Angliæ et Franciæ et Dominus Hiberniæ, Archiepiscopis, Episcopis, Abbatibus, Prioribus, Ducibus, Baronibus, Justitiariis, Vicecomitibus, Præpositis, Ministris, et omnibus ballivis et fidelibus suis, salutem. Inspeximus cartam confirmationis domini Ricardi nuper Regis Angliæ secundi post conquæstum, factam in hæc verba :—

Ricardus, Dei gratia, etc. (No. LXXVIII). Nos autem, etc., as above, p. 91. Hiis testibus, venerabilibus patribus Thomæ Archiepiscopo Cantuar., totius Angliæ primate, Roberto London., Willelmo Wynton., Henrico Lincoln., Edmundo Exon. Episcopis, Edmundo duce Ebor. avunculo nostro carissimo, Thoma Warr (wiciæ), Henrico Percy Northumb. constabulario Angliæ, Radulfo de Nevill marescallo Angliæ, Johanne Comite Somers(etæ) camerario nostro, Comitibus, Johanne Scarle cancellario, Johanne Norbury thesaurario nostro, Ricardo Gray de Codnore, Willelmo de Wylughby, Thoma de Rempston senescallo hospitii nostri, Magistro Ricardo Clifford custode privati sigilli nostri, et aliis. Dat. per manum nostrum apud Westmonasterium, septimo die Februarii, anno regni nostri secundo.

LXXX.

CARTA REGIS HENRICI QUINTI DE GENERALI PARDONACIONE.

A.D.
1415,
May 18.

Henricus, Dei gratia Rex Angliæ et Franciæ et Dominus Hiberniæ, omnibus ballivis et fidelibus suis ad quos præsentes literæ pervenerint, salutem. Sciatis quod de gratia nostra speciali et ex mero motu nostro, ob reverentiam Dei et caritatis intuitu, perdonavimus Willelmo Abbati de Selby et ejusdem loci conventui sectam pacis nostræ quæ ad nos versus ipsos pertinet pro omnimodis proditionibus, injuriis, raptibus mulierum, rebellionibus, insurrectionibus, feloniis, conspirationibus, trangressionibus, offensis, negligentiis, extortionibus, mesprisionibus, ignorantiis, contemtibus, concelamentis, et deceptionibus, per ipsos ante octavum diem Decembris ultimo præteritum qualitercunque factis sive perpetratis, murdris, per ipsos post decimum nonum diem Novembris ultimo præteritum perpetratis, si quæ fuerint, duntaxat exceptis, unde indictati, rectati, vel appellati existunt ; ac etiam utlagarias, si quæ in ipsos hiis occasionibus fuerint promulgatæ, et firmam pacem nostram eis inde concedimus ; dum tamen iidem Abbas et Conventus controfactores misteræ monetæ, et cunagii multiplicatores, et lotores auri et argenti cum cuneo nostro cunati, et tonsores monetæ nostræ, probatores communes, et notorii latrones seu felones qui abjurationem fecerant non existant ; ita tamen quod stent recto in curia nostra si quis versus eos loqui voluerit de præmissis vel aliquo præmissorum. Et ulterius, de uberiori gratia nostra, perdonavimus et relaxavimus eisdem Abbati et Conventui omnimoda escapia felonum, catalla felonum et fugitivorum, catalla utlagatorum et felonum de se,

deodanda, vasta, ac omnimodas articulos itineris, destructiones et
trangressiones de viridi vel venatione, venditionem boscorum
infra forestas et extra, et aliarum rerum quarumcunque ante
dictum octavum diem Decembris, infra regnum nostrum Angliæ
et partes Walliæ emersarum et eventarum unde punitio caderet,
in demandam, debitum, seu in finem et redemptionem, aut in
alias pœnas pecuniarias, seu in forisfacturam bonorum et
catallorum, aut inprisonamenta seu amerciamenta comitatum,
villarum, vel singularum personarum, vel in onerationem liberi
tenementi eorum qui nunquam trangressi fuerunt, ut hæredum,
executorum, vel terræ tenentium, escaetorum, vicecomitum,
coronatorum, et aliorum hujusmodi, et omne id quod ad nos
versus ipsos pertinere posset ex causis supradictis, statutis
liberatarum, pannorum et capitiorum ante dictum octavum
f. 40v. diem Decembris editis non obstantibus ; ac etiam omnimodas
donationes, alienationes et perquisitiones per ipsos de terris et
tenementis de nobis vel progenitoribus nostris quondam Regibus
Angliæ in capite tentis ; ac etiam donationes, alienationes, et
perquisitiones ad manum mortuam factas et habitas absque
licentia, necnon omnimodos intrusiones et ingressus in
hæreditatem suam in parte vel in toto post mortem antecessorum
suorum, absque debita persecutione ejusdem extra manum
regiam ante eundem octavum diem Decembris factos, una cum
exitibus et proficuis inde medio tempore perceptis ; ac etiam
perdonavimus et relaxavimus præfatis Abbati et Conventui
omnimodos fines adjudicatos, amerciamenta, exitus, forisfactos,
relevia, scutagia, ac omnimoda debita, compota, præstita,
arreragia firmarum et compotorum, necnon omnimodas actiones
et demandas quas nos solus versus ipsos vel nos conjunctim
cum aliis personis seu persona habemus seu habere poterimus,
ac etiam utlagarias in ipsos promulgatas pro aliqua causarum
supradictarum. Et perdonavimus et relaxavimus eisdem Abbati
et Conventui omnimodas pœnas ante eundem octavum diem
Decembris forisfactas coram nobis seu consilio nostro, cancellario,
thesaurario, seu aliquo judicum nostrorum pro aliqua causa, et
omnes alias pœnas, tam nobis quam carissimo patri nostro
defuncto per ipsos pro aliqua causa ante eundem octavum diem
similiter forisfactas et ad opus nostrum levandas, ac omnimodas
securitates pacis ante illum octavum diem forisfactas, exceptis
debitis Regi de ipsis aut de aliis ligeis nostris qui superstites
existunt, et de illis qui mortui sunt post coronationem
nostram, debitis necnon computantibus in scaccario nostro
vel alibi, necnon debitis Regi debitis per recognitiones,
estallamenta, assignationes, vel obligationes Regi solum aut

conjunctim cum aliis personis ut custumariis aut aliis
officiariis quibuscunque factas, ac insuper debitis computantibus
seu illis qui computaverunt in scaccario, sicut vicecomitibus,
escaetoribus, et aliis officiariis qui Regi satisfecerunt debitis,
et per eosdem debitores Regis non solutis. In cujus rei
testimonium, has literas nostras fieri fecimus patentes. Teste
meipso apud Westmonasterium, decimo octavo die Maii, anno
regni nostri tertio.

LXXXI.

(INSPEXIMUS HENRICI VI).

A.D.
1427,
Nov. I.

Henricus, Dei gratia Rex Angliæ et Franciæ et Dominus
Hiberniæ, omnibus ad quos præsentes literæ pervenerint,
salutem. Inspeximus cartam domini Ricardi nuper Regis
Angliæ secundi post conquæstum de confirmatione factam in
hæc verba :—

Ricardus, Dei gratia, etc. (No. LXXVIII).

f. 44.

Nos autem cartas et literas prædictas de hujusmodi libertatibus
franchesiis et quietantiis minime revocatis, de avisamento et
assensu dominorum spiritualium et temporalium ac communatis
regni nostri Angliæ, in parliamento nostro apud Westmonasterium, anno regni nostri primo tento, existentium, acceptamus,
approbamus, et dilectis nobis in Christo nunc Abbati et
Conventui loci prædicti et successoribus suis confirmamus, prout
cartæ et literæ prædictæ rationabiliter testantur, et prout iidem
Abbas et Conventus libertatibus, franchesiis, et quietantiis
prædictis uti et gaudere debent, ipsique et eorum prædecessores,
libertatibus, franchesiis, et quietantiis illis, a tempore confectionis
cartarum et literarum prædictarum, semper hactenus rationabiliter uti et gaudere consueverunt. In cujus rei testimonium,
has literas nostras fieri fecimus patentes. Teste meipso apud
Westmonasterium, primo die Novembris, anno regni nostri
sexto.

LXXXII.

(CONFIRMATIO LIBERTATUM PER HENRICUM VI).

A.D.
1431,
July 14.

Henricus, Dei gratia Rex Angliæ et Franciæ et Dominus
Hiberniæ, universis et singulis Justitiariis, Vicecomitibus,
Escaetoribus, Coronatoribus, Senescallis, Majoribus, Ballivis,
Ministris, et omnibus fidelibus suis, salutem. Cum inter ceteras
libertates et quietantias dilectis nobis in Christo Abbati et
Conventui Sancti Germani de Seleby per cartas progenitorum
nostrorum, quondam Regum Angliæ, quas confirmavimus,

concessas, concessum sit eisdem quod ipsi omnia tenementa sua
et tenuras suas teneant bene et in pace, et libere et quiete, et
integre et plenarie et honorifice, in bosco et plano, in pratis et
pascuis, in aquis et mariscis, in piscariis et toftis et croftis, in
viis et semitis, et omnibus locis, tam in burgo quam extra
burgum, libera et quieta de geldis et Danegeldis, et auxiliis vicecomitum, et de franco plegio et omnibus aliis, et wapentachiis
et hundredis et sciris, et tenementallo et murdris, et de pecunia
danda pro murdris, et scutagiis, et summagiis et cariagiis, et
assisis, summonitionibus, et de omnibus placitis et querelis et
occasionibus, et wastis et essartis, et de reguardo forestæ, et de
misericordiis, et de omnibus consuetudinibus, et de omni terreno
servitio et sæculari exactione, cum sacha et socha, et thol et
theam, et infangenetheof et utfangenetheof, et de blodewite et
wrec, et omnibus aliis libertatibus et liberis consuetudinibus quæ
ad prædictam Abbatiam pertinent in perpetuam elemosinam,
solutam et quietam de omni seculari exactione et servitio et
consuetudine, et de hundredis et wapentachiis sequendis, et de
auxiliis vicecomitum dandis, et in omnibus rebus esse liberam,
prout decet elemosinam regiam et propriam Abbatiam Regis, et
sicut ecclesia Sancti Petri Eboracensis est, et quod visus
hujusmodi franci plegii de cetero teneatur in curia ipsorum
Abbatis et Conventus et successorum suorum, absque hoc quod
aliquis serviens noster vel hæredum nostrorum visum inde
habeat vel se inde in aliquo intromittat, et quod ipsi et homines
eorum habeant salvum conductum nostrum, et sint quieti et

f. 44v. liberi de passagio et pontagio, et omni theoloneo et stallagio per
omnes civitates et burgos, et vendant et emant libere et quiete,
et quod sint quieti a traverso per omnes portus nostros, et quod
omnes homines eorum habeant in pace omnia catalla sua,
ubicunque naves eorum fregerint in terra nostra, dummodo
aliquis eorum a naufragio vivus evaserit, prout in cartis et
confirmatione prædictis plenius continetur, vobis mandamus,
quod nunc Abbatem et Conventum loci prædicti omnibus et
singulis libertatibus et quietantiis prædictis uti et gandere
permittatis, juxta tenorem cartarum et confirmationis prædictarum, et prout eis uti et gaudere debent, ipsique et
prædecessores sui libertatibus et quietantiis illis a tempore
confectionis cartarum prædictarum semper hactenus rationabiliter uti et gandere consueverunt. Teste Humfredo Duce
Gloucestr. custode Angliæ, apud Westmonasterium, xiiij° die
Julii, anno regni nostri nono.

LXXXIII.

(CONCORDIA DE MERKEFEN.)

A.D.
1320,
Jan. 5.

Cum controversia mota fuisset inter Johannem de Lascy de Gaytford et Johannem de Burstall de eadem, querentes, et Abbatem et Conventum de Selby et dominum Adam de Everyngham de Byrkyn, militem, defendentes, super quadam mora et pastura quæ vocatur Merkeffen, in qua quidem mora prædicti Johannes de Lascy et Johannes de Burstall, per diversa brevia domini Regis propartes suas habere exigebant, tandem quinto die Januarii, anno gratiæ Millesimo cccᵐᵒ vicesimo, et regni Regis Edwardi filii Regis Edwardi quarto decimo, comunibus amicis intervenientibus, prædicta dissentio inter partes prædictas mutuo consensu earundem conquievit in hunc modum, videlicet quod prædictus Johannes de Lascy pro se, hæredibus, hominibus, et tenentibus suis, et pædictus Johannes de Burstall, pro se, hæredibus, hominibus, et tenentibus suis, concesserunt quod tota mora et pastura de Merkeffen, a certis divisis ibidem eisdem die et anno factis, remaneat prædictis Abbati et Conventui de Selby et eorum successoribus, de domino Ada de Everyngham et hæredibus suis, tanquam vastum eorundem Abbatis et Conventus villæ suæ de Hillum, et prædicti domini Adæ de Everyngham villæ suæ de Birkyn, absque calumpnia et contradictione prædictorum Johannis de Lascy et Johannis de Burstall, hæredum, hominum, vel tenentium suorum, in perpetuum. Et, præterea, prædicti Johannes de Lascy pro se, hæredibus, hominibus, et tenentibus suis, et Johannes de Burstall pro se, hæredibus, hominibus, et tenentibus suis, concesserunt, remiserunt, et omnino quietum clamaverunt prædictis Abbati et Conventui et eorum successoribus, et prædicto domino Adæ et hæredibus suis, totum jus et clameum quod habuerunt, habent, vel habere poterint quoquo modo in prædicta mora et pastura de Merkeffen, a divisis prædictis, versus Hillum et Birkyn ; ita quod nec ipsi Johannes et Johannes nec hæredes, homines, et tenentes sui, aliquid solum vel communiam pasturæ, vel aliquod aliud in prædicta mora, de cetero exigere vel vendicare poterint in futurum. Et prædicti Abbas et Conventus pro se et eorum successoribus, et dominus Adam de Everyngham pro se et

f. 45.

hæredibus suis, concesserunt quod totum vastum a prædictis divisis versus Gaytford, remaneat tanquam solum vastum et communis pasturæ de Gaytford, sine contradictione prædictorum Abbatis et Conventus, successorum, hominum, et tenentium suorum, et prædicti domini Adæ et hæredum, hominum, et tenentium suorum, imperpetuum. Et præterea prædicti Abbas et Conventus pro se et eorum successoribus, et dominus Adam pro se et heredibus suis, concesserunt, remiserunt et quietum clamaverunt prædictis Johanni de Lascy et heredibus suis, Johanni de Burstall et heredibus suis, totum jus et clameum quod habuerunt, habent, vel habere poterint in prædictis solo et vasto a dictis divisis versus Gaytford, seu in comunia pasturæ in eadem villa de Gaytford, ratione terrarum et tenementorum suorum in Hillum et Birkyn in futurum, salvo semper eisdem Abbati et Conventui, successoribus, hominibus, et tenentibus suis de Gaytford, jure suo in dicta villa de Gaytford, tam in vastis quam in aliis locis, qualitercunque sibi ratione terrarum et tenementorum suorum in villa de Gaytford spectante ; et si averia prædictorum Abbatis et Conventus, successorum, hominum, et tenentium suorum de Hillum, vel prædicti domini Adæ, heredum, hominum, aut tenentium suorum de Birkyn, ultra divisas prædictas versus Gaytford per escapium sine wardo facto intraverint, sine imparcamento rechacientur ; et eodem modo si averia prædictorum Johannis de Lascy et Johannis de Burstall, heredum, hominum, vel tenentium suorum de Gaytford ultra divisas prædictas versus Hillum et Birkyn per escapium sine wardo facto intraverint, sine imparcamento rechacientur. In cujus rei testimonium his indenturis quadripartitis partes supradictæ sigilla sua alternatim apposuerunt. Hiis testibus, Dominis Simone de Kime, Roberto de Raygat, Hugone de Pikeworth, Jacobo de Boseuil, militibus ; Thoma de Merston, Johanne de Fenton, Johanne de Eklesthorpe, Thoma ad portam de Schirburn, Henrico Irewis, et aliis. Dat. super Merkeffen, inter Gaytford et Birkyn, die et anno supradictis.

LXXXIV.

(INSPEXIMUS HENRICI VI).

f. 45v.   Henricus, Dei gratia Rex Angliæ et Franciæ et Dominus Hiberniæ, omnibus ad quos præsentes literæ pervenerint, salutem. Inspeximus quoddam recordum coram baronibus de

A.D. scaccario nostro habitum in memorandis de anno regni Regis
1441-2. nostri vicesimo, inter recorda de termino Paschæ, rotulo undecimo, ex parte rememoratoris Thesauriæ, in hæc verba :—

Compertum est per quandam inquisitionem indentatam captam apud Abirford in Comitatu Ebor., vicesimo die Augusti,

A.D. anno regni domini Regis nunc decimo nono, coram Henrico
1441. Vauasour, tunc escaetore ejusdem domini Regis in comitatu

G

prædicto virtute officii sui, per sacramentum Roberti Boswell, Johannis Rowson, Thomæ Abirford, Ricardi Holuys, Johannis Williamson, Roberti Pykeford, Johannis Gomersall, Roberti Wylson, Thomæ Storor, Johannis Sawmon, Thomæ Ogle, et Roberti Barker, juratorum, quod quidam felo, cujus nomen præfatis juratoribus tunc ignorabatur, apud Alonley juxta Harwode in dicto Comitatu Ebor., decimo die Maii, dicto anno decimo nono, felonice furatus fuit sexaginta bidentes precii capitis xx^d, de bonis et catallis Willelmi Frank, et quod post feloniam prædictam per ipsum sic factam, fugam fecit et se retraxit, eaque de causa domino Regi forisfactis, qui quidem bidentes apud Hamelton in comitatu prædicto, tertio die Junii eodem anno, ad manus Abbatis et Conventus Sancti Germani de Selby devenerunt, et in manibus suis tempore captionis dictæ inquisitionis extiterunt. Et, licet quod sæpius requisiti fuerint præfatos sexaginta bidentes dicto nuper escaetori ad opus domini Regis deliberand., iidem Abbas et Conventus deliberationem prædictam faciendam omnino recusarunt ; de quibus quidem sexaginta bidentibus, iidem Abbas et Conventus debent Regi respondere, sicut continetur in inquisitione prædicta, quæ est in baga de particulis compoti per dictum nuper escaetorem computantis de exitibus escaetriæ Regis in Comitatu prædicto, a sexto die Novembris, anno decimo nono Regis nunc, usque sextum diem Novembris tunc prox. sequentem. Compertum est etiam in rotulo de particulis compoti prædicti nuper escaetoris in eadem baga similiter existentis, quod idem nuper escaetor non respondet in compoto suo prædicto de c solidis de pretio sexaginta bidentum prædictorum, pretii capitis xx^d, quos quidam felo cujus nomen ignoratur, apud Alonley juxta Harwode in comitatu prædicto, de bonis et catallis Willelmi Frank felonice furatus fuit, ut supra continetur, et post feloniam prædictam fugam fecit et se retraxit, eaque de causa domino Regi forisfactis et sic appreciatis, sicut continetur in inquisitione prædicta, eo quod prædicti bidentes tertio die Junii, dicto anno decimo nono, apud Hamelton in comitatu prædicto, ad manus Abbatis et Conventus Sancti Germani de Selby devenerunt, et in manibus suis tunc extiterunt, et licet frequenter præfati Abbas et Conventus per præfatum nuper escaetorem requisiti fuerint dictos sexaginta bidentes, aut pretium eorundem, eidem nuper escaetori reddere, omnino recusarunt. De quibus quidem sexaginta bidentibus pretii c^s prædicti Abbas et Conventus debent domino Regi respondere, per quod præfatus Abbas districtus fuit essendi hic in crastino clausi Paschæ hoc termino, ad respondendum et satisfaciendum domino Regi de sexaginta bidentibus prædictis, sive de cᵉ de pretio eorundem, domino Regi, ut prædictum est, forisfactis. Et ad prædictum crastinum clausi Paschæ, præfatus Abbas venit hic per Brianum Rouclyfe, attornatum suum ; et protestando quod inquisitio prædicta ac materiæ in eadem contentæ sunt minus sufficientes in lege ad ponend. ipsos Abbatem et Conventum ad respondendum domino Regi in præmissis, protestando etiam quod bidentes prædicti non fuerunt tanti nec tanti pretii, prout

f. 46. per inquisitionem prædictam pro domino Rege superius supponitur, pro placito dicit idem Abbas quod ipse de sexaginta bidentibus prædictis nec de pretio eorundem domino Regi respondere nec satisfacere debet ; quia dicit quod ipse et omnes prædecessores sui Abbates Abbatiæ Sancti Germani de Selby, a tempore quo memoria hominum non existit, semper pacifice seisiti fuerunt, ut de jure ecclesiæ suæ de Selby prædicta, de quibuscunque catallis waiviatis infra omnes terras dominicas suas, et quod ipse Abbas et omnes prædecessores sui Abbates de Selby a toto tempore prædicto per se vel ballivos et ministros suos hujusmodi catalla waiviata infra terras suas prædictas usi sunt capere et seisire, et ad opus Abbatis et Conventus loci prædicti pro tempore existentium retinere. Et ulterius dicit prædictus Abbas, quod prædictus felo post feloniam prædictam per ipsum sic factam prædictos sexaginta bidentes apud Hamelton prædictam eodem tertio die Junii waiviavit, et fugam fecit et se retraxit, et quod prædicta villa de Hamylton est et a toto tempore quo memoria hominum non existit fuit parcella dominicarum terrarum dicti nunc Abbatis et prædecessorum suorum, Abbatum loci prædicti. Dicit etiam eidem[1] Abbas quod ipse tertio die Junii, dicto anno decimo nono, apud Hamylton prædictam, per Johannem Robert, ballivum suum, prædictos sexaginta bidentes, postquam, ut prædictum est, waiviati fuerunt, ad opus ipsius nunc Abbatis et ejusdem loci Conventus seisivit, et eos ad opus suum detinuit, prout ei bene licuit. Quæ omnia et singula idem Abbas paratus est verificare prout curia, etc. Unde non intendit quod dictus dominus Rex nunc ipsos Abbatem et Conventum pro sexaginta bidentibus prædictis seu pro pretio eorundem impetere seu actionare velit, et petit inde judicium, etc. Et quia curia vult habere deliberationem in præmissis ante quam ulterius, etc., datus est dies præfato Abbati in statu quo nunc usque a die Sanctæ Trinitatis in quindecim dies, ad audiendum et faciendum quod, etc., ad quem diem præfatus Abbas venit hic per dictum attornatum suum, et ob causam prædictam habet diem ulterius in statu quo nunc usque a die Sancti

[1] Read "idem."

Michaelis in quindecim dies ad audiendum et faciendum quod,
etc. Ad quem diem præfatus Abbas venit hic per dictum
attornatum suum. Et Johannes Vampage, qui pro domino
Rege sequitur in hac parte, non cognoscendo aliqua per
prædictum Abbatem superius placitando allegata fore vera, pro
placito pro eodem domino Rege dicit, quod prædictus nunc
Abbas et prædecessores sui Abbates Abbatiæ Sancti Germani de
Selby nunquam fuerunt seisiti ut de jure ecclesiæ suæ de Selby
prædicta de aliquibus catallis waiviatis infra terras dominicas
suas, per quod prædictus nunc Abbas nec prædecessores sui
Abbates de Selby prædicta umquam per se nec ballivos nec
ministros suos aliqua hujusmodi catalla waiviata infra terras
suas prædictas usi sunt capere nec seisire, nec ad opus Abbatis
et Conventus loci prædicti pro tempore existentium retinere.
Et ulterius prædictus Johannes Vampage, pro eodem domino
Rege, dicit quod prædicta villa de Hamylton non est, nec
umquam fuit parcella dominicarum terrarum dicti nunc Abbatis,
nec aliquorum prædecessorum suorum Abbatum loci prædicti,
prout prædictus Abbas superius placitando allegavit. Et hoc
petit pro eodem domino Rege quod inquiratur per patriam,
etc. Et prædictus Abbas dicit ut prius dixerat, et petit
similiter ; ideo fiat inde inquisitio, etc. Et super hoc
præceptum est vicecomiti Comitatus Ebor. quod venire
faciat hic a die Sancti Illarii in quindecim dies decem et
octo, etc., de visu de Hamylton, quorum quilibet, etc.,
per quos, etc., et qui nulla affinitate, etc., ad recognoscendum,
etc. Et idem dies datus est præfato Abbati ad audiendum et
faciendum quod, etc. Ad quem diem præfatus Abbas venit hic
f. 46v.   per dictum attornatum suum. Et vicecomes retornavit breve
cum panello de nominibus juratorum, et ipsi non veniunt ; ideo
præceptum est vicecomiti quod distringat præfatos juratores per
terras, etc. Ita, etc., in crastino clausi Paschæ ad recognoscendum, etc. Et idem dies datus est præfato Abbati ad
audiendum et faciendum quod, etc. Ad quem diem præfatus
Abbas venit hic per dictum attornatum suum. Et vicecomes
retornavit breve. Et mandavit quod prædicti juratores districti
sunt. Et exitus, etc. Et ipsi non veniunt ; ideo præceptum
est vicecomiti, sicut alias, quod distringat præfatos juratores per
terras, etc. Ita, etc., a die Sanctæ Trinitatis in quindecim dies
ad recognoscendum, etc. Et idem dies datus est præfato
Abbati ad audiendum et faciendum quod, etc. Ad quem diem
præfatus Abbas venit hic per dictum attornatum suum, et
vicecomes retornavit breve et mandavit quod prædicti juratores
districti sunt (sic). Et exitus, etc. Et ipsi non veniunt ; ideo

præceptum est vicecomiti sicut plure quod distringat præfatos
juratores per terras, etc. Ita, etc., a die Sancti Michaelis in
quindecim dies hic vel interim coram Willelmo Babthorp, uno
Baronum hujus Scaccarii, apud Castrum Ebor. in comitatu
prædicto, die Veneris in crastino Assumptionis Beatæ Mariæ
Virginis prox. futuro, si prius, etc. Ad recognoscendum, etc.
Et dictum est præfato Abbati quod expectet diem suum coram
præfato Barone ad diem et locum prædictos si, (etc.) ; et quod sit

A.D.
1433.

hic ad prædictam quindenam Sancti Michaelis, anno vicesimo
secundo Regis nunc, in Ebor. Qui quidem tenor indorsatur sic.

Postea, die et loco infra contentis, coram Willelmo Babthorp,
uno Baronum de scaccario domini Regis infra nominato,
associato sibi Johanne Hewett per formam statuti, etc., venit
infra nominatus Abbas de Selby in propria persona sua, et
similiter juratores juratæ, unde infra fit mentio, exacti veniunt.
Et, facta proclamatione prout moris est, si quis pro domino
Rege juratores prædictos de infra contentis informare seu
calumpniare vellet, quod veniret et audiretur ; et nullus ad hoc
faciendum comparuit. Super quo processum est ad captionem
juratæ prædictæ per sacramentum duodecim juratorum prius
impanellatorum, et modo comparentium. Qui ad veritatem de
infra contentis dicendam electi, triati, et jurati, dicunt super
sacramentum suum quod prædictus Abbas et omnes prædece-
cessores sui Abbates Abbatiæ Sancti Germani de Selby a tempore
quo memoria hominum non existit semper pacifice seisiti fuerunt,
ut de jure ecclesiæ suæ de Selby prædicta, de quibuscunque
catallis waiviatis infra omnes terras dominicas suas ; et quod
ipsi Abbas et omnes prædecessores sui Abbates de Selby
prædicta, a toto tempore prædicto, per se vel per ballivos et
ministros suos hujusmodi catalla waiviata infra terras suas
prædictas usi sunt capere et seisire, et ad opus Abbatis et
Conventus loci prædicti pro tempore existentium retinere. Et
etiam dicunt super sacramentum suum, quod infrascriptus felo,
post feloniam infra specificatam per ipsum sic factam, infra-
scriptos sexaginta bidentes, apud Hamylton infra nominatam,
infrascripto tertio die Junii, anno decimo nono, waiviavit, et
fugam fecit, et se retraxit ; et quod prædicta villa de Hamylton
est, et a toto tempore quo memoria hominum non existit fuit
parcella dominicarum terrarum dicti nunc Abbatis et prædecessorum suorum, Abbatum loci supradicti. Et prædictus
Abbas eodem tertio die Junii, apud Hamylton prædictam, per
Johannem Robert ballivum suum, prædictos sexaginta bidentes
postquam, ut prædictum est, waiviati fuere, ad opus ipsius nunc
Abbatis et ejusdem loci Conventus seisivit, et eos ad opus suum

detinuit, prout idem Abbas infra placitando allegavit. Ideo, etc. Et super hoc prædictus Abbas petit judicium suum, etc. Et, visis præmissis per Barones, habitaque matura deliberatione[1]

SELEBY.[2]

LXXXV.

CARTA WILLELMI TALUN, ASSENSU ET CONSILIO ROGERI DE BERLAY, DOMINI SUI.

Selby i. Notum sit omnibus, tam præsentibus quam futuris, clericis et laicis, quod ego Willelmus Talun, assensu et consilio Rogeri de Berlay domini mei, et Ceciliæ uxoris meæ, et heredum meorum, dedi et concessi, et hac præsenti carta mea confirmavi, terram quandam super ripam Vsæ fluminis quæ appellatur Gatelending, Willelmo, quondam Abbati Burgi, in feudo et in hereditate tenendam, libere, quiete, et honorifice, de me et heredibus meis, ipse quamdiu voluerit, et dandam cuicunque et quum voluerit, tenendam in feudo et in hereditate, cum omnibus communitatibus et libertatibus quibus ego terram meam de eodem feudo tenui vel teneo, in bosco et plano, in viis et semitis, in aquis et pascuis, et in exitibus et in omnibus locis, reddendo annuatim pro omnibus servitiis vj denarios ad festum Sancti Michaelis. Hiis testibus, Rogero de Berlay, Malgero de Stiueton, Roberto filio Alani, etc.

LXXXVI.

CARTA EJUSDEM WILLELMI TALUN.

ii. Notum sit omnibus, tam præsentibus quam futuris, quod ego Willelmus Talun, assensu et consilio Rogeri de Berlay domini mei, et Ceciliæ uxoris meæ, et heredum meorum, pro redemptione animarum nostrarum et prædecessorum nostrorum, dedi et concessi, et hac præsenti carta mea confirmavi Deo et ecclesiæ Sancti Germani de Seleby et monachis ibidem Deo servientibus, terram quandam super ripam Vsæ fluminis quæ appellatur Gatelending, in puram et perpetuam elemosinam, liberam et quietam ab omni seculari servitio et exactione, et cum omnibus libertatibus liberæ elemosinæ pertinentibus, in bosco et plano, in viis et semitis, in aquis et mariscis, in pratis et pascuis, et in exitibus et in omnibus locis.   Hiis testibus, Andrea capellano, Roberto diacono, Vnfredo de Gunneby, etc.

---

[1] Here again the record stops abruptly at the end of a page : see No. LXXVII.   For some other Royal Charters, etc., see ff. 91, 92, 110, 125, 127, 133, 134, 159, 185, 218, of the MS.

[2] The original writing, with illuminated capitals, etc., now reappears.

LXXXVII.

CARTA MARTINI DE LONDON'.

Selby iii.   Omnibus Christi fidelibus ad quos præsens scriptum pervenerit, Martinus de Lond. filius Roberti de Lond., æternam in Domino salutem.   Noverit universitas vestra me dedisse, concessisse, et quietum clamasse, et hac præsenti carta mea confirmasse pro me et heredibus meis vel assignatis, Deo et beato Germano de Seleby et monachis ibidem Deo servientibus, in puram et perpetuam elemosinam, totum illud assartum sine ullo retine-mento quod vocatur Cuarlendding, quod Abbas et Conventus de Seleby patri meo dederunt et per cartam suam confirmaverunt, tenendum et habendum, libere, quiete, integre, et honorifice, sicut puram elemosinam, inperpetuum.   Ego vero Martinus et heredes mei prædictum essartum prædictis monachis contra omnes homines warantizabimus imperpetuum, et ut hæc mea donatio, concessio, et quieta clamatio stabilis et rata permaneat, præsens scriptum Abbati et Conventui de Seleby tradidi, meo sigillo signatum.   Hiis testibus, Johanne Juuene, Waltero de Aula, Henrico Juuene, etc.

LXXXVIII.

CARTA WALTERI DE AULA.

iv.   Sciant omnes præsentes et futuri, quod ego Walterus de Aula de Seleby dedi, concessi, et hac præsenti carta mea sigillo meo roborata confirmavi, Deo et beato Germano de Seleby et monachis ibidem Deo servientibus, in puram et perpetuam elemosinam, pro anima mea et animabus fidelium defunctorum, unam acram terræ cum pertinentiis in territorio de Seleby, eisdem et successoribus suis, inperpetuum possidendam ; videlicet quæ jacet in Langelay inter Claycroft et terram Martini Heued. Et ego Walterus et heredes mei prædictam acram terræ cum pertinentiis prædictis monachis et eorum successoribus contra omnes homines imperpetuum warantizabimus et defendemus. Hiis testibus, Johanne Juuene, Thoma de Drayton, Henrico Juuene, Thoma de Brayton, etc.

LXXXIX.

CARTA EJUSDEM WALTERI DE AULA.

v.   Sciant omnes præsentes et futuri, quod ego Walterus de Aula de Seleby dedi, concessi, et hac præsenti carta mea (confirmavi) Deo et beato Germano de Seleby et monachis ibidem Deo servientibus, in puram et perpetuam elemosinam, duas acras

Selby. terræ in territorio de Seleby; videlicet quæ jacent juxta Claicroft ex parte australi, inter terram quæ fuit Eliæ de Celario et terram quæ fuit Gervasii Hendelait. Et ego Walterus et heredes mei totum prædictum tenementum cum omnibus pertinentiis suis prædictis monachis contra omnes homines imperpetuum warantizabimus, adquietabimus, et defendemus. Hiis testibus, Johanne Juuene, Henrico Juuene, Thoma de Braiton, etc.

XC.

CARTA WALTERI DE AULA DE SELEBY.

vi.   Sciant omnes præsentes et futuri, quod ego Walterus de Aula
f. 47v. de Seleby dedi, concessi, et hac præsenti carta mea confirmavi, Deo et Sancto Germano de Seleby et monachis ibidem Deo servientibus, et inperpetuum eisdem quietum clamavi, unum assartum in territorio de Seleby; videlicet quod cepi in excambium pro quadam terra juxta Stayner, et jacet inter assartum Johannis Juuenis et assartum Adæ Cates, versus Thorp. Præterea dedi et concessi eisdem monachis triginta pedes bene mensuratos in latitudine de tofto meo juxta toftum quod fuit aliquando Roberti Dages, et longitudine a regia strata de Goukethorp usque ad caucetum juxta Daycros; toftum vero, jus, et clameum, quod in ipso assarto vel in ipsis triginta pedibus, tam in latitudine quam in longitudine, sicut prædictum est, habui vel habere potui aut debui, prædictis monachis imperpetuum de me et heredibus meis quietum clamavi. Et ego Walterus et heredes mei omnes prædictas terras prædictis monachis contra omnes homines imperpetuum warantizabimus. Et ne ego vel heredes mei contra istam donationem et quietam clamationem venire possimus aliquatenus in posterum, præsens scriptum sigilli mei aposicione corroboravi. Hiis testibus, Johanne de Clyff, Johanne Juuene, etc.

XCI.

CARTA WALTERI DE AULA DE SELEBY, FILII WALTERI DE EADEM.

vii.   Sciant præsentes et futuri quod ego Walterus de Aula de Seleby, filius Walteri de eadem, dedi et concessi Deo et ecclesiæ Sancti Germani de Seleby et monachis ibidem Deo servientibus, quandam partem tofti quod fuit quondam avi mei in villa de Seleby, propinquiorem crofto quod dicti monachi ex concessione in ea possident; scilicet sexaginta et iij pedes juxta viam quæ ducit del Claycroft ad villam de Seleby, in longitudine se extendentes ab interiori limbo fossati inter prædictam partem

Selby. tofti et croftum antédictum versus domum patris mei, et sexaginta et iij pedes juxta curiam dictorum monachorum in longitudine et latitudine a curia prædicta usque ad viam prælibatam, in liberam, puram, et perpetuam elemosinam. Et ne ego vel aliquis ex parte mea contra istam donationem venire possimus aliquatenus in posterum, præsenti scripto sigillum meum apposui. Hiis testibus, Waltero de Seleby capellano, Johanne Juuene, etc.

XCII.

CARTA WALTERI DE AULA DE SELEBY.

viii. Omnibus Christi fidelibus ad quos præsens scriptum pervenerit, Walterus de Aula de Seleby æternam in Domino salutem. Noverit universitas vestra me dedisse, concessisse, et quietum clamasse, et hac præsenti carta mea confirmasse, pro me et heredibus meis vel meis assignatis, Deo et beato Germano de Seleby et monachis ibidem Deo servientibus, in puram et perpetuam elemosinam, quandam partem terræ in angulo essarti mei juxta le Claycroft, sicut fossato includitur, videlicet de essarto quod quondam fuit Roberti le Berker, tenendam et habendam ipsis monachis de me et heredibus meis vel meis assignatis, libere, quiete, sicut puram elemosinam, imperpetuum. Ego vero Walterus et heredes mei prædictam terram prædictis monachis contra omnes homines in perpetuum warantizabimus. Et ut hæc mea donatio, concessio, et quieta clamatio stabilis et rata permaneat, præsens scriptum eisdem Abbati et Conventui de Seleby tradidi, sigillo meo signatum. Hiis testibus, Johanne Juuene, Radulpho de Hauburgh, etc.

XCIII.

CARTA WALTERI FILII WALTERI DE AULA DE SELEBY.

ix. Omnibus Christi fidelibus præsens scriptum visuris vel audituris, Walterus, filius Walteri de Aula de Seleby, salutem in Domino. Noverit universitas vestra me quietclamasse et præsenti carta mea confirmasse Deo et monasterio beati Germani de Seleby et monachis ibidem Deo servientibus, in puram et perpetuam elemosinam, omnes terras, tenementa, redditus et possessiones, cum omnibus pertinentiis, quæ Walterus pater meus, et Agnes mater mea, et David frater meus, dederunt et concesserunt Deo et ecclesiæ Sancti Germani de Seleby et monachis ibidem Deo servientibus, in villis de Seleby et de Brayton et extra, sine ullo retenemento, cum homagiis, releviis, escaetis, et omnibus aliis rebus quæ aliquo modo dictis terris,

Selby. redditibus, possessionibus et tenementis, accidere vel evenire poterint. In cujus rei testimonium præsenti scripto sigillum meum apposui. Hiis testibus, Johanne de Cliff, Johanne le Jouene, Henrico fratre ejus, Willelmo Pypyn, Johanne Dodd, et aliis.

XCIV.

CARTA DAVID DE AULA.

x.

f. 48.

Sciant præsentes et futuri, quod ego David de Aula dedi, concessi, et hac præsenti carta mea confirmavi, Deo et ecclesiæ beati Germani de Seleby et monachis ibidem Deo servientibus, et eorum successoribus, in puram et perpetuam elemosinam, totum toftum meum cum ædificiis, sicut se extendit in longitudine et latitudine juxta monasterium prædictorum religiosorum, tenendum et habendum dictis religiosis et eorundem successoribus, in liberam, puram, et perpetuam elemosinam, imperpetuum ; ita scilicet quod nec ego David, nec heredes mei, nec aliquis per me vel per nos, aliquod jus vel clamium in dicto tofto de cetero vendicare poterimus vel exigere. Et ego David et heredes mei vel assignati mei dictum toftum cum pertinentiis dictis monachis et eorundem successoribus in omnibus et contra omnes homines warantizabimus, adquietabimus, et inperpetuum defendemus. In cujus rei testimonium præsenti scripto sigillum meum apposui. Hiis testibus, Roberto Chaumberlain de Seleby, Henrico Syward, etc.

XCV.

CARTA DAVID FILII WALTERI DE AULA.

xi.

Sciant omnes præsentes et futuri quod ego David, filius Walteri de Aula de Seleby, concessi et quietum clamavi, pro me et heredibus meis, domino Abbati de Seleby et ejusdem loci Conventui, totum jus et clamium quod habui vel habere potero in crofto illo quod fuit quondam fuit (sic) patris mei, jacente in villa de Seleby inter clausum dicti Abbatis et Conventus ex una parte, et regiam viam ex altera, et incipit a tofto meo et protendit se ad viam quæ ducit ad boscum orientalem. Pro hac autem quieta clamatione et concessione concesserunt mihi et quietam clamaverunt dicti Abbas et Conventus unam (acram)[1] terræ quam pater meus quondam tenuit in loco qui dicitur Langelay. In cujus rei testimonium præsenti scripto sigillum meum apposui. Hiis testibus, domino Willelmo de Leyton, domino Waltero capellano, Johanne Juuene, etc.

[1] Omitted.

XCVI.

CARTA ISABELLÆ QUONDAM UXORIS DAVID DE AULA DE SELEBY.

Selby xii.   Universis pateat per præsentes quod ego Isabella, quondam uxor David de Aula de Seleby, `remisi et quietum clamavi domino Abbati et Conventui de Seleby, totum jus et clamium quod habui, habere potui, vel habere potero, in omnibus terris et tenementis infra villam de Seleby et extra, cum toftis et croftis, quæ quidem fuerunt David mariti mei, et etiam omnia debita et actiones quæ michi aliquo modo accidere poterint; ita tamen quod ego nec aliquis nomine meo in prædictis tenementis, terris, debitis, et actionibus, ratione dotis et debiti, de cetero aliquod jus vel clamium exigere vel vendicare poterimus. In cujus rei testimonium sigillum meum in mea viduitate huic quietæ clamationi est appensum. Hiis testibus, domino Roberto de Berlay, etc.

XCVII.

CARTA CHRISTIANÆ DE BUGETON.

xiii.   Sciant præsentes et futuri quod ego Christiana de Bugeton, in libera viduitate mea, dedi, concessi, et hac præsenti (carta)[1] sigillo meo roborata confirmavi Willelmo de Candesby, clerico, pro servicio suo, unum messuagium cum pertinentiis in .villa de Seleby quod jacet inter domum Hugonis et domum Willelmi Wychundersette, tenendum et habendum sibi et heredibus suis vel assignatis imperpetuum, de me et heredibus meis, libere, quiete, pacifice et honorifice ; reddendo inde annuatim michi et heredibus meis unum obolum argenti ad Natale Domini, pro omni servitio sæculari et demanda, et faciendo capitali domino servitium consuetum, ipse et heredes sui vel assignati. Ego vero Christiana prædicta et heredes mei dictum messuagium, sicut supradictum est, præfato Willelmo et heredibus suis vel assignatis contra omnes mortales inperpetuum warantizabimus, acquietabimus, et defendemus. Testibus, Waltero capellano, Henrico Juuene, Waltero de Brayton, etc.

XCVIII.

CARTA WIDONIS DE LUNDA.

xiv.   Sciant omnes præsentes et futuri quod ego Wydo de Lunda dedi, concessi, et hac præsenti carta mea confirmavi Waltero filio Ranulfi de Seleby et heredibus suis vel eorum assignatis,

---

[1] Omitted.

Selby. unum toftum in villa de Seleby, videlicet illud toftum quod jacet
inter molendinum et toftum quondam Thomæ filii Willelmi,
tenendum et habendum, sibi et heredibus suis vel eorum
assignatis, de me et heredibus meis, libere, quiete, et integre,
cum omnibus pertinentiis suis, libertatibus, et aysiamentis, infra
villam et extra, reddendo inde annuatim capitali domino, scilicet
f. 48v. domino Abbati, iij denarios, tres obolos ad Pentecosten, tres
obolos ad festum Sancti Martini in hyeme, et singulis annis
michi et heredibus meis, unum denarium, scilicet medietatem ad
Pentecosten et aliam medietatem ad festum Sancti Martini, pro
omni servitio, exaccione, et demanda. Et ego Wydo et heredes
mei prædictum toftum prædicto Waltero et heredibus suis sive
assignatis suis contra omnes homines inperpetuum warantizabimus. Hiis testibus, Waltero de Aula, Johanne Juuene, etc.

XCIX.

CARTA MARTINI FILII WILLELMI SUTORIS ET ALICIÆ MATRIS EJUSDEM.

xv.   Omnibus hoc scriptum visuris vel audituris, Martinus filius
Willelmi Sutoris et Alicia mater ejusdem Martini, salutem in
Domino. Noverit universitas vestra nos remisisse et quietum
clamasse pro nobis et omnibus aliis nomine nostro, Deo et
ecclesiæ beati Germani de Seleby et monachis ejusdem loci
ibidem (Deo)[1] servientibus, totum jus et clamium quod habuimus
vel habere potuimus in uno tofto in villa de Seleby, in longitudine et latitudine sicut jacet inter terram Adæ cum baculis[2] et
terram Ricardi Wetekake in Wrennegate ; ita scilicet quod nos
nec aliquis nomine nostro in prædicto tofto cum pertinentiis
aliquod jus vel clameum de cetero vendicare aut exigere
poterimus. In cujus rei testimonium huic præsenti scripto
sigilla nostra apposuimus. Hiis testibus, Johanne Juuene de
Seleby, Henrico fratre ejus, etc.

C.

CARTA MARTINI CARPENTARII DE SELEBY ET HENRICI FILII SUI.

xvi.   Universis præsens scriptum visuris vel audituris, Martinus
Carpentarius de Seleby et Henricus filius suis, salutem in
Domino. Noverit universitas vestra nos dedisse, remisisse, et
quietum clamasse pro nobis et heredibus nostris, Deo et

---

[1] Omitted.
[2] Adam probably walked with two sticks. On a brass at Ingoldmells,
Lincolnshire (1520), the deceased is described as William Palmer " wyth ye
stylt," and the crutch is represented beside him. *Haines*, cxxiii.

Selby. ecclesiæ beati Germani de Seleby et monachis ibidem Deo
servientibus, partem tofti nostri jacentem inter toftum dudum
Roberti le Blund et fossatum juxta domum Henrici Juuenis de
Seleby ; habendam et tenendam eisdem religiosis ita libere quod
nos nec heredes nostri, nec aliquis alius nomine nostro, in
prædicta parte tofti nostri, aliquod jus vel clameum de cetero
vendicare aut exigere poterimus. In cujus rei testimonium,
præsenti scripto sigilla nostra apposuimus. Hiis testibus,
Henrico Juuene de Seleby, Henrico Syward, Thoma de Hayton,
etc.

CI.

CARTA EUÆ FILIÆ HENRICI SNAYP DE SELEBY.

xvii. Sciant omnes, tam præsentes et futuri, quod ego Eua, filia
Henrici Snayp de Seleby, in pura virginitate et ligia potestate
mea, dedi, concessi, et hac præsenti carta mea confirmavi
Johanni Tannatori de Pontefracto et heredibus suis vel ejus
assignatis, medietatem cujusdam tofti in villa de Seleby, videlicet
occidentalem medietatem tofti illius quod fuit quondam Rogeri
Smeltebert, juxta toftum quondam Henrici Sutoris, et extendit
se a vico usque ad fossam molendini in longitudine ; tenendam
et habendam, et libere, quiete, et integre, cum omnibus
pertinentiis sive libertatibus et aysiamentis ad dictum toftum
spectantibus ; reddendo inde annuatim michi et heredibus meis
unum obolum at Natale Domini, ed capitali domino Abbati iiij
denarios et obolum pro omni servitio, exactione, et demanda.
Et ego Eua et heredes mei totum prædictum tenementum
prædicto Johanni et heredibus sive assignatis suis contra omnes
homines inperpetuum warantizabimus. Hiis testibus, Johanne
Juuene, Henrico Juuene, etc.

CII.

CARTA RICARDI FILII ELYÆ DE SELEBY.

xviii. Sciant omnes, tam præsentes quam futuri, quod ego Ricardus
filius Elyæ de Seleby, dedi et concessi, resignavi, et quietum
clamavi et hac præsenti carta mea confirmavi Deo et Sancto
Germano de Seleby et monachis ibidem Deo servientibus, duo
assarta quæ fuerunt patris mei in territorio de Seleby, videlicet
unum quod jacet juxta le lane quod ducit ad Brayton, et alterum
quod jacet in alto Langelay, juxta Langelay ker. Totum vero
jus quod habui vel habere potui aut debui in prædictis terris,
prædictis monachis de me et heredibus meis in perpetuum
resignavi et quietum clamavi. Et ne ego vel heredes mei contra

Selby. istam quietam clamationem et resignationem possimus aliquatenus venire in posterum, præsens scriptum sigilli mei munimine
duxi corroborandum. Hiis testibus, Johanne Juuene, Henrico
fratre ejus, et Thoma de Drayton, etc.

CIII.

CARTA ADÆ FILII RICARDI MACK DE SELEBY.

xix.   Sciant præsentes et futuri quod ego Adam filius Ricardi Mack
de Seleby, dedi, concessi, et hac præsenti carta mea confirmavi
Adæ filio Gervasii et heredibus suis et ejus assignatis, unum
toftum in Goukethorp, pro homagio et servitio suo, illud scilicet
quod jacet inter toftum Rogeri filii Johannis et toftum Seman
f. 49. fabri ; tenendum et habendum sibi et heredibus suis, libere,
quiete, et honorifice, cum omnibus pertinentiis suis, infra villam
et extra ; reddendo inde annuatim michi et heredibus suis[1]
unum obolum infra Natale Domini pro omni servitio seculari et
demanda. Et ego Adam et heredes mei prædictum toftum cum
pertinentiis suis prædicto Adæ et heredibus suis vel ejus
assignatis contra omnes homines warantizabimus et inperpetuum
defendemus. Hiis testibus, Waltero de Aula, Johanne
Camerario, etc.

CIV.

CARTA HUGONIS FILII NIGELLI CUPER DE SELEBY.

xx.   Sciant præsentes et futuri quod ego Hugo, filius Nigelli
Couper de Seleby, quietum clamavi et hac præsenti carta mea
confirmavi Willelmo fratri meo et heredibus suis vel ejus
assignatis, totum jus meum quod habui vel habere debui in
quodam tofto cum ædificiis in villa de Seleby, quod habui de
Thoma filio Johannis de Wystow in Mikelgat, faciendo inde
servitium annuatim, videlicet domino Abbati novem denarios, et
dicto Thomæ et (heredibus)[2] suis duos solidos pro omnibus
rebus, et hoc quietum clamavi quod nunquam de cetero ego nec
heredes mei sive aliquis pro me inde clameum habere poterimus.
In hujus rei testimonium præsenti scripto sigillum meum adhibui.
Hiis testibus, Waltero de Aula, Johanne Juuene, Henrico
Juuene, etc.

CV.

CARTA WILLELMI LE TAILLIUR.

xxi.   Omnibus hoc scriptum visuris vel audituris, Willelmus le

---

[1] Read "meis."   [2] Omitted.

Selby. Tailliur de Beverlaco, salutem in Domino. Noverit universitas vestra me dedisse, reddidisse, et omnino quietum clamasse de me et heredibus meis imperpetuum, Deo et ecclesiæ Sancti Germani de Seleby et Thomæ[1] Abbati et Conventui ejusdem loci, totum messuagium meum et toftum meum in villa de Seleby, cum omnibus pertinentiis, libertatibus et aysiamentis, sine aliquo retenemento ; tenendum et habendum dicto domini Thomæ Abbati et successoribus suis et ecclesiæ suæ de Seleby, imperpetuum; ita scilicet quod nec ego nec heredes mei aliquod jus vel clameum in prædicto mesuagio sive tofto cum suis pertinentiis in posterum exigere vel vendicare poterimus. In cujus rei testimonium præsenti scripto sigillum meum apposui. Hiis testibus, Magistro Johanne de Asgarby, Roberto de Thorny, Henrico Syward, Ricardo de Stalingburgh, etc.

CVI.

CARTA MARTINI GERONEL DE SELEBY.

xxii.   Sciant omnes præsentes et futuri quod ego Martinus Geronell de Seleby concessi, dedi, et hac præsenti carta mea confirmavi Yue[2] mercatori de Seleby et heredibus suis vel eorum assignatis, unam acram terræ cum pertinentiis in territorio de Seleby, videlicet quæ jacet in Wocanlay juxta terram quondam Ricardi Turnegos ex parte occidentali ; tenendam et habendam libere, quiete, et integre, cum omnibus libertatibus et aysiamentis ad dictam terram spectantibus, cum libero introitu et exitu ; reddendo inde annuatim capitali domino, videlicet domino Abbati de Seleby, duos denarios ad terminos illi statutos in villa de Seleby, et michi et heredibus meis singulis annis j obolum ad Natale Domini, pro omni servitio, exactione sæculari, et demanda.   Et ego vero Martinus et heredes mei dictam acram terræ cum pertinentiis dicto Yue et heredibus suis vel eorum assignatis contra omnes homines warantizabimus et imperpetuum defendemus.   Hiis testibus, Johanne Juuene, Henrico fratre suo, Radulfo de Hauburg, Thoma de Drayton, etc.

CVII.

CARTA ROBERTI AUNDEL DE SELEBY.

xxiii.   Omnibus Christi fidelibus hoc scriptum visuris vel audituris, Robertus Aundel de Seleby, salutem in Domino. Noverit universitas vestra me dedisse, concessisse, et hac præsenti carta

[1] Thomas de Whalley succeeded in 1254, was deposed in 1262, restored in 1269, and again deprived in 1280.
[2] Something like another letter follows in the MS. here, but not below.

Selby. mea confirmasse, Deo et ecclesiæ Sancti Germani de Seleby et
monachis ibidem Deo servientibus, in liberam, puram, et
perpetuam elemosinam, annuum redditum duorum denariorum,
percipiendum videlicet de Waltero filio Johannis Tannatoris de
Seleby et ejus successoribus, de quodam assarto quod vocatur
Aundel ridding, jacens in territorio de Seleby ; habendum et
tenendum eisdem religiosis et eorundem successoribus, in
liberam, puram, et perpetuam elemosinam, cum omnibus
pertinentiis, homagiis, et servitiis, releviis, exchaetis, wardis,
et omnibus aliis rebus inde provenientibus. Ego vero prædictus
Robertus et heredes mei totum prædictum annuum redditum
cum omnibus pertinentiis, sicut supradictum est, dictis religiosis
et eorundem successoribus contra omnes gentes imperpetuum
warantizabimus, adquietabimus, et defendemus. In cujus rei
testimonium præsenti scripto sigillum meum apposui. Hiis
testibus, Johanne Juuene de Seleby, Henrico fratre ejus, Waltero
capellano de eadem, etc.

CVIII.

CARTA JOHANNIS FILII JOHANNIS LE TAILLIUR (*sic*) DE SELEBY.

xxiv.   Omnibus hoc scriptum visuris visuris (*sic*) vel audituris,
f. 49*v*.   Johannes filius Johannes le Tannur (*sic*) de Seleby, salutem.
Noveritis me relaxasse (et) remisisse de me et heredibus meis
inperpetuum (et) quietum clamasse Deo et ecclesiæ Sancti
Germani de Seleby et monachis ibidem Deo servientibus, et
successoribus suis, totum jus et clameum meum quod habui vel
habere potui in iiij acris terræ cum pertinentiis in Braiton, quæ
vocatantur (*sic*) le Barkerriding,[1] prout jacent in longitudine et
in latitudine inter assartum quod quondam fuit Eliæ Fabri ex
una parte et assartum Tulby ex altera ; habendum et tenendum
dictis religiosis et successoribus suis totum prædictum tenementum, sicut prædictum est, libere, quiete, integre, et pacifice ;
ita scilicet quod nec ego Johannes nec heredes mei nec aliquis
ex parte nostra de cetero exigere vel vendicare poterimus in
futurum. Et ego vero Johannes et heredes mei totas prædictas
quatuor acras terræ cum pertinentiis sicut supradictum est dictis
religiosis et eorundem successoribus contra omnes homines
inperpetuum warantizabimus, adquietabimus, et in perpetuum
defendemus. In cujus rei testimonium huic scripto sigillum
meum apposui. Hiis testibus, Johanne de Hauburg, Martino
Syward, Willelmo Gily, etc.

---

[1] Probably from the "barker" or tanner who had it.

CIX.

CARTA MATILDIS, QUONDAM UXORIS SIMONIS.

Selby.
xxv.

Sciant omnes præsentes quod ego Matildis quondam uxor Simonis, in pura viduitate et ligea potestate mea, consensu et assensu Celiæ filiæ meæ, dedi, concessi, et hac præsenti carta mea confirmavi Mariotæ quondam · uxori Petri de Crull et heredibus sive assignatis suis, unam acram terræ et dimidiam cum pertinenciis in territorio de Seleby, videlicet quam dictus Petrus prius habuit de dono dicti Simonis de Potterton mariti mei, sicut carta quam de illo habui testatur ; tenendam et habendam libere et quiete et integre, cum omnibus libertatibus, pertinenciis, libertatibus, et aysiamentis ad dictam terram spectantibus ; reddendo inde annuatim nobis et heredibus nostris iij obolos, videlicet unum denarium ad Vincula Sancti Petri, et unum obolum ad Natale Domini, et domino Abbati iij^d ad terminos illi statutos in Seleby, pro omni servicio, exaccione, et demanda. Nos vero et heredes nostri dictam terram cum pertinenciis dictæ Mariotæ et heredibus sive assignatis suis contra omnes homines inperpetuum warantizabimus et defendemus. Hiis testibus, Johanne Juuene, Henrico Juuene, Johanne clerico, Johanne Camerario, etc.

CX.

CARTA JOHANNIS DE HANBURG[1] MANENS (sic) IN SELEBY.[2]

xxvi.

Omnibus hoc scriptum visuris vel audituris, Johannes de Hanburg, manens in Seleby, filius et heres Radulfi de Hanburg, salutem in Domino. Noverit universitas vestra me redidisse, concessisse, (et) de me et heredibus meis inperpetuum quietum clamasse Deo et Ecclesiæ Sancti Germani de Seleby et monachis ibidem Deo servientibus, unum assartum in territorio de Braiton, jacens in Langelay, illud scilicet assartum quod Robertus tinctor tenet, et quod ab eodem Roberto per breve mortis antecessorum petii coram justiciariis domini Regis apud Eboracum, itinerantibus anno regni Regis Edwardi septimo, inperpetuum tenendum et habendum sibi et successoribus suis, libere, quiete, bene, et in pace, cum omnibus pertinenciis suis, inperpetuum. Ego vero Johannes et heredes mei prædictum assartum cum omnibus pertinenciis suis Deo et Ecclesiæ Sancti Germani de Seleby et monachis ibidem Deo servientibus, prout dictum est, contra omnes gentes warantizabimus, adquietabimus, et defendemus inperpetuum. In cujus rei testimonium præsenti scripto sigillum

---

[1] "Hemingbrough" appears in Domesday as "Hamiburg," and in 1271 as "Hanburgh."

[2] Note in margin :—Ista quieta clamacio duplicata est.

H

Selby. meum apposui. Hiis testibus, Johanne fratre Abbatis, Ricardo Hund, Gaffrido de Apelton, etc.

CXI.

CARTA WILLELMI FILII PETRI DE CARLETON.

xxvii. Omnibus hoc scriptum visuris vel audituris, Willelmus filius Petri de Carltona et Aldusa uxor ejus, filia Radulphi Mercatoris de Seleby, salutem. Noverit universitas vestra nos mera et spontanea voluntate nostra dedisse, redidisse, et quietum clamasse, et præsenti carta nostra confirmasse Thomæ Abbati de Seleby et monasterio Sancti Germani ejusdem loci, de nobis et de heredibus nostris imperpetuum, unum mesuagium cum fundo et omnibus pertinenciis suis in villa de Seleby, illud scilicet quod jacet inter mesuagium Adæ Cobka et mesuagium Ricardi de Molendino; tenendum et habendum prædictis Abbati de Seleby et monasterio Sancti Germani ejusdem loci, libere et quiete, sine aliqua reclamacione vel retenemento. Et quod ista donacio et reddicio, quieta clamacio et confirmacio robur optineant inperpetuum, præsenti scripto sigilla nostra apposuimus. Hiis testibus, domino Willelmo de Leperton, milite, Johanne Camerario, etc.

CXII.

CARTA ADÆ FILII ROBERTI FILII GODRICI.

xxviii. Omnibus hoc scriptum visuris vel audituris, Adam filius
f. 50. Roberti filii Godrici, salutem in Domino. Noverit universitas vestra me dedisse, concessisse, et quietum clamasse Deo et ecclesiæ beati Germani de Seleby et monachis ibidem Deo servientibus, cum corpore suo, duo tofta in villa de Seleby cum omnibus ædeficiis et pertinenciis dictis toftis pertinentibus, unde unum jacet in Micklegat in longitudine et latitudine juxta toftum Henrici le Porter; et alterum toftum jacet juxta toftum Walteri Capellani de Seleby; habenda et tenenda eisdem religiosis imperpetuum, libere, quiete, bene, et in pace, cum omnibus pertinenciis; ita quod ego nec aliquis alius nomine meo in prædictis duobus toftis aliquod jus vel clameum de cetero exigere aut vendicare poterimus. In cujus rei testimonium huic præsenti scripto sigillum meum apposui. Hiis testibus, Waltero de Seleby capellano, Johanne Juuene et Henrico fratre ejus, etc.

CXIII.

CARTA WILLELMI FILII GODWINI DE SELEBY.

xxix. Sciant omnes, tam præsentes quam futuri, quod ego Willelmus, filius Godwini de Seleby, dedi, concessi, et hac

Selby. præsenti carta mea confirmavi Willelmo filio Arnaldi Spring et heredibus suis vel cui assignare voluerit, quandam partem tofti mei in villa de Seleby, scilicet in Midelthorp, quæ pars continet iiij^{or} perticatas in longitudine et iij perticatas in latitudine, videlicet quæ jacet inter toftum meum et exitum qui ducit ad stagnum molendini ; tenendam et habendam de me et heredibus meis, sibi et heredibus suis vel ejus assignatis, libere, quiete, et honorifice, cum omnibus pertinenciis et aysiamentis et libertatibus suis, reddendo inde annuatim michi et heredibus meis vid., et capitali domino, videlicet domino Abbati de Seleby, vi denarios, medietatem scilicet ad Pentecosten et medietatem ad festum Sancti Martini, pro omni servicio, consuetudine, et demanda. Ego vero Willelmus et heredes mei plenarie prædictam partem tofti supranominati præfato Willelmo et heredibus suis vel cui assignare voluerit, contra omnes homines inperpetuum warantizabimus. Hiis testibus, Waltero de Aula, Johanne Juuene, etc.

CXIV.

CARTA JOHANNIS LE SCHIPWRYCHT.

xxx. Sciant omnes præsentes et futuri quod ego Johannes le Schipwrycht dedi, concessi, et hac præsenti carta mea confirmavi Deo et Sancto Germano de Seleby et monachis ibidem Deo servientibus, in puram et perpetuam elemosinam, unum assartum in territorio de Seleby, videlicet quod jacet inter assartum Wyler et parcum. Totum vero jus et clameum quod in ipso assarto habui vel habere potui aut debui, prædictis monachis in puram et perpetuam elemosinam de me et heredibus meis concessi et quietum clamavi. Et ne ego vel heredes mei contra istam meam donacionem et quietam clamacionem venire possimus aliquatenus in posterum, præsens scriptum sigilli mei appositione corroboravi. Hiis testibus, Waltero de Aula, Johanne Juuene, etc.

CXV.

CARTA WILLELMI DE PONTE, CLERICI EBOR.

xxxi. Sciant omnes præsentes et futuri quod ego Willelmus de Ponte, clericus Ebor., dedi, concessi, et hac præsenti carta mea confirmavi Petro de Crull et heredibus suis vel ejus assignatis, unam acram terræ in territorio de Seleby, jacentem in assarto Simonis de Poterington, scilicet quam accepi in libero maritagio cum uxore mea, videlicet quæ jacet juxta acram Radulfi tanitoris ex una parte, et juxta terram Willelmi filii Arnewis ex

Selby. altera parte ; tenendam et habendam sibi et heredibus suis vel
ejus assignatis de me et heredibus meis, libere, quiete, et
honorifice ; reddendo inde annuatim capitali domino Abbati de
Seleby duos denarios, medietatem ad Pentecosten, et medietatem
ad festum Sancti Martini, et Simoni de Poterington vel suis
assignatis, unum denarium ad festum Sancti Petri ad Vincula,
et singulis annis michi et heredibus meis unum obolum ad
Natale Domini, pro omnibus serviciis, consuetudinibus, et
demandis.   Ego vero prædictus Willelmus et heredes mei
prædictam acram terræ cum pertinenciis prædicto Petro et
heredibus suis pro servicio nominato contra omnes homines
inperpetuum warantizabimus, adquietabimus, et defendemus.
Hiis testibus, Waltero de Aula, Johanne Juuene, etc.

CXVI.

CARTA WALTERI FILII PETRI DE BRACEREIO DE SELEBY.

xxxii.   Sciant omnes, tam præsentes quam futuri, quod ego Walterus
filius Petri de Bracerio de Seleby concessi, dedi, et hac
præsenti carta mea confirmavi Johanni de Crull de Seleby et
heredibus suis, vel cuicunque vendere, dare, legare, vadiare,
f. 50v. vel assignare voluerit, duas acras terræ in territorio de Seleby,
quarum una acra jacet in Poteringtonridinges inter terram
Henrici Siward ex ambabus partibus, et alia acra jacet in
Futriding' juxta Snaythynges inter terram Johannis fratris
quondam Thomæ Abbatis de Seleby ex ambabus partibus ;
tenendas et habendas, libere, quiete, integre, bene, et in pace,
cum omnibus pertinenciis, libertatibus, et aysiamentis ad dictam
terram pertinentibus ; reddendo inde annuatim domino Abbati et
Conventui de Seleby pro una acra in Poteringtonriddynges duos
denarios ad duos anni terminos, videlicet medietatem ad
Pentecosten et aliam medietatem ad festum Sancti Martini in
hyeme, et pro altera acra in Futriding', Johanni fratri Thomæ
quondam Abbatis de Seleby, tres denarios annuatim ad eosdem
terminos prædictos, pro omnibus serviciis, exaccionibus, et
demandis.   Et ego prædictus Walterus et heredes mei
prædictam terram cum pertinenciis præfato Johanni et heredibus
suis vel assignatis suis, sicut prædictum est, contra omnes
homines warantizabimus, adquietabimus, et inperpetuum defendemus.   In cujus rei testimonium, præsenti scripto sigillum
meum apposui.   Hiis testibus, Henrico Siward, Roberto
Camerario, etc.

CXVII.

CARTA MARTINI GERONEL DE SELEBY.

Sciant omnes præsentes et futuri quod ego Martinus Jeronel
de Seleby dedi, concessi, et hac præsenti carta sigillo meo
roborata, confirmavi Ricardo Hund, et heredibus vel assignatis
suis, unar. acram terræ cum pertinenciis in territorio de Seleby,
scilicet in Langelay, ex parte australi terræ Hugonis Beng, et
extendit se ab oriente versus occidentem; tenendam et
habendam sibi et heredibus vel assignatis suis de me et
heredibus meis, cum libero introitu et exitu, libere, quiete,
integre, pacifice, et honorifice, cum omnibus pertinenciis,
libertatibus, et aysiamentis ad dictam terram pertinentibus ;
reddendo inde annuatim capitali domino, videlicet domino
Abbati de Seleby, duos denarios, scilicet unum denarium ad
Pentecosten, et unum denarium ad festum Sancti Martini in
hyeme, et singulis annis michi et heredibus unum denarium
infra Natale Domini, pro omni servicio seculari, exaccione, et
demanda. Ego vero Martinus et heredes mei prædictam acram
terræ, cum omnibus pertinenciis et aysiamentis tantæ terræ
pertinentibus, prædicto Ricardo et heredibus vel assignatis
suis, pro servicio nominato contra omnes homines inperpetuum
warantizabimus. Hiis testibus, Waltero de Aula, Johanne
Camerario, etc.

CXVIII.

CARTA JOHANNIS FILII ROBERTI DE WYCKESTOWE.

Sciant omnes, tam præsentes quam futuri, quod ego Johannes
filius Roberti de Wyckestow et heredes mei (*sic*), dedi, concessi, et
hac præsenti carta mea confirmavi Thomæ filio meo et heredibus
suis, unum toftum in Mikelgate, cum omnibus ædificiis suis,
scilicet quod jacet inter toftum Josani le Wiler et toftum Henrici
Sutoris ; tenendum et habendum, libere, quiete, reddendo inde
annuatim domino Abbati de Seleby novem denarios pro omni
servicio, videlicet medietatem ad Pentecosten et medietatem ad
festum Sancti Martini in hyeme, et michi et heredibus meis
unum denarium ad Natale Domini. Ego vero et heredes mei
prædicto Thomæ et heredibus suis præfatum toftum cum
omnibus ædeficiis contra omnes homines warantizabimus imperpetuum. Hiis testibus, Johanne Juuene, Henrico fratre suo,
etc.

CXIX.

CARTA THOMÆ FILII JOHANNIS DE WISTOWE.

Hæc carta testatur, quod ego Thomas, filius Johannis de Wystow, dimisi et concessi, et hac mea præsenti carta confirmavi Hugoni filio Nigelli de Seleby, unum toftum cum ædificiis et omnibus pertinenciis in villa de Seleby, illud scilicet quod Radulfus Faber quondam tenuit; et jacet juxta toftum Rogeri de Dunolm; tenendum et habendum sibi et heredibus suis vel assignatis, de me et heredibus meis, in feodo et hereditate, libere, quiete, integre, et pacifice, reddendo inde annuatim michi et heredibus meis duos solidos argenti, et capitali domino novem denarios, scilicet medietatem ad Pentecosten et medietatem ad festum Sancti Martini in hyeme, pro omni servicio seculari faciendo forinsecum, quantum pertinet ad illud toftum. Et ego Thomas et heredes mei dictum toftum cum pertinenciis dicto Hugoni et heredibus suis vel assignatis warantizabimus, adquietabimus, et defendemus contra omnes homines, imperpetuum. Hiis testibus, Johanne Camerario, Henrico fratre ejus, Thoma de Drayton, Ricardo forestario, etc.

CXX.

CARTA JOHANNIS LE WYLER DE SELEBY.

Sciant omnes præsentes et futuri, quod ego Johannes le Wyler de Seleby quietum clamavi, de me et heredibus meis, Henrico Juueni et heredibus suis vel assignatis, totum jus et clameum

quod habui vel habere debui in quodam tofto cum pertinenciis in villa de Seleby, videlicet quod jacet in Mikelgate, juxta toftum quondam Thomæ de Wystowe, et fuit quondam Henrici Sutoris; ita etiam hoc quietum clamavi quod de cetero nunquam ego nec heredes mei, sive per nos aliquis alter, clameum inde neque jus exigere poterimus. In hujus rei testimonium huic scripto præsenti sigillum apposui. Hiis testibus, Johanne Juuene, Henrico Juuene, Johanne Dodd, etc.

CXXI.

CARTA MARTINI TANNATORIS DE SELEBY.

Sciant omnes præsentes et futuri quod ego Martinus tannator de Seleby dedi, concessi, et hac præsenti carta mea confirmavi Johanni le Wiler de Seleby et heredibus suis vel assignatis eorum, unum toftum cum pertinenciis in Seleby, videlicet quod jacet in Mikelgate inter toftum quondam Johannis de Wystow et toftum Rogeri Smeltebert; tenendum et

Selby. et habendum, libere, quiete et integre, cum omnibus pertinenciis
suis, libertatibus, et aysiamentis ad dictum toftum spectantibus,
reddendo inde annuatim michi et heredibus meis iij solidos,
videlicet xviii denarios ad Pentecosten, et octodecim denarios
ad festum Sancti Martini in hyeme, pro omni servicio, exaccione,
et demanda. Et ego Martinus et heredes mei prædictum
toftum cum pertinenciis prædicto Johanni et heredibus suis vel
eorum assignatis contra omnes homines imperpetuum warantizabimus.   Hiis testibus, Johanne Juuene, Henrico Juuene, etc.

CXXII.

CARTA WILLELMI BRUN, FILII NIGELLI DE SELEBY.

xxxviii.   Sciant præsentes et futuri quod ego Willelmus Brun, filius
Nigelli de Seleby, quietum clamavi et hac præsenti carta mea
confirmavi Hugoni de Bardow et heredibus suis vel eorum
assignatis, totum jus et clameum quod habui vel habere debui
in quodam tofto cum pertinenciis in villa de Seleby, videlicet
quod jacet in Mikelgate inter toftum Rogeri de Dorem et toftum
quondam Henrici Sutoris, faciendo inde servicium quantum
pertinet domino Abbati et Thomæ de Wystowe et suis, cujus
cartam, quam Hugo frater meus habuit, insimul cum carta mea
dicto Hugoni tradidi in warentum ; ita videlicet hoc quietum
clamavi quod de cetero nunquam ego nec heredes mei, sive per
nos aliquis alius, clameum neque jus vendicare poterimus.
Hiis testibus, Johanne Juuene, Henrico Juuene, Rogero de
Durem, et aliis.

CXXIII.

CARTA MAGISTRI ROBERTI DE HUK.

xxxix.   Sciant præsentes et futuri quod ego Magister Robertus de
Huk concessi, dedi, et hac præsenti carta mea confirmavi
Nicholao filio meo et heredibus suis, vel cui assignare voluerit,
unum mesuagium in Seleby juxta pontem ecclesiæ conventualis,
inter fossatum ejusdem ecclesiæ et terram dominellæ Ceciliæ et
Willelmi Ichegamen ; tenendum et habendum in feudo et
hereditate de me et heredibus meis, libere, quiete, et honorifice,
cùm omnibus pertinenciis, libertatibus, et aysiamentis dicto
mesuagio pertinentibus, infra villam et extra ; reddendo inde
annuatim michi et heredibus meis unum denarium ad festum
Sancti Petri ad Vincula apud Seleby, et faciendo servicium
annuum quod inde fieri pertinet dominis feudi illius, videlicet
domino Abbati de Seleby et successoribus suis vid. per annum
pro omni servicio, consuetudine, et demanda ; medietatem ad

Selby. Pentecosten et medietatem ad festum Sancti Martini in yeme. Ego vero prædictus Robertus et heredes mei prædictum mesuagium cum pertinenciis prænominato Nicholao et heredibus vel assignatis suis contra omnes homines warantizabimus inperpetuum. Hiis testibus, Waltero de Aula, Waltero filio ejus, etc.

CXXIV.

CARTA AGNETIS DE SELEBY, QUONDAM UXORIS JOHANNIS DE LONDONIIS.

xl.   Omnibus hoc scriptum visuris vel audituris, Agnes de Seleby, quondam uxor Johannis de Londoniis de Seleby, salutem in Domino. Noverit universitas vestra me in pura viduitate et ligea potestate mea dedisse, concessisse, et de me et omnibus meis inperpetuum quietum clamasse Deo et ecclesiæ Sancti Germani de Seleby et monachis ibidem Deo servientibus, totum jus et clameum quod habui vel habere potui aut debui in tota illa terra quam Johannes quondam maritus meus aliquam diem *(sic)*[1] vixit, tenuit inter Langelay et le Claycroft de Seleby ; tenendum et habendum prædictis religiosis, pure, solute, et quiete, inperpetuum ; nichil michi seu meis inde solvendo. Et ne ego Agnes aut aliquis contra præsentem concessionem et quietam clamacionem venire possit in posterum, præsenti scripto sigillum meum apposui. Hiis testibus, Johanne Juuene, Henrico Juuene, Henrico Siward, Johanne de Durem, Ricardo Hund, Rogero Marescallo, Roberto Camerario, etc.

CXXV.

CARTA MARGARETÆ ULTRA VSAM.

xli.   Omnibus Christi fidelibus ad quos præsens scriptum pervenerit,
f. 51v. Margareta ultra Vsam de Seleby, salutem in Domino sempiternam. Noverit universitas vestra me in plena et pura viduitate mea dedisse, concessisse, et quietum clamasse de me et heredibus meis, in puram et perpetuam elemosinam, Deo et ecclesiæ Sancti Germani de Seleby et monachis ibidem Deo servientibus, totam terram quam quidem Magister Radulfus de Gaitefort habuit vel tenuit in villa et in territorio de Seleby, tenendam et habendam prædictis monachis et successoribus suis, libere, quiete, pacifice, et integre, sine aliquo retenemento seu aliqua contradiccione alicujus nomine meo vel heredum meorum inperpetuum. Ego vero Margareta et heredes mei prædictam terram cum omnibus pertinenciis suis prædictis religiosis viris contra omnes gentes warantizabimus, adquieta-

[1] Read "aliquando, dum."

Selby. bimus, et defendemus. In cujus rei testimonium sigillum meum apposui. Hiis testibus, Henrico Juuene de Seleby, Johanne nepote suo, etc.

CXXVI.

CARTA JOHANNIS FILII JOHANNIS LE ᵢCHAUMBERLEYN DE SELEBY.

xlii. Omnibus Christi fidelibus hoc scriptum visuris vel audituris, Johannes filius Johannis le Chaunberleng' de Seleby, salutem in Domino sempiternam. Noverit universitas vestra me concessisse, reddidisse, confirmasse, et omnino quietum clamasse Thomæ Abbati de Seleby et Conventui ejusdem loci, capitalibus dominis feodi, in liberam, puram, et perpetuam elemosinam, unum mesuagium et totam terram meam quam habui in villis de Seleby et Brayton, cum omni jure et clameo quod habeo vel exigere potero in omnibus serviciis, redditibus, eschaetis, pratis, pasturis, moris, mariscis, boscis, parcis, aquis, vivariis, molendinis, stagnis, turbariis, pascuis, viis, semitis, cum dote matris meæ et aliis dotibus ad prædictam terram pertinentibus cum acciderent, et cum omnibus aliis quæ aliquo modo ad prædictam terram accidere poterint ; habendam et tenendam eisdem Abbati et Conventui et eorum successoribus imperpetuum, sine aliquo retenemento ; ita quod nec ego Johannes, nec heredes mei, seu quiscunque nomine meo, in prædictis mesuagio et terra cum omnibus serviciis, redditibus, et omnibus aliis, ut prædictum est, ad prædictam terram pertinentibus, aliquid exigere seu vendicare poterimus in posterum ; ita tamen quod prædicti Abbas et Conventus et eorum successores reddant redditum debitum et consuetum de prædictis tenementis. Et ego Johannes et heredes mei prædictum mesuagium et prædictam terram cum dotibus et omnibus aliis ad prædictam terram pertinentibus, ut prædictum est, prædictis Abbati de Seleby et Conventui ejusdem loci et eorum successoribus contra omnes homines tam Yudios[1] quam Cristianos warantizabimus, adquietabimus, et defendemus inperpetuum. In cujus rei testimonium præsenti præsenti (*sic*) scripto sigillum meum apposui. Hiis testibus, dominis Johanne de Bella Aqua et Johanne de Reygat', militibus, Radulfo de Everingham, etc.

CXXVII.

CARTA JOHANNIS LE CHAUMBERLAYN DE SELEBY.

xliii. Universis tam libere tenentibus suis in villis de Seleby et Brayton
A.D. quam villanis, Johannes filius (*sic*) Johannis le Chaunberleng
1277.

[1] So apparently in MS., for *Judæos.*

Selby. de Seleby, salutem in Domino.   Noveritis me assignasse Thomæ
Abbati de Seleby et Conventui ejusdem loci et eorum
successoribus, vos et omnia servicia vestra quæ michi seu
antecessoribus meis aliquo modo facere consuevistis, racione
tenementorum quæ de me tenuistis in villis de Seleby et Brayton.
Et ideo vobis supplico quatinus prædictis Abbati et Conventui
et eorum successoribus, tamquam capitalibus dominis feodi, de
cetero sitis intendentes in omnibus serviciis quæ ad prædicta
tenementa pertinent.   In cujus rei testimonium, has literas meas
vobis mitto patentes.   Dat. apud Seleby, die Dominico in
crastino Apostolorum Philippi et Jacobi, anno Domini m° cc° lxx°
septimo, et anno regni Regis Edwardi quinto.

CXXVIII.

CARTA JOHANNIS FILII JOHANNIS JUUENIS DE SELEBY.

xliv.   Omnibus has literas visuris vel audituris, Johannes filius
Johannis Juuenis de Seleby, salutem.   Noverit universitas vestra
f. 52. me et heredes meos teneri inperpetuum Conventui de Seleby ad
pitantiam illorum, annuatim tres solidos ad duos terminos
persolvendos, medietatem scilicet ad Pentecosten et medietatem
ad festum Sancti Martini, quos aliquando Matheo de Kymington
persolvere solebam pro terra in territorio de Brayton juxta
ecclesiam de Braiton ex parte aquilonali, quam ego et heredes
mei ex dono prædicti Mathei abemus, et de Agnete quondam
uxore Milonis Basset et heredibus suis inperpetuum tenemus.
Et, hujus rei testimonium, ne ego et heredes mei contra
solutionem prædictorum trium solidorum prædicto Conventui
annuatim persolvendorum venire possumus (*sic*) aliquatenus
inposterum, præsenti scripto sigillum meum apposui.   Hiis
testibus, Waltero Capellano, Waltero de Aula, etc.

CXXIX.

CARTA PETRI HUSHALD DE SELEBY.

xlv.   Universis Christi fidelibus ad quos præsens scriptum per-
A.D.   venerit, Petrus Hushald de Seleby, salutem in Domino.
1297.   Noveritis me remisisse, relaxasse, et inperpetuum de me et
heredibus meis omnino quietum clamasse dominis meis Abbati
et Conventui de Seleby et eorum successoribus, totum jus et
clameum quod habui vel habere potero in omnibus terris et
tenementis quæ eisdem ad terminum viginti annorum prius
dimiseram, et quæ de eis tenui, videlicet unum mesuagium cum
pertinenciis in Seleby, scilicet in Mikelgate, jacens inter toftum
Rogeri Marescalli ex una parte et toftum Henrici tannatoris ex

Selby. altera, et unum toftum cum ædificiis superpositis in Midelthorp, et decem acras terræ cum pertinenciis in feodo de Seleby jacentes juxta Ruddeker, quas idem Petrus habuit ex dono Abbatis de Seleby ; ita quod nec ego nec heredes mei nec aliquis nomine nostro jus, clameum, vel actionem aliquam in eisdem de cetero exigere vel vendicare poterimus imperpetuum. In cujus rei testimonium huic scripto de remissione et quieta clamancia pro me et heredibus meis sigillum meum apposui. Hiis testibus, Johanne de Hanburgh, Willelmo Gily, Radulfo de Scotton, etc. Dat. apud Seleby, in vigilia Ascensionis Domini, anno Domini millesimo ducentesimo nonogesimo septimo.

CXXX.

CARTA HUGONIS PAGE DE SELEBY.

xlvi. Omnibus Christi fidelibus hoc scriptum visuris vel audituris, Hugo Page de Seleby et Anabilla uxor ejus, salutem in Domino sempiternam. Noverit universitas vestra nos unanimi consensu concessisse, dedisse, et hac præsenti carta nostra confirmasse, pro nobis et heredibus nostris inperpetuum, Petro Hushald de Seleby et Aliciæ uxori ejus et heredibus eorum vel eorum assignatis, unum mesuagium cum pertinenciis in Seleby, scilicet in Mikelgat, jacens inter toftum dicti Petri ex parte boreali, et toftum Rogeri Marescalli ex parte australi, et extendit se in longitudine a via regali usque ad stagnum aquæ domini Abbatis de Seleby, in excambium cujusdam tofti in Goukthorp, quod quidem toftum Walterus Husold, quondam pater meus, tenuit in Seleby ; tenendum et perpetue habendum, dictis Petro et Aliciæ uxori ejus et heredibus eorundem vel eorum assignatis, de nobis ·et heredibus nostris, libere, quiete, jure hereditario, bene, et in pace, cum omnibus libertatibus et aysiamentis ad dictum mesuagium spectantibus, infra villam et extra ; reddendo inde domino Abbati de Seleby et ejus successoribus duodecim denarios ad duos anni terminos, videlicet ad Pentecosten vid., et ad festum Sancti Martini in hyeme vid., et domino Roberto de Berley et heredibus suis octodecim denarios ad eosdem terminos, et michi et heredibus meis tria grana piperis ad Natale Domini, pro omni servicio seculari, consuetudine, exaccione, et demanda. Nos vero dicti Hugo et Anabilla et heredes nostri dictum mesuagium cum pertinenciis prædictis, Petro et Aliciæ et heredibus eorundem vel eorum assignatis, sicut prædictum est, contra omnes homines imperpetuum warantizabimus, adquietabimus, et in omnibus inperpetuum defendemus. Præterea, si contingat dictum Hugonem ante Anabillam uxorem suam

Selby.

universi carnis (viam)[1] ingredi vel mori, et dicta Anabilla aliquam quæstionem contra dictos Petrum et Aliciam super aliquo ipsam contingente in præmissis, vel placitum movere voluerit, totum

f. 52v.

prædictum tenementum excambii prædicti, dictis Petro et Aliciæ et heredibus eorundem sine impedimento vel contradiccione prædictæ Aliciæ (sic)[2] seu heredum suorum, solute et quiete, sine ullo retenemento revertetur, et omnes misas et custus quandocunque hoc evenerit, ut in domibus et ædificiis quæ prædicti Petrus et Alicia in prædicto tenemento fecerint vel apposuerint, dicti Anabilla et heredes sui secundum verbum Petri et Aliciæ simplicem ad vere (sic) valorem taxacionis restituent, prout poterint monstrare. Hiis testibus, Henrico Siward, Roberto le Chaumberlayn, Johanne de Hanburgh, etc.

CXXXI.

CARTA WILLELMI FILII GILBERTI DE HAUSAY.

xlvii.

Omnibus hoc scriptum visuris vel audituris, Willelmus filius Gilberti de Hausay, salutem in Domino sempiternam. Noverit universitas vestra me dedisse, concessisse, et hac præsenti carta mea sigillo meo roborata confirmasse Hugoni Page de Roucliff et Anabillæ uxori suæ et heredibus ex eis legitime procreatis, vel eorum assignatis, unum toftum jacens in villa de Seleby in Mikelgat, inter toftum Petri Husald ex una parte et toftum Rogeri Marescalli ex altera parte, et extendit se in longitudine a via regali usque ad stagnum domini Abbatis ; tenendum et habendum de me et heredibus meis dicto Hugoni et Anabillæ uxori suæ et heredibus ex eis venientibus, vel eorum assignatis, libere, quiete, integre, pacifice, honorifice, et hereditarie, cum omnibus libertatibus et aysiamentis ad dictum toftum infra villam de Seleby et extra pertinentibus ; reddendo inde annuatim domino Abbati de Seleby duodecim denarios ad duos anni terminos, videlicet medietatem ad Pentecosten et medietatem ad festum Sancti Martini in hyeme, et domino Roberto de Berlay et heredibus suis octodecim denarios ad eosdem terminos, michi et heredibus meis tria grana piperis ad Natale pro omnibus serviciis, exaccionibus, et demandis, et pro omni warento. Ego autem Willelmus et heredes mei dictum toftum cum omnibus pertinenciis dicto Hugoni et Anabillæ uxori suæ, et heredibus ex eis venientibus, vel eorum assignatis, contra omnes homines inperpetuum warantizabimus, adquietabimus, et defendemus. Hiis testibus, Henrico Syward, Roberto Camerario, Johanne de Hanburgh, etc.

Omitted.   [2] Read " Anabillæ."

CXXXII.

CARTA WILLELMI WIFFEN DE SELEBY.

Sciant omnes præsentes et futuri, quod ego Willelmus Wiffin de Seleby dedi, concessi, et hac præsenti carta mea confirmavi Petro Housald de Seleby et heredibus suis vel suis assignatis, unum mesuagium cum ædificiis in villa de Seleby, in vico qui vocatur Mikelgate, illud scilicet mesuagium quod jacet inter toftum Martini tannatoris de Seleby et toftum Petri Dodde de eadem, sicut se extendit versus stagnum in longitudine et latitudine ; tenendum et habendum dicto Petro et heredibus suis vel suis assignatis libere, quiete, pacifice, et integre, cum omnibus libertatibus et aisiamentis ad prædictum toftum spectantibus ; reddendo inde annuatim domino Willelmo Wyffin et heredibus suis unum granum piperis ad Natale Domini, et domino Abbati de Seleby duodecim denarios ad duos anni terminos, videlicet sex denarios ad Pentecosten et sex denarios ad festum Sancti Martini in hyeme, et domino de Berlay annuatim octodecim denarios ad terminos prænominatos, pro omnibus serviciis, exaccionibus, et demandis. Ego vero prædictus Willelmus et heredes mei prædicto Petro et heredibus dictum mesuagium cum pertinenciis, sicut prædictum est, contra omnes homines warantizabimus, adquietabimus, et defendemus inperpetuum. In cujus rei testimonium præsenti scripto sigillum meum apposui. Hiis testibus, Waltero Capellano de Seleby, Roberto Juuene de eadem, etc.

CXXXIII.

CARTA JOHANNIS HIND DE SELEBY.

Sciant omnes præsentes et futuri quod ego Johannes Hind de Seleby dedi, concessi, et hac præsenti carta sigillo meo roborata confirmavi Willelmo Wiffin et heredibus suis vel assignatis, dimidietatem cujusdam tofti jacentis in villa de Seleby, scilicet in Mikelgate, inter toftum Henrici filii Martini Tannatoris et toftum Rogeri le Porter, tenendam et habendam de me et heredibus meis, sibi et heredibus suis vel ejus assignatis, vel cuicunque et quo tempore dare, vendere, vel assignare voluerit ; libere, quiete, bene, et in pace, cum omnibus libertatibus et aysiamentis ad dictum tenementum pertinentibus ; reddendo inde annuatim domino Abbati de Seleby duodecim denarios ad duos terminos, videlicet medietatem ad Pentecosten et medietatem ad festum Sancti Martini in yeme, et domino Roberto de Berlay et heredibus suis octodecim denarios ad duos terminos prædictos, et michi et heredibus meis unum clavum

Selby. cariofili ad festum Sancti Johannis Baptistæ, pro omnibus serviciis, exaccionibus, et demandis terrenis. Ego autem Johannes et heredes mei dictum tenementum dicto Willelmo et

f. 53. heredibus suis vel assignatis cum omnibus pertinenciis infra villam de Seleby et extra pertinentibus, contra omnes homines inperpetuum warantizabimus, adquietabimus, et defendemus. Hiis testibus, Waltero Capellano, etc.

CXXXIV.

CARTA PETRI FILII JOHANNIS DODDE DE SELEBY.

l. Sciant omnes præsentes et futuri quod ego Petrus, filius Johannis Dodde de Seleby dedi, concessi, et hac præsenti carta mea sigillo meo roborata confirmavi Willelmo filio Gilberti de Hayelsay[1] et heredibus suis vel suis assignatis, quoddam mesuagium in villa de Seleby, scilicet in Mikelgate, inter toftum Rogeri Marescalli et toftum Petri Husald, et unum capud abuttat super viam regalem, et alterum capud super stagnum domini Abbatis de Seleby, tenendum et habendum de me et heredibus meis, sibi et heredibus suis vel suis assignatis, libere, quiete, bene, et in pace, cum omnibus libertatibus et aysiamentis ad dictum mesuagium infra villam de Seleby et extra pertinenti- bus ; reddendo inde annuatim domino Abbati de Seleby duodecim denarios ad duos terminos, videlicet medietatem ad Pentecosten et medietatem ad festum Sancti Martini in hyeme, pro omnibus serviciis, exaccionibus, et demandis terrenis, et michi et heredibus meis unum granum piperis ad Natale Domini pro omni warantizacione. Ego autem Petrus et heredes mei dictum mesuagium cum omnibus pertinenciis dicto Willelmo et heredibus suis vel suis assignatis contra omnes homines inperpetuum warantizabimus, adquietabimus, et defendemus. Hiis testibus, domino Waltero Capellano, Henrico Syward, Rogero Marescallo, etc.

CXXXV.

CARTA WALTERI DE BRAITON ET EUÆ UXORIS EJUS.

li. Omnibus Christi fidelibus ad quos præsens scriptum pervenerit Walterus de Braiton (et) Eua uxor sua, salutem in Domino sempiternam. Noverit universitas vestra nos communi consensu nostro et assensu dedisse, concessisse, et hac præsenti carta nostra confirmasse, Petro Husald de Seleby et heredibus suis vel suis assignatis, dimidietatem cujusdam tofti sicut jacet in longitudine et latitudine in villa de Seleby, videlicet in Midelthorp, inter toftum Ricardi Dodde de Seleby ex parte

[1] *i.e.*, Hathelsay, "y" being written for þ.

Selby. occidentali, et dimidietatem prædicti tofti quod fuit quondam Walteri Carpentarii, et extendit se in longitudine a via regali usque ad essartum quod vocatur Longriding ; tenendam et habendam de nobis et heredibus nostris, sibi et heredibus suis vel suis assignatis, libere, quiete, integre, pacifice, honorifice, et hereditarie, cum omnibus libertatibus et aysiamentis ad prædictum dimidium toftum infra villam de Seleby et extra pertinentibus ; reddendo inde annuatim domino Abbati de Seleby duos denarios ad duos anni terminos, et Johanni fratri domini Abbatis unum denarium ad eosdem terminos, videlicet medietatem ad Pentecosten et medietatem ad festum Sancti Martini in yeme, et nobis et heredibus nostris unum clavum zinziberi ad Natale Domini, pro omnibus serviciis, exaccionibus, et demandis terrenis. Ego autem Walterus et Eua uxor mea et heredes nostri prædictum dimidium toftum cum omnibus pertinenciis prædicto Petro et heredibus suis vel suis assignatis contra omnes homines warantizabimus, adquietabimus, et inperpetuum defendemus. In cujus rei testimonium, huic scripto sigilla nostra apposuimus. Hiis testibus, Henrico Syward, Roberto Camerario, etc.

CXXXVI.

CARTA ROBERTI DE DRAITON, FILII THOMÆ DE EADEM.

lii. Omnibus hominibus hoc præsens scriptum visuris vel audituris, Robertus de Drayton, filius et heres Thomæ de Drayton, salutem in Domino. Noverit universitas vestra me divinæ caritatis intuitu dedisse, concessisse, et hac præsenti carta sigillo meo munita confirmasse Deo et ecclesiæ beati Germani de Seleby et monachis ibidem Deo servientibus, in liberam, puram, et perpetuam elemosinam, inperpetuum, omnia tofta et tenementa et assarta, cum homagiis, redditibus, serviciis, libertatibus, et consuetudinibus ad prædicta tofta, tenementa, et assarta spectantibus, quæ habui infra villam de Seleby et extra, in territorio ejusdem villæ nomine hereditatis, ex dimissione Thomæ de Draiton, patris mei ; tenenda et habenda et possidenda hæc omnia prædicta, in liberam, puram, et perpetuam elemosinam, inperpetuum ; libere, quiete, bene, et integre, cum omnibus pertinenciis, sine aliqua diminucione vel retenemento seu contradiccione vel clameo mei vel heredum meorum, vel alicujus alterius nomine nostro. Ego vero prædictus Robertus et heredes mei prædicta tofta, tenementa, et essarta, cum homagiis, redditibus, serviciis, libertatibus, et consuetudinibus ad præmissa pertinentibus, prædictæ ecclesiæ Sancti Germani de

Selby. Seleby et monachis ibidem Deo servientibus contra omnes gentes imperpetuum warantizabimus, adquietabimus, et defendemus. Hiis testibus, Johanne de Cliff, Waltero de Seleby Capellano, Johanne Juuene, etc.

CXXXVII.

CARTA THOMÆ DE DRAYTON.

liii. Sciant præsentes et futuri quod ego Thomas de Drayton et
f. 53v. Johanna uxor mea dedimus et concessimus, et hac præsenti carta nostra sigillo nostra roborata confirmavimus Roberto filio nostro et heredibus suis vel ejus assignatis, unum toftum in villa de Seleby, juxta pontem ecclesiæ, quod fuit Magistri Roberti de Huk; tenendum et habendum, libere, quiete, et integre, et pacifice, de nobis et heredibus nostris, sibi et heredibus suis vel assignatis, pro homagio et servicio suo; reddendo inde annuatim capitali domino, videlicet domino Abbati de Seleby, sex denarios ad terminos in villa de Seleby statutos, et nobis unum denarium ad Natale Domini, pro omni servicio, exaccione seculari, et demanda. Ego vero Thomas et præfata uxor mea prædictum toftum cum pertinenciis præfato Roberto et heredibus suis vel ejus assignatis contra omnes homines et feminas warantizabimus inperpetuum et defendemus. Hiis testibus, Waltero de Aula, Johanne Juuene, Henrico fratre suo, etc.

CXXXVIII.

CARTA THOMÆ DE HIBALDESTOWE.

liv. Sciant præsentes et futuri quod ego Thomas de Hibaldestowe dedi, concessi, et hac præsenti carta mea confirmavi Thomæ de Draiton et heredibus suis vel assignatis suis, totam terram meam in Seleby, jacentem inter terram Thomæ prædicti de Braiton, et viam quæ ducit ad Brayton, cum redditu octodecim denariorum quem Johannes de Richehall michi et heredibus meis sibi et heredibus suis vel suis assignatis tenetur nomine firmæ solvere annuatim; tenendam et habendam cum omnibus pertinenciis suis de me et heredibus meis, sibi et heredibus suis sive assignatis suis, pro iii marcis argenti et dimidia, de quibus michi plenarie est satisfactum; reddendo inde annuatim domino Abbati de Seleby duos solidos ad duos anni terminos, videlicet ad Pentecosten duodecim denarios, et ad festum Sancti Martini duodecim denarios. Ego vero prædictus Thomas et heredes mei præfato Thomæ de Drayton et heredibus suis sive assignatis suis, totam prædictam terram cum redditu prænominato contra omnes homines et feminas inperpetuum warantiza-

Selby. bimus. In cujus rei testimonium præsenti scripto sigillum meum apposui. Hiis testibus, Radulpho de Hanburgh, Johanne Juuene, Henrico Juuene, etc.

CXXXIX.

CARTA NICHOLAI DE HUCK.

lv. Sciant omnes præsentes et futuri quod ego Nicholaus de Huk dedi, concessi, et hac præsenti carta mea sigillo meo roborata, confirmavi Thomæ de Draiton et heredibus suis vel ejus assignatis, unum toftum in villa de Seleby juxta pontem ecclesiæ, quod fuit quondam Magistri Roberti de Huk ; tenendum et habendum libere, quiete, integre, et pacifice, de me et heredibus meis ; reddendo inde annuatim capitali domino, videlicet domino Abbati de Seleby, vid. ad terminos in villa de Seleby statutos, pro omni servicio, exaccione seculari, et demanda. Ego vero Nicholaus et heredes mei prædictum toftum cum pertinenciis prædicto Thomæ et heredibus suis vel ejus assignatis contra omnes homines imperpetuum warantizabimus, et defendemus. Hiis testibus, Waltero de Aula, Johanne Juuene, Henrico fratre suo, etc.

CXL.

CARTA WALTERI LE TURNIR DE SELEBY.

lvi. Sciant præsentes et futuri quod ego Walterus le Turnir de Seleby remisi, dedi, et quietum clamavi Deo et ecclesiæ beati Germani de Seleby et monachis ibidem Deo servientibus, in liberam, puram, et perpetuam elemosinam, annuum redditum quatuor solidorum, quem solebam percipere de uno tofto et crofto quod Thomas de Brayton aliquando de me tenuit in villa de Seleby, imperpetuum, salva michi quadam portione ejusdem tofti semper in dominium meum reservata, quam de eadem ecclesia et eisdem monachis per servicium unius denarii semper tenebo ; tenendum et habendum eisdem monachis et eorum ecclesiæ inperpetuum, libere, quiete, bene, et in pace, sine impedimento vel contradiccione mei vel heredum meorum seu alicujus alterius nomine nostro. Pro hac donacione, remissione, et quieta clamancia, dicti vero monachi annuum redditum septem denariorum, quos de prænominato tofto percipere consueverunt, michi et heredibus meis inperpetuum remiserunt et quietum clamaverunt ; in cujus rei testimonium huic præsenti scripto sigillum meum apposui. Hiis testibus, Radulfo de Burgo, Radulfo de Hanburgh, Henrico Juuene, Thoma de Draiton, etc.

CXLI.

Selby.
lvii.
f. 54.

Omnibus hoc scriptum visuris vel audituris, Mabilia uxor quondam Radulfi de Hanburgh, manens in Śeleby, salutem in Domino. Noverit universitas vestra me in pura viduitate mea dedisse, concessisse, et hac præsenti carta mea confirmasse, in puram et perpetuam elemosinam, inperpetuum, Deo et ecclesiæ Sancti Germani de Seleby et monachis ibidem Deo servientibus, unam culturam continentem in se quinque acras terræ in territorio de Thorp quæ vocatur Bondecroft, et totam terram quam habui in Langelay in feodo de Braiton, sicut fossatis undique includitur, et quendam redditum triginta et duorum denariorum de Alano Iodun in Thorp singulis annis percipiendum, et duo mesuagia cum ædificiis in Seleby jacentia inter toftum Henrici Ichegamen et pontem qui vocatur Kirkebrigg, cum omnibus prædictorum tenementorum et terrarum omnium pertinenciis, infra villam de Seleby et extra, nichil michi seu meis inde retinendo ; tenendas et habendas prædictas terras cum mesuagiis supradictis, prædictis religiosis et ecclesiæ suæ prædictæ, in puram et perpetuam elemosinam, imperpetuum. Volo etiam et concedo quod si prædictas terras, redditum, et tenementa præfatis Abbati et Conventui warantizare non potero, ego de terris meis propriis ad valentiam terrarum, redditus, et tenementorum prædictorum, eisdem religiosis dabo et plenarie restaurabo. In cujus rei testimonium præsenti scripto sigillum meum apposui. Hiis testibus, Johanne Juuene de Seleby, Henrico Juuene de eadem, etc.

CXLII.

lviii.

Universis Christi fidelibus ad quos præsens scriptum pervenerit, Mabilia, relicta quondam Radulfi de Hanburgh, salutem. Noverit universitas vestra me in libera et pura viduitate mea remisisse, et de me et heredibus meis inperpetuum quietum clamasse Abbati et Conventui de Seleby et eorundem successoribus, totum jus et clameum quod habui seu habere vel vendicare potui, in duobus mesuagiis cum ædificiis in villa de Seleby juxta Kirkebrigg, in quibus Martinus Pese et Walterus Nichtegale habitare solebant ; tenendum et habendum dictis religiosis et eorundem successoribus, in liberam, puram, et perpetuam elemosinam, inperpetuum ; ita quod nec ego nec aliquis heredum meorum jus vel clameum in dicto tenemento de

Selby. cetero vendicare poterimus vel exigere. Ego vero prædicta Mabilia et heredes mei dictum tenementum dictis religiosis et eorundem successoribus contra omnes gentes warantizabimus, adquietabimus, et defendemus, inperpetuum. In cujus rei testimonium sigillum meum præsenti scripto apposui. Hiis testibus, Roberto le Chaumberlayn de Seleby, Henrico Siward de eadem, Ricardo Hund, etc.

CXLIII.

CARTA WALTERI LE TURNUR FILII ANDREÆ DE SELEBY.

lix. Sciant omnes præsentes et futuri quod ego Walterus le Turnur, filius Andreæ de Seleby, dedi, concessi, et hac præsenti carta mea confirmavi Thomæ de Draiton et heredibus suis vel eorum assignatis, unum toftum et unum croftum insimul jacentes *(sic)* in villa de Seleby, videlicet inter toftum Johannis Juuenis et toftum dicti Thomæ, excepto tamen tofto Roberti Poille, sicut undique includitur per se ; tenendum et habendum, libere, quiete, et integre, cum omnibus pertinenciis suis, libertatibus, communitatibus, et aysiamentis et *(sic)*[1] dictum toftum spectantibus; reddendo inde annuatim michi et heredibus meis iiijᵒʳ solidos, videlicet duos solidos ad Pentecosten et duos solidos ad festum Sancti Martini in hyeme, pro omni servicio, exaccione, et consuetudine, et demanda. Et ego Walterus et heredes mei prædictum tenementum prædicto Thomæ et heredibus suis vel eorum assignatis contra omnes homines et feminas inperpetuum warantizabimus et defendemus, salvo prædicto tofto Roberti Poille. Hiis testibus, Johanne Juuene, Radulfo de Hanburg, etc.

CXLIV.

CARTA ROBERTI FILII THOMÆ DE DRAITON.

lx. Sciant præsentes et futuri quod ego Robertus filius Thomæ de Draiton dedi, concessi, et hac præsenti carta sigillo meo impressa confirmavi Alano de Smetheton, unum toftum cum pertinenciis in villa de Seleby juxta pontem ecclesiæ, videlicet illud quod fuit quondam Magistri Roberti de Huk ; tenendam et habendam eidem Alano et heredibus vel assignatis suis et eorum heredibus, de me et heredibus meis in feodo et hereditate, libere, quiete, integre, et pacifice, cum omnibus pertinenciis, libertatibus, et aysiamentis ad prædictum toftum pertinentibus, infra villam de Seleby et extra ; reddendo inde annuatim michi et heredibus meis quatuor solidos argenti pro omni servicio,

[1] Read "ad."

Selby.   consuetudine, et actione seculari ; scilicet medietatem ad festum
Sancti Martini in hyeme, et medietatem ad Pentecosten.   Ego
autem Robertus et heredes mei prædictum toftum cum pertinenciis prædicto Alano et heredibus vel assignatis suis et eorum
heredibus pro prædicto servicio in omnibus et contra omnes
homines warantizabimus, adquietabimus, et defendemus
inperpetuum.   Hiis testibus, Waltero de Aula, Johanne Juuene,
Henrico fratre suo, etc.

CXLV.

CARTA ALANI FILII ARNALDI DE SMYTHETON.

lxi.   Sciant omnes, præsentes et futuri, quod ego Alanus filius
Arnaldi de Smetheton dedi, concessi, et hac præsenti carta mea
confirmavi Hugoni de Mar, unum toftum cum ædificiis et
pertinenciis suis in villa de Seleby, quod jacet juxta pontem
Ecclesiæ de Seleby, scilicet quod Magister Robertus de Houk
quondam tenuit ; tenendum et habendum prædicto Hugoni et
heredibus suis vel suis assignatis, libere, quiete, pacifice, et
integre, inperpetuum, cum omnibus libertatibus et aysiamentis
prædicto tofto pertinentibus ; reddendo inde annuatim Roberto
de Braiton vel suis assignatis iiij^{or} solidos, scilicet medietatem
ad Pentecosten et aliam medietatem ad festum Sancti Martini in
hyeme, pro omni servicio, exaccione seculari, et demanda.   Et
ego Alanus et heredes mei totum prædictum toftum, sicut
prædictum est, prædicto Hugoni et heredibus suis vel suis
assignatis, pro prædicto servicio contra omnes homines warantizabimus inperpetuum.   In hujus rei testimonium præsenti
scripto sigillum meum apposui.   Hiis testibus, Willelmo de
Leiherton milite, Johanne de Cliff, Radulfo Medico.

CXLVI.

CARTA JOHANNIS FILII JOHANNIS DE SELEBY.

lxii.   Omnibus has literas visuris vel audituris, Johannes filius
Johannis salutem in Domino.   Noveritis me tenere de Abbate
et Conventu de Seleby totum toftum et croftum quæ jacent inter
terram Andreæ Wan et terram Andreæ filii Roberti, et quatuor
acras et dimidiam propinquiores essarto Elyæ Coti, et essartum
quod jacet inter assarta Johannis Leonis et Johannis Honthendell;
reddendo inde annuatim septem solidos ad duos terminos,
videlicet ad Pentecosten infirmario viginti denarios, celerario sex
denarios, Rogero de Cressi sexdecim denarios, et eisdem totidem
denarios ad festum Sancti Martini.   Pro prædictis autem terris
dedi, concessi, et hac præsenti carta mea confirmavi prædictis

Selby.

Abbati et Conventui de Seleby, totum assartum quod jacet propinquius majori essarto suo de Steinre versus occidentem. Hiis testibus, Radulfi de Willeby, Ada de Bella Aqua, etc.

CXLVII.

CARTA WALTERI TOURY DE SELEBY.

lxiii.

Sciant præsentes et futuri quod ego Walterus Touri de Seleby dedi, concessi, et hac præsenti carta mea confirmavi Willelmo filio Elyæ de Mewys, unam acram terræ in Langelay, jacentem inter terram Johannis filii Radulfi et terram David ad Aulam ; tenendam et habendam de me et heredibus meis, reddendo inde annuatim michi et heredibus meis unum obolum ad Natale Domini, et domino Abbati et Conventui duos denarios ad duos terminos, ad Pentecosten unum denarium, et ad festum Sancti Martini unum denarium, pro omnibus serviciis. Et ego et heredes mei dictam terram dicto Willelmo et heredibus suis vel ejus assignatis contra omnes warantizabimus. Hiis testibus, domino Willelmo Capellano, Waltero Carpentario, etc.

CXLVIII.

CARTA ROBERTI FILII THOMÆ TRUBOLE DE OUER SELEBY.

lxiv.

Sciant præsentes et futuri quod ego Robertus filius Thomæ Trubole de Ouer Seleby dedi, concessi, et hac præsenti carta mea confirmavi Waltero Touri de eadem, pro quadam summa pecuniæ quam michi dedit præ manibus, unam acram terræ in territorio de Seleby, scilicet quæ jacet inter terram meam et terram quondam Ricardi Hasard ; tenendam et habendam prædicto Waltero et heredibus vel assignatis suis, libere, quiete, integre, et pacifice imperpetuum, cum omnibus libertatibus et aysiamentis prædictæ terræ pertinentibus, reddendo inde annuatim domino Abbati et Conventui duos denarios, scilicet unum denarium ad Pentecosten et unum denarium ad festum Sancti Martini in hyeme, et michi et heredibus meis unum quadrantem ad Natale Domini, pro omni servicio seculari et demanda. Et ego Robertus et heredes mei prædictam acram terræ cum pertinenciis prædicto Waltero et heredibus vel assignatis suis pro prædicto servicio contra omnes homines warantizabimus, adquietabimus, et defendemus inperpetuum. In cujus rei testimonium præsentem cartam sigilli mei impressione roboravi. Hiis testibus, Radulfo de Hanburgh, Johanne Camerario, etc.

CXLIX.

Selby.
lxv.

f. 55.

Sciant præsentes et futuri quod ego Robertus Trobole de Ouer Seleby dedi, concessi, et hac præsenti carta mea confirmavi Waltero Touri de Seleby, duas acras terræ cum pertinenciis in territorio de Seleby, scilicet quæ jacent ex parte boreali de Flaxelay Wath, inter terram Ricardi filii Mabbe et terram Walteri Capellani ; tenendas et habendas prædicto Waltero et heredibus suis vel suis assignatis et eorum heredibus, libere, quiete, integre, et pacifice, cum omnibus libertatibus et aisiamentis prædictæ terræ pertinentibus imperpetuum ; reddendo inde annuatim domino Abbati de Seleby et Conventui ejusdem loci quatuor denarios, scilicet duos denarios ad festum Sancti Martini in hieme, et duos denarios ad Pentecosten, et michi et heredibus meis unum granum piperis ad Natale Domini, pro omni servicio seculari et demanda.   Et ego Robertus et heredes mei prædictas duas acras terræ cum pertinenciis prædicto Waltero et heredibus suis vel suis assignatis et eorum heredibus pro prædicto servicio contra omnes homines warantizabimus et defendemus imperpetuum.   In cujus rei testimonium præsenti scripto sigillum meum apposui.   Hiis testibus, Waltero Capellano, Johanne·patre Abbatis, Johanne Juuene, etc.

CL.

lxvi.

Sciant præsentes et futuri quod ego Walterus Touri de Seleby dedi, concessi, et hac præsenti carta mea confirmavi Elyæ filio meo, unum mesuagium cum ædeficiis et cum quodam prato jacente cum omnibus pertinenciis suis in villa et in territorio de Seleby, et duas acras terræ cum pertinenciis in territorio ejusdem, illud scilicet mesuagium cum prato quod fuit quondam Roberti Bercarii de Ouer Selby, et illas duas acras terræ jacentes ex parte boriali in Flaxlay Wath inter terram Ricardi filii Mabbe et terram Walteri Capellani ; tenendas et habendas de me et heredibus meis, sibi et heredibus suis vel ejus assignatis, libere, quiete, bene, et in pace ; reddendo inde annuatim domino Abbati et Conventui de Seleby pro prædicto mesuagio cum prato unum denarium ad duos anni terminos, ad Pentecosten unum obolum, et ad festum beati Martini unum obolum, et pro prædictis duabus acris terræ prædicto Abbati et Conventui iiij^{or} denarios per annum ad eosdem terminos, et michi et heredibus meis unum granum piperis ad Natale Domini,

Selby. pro omnibus serviciis et demandis. Et ego et heredes mei prædictum mesuagium et prædictas duas acras terræ sibi et heredibus suis contra omnes warantizabimus. In cujus rei testimonium huic scripto sigillum meum apposui. Hiis testibus, domino Waltero Capellano, Willelmo Camerarii, etc.

CLI.

CARTA ELENÆ FERYING[1].

lxvii.   Sciant præsentes et futuri quod ego Elena Ferthing de Seleby dedi, concessi, et hac præsenti carta sigillo meo roborata confirmavi Waltero filio Toury de Wystow et heredibus vel assignatis suis, unum toftum cum pertinenciis in villa de Seleby quod jacet in Midelthorp, inter toftum Walteri Mercenarii ex una parte et le Krik ex altera, quod se extendit a via regia usque ad le Canel ; tenendum et habendum, libere, quiete, integre, pacifice, et honorifice, cum omnibus pertinenciis, libertatibus, communitatibus, et aysiamentis dicto tofto pertinentibus, infra villam et extra ; reddendo inde annuatim capitali domino, scilicet domino Abbati de Seleby, sex denarios, scilicet medietatem ad Pentecosten et medietatem ad festum Sancti Martini in hyeme, et singulis annis michi et heredibus meis unum obolum infra Natale Domini pro omnibus serviciis, exaccionibus, et demandis. Et ego dicta Elena et heredes mei dictum toftum cum pertinenciis dicto Waltero et heredibus vel assignatis suis contra omnes homines inperpetuum warantizabimus. Hiis testibus, Johanne Camerario, Johanne filio suo, Henrico fratre Johannis Camerarii, etc.

CLII.

CARTA LAMBERTI ET YUOTÆ MATRIS SUÆ.

lxviii.   Sciant omnes præsentes et futuri quod ego Lambertus et Juota mater mea dedimus, concessimus, et hac præsenti carta sigillis ,nostris roborata confirmavimus Waltero filio Toury et heredibus vel assignatis suis, totum toftum nostrum in villa de Seleby quod fuit quondam Henrici Pistoris, quod jacet in Mikelgat, inter toftum Willelmi de Gerlethorp ex una parte, et exitum ducentem apud minorem ecclesiam, cum extensione usque ad toftum Roberti Puyl ; tenendum et habendum, libere, quiete, integre, pacifice, et honorifice, cum omnibus pertinenciis, libertatibus, et aysiamentis dicto tofto pertinentibus infra villam et extra ; reddendo inde annuatim capitali domino, scilicet domino Abbati de Seleby, duodecim denarios, scilicet medietatem

[1] Read Ferþing.

Selby. ad Pentecosten et aliam medietatem ad festum Sancti Martini in hyeme, et nobis et heredibus nostris quolibet anno unum denarium infra Natale Domini apud Seleby, pro omnibus serviciis, exaccionibus, et demandis. Et ego Lambertus et Juota mater mea et heredes nostri dictum toftum dictis Waltero et heredibus vel assignatis suis inperpetuum warantizabimus et defendemus contra omnes homines. Hiis testibus, Johanne Camerario, Henrico fratre suo, etc.

f. 55v.

CLIII.

CARTA JUOTÆ DE BOTELSTAN.

lxix. Sciant omnes, tam præsentes quam futuri, quod ego Juota de Botelstan, in pura viduitate mea et ligea potestate, dedi, concessi, et hac præsenti carta mea confirmavi Waltero Touri de Seleby, pro quadam summa pecuniæ quam michi dedit præ manibus, totum toftum meum cum pertinenciis in villa de Seleby, scilicet quod fuit quondam Henrici Pistoris, quod jacet in Mikelgate inter toftum Willelmi de Gerlethorp et exitum ducentem apud minorem ecclesiam, cum extensione usque ad toftum Roberti Poil ; tenendum et habendum de domino Abbate et Conventu de Seleby, sibi et heredibus suis vel cuicunque et quo tempore dare vel assignare voluerit, libere, quiete, integre, et pacifice inperpetuum, cum omnibus pertinenciis et aysiamentis prædicto tofto pertinentibus, infra villam et extra, reddendo inde annuatim domino Abbati et Conventui de Seleby duodecim denarios, scilicet medietatem ad Pentecosten et aliam medietatem ad festum Sancti Martini in hieme, et michi et heredibus meis per annum jd infra Natale Domini apud Seleby, pro omni servicio, exaccione seculari, et demanda. Et ego Juota de Botelstona, tunc tempore manens in Snayth, et heredes mei, totum prædictum toftum cum omnibus libertatibus et aisiamentis suis prædicto Waltero et heredibus suis vel suis assignatis, pro prædicto servicio, contra omnes homines warantizabimus, adquietabimus, et defendemus inperpetuum. In hujus rei testimonium præsenti scripto sigillum meum apposui. Hiis testibus, domino Waltero Capellano filio Roberti Clunber, Johanne le Jouen, etc.

CLIV.

CARTA WILLELMI FILII WALTERI TOURI DE SELEBY.

lxx. Sciant omnes, tam præsentes quam futuri, quod ego Willelmus filius Walteri Touri de Seleby, concessi, dedi, et hac præsenti carta mea confirmavi Laurencio forestario de Seleby et Matild'

Selby. uxori suæ et eorum heredibus, vel cuicunque dare, vendere, vadiare, legare, vel assignare voluerint, unum toftum cum ædificiis in Mikelgat, sive duabus (*sic*) seudis,[1] jacens inter toftum quondam Willelmi Popelowe, ex una parte et venellam quæ ducit a via de Mikelgate usque ad parvam ecclesiam in Seleby ; tenendum et habendum, libere, quiete, integre, bene, et in pace, cum omnibus pertinenciis, libertatibus, et aysiamentis ad dictum toftum pertinentibus infra villam de Seleby, reddendo inde annuatim Abbati et Conventui de Seleby pro prædicto et pro duabus (*sic*) feudis xii$_d$ ad duos anni terminos, videlicet medietatem ad Pentecosten et aliam medietatem ad festum Sancti Martini in hyeme, et michi et heredibus meis unum granum piperis ad Natale Domini pro omnibus serviciis, exaccionibus, et demandis. Et ego prædictus Willelmus et heredes mei prædictum toftum cum pertinenciis, sicut prædictum est, prædictis Laurencio et Matild' vel eorum heredibus, vel cuicunque et in quo tempore vendere, dare, legare, vadiare, vel assignare voluerint, contra omnes homines warantizabimus, adquietabimus, et inperpetuum defendemus. In cujus rei testimonium huic præsenti scripto sigillum meum apposui. Hiis testibus, Henrico Siward de Seleby, etc.

CLV.

CARTA LAURENCII, FORESTARII ABBATIS DE SELEBY.

lxxi. Sciant præsentes et futuri quod ego Laurencius, forestarius Abbatis de Seleby dedi, concessi, et hac præsenti carta mea confirmavi Johanni de Grull et heredibus suis, vel cuicunque dare, vendere, vadiare, legare, vel assignare voluerit, unum toftum cum ædificiis in Mikelgate in Seleby, sive duabus (*sic*) feudis, jacens inter toftum quondam Willelmi Popelow ex una parte, et venellam quæ ducit a via de Mikelgate usque ad parvam ecclesiam in Seleby ; tenendum et habendum, libere, quiete, integre, bene, et in pace, cum omnibus pertinenciis, libertatibus, et aysiamentis ad dictum toftum pertinentibus, infra villam de Seleby et extra ; reddendo inde annuatim Abbati et Conventui de Seleby pro prædicto tofto et pro prædictis feudis, duodecim denarios ad duos anni terminos, videlicet medietatem ad Pentecosten et aliam medietatem ad festum Sancti Martini in hyeme, et michi et heredibus meis unum granum piperis ad Natale Domini, pro omnibus serviciis, exaccionibus, et demandis. Et ego prædictus Laurencius et heredes mei prædictum toftum

---

[1] The MS. has "seudis," with short initial s ; in this same and in the next charter we have *feudis* in the same connection.

Selby.
f. 56.
cum pertinenciis, sicut prædictum est, prædicto Johanni et heredibus suis vel cuicunque et in quo tempore vendere, dare, legare, vadiare, vel assignare voluerit, contra omnes homines warantizabimus, adquietabimus, et inperpetuum defendemus. In cujus rei testimonium, huic scripto sigillum meum apposui. Hiis testibus, Johanne de Hanburgh, Willelmo Gily, etc.

CLVI.

CARTA MARGARETÆ QUÆ FUIT UXOR JOHANNIS DODD DE SELEBY.

lxxii.
Omnibus hoc scriptum visuris vel audituris, Margareta quæ fuit uxor Johannis Dodde de Seleby, salutem in Domino. Noveritis me remisisse, relaxasse, et omnino de me et heredibus meis inperpetuum quietum clamasse Deo et ecclesiæ Sancti Germani de Seleby, et Abbati et Conventui ibidem Deo servientibus, totum jus et clameum quod unquam habui vel habere potui in uno mesuagio cum pertinenciis in Seleby, illud scilicet quod fuit quondam Willelmi Tubbi fratris mei, prout jacet in longitudine et latitudine in vico de Mikelgate ; ita quod nec ego prædicta Margareta nec heredes mei nec aliquis nomine nostro, in prædicto mesuagio cum pertinenciis, ut supradictum est, aliquid jus vel clameum de cetero exigere vel vendicare poterimus in futurum. In cujus rei testimonium, huic scripto de remissione et quieta clamacione pro me et heredibus meis sigillum meum apposui. Hiis testibus, Radulfo de Scotton de Seleby, Johanne de Hanburgh, Roberto Chaumberlayn, etc.

CLVII.

CARTA WILLELMI DE BIRNE.

lxxiii.
Sciant præsentes et futuri quod ego Willelmus de Birne dedi, concessi, et hác præsenti carta mea confirmavi Willelmo tannatori de Seleby et heredibus suis vel ejus assignatis, unum toftum in villa de Seleby quod jacet in Midelthorp inter terram Martini quondam præpositi, et Coletric, et extendit se a via usque ad Canel ; tenendum et habendum libere, quiete, integre, cum omnibus libertatibus et aysiamentis ad dictam terram spectantibus ; reddendo inde annuatim capitali domino, scilicet domino Abbati, quinque denarios, medietatem ad Pentecosten et medietatem ad festum Sancti Martini, et singulis annis michi et heredibus meis unum obolum ad Natale Domini, pro omni servicio, exaccione, et demanda. Ego vero et heredes mei dictum tenementum dicto Willelmo tannatori et heredibus sive assignatis suis contra omnes homines inperpetuum warantizabimus et defendemus. Hiis testibus, Waltero de Aula, Johanne Juuene, etc.

CLVIII.

CARTA WILLELMI TANNATORIS DE SELEBY.

Selby.
lxxiv.

Sciant omnes præsentes et futuri quod ego Willelmus tannator de Seleby dedi, concessi, et hac præsenti carta mea sigillo meo roborata confirmavi, et insuper quietum clamavi de me et omnibus meis, Henrico Juuen et omnibus suis, totum jus et clameum quod habui vel habere debui in redditu unius denarii quem ego a Gilberto Etelaf prius pro terra apud Colrek capere solebam ; ita videlicet hoc dedi et quietum clamavi, quod de cetero nunquam ego nec heredes mei sive per nos aliquis clameum inde neque jus vendicare vel exigere poterimus.   Hiis testibus, Waltero Capellano, Johanne Juuene, Thoma de Hayton, etc.

CLIX.

CARTA JOHANNIS JERONEL DE SELEBY.

lxxv.

Omnibus hoc scriptum visuris vel audituris, Johannes Jeronel de Seleby, Capellanus, salutem in Domino. Noveritis me remisisse et inperpetuum quietum clamasse de me et heredibus meis vel meis assignatis, domino Abbati de Seleby et ejusdem loci conventui, totum jus meum et clameum quod habui vel habere potero in quodam annuali redditu unius denarii, quem recepi de Abbate de Seleby et ejusdem loci conventu per manum Johannis de Crull, pro quadam acra terræ quæ jacet in Langelay ; ita quod nec ego nec aliquis alius nomine meo in prædicto meo annuali redditu aliquid jus vel clameum de cetero vendecare poterimus in futurum.   In cujus rei testimonium, huic præsenti scripto sigillum meum apposui. Hiis testibus, Willelmo Gily, Johanne de Hanburgh, etc.

CLX.

CARTA ROGERI JERONEL DE SELEBY.

lxxvi.

Omnibus Christi fidelibus hoc scriptum visuris vel audituris, Rogerus Jeronel de Seleby, salutem in Domino. Noveritis me remisisse et inperpetuum quietum clamasse de me et heredibus meis domino Abbati de Seleby, et ejusdem loci conventui, totum jus meum et clameum quod habui vel habere potero in quodam annuali redditu unius denarii, quem recepi de Abbate de Seleby et ejusdem loci conventu, per manum Johannis de Crull, pro quadam acra terræ quæ jacet in Langelay ; ita quod nec ego nec heredes mei nec aliquis alius nomine meo in prædicto annuali redditu aliquid jus vel clameum de cetero de

56v. cetero (sic) vendicare poterimus in futuro.   In cujus rei testi-

Selby. monium, præsenti scripto sigillum meum apposui. Hiis testibus, Willelmo Gily, Johanne de Hanburgh, etc.

CLXI.

CARTA ROBERTI FILII ROBERTI DE WYSTOWE.

lxxvii. Universis Christi fidelibus præsens scriptum visuris vel audituris, Robertus filius Roberti de Wystow, salutem in Domino. Noverit universitas vestra me tale scriptum ab Abbate et Conventu de Seleby recepisse cujus tenor talis est :

David, Dei misericordia Abbas de Seleby, et ejusdem loci conventus, salutem in Domino. Noveritis nos dedisse, concessisse, et hac præsenti carta nostra confirmasse Roberto filio Roberti de Wystowe et heredibus suis, viginti quinque acras terræ jacentes in campo de Seleby inter Brakinhill juxta portam de Wytecroft versus boriale, et essartum Galfridi Tagge de Wycstow ; tenendas et habendas de nobis et successoribus nostris sibi et heredibus suis, libere, quiete, integre, et pacifice ; reddendo inde annuatim nobis et successoribus nostris octo solidos et quatuor denarios, scilicet medietatem ad Pentecosten et aliam medietatem ad festum Sancti Martini in hyeme, pro omni servicio, seculari consuetudine, et demanda ; ita scilicet quod prædictus, Robertus et heredes sui occasione prædictæ terræ nullam communam in pascuis, pasturis, seu nemoribus nostris, possit vendicare, nec de nemoribus nostris prædictam terram includere, et salvis nostris appruamentis wastorum nostrorum, warrenniis, pannagio, circa villam de Selby et de Thorp ; excepto quod prædictus Robertus et heredes sui nichil de nemoribus nostris debeat secare vel excidere racione prædictæ terræ inperpetuum. Præterea, non licebit prædicto Roberto et heredibus suis prædictam terram cum pertinenciis seu in parte seu in toto alicui dare vendere, assignare, invadiare, alienare, seu in ludaismo (*sic*)[1] ponere, sine assensu et voluntate prædictorum religiosorum. In cujus rei testimonium præsenti scripto sigillum meum apposui. Hiis testibus, Johanne Juuene de Seleby, etc.

CLXII.

(CARTA ROBERTI FILII ROBERTI DE WYSTOW.)

lxxviii. Omnibus ad quos præsens scriptum pervenerit, Robertus filius Roberti de Wystow, salutem in Domino. Noverit universitas vestra me teneri Abbati et Conventui de Seleby in xii solidos (*sic*) et sex denar. annuatim ad duos terminos fideliter

[1] Read " Judaismo."

Selby. persolvendos, scilicet medietatem ad Pentecosten et aliam medietatem[1] ad festum Sancti Martini in hieme, pro xv acris terræ et dimidia in territorio de Seleby, scilicet in novo essarto ex parte occidentali. Ita quod non licebit michi vel heredibus meis prædictum terram dare vel vendere vel assignare vel aliquo modo alienare ab heredibus, vel aliquam clausturam de bosco Abbatis de Seleby postillare *(sic)*[2] vel aliquam communam in bosco ipsorum, ratione illius terræ, michi vel heredibus meis vendicare. Et in hujus rei testimonium præsenti scripto sigillum meum apposui. Hiis testibus, domino Willelmo de Leyerton, Johanne Juuene de Seleby, etc.

CLXIII.

(CARTA ADÆ MARESCALLI DE WYCSTOW.)

lxxix.   Omnibus ad quos præsens scriptum pervenerit, Adam Marescallus de Wycstow, salutem in Domino. Noverit universitas vestra me teneri Abbati et Conventui de Seleby in xii solid. et sex den. ad duos terminos fideliter persolvend., scilicet medietatem ad Pentecosten, et aliam medietatem ad festum Sancti Martini in hyeme, pro xv acris terræ et dimidia in territorio de Seleby, scilicet in novo essarto ex orientali; ita quod non licebit michi vel heredibus meis prædictam terram dare vel vendere vel assignare, vel aliquo modo alienare ab heredibus meis, vel aliquam clausturam de bosco Abbatis postulare, vel aliquam communam in bosco ipsorum ratione illius terræ michi vel heredibus meis vendicare ; et in hujus rei testimonium, præsenti scripto sigillum meum apposui. Hiis testibus, domino Willelmo de Leherton, Johanne Juuene de Seleby, etc.

CLXIV.

CARTA LUCÆ DE PILLARDON ET AGNETIS UXORIS EJUS.

lxxx.   Omnibus Christi fidelibus hoc scriptum visuris vel audituris, Lucas de Pillardon et Agnes uxor ejus, salutem in Domino. Noverit universitas vestra nos redidisse, concessisse, remisisse, et de nobis et heredibus· nostris inperpetuum quietum clamasse Deo et ecclesiæ Sancti Germani de Seleby, et Thomæ Abbati et Conventui de Seleby, et eorundem successoribus, sicut jus et anticum[3] dominicum ecclesiæ suæ de Seleby, duas acras terræ in Langelay, quarum una jacet inter terram quondam Christianæ de Buglenton et terram Thomæ filii Elyæ le Frereman ex parte

---

[1] With these accusatives we must render " in," p. 140, " to the amount of."
[2] Read *postulare*.   [3] *Antiquum.*

orientali, et una acra jacet inter terram Simonis le Fidren et terram prædicti Thomæ ex parte occidentali, et decem seliones terræ arrabilis, cum quatuor buttis terræ jacentibus in campo de Seleby, ex parte boriali stagni Abbatis et Conventus de Seleby, inter terram quondam Henrici Juuenis et terram Walteri Carpentarii, juxta terram Henrici filii Rogeri de Venella, sicut se extendit in longitudine et latitudine, inperpetuum tenendum et habendum totum prædictum tenementum, cum omnibus tam infra villas de Seleby et Brayton (quam extra), quoquomodo prædicto tenemento pertinentibus, sine aliqua contradiccione vel

f. 57. calumpnia nostra vel heredum nostrorum, inperpetuum ; ita scilicet quod nec nos nec heredes nostri contra prædictas reddicionem, concessionem, remissionem, et quietam clamacionem, venire possimus in posterum, præsenti scripto sigilla nostra duximus apponenda.   Hiis testibus, Henrico Siward, Johanne fratre Abbatis, etc.

CLXV.

CARTA JOHANNIS BRODHERE DE SELEBY.

lxxxi.   Sciant præsentes et futuri quod ego Johannes Brodhere de Seleby, manens in Pontefracto, dedi, concessi, et hac præsenti carta mea confirmavi Willelmo Grym de Seleby et Agneti uxori suæ, duas acras terræ in Langelay, quarum una acra jacet inter terram quondam Cristianæ de Buclenton et terram Thomæ filii Elyæ Frereman ex parte orientali, et una acra jacet inter terram Simonis filii Dreu et terram prædicti Thomæ ex parte occidentali, tenendum et habendum prædicto Willelmo et Agnetæ et heredibus de Agneta procreatis, vel suis assignatis, de me et heredibus meis, prædictas duas acras terræ cum pertinenciis, cuicunque vel quandocunque vendere, legare, aut assignare voluerit, tam in ægritudine quam in sanitudine, libere, quiete, integre, hereditarie et pacifice, cum omnibus pertinenciis, libertatibus, et aisiamentis ad prædictam terram pertinentibus, infra villam et extra ; reddendo inde annuatim domino Abbati et Conventui de Seleby quatuor denarios, scilicet medietatem ad Pentecosten et aliam medietatem ad festum Sancti Martini in hyeme, et Roberto filio Henrici Juuenis, unum obolum infra Natale Domini, tam pro omnibus serviciis secularibus et demandis.   Ego vero Johannes et heredes mei prædictas duas acras terræ cum pertinenciis prædicto Willelmo, prædictæ Agnetæ, et heredibus de Agneta procreatis vel suis assignatis pro prædicto servicio ubique et in omnibus et contra omnes homines, Judeos et Cristianos, warantizabimus, adquietabimus,

Selby. et defendemus inperpetuum.` In cujus rei testimonium præsenti
scripto sigillum meum apposui. Hiis testibus, domino Waltero
de Seleby capellano, Henrico Siward, etc.

CLXVI.

CARTA ROGERI DE VENELLA DE SELEBY.

lxxxii. Sciant præsentes et futuri quod ego Rogerus de Venella de
Seleby dedi, concessi, et hac præsenti carta mea confirmavi, et
de me (et) heredibus meis inperpetuum quietum clamavi Angneti
relictæ quondam Willelmi Grim de Seleby, et heredibus vel
assignatis suis, decem seliones terræ arrabilis, cum quatuor
terris quæ vulgariter dicuntur buttis, jacentes in campo de
Seleby ex parte boriali stagni Abbatis et Conventus de Seleby,
inter terram Henrici Juuenis et terram Walteri Carpentarii,
juxta terram Henrici filii Rogeri de Venella, prout se extendit in
longitudine et latitudine ; tenendum et habendum dictæ Agneti
et heredibus vel assignatis suis de me et heredibus meis, libere,
quiete, pacifice, et integre, cum omnibus pertinenciis et
aysiamentis dictæ terræ infra villam et extra quoquomodo
spectantibus ; reddendo inde annuatim michi et heredibus meis
septem denarios ad duos anni terminos, scilicet medietatem ad
festum Sancti Martini in yeme, et alteram medietatem ad
Pentecosten, pro omnibus serviciis, exaccionibus, et demandis.
Ego vero dictus Rogerus et heredes mei dictæ Agneti et
heredibus suis vel assignatis dictam terram cum omnibus
pertinenciis, sicut prædictum est, contra omnes gentes warantizabimus, adquietabimus, et defendemus inperpetuum. Et ut
hæc mea donacio, concessio, confirmacio, rata sit et stabilis
inperpetuum, præsenti scripto sigillum meum apposui. Hiis
testibus, Waltero Capellano de Seleby, Henrico Siward, etc.

CLXVII.

CARTA JOHANNIS FILII SILVESTRI DE SELEBY.

lxxxiii. Omnibus hoc scriptum visuris vel audituris, Johannes filius
Silvestri de Seleby, salutem in Domino. Noverit universitas
vestra me dedisse, concessisse, et præsenti carta mea confirmasse
et quieta clamasse de me et heredibus meis in perpetuum, Deo
et beato Germano de Seleby et monachis ibidem Deo servientibus,
tria messuagia quæ habui in eadem villa juxta pontem in
Wrennegate, soluta et quieta ab omni exaccione de me et
heredibus meis inperpetuum, in puram et perpetuum elemosinam.
Hiis testibus, Radulfo de Willoby, Henrico de Berlay, etc.

CLXVIII.

CARTA GALFRIDI IREWYS DE SELEBY.

Sciant præsentes et futuri quod ego Galfridus Irrewis de Séleby, dedi, concessi, et hac præsenti carta mea confirmavi Deo et ecclesiæ Sancti Germani de Seleby, et monachis ibidem Deo servientibus, in liberam, puram, et perpetuam elemosinam, inperpetuum, unum ·toftum in villa de Seleby jacens in Wrenne-gate inter toftum Ricardi Waytekake et toftum Nicholai Fabri filii Godewyni, in longitudine et latitudine, cum omnibus perti-nentiis, salvis michi ædificiis in eodem loco constructis; tenendum et habendum, libere, quiete, integre, et pacifice, cum omnibus pertinenciis, in liberam, puram, et perpetuam
elemosinam, inperpetuum. Et ne ego vel heredes mei contra istam donacionem venire possimus inposterum, præsenti scripto sigillum meum apposui. Hiis (testibus) Johanne patre Abbatis, Radulfo de Hanburg, Thomæ de Haiton, etc.

CLXIX.

CARTA RICARDI WAYTEKAK ET ALICIÆ FILIÆ WILLELMI LE HEGHUNTER.

Omnibus Christi fidelibus præsens scriptum inspecturis, Ricardus Waitekake, et Alicia filia Willelmi le Heghunter, et Cecilia mater ejus, salutem in Domino. Noverit universitas vestra quod nos concessimus, remisimus; et quietum clama-vimus de nobis et omnibus nostris imperpetuum, Deo et ecclesiæ Sancti Germani de Seleby et monachis ibidem Deo servientibus, totum jus et clameum quod habuimus vel habere poterimus in uno tofto in Wrennegate, quod dudum fuit Willelmi le Heghunter, cum pertinenciis. Et ne nos nec aliquis alius ex parte nostra contra istam concessionem, remissionem, et quietam clamacionem, de cetero venire vel aliquid exigere aut vendicare poterimus, præsenti scripto sigilla nostra duximus apponenda. Hiis testibus, Thoma de Hayton, Henrico de Haiton.

CLXX.

CARTA NICHOLAI FABRI DE SELEBY.

Omnibus Christi fidelibus præsens scriptum inspecturis, Nicholaus Faber de Seleby, salutem in Domino. Noverit universitas vestra me remisisse et quietum clamasse de me et heredibus meis inperpetuum, Deo et ecclesiæ beati Germani de Seleby et monachis ibidem Deo servientibus, totum jus quod

Selby. habui vel habere potui in una placea terræ in villa de Seleby,
quæ jacet juxta terram Galfridi Irrewys in Wrennegate ; ita
quod nec ego nec aliquis alius ex parte mea in prædicta placea
aliquid jus vel clameum de cetero vendicare vel exigere
poterimus. In cujus rei testimonium præsenti scripto sigillum
meum apposui. Hiis testibus, etc.

CLXXI.

CARTA JOHANNIS CARPENTARII DE SELEBY.

lxxxvii. Omnibus hominibus hoc scriptum visuris vel audituris,
Johannes Carpentarius, salutem in Domino. Noverit universitas
vestra me remisisse et quietum clamasse Deo et ecclesiæ Sancti
Germani de Seleby et monachis ibidem Deo servientibus, totum
jus et clameum quod habui vel habere potui in omnibus toftis
cum pertinenciis quæ habui in Wrennegate in villa de Seleby ;
habendum et tenendum eisdem religiosis ita libere et quiete
imperpetuum, quod nec ego nec heredes mei nec aliquis alius
nomine nostro in prædictis toftis cum pertinenciis de cetero
aliquod jus vel clameum vendicare aut exigere poterimus. In
cujus rei testimonium præsenti scripto sigillum meum apposui.
(Teste) Johanne patre Thomæ Abbatis de Seleby.

CLXXII.

CARTA HENRICI LE WYLER.

lxxxviii. Sciant omnes præsentes et futuri quod ego Henricus le Wyler
dedi, concessi, et hac præsenti carta mea confirmavi Wydoni de
Kelsay et heredibus suis, vel cui assignare voluerit, iiij^{or} seliones
terræ in territorio de Seleby, scilicet in Langriding, quorum
tres jacent inter terras quas Alanus de Brayton quondam tenuit,
et unus jacet inter terram Johannis le Saunber et terram quæ
fuit prædicti Alani ; tenendum et habendum de me et heredibus
meis (prædicto Wydoni et heredibus suis)[1] vel suis assignatis,
libere, quiete, integre, et pacifice ; reddendo inde annuatim
capitali domino, videlicet domino Abbati de Seleby, tres denarios
et obolum, scilicet medietatem ad Pentecosten et medietatem ad
festum Sancti Martini, et singulis annis michi et heredibus meis
unum quadrantem ad Natale Domini pro omni servicio seculari
et exaccione. Ego vero Henricus et heredes mei istos iiij^{or}
seliones prænominatos prædicto Wydoni et heredibus suis vel
suis assignatis contra omnes homines inperpetuum warantizabimus, adquietabimus, et defendemus. Hiis testibus, Waltero
de Aula, etc.

[1] Omitted.

J

CLXXIII.

CARTA WYDONIS DE KELLESAY.

Selby.
lxxxix.
Sciant omnes præsentes et futuri quod ego Wydo de Kellesay dedi, concessi, et hac præsenti carta mea confirmavi Ricardo filio Thomæ de Crull et heredibus suis, vel cui assignare voluerit, unum toftum in villa de Seleby, videlicet quod jacet in Midelthorp juxta toftum Johannis Saponarii, quod emi de Alicia Kirt in pura viduitate sua, et iiij^{or} seliones in territorio de Seleby, scilicet in Langriding, quorum tres jacent inter terram quam Alanus de Braiton quondam tenuit, et unus jacet inter terram Johannis le Saymer et terram quæ fuit prædicti Alani, pro homagio et servicio suo; tenendum et habendum de me et heredibus meis, sibi et heredibus suis vel assignatis suis, libere, quiete, pacifice, et integre; reddendo inde annuatim capitali domino, scilicet domino Abbati de Seleby pro prædicto tofto vj denarios, et heredibus Walteri Kert tres quadrantes ad Natale

f. 58.
Domini, et pro quatuor selionibus iij denarios et obolum, medietatem ad Pentecosten et medietatem ad festum Sancti Martini, et singulis annis michi et heredibus meis vel assignatis meis unum quadrantem ad Natale Domini, pro omni servicio, exaccione, et demanda. Ego vero Wydo et heredes mei prædictum toftum et prænominatos seliones cum pertinenciis suis prædicto Ricardo et heredibus suis vel assignatis contra omnes homines inperpetuum warantizabimus. Hiis testibus, Waltero de Aula, Johanne Juuene, etc.

CLXXIV.

CONVENCIO INTER ABBATEM DE SELEBY ET ADAM DE WYSTOW.

xc.
A.D.
1259,
Dec. 18.
Anno regni Regis Henrici filii Regis Johannis quadragesimo quarto, die Jovis proxima ante festum Natalis Domini ejusdem anni, convenit inter Thomam Abbatem et Conventum de Seleby, et Adam filium Roberti de Wicstowe in hunc modum, videlicet quod prædictus Adam, pro se et heredibus suis, Deo et ecclesiæ Sancti Germani de Seleby, et prædictis Abbati et Conventui ejusdem loci et eorum successoribus, remisit, concessit, et quietum clamavit, totum jus et clameum et rectum quod habuit vel habere potuit in duabus acris terræ quas Willelmus de ecclesia tenuit aliquando, jacentibus extra Stainer Ker, ad omnem comodum et voluntatem suam inde faciendum inperpetuum. Memorati vero Abbas et Conventus pro se et successoribus suis, in excambium pro prædictis duabus acris terræ, totum jus et clameum et rectum quod habuerunt vel habere potuerunt in duabus acris, quarum una jacet in Marescalridding, quam

Selby. Walterus de Scotton aliquando tenuit, et altera jacet in Gamel riding, juxta terram Ricardi Turnegos, dicto Adæ et heredibus suis remiserunt, concesserunt, et quietum clamaverunt imperpetuum; salvo dictis religiosis annuo reditu quatuor denariorum pro prædictis duabus acris terræ; ut autem hæc terrarum prædictarum mutuatio firma et stabilis imperpetuum permaneat, Abbas ejusdem loci parti hujus scripti dicto Adæ traditæ sigillum suum apposuit; et alteri parti, dictis religiosis traditæ, idem Adam sigillum suum apposuit. Hiis testibus, Johanne patre domini Thomæ Abbatis de Seleby, etc.

CLXXV.

CARTA WILLELMI CARPENTARII LẸ WESTREIS DE SELEBY.

xci. Sciant omnes præsentes et futuri quod ego Willelmus Carpentarius le Westreis de Seleby dedi, concessi, et hac præsenti carta mea confirmavi Henrico Ichegamen et heredibus suis vel suis assignatis, unam acram terræ in territorio de Brayton, pro homagio et servicio suo in uno essarto quod fuit quondam Willelmi de ecclesia Sancti Germani de Seleby, quæ jacet propinquior parti versus Westrale; tenendum et habendum prædicto Henrico et heredibus suis vel suis assignatis, libere, quiete, pacifice, et integre, cum omnibus aisiamentis et libertatibus ad prædictam terram pertinentibus; reddendo inde annuatim domino Abbati de Seleby duos denarios ad duos terminos, scilicet medietatem ad festum Sancti Martini in yeme, et aliam medietatem ad Pentecosten, et prædicto Willelmo Carpentario le Westreis et heredibus suis vel suis assignatis, unum granum piperis ad festum Domini Natale. Et ego vero Willelmus et heredes mei dicto Henrico et heredibus suis vel suis assignatis dictam acram terræ cum omnibus pertinenciis contra omnes homines et feminas warantizabimus et defendemus. In hujus rei testimonium huic scripto sigillum meum apposui. Hiis testibus, Waltero de Scotton, Thoma de Hayton, Henrico Syward.

CLXXVI.

CARTA WILLELMI LE WESTREYS ET ISABELLÆ UXORIS EJUS.

xcii. Omnibus hoc scriptum visuris vel audituris, Willelmus le Westreis et Isabella uxor ejus, salutem. Noverit universitas vestra nos remisisse, concessisse, et penitus quietum clamasse, pro nobis et ——[1] nostris, Deo et ecclesiæ beati Germani de Seleby et monachis ibidem Deo servientibus, unam acram terræ

---

[1] A word here which is unintelligible, like "Ecc'ijs."

cum pertinenciis, jacentem in uno assarto, quod Willelmus de
ecclesia aliquo tempore tenuit ; tenendum et habendum eisdem
monachis et eorum successoribus, inperpetuum ; ita libere et
quiete quod nos nec heredes nostri nec aliquis alius nomine
nostro in prædicta acra terræ cum pertinenciis aliquod jus vel
clameum de cetero vendicare poterimus. In cujus rei testimonium, huic præsenti scripto sigilla nostra apposuimus. Hiis
testibus Johanne Juuene de Seleby, Henrico fratre ejus, etc.

CLXXVII.

CARTA THOMÆ FILII HENRICI ICHEGAMEN DE SELEBY.

xciii.	Omnibus Christi´ fidelibus præsentes literas inspecturis,
Thomas filius et heres Henrici Ichegamen de Seleby, salutem.
Noveritis me confirmasse et quietum clamasse Deo et ecclesiæ
Sancti Germani de Seleby et monachis ibidem Deo servientibus
et eorum successoribus, illam acram terræ quæ jacet in
f. 58v.	territorio de Brayton, videlicet in illo assarto quod fuit quondam
Willelmi de ecclesia Sancti Germani de Seleby, sicut jacet
propinquior parti versus Westrale ; tenendum et habendum,
libere, quiete, pacifice, et integre, cum omnibus pertinenciis et
aysiamentis, inperpetuum ; ita scilicet quod nec ego, nec
prædictus Thomas, nec aliquis ex parte mea, aliquod jus vel
clameum in prædicta acra terræ de cetero vendicare poterimus
vel exigere. In cujus rei testimonium præsenti scripto sigillum
meum apposui. Hiis testibus, Willelmo Gily, Johanne de
Hanburgh, etc.

CLXXVIII.

CARTA THOMÆ ABBATIS DE SELEBY.

xciv.	Omnibus Christi fidelibus ad quos præsens scriptum pervenerit,
Walterus filius Johannis de Seleby, patris Thomæ quondam
Abbatis de Seleby, salutem in Domino. Noverit universitas
vestra me sponte, pure, et absolute concessisse, et omnino de
me et omnibus meis inperpetuum quietum clamasse Deo et
ecclesiæ Sancti Germani de Seleby et David Abbati et Conventui
ejusdem loci, totum jus meum quod unquam habui vel habere
potui seu potero in una cultura terræ in territorio de Seleby quæ
vocatur Ruddeker, sicut fossatis et sepibus undique includitur,
cum omnibus pertinenciis suis, ita quod ego dictus Walterus
nec heredes mei nec aliquis ex parte mea in prædicta terra jus
nec clameum de cetero possimus exigere vel vendicare, et, ad
majorem hujus rei securitatem, cartam quam de prædicta terra
habui, prædictis religiosis solvi, volens et concedens quod si

Selby. aliquod instrumentum de terra supradicta penes me seu alios de meis in futurum inveniatur, quod michi seu meis possit prodesse, et præfatis Abbati et Conventui vel eorum successoribus obesse, illud de cetero viribus careat universis. In cujus rei testimonium sigillum meum præsenti scripto est appositum. Hiis testibus, Johanne Juuene de Seleby, Henrico Juuene de eadem, etc.

CLXXIX.

CARTA ADÆ TOUDREIT DE SELEBY.

xcv. Omnibus Christi fidelibus has literas visuris vel audituris, Adam Toudreit de Seleby, æternam in Domino salutem. Vestra noverit universitas, me quietum clamasse et hac præsenti carta mea confirmasse pro me et heredibus meis vel assignatis meis, Deo et Sancto Germano de Seleby et monachis ibidem Deo servientibus, totum jus et clameum quod habui vel habere potui sive debui in quodam assarto in Langeley, videlicet quod jacet inter terram quondam Nicholai Marescalli et terram Martini Heued. Ita etiam hoc quietum clamavi quod de cetero nunquam ego nec heredes mei sive assignati mei inde clameum habere poterimus. In cujus rei testimonium scripto præsenti sigillum meum apposui. Hiis testibus, Johanne Juuene, Henrico Juuene, Thoma de Drayton, etc.

CLXXX.

CARTA AMABILIÆ UXORIS JOHANNIS ROULYN.

xcvi. Noverint universi ad quorum notitiam præsentes literæ pervenerint, quod ego Amabilia, quondam uxor Johannis Roulyn de Seleby, in libera viduitate et ligea potestate mea, remisi de me et heredibus meis imperpetuum (et) quietum clamavi religiosis viris Abbati et Conventui de Seleby, totum jus et clameum quod habui seu habere potui vel potero in duabus acris terræ arrabilis in campo de Langeley jacentibus, et abuttant ad unum capud super le Claycroft, et ad aliud super viam regiam ; ita scilicet quod nec ego nec heredes mei in prædictis duabus acris terræ jus petendi seu calumpniandi vendicare poterimus ullo modo in futuro. Et ne ego contra istam remissionem et quietam clamacionem venire possimus inposterum, sigillum meum præsenti scripto apposui. Hiis testibus, Johanne de Hanburg, etc.

CLXXXI.

CARTA AGNETIS FILIÆ NICHOLAI TANNATORIS DE SELEBY.

xcvii. Sciant omnes, tam præsentes quam futuri, quod ego Agnes filia Nicholai tannatoris de Seleby, concessi, dedi, et hac

Selby. præsenti carta mea confirmavi Johanni de Crull de Seleby et heredibus suis, vel cuicunque dare, vendere, legare, vel assignare voluerit, quatuor acras terræ cum pertinenciis jacentes in diversis locis, quarum duæ acræ jacent in territorio de Brayton in essarto quod vocatur Willimotriddinges, inter terram Jordani de Firmar' ex una parte, et Charletryddinges ex alia parte, et duæ aliæ acræ jacent in feodo de Thorp, ad Flaxelay, inter terram Johannis Carpentarii de Seleby ex una parte et boscum ex altera ; tenendum et habendum dicto Johanni et heredibus suis, libere, quiete, integre, bene, et in pace, cum omnibus pertinenciis, libertatibus, et aysiamentis ad prædictam terram pertinentibus ; reddendo inde annuatim pro duabus acris terræ in Willmot-

f. 59. riddyng Abbati et Conventui de Seleby, quatuor denarios ad duos anni terminos, videlicet medietatem ad Pentecosten, et aliam medietatem ad festum Sancti Martini in hyeme, et pro duabus acris terræ apud Flaxela, altari beatæ Mariæ annuatim tres denarios ad eosdem terminos, et michi et heredibus meis unum granum piperis infra Natale Domini, pro omnibus serviciis, exaccionibus, et demandis. Et ego prædicta Agnes et heredes mei prædictas quatuor acras terræ cum pertinenciis prædicto Johanni et heredibus suis vel assignatis suis, sicut prædictum est, contra omnes homines warantizabimus et inperpetuum defendemus. In cujus rei testimonium huic præsenti scripto sigillum meum apposui. Hiis testibus, Waltero Basset de Brayton, Adam Maynard de eadem, etc.

CLXXXII.

CARTA THOMÆ GRIS DE BRAITON ET ALICIÆ FILIÆ THOMÆ TANNATORIS UXORIS EJUS.

xcviii. Omnibus Christi fidelibus ad quorum noticiam præsens scriptum pervenerit, Thomas Gris de Brayton et Alicia filia Thomæ tannatoris de Seleby uxor ejus, salutem in Domino sempiternam. Noverit universitas vestra nos unanimi consensu et assensu remisisse, concessisse, et omnino quietum clamasse dominis Abbati et Conventui de Seleby et eorum successoribus, totum jus et clameum quod unquam habuimus vel habere potuimus quoquomodo, in quatuor acris terræ arrabilis, in territorio de Braiton et Thorp, in diversis locis jacentibus, prout patet in quadam carta feoffatoris per quam Agnes filia Johannis filii Nicholai tannatoris feoffavit Johannem de Crull, nativum dictorum Abbatis et Conventus. Ita videlicet quod nec nos Thomas sive Alicia nec heredes nostri nec aliquis per nos vel nomine nostro seu alterius nostrum, jus vel clameum in futuro

Selby. in dictis quatuor acris, de quibus superius fit mentio, exigere vel vendicare poterimus quoquo modo. Pro hac autem donacione et quieta clamacione dederunt nobis prædicti Abbas et Conventus quandam summam pecuniæ. In cujus rei testimonium præsenti scripto sigilla nostra apposuimus. Hiis testibus, Waltero Basset de Brayton, etc.

CLXXXIII.

CARTA ROBERTI FILII HENRICI WRICHT.

xcix. Sciant præsentes et futuri quod ego Robertus, filius Henrici Wricht, dedi, concessi, et hac præsenti carta mea confirmavi Willelmo de Birkyn et heredibus suis, pro homagio et servicio suo, medietatem tofti mei in villa de Seleby in vico de Goukethorp, tenendum et habendum, libere, [et] quiete de me et heredibus meis, cum omnibus libertatibus et pertinenciis; reddendo nobis annuatim pro omni servicio ad nos pertinente, in die Natalis Domini, unum par cyrotecharum, scilicet Willelmus et sui facientes servicium quod pertinet ad dictum Abbatem. Et ego Robertus et heredes mei warantizabimus Willelmo et heredibus suis vel suis assignatis prædictam terram cum pertinenciis contra omnes homines. Pro hac autem donacione et concessione prædictus Willelmus dedit michi, nomine de Gressum,[1] octo solidos. Hiis testibus, Waltero de Aula et Waltero filio ejus, Johanne Juuene, etc.

CLXXXIV.

CARTA RICARDI BENGE.

c. Sciant omnes tam præsentes quam futuri quod ego Ricardus Benge dedi, concessi, et hac præsenti carta mea confirmavi Willelmo de Byrkyn et heredibus suis vel cui assignare voluerit, medietatem unius tofti in villa de Seleby, scilicet in Goukethorp, videlicet partem occidentalem illius tofti quod jacet inter toftum prædicti Willelmi et toftum quod fuit Walclini Fitel; tenendum et habendum sibi et heredibus suis vel suis assignatis de me et heredibus meis, libere, quiete, et honorifice et plenarie, cum omnibus pertinenciis et libertatibus suis, reddendo inde annuatim capitali domino, videlicet domino Abbati de Seleby, tres denarios, medietatem scilicet ad Pentecosten, et aliam medietatem ad festum Sancti Martini; et singulis annis michi et heredibus meis vel meis assignatis unum denarium ad Natale Domini pro omni servicio, consuetudine, et demanda. Ego vero Ricardus et heredes mei præfatam

[1] *Gersuma*—In ancient charters used for a Fine or Income.—*Blount.*

Selby. medietatem tofti supernominati, cum pertinenciis et libertatibus suis, prædicto Willelmo et heredibus suis vel cui assignare voluerit contra omnes homines inperpetuum warantizabimus. Pro hac autem donacione et confirmacione prædictus Willelmus dedit michi octo solidos argenti præ manibus. Hiis testibus, Waltero de Aula, etc.

CLXXXV.

CARTA ALANI FILII GODEWINI DE SELEBY.

ci. Sciant omnes qui hoc scriptum sunt visuri vel audituri, quod ego Alanus, filius Godewini de Seleby, consensu et assensu heredis mei, dedi, concessi, et hac præsenti carta mea confirmavi Willelmo de Birkin, filio Willelmi Coci, et heredibus suis, medietatem tofti mei quod jacet inter toftum Ricardi Benge et Alani Stute in Goukthorp, scilicet medientem (*sic*) illam versus orientem, pro tresdecim solidis quos michi dedit et heredi

f. 59v. meo in magna necessitate mea ; tenendum et habendum de me et heredibus meis, libere, quiete, et honorifice, cum omnibus libertatibus et aysiamentis ad eam medietatem tofti pertinentibus, reddendo michi et heredibus meis annuatim pro omni servicio in die Natalis Domini unum denarium, excepto quod ipse Willelmus adquietabit firmam penes dominum Abbatem, scilicet iij denarios per annum. Et ego Alanus et heredes ·mei warantizabimus prædictam terram Willelmo vel suis attornatis vel suis heredibus contra omnes homines inperpetuum. Et ut ista mea donacio stabilis et firma permaneat, præsenti scripto sigillum meum apposui, et, ad majorem securitatem, filius meus, et heredes mei donum meum confirmantes, sigillo suo pariter cum sigillo meo præsens scriptum corroboravit. Hiis testibus, Waltero de Aula, etc.

CLXXXVI.

CARTA HENRICI DE LEYRTON.

cii. Sciant omnes præsentes et futuri quod ego Henricus de Leirton dedi, concessi, et hac præsenti carta mea confirmavi, Deo et ecclesiæ Sancti Germani de Seleby et monachis ibidem Deo servientibus, in liberam elemosinam, pro salute animæ domini Willelmi de Leyrton avunculi mei, et omnium fidelium, unum toftum cum pertinenciis (in Ouerselby)[1] dictis tenementis pertinentibus. Et ne ego vel heredes vel aliquis ex parte mea contra istam donacionem venire possimus inposterum, præsenti scripto sigillum meum duxi apponendum. Hiis testibus, Johanne Juuene, Henrico fratre ejus.

[1] Added over the line.

CLXXXVII.

CARTA HENRICI DE LEYRTON.

Selby. ciii. Omnibus Sanctæ Matris Ecclesiæ filiis præsens scriptum inspecturis, Henricus de Leyrton, salutem in Domino. Noverit universitas vestra me dedisse, concessisse, et hac præsenti carta mea confirmasse, Deo et ecclesiæ beati Germani de Seleby et monachis ibidem Deo servientibus, in liberam, puram, et perpetuam elemosinam, ad pitanciam eorundem, unum toftum cum pertinenciis in Ouerselby, et jacet inter toftum quondam Henrici Almer et toftum Rogeri de Sainpol; tenendum et habendum prædictis monachis et eorum successoribus imperpetuum; libere, quiete, bene, et integre, cum omnibus pertinenciis ad prædictum toftum pertinentibus; reddendo inde annuatim domino Abbati de Seleby duos denarios argenti, scilicet unum denarium ad Pentecosten, et alterum denarium ad festum Sancti Martini in hieme, et michi et heredibus meis unum denarium ad Pascha, pro omnibus serviciis, consuetudinibus, et demandis universis, quæ inde exeunt. Ego vero prædictus Henricus et heredes mei totum prædictum tenementum cum omnibus pertinenciis prædictis monachis et eorum successoribus contra omnes gentes inperpetuum warantizabimus, adquietabimus, et defendemus. Hiis testibus, Johanne Juuene, Henrico fratre ejus, Radulfo de Hanburg, etc.

CLXXXVIII.

CARTA WILLELMI PIPIN DE SELEBY.

civ. Sciant omnes præsentes et futuri quod ego Willelmus Pypin de Seleby dedi, concessi, et hac præsenti carta sigillo meo roborata confirmavi Henrico de Leirton et heredibus suis, vel eorum assignatis, unum toftum cum pertinenciis in veteri Seleby, videlicet quod jacet inter toftum quondam Henrici Ailmer et toftum Rogeri de Sainpol; tenendum et habendum dicto Henrico et heredibus sive assignatis suis, libere, quiete, et integre, cum omnibus pertinenciis suis, libertatibus, et aysiamentis ad dictum toftum spectantibus, infra villam de Seleby et extra; reddendo inde annuatim capitali domino, videlicet domino Abbati de Seleby, duos denarios et unum clavum gariophili ad Pascha, pro omnibus serviciis, exaccionibus, et demandis. Et ego Willelmus et heredes mei totum prædictum tenementum prædicto Henrico et heredibus suis vel eorum assignatis contra omnes homines inperpetuum warantizabimus et defendemus, et ubique adquietabimus. Hiis testibus, Johanne Juuene, etc.

CLXXXIX.

CARTA HUGONIS BENG DE SELEBY.

Selby.
cv.

Sciant omnes præsentes et futuri quod ego Hugo Beng de Seleby dedi, concessi, et hac præsenti carta mea confirmavi Deo et beato Germano de Seleby et monachis ibidem Deo servientibus, in puram et perpetuam elemosinam, situm unius molendini in territorio de Seleby cum libero introitu et exitu, videlicet in alto Langelay, inter terram meam et terram Walteri de Aula, ad caput australe terræ meæ, tenendum et habendum, libere, quiete, et integre, et honorifice, imperpetuum. Ego vero Hugo et heredes mei prædictum situm molendini prædictis monachis f. 60. contra omnes homines inperpetuum warantizabimus, adquietabimus, et defendemus. Hiis testibus, Waltero de Aula, etc.

CXC.

CARTA HUGONIS BENG.

cvi.

Sciant præsentes et futuri quod ego Hugo Benge dedi, concessi, et hac præsenti carta mea confirmavi Roberto le Bercher et heredibus suis vel ipsius assignatis, duas acras terræ in territorio de Seleby, videlicet quæ jacent juxta le Claycroft ex parte meridionali, inter terram quæ fuit Eliæ de Celario et terram quæ fuit Gervasii Hendelaik, tenendas et habendas libere, quiete, et honorifice, sibi et heredibus suis vel ejus assignatis, de me et heredibus meis ; reddendo inde annuatim capitali domino, scilicet domino Abbati de Seleby, iiijᵒʳ denarios, medietatem ad Pentecosten, et medietatem ad festum Sancti Martini, et singulis annis michi et heredibus meis unum denarium ad festum Sancti Petri ad Vincula, pro omnibus serviciis, consuetudinibus, et demandis. Ego vero Hugo et heredes mei prædictas duas acras terræ prædicto Roberto et heredibus suis vel cui eas assignare voluerit, contra omnes homines inperpetuum warantizabimus. Hiis testibus, Waltero de Aula, Johanne Camerario, etc.

CXCI.

CARTA HUGONIS BENG DE SELEBY.

cvii.

Sciant omnes præsentes et futuri quod ego Hugo Beng' de Seleby concessi, dedi, et hac præsenti carta mea confirmavi Hugoni filio Ricardi de Crull et heredibus suis vel ejus assignatis, quatuor seliones terræ in territorio de Seleby jacentes scilicet in Langelay, quorum videlicet tres jacent propinquiores terræ Ricardi Hasard ex parte australi, et quartus juxta fossatum ; tenendos et habendos libere, quiete, et integre, cum omnibus pertinenciis suis, libertatibus, et aysiamentis ad dictam

Selby. terram spectantibus, cum libero introitu et exitu; reddendo inde annuatim michi et heredibus meis unum denarium, videlicet medietatem ad Pentecosten et medietatem ad festum Sancti Martini in hieme pro omni servicio, exaccione, et demanda. Et ego Hugo et heredes mei totum præectum tenementum dicto Hugoni et heredibus suis vel ejus assignatis contra omnes homines et feminas inperpetuum warantizabimus. Hiis testibus, Johanne Juuene, Henrico fratre ejus, etc.

CXCII.

CARTA HUGONIS BENG.

cviii. Sciant omnes præsentes et futuri quod ego Hugo Beng' dedi, concessi, et hac præsenti carta mea confirmavi Jordano de Houedene et heredibus suis vel ipsius assignatis, duas acras terræ in territorio de Seleby, videlicet quæ jacent in Alto Langeley, in cultura mea meridionali, juxta terram quam Wydo tenuit aliquando de me ex parte orientali; tenendas et habendas sibi vel suis assignatis de me et heredibus meis libere, quiete, integre, et honorifice; reddendo inde annuatim capitali domino, scilicet domino Abbati de Seleby iiij^{or} denarios, medietatem ad Pentecosten et medietatem ad festum Sancti Martini, et michi vel meis assignatis unum obolum ad Natale Domini pro omnibus serviciis, consuetudinibus, et demandis. Ego vero Hugo et heredes mei prædictas duas acras terræ cum pertinenciis prædicto Jordano vel ipsius assignatis contra omnes homines inperpetuum warantizabimus. Hiis testibus, Waltero de Aula, Johanne Juuene, etc.

CXCIII.

CARTA WILLELMI ICHEGAM' ET MAGARETÆ UXORIS EJUS.

cix. Omnibus hominibus hoc præsens scriptum visuris vel audituris, Willelmus Ichegam' et Margareta uxor ejus, salutem in Domino. Noverit universitas vestra nos concessisse, remisisse, et quietum clamasse pro nobis et heredibus nostris, Deo et ecclesiæ beati Germani de Seleby et monachis ibidem Deo servientibus, totum jus et clameum quod habuimus vel habere potuimus in tertia parte unius assarti cum omnibus pertinenciis quod fuit quondam Martini de Londoniis; habendum et tenendum eisdem ecclesiæ et prædictis monachis inperpetuum, libere, quiete, bene, et in pace, sine aliqua contradiccione vel impedimento nostrum vel heredum nostrorum; reddendo inde annuatim michi Willelmo et uxori meæ tres solidos ad duos terminos anni, videlicet ad festum Sancti Martini in hieme octodecem denarios, et ad

Selby.

Pentecosten octodecem denarios, pro omni servicio, exaccione, et demanda. In cujus rei testimonium huic præsenti scripto sigilla nostra apposuimus. Hiis testibus, Waltero Capellano de Seleby, Johanne Juuene, Henrico fratre ejus de eadem, Thoma de Hayton, etc.

CXCIV.

CARTA JOHANNIS FILII ROBERTI DE LONDON' DE SELEBY.

cx.
f. 60v.

Sciant omnes præsentes et futuri quod ego Johannes, filius Roberti de Loundon' de Seleby dedi, concessi, et hac præsenti carta mea confirmavi Deo et beato Germano de Seleby et monachis ibidem Deo servientibus, in puram et perpetuam elemosinam, unum essartum quod jacet in territorio de Brayton, scilicet quod jacet juxta terram Walteri de Aula ex una parte et juxta essartum quod vocatur le Claycroft ex altera, illud videlicet quod habui pro excambio terræ meæ in essarto quod vocatur Crosseridinges, de Margareta filia Andreæ Hendelaich de Seleby, sicut carta ipsius Margaretæ testatur ; tenendum et habendum prædictis religiosis libere, quiete, integre, honorifice, et solute ab omni seculari servicio, de me et heredibus meis inperpetuum. Ego vero Johannes et heredes mei prædictum essartum in puram et perpetuam elemosinam prædictis monachis contra omnes homines inperpetuum warantizabimus, acquietabimus, et defendemus. Hiis testibus, Johanne Juuene, Henrico fratre ejus, Waltero de Aula, etc.

CXCV.

CARTA MARTINI FILII ROGERI BERDEL DE SELEBY.

cxi.

Sciant omnes præsentes et futuri quod ego Martinus, filius Rogeri Berdel de Seleby, quietum clamavi de me et heredibus meis Christianæ de Bugeton et heredibus sive assignatis suis, totum jus et clameum quod habui vel habere potui in quodam tofto cum pertinenciis in Goukthorp, jacente inter terram Willelmi filii Matildis et quoddam toftum Adæ Make ; ita hoc quietum clamavi quod nunquam de cetero ego nec heredes mei sive aliquis per nos inde clameum habere poterimus. In hujus rei testimonium præsenti scripto sigillum meum adibui. Hiis testibus, Waltero de Aula, Johanne Juuene, etc.

CXCVI.

CARTA WALTERI MERCENARII DE SELEBY.

cxii.

Sciant præsentes et futuri quod ego Walterus Mercenarius de Seleby dedi, concessi, relaxavi, et quietum clamavi, et hac

Selby. præsenti carta mea confirmavi, de me et heredibus meis inperpetuum, Deo et beato Germano de Seleby et monachis ibidem
Deo servientibus, in puram et perpetuum elemosinam, totum
essartum meum in territorio de Seleby, scilicet quod jacet juxta
terram ipsorum monachorum versus pontem de Wycstow ex una
parte, et inter essartum Johannis Campin de Seleby ex altera ;
totum vero jus et clameum quod in prædicto essarto habui vel
habere potui aut debui prædictis monachis de me et heredibus
meis inperpetuum dedi et inperpetuum (quietum) clamavi. Et
ne ego vel heredes mei contra istam donacionem et quietam
clamacionem aliquatenus venire possimus inposterum, præsenti
scripto sigillum meum apposui. Hiis testibus, Johanne Juuene
de Seleby, etc.

CXCVII.

CARTA HENRICI FRAUNCEIS DE SELEBY.

cxiii. Sciant omnes præsentes et futuri quod ego Henricus
Fraunceis de Seleby dedi, concessi, et hac præsenti carta mea
confirmavi Deo et ecclesiæ Sancti Germani de Seleby, et Thomæ
Abbati, et Conventui ejusdem loci, unum toftum in villa de
Seleby quod ego dudum habui et tenui in eadem villa, jacens
inter toftum Johannis filii Ranulfi de Seleby et hospitale ejusdem
villæ ; tenendum et habendum de me et heredibus (meis)
prædictis Abbati et Conventui de Seleby, libere, quiete, solute,
et integre, salvis quatuor denariis Johanni filio Ranulfi de Seleby
(per) prænominatos Abbatem et Conventum reddendis. Et ne
ego vel aliquis alius ex parte mea contra istam donacionem et
præsentis cartæ confirmacionem de cetero aliquo modo venire vel
aliquid vendicare aut exigere valiamus, præsenti scripto sigillum
meum apposui. Hiis testibus, Hugone de Mar de Brayton, etc.

CXCVIII.

CARTA HENRICI FILII ET HEREDIS ALANI FRAUNCEYS DE SELEBY.

cxiv. Sciant præsentes et futuri quod ego Henricus, filius et heres
Alani Fraunceys de Seleby, concessi, dedi, et hac præsenti carta
mea confirmavi et de me et heredibus meis inperpetuum
quietum clamavi, et sursum reddidi Deo et ecclesiæ beati
Germani de Seleby et monachis ibidem Deo servientibus et
eorum successoribus, in puram et perpetuam elemosinam, unam
placeam terræ in villa de Seleby super ripam Vsæ cum ædificiis
insuper fundatis, sicut extendit se in longitudine et latitudine,
quam placeam Alanus quondam pater meus tenuit de eisdem
religiosis in villa de Seleby ; tenendam et habendam dictis

Selby.

f. 61.

religiosis et eorum successoribus, in puram et perpetuam elemosinam, sicut prædictum est, in perpetuum, libere, quiete, bene, et in pace, cum omnibus pertinenciis et aysiamentis ad prædictam placeam spectantibus. Ego vero dictus Henricus et heredes mei prædictam placeam terræ prædictis religiosis et eorum successoribus warantizabimus, adquietabimus, et contra omnes inperpetuum defendemus. In cujus rei testimonium præsenti scripto sigillum meum apposui. Hiis testibus, Henrico Siward de Seleby, Rogero le Marescal de eadem, etc.

CXCIX.

CARTA JOHANNIS FILII WILLELMI DE SELEBY.

cxv.

Sciant præsentes et futuri quod ego Johannes filius Willelmi de Seleby dedi, concessi, et hac præsenti carta mea confirmavi Jordano de Houeden et heredibus suis vel ejus assignatis unum toftum in villa de Seleby, scilicet in Goucthorp, videlicet illud toftum quod jacet inter toftum Willelmi Orre ex una parte, et toftum Evæ Schiring ex altera, triginta octo pedum in latitudine versus viam, et triginta quinque pedum in latitudine versus aquam ; tenendum et habendum sibi et heredibus suis vel ejus assignatis de me et heredibus meis vel meis assignatis, libere, quiete, honorifice, et integre ; reddendo inde annuatim capitali domino, scilicet domino Abbati de Seleby, iij denarios ad duos terminos, scilicet tres obolos ad Pentecosten et tres obolos ad festum Sancti Martini in hieme, et singulis annis michi vel meis assignatis unum obolum ad Natale Domini, pro omni servicio seculari et exaccione. Ego vero Johannes et heredes mei prædictum toftum præfato Jordano et heredibus suis vel ejus assignatis contra omnes homines inperpetuum warantizabimus. Hiis testibus, Johanne Camerario de Seleby, Henrico fratre ejus, ejusdem villæ, etc.

CC.

CARTA WILLELMI FILII MATILDIS.

cxvi.

Omnibus hominibus has literas visuris vel audituris, Willelmus filius Matildis, salutem. Noveritis me dedisse (et) quietum clamasse Johanni filio meo et proximo heredi, totum jus et clameum quod habui vel habere potui in quodam tofto in villa de Seleby, scilicet in Gouthorp, quod jacet inter toftum Willelmi Orre ex una parte et toftum Evæ Schiring ex altera ; ita etiam dictum jus et clameum de dicto tofto dicto Johanni dedi et quietum clamavi quod ego nec assignati mei nec aliquis per nos

Selby. in illo unquam de cetero clameum habere poterimus. In cujus rei testimonium præsenti scripto sigillum meum apposui. Hiis testibus, Johanne Camerario, Johanne fratre suo, etc.

CCI. ·

CARTA HUGONIS⸱ BENG.

cxvii.   Sciant omnes præsentes has literas videntes et audientes, quod ego Hugo Beng' dedi, concessi, et hac præsenti carta confirmavi Christianæ de Bugeton et heredibus suis vel ejus assignatis, unam acram terræ in territorio de Seleby, scilicet in Norfeld, quatuor seliones videlicet jacentes propinquiores terræ Ricardi Hasard ex parte boriali, et tres videlicet jacentes propinquiores terræ Martini Jeronel ex parte boriali ; tenendam et habendam prædictæ Christianæ et heredibus suis vel ejus assignatis, de me et heredibus meis, libere, quiete, pacifice, et integre, sine aliquo retinemento ; reddendo inde annuatim prædicto Hugoni et heredibus suis unum obolum tantum infra Natale Domini pro omni servicio, exaccione, et demanda, et duos denarios capitali domino, scilicet Abbati et Conventui de Seleby, ad duos terminos, unum denarium scilicet ad Pentecosten, et unum denarium ad festum Sancti Martini in hieme. Et ego Hugo et heredes mei prædictam terram Christianæ prænominatæ et heredibus suis vel ejus assignatis per prædictum servicium contra omnes homines et feminas warantizabimus et inperpetuum defendemus. In robur vero et testimonium hujus rei huic scripto sigilli mei impressionem apposui. Hiis testibus, Waltero de Aula, Johanne Juuene, etc.

CCII.

CARTA DIONISIÆ UXORIS JOHANNIS JUUENIS DE SELEBY.

cxviii.   Omnibus hoc scriptum visuris vel audituris Dionisia quondam uxor Johannis Ju[1] Juuenis de Seleby, salutem in Domino sempiternam. Noverit universitas vestra me concessisse, reddidisse, et omnino quietum clamasse Thomæ Abbati de Seleby et Conventui ejusdem loci, capitalibus dominis feodi, capitale messuagium quod fuit quondam Johannis mariti mei, et unum toftum ex oposito dicti tofti versus stagnum, et totam terram quam habui nomine dotis vel legati in villis de Seleby, Brayton, Thorp, Baryelby,[2] cum omni jure et clameo quod habui vel habere potero in omnibus serviciis, redditibus, excaetis, pratis, pasturis, moris, mariscis, boscis, aquis, parcis, vivariis, molendinis, stagnis, et cum omnibus aliis quæ aliquo modo ad

---

[1] Word begun anew in the following line.   [2] Read "Barþelby."

Selby. prædictam terram accidere poterint; habenda et tenenda eisdem
Abbati et Conventui et eorum successoribus imperpetuum, sine
aliquo retenemento ; ita quod ego Dionisia nec heredes mei seu
quiscunque nomine meo in prædictis messuagio, tofto, et terra
cum omnibus serviciis, redditibus, et omnibus aliis, ut prædictum
f. 61v. est, ad prædictam terram pertinentibus, aliquid exigere seu
vendicare poterimus in posterum. In cujus rei testimonium
præsenti scripto sigillum meum apposui. Hiis testibus, Johanne
fratre Abbatis, Henrico Siward, etc.

CCIII.

CARTA HUGONIS FILII RICARDI LE CATUR DE SELEBY.

cxix.   Sciant omnes præsentes quod ego Hugo, filius Ricardi le
Katour de Seleby dedi, concessi, et hac præsenti carta mea
confirmavi Deo et beato Germano de Seleby et monachis ibidem
Deo servientibus, totum essartum meum quod fuit essartum
Ricardi le Katur, quondam patris mei, videlicet quod jacet inter
boscum borealem ejusdem *(sic)* monachorum ex una parte et
inter essartum quod fuit Randelli le Hus ex altera, in puram et
perpetuam elemosinam, tenendum et habendum sibi libere,
quiete, integre, et honorifice, ita quod ego nec heredes mei
neque mei assignati in prædicto essarto aliquod jus vel clameum
habere poterimus de cetero. Ego vero Hugo et heredes mei
prædictis monachis prædictum essartum cum omnibus pertinenciis contra omnes homines imperpetuum warantizabimus et
defendemus. Hiis testibus, Johanne Juuene de Seleby, etc.

CCIV.

CARTA MARTINI SIWARD DE SELEBY.

cxx.
A.D.
1281.
Omnibus Christi fidelibus ad quorum noticiam pervenerit hoc
scriptum, Martinus Siward de Seleby, salutem in Domino sempiternam. Noverit universitas vestra me sursum reddidisse et de me
et heredibus meis imperpetuum quietum clamasse religiosis viris
Abbati et Conventui de Seleby et successoribus suis illam
placeam terræ quæ vocatur Wetecroft in territorio de Seleby,
quam de eis prius tenui ; ita scilicet quod nec ego nec heredes
mei aliquod jus vel clameum in dicta terra habere poterimus in
futurum. In cujus rei testimonium præsenti scripto sigillum
meum apposui. Dat. apud Seleby, die Jovis proxima post
festum Annunciacionis beatæ Mariæ Virginis, anno Domini
Millesimo ducentesimo octogesimo primo. Hiis testibus,
Willelmo Camerario de Seleby, Roberto fratre ejus, etc.

CCV.

CARTA ROBERTI FILII HENRICI JUUENIS DE SELEBY.

Selby.
cxxi.

Sciant præsentes et futuri quod ego Robertus, filius Henrici Juuenis de Seleby, dedi, concessi, et hac præsenti carta sigillo meo roborata confirmavi Johanni filio Mabiliæ de Seleby et heredibus suis vel suis assignatis, duas acras terræ cum pertinenciis in territorio de Seleby, jacentes scilicet inter regiam stratam quæ ducit apud Wystowe et Bondfeld sicut metæ præfixæ undique condonant; tenendas et habendas de me et heredibus meis, sibi et heredibus suis vel suis assignatis, libere, quiete, integre, et pacifice, cum omnibus pertinenciis, libertatibus, et aysiamentis ad dictas duas acras terræ pertinentibus; reddendo inde annuatim domino Abbati et Conventui de Seleby iiij\ᵒʳ denarios ad duos anni terminos, videlicet medietatem ad Pentecosten et aliam medietatem ad festum Sancti Martini in hieme, pro omni servicio, exaccione, consuetudine, et demanda; et michi et heredibus meis unam rosam tempore rosarum, si petatur. Ego vero dictus Robertus et heredes mei prædictam terram cum pertinenciis dicto Roberto et heredibus suis vel suis assignatis warantizabimus, adquietabimus, et defendemus inperpetuum. Hiis testibus, Henrico Siward de Seleby, Martino Siward, etc.

CCVI.

CARTA JOHANNIS FILII WILLELMI FORESTARII DE SELEBY.

cxxii.

Omnibus hoc scriptum visuris vel audituris, Johannes filius Willelmi Forestarii de Seleby, salutem in Domino. Noverit universitas vestra me remisisse et quietum clamasse pro me et heredibus meis Deo et ecclesiæ beati Germani de Seleby et monachis ibidem Deo servientibus, totum jus et clameum quod habui vel habere potui in uno messuagio cum gardino et tribus essartis in villis de Seleby et de Thorp, unde unum essartum vocatur Watecroft, et alterum essartum vocatur Imereridinges, et tertium assartum vocatur Reignaldscroft, sicuti sepibus et fossatis undique includuntur, quæ omnia Alanus Lescy avus meus quondam tenuit in eisdem villis, habendum et tenendum eisdem religiosis imperpetuum; ita libere quod nec ego nec aliquis alius nomine meo in prædictis tribus essartis, messuagio cum pertinenciis, de cetero vendicare aut exigere poterimus. In cujus rei testimonium huic præsenti scripto sigillum meum apposui. Hiis testibus, Johanne patre Abbatis, etc.

K

CCVII.

CARTA JOHANNIS FILII WILLELMI RAGGE DE SELEBY.

Selby.
cxxiii.

Omnibus hoc scriptum visuris vel audituris, Johannes filius Willelmi Ragge de Seleby, salutem. Noverit universitas vestra me mera et spontanea voluntate mea concessisse et quietum clamasse imperpetuum Deo et ecclesiæ Sancti Germani de Seleby et monachis ibidem Deo servientibus, totum jus et clameum quod habui aut habere potui aut debui in quodam tofto in villa de Seleby quod fuit quondam Willelmi patris mei, cum omnibus pertinenciis et libertatibus ad prædictum toftum

f. 62.

spectantibus ; ita scilicet quod nec ego nec heredes mei aliquid in prædicto tofto de cetero exigere vel vendicare poterimus. In cujus rei testimonium præsenti scripto sigillum meum apposui. Hiis testibus, Johanne Juuene, Henrico fratre ejus, etc.

CCVIII.

CARTA JOHANNIS DE CARLETON.

cxxiv.

Sciant præsentes et futuri quod ego Johannes de Carleton dedi, concessi, et hac præsenti carta mea confirmavi Deo et ecclesiæ beati Germani de Seleby et monachis ibidem Deo servientibus, et eorundem successoribus, unum toftum cum ædeficiis et pertinenciis in villa de Seleby, illud scilicet quod Willelmus Teue aliquando tenuit in vico de Goukthorp, prout se extendit in longitudine et latitudine, tenendum et habendum dictis religiosis et eorundem successoribus, in puram et perpetuam elemosinam inperpetuum, nichil michi vel heredibus meis in præsenti vel in futuro inde retinendo. Ego vero dictus Johannes et heredes mei dictum toftum dictis religiosis et eorundem successoribus, sicut prædictum est, contra omnes homines warantizabimus, et imperpetuum defendemus. In cujus rei testimonium præsenti scripto sigillum meum apposui. Hiis testibus, Roberto Chaumberlayn, etc.

CCIX.

CARTA THOMÆ LOF DE SELEBY, CAPELLANI.

cxxv.

Omnibus hoc scriptum visuris vel audituris, Thomas Lof de Seleby, Capellanus, salutem in Domino sempiternam. Noverit universitas vestra me relaxasse, dimisisse, et omnino quietum clamasse de me et heredibus meis ecclesiæ Sancti Germani de Seleby, totum jus et clameum quod habui vel habere potui in tofto quod fuit quondam Rogeri Fitil in Midelthorp de Seleby, quod jacet inter toftum Nicholai le Hirde et grangiam Willelmi

Selby. de Sutton ; tenendum et habendum prædictæ ecclesiæ inperpetuum ; ita quod nec ego prædictus Thomas, nec heredes mei, nec aliquis per nos in prædicto tofto aliquod jus vel clameum vendicare poterimus in futurum. Hiis testibus, Johanne de Hanburg, etc.

CCX.

CARTA JOHANNIS HUNTELAGH DE SELEBY.

cxxvi. Sciant præsentes et futuri quod ego Johannes Hontelagh de Seleby dedi, concessi, et hac præsenti carta mea confirmavi viris religiosis dominis Abbati et Conventui de Seleby, unum toftum cum pertinenciis in Seleby, jacens in vico qui vocatur Mydelthorp, inter toftum Thomæ filii Christianæ et toftum Walteri Bragg, et extendit a via regia usque ad le Canel ; habendum et tenendum, in puram et perpetuam elemosinam, prædictis dominis Abbati et Conventui de Seleby et eorum successoribus, libere, quiete, et pacifice, inperpetuum. Et ego prædictus Johannes et heredes mei prædictum toftum cum pertinenciis suis dictis viris religiosis warantizabimus. In cujus rei testimonium huic scripto sigillum meum apposui. Hiis testibus, Willelmo Gily, Radulfo de Scotton, Johanne de Hanburg, etc.

CCXI.

CARTA ROBERTI FILII HENRICI JUUENIS DE SELEBY.

cxxvii. Universis Christi fidelibus ad quos præsens scriptum pervenerit, Robertus filius Henrici Juuenis de Seleby, salutem. Noverit universitas vestra me sursum reddidisse, concessisse, et de me et heredibus meis inperpetuum quietum clamasse Abbati et Conventui de Seleby et eorundem successoribus, unam placeam terræ arrabilis iiij^{or} acras continentem quæ vocatur Aunceridinges. Concessi etiam eisdem religiosis, et de me et heredibus meis quietum clamavi, totum jus et clameum quod habui seu vendicare potui in omnibus terris et tenementis quæ habui infra villam de Seleby et extra. Volo etiam et tenore præsentium concedo, quod dicti religiosi appruamenta sua faciant circa villam de Seleby in futurum, absque impedimento mei vel heredum meorum. In cujus rei testimonium præsenti scripto sigillum meum apposui. Hiis testibus, Roberto le Chaumberlayn de Seleby, etc.

CCXII.

CARTA JOHANNIS FILII WILLELMI RAGGES.

cxxviii. Sciant omnes præsentes et futuri quod ego Johannes filius Willelmi Rag' dedi, concessi, et quietum clamavi inperpetuum,

et hac præsenti carta mea confirmavi Deo et beato Germano de
Seleby et monachis ibidem Deo servientibus, unum toftum cum
pertinenciis in villa de Seleby, scilicet quod jacet in Goukethorp
inter toftum quod fuit aliquando Walteri de Aula, et toftum
quod fuit aliquando Adæ Mac, in longitudine et latitudine,
sicut fuit in tempore istius quietæ clamacionis, a regia strata de
Gouthorp usque ad caucetum quod vocatur Daycros. Totum
vero jus quod habui vel habere potui aut debui in prædicto tofto
cum pertinenciis, prædictis monachis relaxavi de me et heredibus
meis, et inperpetuum quietum clamavi. Ego vero Johannes et
heredes mei prædictum toftum cum omnibus pertinenciis
prædictis monachis contra omnes homines inperpetuum warantizabimus, in latitudine et in longitudine. Et ne ego vel heredes
f. 62v. mei contra istam donacionem et quietam clamacionem venire
possimus aliquatenus in posterum, præsens scriptum sigilli mei
apposicione duxi corroborandum. Hiis testibus, Johanne Juuene,
etc.

<h2 style="text-align:center">CCXIII.</h2>

CARTA ADÆ FILII RICARDI MARESCALLI.

cxxix.   Omnibus has literas visuris vel audituris, Adam filius Ricardi
Marescalli, salutem æternam in Domino. Noveritis me dedisse,
concessisse, et hac præsenti carta mea confirmasse, Deo et
beato Germano de Seleby et monachis ibidem Deo servientibus,
in liberam, puram, et perpetuam elemosinam, toftum et croftum
quæ fuerunt Hugonis Blundi in Gouthorp, ex opposito capellæ
Sanctæ Genofeuæ, et quatuor acras terræ quæ jacent inter
assarta Rogeri Portarii et Eliæ Fabri, et sex acras terræ quæ
jacent versus orientem de Langelay juxta terram Walteri de
Aula, et iiij^{or} acras terræ quæ jacent versus orientem juxta
terram Nicholai Mariscalli, cum omnibus pertinenciis, liberis
consuetudinibus dictæ terræ adjacentibus; habenda et tenenda,
libere, quiete, plenarie, et integre, de me et heredibus meis,
imperpetuum. Ego vero et heredes mei prædictum toftum et
croftum cum omnibus terris prædictis, dictis monachis contra
omnes homines warantizabimus. Ut hæc mea donacio,
concessio, et confirmacio rata et stabilis permaneat, huic
præsenti scripto sigillum meum apposui. Hiis testibus,
Waltero de Aula, etc.

<h2 style="text-align:center">CCXIV.</h2>

CARTA WALTERI DE AULA DE SELEBY.

cxxx.   Sciant omnes præsentes et futuri quod ego Walterus de Aula
de Seleby dedi, concessi, et hac præsenti carta mea confirmavi

Selby. Margaretæ filiæ meæ, et heredibus suis, vel cui assignare
voluerit, pro humagio et servicio suo, unum messuagium in
villa de Seleby, illud scilicet quod jacet in Vsegate, juxta toftum
quod fuit aliquando Willelmi Tibby ex una parte, et regiam
stratam de Mikelgate versus Vsam ex altera, et septem acras
terræ in territorio de Seleby, jacentès in Langelay juxta terram
Roberti le Curtenay et terram David filii mei juxta Langelay ;
tenenda et habenda libere, quiete, integre, et honorifice ; reddendo inde annuatim pro messuagio domino Abbati et Conventui
sex denarios, et pro septem acris terræ Sacristæ de Seleby
duodecim denarios, videlicet medietatem ad Pentecosten et
aliam medietatem ad festum Sancti Martini, et singulis annis
michi et heredibus meis duos denarios ad eosdem prædictos
terminos, pro omni servicio seculari et exaccione. Ego vero
prædictus Walterus et heredes mei prædictum messuagium et
prædictas septem acras terræ cum pertinenciis prædictæ
Margaretæ et heredibus suis vel ejus assignatis pro servicio
nominato contra omnes homines inperpetuum warantizabimus.
Hiis testibus, Johanne Juuene, Henrico fratre suo, etc.

CCXV.

CARTA ADÆ TOURY DE SELEBY.

cxxxi. Sciant præsentes et futuri quod ego Adam Toury de Seleby
dedi, concessi, et hac præsenti carta mea confirmavi Deo et
ecclesiæ beati Germani de Seleby et monachis ibidem Deo
servientibus et eorum successoribus, in liberam, puram, et
perpetuam elemosinam, unam acram terræ arrabilis in territorio
de Seleby, illam scilicet acram quæ jacet juxta Turnegos riding
juxta terram Adæ de Steyner ex parte orientali et terram
Thurestan de Seleby ex parte occidentali ; tenendam et
habendam dictis religiosis et eorundem successoribus et ecclesiæ
antedictæ, in liberam, puram, et perpetuam elemosinam,
inperpetuum ; ita scilicet quod nec ego nec heredes mei nec
aliquis pro nobis in dicta terra jus vel clameum de cetero
vendicare possimus vel exigere ; et ut hæc mea donacio et
concessio stabilis maneat inperpetuum, præsenti scripto sigillum
meum apposui. Hiis testibus, Waltero Capellano de Seleby,
Henrico Siward de eadem, etc.

CCXVI.

CARTA WALTERI FILII RADULFI DE SELEBY.

cxxxii. Sciant præsentes et futuri quod ego Walterus filius Ranulfi
de Seleby dedi, concessi, et hac præsenti carta mea confirmavi

Selby. Johanni de Crul, unum toftum in villa de Seleby quod jacet medium inter molendinum et toftum quondam Thomæ filii Willelmi ; tenendum et habendum sibi et heredibus suis vel assignatis jure hereditario de me et heredibus meis inperpetuum, libere, quiete, et pacifice ab omni onere, cum pertinenciis suis, libertatibus, et aysiamentis ; reddendo inde annuatim monasterio Sancti Germani de Seleby tres denarios, et michi et heredibus meis unum denarium, medietatem utrobique ad Pentecosten, et alteram medietatem ad festum Sancti Martini in hyeme, pro omni servicio seculari et consuetudine et demanda. Ego vero Walterus et heredes mei præfatum toftum, sicut dictum est, memorato Johanni et suis heredibus vel assignatis contra omnes homines inperpetuum warantizabimus, et pro redditu f. 63. prædicto adquietabimus et defendemus. In cujus rei securitatem perpetuam scripto præsenti sigillum meum apposui. Testibus Waltero Capellano, Henrico Siward, Thoma de Hayton.

CCXVII.

CARTA MARTINI FILII ÅADULFI.

cxxxiii. Universis præsentes literas inspecturis, Martinus filius Radulfi, salutem in Domino. Noverit universitas vestra me dedisse, concessisse, et hac præsenti carta mea confirmasse domino Thomæ Abbati de Seleby et cuicunque assignare voluerit, unum toftum cum pertinenciis in villa de Seleby in vico qui vocatur Mikelgate, et jacet inter toftum quod fuit Roberti Noblot ex una parte et toftum quod fuit Johannis Stanard ex altera; habendum et tenendum eidem Abbati et assignatis suis, libere et quiete, bene et in pace, cum omnibus pertinenciis, inperpetuum. Et ego prædictus Martinus et heredes mei prædicto Abbati et assignatis suis prædictum toftum cum pertinenciis contra omnes gentes inperpetuum warantizabimus, acquietabimus, et defendemus. In cujus rei testimonium huic præsenti scripto sigillum meum apposui. Hiis testibus, Roberto Torni, Radulfo de Hanburg, etc.

CCXVIII.

CARTA AGNETIS, QUONDAM UXORIS WILLELMI FILII MABBE DE SNAYTH.

cxxxiv. Sciant omnes præsentes et futuri quod ego Agnes, quondam uxor Willelmi filii Mabbe de Snayth, in pura viduitate et ligea potestate mea, dedi, concessi, et hac præsenti carta sigillo meo roborata confirmavi Willelmo de Brigge et heredibus sive assignatis suis, unum toftum cum pertinenciis suis in villa de

Selby. Seleby, videlicet quod jacet ad finem de Husegat, juxta toftum dicti Willelmi ; tenendum et habendum de me in tota vita mea, libere, quiete, et integre, cum omnibus pertinenciis suis, libertatibus, et aysiamentis ad dictum toftum spectantibus ; reddendo inde annuatim capitali· domino, videlicet domino Abbati, sex denarios ad terminos illi statutos in villa de Seleby, et michi in vita mea et dicto Abbati et Conventui post decessum meum octodecim denarios ad prædictos terminos. Et ego Agnes in vita mea dictum tenementum dicto Willelmo et heredibus sive assignatis suis warantizabimus contra omnes homines. Hiis testibus, Johanne Jnuene, Thoma de Hayton.

CCXIX.

CARTA JOHANNIS TANNATORIS DE PONTEFRACTO.

cxxxv. Sciant omnes præsentes et futuri quod ego Johannes tannator de Pontefracto dedi, concessi, et hac præsenti carta mea confirmavi Thomæ Portario et heredibus suis vel eorum assignatis, unum toftum cum ædificiis et pertinenciis suis in villa de Seleby, videlicet quod jacet in Mikelgate inter toftum Roberti le Blund et toftum quondam Henrici Sutoris; tenendum et habendum libere, quiete, et integre, cum omnibus pertinenciis suis, libertatibus, et aysiamentis ad dictum toftum spectantibus; reddendo inde annuatim capitali domino, videlicet domino Abbati de Seleby, novem denarios, quatuor denarios et obolum ad Pentecosten, et quatuor denarios et obolum ad festum Sancti Martini in yeme, et michi et heredibus meis unum obolum ad Natale Domini, pro omni servicio, exaccione, consuetudine, et demanda. Ego Johannes et heredes mei totum prædictum tenementum prædicto Thomæ et heredibus suis vel eorum assignatis contra omnes homines et feminas imperpetuum warantizabimus et defendemus. Ut autem hæc donacio mea rata et stabilis inperpetuum permaneat, huic scripto præsenti sigillum meum adhibui. Hiis testibus, Johanne Juuene, Henrico fratre suo, etc.

CCXX.

CARTA ADÆ FILII GERVASII DE SELEBY.

cxxxvi. Sciant præsentes et futuri quod ego Adam, filius Gervasii de Seleby, dedi, concessi, et hac præsenti carta sigillo meo roborata confirmavi Willelmo filio meo et heredibus suis vel ejus assignatis, pro homagio et servicio suo, unum toftum cum pertinenciis in Seleby, videlicet illud toftum quod jacet in Gouthorp inter toftum Rogeri filii Rogeri et toftum Ricardi de

Selby. Seman, et unam acram terræ et unam roddam in assarto quod
vocatur Pamriding, et redditum iiij^{or} denariorum de alia parte
dicti essarti quam dedi Agneti filiæ meæ in libero maritagio ;
tenenda et habenda libere, quiete, integre, cum omnibus
pertinenciis suis, libertatibus, et aysiamentis ad dictum
tenementum spectantibus ; reddendo inde annuatim domino
Abbati de Seleby et Conventui x denarios et obolum, videlicet
medietatem ad Pentecosten et medietatem ad festum Sancti
Martini in yeme, et heredibus Adæ Mac unum obolum ad Natale
Domini, et* michi et heredibus meis unum obolum ad Natale
Domini, pro omni servicio, exaccione, et demanda. Ego Adam
et heredes mei totum prædictum tenementum prædicto Willelmo
filii meo et heredibus sive assignatis suis contra omnes homines
inperpetuum warantizabimus et defendemus. Hiis testibus,
Johanne Juuene, Henrico Juuene, etc.

CCXXI.

CARTA JOHANNIS CAMERARII DE SELEBY.

cxxxvii. Omnibus hominibus hoc præsens scriptum visuris vel
audituris, Johannes Camerarius de Seleby, salutem in Domino.
f. 63v. Noverit universitas vestra me remisisse et quietum clamasse
pro me et heredibus meis inperpetuum, Deo et ecclesiæ beati
Germani de Seleby et monachis ibidem Deo servientibus, totum
jus et clameum et communam pasturæ quæ habui vel habere
potui aut debui in omnibus clausis et clausuris nemoris del Est et
de Steiner, sicut fossatis et sepibus in longitudine et latitudine
undique includuntur et ambiuntur, et etiam herbagium et jus et
clameum quod vendicavi in uno tofto quod Walterus de Aula
aliquando tenuit, sicut fossatis et sepibus undique includitur,
et in aliis purpresturis intra curiam eorundem religiosorum
factis ; ita quod ego nec heredes mei in prænominatis clausis,
clausuris, et pastura, jus neque clameum habere vel exigere de
cetero poterimus, præsenti scripto sigillum meum duxi
apponendum. Hiis testibus, Johanne de Cliff, Johanne patre
Abbatis, Ricardo de Leuesham, etc.

CCXXII.

CARTA HENRICI SIWARD, DAVID, ELYÆ, ROGERI, ETC.

cxxxviii. Omnibus hoc scriptum visuris vel audituris, Johannes filius
Ranulphi de Seleby, Gilbertus Molendinarius, Henricus Syward,
Dauid de Aula, Helyas Faber, Rogerus in Venella, Henricus
Ichegamen, Johannes filius Willelmi Rag de Seleby, salutem in
Domino. Universis et singulis notum facimus nos, mera et

Selby. spontanea voluntate nostra, pro nobis et heredibus nostris, concessisse, remisisse, et quietum clamasse imperpetuum, Deo et ecclesiæ Sancti Germani de Seleby et monachis ibidem Deo servientibus, totum jus et clameum et communam pasturæ si quam habuimus aut habere potuimus seu debuimus in nemore et in parco bosci del Est, sicut fossatis et sepibus in longitudine et latitudine undique includitur ; salvo nobis et heredibus nostris herbagio in residuo ejusdem bosci quod extra fossata dictorum monachorum fuerit inclusum. In cujus rei testimonium sigilla nostra apposuimus. Hiis testibus, Johanne de Cliff, Magistro Petro, Ricardo filio ejus.

CCXXIII.

(CARTA RADULFI DE GATTEFORD, JOHANNIS PATRIS ABBATIS, ETC.)[1]

cxxxix. Omnibus hoc scriptum visuris vel audituris, Radulfus de Gatteford, Johannes patre (sic) Abbatis, Johannes Dod, Henricus, Philipus, Waldingus, Andreas Peritot, Godwynus alias Hugo Arkil, Adam Kat, Thurstanus, Martinus Heued, Robertus Noblot, Willelmus Arnewy, Germanus le Ferur, Walterus le Mercer, Johannes Clericus, Adam de Celario, Willelmus Forestarius, Robertus le Mercer, Johannes filius Nicholai tannatoris, Walterus Foystinges, Walterus Carpentarius, Helyas le Frereman, Rogerus Sainpol, Willelmus filius Willelmi Tulbi, Martinus Jeronel, Walterus Foel, Adam filius Ranulfi, Willelmus Paitefin de Seleby, salutem in Domino. Universis et singulis notum facimus nos mera et spontanea voluntate nostra, pro nobis et heredibus nostris, concessisse, remisisse, et quietum clamasse imperpetuum Deo et Ecclesiæ Sancti Germani de Seleby et monachis ibidem Deo servientibus, totum jus et clameum et communam pasturæ, si quam habuimus aut habere potuimus seu debuimus, in nemore et in parco bosci del Est, sicut fossatis et sepibus in longitudine et latitudine undique includitur ; salvo nobis et heredibus nostris herbagio in residuo ejusdem bosci quod extra fossata dictorum monachorum fuerit exclusum. In cujus rei testimonium præsenti scripto sigilla nostra apposuimus. Hiis testibus, Johanne de Cliff, Magistro Petro, etc.

CCXXIV.

CARTA JOHANNIS CAMERARII, WALTERI, THOMÆ, RADULFI, HENRICI, ETC.

cxl.
A.D. 1255
Apr. 10.

Omnibus hoc scriptum visuris vel audituris, Johannes Camerarius de Seleby, Walterus Capellanus, Thomas de

[1] Omitted in text, but thus entered in index.

Selby. Drayton, Radulfus de Hanburg', Henricus Juuen, Alanus le
Fraunceis, Walterus de Scotton, Johannes Tannator, Thomas
de Hayton, Martinus Tannator, Willelmus Pipin, Rogerus Bay,
Ricardus Hund, et totius villatæ de Seleby universitas, salutem
in Domino. Universis et singulis notum facimus, nos, communi
assensu et voluntate omnium nostrum libere tenentium ejusdem
villæ, concessisse et imperpetuum quietum clamasse, pro nobis
ṛt heredibus nostris, Deo et Sancto Germano de Seleby et
monachis ibidem Deo servientibus, totum jus et clameum quod
habuimus vel habere poterimus in bosco del Est et in herbagio
ejusdem bosci, ad fossandum, claudendum, et in omnibus modis
et ingeniis comodum suum inde faciendum; salvo nobis
herbagio in residuo ejusdem bosci quod extra fossata prædictorum monachorum fuerit inclusum, per metas et bundas ibidem
factas; ita tamen quod habeamus in pannagio porcos nostros in
eodem bosco, si Abbati et Conventui placuerit aliquos porcos
extraneos præter porcos suos dominicos in eodem bosco
recipere, eodem pacto et condicione qua solebamus habere
f. 64. porcos nostros. In cujus rei testimonium nos Johannes Juuenis,
Walterus Capellanus [etc.],[1] huic præsenti scripto penes Abbatem
et Conventum residenti, sigilla nostra pro universitate villatæ de
Seleby apposuimus. Dat. apud Seleby, die Sabati proxima post
festum Sancti Ambrosii, anno Domini mᵒ ccᵒ lᵒ quinto, in
præsentia domini Thomæ de Stanford, clerici domini Regis, et
aliorum plurimorum hominum fidelium ibidem existentium.

CCXXV.

CARTA RICARDI DE BERLAY.

cxli. Omnibus ad quos præsens scriptum pervenerit, Ricardus de
A.D. 1257. Berlay, miles, æternam in Domino salutem. Noverit universitas
vestra me pro salute animæ meæ et uxoris meæ et antecessorum
et successorum meorum, concessisse et quietum clamasse pro
me et heredibus meis imperpetuum, Deo et beato Germano de
Seleby et monachis ibidem Deo servientibus, totam communam
meam quam hâbui vel habere potui aut debui 'in parco suo de
Stayner, sicut fossatis et sepibus includitur; et ne ego vel
heredes mei aliquod jus vel clameum in prædicto parco nomine
tenementi mei de Brayton vel alicujus alterius tenementi exigere
possimus imposterum, præsens scriptum sigilli mei apposicione
duxi corroborandum. Actum anno graciæ mᵒ ccᵒ quinquagesimo
septimo. Hiis testibus, domino Thoma de Bella Aqua, etc.

---

[1] Names as above.

CCXXVI.

CARTA JOHANNIS ACKEWURD DE BERLAY.

Omnibus Christi fidelibus præsens scriptum visuris vel audituris, Johannes Ackewurd de Berlay, salutem in Domino. Noverit universitas vestra me concessisse et quietum clamasse Deo et ecclesiæ Sancti Germani de Seleby et monachis ibidem Deo servientibus, totum jus et clameum et herbagium et communam pasturæ quæ exegi ab eisdem in feodo de Seleby et in bosco del Eswode et in parco ejusdem bosci, sicut fossatis et sepibus undique includitur, ad omne comodum et utilitatem faciendam modis omnibus et ingeniis quibus melius viderint expedire, sine omni impedimento vel contradiccione mei vel heredum meorum, nullis serviciis scriptis, seu convencionibus, in præsenti vel in futuro, præsenti quietæ clamacioni contradiccionem seu calumpniam servaturis. Et ne ego vel heredes mei contra istam quietam clamacionem venire possimus inposterum, præsenti scripto sigillum meum duxi apponendum. Hiis testibus, Johanne de Cliff, Johanne Juuene de Seleby.

CCXXVII.

CARTA WILLELMI FILII NICHOLAI DE BERLEY.

cxliii. Sciant omnes præsentes et futuri quod ego Henricus, filius Willelmi filii Nicholai de Berlay, dedi, concessi, et hac præsenti carta mea confirmavi Deo et beato Germano de 'Seleby et monachis ibidem Deo servientibus, in puram et perpetuam elemosinam, reditum v denariorum de una acra terræ in territorio de Mikelhirst, cum omnibus pertinenciis et aysiamentis ad tantam terram pertinentibus, illam videlicet acram quam Henricus filius Johannis de Mikelhirst quondam de me tenuit, tenendam et habendam libere, quiete, et honorifice, sicut puram elemosinam, cum omnibus pertinenciis ; ita tamen quod ego nec aliquis meorum inposterum in prædicto reditu vel in prædicta acra vel ad ea provenientibus aliquod jus vel clameum habere poterimus. Ego vero Henricus et heredes mei prædictum redditum de prædicta acra prædictis monachis contra omnes homines inperpetuum warantizabimus et acquietabimus et defendemus. Hiis testibus, Thoma de Bella Aqua, Roberti de Willeby, etc.

CCXXVIII.

CARTA RICARDI FILII ROBERTI DE WISTOWE, ADÆ MARISCALLI, ROBERTI FILII ADÆ, ETC.

cxliv. Sciant omnes præsentes et futuri quod ego Ricardus filius Roberti de Wycstow, et Adam Mariscallus, et Robertus filius

Adæ, et Robertus filius Roberti quietam clamavimus, pro nobis et heredibus nostris, Deo et beato Germano de Seleby et monachis ibidem Deo servientibus, totam communam quam habuimus vel habere poterimus in terra arrabili quæ est inter aquas, sicut se extendit in longitudine a ponte usque ad crucem quæ est in media via inter Wystow et Seleby, et in latitudine à bosco usque ad terram rusticorum de Ouerseleby, ad faciendum omnibus modis comodum suum, salva nobis et heredibus nostris communa pasturæ post ablationem vesturæ, sicut se extendit a essarto Walteri le Mercer in latitudine usque ad assartum le Bondes, et in longitudine a fossato del Packes usque ad essartum Simonis de Ouerselby ; salva tamen communa via usque ad pasturam bosci ; ad cujus quietæ clamacionis testimonium, nos pro nobis et heredibus nostris præsenti scripto sigilla nostra apposuimus.

CCXXIX.

CARTA ROBERTI FILII JOHANNIS VENATORIS DE WYSTOWE, ETC.

Sciant omnes præsentes et futuri quod ego Robertus filius Johannis Venatoris de Wystow concessi, relaxavi, et quietum clamavi, pro me et heredibus meis et meis assignatis inperpetuum, Deo et beato Germano de Seleby et monachis ibidem Deo servientibus, totum jus et clameum quod habui vel habere potui aut debui in communa pasturæ de Ruddeker, et in tota terra quam ipsi monachi habent inter aquas. Et ne ego nec heredes mei nec assignati mei contra istam donacionem, concessionem, et quietam clamacionem, venire aliquatenus possumus (sic) inposterum, et in hujus rei testimonium præsenti scripto pro me et heredibus meis sigillum meum apposui.

CCXXX.

CARTA RICARDI FILII ROBERTI DE WYSTOWE.

Sciant omnes præsentes et futuri quod nos, scilicet Ricardus filius Roberti de Wycstowe, Adam Mariscallus, et Robertus filius Roberti, et Willelmus filius Johannis, et Robertus filius Radulfi, concessimus, relaxavimus, et quietum clamavimus, pro nobis et heredibus nostris, Deo et beato Germano de Seleby, et monachis ibidem Deo servientibus, totum jus et clameum quod habuimus vel habere poterimus in communa totius assarti quod vocatur Ruddeker ; ita scilicet quod licebit prædictis Abbati et Conventui prædictum assartum arrare, seminare, et sepi et fossato includere, et omnibus modis comodum suum inde facere ; salva nobis et heredibus nostris communa averiorum nostrorum

Selby. in prædicto assarto, una cum averiis prædictorum Abbatis et Conventus post ablationem vesturæ. Et ne nos et heredes nostra contra istam quietam clamacionem venire possimus aliquatenus inposterum, præsenti scripto sigilla nostra apposuimus. Hiis testibus, Ricardo de Berlay, Thoma de Bella Aqua, etc.

CCXXXI.

CARTA ALANI DAMIET DE BRAITON.

cxlvii. Omnibus Christi fidelibus ad quos præsens scriptum pervenerit, Alanus Damiet de Braiton, salutem. Noverit universitas me remisisse et de me et heredibus meis imperpetuum quietum clamasse Deo et ecclesiæ beati Germani de Seleby et monachis ibidem Deo servientibus, et eorum successoribus, totam communam pasturæ et totum jus et clameum quod habui vel habere potui in parco dictorum religiosorum quod vocatur le Stayner quod est de feodo de Seleby et de Braiton, sicut fossatis et sepibus includitur ; tenenda et habenda dictis religiosis et ecclesiæ prædictæ in puram et perpetuam elemosinam, absque aliquo clameo mei vel heredum meorum, inperpetuum ; ita quod nec ego dictus Alanus nec heredes mei nec aliquis ex parte nostra jus vel clameum in dicta communa pasturæ in parco prædicto sepibus et fossatis inclusa, sicut prædictum est, de cetero exigere vel vendicare poterimus. In cujus rei testimonium huic scripto sigillum meum apposui. Hiis testibus, dominis Johanne de Belew, Roberto de Berlay, militibus, etc.

CCXXXII.

CARTA JOHANNIS FILII RICARDI MARESCALLI DE SELEBY.

cxlviii. Omnibus ad quod præsens scriptum pervenerit, Johannes filius Ricardi Mariscalli de Seleby, salutem in Domino. Noverit universitas vestra me tenere de Abbate et Conventu de Seleby tria messuagia in villa de Seleby, videlicet in Wrennegate, quæ fuerunt quondam Johannis filii Silvestri, cum omnibus pertinenciis suis infra villam et extra et libertatibus, sicuti carta quam habeo de eis testatur ; tenenda et habenda michi et heredibus meis vel meis assignatis de illis, libere, quiete, et integre ; reddendo inde eis annuatim ad pitantiam suam octo solidos, medietatem scilicet ad Pentecosten et medietatem ad festum Sancti Martini ; et præterea singulis annis domino Abbati duos solidos ad eosdem terminos. Ego vero Jollanus (*sic*) et heredes mei vel mei assignati præscripta mesuagia, sine licencia prædictorum Abbatis et Conventus et assensu,

Selby. non vendemus aut invadiamus. Et in hujus rei testimonium huic scripto sigillum meum apposui. Hiis testibus, Waltero de Aula, Waltero filio ejus, etc.

CCXXXIII.

CARTA RICARDI ABBATIS DE SELEBY.

cxlix. Omnibus has literas visuris vel audituris, Ricardus, divina miseracione Abbas de Seleby, et ejusdem loci Conventus, salutem in Domino. Noverit universitas vestra nos dedisse, concessisse, et hac præsenti carta nostra confirmasse Willelmo Tannatori et heredibus suis, unum messuagium cum pertinenciis in villa de Seleby, videlicet tertiam partem unius tofti in Wrengate quod fuit aliquando Silvestris ad Pontem, scilicet illam partem quæ jacet media inter messuagium Adæ filii Adæ et messuagium Willelmi le Heghunter ; tenendum et habendum sibi et heredibus suis de nobis libere, quiete, et honorifice, cum omnibus libertatibus et aysiamentis ; reddendo inde annuatim nobis ad pitantiam monachorum duos solidos et duos denarios pro omni servicio, medietatem scilicet ad Pentecosten et medietatem ad festum Sancti Martini. Nos vero prædictum messuagium prædicto Willelmo et heredibus suis contra omnes homines imperpetuum warantizabimus. Hiis testibus, Waltero de Aula, etc.

CCXXXIV.

CARTA DOMINELLÆ CECILIÆ FILIÆ NICHOLAI MEDICI DE SELEBY.

cl. Sciant præsentes et futuri quod ego dominella Cecilia, filia
f. 65. Nicholai Medici de Seleby dedi, concessi, et hac præsenti carta mea sigillo meo roborata confirmavi Thomæ filio Roberti Bustard, nepoti meo et heredi, totum jus et clamium quod habui vel habere potero in quodam tofto meo in villa de Seleby, videlicet juxta parvam ecclesiam ; tenendum et habendum sibi et heredibus suis vel ejus assignatis, libere, quiete, et integre, cum omnibus ædificiis, pertinenciis, libertatibus, et aysiamentis ad dictum toftum spectantibus, infra villam et extra ; reddendo inde annuatim capitali domino, videlicet domino Abbati et ejusdem loci Conventui, duos solidos, scilicet duodecim denarios ad Pentecosten et xii denarios ad festum Sancti Martini in hyeme, pro omni servicio, exaccione seculari, et demanda. Ita hoc etiam quietum clamavi, quod de cetero nunquam ego nec heredes, nec aliquis alter per me inde clameum habere poterimus. Hiis testibus, Roberto de Bayns, tunc senescallo domini Abbatis, etc.

CCXXXV.

CARTA JOHANNIS PATRIS THOMÆ ABBATIS.

Selby.
cli.
A.D. 1279,
Sept. 7.
Universis præsentes literas inspecturis vel audituris, Johannes pater Thomæ Abbatis de Seleby, salutem in Domino. Noverit universitas vestra me constituisse per præsentes literas et ordinasse Johannem filium Ricardi de Wystowe, clericum, attornatum meum ad ponendum Abbatem de Seleby et Conventum in plena seisina de omnibus terris et pratis quas eisdem religiosis per cartas meas inde confectas tradidi, dedi, et confirmavi, ratum habens et firmum quodcunque dictus attornatus meus in præmissis fecerit, seu duxerit faciendum. In cujus rei testimonium sigillum meum præsentibus duxi apponendum. Dat. apud Seleby in vigilia Nativitatis Beatæ Mariæ, anno Domini m° cc° lxx° nono.

CCXXXVI.

DE APPRUAMENTO VILLANI, SCILICET JOHANNIS FILII MABILIÆ.

clii.
Sciant omnes tam præsentes quam futuri quod ego Alicia quondam uxor Roberti Juuenis de Seleby concessi, dedi, et hac præsenti carta mea quietum clamavi Johanni filio Mabiliæ de Ouerseleby et heredibus suis vel assignatis suis, totum jus et clameum quod habui vel habere potui in essarto quod quondam fuit Matildis le Wodhagg', jacens in territorio de Seleby inter terram Bondefeld ex una parte et venellam quæ ducit a Seleby versus Wystowe, et' abuttat super Hulfridding' et super Cuttercroft ; tenendum et habendum libere, quiete, integre, bene, et in pace, cum omnibus pertinenciis, libertatibus, et aisiamentis ; ita quietum clamavi quod de cetero jus vel clameum in prædicta terra sicut prædictum est exigere nec vendicare potero. In cujus rei testimonium huic præsenti scripto sigillum meum apposui. Hiis testibus, Willelmo Gily, etc.

CCXXXVII.

CARTA ANABILIÆ RELICTÆ HENRICI JUUENIS.

cliii.
Omnibus hoc scriptum visuris vel audituris, Anabilia relicta Henrici Juuenis de Seleby, salutem in Domino. Noveritis me concessisse et inperpetuum quietum clamasse de me et heredibus meis Johanni filio Mabiliæ de Seleby et heredibus suis vel suis assignatis, totum jus et clameum quod habeo vel habui vel habere potui in duabus acris terræ cum pertinenciis in territorio de Seleby, scilicet quæ jacent inter regiam stratam quæ ducit apud Wystowe et le Bondfeld, sicut metæ præfixæ undique condonant ; ita quod ego nunquam nec heredes mei nec aliquis per nos jus

Selby. vel clameum in prædicta terra de cetero exigere vel vendicare
poterimus. Et ut hæc mea concessio et quieta clamacio rata et
stabilis permaneat, præsenti scripto sigillum meum apposui.
Hiis testibus, Henrico Siward de Seleby, etc.

CCXXXVIII.

CARTA JOHANNIS FILII JOHANNIS JUUENIS.

cliv.
c. A.D.
1235.

Sciant præsentes et futuri quod ego Johannes filius Johannis
Juuenis de Seleby concessi, dedi, et haç mea præsenti carta
confirmavi Henrico fratri meo et heredibus suis de corpore suo
genitis, pro homagio et servicio suo, unum toftum cum ædificiis
superædificatis in villa de Seleby, illud scilicet quod jacet in
Mikelgate super montem juxta toftum Willelmi le Fraunceys ex
parte occidentali et medietatem essarti quod fuit Adæ Mariscalli,
quod jacet sub parco de Brayton, juxta terram Walteri de Aula
in territorio de Brayton ; tenenda et habenda in feudo et
hereditate de me et heredibus meis, libere, quiete, et honorifice,
cum omnibus libertatibus villæ de Seleby quæ ad prædictum
toftum pertinent, infra villam et extra, et prædictam medietatem
essarti prædicti cum omnibus pertinenciis, aysiamentis, et
communis sibi pertinentibus, infra villam de Brayton et extra ;
reddendo inde annuatim michi et heredibus meis duos solidos
pro omni servicio et demanda michi et heredibus meis inde
pertinente, videlicet ad Pentecosten duodecim denarios, et ad
festum Sancti Martini in hyeme xii denarios. Præterea, concessi
eidem Henrico fratri meo et heredibus suis vel cui assignare
voluerit, exceptis viris religiosis et dominis feudi, aliam

f. 65v. medietatem essarti supradicti, et duas acras in territorio de
Seleby, illam scilicet medietatem quæ jacet juxta terram
Reymeri de Brayton, et illas duas acras quæ jacent in
Dayridding super vivarium de Seleby inter terram Gervasii
Russel et utganger; tenendas et habendas in feudo et hereditate
de me et heredibus meis pro homagio et servicio suo, libere et
quiete, cum omnibus pertinenciis ; reddendo inde annuatim
michi et heredibus meis duodecim denarios' pro omni servicio et
demanda, videlicet ad Pentecosten vi denarios et ad festum
Sancti Martini in yeme vi denarios. Et ego et heredes mei
prædictum toftum cum ædificiis superædificatis, et prædictum
essartum integrum, et prædictas duas acras terræ cum
pertinenciis, prænominato Henrico et heredibus suis, sicut
prædictum est, contra omnes homines warantizabimus inperpetuum. . Hiis testibus, domino Ricardo de Kellesey tunc
Abbate de Seleby, etc.

CCXXXIX.

CARTA HUGONIS DE THORP.

Selby.
clv.

Sciant omnes præsentes et futuri quod ego Hugo de Thorp dedi, concessi, et hac præsenti carta sigillo meo roborata confirmavi Mabiliæ, relictæ Radulfi de Hanburg de Seleby, et heredibus suis vel eorum assignatis, quinque acras terræ in territorio de Thorp in latere orientali de Bondcroft juxta le Frith, sicut metæ undique condonant ; tenendas et habendas libere, quiete, et integre, cum omnibus pertinenciis, libertatibus, comunis et aisiamentis ad dictam terram spectantibus ; reddendo inde annuatim michi et heredibus meis unum clavum gariophili infra Natale Domini pro omni servicio, exaccione, et demanda. Et ego et heredes mei prædictas quinque acras terræ cum pertinenciis prædictæ Mabiliæ et heredibus sive assignatis suis contra omnes homines et feminas inperpetuum warantizabimus et defendemus. Hiis testibus, Waltero Capellano, Henrico Juuene, etc.

CCXL.

CARTA ROGERI DE HAMELTON.

clvi.

Sciant omnes præsentes et futuri quod ego Rogerus de Hamelton dedi, concessi, et hac præsenti carta mea confirmavi Deo et Sancto Germano de Seleby et monachis ibidem Deo servientibus, pro salute animæ meæ et pro animabus patris et matris meæ, et pro animabus antecessorum et successorum meorum, in puram et perpetuam elemosinam, redditum decem et octo denariorum de quodam tofto in villa de Seleby annuatim percipiendum, videlicet de tofto quod fuit Willelmi le Pinder in Gouckthorp, medietatem scilicet ad Pentecosten, medietatem ad festum Sancti Martini ; totum autem jus et clameum quod in ipso tofto habui aut debui vel habere potui, cum omnibus eschaetis et comodis inde provenientibus, prædictis monachis dedi, et imperpetuum quietum clamavi. Ego vero Rogerus et heredes mei prædictum redditum de prædicto tofto percipiendum, prædictis monachis in puram et perpetuam elemosinam contra omnes homines imperpetuum warantizabimus, et si inde defecerit de aliis terris nostris, prædictum redditum supplebimus. Hiis testibus, domino Thoma de Bella Aqua, etc.

L

CCXLI.

(CARTA WALTERI FILII JOHANNIS TANNATORIS).[1]

Selby.
clvii.
Hic incipi-
unt cartæ
quæ per-
tinent ele-
mos'.
A.D. 1258,
June 18.

Omnibus hominibus hoc præsens scriptum visuris vel audituris, Walterus filius Johannis Tannatoris de Seleby et Johannes frater ejus, salutem in Domino. Noverit universitas vestra nos dedisse, concessisse, et hac præsenti carta nostra confirmasse Deo et ecclesiæ beati Germani de Seleby et monachis ibidem Deo servientibus, in liberam, puram et perpetuam elemosinam, ad elemosinam prædictæ ecclesiæ, unum essartum in Seleby quod vocatur Todhilridding', cum omnibus pertinenciis, sicuti fossatis et sepibus undique includitur, quod quidem essartum fuit quondam Johannis Tannatoris patris nostri ; habendum et tenendum eisdem monachis et eorum ecclesiæ imperpetuum, libere et quiete, cum omnibus pertinenciis. Nos vero prædicti Walterus et Johannes et heredes nostri prædictum essartum cum omnibus pertinenciis prædictis monachis et eorum ecclesiæ contra omnes gentes imperpetuum warantizabimus. Dat. apud Seleby, die Martis, scilicet in crastino Sancti Botulphi, anno Domini m° cc° l° octavo. In cujus rei testimonium huic præsenti scripto sigilla nostra apposuimus. Hiis testibus, Johanne patre Abbatis, etc.

CCXLII.

(CARTA JOHANNIS RAG').

clviii.

Sciant omnes præsentes et futuri, Johannes Rag' de Seleby, salutem (*sic*). Noveritis me concessisse et hac præsenti carta sigillo meo roborata confirmasse Deo et ecclesiæ Sancti Germani de Seleby et monachis ibidem Deo servientibus, duas acras terræ cum pertinenciis in territorio de Seleby apud Sandwath jacentes, salva michi et meis via xi pedum ex latitudine ; tenendas et habendas in escambio cujusdam terræ juxta terram quæ fuit elemosina, et vocatur Pichel. Ego Johannes et heredes mei dictas duas acras, excepta via præfata, tamdiu quam michi dictum Pichel warantizabunt, prædictis viris religiosis contra omnes homines' warantizabimus et defendemus. Hiis testibus, Waltero capellano, etc.

CCXLIII.

(CARTA JOHANNIS DE DORHEM).

clix.
f. 66.

Sciant præsentes et futuri quod ego Johannes de Dorhem dedi, concessi, et hac præsenti carta quietum clamavi de me et

---

[1] After No. clvj the rubricated headings cease, though space has been left for them.

Selby. heredibus meis Deo et ecclesiæ Sancti Germani de Seleby et monachis ibidem Deo servientibus, quoddam essartum, quod de eis tenui, quod vocatur Tulbinridding, in puram et perpetuam elemosinam, illud videlicet essartum quod jacet ex aquilo-occidentali villæ de Seleby juxta Todhill, sicut se habet in longitudine et latitudine inter terras Abbatis et Conventus de Seleby ex utraque parte, cujus capud aquilonale abuttat super viam quæ ducit inter Seleby et Thorp ; tenendum et habendum libere, quiete, et absolute, in puram et perpetuam elemosinam, Deo et ecclesiæ Sancti Germani de Seleby et monachis ibidem Deo servientibus, et successoribus suis inperpetuum ; ita quod nec ego nec heredes mei nec aliquis per nos aliquod jus vel clameum de cetero vendicare poterimus in prædictum essartum. Ego vero dictus Johannes et heredes mei vel assignati totum dictum essartum cum omnibus pertinenciis suis Deo et ecclesiæ Sancti Germani de Seleby et monachis prædictis et successoribus suis ut puram et perpetuam elemosinam contra omnes homines warantizabimus, adquietabimus, et defendemus. In cujus rei testimonium, præsenti scripto sigillum meum apposui. Hiis testibus, etc.

CCXLIV.

(CARTA HUGONIS WARD).

clx. Omnibus hoc scriptum visuris vel audituris, Hugo Ward de Seleby, filius et heres Roberti de Thorp, salutem in Domino sempiternam. Noverit universitas vestra me dedisse, concessisse, [et] de me et omnibus meis inperpetuum quietum clamasse Deo et ecclesiæ Sancti Germani de Seleby et monachis ibidem Deo servientibus, in liberam, puram, et perpetuam elemosinam, totum illud essartum cum pertinenciis in territorio de Seleby quod vocatur le Sandwath, sicut sepibus et fossatis undique includitur, et quod ego habui de dono prædictorum Abbatis et Conventus ; habendum et tenendum et possidendum eisdem viris religiosis libere, quiete, et pacifice, inperpetuum. Ego vero prædictus Hugo et heredes mei prædictum essartum cum suis pertinenciis præfatis Abbati et Conventui et ecclesiæ suæ imperpetuum contra omnes homines warantizabimus, adquietabimus et defendemus. Et ne ego prædictus Hugo, aut heredes mei, aut aliquis alius contra istam donacionem et quietam clamacionem venire possimus in posterum, præsenti scripto sigillum meum apposui. Hiis testibus, Johanne de Grauncewyck, etc.

CCXLV.

Selby.
clxi.

Sciant præsentes et futuri quod ego Willelmus filius Matildis de Seleby dedi, concessi, quietam clamavi, resignavi, et hac præsenti carta mea confirmavi Deo et beato Germano de Seleby et monachis ibidem Deo servientibus, in puram et perpetuam elemosinam, totam terram meam infra villam de Seleby et extra, illam scilicet quam recepi cum Lætitia quondam uxore mea, videlicet jacentem ad Sandwath ; totum vero jus et clamium quod in prædicta terra cum pertinenciis habui vel habere potui aut debui, prædictis monachis, de me et omnibus meis nichil nobis in præsenti vel in futuro inde retinendo, inperpetuum quietum clamavi. Et ne ego vel heredes mei aut aliquis ex parte mea contra istam donacionem et quietam clamacionem venire possimus aliquatenus inposterum, præsens scriptum sigilli mei apposicione corroboravi. Hiis testibus, Johanne Juuene, etc.

CCXLVI.

clxii.

Sciant præsentes et futuri quod ego Willelmus Fitel dedi, concessi, et hac præsenti carta mea confirmavi Matildi, uxori quondam Johannis patris mei, unam acram terræ ex parte occidentali essarti mei in transverso a sepe usque ad vivarium ; tenendam et habendam de me et heredibus meis libere, quiete, et honorifice ; reddendo nobis annuatim pro omni servicio et demanda unum obolum in die Natalis Domini, et, præterea, domino Abbati duos denarios, scilicet unum ad Pentecosten et unum ad festum Sancti Martini in hieme. Pro hac autem donacione et concessione eadem Matildis dedit michi, nomine de gersuma, decem solidos. Et ego Willelmus et heredes mei warantizabimus prædictam acram terræ Matildi et heredibus suis vel cui assignaverit, contra omnes homines inperpetuum. Et in hujus rei testimonium tradidi eis ,hoc scriptum sigillo meo signatum. Hiis testibus, Willelmo Capellano, etc.

CCXLVII.

clxiii.

Sciant præsentes et futuri quod ego Margeria de Lond' in mea ligia et pura viduitate dedi, concessi, et hac præsenti carta mea confirmavi Deo et ecclesiæ Sancti Germani de Seleby et monachis ibidem Deo servientibus, ad elemosinam suam

Selby. sustinendam, redditum xi denariorum quos consuevi percipere de Ricardo filio Aleys et de Johanne Carpentario de Seleby pro vi acris terræ jacentibus in Ychaykes quas de me tenuerunt et solvere consueverunt, videlicet de Johanne Carpentario v denarios per annum, de Ricardo filio Aleys vi denarios per annum, medietatem scilicet ad Pentecosten et medietatem ad festum Sancti Martini in hieme, et redditum unius denarii per annum, quem percipere consuevi de Alano Fannel ad Natale Domini pro

f. 66v. quodam messuagio in Vsegate in villa de Seleby, sicut jacet in longitudine et latitudine inter Johannem Brun ex una parte et Willelmum de Albeney ex altera parte ; tenendum et habendum supradictum redditum eisdem monachis ibidem Deo servientibus, inperpetuum, cum omnibus releviis, [et] eschaetis quæ me vel heredes meos de dictis tenementis aliquo casu vel aliquo alio modo poterint contingere, adeo libere et quiete, cum omnibus suis pertinenciis, sicut ego quondam tenui. Et in hujus rei testimonium præsenti scripto sigillum meum est appensum. Hiis testibus, Johanne, etc.

CCXLVIII.

(CARTA HENRICI FILII HENRICI PIGAZ).

clxiv. Sciant omnes præsentes et futuri quod ego Hugo, filius Henrici Pigaz de Seleby, dedi, concessi, et hac præsenti carta mea confirmavi Johanni Tannatori de Seleby decimam partem terræ meæ quæ fuit quondam Henrici patris mei, quæ jacet versus orientem juxta terram Warini Coci; tenendam et habendam de me et heredibus meis sibi et heredibus suis, libere, quiete, pacifice, honorifice, et integre, cum omnibus libertatibus, aisiamentis, et pertinenciis suis ; reddendo inde annuatim capitali domino, scilicet domino Abbati de Seleby, duos denarios, scilicet ad Pentecosten unum denarium, et ad festum Sancti Martini unum denarium, et singulis annis michi et heredibus unum obolum ad Natale Domini, pro omni servicio seculari, exaccione, et demanda. Et ego vero Hugo et heredes mei dictum tenementum dicto Johanni et heredibus suis sive assignatis suis contra omnes homines warantizabimus et defendemus. Hiis testibus, etc.

CCXLIX.

(CARTA JOHANNIS FILII JOHANNIS JUUENIS).

clxv. Sciant omnes præsentes et futuri quod ego Johannes filius Johannis Juuenis de Seleby dedi, concessi, et hac præsenti carta mea confirmavi Henrico Portario et heredibus suis, totam terram

Selby. meam in essarto Godrici in territorio de Seleby quam pater
meus emit de Hugone filio Godrici, videlicet medietatem
prædicti essarti quod jacet ex parte boriali stagni, et vi acras
terræ et dimidiam parcatas in essarto quod fuit avi mei, quæ
jacet inter terram quam Willelmus Arun tenuit de me et
essartum Auiciæ ; omnes istas terras dedi ei et heredibus suis,
tenendas et habendas de me et heredibus meis in escambium
terræ suæ quam dictus Henricus dedit michi et heredibus meis
in mora de Braiton, sicut carta quam habeo testatur de eodem
Henrico.   Ego vero Johannes et heredes mei prædictas terras
prædicto Henrico et heredibus suis contra omnes homines
imperpetuum warantizabimus, et de firmis tam penes capitalem
dominum quam apud omnes alios, adquietabimus et defendemus.
Hiis testibus, Waltero de Aula.

CCL.

(CARTA ROGERI MARESCALLI).

clxvi.   Universis Christi fidelibus hoc ad quos præsens scriptum
pervenerit, Rogerus Marescallus de Seleby, salutem in Domino.
Noveritis me et heredes meos et assignatos meos tenèri
dominis meis domino Abbati et Conventui de Seleby, et maxime
fabricæ ecclesiæ, in octo solid. annui redditus pro quibusdam
tenementis quæ de eisdem teneo, videlicet pro duobus essartis
jacentibus ex parte occidentali juxta essartum quod vocatur
Auizridding[1] et aliud essartum quod vocatur Potterridding, et
abuttant super viam quæ ducit versus Thorp, in quibus essartis
continentur octo acræ terræ, solvendo eisdem Abbati et
Conventui ad duos terminos, et maxime fabricæ ecclesiæ,
videlicet ad Pentecosten et ad festum Sancti Martini per æquales
porciones.   Et si contingat, quod absit, me et heredes meos vel
assignatos meos in dicta solucione vel in parte solucionis
prædictæ in futurum aliquando deficere, volo et concedo pro me et
heredibus sive assignatis meis quod dicti Abbas et Conventus
qui pro tempore fuerint dicta tenementa in manus suas capiant,
et comodum suum inde faciant, prout melius viderint expedire ;
ita quod nec ego nec heredes mei nec assignati mei nec aliquis
ex parte nostra jus aut clamium in dictis tenementis exigere seu
vendicare poterimus in futurum.   In cujus rei testimonium huic
scripto cirograffato tam sigillum meum quam sigillum dictorum
Abbatis et Conventus alternatim sunt apposita.   Hiis testibus,
Johanne de Hanburg, Willelmo Gily, et Raduffo de Scotton, etc.

---

[1] Essartum Auiciæ ; *Selby* clxv.

CCLI.

(CARTA WALTERI LE TURNUR).

Sciant omnes, tam præsentes quam futuri, quod ego Walterus le Turnur de Seleby dedi, concessi, et hac præsenti carta sigillo meo roborata confirmavi Deo et ecclesiæ Sancti Germani de Seleby, et monachis ibidem Deo servientibus, unum mesuagium cum omnibus pertinenciis in villa de Seleby, videlicet quod jacet in Gouckethorp inter toftum Johannis Juuenis de Seleby ex una parte, et toftum quondam Thomæ de Drayton ex altera parte, in liberam, puram, et perpetuam elemosinam ; tenendum et habendum libere, quiete, integre, pacifice, et honorifice, cum omnibus pertinenciis et aysiamentis dicto mesuagio pertinentibus. Ego vero Willelmus et heredes mei totum dictum mesuagium cum omnibus pertinenciis dictæ ecclesiæ Sancti Germani de Seleby et monachis ibidem Deo servientibus contra omnes homines imperpetuum warantiza- bimus, adquietabimus, et defendemus. In cujus rei testimonium præsenti scripto sigillum meum apposui. Hiis testibus, Johanne Juuene de Seleby, etc.

CCLII.

(CARTA JOHANNIS RAG).

Sciant præsentes et futuri quod ego Johannes Rag de Seleby dedi, concessi, et hac præsenti carta mea confirmavi Abbati et Conventui et eorum successoribus, et maxime fabricæ ecclesiæ ejusdem loci, iiij^{or} denarios redditus cum pertinenciis in Seleby, videlicet de quodam mesuagio in Vsegate quod Willelmus filius Birkin Beng' tenet, quod quondam fuit Walteri Southil, die Natalis Domini unum denarium ; de Waltero, unum denarium ad eundem terminum pro duabus acris terræ jacentibus ante Sandwath juxta terram Henrici Ichegamen ; de Willelmo de Heyensale[1] unum denarium ad duos anni terminos, videlicet ad festum Sancti Martini in hieme obolum, et ad Pentecosten obolum, pro una acra terræ in Westfeld jacente inter terram quondam Ricardi Hund ex una parte et terram Henrici Ichegamen ex altera ; de tofto meo juxta domum meum quondam Roberti Tynctoris quod Petrus Poteman et Willelmus le Ferur tenent, obolum ad Natale Domini ; et de Thoma le Pelter et Johanne Druri obolum ad eundem terminum pro una acra terræ in Haythenes ; nichil michi seu meis inde retinendo vel vendicando. Et ego prædictus Johannes et heredes mei prædictum redditum cum omnibus appendiciis suis prædictis

---

[1] For Heþensale.

Selby. Abbati et Conventui et eorum successoribus et maxime fabricæ
ecclesiæ prædictæ, sicut prædictum est, contra omnes homines
warantizabimus, adquietabimus, et defendemus imperpetuum.
In cujus rei testimonium ego prædictus Johannes pro me et
heredibus meis præsenti scripto sigillum meum apposui. Hiis
testibus, Johanne de Hanburgh, etc.

CCLIII.

(CARTA JOHANNIS TURNEGOS).

clxix.   Sciant tam præsentes quam futuri quod ego Johannes
Turnegos, filius et heres Ricardi Turnegos de Seleby, dedi,
concessi, et hac præsenti carta mea confirmavi Deo et ecclesiæ
beati Germani de Seleby, et specialiter ad opus fabricæ ecclesiæ
ejusdem loci, in puram et perpetuam elemosinam, redditum
unius denarii de quadam domo in Gouthorp, quæ fuit quondam
Ricardi patris mei, quam Willelmus Sparwe modo tenet, ad
Natale Domini annuatim percipiendum ; tenendum et habendum
prædictum redditum fabricæ prædictæ, libere, quiete, et
absolute, imperpetuum.   Ego vero prædictus Johannes et
heredes mei prædictum redditum dictis religiosis et successoribus eorundem contra omnes warantizabimus, adquietabimus, et
defendemus inperpetuum.   In cujus rei testimonium præsenti
scripto sigillum meum apposui.   Hiis testibus, Waltero
capellano de Seleby, etc.

CCLIV.

(CARTA THOMÆ BUSTARD).

clxx.   Omnibus ad quos præsens scriptum pervenerit, Thomas
Bustard, filius Roberti Bustard de Thorp, æternam in Domino
salutem.   Noverit universitas vestra me dedisse, concessisse, et
quietum clamasse, et hac præsenti carta mea confirmasse
Johanni capellano de Seleby et heredibus suis vel ejus assignatis,
totum jus et clamium quod habui vel habere potui in uno tofto
in villa de Seleby juxta parvam ecclesiam, quod habui de dono
Ceciliæ amitæ meæ ; tenendum et habendum sibi et heredibus
vel ejus assignatis de Abbate et Conventu de Seleby, secundum
tenorem cartæ Rogeri Abbatis et ipsius Conventus, libere,
quiete, et integre, cum omnibus ædificiis, libertatibus, [et] aisiamentis prædicto tofto spectantibus, infra villam et extra ;
reddendo inde annuatim prædictis Abbati et Conventui duos
solidos, scilicet duodecim denarios ad Pentecosten et duodecim
denarios ad festum Sancti Martini in hyeme, pro omni servicio,
exaccione, et demanda.   In hujus donacionis et quietæ

Selby. clamacionis testimonium, ita quod ego nec heredes mei nec aliquis per nos de cetero in prædicto tofto cum ædificiis aliquod jus vel clamium habere poterimus, praesens scriptum sigilli mei impressione corroboravi. Hiis testibus, Johanne Camerario, Henrico Juuene, etc.

CCLV.

(CARTA JOHANNIS CAPELLANI).

clxxi. Omnibus ad quos praesens scriptum pervenerit, Johannes Capellanus de Seleby, aeternam in Domino salutem. Noverit universitas vestra me dedisse, concessisse, et quietum clamasse, et hac praesenti carta mea confirmasse Deo et beato Germano de Seleby et monachis ibidem Deo servientibus, in puram et perpetuam elemosinam, totum jus et clamium quod habui vel habere potui in tofto quod jacet juxta parvam ecclesiam de Seleby, scilicet illud quod fuit Ceciliæ filiæ Nicholai medici, quod ego emi de Thoma nepote suo et herede suo, sicut carta ipsius Thomæ testatur, quam eisdem monachis tradidi in testimonium hujus donacionis et confirmacionis ; tenendum et habendum libere, quiete, et honorifice, sicut puram elemosinam, cum omnibus ædificiis suis et pertinenciis. Pro hac autem donacione et confirmacione et quieta clamacione, prædicti Abbas et Conventus providebunt annuum redditum vi denariorum, unde monachi in celebracione anniversarii annuatim habebunt pitantiam ad valentiam vi denariorum. In cujus donacionis, confirmacionis, et quietæ clamacionis testimonium, ita quod ego nec aliquis meorum in posterum in prædicto tofto cum ædificiis aliquod jus vel clamium habere poterimus, praesens scriptum sigilli mei impressione corroboravi, et ad majorem hujus rei securitatem omnia scripta quæ prædicta Cecilia vel Thomas nepos suus et heres habuerunt vel habere potuerunt [pro] defendacione prædicti tofti, prædictis monachis tradere curavi. Hiis testibus, Waltero de Aula, etc.

CCLVI.

(CARTA MARGARETÆ LE BARKER).

clxxii. Sciant praesentes et futuri quod ego Margareta le Barker de Seleby dedi, concessi, et hac praesenti carta mea confirmavi ecclesiæ Sancti Germani de Seleby et monachis ibidem Deo

f. 67v. servientibus, annuum redditum xii denariorum de duabus acris terrae quas emi in viduitate mea jacentibus in territorio de Seleby, et unam acram inter Gaufridum de Apelton et terram Johannis filii Randolfi, et alteram acram inter terram Henrici filii mei, ex utraque parte, percipiendum ad duos anni terminos, scilicet vi denarios ad Pentecosten et vi denarios ad festum Sancti Martini in hieme ; tenendum et habendum dictis religiosis et eorum successoribus in puram et perpetuam elemosinam, ad pitanciam dictorum monachorum, libere et quiete, pacifice et integre, absque alio clamio mei vel heredum meorum, et ego dicta Margareta et heredes mei totum annuum redditum, sicut prænominatum est, contra omnes homines warantizabimus, adquietabimus, et defendemus inperpetuum. In cujus rei testimonium, præsenti scripto sigillum meum apposui. Hiis testibus, Roberto dicto Camerario de Seleby, etc.

CCLVII.

(CARTA ROGERI FILII ROGERI DE LA VENELLE.)

f. 67v.
clxxiij.[1]
Omnibus hominibus hoc præsens scriptum visuris vel audituris, Rogerus filius Rogeri de la Venelle, salutem. Noveritis me, divinæ caritatis intuitu, et pro animabus parentum meorum et omnium antecessorum meorum, dedisse, concessisse et hac præsenti carta mea confirmasse Deo et Ecclesiæ Beati Germani de Seleby et monachis ibidem Deo servientibus, in liberam, puram et perpetuam elemosinam, ad pitanciam mona- chorum prædictæ Ecclesiæ, unum mesuagium cum pertinenciis in villa de Seleby, in longitudine et latitudine sicut undique se extendit et jacet in Gouckthorp, inter terram Johannis Tannatoris ex una parte, et terram Adæ Kat ex altera ; tenendum et habendum prædictæ Ecclesiæ et monachis in omnibus et per omnia sicut prædictum est, imperpetuum ; libere, quiete, bene et integre, cum omnibus libertatibus et aisiamentis, et cum omnibus aliis rebus quæ prædictos monachos et successores suos occasione prædicti mesuagii infra villam de Seleby vel extra aliquo modo poterint contingere. Ego vero prædictus Rogerus et heredes mei prædictum mesuagium cum omnibus pertinenciis prædictis monachis et eorum successoribus et prædictæ Ecclesiæ contra omnes gentes imperpetuum warantizabimus, adquieta- bimus et defendemus. In cujus rei testimonium huic præsenti scripto sigillum meum apposui. Hiis testibus, Waltero de Seleby capellano, etc.

CCLVIII.

(CARTA AGNETIS UXORIS QUONDAM JOHANNIS BOND DE SELEBY.)

clxxiiij.
Sciant præsentes et futuri quod ego Agnes, uxor quondam Johannis Bond de Seleby dedi, concessi et hac præsenti carta

[1] Wrongly numbered clxxxiij in MS., and so to the end of the series.

sigillo meo roborata confirmavi, in pura viduitate et ligia potestate mea, in liberam, puram et perpetuam elemosinam, Deo et Ecclesiæ Sancti Germani de Seleby et monachis ibidem Deo servientibus, ad pitanciam suam, unum toftum cum pertinenciis in Seleby quod jacet in Goucthorp inter toftum Henrici Ichegam' et toftum Walteri de Scotton', et redditum trium denariorum et oboli per annum de dicto tofto Walteri prædicti de Scotton' annuatim imperpetuum percipiendum ; tenendum et habendum, libere, quiete et integre, cum omnibus libertatibus, comunis, et aisiamentis ad dictum toftum spectantibus. Et ego Agnes et heredes mei prædictum tenementum cum prædicto redditu prædictis monachis contra omnes gentes imperpetuum warantizabimus, adquietabimus et defendemus. Hiis testibus, Waltero Clymber, capellano, etc.

CCLIX.

(CARTA JOHANNIS PATRIS THOMÆ ABBATIS DE SELEBY.)

clxxv.
c. A.D.
1279.
See p. 175. Universis Christi fidelibus ad quos præsens scriptum pervenerit, Johannes pater Thomæ Abbatis de Seleby, salutem in Domino sempiternam. Noverit universitas vestra me reddidisse, et de me et heredibus meis imperpetuum quietum clamasse Deo et Ecclesiæ Beati Germani de Seleby et monachis ibidem Deo servientibus, et successoribus eorundem, totam terram ad pitanciam dictorum monachorum spectantem quam de eisdem religiosis tenere[1] consuevi ; tenendam et habendam' eisdem religiosis bene et in pace, absque omni calumpnia seu vexacione mei vel heredum meorum imperpetuum, nichil michi vel heredibus meis in præsenti vel in futuro inde retinendo. Et ne ego vel heredes mei jus vel clamium in prædicta terra de cetero vendicare possimus vel exigere, præsenti scripto sigillum meum apposui. Hiis testibus, Roberto le Chaumberlayn.

CCLX.

(CARTA HENRICI ELFKING DE SELEBY.)

clxxvi. Sciant omnes præsentes et futuri quod ego Henricus Elfking de Seleby dedi, concessi et hac præsenti carta mea confirmavi ad cantariam Ecclesiæ Sancti Germani de Seleby, annuum redditum trium denariorum et oboli[2] cum pertinenciis de quodam tofto jacente ex parte boriali stagni de Seleby, inter venellam et toftum Rogeri in le Lane percipiendum, scilicet, de Johanne Dod unum denarium ad duos anni terminos, scilicet, ad Pentecosten unum obolum et ad festum Sancti Martini in Yeme unum

---

[1] MS. has "teneri."   [2] MS. has "obolum."

Selby. obolum, et de Vtting unum denarium ad Natale Domini, et de Alano Fauuel unum denarium ad eundem terminum, et de Waltero de Scotton' unum obolum ad eundem terminum; tenendum et habendum dicta Ecclesiæ et cantariæ, libere, quiete, integre et solute, absque omni retenemento, imperpetuum. Et ut hæc mea donacio et præsentis cartæ meæ confirmacio robur optineat firmitatis, præsenti scripto sigillum meum duxi apponendum. Hiis testibus, Johanne Iuuene de Seleby, etc.

CCLXI.

(CARTA WILLELMI DE BIRNE.)

clxxvij. Sciant omnes tam præsentes quam futuri, quod ego Willelmus de Birne dedi, concessi et hac præsenti carta mea confirmavi Deo et Beato Germano de Seleby et monachis ibidem Deo servientibus, unum toftum in Middelthorp', illud videlicet toftum quod emi de Hugone South, in puram et perpetuam elemosinam, scilicet, quod jacet inter toftum Rogeri Chekes ex una parte et toftum Agnetis Hendelaic ex altera; tenendum et habendum de me et heredibus meis illis monachis, libere, quiete, pacifice, et integre, reddendo inde annuatim capitali domino, scilicet Domino Abbati de Seleby iiij denarios, videlicet duos denarios ad festum Sancti Martini in hieme, et duos denarios ad Pentecosten pro omnibus serviciis. Ego vero dictus Willelmus et heredes mei prædictum toftum in Midelthorp prædictis monachis de Seleby pro servicio nominato contra omnes homines imperpetuum warantizabimus et defendemus. Et ut mea donacio stabilis et firma permaneat, præsentem cartam sigillo meo confirmavi. Hiis testibus, Waltero de Aula, Johanne Juuene, etc.

CCLXII.

(CARTA GOCELINI CLERICI, FILII ROBERTI DE ASKEBY.)

f. 68. Sciant præsentes et futuri quod ego Gocelinus clericus, filius clxxviij. Roberti de Askeby, dedi, concessi et hac præsenti carta mea confirmavi Deo et Beato Germano de Seleby et monachis ibidem Deo servientibus, in puram et perpetuam elemosinam, annuum redditum ij solidorum annuatim percipiendorum ad duos terminos, scilicet, medietatem ad festum Sancti Martini in hyeme, et medietatem ad Pentecosten, ad sustentacionem luminar' in domo infirmorum coram fratribus infirmis, scilicet, illud (*sic*) redditum quem percipere solebam de Willelmo Birkin pro dimidio tofto quod aliquando emi de Roberto Pundel, cum omnibus utilitatibus inde provenientibus. In cujus rei

Selby. testimonium, præsenti scripto sigillum meum apposui. Hiis testibus, Johanne Juuene de Seleby, Henrico fratre ejus, etc.

CCLXIII.

(CARTA ROBERTI PONDEL DE SELEBY.)

clxxix. Sciant omnes præsentes et futuri quod ego Robertus Pondel de Seleby dedi, concessi, et hac præsenti carta sigillo meo roborata confirmavi, et insuper quietum clamavi de me et heredibus meis Gocelino clerico, filio Roberti de Askeby, et heredibus suis vel cuicunque vel quacunque hora dare, legare vel assignare voluerit, medietatem cujusdem tofti in Seleby, et totum jus et clamium quod inde habuimus ; cujus videlicet medietatis Willelmus de Birne aliam tenet medietatem in Goucthorp, cum omnibus pertinenciis ; ita videlicet hoc dedi et quietum clamavi quod de cetero nunquam ego nec heredes mei sive aliquis alter per nos inde clamium neque jus vendicare poterimus. Hiis testibus, Johanne Juuene, Waltero de Aula.

CCLXIV.

(CARTA AGNETIS FILIÆ WILLELMI CLERICI DE SELEBY.)

clxxx. Sciant omnes præsentes et futuri quod ego Agnes, filia Willelmi clerici de Seleby dedi, concessi et hac præsenti carta mea confirmavi Johanni filio meo et heredibus vel ejus assignatis, unum mesuagium cum pertinenciis in Seleby, videlicet quod jacet in Middelthorp' juxta toftum Willelmi Tannatoris, sicut metæ præfixæ undique condonant ; tenendum et habendum libere, quiete, et integre cum omnibus libertatibus, aisiamentis ad dictum mesuagium spectantibus, reddendo inde annuatim luminari altaris Beatæ Mariæ in majori Ecclesia de Seleby, vj denarios, videlicet, iij denarios ad Pentecosten, et tres denarios ad festum Sancti Martini in hieme, pro omni servicio, exaccione, et demanda. Et ego Agnes et heredes mei prædictum mesuagium cum pertinenciis prædicto Johanni filio meo et heredibus sive assignatis suis contra omnes homines inperpetuum warantizabimus. Hiis testibus, etc.

CCLXV.

(CARTA AGNETIS FILIÆ WILLELMI FILII GODEWY DE SELEBY.)

clxxxj. Sciant omnes præsentes et futuri, quod ego Agnes, filia Willelmi filii Godewy de Seleby, dedi, concessi, et hac præsenti carta mea confirmavi Deo et Sancto Germano de Seleby et monachis ibidem Deo servientibus, ad luminare altaris Beatæ

Selby. Mariæ, redditum xij denariorum quos percipient de quodam tofto in villa de Seleby quod habeo de dono fratris mei, videlicet de illo tofto quod jacet in Middelthorp inter toftum Willelmi Tannatoris et toftum Rogeri filii Johannis. Ego vero Agnes et heredes mei vel assignati mei quicunque in prædicto tofto pro tempore fuerint, prædictum redditum altari supradicto ad duos terminos annuatim persolvemus, sicut carta quam habeo ex dono patris mei testatur. Et, ne ego vel heredes mei vel assignati contra istam solucionem prædicti redditus aliquatenus venire possimus, præsenti scripto sigillum meum apposui. Hiis testibus, Waltero de Aula, Johanne Juuene, etc.

CCLXVI.

(CARTA AGNETIS QUONDAM FEMINÆ GERVASII DE SELEBY.)

clxxxij. Sciant omnes præsentes et futuri quod ego Agnes, quondam femina Gervasii de Seleby dedi, concessi et hac præsenti carta mea confirmavi in propria viduitate et ligia potestate mea, Deo et Beato Germano de Seleby et monachis ibidem Deo servientibus, in puram et perpetuam elemosinam, ad luminare coram altare Beatæ Mariæ Virginis in majori Ecclesia de Seleby, duas acras terræ cum pertinenciis in Flaxlay, jacentes juxta terram Nicholai Tannatoris, sicut includuntur undique fossato ; illas, scilicet, quas habui ex dono testamenti Henrici filii mei, illas videlicet quas Henricus filius meus habuit ex Henrico filio Nigelli filii Gervasii, sicut carta Henrici testatur ; tenendas et habendas, libere, quiete, et honorifice et integre, cum omnibus pertinenciis suis, libertatibus, et aisiamentis ad dictam terram spectantibus, in cujus donacionis et confirmacionis testimonium[1]; ita quod ego nec aliquis meorum nec aliquis ex parte Henrici filii mei nec Henrici filii Nigelli inposterum in prædictas acras terræ prænominatas aliquod jus vel clamium habere poterimus. Ego vero Agnes et heredes mei vel assignati prædictas duas acras terræ cum pertinenciis prædictis monachis ad luminare prædicti altaris contra omnes homines warantizabimus, adquietabimus et defendemus. Hiis testibus, Johanne Juuene, Waltero de Aula.

CCLXVII.

(CARTA WILLELMI LE FERRUR DE SELEBY.)

clxxxiij. Sciant præsentes et futuri quod ego Willelmus le Ferrur de Seleby dedi, concessi et hac præsenti carta mea confirmavi Ricardo de Seleby, Clerico, unum mesuagium cum pertinenciis in Seleby, videlicet in Goucthorp, sicut jacet in longitudine et

---

[1] Something appears to be omitted here.

Selby. latitudine inter domum Johannis Jascard ex una parte et domum quondam Johannis Tinctoris ex altera ; tenendum et habendum eidem Ricardo et heredibus suis vel suis assignatis, libere, quiete, bene et in pace, cum omnibus libertatibus et aisiamentis ad dictum mesuagium infra villam de Seleby et extra quoquomodo spectantibus, de capitali domino feodi illius, per servicium iiij^{or} denariorum per annum, ad festum Sancti Martini in hieme et ad festum Pentecostes per æquales porciones solvendorum sine aliquo retinemento inperpetuum, pro omnibus sæcularibus serviciis, exaccionibus, consuetudinibus, et demandis. Et ego prædictus Willelmus et heredes mei prædictum mesuagium cum omnibus suis pertinenciis prædicto Ricardo et heredibus suis vel suis assignatis pro prædicto servicio contra omnes homines et feminas warantizabimus, adquietabimus et inperpetuum defendemus. In cujus rei testimonium huic carta sigillum meum apposui. Hiis testibus, etc.

CCLXVIII.

(CARTA ROBERTI CAPELLANI DE KEPASK.)

clxxxiiij. Omnibus ad quos præsens scriptum pervenerit, Robertus Capellanus de Kepask, salutem in Domino. Noverit vestra universitas me dedisse et concessisse et quietum clamasse et hac præsenti carta mea confirmasse Deo et Sancto Germano de Seleby et monachis ibidem Deo servientibus, ad luminare altaris Beatæ Virginis Mariæ, unum toftum cum omnibus pertinenciis suis in villa de Seleby, scilicet, in Goucthorp, quod jacet inter toftum quod fuit aliquando Nigelli capellani et toftum Willelmi Burghman ; tenendum et habendum, libere, quiete, integre et solute ab omni seculari servicio michi vel meis pertinente, salvo tamen servicio domino Abbati pertinenti, scilicet, sex denariis annuatim. Totum vero jus et clamium quod in f. 68v. prædicto tofto habui vel habere potui prædictis monachis ad luminare altaris supradicti quietum clamavi. Pro hac autem donacione et quieta clamacione Eudo, tunc celerarius[1], dedit michi viginti solidos præmanibus. Hiis testibus, Waltero de Aula, Radulfo Medico, etc.

CCLXIX.

(CARTA ROGERI DE SANCTO PAULO.)

clxxxv. Sciant omnes præsentes et futuri, quod ego Rogerus de Sancto Paulo dedi, concessi, et hac carta sigillo communita meo confirmavi Deo et Beatæ Mariæ et Abbati ac conventui

[1] Corrected from " elemos."

Selby. monachorum de Seleby, ad sustentacionem luminis in altare
Beatæ Virginis Ecclesiæ præfatæ, unum denarium annui
redditus, inperpetuum offerendum ibidem annis singulis per
manum meam et quorumcunque heredum meorum in die
Natalis Domini æternaliter, in puram et perpetuam elemosinam,
de mesuagio meo quod jacet inter domum Jóhannis Dod et
domum Willelmi filii Arwini in villa de Seleby. Ego vero
Rogerus et heredes mei denarium prædictum præfato
monasterio ut dictum est offerendum, dictis Abbati et
Conventui contra omnes mortales in æternum warantizabimus,
adquietabimus, et defendemus. Testibus, Johanne Dodd, etc.

CCLXX.
(CARTA AGNETIS FILIÆ EUDONIS CAT DE SELEBY.)

clxxxvj. Omnibus Christi fidelibus, Agnes filia Eudonis Cat de Seleby,
salutem in Domino. Noverit universitas vestra me in vita mea,
et successores mei post decessum meum, in annuo redditu,
scilicet, duorum denariorum, altari Beatæ Mariæ in majori
Ecclesia de Seleby ad Natale Domini inperpetuum teneri
solvendorum, pro tofto, videlicet quod jacet in Goucthorp', juxta
toftum quod quondam fuit Johannis Gouk'. In hujus rei
testimonium huic scripto præsenti sigillum meum apposui.
Hiis testibus, Johanne Juuene, etc.

CCLXXI.
(CARTA JOHANNIS FILII RICARDI DE SELEBY.)

clxxxvij. Omnibus ad quos præsens scriptum pervenerit, Johannes filius
Ricardi de Seleby, salutem in Domino. Noverit universitas
vestra me pro salute animæ meæ, antecessorum et successorum
meorum, dedisse et præsenti carta confirmasse altari Beatæ
Mariæ majoris Ecclesiæ de Seleby, redditum xij denariorum de
domo propinquiori domui Malgeri, versus molendinum in Mikelgate; ita, scilicet, quod quicunque eandem domum tenuerit
solvet prædictum redditum, ut supradictum est, ad sustinendum
septem cereos super candelabrum pendens ante altare memoratum
Beatæ Virginis. Ego vero Johannes et heredes mei prædictum
redditum memorato altari in puram et perpetuam elemosinam
warantizabimus inperpetuum. Hiis testibus, Willelmo capellano,
etc.

CCLXXII.
(CARTA AGNETIS DE HOLME.)

clxxxviij. Sciant omnes præsentes et futuri, quod ego Agnes de Holme
dedi, concessi, et quietum clamavi de me et heredibus meis sine

Selby.

ullo retinemento, et hac præsenti carta mea confirmavi Deo et
Beato Germano de Seleby et monachis ibidem Deo servientibus,
et ad luminare altaris Beatæ Mariæ in majori Ecclesia de Seleby,
unum toftum in Vsegate, videlicet quod jacet inter toftum
Willelmi filii Malbe de Snaith' ex una parte, et toftum Johannis
Forestarii ex altera ; salvis xij denariis capitali domino,
scilicet Domino Abbati de Seleby, medietatem ad Pentecosten et
medietatem ad festum Sancti Martini pro omni seculari servicio
et exaccione. Ego vero Alanus (*sic*) et heredes mei prædictum
toftum cum pertinenciis tam liberum quam unquam habui aut
tenui, prædictis monachis et ad prædictum luminare pro servicio
nominato, contra omnes homines inperpetuum warantizabimus.
Et, ut ista confirmacio et quieta clamacio rata et stabilis
permaneat, præsenti scripto sigillum meum apposui. Hiis
testibus, Ricardo de Berlay milite, etc.

CCLXXIII.

(CARTA RADULFI FILII WILLELMI PARTRICK DE SELEBY.)

clxxxix.

Sciant omnes præsentes et futuri quod ego Radulfus, filius
Willelmi Partrick de Seleby, una cum consensu et assensu
Agnetis matris meæ, dedi, concessi, et hac præsenti carta sigillo
meo roborata confirmavi Johanni filio Malbe de eadem, unam
acram terræ cum omnibus pertinenciis in uno essarto quod
quondam fuit Johanni filio Huelinæ, jacentem inter terram
Willelmi Gily ex una parte, et venellam ex altera, in longitudine
ab essarto molendinarii usque ad Cuperland ; tenendam et
habendam de me et heredibus meis, sibi et heredibus suis vel
assignatis, libere, quiete, pacifice et integre ; reddendo inde
annuatim altari Beatæ Mariæ in Ecclesia Sancti Germani de
Seleby unum denarium, scilicet ad ultimum festum Beatæ Mariæ
in Augusto,[1] et michi et heredibus meis unum granum peperis
infra Natale Domini pro omni servicio, exaccione, et demanda.
Ego vero Radulfus et heredes mei prædictam acram terræ cum
pertinenciis prædicto Johanni et heredibus suis vel cuicunque
dare, vendicare, legare vel assignare voluerit, warantizabimus,
adquietabimus et defendemus inperpetuum. Hiis testibus,
Willelmo Gily, etc.

CCLXXIV.

(CARTA MARGERIÆ QUONDAM UXORIS WILLELMI ICHEGAMEN.)

cxc.

Omnibus Christi fidelibus ad quos præsens scriptum pervenerit, Margeria quondam uxor Willelmi Ichegamen, salutem in

---

[1] *I.e.*, the Assumption, Aug. 15.

M

Selby. Domino. Noveritis me, in pura viduitate mea, pro salute animæ meæ, sursum reddidisse et quietum clamasse Deo et Ecclesiæ Sancti Germani, et monachis ibidem Deo servientibus, et ad luminare Beatæ Mariæ in majori Ecclesia de Seleby, unum toftum quod de eisdem tenui in Goucthorp, prout se extendit in longitudine et latitudine, cum omnibus pertinenciis suis, illud videlicet toftum quod jacet inter toftum Henrici Ichegamen ex una parte, et toftum Aliciæ sororis prædicti Henrici ex altera ; tenendum et habendum dictis monachis et successoribus et ad prædictum luminare, libere et quiete inperpetuum. Ego vero. et heredes mei vel assignati mei dictum toftum cum pertinenciis dictis monachis et eorum successoribus ad prædictum luminare contra omnes homines warantizabimus imperpetuum et defendemus. In cujus rei testimonium huic scripto sigillum meum est appensum. Hiis testibus, Johanne de Hanburg, etc.

CCLXXV.

(CARTA JOHANNIS CAPELLANI DE SELEBY, FILII JOHANNIS DE SELEBY.)

cxcj. Sciant omnes præsentes et futuri, quod ego Johannes, capellanus de Seleby, filius Johannis de Seleby, vel successores mei vel assignati mei quicunque fuerint illi, tenemur solvere annuatim Abbati et Conventui de Seleby duos solidos, scilicet medietatem ad Pentecosten et medietatem ad festum Sancti Martini in hieme, ad sustentacionem et augmentacionem luminaris ante altare Beatæ Mariæ Virginis in majori Ecclesia de Seleby, et iij denarios capitali domino per annum, pro uno tofto in villa de Seleby, scilicet in Goucthorp', quod fuit aliquando Tol ; ita quod si ego vel assignati mei a prædicta solucione ad aliquem terminum cessaverimus, licebit Abbati vel procuratori prædicti altaris Beatæ Virginis compellere nos, per f. 69. catalla nostra ibi inventa, ad solucionem dictorum ij solidorum plenam faciendam. Hiis testibus, Waltero de Aula, etc.

CCLXXVI.

(CARTA HENRICI SCHIRING.)

192[1]. Sciant omnes præsentes et futuri, quod ego Henricus Schiring dedi, concessi, et hac præsenti carta mea confirmavi pro salute animæ meæ et animarum antecessorum et successorum meorum, Deo et Sancto Germano de Seleby et monachis ibidem Deo servientibus, ad luminare altaris Beatæ Mariæ Virginis in

---

[1] From this point the charters have been numbered correctly in Arabic figures of 17th century character.

Selby. Ecclesia conventuali, redditum vj denariorum imperpetuum annuatim ad duos terminos, de tofto meo in villa de Seleby percipiendum, videlicet iij denarios ad Purificacionem Beatæ Mariæ, et tres denarios ad Assumpcionem ejusdem Virginis, de illo scilicet tofto quod .jacet in Gouckthorp inter toftum quod Ricardus de Blay aliquando tenuit, et toftum quod Gamellus Seminator aliquando tenuit. Ego vero et heredes mei vel ipse qui processu temporis prædictum toftum tenuerit, prædictos vj denarios annuos ad prædictum luminare fideliter persolvemus. Et si aliquando a solucione prædicti redditus ad prædictos terminos cessaverimus, licebit prædictis monachis perstringere tenentes ipsum toftum ad plenam solucionem ipsius redditus. Et, in hujus rei testimonium, præsentem cartam sigilli mei apposicione corroboravi. Hiis testibus, Waltero de Aula, etc.

CCLXXVII.

(CARTA RICARDI FILII HENRICI CLERICI DE WYSTOWE.)

193. Omnibus has litteras visuris vel audituris, Ricardus filius Henrici Clerici de Wystowe et Cecilia uxor ejus, salutem. Noverit universitas vestra nos pro nobis et heredibus nostris concessisse et persolvere teneri annuatim inperpetuum, et hac præsenti carta mea confirmasse Deo et Sancto Germano de Seleby et monachis ibidem Deo servientibus, redditum xviij denariorum, videlicet in quodam tofto in villa de Seleby quod fuit Willelmi Verarii, annuatim percipiendum ad inveniendum unum cerreum ardentem ante altare Beatæ Virginis Mariæ, scilicet illum cereum quod invenire solebat Robertus de Builly. Et sciendum est quod prædictus Robertus prædictum redditum adquisivit tempore suo, et prædicto cereo assignavit. Nos vero et heredes nostri, vel quicunque pro tempore prædictum toftum tenuerit, prædictum redditum annuatim ad duos terminos, scilicet medietatem ad Pentecosten et medietatem ad festum Sancti Martini persolvemus, contra omnes homines warantiza- bimus inperpetuum. Hiis testibus, Waltero de Aula, etc.

CCLXXVIII.

(CARTA HUGONIS SOUTH'.)

194. Sciant præsentes et futuri quod ego Hugo South' concessi, resignavi, et quietum clamavi, et hac præsenti carta mea confirmavi Deo et Beato Germano de Seleby et monachis ibidem Deo servientibus, ad luminare altaris Beatæ Mariæ, unum toftum cum pertinenciis in villa de Seleby, scilicet quod jacet in

Selby. Gouckthorp inter toftum quod fuit Danielis et toftum Willelmi
Forst ; totum vero jus et clamium quod in prædicto tofto quod
aliquando tenui de Eudone monacho habui vel habere potui ;
prædictis monachis ad prædictum luminare de me et omnibus
meis resignavi et inperpetuum quietum clamavi. Et ne ego vel
uxor mea vel heredes mei contra istam quietam clamacionem
aliquatenus venire possimus inposterum, præsens scriptum sigilli
mei apposicione corroboravi. Hiis testibus, etc.

CCLXXIX.

(CARTA ROBERTI DE STIUETON'.)

195.   Sciant omnes, tam præsentes quam futuri, quod ego Robertus
c. A.D.   de Stiueton' dedi, concessi, et hac præsenti carta mea confirmavi
1214 or
1222-37. Deo et Ecclesiæ Beati Germani de Seleby et monachis ibidem
Deo servientibus, essartum de Flaxelay, quod Gervasius de
Hillum de patre suo tenuit, in puram et perpetuam elemosinam,
pro anima mea et uxoris meæ et omnium prædecessorum et
successorum meorum, ad luminare altaris Beatæ Mariæ. Hiis
testibus, Ricardo Abbate, et Conventu de Seleby, etc.

CCLXXX.

(CARTA JOHANNIS PATRIS THOMÆ ABBATIS DE SELEBY.)

196.   Universis præsentes litteras inspecturis vel audituris, Johannes
c. A.D.   pater Thomæ Abbatis de Seleby [salutem][1] æternam in Domino.
1254 or
c. 1269. Noverit universitas vestra me dedisse, concessisse, et præsenti
carta mea confirmasse Deo et Ecclesiæ Sancti Germani de
Seleby et monachis ibidem Deo servientibus, redditum xij
denariorum ad inveniendum luminare coram cruce in Ecclesia
conventuali de Seleby, de herede Reineri Coci de Seleby, pro
uno mesuagio quod jacet inter[2] toftum ejusdem Reineri et
toftum Henrici Finel in Gouthorp percipiendum ; tenendum et
habendum dictæ Ecclesiæ in puram et perpetuam elemosinam
imperpetuum. Ego vero Johannes et heredes mei dictum
redditum dictis religiosis, sicut prædictum est, contra omnes
homines warantizabimus, adquietabimus, et defendemus imperpetuum. In cujus rei testimonium præsenti scripto sigillum
meum apposui. Hiis testiibus, Roberto le Chaumberlayn,
etc.

[1] Omitted in MS.   [2] Repeated in MS.

Selby.

CCLXXXI.

(CARTA WALTERI CARPENTARII DE SELEBY.)

197. Noverint universi quod ego Walterus Carpentarius de Seleby, pro salute animæ meæ et Ceciliæ uxoris meæ, dedi, concessi, et hac præsenti carta mea confirmavi Deo et Ecclesiæ Beati Germani de Seleby et monachis ibidem Deo servientibus, annuum redditum xij denariorum ad sustentacionem illorum duorum cereorum qui ante majus altare in celebracione majoris missæ in sublevacione Domini corporis accenduntur, ad duos terminos anni, de domo mea quæ sita est juxta aquam de Vsa percipiendum, videlicet vj denarios ad Pentecosten et vj denarios ad festum Sancti Martini in hieme ; tenendum et habendum dictæ Ecclesiæ et monachis ibidem Deo servientibus et eorum successoribus, de me et heredibus qui dictas domos inhabitabunt, absque aliqua retencione vel diminucione, inperpetuum. Et si contingat dictam firmam dictis terminis aliquo tempore, quod absit, non persolvi, volo et concedo quod secretarius loci qui pro tempore fuerit me et successores meos destringat de domibus prædictis, et ad plenariam solucionem dictæ firmæ per

69v. subtraccionem bonorum in dictis domibus inventorum compellat. Ego vero dictus Walterus et heredes mei dictam firmam dictæ Ecclesiæ et dictis religiosis in usus prædictos convertendam contra omnes gentes warantizabimus, adquietabimus, et defendemus imperpetuum. In cujus rei testimonium præsenti scripto sigillum meum apposui. Hiis testibus, Waltero Capellano de Seleby, etc.

CCLXXXII.

(CARTA MARGARETÆ FILIÆ WALTERI DE AULA DE SELEBY.)

198. Sciant omnes præsentes et futuri, quod ego Margareta filia Walteri de Aula de Seleby dedi, concessi, et hac præsenti carta mea confirmavi Johanni Daignel de Seleby vij acras terræ in territorio de Seleby, illas scilicet quas habui de dono Walteri patris mei, sicut fossantur in circuitu, quæ jacent juxta Langeleker inter terram David' de Aula et terram Roberti Curtenay ; tenendas et habendas sibi et heredibus suis vel suis assignatis de me et heredibus meis, libere, quiete, integre et pacifice inperpetuum ; reddendo inde annuatim sacristæ de Seleby xij denarios ad duos terminos, ad festum Sancti Martini vj denarios, et ad festum Pentecostes vj denarios, et michi et heredibus meis unum denarium infra Natale Domini, pro omni servicio, exaccione, et omni alia demanda. Et ego Margareta et heredes mei warantizabimus prædictam terram

Selby. cum omnibus suis pertinenciis prænominato Johanni, et suis heredibus vel assignatis, contra omnes homines adquietabimus et defendemus inperpetuum, pro prædicto servicio. In hujus rei testimonium præsenti scripto sigillum meum apposui. Hiis testibus, etc.

CCLXXXIII.

(CARTA THOMÆ DE HAITON'.)

199. Sciant præsentes et futuri quod ego Thomas de Haiton dedi, concessi, et hac præsenti carta mea confirmavi Deo et Ecclesiæ. Sancti Germani de Seleby et sacristæ ejusdem loci, in puram et perpetuam elemosinam, redditum ij solidorum de tofto meo quod jacet in Mikelgate in eadem villa inter toftum Henrici Siward et toftum Alani Tannatoris de Seleby ad duos terminos solvendorum, videlicet ad festum Sancti Martini xij d. et ad Pentecosten xij d. Et idem sacretar. (sic) de dicta firma inveniet lampadem ardentem continue coram ymagine Beatæ Mariæ stante juxta vestiariam monachorum dicti loci ; tenendum et habendum dictæ Ecclesiæ et monachis ibidem Deo servientibus et eorum successoribus de me et heredibus meis qui domus dicti tofti inhabitabunt, absque alia retencione vel diminucione inperpetuum. Et si contingat dictam firmam dictis terminis aliquo tempore, quod absit, non persolvi, volo et concedo quod sacretarius loci, qui pro tempore fuerit, me et successores meos distringat de domibus prædictis, et ad plenariam solucionem dictæ firmæ per subtraccionem bonorum dictis domibus inventorum compellat. Et ego vero dictus Thomas et heredes mei dictam firmam dictæ Ecclesiæ et dictis religiosis in usus proprios convertendam contra omnes gentes warantizabimus, adquietabimus, et defendemus inperpetuum. In cujus rei testimonium præsenti scripto sigillum meum apposui. Hiis testibus, Henrico Siward, etc.

CCLXXXIV.

(CARTA WILLELMI BYSCOP, FILII ET HEREDIS JOHANNIS BISCOP.)

200. Sciant præsentes et futuri quod ego Willelmus Byscop, filius et heres Johannis Biscop, manens ultra Vsam apud Seleby, dedi, concessi, et hac præsenti carta mea confirmavi, et de me et omnibus meis inperpetuum quietum clamavi Deo et Ecclesiæ Sancti Germani de Seleby et monachis ibidem Deo servientibus, ad duos cereos ante majus altare in sublevacione Dominici Corporis accendendos, quemdam annuum redditum x denariorum quem consuevi percipere aliquociens de tenentibus subscriptis,

Selby. videlicet, de Willelmo de Aubeney de Seleby iiij^or denarios, et de
Ricardo Hund seniori et de Willelmo Grim de eadem, iiij^or
denarios, ad festum Sancti Martini in hieme et ad festum
Pentecostes ; habendum, tenendum, et percipiendum prædictum
annuum redditum ad terminos suprascriptos, præfatis religiosis
et Ecclesiæ suæ, sicut prædictum est, in liberam, puram et
perpetuam elemosinam, de me et heredibus meis inperpetuum ;
nichil nobis in præsenti vel in futuro inde solvendo vel faciendo.
Et ego antedictus W. Biscop et heredes mei supradictum annuum
redditum præfatis religiosis et eorum successoribus et Ecclesiæ
suæ de Seleby in liberam, puram, et perpetuam elemosinam,
contra omnes homines inperpetuum warantizabimus, adquietabimus, et defendemus.   In cujus rei testimonium præsenti scripto
sigillum meum apposui.   Hiis testibus, Johanne Juuene, etc.

CCLXXXV.

(CARTA ABBATIS DE SELEBY ET EJUSDEM LOCI CONVENTUS.)

201.
A.D. 1316.
Omnibus Christi fidelibus ad quos præsentes litteræ pervenerint, Abbas de Seleby et ejusdem loci Conventus, salutem
in Domino.   Noveritis nos concessisse et dimisisse Johanni
le Chaumberlayn, duas acras terræ cum pertinenciis in Seleby et
Brayton, jacentes in quodam assarto quod vocatur le
Milnriddyng', sicut fossatis includitur, in excambium pro una
acra terræ et dimidia ipsius Johannis adjacentes (*sic*) in quodam
loco quod vocatur Langelay in campo de Brayton', juxta terram
ipsorum Abbatis et Conventus ; tenendas et habendas eidem
Johanni et heredibus vel assignatis suis de nobis et successoribus
nostris in excambium pro terræ prædicta, usque ad terminum
viginti annorum post diem confeccionis præsencium plenarie
completorum ; reddendo inde nobis et successoribus nostris,
singulis annis, durante termino prædicto, sex denarios ad
festa Pentecostes et Sancti Martini per æquales porciones.
Et nos vero Abbas et Conventus, et successores nostri,
prædicta tenementa cum pertinenciis prædicto Johanni,
heredibus vel assignatis suis, usque ad finem termini
prædicti, contra omnes homines warantizabimus, adquietabimus, et defendemus, dum tamen idem Johannes et heredes
sui prædicta tenementa sua durante termino prædicto nobis
et successoribus nostris warantizaverint, adquietaverint, et
defenderint.   In cujus rei testimonium præsentibus literis
indentatis sigilla nostra alternatim sunt appensa.   Hiis testibus,
Oct. 31. Radulfo de Scotton, etc.   Dat. apud Seleby, in vigilia Omnium
Sanctorum, anno regni Regis Edwardi filii Regis Edwardi
decimo.

Selby.

CCLXXXVI.

202.
f. 70.
A.D.
1263-9.

(CARTA DAUID ABBATIS DE SELEBY ET EJUSDEM LOCI
CONVENTUS.)

Omnibus hoc scriptum visuris vel audituris, Dauid, Dei
misericordia Abbas de Seleby et ejusdem loci Conventus,
salutem in Domino.   Noveritis nos dedisse, concessisse, et
hac præsenti carta nostra confirmasse Rogero Saynpole et
heredibus suis, octo acras terræ et dimidiam jacentes in
campo de Seleby, inter terram Henrici filii Matildæ de
Seleby, et terram Wydonis del Lund, et juxta portam assarti
Vlkelli usque ad assartum Rogeri de Saynpole ; tenendas et
habendas sibi et heredibus suis, libere, quiete, et integre, et
pacifice, reddendo inde annuatim nobis et successoribus nostris
triginta et quatuor denarios ad duos terminos, etc., pro omni
servicio seculari et demanda ; ita scilicet quod prædictus Rogerus
et heredes sui occasione prædictæ terræ nullam communam [in]
pascuis, pasturis, seu nemoribus nostris possit vendicare, nec de
nemoribus nostris prædictam terram includere ; et salvis nobis
appruamentis wastorum nostrorum, warennis, pannagiis, circa
villas de Seleby et de Thorp', et excepto quod prædictus
Rogerus et heredes sui nichil de nemoribus nostris debeant
secare vel excidere racione prædictæ terræ inperpetuum.
Præterea non licebit prædicto Rogero et heredibus suis
prædictam terram cum pertinenciis seu in parte seu in toto alicui
dare, vendere, assignare, invadiare, alienare, seu Judaysmo
ponere, sine assensu et voluntate prædictorum religiosorum.   In
cujus rei testimonium sigillum capituli nostri apposuimus.   Hiis
testibus, Henrico Juuene, etc.

CCLXXXVII.

(CARTA HUGONIS ABBATIS DE SELBY ET EJUSDEM LOCI
CONVENTUS.)

203.
A.D.
1244-54.

Omnibus ad quos præsens scriptum pervenerit, Hugo, Dei
permissione Abbas de Selby, et ejusdem loci Conventus, salutem
in Domino.   Noverit universitas vestra nos concessisse, et hoc
scripto nostro confirmasse Ricardo filio Roberti de Wystowe, et
Adæ Marscall', et Roberto filio Radulfi, et Roberto filio Roberti,
et heredibus suis, communam pasturæ post ablacionem vesturæ
illius terræ, in territorio de Selby, sicut se extendit in longitudine a ponte de Wystowe inter aquas usque ad crucem quæ est
media via inter Wistowe et Selby, et in latitudine a bosco usque
ad terram rusticorum de Vuerselby.[1]   Præterea concessimus

---

[1] *I.e.*, Uver or Over-Selby.

Selby. eisdem communam pasturæ post ablacionem vesturæ unius assarti in eodem territorio, sicut se extendit ab assarto Walteri le Mercer in latitudine usque ad assartum le Bondes, et in longitudine a fossato del Park' usque ad assartum Simonis de Vuerselby. Concessimus eisdem èciam communem viam usque ad pasturam bosci ; salvo nobis jure faciendi comodum nostrum omnibus modis de ipsis terris ; et in hujus rei testimonium præsenti scripto sigillum capituli nostri apposuimus.

CCLXXXVIII.

(CARTA DAVID ABBATIS DE SELEBY ET EJUSDEM LOCI CONVENTUS.)

204. A.D. 1263-9.

Omnibus hoc scriptum visuris vel audituris Dauid, Dei misericordia Abbas de Selby et ejusdem loci Conventus, salutem in Domino. Noveritis nos dedisse, concessisse, et hac præsenti carta nostra confirmasse Roberto filio Roberti de Wystowe et heredibus suis, viginti et quinque acras terræ jacentes in campo de Selby, inter Brakenhyll juxta portum de Wetecroft versus boriale, et assartum Galfridi Tagge de Wystowe ; tenendas et habendas sibi et heredibus suis, libere, quiete, pacifice et integre ; reddendo inde annuatim nobis et successoribus nostris octo solidos et quatuor denarios per annum, videlicet medietatem ad Pentecosten et alteram medietatem ad festum Sancti Martini in hyeme, pro omni servicio sæculari, consuetudine et demanda ; ita scilicet quod prædictus Robertus et heredes sui occasione prædictæ terræ nullam communam in pascuis, pasturis, seu nemoribus nostris, possit vendicare, nec de nemoribus nostris prædictam terram includere, et salvis nobis appruamentis wastorum nostrorum, warennis, pannagiis circa villam de Selby et de Thorp, et excepto quod prædictus Robertus et heredes sui nichil de nemoribus nostris debeant secare vel excidere racione prædictæ terræ inperpetuum. Præterea nec licebit prædicto Roberto et heredibus suis prædictam terram cum pertinenciis seu in parte seu in toto alicui dare, vendere, assignare, invadiare, alienare, seu in Judaysmo[1] ponere, sine assensu et voluntate prædictorum religiosorum. In cujus rei testimonium præsenti scripto sigillum capituli nostri apposuimus. Hiis testibus, Henrico Juuene de Selby, Henrico Syward de eadem, Johanne Juuene, Ricardo Hund', Waltero Capellano de Selby, et multis aliis.

---

[1] "The word *Judaism* was formerly used for a Mortgage ; and sometimes taken for Usury." JACOB ; *Law Dict.* s. v.

BRAYTON.

CCLXXXIX.

CARTA JOHANNIS DE LASCELES.

f. 70v.
i.

Omn. S. M. Eccl.[1] filiis, Johannes de Lasceles, salutem. Notum sit omnibus me dedisse (et) concessisse Deo et S. G. de S. et mon. ibidem Deo servientibus, Archel et terram suam quæ est a domo Archel usque ad Selebiam, scil. inter vivarium et Tranamor, cum duabus bovatis terræ quas idem Archel tenet in Braiton', et unam carucatam terræ in supradicta villa, scil. in Braiton', et hæc dono et confirmo esse libera et quieta ab omni sæc. serv. sicut li. pur. et perp. el. pro sa. an. m. et prædecessorum m. et pro remissione peccatorum meorum. H. t., Matilda de Lascy matre Henrici de Lascy, Petro filio Essolui [or, -ni ?], etc.

CCXC.

CARTA HENRICI DE LASCY.

ij.
c. A.D.
1150.

Omn. S. M. Eccl. filiis, Henricus de Lascy, salutem. Notum sit omnibus me conc. et testimonio p. c. conf. donacionem quam fecit Johannes de Lasceles Deo et S. Mariæ et S. G. de S., nominatim Archil et terram suam quæ est a domo Archil usque ad Seleby inter vivarium et Tranamor est sita, et duas bovatas terræ in Braiton'. Conf. eciam unam bovatam terræ in eadem villa quam idem Johannes de Lasceles donavit monachis die qua sepultus fuit Robertus frater suus, et unam carucatam terræ in supradicta villa, scil. Braiton', quam idem Johannes dedit die obitus sui qua ingressus est viam universæ carnis, sicut Johannes de Lasceles has terras præd. donavit Deo et S. Mariæ et S. G. de S. Ita concedo et confirmo et in quantum ad me et ad her. m. attinet esse lib. sol. et qui. ab omni sæc. serv. sicut pur. et perp. el., pro sa. an. Johannis et suorum prædecess. et pro remissione debitorum m. nunc. et imperp. Hii sunt testes, Robertus Sacerdos, Lambertus Medicus, etc.

CCXCI.

CARTA EJUSDEM HENRICI.

iij.
c. A.D.
1150.

Omn. S. M. Eccl. filiis, Henricus de Lasceio, salutem. Notum sit vobis me conc. et testimonio p. c. conf. donacionem quam fecit Johannes de Lasceles Deo.et S. Mariæ et S. G. de S. nominatim, Archil, etc. [as in No. ii]. H. t., Roberto Sacerdote, Lamberto Medico, Ricardo fil. Guboldi.

[1] From this point a system of abbreviations will be used in constantly recurring phrases.

CCXCII.

CARTA HENRICI DE LASCEY.

iiij.
. A.D.
1150.

Notum sit omnibus scire volentibus, Dominum Henricum de Lasceio concessisse, et hac sua carta confirmasse, in pur. el. donum et el. quas dedit Johannes de Lasceles Deo et Eccl. S. G. viz. Langeleiam et terram cum sua investitura per sepem Radulfi militis et per quercus ex utraque parte, videlicet Johannis et monachorum consignatas pro metis ea parte apud Braiton' usque in Tranamor, et denuo totam terram tam in silvis quam in omn. aliis quæ jacet juxta metas Selebye et inter vivarium monachorum et inter medietatem uliginis quæ nuncupatur Tranamor, et in occidentali parte usque ad claram aquam citra Godhill' quæ dividit duas moras, et ab ea aqua in transversum usque in vivarium per quandam quercum quæ ponitur pro meta in longitudine ipsius terræ, quæ stat parum citra silvam in qua habitat rusticus quidam Archill' ; eciam causam et jus si quod habuit in vivario monachorum, quietum solutum a se et a suis inperpetuum.

CCXCIII.

CARTA RICARDI DE CRULL'.

v.

Sc. omn. præs. et fut. quod ego Ricardus de Crull' dedi, conc. et h. p. c. m. conf. de me et meis inperp. qui. cla. Deo et S. G. de S. et mon. ibidem Deo servientibus, in pur. et perp. el., iiij acras terræ in territorio de Braiton', viz. quæ jacent ex parte meridionali terræ quam Johannes Juuenis aliquando tenuit de

f. 71.

Rogero de Cressi, quas habui ex dono Roberti de Stiueton. Et ne ego vel her. m. contra istam donacionem et qui. cla. reclamare possimus in posterum, præs. scr. si. m. apposicione duxi corroborandum. H. t., Thoma de Bella Aqua, Radulfo de Gaiteford, etc.

CCXCIV.

CARTA ROBERTI FILII MAUGERI DE STIUETON'.

vj.

Sc. præs. et fut. quod ego Robertus fil. Maugeri de Stiueton' dedi, conc., et h. p. c. m. conf. Ricardo de Crul, Clerico, et her. s. vel cui assignare voluerit, exceptis viris religiosis, iiijor acras terræ in vasto de Braiton' ad essartandum et includendum et ad faciendum inde comodum suum pro voluntate sua, illas scil. quæ jacent proi'a (*sic*) a latere ex parte australi juxta terram quam Johannes fil. Johannis Juuenis de Seleby tenuit de Rogero de Cressi ; ten. et hab. in feudo et hereditate pro homagio et serv.

Brayton. suo, de me et her. m., li. et qui. cum lib. introitu et exitu et cum
omn. pert. lib. et aysiam. et communis tantæ terræ pert., quæ
melius et liberius tenetur in præd. villa de Braiton' ; redd. inde
per annum michi et her. m. quatuor den. pro omni serv. exacc. et
demanda, viz. ad Pentecosten duos den. et ad festum S. Martini
duos denarios.   Pro hac autem concessione et donacione dedit
michi præd. Ricardus octo sol. argenti de recognicione.   Ego
vero præd. Robertus et her. m. præd. iiij acras terræ cum pert.
prænominato Ricardo et her. sive assign. s., exceptis viris
religiosis, contra omn. hom. war. et def. inperp.   H. t., Waltero
de Aula, Waltero filio ejus, etc.

CCXCV.

CARTA HENRICI SCHARPING'.

vij.   Sc. omn. præs. et fut. quod ego Henricus Scarping[es?], d. c. et
A.D. 1245, h. p. c. m. conf. Deo et b. G. de S. et mon. ibidem Deo
Mar. 25. servientibus, tres acras terræ cum pert. in territorio de Brayton'
quas habui et dono Walteri de Aula, et omn. alias terras quas
habeo vel adquirere possim a tempore istius confirmacionis, et
medietatem omn. catallorum m. mobilium et immobilium quæ in
vita mea adquisiero, post obitum a præd. mon. percipiendis (sic).
Actum est anno graciæ m cc xl quinto ad Purificacionem B. M. V.
et in h. r. t. præs. sc. sig. m. apposui.   H. t., Johanne Juuene,
Waltero de Aula, etc.

CCXCVI.

CARTA WALTERI DE AULA ET AGNETIS UXORIS EJUS.

viij.   Omn. Christi fidelibus hoc scr. visuris vel audituris, Walterus
de Aula de Seleby et Agnes uxor ejus, æternam in Domino
salutem.   Nov. univ. vestra nos conc. ded. et h. p. c. n. conf.
Deo et b. G. de S. et mon. ibidem Deo servientibus in pur. et
perp. el., unam bovatam terræ in territorio de Brayton, cum
omnibus aysiam. et pert. ad illam terram spectantibus, infra
villam et extra villam, cum tofto et crofto, viz. illam bovatam
terræ quam Johannes fil. Johannis tenuit, et præterea unum
toftum quod Willelmus de Hausay tenet in feudo, unde solvit
per an. octodecim denarios, et unum assartum quod Alanus fil.
Petri de Brayton' tenet eodem modo in feudo, et abuttat super
essartum elemosinarii de Todhill', solvendo per an. sex denarios,
et unum assartum quod Henricus Scarping tenet versus Blay,
solvendo per an. sex denarios, et iiij^{or} acras quas præd.
Alanus tenet, quas Walterus de Aula emit de Radulfo de Thorp
et Johanne fil. Fache, unde solvit per an. octo denarios ; ten. et

S. GERMANI DE SELEBY. 205

Brayton. hab. li. qui. et honorifice, sicut decet pur. et perp. el. Ego vero
Walterus et Agnes uxor mea et her. n. omnia præd. ten. cum
omn. pert. et aysiam. li. et qui. ab omni sæculari serv. præd.
mon. ad pitanciam præd. mon. inperp. war. adq. et def.
H. t., Roberto de Wilgeby, Ricardo de Berlay.

CCXCVII.

CARTA WALTERI DE AULA DE SELEBY.

ix. Sc. omn. præs. et fut. quod ego Walterus de Aula de Seleby,
assensu et voluntate Agnetis uxoris meæ, d. c. et h. p. c. m.
f. 71v. conf. Ricardo filio meo et her. s. vel assignatis, unam bovatam
terræ, cum tofto et crofto, et cum. omn. pert. suis in villa
de Brayton', illam viz. quam Johannes filius Fache aliquando
tenuit ; ten. et hab. sibi et her. s. de me et her. m. li. qui. integre
et honorifice, et cum omni libertate liberæ terræ pertinente,
reddendo inde annuatim capitali domino, viz. domino Abbati
de S. vjd., med. scil. ad Pentecosten et med. ad festum S.
Martini, et singulis annis michi et her. m. unum denarium ad
Natale Domini pro omnibus serv. cons. et demandis. Ego vero
Walterus et her. m. præd. bovatam terræ cum omn. pert.
aysiam. et lib. s. prænominato Ricardo et her. s. vel ejus
assign. contra omn. hom. inperp. war. H. t., Thoma de
Pouelington', Henrico de Berlay, Johanne de Heck', etc.

CCXCVIII.

CARTA ROBERTI CURTENAY DE BRAITON'.

x. Omn. Christi fid. præs. scr. vis. vel aud. Robertus Curtenay
de Brayton' sa. in Domino. Nov. universitas vestra me qui. cla.
et conf. Deo et b. G. de S. et mon. ibidem Deo serv. imperp.
totum jus et clamium quod habui aut habere potui aut debui in
uno tofto in villa de Braiton' cum pert., quod scilicet toftum
jacet juxta toftum Willelmi Orgays ex parte meridionali, et
totum jus et clamium quod habui aut habere potui aut debui in
una bovata terræ cum pert. in territorio de Braiton ; ita
scilicet quod nec ego nec her. mei nec aliquis ex parte nostra
aliquid de cetero in dictis tenementis exigere vel vendicare
poterimus inperpetuum. In c. r. t. præs. scr. si. m. apposui.
H. t., Johanne de Cliff', Johanne le Juuen de Seleby, etc.

CCXCIX.

CARTA WILLELMI FILII ROBERTI CURTENAY DE BRAITON'.

xj. Sc. præs. et fut. quod ego Willelmus, fil. et her. quondam
Roberti Curtenay de Brayton', qui. cla. Hugoni fratri meo totam

Brayton. terram quam¸Robertus pater meus sibi per cartam suam dedit ; ten. et hab. eodem modo in feudo et hereditate sicut carta dicti patris mei testatur, reddendo inde annuatim michi et her. meis duos sol. et octo den., et di. libr. piperis, scil. medietatem ad Pentecosten et aliam med. ad festum S. Martini pro omnibus serv. exacc. et demandis. Ut autem hæc qui. cla. stabilis sit inperp. præs. scr. si. m. apposui. H. t., Ricardo Basset de Braiton, etc.

CCC.

CARTA ROBERTI CURTENAY DE BRAITON'.

xij.   Notum sit omnibus præs. et fut. quod ego Robertus Curtenay de Brayton' d. c. et h. p. c. sig. m. roborata conf. Hugoni fil. meo et her. s. vel assignatis, unam bovatam terræ jacentem in campo de Brayton'; ten. et hab. de me et her. m. sibi et her. s. vel assignatis, li. qui. integre honorifice et in pace, cum omnibus lib. et aysiam. ad dictam bovatam terræ pertinentibus ; reddendo inde annuatim domino Abbati de Seleby iij solidos ad duos terminos illi statutos, scil. med. ad Pentecosten et med. ad festum S. Martini in hyeme, et michi et her. m. unum granum piperis ad Natale Domini pro omn. serv. exacc. et demandis terrenis. Ego autem et her. m. dictam bovatam terræ cum omn. pert. dicto Hugoni et her. s. vel assignatis contra omn. hom. et fem. imperp. war. et def.   H. t., domino Thoma Capellano de Braiton', Willelmo Edward., etc.

CCCI.

CARTA ROBERTI DE WILLEGBY.

xiij.   Sc. præs. et fut. quod ego Robertus de Willeby d. c. et h. p. c. m. conf. Ricardo de Langeswaid, servienti meo, pro homagio et servicio meo, viginti sex den. de redditu assiso in villa de Braiton', quod ego Robertus de Willeby lucratus fui de Domino Johanne de Hek', coram justiciariis Domini Regis apud Ebor' ; scilicet ten. et hab. totum redditum prænominatum cum omn. pert. suis, infra villam et extra, prædicto Ricardo et her. s. de corpore suo exeuntibus, de me et her. m., in feodo et hereditate, li. qui. pacifice et integre ab omni serv. sæc. ; reddendo inde annuatim michi et her. m. unum par cyrotecarum infra Natale Domini.   Et ego Robertus de Willeby et her. m.
f. 72.   prædicto Ricardo et her. s. prænominatis totum redditum prænominatum contra omn. hom. per præd. servicium warantizabimus.   H. t., Domino Ada de Novo Mercato, Henrico fratre ejus, etc.

Brayton.

CCCII.

CARTA RICARDI DE LANGETHWAITCH.

xiiij.   Sc. præs. et fut. quod ego Ricardus de Langthewaith' d. c.
et h. p. c. m. conf. Deo et S. G. de S. et mon. ibidem Deo
servientibus pro sa. an. m. et patris et matris m. et antec.
et success. m., omn. redditus, terras et possessiones in villa de
Braiton' quas habui ex dono Willelmi de Stiueton' cum homag'
et serviciis tam de liberis hominibus quam de nativis, et cum
omn. excaetis et incrementis et omn. pert. et lib. præd.
redditibus et terris pertinentibus ; ten. et hab. li. qui. int. et
honorifice et solute ab omni sæc. serv. michi vel meis pertinente,
in feudo et hereditate, in bosco et plano, in pratis et pascuis, in
moris, viis et in semitis, in aquis et in omn. aisiam. et lib. pr.
villæ spectantibus.   Ego vero Ricardus totum jus et cla. quod
in prædictis terris et possessionibus habui vel habere potui aut
debui, præd. monachis de me et her. meis dedi et quietum clamavi.
Ego eciam Ricardus et her. m. omn. præd. terras redditus et
possessiones cum omn. pert. et lib. infra villam et extra, sicut
scriptum est, præd. monachis contra omn. hom. inperp. war.
H. t., Roberto de Willeby, Thoma de Bella Aqua, etc.

CCCIII.

CARTA WILLELMI FILII RANULFI SPURNETURTEYS.

xv.   Sc. præs. et fut. quod ego Willelmus fil. Ranulfi Spurneturtoys
d. c. et h. p. c. m. conf. v acras terræ de vasto super moram
de Braiton' ex parte boriali Eccl. de Braiton', cum pert. s.,
Willelmo Foliot, Rectori Eccl. de Braiton' et assignatis s. pro
homagio et serv. suo ; ten. et hab. sibi et assignatis s. de me et
her. m. in feodi firmam, jure et hereditarie, li. qui. et hon., sine
omni retinemento, plene et integre mensuratas infra fossata sua
cum pertica viginti pedum, cum omn. communis et aysiam. et
libertatibus liberæ terræ pertinentibus infra villam et extra
villam de Braiton', in bosco et plano, in viis et semitis, pascuis
et turbariis, et in omn. locis in quibus libera terra in præd. villa
comunam habere debeat, reddendo inde annuatim michi et her.
m. quinque den. ad Pascha pro omn. serv. exacc. et demanda.
Ego vero Willelmus et her. m. war. præd. acras terræ præd.
Willelmo Foliot et assignatis s. contra omn. hom. imperp.   Et
si ego vel her. m. war. non poterimus præd. terram eidem
Willelmo et assignatis s., faciemus et dabimus eisdem Willelmo
et assignatis s. excambium ad valenciam illarum prædictarum v
acrarum terræ in campo de Brayton', et in h. r. t. præs. c. sig.

Brayton. m. apposui. H. t., Waltero de Aula, Waltero et Ricardo filiis ejus, etc.

CCCIV.

CARTA MATHI DE KYNGTON'.

xvj. Omn. hoc scr. vis. vel aud. Math's de Kington', sa. in Domino. Noverit universitas vestra me divinæ caritatis intuitu pro sa. an. m. et antec. m., d. et c. et h. p. c. m. conf. Deo et B. M., et domui S. G. de S. et mon. ibidem Deo servientibus, redditum trium sol. annuatim percipiendorum de Johanne fil. Johannis Juuenis de Seleby et her. s., quos michi reddidit pro uno essarto quod de me tenuit in territorio de Braiton', juxta Eccl. ejusdem villæ ex parte aquilonari, in pur. et perp. el. H. t., Johanne de Birkin, Adam de Bella Aqua, etc.

CCCV.

CARTA ADÆ FILII PETRI DE BIRKYN.

xvij. Sc. præs. et fut. quod ego Adam fil. Petri de Birkin, d. c. et h. p. c. m. conf. Roberto fil. Maugeri de Stiueton', duas bovatas terræ in Brayton', illas scil. quas Adam fil. Radulfi de Brayton' tenuit de me, et unum toftum quod Willelmus de Porta tenuit, quas idem Robertus et her. ejus cum s. pert. tenebunt de me et her. m., in feudo et hereditate, li. et qui. et honorifice, in bosco et plano, in pratis et pascuis, in viis et semitis, in aquis et in omn. aisiam., faciendo inde michi et her. m. pro omni exacc. et serv. tantum de serv. militis quantum pertinet duabus bovatis terræ, unde xx^{ti} carucatæ terræ faciunt feudum unius militis.

f. 72v. Hanc vero donacionem et concessionem feci prædicto Roberto pro homagio suo et servicio. H. t., Johanne fil. Adæ fil. Petri de Birkin.

CCCVI.

CARTA WILLELMI FILII RANULFI DE BRAITON'.

xviij. Sc. omn. præs. et fut. quod ego Willelmus fil. Ranulfi de Braiton' d. c. et h. p. c. m. conf. Deo et S. G. de S., et mon. ibidem Deo servientibus, pro sa. an. m. et patris m. et antec. et succes. m., in pur. et perp. el., vj acras terræ et unam rodam in mora boriali de Braiton', mensuratas cum pertica xx^{ti} ij pedum, viz. quæ jacent in quodam assarto quod Willelmus Foliot quondam tenuit ; ten. et hab. sibi inperp. de me et her. m. li. qui. hon. int. et sol. ab omni sæc. serv. Ego vero Willelmus et her. m. præd. terram cum libero introitu et exitu in pur. et perp. el. præd. mon. imperp. contra omn. hom. war. et def. H. t., Roberto de Willieby, etc.

CCCVII.

CARTA ROBERTI DE STIUETON'.

xix. Sc. omn. præs. et fut. quod ego Robertus de Stiueton' d. c. et h. p. c. m. conf. Johanni fil. Gamelli Cere de Seleby et her. s., vel cui ipse dare voluerit, totam illam terram juxta Langelaiam in villa de Braiton' quæ jacet inter essartum ipsius Johannis quod tenet de Rogero de Cressi, et assartum Johannis de Mikelhirst quod tenet de Agnete uxore Milonis Basset, tam latam quam mea terra (*sic*) quæ jacet infra Langeleyam, et si sit magis lata, adhuc concedo. Concedo eciam ut sit tam longa apud boscum quam essartum Johannis de Mikelhirst quod tenet de Agnete prænominata ; ten. et hab. de me et her. m. in feudo et hereditate, li. qui. et hon. et cum omn. lib. liberæ terræ pert. ; redd. inde ann. michi et her. m. pro omni serv. michi vel her. m. pertinente, unum denarium ad Pentecosten. Ego vero Robertus et her. m. totam terram prænominatam cum omn. lib. suprascriptis præd. Johanni et her. s. vel cui dare voluerit contra omn. hom. war., et si. war. non poterimus faciemus præd. Johanni et her. s. vel cui ipse assignaverit excambium de terra nostra in eadem villa, et ejusdem feudi ad valenciam prædictæ terræ. Pro hac autem donacione et concessione dedit præd. Johannes Roberto prænominato unum bisancium aureum. H. t., Radulfo de Thorp, Hugone de Thorp', Hugone de Byrne, etc.

CCCVIII.

CARTA WILLELMI CLERICI DE BRAITON'.

xx. Sc. præs. et fut. quod ego Willelmus, Clericus de Braiton', d. c. et h. p. c. m. conf. Deo et S. G. de S. et mon. ibidem Deo servientibus, pro sa. an. m. et uxoris m. et antec. m., in pur. et perp. el., septem acras terræ in bosco de Brayton versus orientem quæ jacent juxta essartum proavi, et quas tenet ex dono Roberti de Stiueton', sicut carta quam habeo ex eo testatur ; ten. et hab. in pur. el. inperp., redd. inde ann. Ricardo de Mar et her. s. vel assignatis, duos den. pro omni sæc. serv. et exacc., unum scil. denarium ad Pentecosten, et unum denarium ad festum S. Martini in hieme. Ego vero Willelmus præd. septem acras terræ cum pert. suis Deo et S. G. et præd. mon. inperp. contra omn. hom. war. H. t., Henrico de Berlay, Thoma de Bella Aqua, etc.

Brayton.

CCCIX.

CARTA ROBERTI DE THORP' FILII MAUGERI DE STIUETON'.

xxj.   Sc. omn. tam præs. quam fut. quod ego Robertus de Thorp
fil. Maugeri de Stiueton', d. c. et h. p. c. m. conf. pro homagio
et serv. suo Willelmo Clerico de Braiton' fil. Utredi del Chirche
et her. s. vel ejus assignatis, septem acras terræ in bosco
de Braiton' versus orientem, pertinentibus tribus bovatis meis in
præd. villa, ten. de me et her. m. vel m. assignatis imperp. li. qui.
et pacifice pro omni sæc. serv. et exacc. michi et her. m.
pertinente ; redd. inde ann. michi et her. m. vel m. assignatis
duos denarios, medietatem ad Pentecosten et med. ad festum
S. Martini in hyeme. Concessi vero et sig. m. inposicione
confirmavi huic præd. Willelmo Clerico de Braiton et her. s. vel
f. 73. ejus assignatis, [et] contra omn. hom. war. H. t., Ada de
Bella Aqua et Thoma fil. suo, etc.

CCCX.

[CARTA RICARDI BASSET.][1]

xxij.   Sc. omn. tam præs. quam fut., quod ego Ricardus Basset
manens in Brayton', d. c. et h. p. c. m. conf., et de me et her. m.
inperp. qui. cla. Deo et Eccl. S. G. de S. et mon. ibidem Deo
servientibus, totam partem de Braitonberch[2] ad sexdecim
bovatas terræ que sunt de tenura mea in eadem villa, ad omne
comodum suum inde faciendum quandocunque et qualitercunque
placuerint, in li. et pur. el. inperp. ; ten. et hab. li. qui. cum
omn. pertinenciis et rebus ad prædictum locum de Braitonberh',
pertinentibus vel inde provenientibus. Ego vero Ricardus et
her. m. præd. partem de Braitonbergh, scil. quicquid pertinet ad
sexdecim bovatas quæ sunt de tenura mea in eadem villa, Deo
et Eccl. S. G. de S. et mon. ibidem Deo servientibus contra
omn. hom. war. adq. et def. inperp. ; ita tamen quod ipsi et
succ. sui habeant liberam warennam suam in præd. loco del
Braitonbergh' et in toto territorio ejusdem villæ, et quicquid ad
liberam warennam pertineat, prout liberius, melius et uberius
continetur in carta Domini Regis quam de præd. warenna
habent,[3] sine omni impedimento, calumpnia mei vel meorum
inperp. In cujus rei test. præs. scr. si. m. apposui. H. t.,
domino Godefrido de Alta Ripa, etc.

---

[1] Headed by mistake in MS. "Carta Adæ de Bella Aqua," and so entered in
index.   [2] The hill now called " Brayton Barf."
[3] None of the Royal Charters printed above relate to warren in Brayton
in particular.

CCCXI.

CARTA MILONIS BASSET ET AGNETIS UXORIS EJUS.

xxiij.   Omn. S. M. Eccl. fil. ad quos præs. scr. pervenerit, Milo
Basset et Agnes uxor ejus, salutem.   Noveritis nos pro animis
nostris et antec. et succes. nostrorum d. c. et h. p. c. nostra
conf. Deo et B. M. et. S. G. de S. et mon. ibidem Deo
servientibus, in pur. et perp. el., nominatim ad sustentacionem
monachorum, triginta acras terræ de territorio de Brayton' quæ
nobis mensuratæ fuerint ad partem nostram ; hab. et ten. de
nobis et her. n. li. qui. sicut decet lib. el. in omn. locis et in
omn. aysiamentis.   Et ego Milo et Agnes uxor mea et her. n.
præfatis mon. war. illam terram inperp.   Et pro hoc beneficio
consessit (*sic*) nobis conventus de S. intuitu caritatis, quod die
anniversarii nostri missa celebrabitur in conventu, et quod
celerarius dabit conventui unum pitancium de vino ad valenciam
quinque solidorum.   Et ut hæc nostra donacio sive concessio
firma et stabilis imperp. permaneat, eam præsentis scripti
testimonio et sigillorum n. apposicione confirmavimus.   H. t.,
Johanne de Byrkyn, Thoma fil. suo, Ada de Bella Aqua, etc.

CCCXII.

CARTA AGNETIS BASSET.

xxiiij.   Sc. omn. præs. et fut. quod ego Agnes Basset, in pura
viduitate mea, d. c. et h. p. c. m. conf. Deo et S. G., et
mon. ibidem Deo servientibus, pro salute domini J. de Lascels
patris mei, et pro sa. Milonis Basset, quondam mariti mei,
unum toftum in villa de Brayton' quod jacet juxta toftum Alani
fil. Capellani ex parte australi ad exitum ejusdem villæ ; ten. et
hab. de me et her. m. in pur. et perp. el. ; et ego Agnes et her.
m. war. præd. toftum præd. mon. contra omn. homines.   H. t.,
Johanne de Byrkin, Ada de Bella Aqua, etc.

CCCXIII.

CARTA AGNETIS BASSET.

xxv.   Omn. S. M. Eccl. fil. ad quos præs. scr. pervenerit, Agnes
Basset, salutem.   Noveritis me pro sa. an. et Milonis Basset
quondam viri mei, et pro an. antec. et success. m., d. c. et
h. c. m. p. conf. Deo et S. G. de S. et mon. ibidem Deo
servientibus, ad sustentacionem eorum, in pur. et perp. el.,
triginta acras terræ in territorio de Brayton' de hereditate mea,
quæ jacent sub Stainre ; hab. et ten. li. qui. et integre in omn.
locis et aysiam., sicut decet lib. el., et pro hoc beneficio

Brayton. concessit michi conventus intuitu caritatis, quod die anniversarii mei missa celebrabitur in conventu, et quod celerarius dabit conventui unum pitancium de vino ad valenciam ii^s et dimidii. Et ego Agnes et her. m. war. ipsis mon. illam terram. Et ut hæc mea donacio firma et stabilis permaneat, sig. m. apposicione corroboravi. H. t., etc.

CCCXIV.

(CARTA RICARDI BASSET.)

f. 73v.
xxvj.
Sc. omn. præs. et fut. quod ego Ricardus Basset, manens in Braiton', recognosco totum nemus de Braytonbergh' cum toto fundo ejusdem loci esse jus Abb. et Conv. et Eccl. suæ de S., et illud nemus cum toto fundo et omn. rebus inde provenientibus, Deo et antedictæ Eccl. de S. et mon. ibidem Deo famulantibus, remitto, relaxo, et de me et meis inperp. qui. cla., nichil michi vel meis juris vel libertatis in præs. vel in futuro inde retinendo. Et ne ego vel her. m. vel aliquis ex parte mea contra præd. recognicionem, remissionem, relaxacionem et qui. cla. venire possimus in posterum, præs. scr. sig. m. duxi apponendum. H. t., Henrico Siward de Seleby, Johanne fratre Thomæ Abbatis, etc.

CCCXV.

CARTA WILLELMI EDWARD, MANENS (sic) IN BRAYTON'.

xxvij.
Sc. omn. tam præs. quam fut. quod ego Willelmus Edward manens in Braiton' d. c. et h. p. c. m. conf., et de me et her. m. inperp. qui. cla. Deo. et Eccl. S. G. de S. et mon. ibidem Deo servientibus, totam partem de Braitonbergh' quæ pertinet ad duas bovatas terræ quas solebam tenere de Ricardo Basset in eadem villa, ad omne comodum suum inde faciendum, quandocunque et qualitercunque sibi placuerint (sic), in li. pur. et perp. el. inperp. ; ten. et hab. li. qui. cum omn. pert. et rebus ad præd. locum de Braitonbergh' pert. vel inde provenientibus. Ego vero Willelmus Edward et her. m. prædictam partem de Braitonbergh' scil. quicquid pertinet ad duas bovatas, sicut prædictum est, in eadem villa, Deo et Eccl. S. G. de S. et mon. ibidem Deo servientibus contra omn. gentes war. adq. et def. inperp. ; ita tamen quod ipsi et success. sui habeant lib. warennam suam in prædicto loco de Braitunberh et in toto territorio ejusdem villæ, et quicquid ad lib. warennam pertineat, prout liberius, melius, et uberius continetur in carta domini Regis quam de prædicta warenna[1] habent ; sine omni

[1] This seems to refer to *general* rights of warren. See index *s. v.* Warren.

Brayton. impedimento [vel] calumpnia mei vel meorum inperp. In c. r. t.
præs. scr. sig. m. apposui. H. t., domino Godefrido de Alta
Ripa, Johanne fratre Thomæ Abbatis de Seleby, etc.

CCCXVI.

CARTA WILLELMI FILII WALTERI TOURI DE SELEBY.

xxviij. Sc. præs. et fut. quod ego Willelmus fil. Walteri Tauri (*sic*)
de Seleby d. c. et h. p. c. m. conf. Johanni de Crull et her. s. vel
assignatis, unam acram terræ arrabilis in territorio de Braiton'
in campo quod vocatur Langelay, jacentem inter terram
quondam Dauid de Aula et terram Roberti de Chaumberlayn de
Seleby ; ten. et hab. dicto Johanni et her. s. vel assignatis, li.
qui. int. et pacifice, cum omn. pert. s. inperp. ; ita quod nec ego
nec aliquis pro me jus vel cla. in dicta terra de cetero vendicare
poterimus vel exigere ; reddendo inde annuatim michi et her.
m. j qᵃ ad Natale Domini pro warantia, et Domino Abb. et
Conv. de S. ij denarios per annum, viz. unum denarium ad
Pentecosten et unum denarium ad festum S. Martini in yeme
pro omn. serv. et demandis. Et ut hæc mea donacio rata sit et
stabilis inperp., præs. scr. sig. m. apposui. H. t., Alano Damet
de Brayton', etc.

CCCXVII.

CARTA ROBERTI FILII EDARDI DE BERLAY.

xxix. Omn. ad quos præs. scr. pervenerit, Robertus fil. Edardi de
Berlay, sa. in Domino. Noverit universitas vestra me teneri
Abb. et Conv. de S. in vijˢ argenti annuis eisdem ad unum
terminum anni, scil. ad mediam quadragesimæ persolvendis,
pro v acris prati quas teneo de ipsis in territorio de Berlay. Et
ego et her. m. præd. firmam fideliter præd. mon. inperp.
persolvemus, dummodo præd. Abb. et Conv. præd. pratum
michi et her. m. warantizaverint, et in hujus rei test. præs. scr.
sig. m. apposui. H. t., Magistro Radulfo Medico, Hugone
de Lascy, etc.

CCCXVIII.

CARTA HENRICI FILII NICHOLAI DE BERLAY (*sic*).

xxx. Sc. omn. præs. et fut., quod ego Henricus fil. Willelmi fil.
Nicholai de Berlay d. c. et h. p. c. m. conf. Deo et S. G. de S.
et mon. ibidem Deo servientibus, in pur. et perp. el., v acras
prati in territorio de Berlay juxta domum cellæ, cum libero
introitu et exitu, et cum omnibus aisiamentis eisdem præd. acris
pert., viz. quæ jacent inter terram quondam Willelmi Capellani

Brayton.
f. 74.

et terram Walteri de Nova Haia ; ten. et hab. præd. mon. li. qui. integre et solute ab. omni sæc. serv., de me et her. m. inperp., et ad faciendum omnibus modis comodum suum secundum quod ipsi voluerint et eisdem melius placuerint (*sic*). Ego vero Henricus et her. m. præd. v acras prati in pur. et perp. el. præd. mon. contra omn. hom. war. adq. et def. inperp. H. t., Thoma de Bella Aqua, Roberto de Wiltheby, etc.

CCCXIX.

CARTA ADÆ DE CRESSY.

xxxj.

Sc. præs. et fut. quod ego Adam de Cressi d. c. et h. m. c. conf. Hugoni de Mar et her. ejus in libero maritagio, cum Agnete filia mea, totam terram quam habui in Braiton' ex dono Julianæ matris meæ, cum omn. pert. infra villam et extra ; hab. et ten. de me et her. m. in feodo et hereditate, li. qui. pacifice, reddendo inde annuatim michi et her. m. tres solidos, scil. octodecim denarios ad Pentecosten, et octodecim denarios ad festum S. Martini pro omni serv. cons. et exacc., salvo forinseco servicio. Et ego Adam et her. m. war. præd. Hugoni et her. ejus præd. terram cum pert. contra omn. hom. inperp. H. t., Jordano de Mar, Gilberto de Cressi, etc.

CCCXX.

CARTA HUGONIS DE MAR.

xxxij.
c. A.D.
1246.

Omn. Christi fidelibus hoc scr. vis. vel aud., Hugo de Mar de Braiton', sa. in Domino. Noverit universitas vestra me d. c. et h. p. c. conf. Deo et Eccl. S. G. de S. et mon. ibidem Deo servientibus, in li. pur. et perp. el., annuum redditum triginta denariorum, percipiendum de gentibus subscriptis et eorundem successoribus, viz., de Waltero Foisting et her. s., octo den. pro iiij^{or} acris terræ jacentibus juxta Todhill' in territorio de Braiton' ; de Johanne fil. Johannis le Tannur, iiij^{or} den. pro duabus acris jacentibus in eodem territorio ; de Henrico Ichegamen', iiij^{or} d. pro duabus acris in eodem territorio ; de Eua Schiring, duos den. pro una acra in eodem territorio ; de Willelmo fil. Johannis fil. Geruasii, vj^d pro tribus acris in eodem territorio ; de Willelmo filio Adæ fil. Geruasii, duas den. pro una acra in eodem territorio ; de Johanne Dodde, tres den. et obolum pro duabus acris in eodem territorio ; hab. et ten. eisdem religiosis et eorundem succes., in li. pur. et perp. el. inperp., cum omn. pert., homagiis et serv., wardis, exchaetis, et releviis, et omn. aliis rebus inde provenientibus. Ego vero præd. Hugo et her. m. totum præd. annuum redditum cum

Brayton. omn. pert. sicut præd. est dictis religiosis et eorundum succes.
contra omn. gentes imperp. war. adq. et def. In cujus rei
test. præs. scr. sig. m. apposui. H. t., Magistro Willelmo
de Lichefeld Rectore Eccl. de Braiton'.[1]

CCCXXI.

CARTA HUGONIS DE MAR.

xxxiij. Sc. omn. præs. et fut. quod ego Hugo de Mar c. d. et h. p. c. m.
conf. Deo et b. G. de S., et mon. ibidem Deo servientibus, in
pur. et perp. el., unum essartum sicut fossato includitur in
territorio de Braiton, viz. quod jacet juxta viam inter essartum
meum et assartum præd. mon., et quod Willelmus Foliot
aliquando tenuit ; ten. et hab. li. qui. integre et solute ab omni
sæc. serv. Ego vero Hugo et her. m. præd. mon. præd.
essartum cum libero introitu et exitu contra omn. hom. inperp.
war. adq. et def. H. t., Roberto de Willeby, Thoma de Bella
Aqua.

CCCXXII.

CARTA HUGONIS DE MAR.

xxxiiij. Sc. omn. præs. et fut. quod ego Hugo de Mar d. c. et h. p. c. m.
conf. Deo et S. G. de S. et mon. ibidem Deo servientibus, in
pur. et perp. el., unum parvum assartum in territorio de
Brayton, viz. quod jacet ad caput essarti quondam Willelmi
Foliot, personæ de Brayton', ex parte occidentali, juxta viam
quæ ducit de Seleby ad Berlay ; ten. et hab. li. qui. integre et
solute ab omni servicio. Ego vero Hugo et her. m. præd.
essartum cum libero introitu ex exitu præd. mon. in pur. et perp.
el. imperp. contra omn. hom. war. adq. et def. H. t., Thoma
de Bella Aqua, Ricardo de Berlay, Willelmo Edward, etc.

CCCXXIII.

CARTA HUGONIS DE MAR.

Sc. præs. et fut. quod ego Hugo de Mar d. c. et h. p. c. m.
xxxv. conf. Deo et S. G. de S. et mon. ibidem Deo servientibus, in pur.
et perp. el., unum assartum in territorio de Braiton' cum libero
f. 74v. introitu et exitu, et cum omn. aisiam. eidem pertinentibus, viz.
quod jacet inter assartum quod fuit Willelmi Foliot et assartum
quod fuit aliquando Ricardi de Crull' ; ten. et hab. præd. mon.
li. qui. integre et solute ab omni sæc. serv. de me et her. m.
imperp. Ego vero Hugo et her. m. præd. assartum in pur.
et perp. el. præd. mon. contra omn. hom. war. adq. et def.
H. t., Thoma de Bella Aqua, Ricardo de Berlay.

[1] Inst. June 4, 1246. (Gray's Reg. Surtees ed. p. 97).

CCCXXIV.

CARTA HUGONIS DE MAR DE BRAITON'.

xxxvj. Sc. omn. præs. et fut. quod ego Hugo de Mar de Braiton'
d. c. et h. p. c. m. conf. Deo et b. G. de S. et mon. ibidem Deo
servientibus, unum toftum in villa de Brayton cum omn. pert. s.,
infra villam et extra, in pur. et perp. el. pro sa. an. m. et antec.
et succes. m., viz. illud toftum quod habui ex dono Rogeri de
Cressi, et quod jacet inter toftum quondam Diaconus aliquando
tenuit ex una parte, et toftum Willelmi fil. Radulfi ex altera.
Ego vero Hugo et her. m. præd. toftum cum pert. præd. mon.
contra omn. hom. inperp. war. adq. et def. H. t., Roberto
de Willeby, etc.

CCCXXV.

CARTA HUGONIS DE MAR DE BRAITON'.

xxxvij. Omn. hoc scr. vis. vel aud. Hugo de Mar de Braiton', sa.
in Domino. Noverit universitas vestra me d. c. et de me et
omn. m. inperp. qui. cla. Deo et Eccl. S. G. de S. et mon.
ibidem Deo servientibus, quendam annuum redditum quatuor
denariorum quem solebam percipere de quadam terra in
Langelay ; hab. et ten. præd. religiosis et eorundem success. et
Eccl. suæ præd., de me et her. m., in li. pur. et perp. el.
inperp., nichil michi seu meis in præsenti vel in futuro inde
retinendo. Et ego præd. Hugo et her. m. præd. annuum
redditum iiij^{or} d. præfatis religiosis et Eccl. suæ præd. contra
omn. hom. inperp. war. adq. et def. In c. r. t. præs. scr.
sig. m. est appensum. H. t., Hugone de Lascy, etc.

CCCXXVI.

CARTA HUGONIS DE EADEM.

xxxviij. Sc. omn. præs. et fut., quod ego Hugo de Mar, manens
in Brayton, d. c. et h. p. c. m. conf., et de me et omn. meis
imperp. qui. cla. Deo et Eccl. S. G. de S. et mon. ibidem
Deo servientibus, unam carucatam terræ in Brayton', scil.
quicquid inde habui in eadem villa et in territorio ejusdem vel
habere potero, cum omn. pert. et omn. appruamentis et aliis
rebus inde aliquo modo pertinentibus, sine ullo retenemento, in li.
pur. et perp. el., inperp. ; ten. et hab. li. qui. pacifice et integre,
in bonis et planis, in semitis, pascuis et pasturis, vastis, et
cum omn. libertatibus, aisiam. ad villam de Braiton' et extra
spectantibus. Ego vero Hugo de Mar et her. m. præd.
carucatam terræ in villa de Braiton' et extra in omnibus et

Brayton. per omnia sicut præd. est dictæ Eccl. S. G. de S. et mon. ibidem Deo servientibus, in li. pur. et perp. el., de omn. terrenis serv. debitis domini Regis, et Judaismo, war. adq. et def. inperp. H. t., domino Ricardo Forestario de Wistou, etc.

CCCXXVII.

CARTA ADÆ DÈ MAR.

xxxix. Omn. hoc scr. vis. vel aud., Adam de Mar, fil. et her. Hugonis de Mar et Agnetis uxoris suæ, sa. in Domino sempiternam. Noverit universitas vestra me conc., conf., et de me et her. m. inperp. qui. cla. Deo et Eccl. S. G. de S., et mon. ibidem Deo servientibus, et eorum successoribus, omnes terras, res, redditus et possessiones quas dicti religiosi habent de dono Hugonis patris mei et Agnetis matris meæ in villa et territorio de Brayton', cum omn. pert. et aysiam. præd. terris spectantibus, in li. pur. et perp. el. inperp. ; hab. et ten. li. qui. bene et in pace et integre, in bosco et plano, in aquis, mariscis, comunis, pratis, pasturis et in omnibus aliis lib. præd. terris de Brayton ubique spectantibus ; nichil juris vel clamii michi vel her. m. in præs. vel in futuro inde retinendo. Et ego præd. Adam et her. m. dictis religiosis omnes præd. terras, res, redditus et possessiones contra omn. hom. et fem. war. f. 75. adq. et inperp. def. Et ne ego dictus Adam vel her. m. in præd. terris et ten. aliquod jus vel cla. habere seu vendicare possimus in posterum, sig. m. præs. scr. apposui. Willelmo de Seleby, Camerario, etc.

CCCXXVIII.

CARTA ADÆ FILII HUGONIS DE MAR.

xl.
c. A.D.
1271.

Omn. hoc scr. vis. vel aud. Adam fil. Hugonis de Mar., sa. in Domino. Noveritis me d. c. et h. p. c. m. conf. pro me et her. m. inperpetuum domino Lucæ de Hanburgh'[1], clerico, et her. s. seu cuicunque dare, vendere, legare vel assignare voluerit, Alanum atte Lydyate de Braiton, nativum meum, cum tota sequela sua et omn. catallis suis ubicunque fuerint inventa, et unum toftum in Braiton' jacens inter le Kyrketoft et le Lydiate, et duas bovatas terræ arrabilis in territorio de Braiton', quas de præd. Hugone de Mar patre meo dictus Alanus quondam tenuit, prout plenius jacent inter terram Milonis Basset et terras præd. Hugonis patris mei, cum. omn. pert. in pratis, pascuis et pasturis, nemoribus, moris, mariscis, semitis, viis, vastis et aliis omn. aysiam. et appruamentis factis et faciendis infra villam de Braiton' et extra ; ten. et hab. de me et her. m. omnia

---

[1] See Raine's Hemingbrough, p. 200.

Brayton. supradicta dicto Domino Lucæ et her. suis vel cuicunque dare, vendere, legare, vel assignare voluerit et quando inperp., li. qui. solute et integre de omnimodis sectis curiæ, querelis, demandis, exchaetis et omnimodo foriusseco servicio ; reddendo inde annuatim michi et her. m., ille et her. s. vel assignati, unam rosam in Eccl. de Braiton' in festo Nativitatis B. Johannis Bapt. pro omni serv. sæc. cons. et demanda. Ego vero dictus Adam et her. m. præd. Domino Lucæ et her. s. vel cuicunque et quandocunque dare, vendere, legare vel assignare voluerit, dictum Alanum cum sua totali sequela et omn. catallis suis ubicunque locorum existentibus, cum præd. tofto et terra prænominata, cum omn. suis pert. et aysiam., ut supradictum est, contra omn. hom. war. adq. et plenarie def. In c. r. t. præs. scr. sig. m. apposui. H. t., Hugone de Lascy, dominis Galfrido et Thoma de Brayton' capellanis, etc.

CCCXXIX.

CARTA HUGONIS DE MAR.

xli.   Omn. Christi fidelibus ad quos præs. lit. pervenerint, Hugo de Mar, sa. in Domino. Noverit universitas vestra me d. c. conf. et h. p. c. m. inperp. qui. cla. Domino Lucæ de Hangburg', clerico, et her. s. seu assignatis, Alanum atte Lydyate, quondam nativum meum, cum tota sequela sua et omn. catallis suis ubicunque locorum existentibus, et unum toftum in Braiton' jacens inter le Kyrketoft et le Lydyate, cum omn. suis clausuris, et duas bovatas terræ arrabilis in territorio de Brayton' jacentes inter terras Domini Milonis Basset et terras meas proprias, quæ omnia habui ex concessione et dono Alexandri de Cressi, cum omn. pert. suis, in pratis et pascuis et pasturis, nemoribus, moris, mariscis, semitis, viis et omn. al. aysiam. et appruamentis factis et faciendis, infra villam de Brayton et extra ; ten. et hab. omnia supradicta dicto Domino Lucæ, et her. s. seu cuicunque dare, vendere, legare vel assignare voluerit, imperp. ; li. qui. solute et integre de omn. sectis curiæ, querelis, demandis et de omnimodo forinsseco servicio ; reddendo inde annuatim Altari B. M. V. in Eccl. Conventuali de Seleby unum denarium in festo Nativitatis B. Johannis Bapt. pro universis singularibus serviciis, cons. et demandis. Ego vero dictus Hugo et her. m. præd. Domino Lucæ et her. s. seu cuicunque dare, vendere, legare vel assignare voluerit, dictum Alanum cum sua totali sequela et omn. catallis suis, cum præd. tofto suo et terra prenominata, cum omn. pert. suis, contra omn. hom. war. adq. et def. pro præd. redditu inperp. Et ut hæc mea donacio, conf. et qui.

Brayton. clamacio rata sit et stabilis, præs. scr. sig. m. apposui. H. t., Hugone de Lascy, Johanne Juuene de Seleby, etc.

CCCXXX.

CARTA THOMÆ [DE CAMPSALL] PRIORIS DE DRAX.

xlij.
A.D.
1272-80.

f. 75v.

Omn. hoc scr. vis. vel aud. Thomas, Prior humilis de Drax et ejusdem loci Conv., sa. in Domino. Noveritis nos d. c. et de nobis et omn. succes. nostris imperp. qui. cla. Deo et Eccl. S. G. de S. et Thomæ Abb. et Conv. ejusdem loci et eorundem successoribus, Alanum atte Lidyate de Brayton', cum tota sequela sua et omn. catallis suis ubicunque fuerint, et unum toftum in villa de Brayton jacens inter le Kyrketoft et le Lidyate, et duas bovatas terræ arrabilis in territorio de Braiton', jacentes juxta terras domini Milonis Basset, et totum jus et clamium quod habuimus vel habere potuimus seu poterimus in eisdem, cum omnibus suis pert., in pratis, pascuis, clausuris et pasturis, nemoribus, moris, mariscis, semitis, viis et omn. al. aysiam. et appruamentis, infra villam et extra, nichil nobis vel succes. nostris in præs. vel in fut. inde retinendo vel faciendo. In cujus rei test. sig. nostrum comune præsentibus est appensum. H. t., domino Milone Basset, domino Johanne de Bella Aqua, etc.

CCCXXXI.

CARTA ADÆ FILII PETRI.

xliij.

Omn. S. M. Eccl. filiis Adam fil. Petri, sa. Sc. omn. qui h. l. viderint vel audierint, quod ego Adam donavi et præsenti sigilli mei testimonio conf. Deo et S. G. de S. et mon. ibidem Deo servientibus, Langeleiam et terram per sepem Radulfi Militis, et per quercus consignatas pro metis ex mea et monachorum parte, et [ex] ea parte apud Braiton' usque in Tranamor, et totam terram in bosco et in plano quæ jacet juxta metas Seleby et inter vivarium S. G. et med. uliginis quæ vocatur Tranamor ; in occidentali vero parte usque ad claram aquam citra Todhill' quæ dividit duas moras, et ab eadem aqua in transversum usque in vivarium, per quandam quercum quæ signatur pro meta in longitudine ipsius terræ, insuper et Thomæ fil. Archilli, et totam terram suam quæ est a domo ejusdem Thomæ usque ad Seleby, scil. inter vivarium et Tranamor, et unam carucatam in Braytona, cum omn. pert. suis in bosco et in plano. Hæc omnia ego Adam de feudo meo et hereditate mea donavi et manu propria obtuli Deo et S. G. de S. et mon., super altare de S., in li. pur. et perp. el., pro sa. an. m. et prædec. m. et parentum m. Hujus donacionis, confirmacionis, et oblacionis testes sunt Thomas fil. Vineth [vel Vnieth?] de Ebor', Walterus Clericus Abbatis, etc.

Brayton.

CCCXXXII.

CARTA GAMELLI FILII J. ORRE [*sic*] DE SELEBY.

Sc. præs. et fut. quod ego Johannes, fil. Gamelli Orre [*sic*] de Seleby d. c. et h. p. c. m. conf. Deo et b. G. de S. et mon. ibidem Deo servientibus, in pur. et perp. el., sex acras terræ et dimidiam quæ jacent juxta Langelay et juxta terram Willelmi Plumbarii, et terram Roberti de Stiueton' in territorio de Braiton', quas tenui aliquando de Rogero de Cressi, cum comuni pastura et omn. aysiam. præd. terræ pertinentibus. Dedi eciam præd. mon. totam terram juxta Langeleiam in eodem territorio quam tenui de Roberto de Stiueton', et duos seliones propinquiores terræ Rogeri de Cressi ex parte occidentali. Hab. et ten., li. qui. et integre inperp., sicut in cartas (*sic*) præd. Rogeri de Cressi et Roberti de Stiueton' plenius continetur, quas prædictis monachis tradidi. H. t., Ada de Bella Aqua, Henrico de Berlay, etc.

CCCXXXIII.

CARTA ROGERI DE CRESSY.

xlv.   Universis S. M. Eccl. filiis ad quos præs. scr. pervenerit, Rogerus de Cressi, salutem. Noveritis me d. c. et h. p. c. m. conf. Deo et b. G. de S. et mon. ibidem Deo servientibus, in pur. et perp. el., redditum xxᵗⁱ denariorum quem Paganus de Infirmario michi reddidit pro quodam assarto quod de me tenuit. Ego vero Rogerus et her. m. præd. redditum dictis mon. contra omn. hom. imperp. war. Et ut hæc mea donacio et confirmacio rata et stabilis permaneat, huic præs. scr. sig. m. apposui. H. t., Waltero de Aula, Johanne Juuene, etc.

CCCXXXIV.

CARTA ALICIÆ UXORIS ROBERTI COCI DE BRAITON'.

xlvj.   Omn. Christi fidelibus ad quos præs. scr. pervenerit, Alicia quondam uxor Roberti Coci de Brayton, salutem. Noverit universitas vestra me remisisse et qui. cla. de me et her. m. Deo et Eccl. b. G. de S. et mon. ibidem Deo servientibus, unam acram terræ jacentem in Frostriding', sicut jacet ibidem in long. et lat. cum omn. pert. s. Ego vero præd. Alicia totam præd. acram terræ cum pert. in omnibus, sicut præd. est, præd. religiosis contra omn. hom. et fem. war. adq. et def. inperp. In c. r. t. præs. scr. sig. m. apposui. H. t., Roberto Camerario, etc.

Brayton.

CCCXXXV.

CARTA RADULFI DE RUHALE.

f. 76.
xlvij.

Omn. Christi fidelibus præs. scr. vis. vel aud. Radulfus de Ruhale, salutem. Noverit universitas vestra quod conc., dedi, et h. m. c. conf. Deo et Eccl. S. G. de S., et mon. ibidem Deo servientibus, terciam partem Eccl. de Braiton' cum omn. pert. s. pro sa. an. m. et uxoris m. et parentum m., in pur. et perp. el. Et ut hæc concessio et donacio mea rata et firma permaneat, illam testimonio sigilli mei corroboravi. H. t., Johanne de Birkin, Ada de Bella Aqua.

CCCXXXVI.

CARTA RADULFI DE RUHALE.

xlviij.

Omn. Christi fidelibus præs. scr. vis. vel aud., Radulfus de Ruhale, salutem. Noverit universitas vestra quod conc., dedi, et h. m. c. conf. Deo et Eccl. S. G. de S. et mon. ibidem Deo servientibus, totam jus patronatus quod ego et prædecessores m. habuimus in tercia parte Eccl. de Braiton'. Et ut ista concessio et donacio rata et firma permaneat, illam sigillo m. corroboravi. H. t., Johanne de Byrkyn, Ada de Bella Aqua, Hilardo de Heck, etc.

CCCXXXVII.

CARTA HENRICI DE VERNOIL, MILITIS.

xlix.

Sc. præs. et fut. quod ego Henricus de Vernoil, miles, pro sa. an. m. et patris et matris et antec. et succes. m., remitto, dono, et concedo, et de me et her. m. imperp. qui. cla. Deo et Eccl. S. G. de S. et mon. ibidem Deo servientibus, totum jus et cla. quod habui vel habere potui aut debui in advocacione Eccl. de Brayton' cum pert., nichil michi seu meis juris vel libertatis inde retinendo, in li. pur. et perp. el., imperp.; ten. et hab. eisdem mon. et eorum succes., li. qui. pacifice et integre, cum omn. suis pert., inperp. Et ne ego vel her. m. vel aliquis ex parte nostra contra præd. remissionem, donacionem, concessionem, et qui. cla. in posterum venire possimus, huic præs. scr. sig. m. apposui. H. t., domino Milone Basset, etc.

CCCXXXVIII.

CARTA HENRICI DE VERNOIL, MILITIS.

l.
c. A.D.
1262.

Sc. omn. tam præs. quam fut. quod ego Henricus de Vernoil, miles, mera et spontanea voluntate mea, recepi a Thoma Abb.

Brayton. de Seleby et ejusdem loci Conv. saysinam centum solidatarum terræ cum uno mes. et uno gardino cum pert. in Pouelington' et Baln' quam michi facere debebat, secundum convencionem et inrotulacionem in curia illustris Regis Angliæ Henrici fil. Regis Johannis inter nos factam pro remissione et qui. clamancia advocacionis Eccl. de Brayton', unde confiteor me esse bene contentum et pacatum de præd. centum solidatis terræ et de mes. cum gardino per eundem Abb. michi assignatis, et de extencione, appreciacione, et valore præd. tenementi imperp. Et ne ego vel her. m. contra istam extencionem et apprecia- cionem prædicti tenementi in posterum venire possimus, nec aliam extencionem cum brevi vel sine brevi ab eodem Abb. petere vel habere, præs. literas sig. m. munitas præd. Abb. tradidi in omnium præmissorum testimonium. H. t., domino Milone Basset, etc.

CCCXXXIX.

CYROGRAFFUM DE ADVOCACIONE ECCLESIÆ DE BRAITON'.

li.
A.D.
1262.

Hoc cyrographum testatur quod anno Domini m cc sexagesimo secundo, regno autem domini Regis Henrici filii Regis Johannis quadragesimo septimo, convenit inter Thomam Abb. de Seleby querentem, et Henricum de Vernoil inpedientem, de advocacione Eccl. de Braiton in Com. Ebor. existentis, unde placitum fuit inter eos in curia domini Regis, scil. quod præd. Henricus recognovit præd. advocacionem ejusdem Eccl. cum omn. pert. esse jus Abbatis ipsius Eccl. suæ de Seleby, et pertinere ad antiquum dominium domini Regis quod præd. Abbas tenet in eadem villa de Braiton', et illam remisit et qui. cla. de se et her. s. præd. Abbati et success. s. et Eccl. suæ de Seleby imperp. Et pro hac recognicione, remissione, qui. cla., fine et concordia, idem Abbas dedit et concessit eidem Henrico pro homagio et servicio, unum mes. cum gardino, et centum solidatas terræ cum pert. in villa de Pollington' in Balne jacentes in locis subscriptis, scil. capitale mes. ipsius Abbatis cum gardino et cum toto clauso bosci et terræ arrabilis quod vocatur Wyteker in Ramesholm, cum omn. pert., sicut fossatis undique includitur ; et duas acras terræ in le Snaything et Swainescroft, sicut fossatis includitur ; et duas acras terræ in Vttingcroft ; et totam terram Ricardi Proudefot cum mes. in long. et lat., quam de

f. 76v. præd. Abbate tenuit in eadem villa ; et totam terram Adæ del Busk' cum mes. in long. et lat. quam de præd. Abbate tenuit in eadem villa ; hab. et ten. eidem Henrico et her. s. de præd. Abbate et succes. s. imperp., reddendo inde

Brayton. per an. unum denarium ad Pasca pro omni serv., secta curiæ, cons. et exacc. Et præd. Abbas et success. sui war. adq. et def. eidem Henrico et her. s. præd. tenementum cum pert. per præd. serv. contra omn. hom. inperp. Et, præterea, idem Abbas dedit præd. Henrico centum marcas argenti. Ut hæc autem convencio perpetuum robur optineat firmitatis, præd. Henricus pro se et her. s. parti hujus scripti cyrograffati penes præd. Abbatem existenti sigillum suum apposuit, et alteri parti penes dictum Henricum commoranti præd. Abbas sigillum suum apposuit. H. t., Milone Basset, milite, Willelmo de Polington', Henrico de Heck', etc.

CCCXL.
CARTA WILLELMI DE LASCELES.

lij.
c. A.D.
1270.

Omn. Christi fidelibus ad quos præs. lit. pervenerint, Willelmus de Lasceles', sa. in Domino. Noveritis me d. c. et qui. cla. religiosis viris dominis Abbati et Conv. de S. totum jus et cla. quod habui vel habere potui aliquo modo hac vice in advocacione Eccl. de Braiton'; ita quod dominus Johannes de Kyrkeby, clericus domini Regis, qui. ad præd. Eccl. ab eisdem Abb. et Conv. præsentatus est[1], eam optineat pacifice sine contradiccione mei vel meorum ; ita eciam quod si in reversione præd. domini Abbatis et mea ad partes Ebor', idem Abbas ostendere possit aliquod munimentum vel scripturam per quod seu per quam prædicta advocacio in toto vel in parte ad ipsum Abb. et Conv. suum pertinere debeat, in nullo michi tenebitur. Sin autem pro jure meo sibi et domui suæ de Seleby inde imperp. appropriando adeo curaliter me respiciet quod pecatum inde non habebit. Pro hac autem donacione, concessione, qui. cla. condicione et convencione dedit michi dictus Abbas viginti solidos præ manibus. In c. r. t. præs. lit. sig. m. apposui. H. t., Magistro Adam (sic) de Chelford, domino Ricardo de Friston, etc.

CCCXLI.
CARTA WALTERI DE AULA.

liij.

Sc. omn. tam præs. quam fut. quod ego Walterus de Aula de Seleby, consensu et assensu Agnetis uxoris meæ, d. c. et h. p. c. m. conf. Willelmo fil. Willelmi de Brayton' et her. s. vel ejus assignatis, unum toftum in villa de Brayton quod jacet inter terram Ricardi de Athelingflete et terram quæ fuit Milonis Basset ; ten. et hab. li. qui. et ‘honorifice, reddendo inde annuatim michi et her. m. octodecim denarios pro omni servicio,

[1] See Kirkby's Inquest, Pref. xi—xiii, where, however, this preferment is not mentioned.

Brayton. medietatem ad Pentecosten et med. ad festum S. Martini in hyeme. Ego vero Walterus et her. m. præd. toftum plenarie prænominato W. et her. s. vel cuicunque assignare voluerit contra omnes homines imperp. war. H. t., Willelmo Edwardi, etc.

CCCXLII.

CARTA JOHANNIS FILII FACHE.

liiij. Sc. omn. præs. et fut. quod ego Johannes fil. Fache d. c. et h. p. c. m. conf. Waltero de Aula et her. s., vel cuicunque assignare voluerit, pro homagio et serv. suo, unam acram terræ et dimidiam in territorio de Brayton', viz. quæ jacet juxta terram quam Radulfus fil. Thomæ de Thorp' dedit præd. Waltero; ten. et hab. sibi et her. s. vel ipsius assignatis, li. qui. integre, et solute ab omni servicio. Ego vero Johannes et heredes mei præd. terram præd. Waltero vel cuicunque eam assignare voluerit contra omn. hom. imperp. war. H. t., Radulfo de Gaiteford', etc.

CCCXLIII.

CARTA WALTERI DE AULA.

lv. Sc. præs. et fut. quod ego Walterus de Aula d. c. et h. p. c. m. conf. Willelmo de Lichefeld, totum essartum meum cum pert. quod vocatur Stocking', viz. quod jacet inter terram meam de Langelegh' et viam quæ se extendit juxta parcum personæ de Brayton' versus Berlegh'; hab. et ten. eidem Willelmo et assignatis s. et eorum her. in feudo et hereditate, libere, integre, quiete, et pacifice de me et her. m. imperp., reddendo inde annuatim michi et her. m. vj denarios ad duos terminos anni, viz. ad Pentecosten iiij denarios, et ad festum S. Martini in yeme iijᵈ, pro omni serv. demanda et. exacc. seculari ad me vel ad her. m. pertinente. Et ego Walterus et her. m. totum præd. essartum cum pertinenciis præfato W. et assignatis s. et eorum her. per præd. serv. contra omn. hom. war. adq. et imperp. def. Et ut hæc mea concessio et donacio rata et stabilis imperp. permaneat, præs. scr. sig. m. apposui. H. t., Thoma de Bella Aqua.

CCCXLIV.

CARTA DAUID DE AULA DE SELEBY.

lvj. Omn. Christi fidelibus ad quos præs. scr. pervenerit, Dauid de Aula de Seleby, sa. in Domino. Noverit universitas vestra me d. c. et h. p. c. m. conf. Deo et Eccl. b. G. de S. et mon.

Brayton. ibidem Deo servientibus et eorundem succes., et specialiter capellæ Scæ. Mariæ de Steyner', in pur. et perp. el., vj seliones terræ arrabilis in territorio de Braiton', jacentes in campo qui vocatur Langelay, juxta terram quæ fuit aliquando Christianæ de Bugeton' et terram Eliæ de Meus,[1] sicut se extendit in long. et lat. ; ten. et hab. dictis religiosis et eorundem succes. in pur. lib. et perp. el. imperp. ; nichil michi vel her. m. juris vel lib. in præs. vel in futuro inde retinendo. Et ego Dauid et her. m. dictis religiosis et eorum succes. dictum tenementum, sicut præd. est, contra omn. gentes war. adq. et def. inperp. Et ut hæc mea donacio, concessio, et qui. cla. rata sit et stabilis imperp., præs. scr. sig. m. apposui. H. t., Roberto le Chaumberlayn, etc.

CCCXLV.

CARTA AGNETIS UXORIS QUONDAM JOHANNIS ORRE DE BRAYTON'.

lvij. Omnibus hoc scr. vis. vel aud., Agnes quondam uxor Johannis Orre de Braiton', sa. in Domino. Noverit universitas vestra me in ligia et pura viduitate mea remisisse, conc., et de me et her. m. imperp. qui. cla. Deo et Eccl. S. G. de S. et mon. ibidem Deo servientibus, unum toftum cum crofto in villa et territorio de Gaiteford', et cum omn. terris et ten. quæcunque magister Radulfus Medicus de Gaiteford et Johannes pater meus tenuerunt in præd. villa et in territorio ejusdem, cum omn. homagiis et serviciis, wardis, releviis et eschaetis, pratis, pasturis, et omn. rebus inde aliquo modo provenientibus, inperp., salvis michi et her. m. iij acris terræ quas ad præsens teneo in dominico meo in territorio de Gaiteford' ; ten. et hab. sibi et succes. s. li. qui. bene et integre imperp. Et ne ego et her. m. contra istam remissionem et concessionem et qui. cla. venire possimus in posterum, præs. scr. sig. m. apposui. H. t., Ricardo Hund de Seleby, Henrico fil. Walteri de Nova Terra, etc.

CCCXLVI.

CARTA HUGONIS FILII ROBERTI DE THORP'.

lviij. Sc. præs. et fut. quod ego Hugo fil. Roberti de Thorp'
c. A.D. d. c. et h. p. c. m. conf. Willelmo de Hamelton',[2] clerico, xij
1265-1307. seliones terræ arrabilis in territorio de Braiton', jacentes in Langeley in parte occidentali juxta terram Roberti Tinctoris, sicut metæ undique se extendunt ; ten. et hab. dicto Willelmo

---

[1] Or Mens ?
[2] On this distinguished statesman and ecclesiastic, see Walbran's *Mem. of Fountains*, I, 188*n*.

o

Brayton. et her. s. vel assignatis, de me et her. vel assignatis m., li. qui. pacifice, integre, in feodo et hereditate, cum omn. libertatibus [et] aysiam. dictæ terræ pertinentibus, reddendo inde annuatim michi et her. vel assignatis m. unum quadrantem ad Pentecosten pro omnibus serviciis secularibus, sectis curiæ, cons. exacc. et demandis. Et ego dictus Hugo et her. m. vel assignati totam præd. terram cum omn. pert. s. sicut prædictum est, prædicto Willelmo et her. vel assignatis s. vel cuicunque dare, vendere, legare, vel assignare voluerit, et her. eorum, per præd. servicium, contra omn. gentes war. adq. et def. inperp. Et, ut hæc mea donacio, concessio, et præs. c. m. confirmacio rata et stabilis permaneat imperp., huic cartæ sig. m. apposui. H. t., Johanne de Birkin, Johanne Camerario de Seleby, etc.

CCCXLVII.

CARTA HENRICI NEPOTIS WILLELMI DECANI DE REDBURNE.

lix.   Sc. præs. et fut. quod ego Henricus, nepos Willelmi Decani de[1] Redburne d. c. et h. p. c. m. conf. et qui. cla. Roberto fratri meo et her. s., unam bovatam terræ cum pert. s. in villa de Brayton', et unum toftum quod Margareta uxor Willelmi clerici[2] . . . cum pert. s. sicuti carta testatur quam prædictus Decanus habuit de Roberto de Stiueton'; ten. et hab. de Ricardo de Mar et her. s., li. qui. pacifice et honorifice, in bosco, in plano, in viis, in semitis, moris, mariscis, pascuis, et turbariis, et cum omn. lib. et aisiam. præd. terræ pert. infra et extra villam de Braiton', pro iij sterling' solidis annuatim f. 77v. persolvendis eidem Ricardo de Mar et her. s., medietatem scil. ad Pentecosten et medietatem ad festum S. Martini in hieme, pro omni. serv. exacc. et demanda, salvo forinseco. Et, ut hæc mea concessio et qui. cla. inconcussa maneat in æternum, huic scr. sig. m. apposui in testimonium sempiternum. H. t., Willelmo Foliot, etc.

CCCXLVIII.

CARTA RADULFI FILII THOMÆ DE THORP'.

lx.   Sc. omn. præs. et fut. quod ego Radulfus fil. Thomæ de Thorp' d. c. et h. p. c. m. conf. Waltero de Aula et her. s. vel cui assignaverit, duas acras terræ et dimidiam in territorio de Braiton', viz. quæ jacent inter viam quæ ducit ad Berlay et terram Milonis Basset ; ten. et hab. sibi et her. s. vel ipsius assignatis pro homagio et servicio suo, de me et her. m., li. qui. integre et

---

[1] Merely resident, not "of."   [2] Something omitted in the MS.

Brayton. solute ab omni servicio. Ego vero Radulfus et her. m. præd. terram præd. Waltero vel cui eam voluerit assignare contra omn. hom. imperp. warantizabimus. Pro hac autem donacione et confirmacione præd. Walterus dedit michi dimidiam marcam præ manibus. H. t., Roberto de Willegby, etc.

CCCXLIX.

CARTA ROBERTI CURTENAY.

ixj. Sc. præs. et fut. quod ego Robertus Curtenay d. c. et h. p. c. m. conf. Hugoni filio meo totam medietatem tofti mei cum pert. in Brayton', scil. quæ jacet versus solem sicut metæ condonant, et totam medietatem tocius terræ meæ cum omn. pert. quam tenui in eadem villa, tam in essartis quam in Langeley, scil. illam quæ jacet versus solem sicut undique dividitur per seliones ; ten. et hab. de me et her. m. sibi et her. s. vel cuicunque et quo tempore dare vel assignare voluerit, li. qui. integre et pacifice inperp. cum omn. lib. et aisiam. præd. terræ pert. infra villam et extra ; reddendo inde annuatim michi et her. m. xij^d et unam dimidiam libram piperis, scil. iij^d ad Nativitatem B. Mariæ, et ad festum S. Martini in hieme iiij^d et ob., et ad Pentecosten iiij^d et ob., et ad festum S. Margaretæ unam dimidiam libram piperis, pro omni serv. sec. et demanda. Et ego Robertus et her. m. præd. medietatem tofti et præd. terram cum omnibus pert. s. præd. Hugoni et her. vel assignatis s. pro præd. serv. contra omn. hom. war. adq. et def. imperp. In h. r. t. præs. scr. si. m. apposui. H. t., Hugone de Lascy, etc.

CCCL.

CARTA WILLELMI DE REDBURNE.

lxij. Sc. præs. et fut., quod ego Willelmus de Redburn d. et h. p. c. conf. Henrico nepoti meo et her. s., vel cui assignare voluerit, pro homagio et serv. suo, unam bovatam terræ in Brayton' quam Willelmus Clericus tenuit de me, cum tofto quem feci Willelmo de tofto meo, cum omn. pert. et lib. s. infra villam et extra ; ten. et hab. li. qui. sibi et her. s. vel cuicunque assignare voluerit, reddendo annuatim hered. Roberti de Thorp' fil. Maugeri de Stiueton' iij solidos, medietatem ad Pentecosten et aliam med. ad festum S. Martini. H. t., domino Ricardo de Alic', etc.

CCCLI.

CARTA ROBERTI DE STIUETON'.

Sc. præs. et fut. quod ego Robertus de Stiueton' d. c. et h. p. c. m. conf. Ricardo de Langethwait et her. s. vel ejus assignatis, pro homagio et serv. suo, octo solidos redditus et vj^d et obolum in villa de Braiton', cum omn. pert. suis, viz., de una bovata terræ quam Willelmus Clericus tenuit, iij^s, medietatem ad Pentecosten et med. ad festum S. Martini, et duos denarios de eadem ad eosdem terminos; et de una bovata terræ quam Johannes fil. Nicholai tenuit, iij^d ad Natale Domini; et de terra quam Ricardus de Crull' de me tenuit, x^d, med. ad Pentecosten et med. ad festum S. Martini; et de terra quam Simon fil. Moisi et Sigerithia tenuerunt iij^s, med. ad Pentecosten et med. ad festum S. Martini; et de una acra terræ et una roda quas Nicholaus Tannàtor tenuit, duos denarios et obolum per annum; et de terra quam Haine de me tenuit, xij^d per an.; reddendo inde annuatim michi et her. m. xx^{ti} et vj denarios pro omni serv. et exacc., med. scil. ad Pentecosten et med. ad festum S. Martini. Ego vero R. totum jus et clamium quod habui vel habere potui aut debui in omn. præd. terris, præd. Ricardo et her. s. vel ejus assignatis de me et her. m. dedi et qui. cla. Ego vero R. et heredes mei præd. redditum et totam præd. terram cum omn. pert. s. et libertatibus infra villam et extra præd. Ricardo et her. s. vel ejus assignatis contra omn. hom. inperp. war. H. t., Henrico de Berlay, etc.

CCCLII.

CARTA JOHANNIS FILII JOHANNIS KING' DE BRAYTON'.

Omnibus Christi fid. ad quos præs. scr. pervenerit, Johannes fil. Johannis Cing' de Brayton, sa. in Domino. Noveritis me concessisse et qui. cla. pro me et her. m. vel meis assignatis Hendrico Cing' de Brayton' avunculo meo et her. s. vel s. assignatis, totum jus et cla. quod habeo vel habere potero in tota terra quam Johannis Cing' pater meus quondam tenuit et habuit vel habere potuit in villa de Brayton' et in villa de Seleby et extra, cum omn. redditibus, firmis, wardis, releviis, escaetis, et cum omn. aliis libertatibus dictæ terræ pertinentibus; ita quod ego dictus Johannes nec her. m. neque assignati m. neque aliquis per nos aliquod jus vel clamium in dicta terra, nec in redditibus, firmis, wardis, releviis, escaetis, nec in aliis libertatibus dictæ terræ pertinentibus, sicut præd. est, de cetero exigemus vel exigere poterimus. In hujus rei test. præs. scr. sig. m. apposui. H. t., Hugone de Mar, etc.

Brayton.

CCCLIII.

CARTA WILLELMI DE LICHEFELD.[1]

f. 78. Sc. præs. et fut. quod ego Willelmus de Lichefeld' c. d. et
lxiiij^a. h. p. c. m. conf. Roberto Coco, totum illud essartum quod fuit
quondam Willelmi Frost de Braiton' et quod jacet in territorio
de Braiton' versus Seleby inter essartum quondam Roberti
Gouke et venellam quæ se extendit versus Todhill'; ten. et hab.
sibi et her. s. vel assignatis s. et eorum heredibus, li. qui. hon.
bene et in pace imperp., cum omn. pert. s. et libertatibus tantæ
terræ pertinentibus; reddendo inde annuatim altari B. Mariæ
in Eccl. conventuali de Seleby vj denarios, scil. tres denarios ad
festum S. Martini in yeme et iij^d ad Pentecosten, et michi et
succes. meis in Eccl. de Braiton' unum denarium ad festum
Natalis Domini, et Agildæ filiæ Willelmi Frost de Braiton'
et her. s. unum obolum ad festum Natalis Domini, pro omni
serv. et exacc. sæc. et demanda. In h. r. t. huic præs. scr. si.
m. apposui. H. t., Hugone de Lascy, etc.[2]

CCCLIV.

CARTA LÆTICIÆ QUONDAM UXORIS SIMON DE COWHUD.

lxiiijb. Universis Christi fid. ad quod præs. lit. pervenerint, Læticia
A.D. 1316. quæ fuit uxor Simonis de Cowhud de Brayton', sa. in Domino.
Noveritis me remisisse et omnino de me et her. m. qui. cla.
dominis meis Dominis Abb. de S. et ejusdem loci conventui,
totum jus et cla. quod habui vel aliquo modo habere potui
in quodam bosco de Brayton' qui vocatur le Bergh'; ita quod
nec ego nec her. m. nec aliquis nomine nostro de cetero in præd.
bosco aliquod juris vel clamii racione succidendi vel comunicandi
seu quovis alio modo exigere vel vendicare poterimus in futurum,
sed per præs. lit. simus exclusi ab omni accione inperp. In
c. r. t. præs. lit. qui. clamacionis sig. m. apposui. H. t.,
Ricardo Berlay, milite, Waltero Basset, Johanne filio Adæ
de Byrn, Willelmo de Rikhal de Brayton', Willelmo Edward
May 18. de eadem, et aliis. Dat. apud Seleby, die Mercurii in festo
Sci. Dunstani Episcopi, anno regno Regis E. filii Regis E.
nono.

---

[1] This and the four following charters are entered in various hands on the
recto of fo. 78, and not numbered in the MS.

[2] Here the original writing and numbering cease, to reappear on fo. 100
of MS.

Brayton.

CCCLV.

(CARTA ADÆ FILII RICARDI DE HAMELTON'.)

lxiiijc.　Omnibus Christi fid. ad quos præs. lit. pervenerint, Adam fil.
A.D. 1316. Ricardi de Hamelton de Brayton', sa. Noveritis me remisisse
et omnino de me et her. m. qui. cla. dominis meis dominis
Abb. de S. et ejusdem loci conv., totum jus et cla. quod habui
vel aliquo modo habere potui in quodam bosco de Brayton' qui
vocatur le Bergh'; ita quod nec ego nec her. m. nec aliquis
nomine nostro de cetero in præd. bosco aliquis (sic) juris vel cla.
racione succidendi vel comunicandi seu quovis alio modo
exigere vel vendicare poterimus in futurum, sed per præs. lit.
simus exclusi ab omni accione inperpetuum. In c. r. t. præs.
lit. qui. clamacionis sig. m. apposui. H. t., Waltero Basset,
Willelmo de Rykale, Willelmo Edward, Thoma Orre, Roberto
Feb. 1. Etlaf', et aliis. Dat. apud Seleby, die Lunæ prox. ante festum
Purificacionis B. M. V., anno Domini m° ccc^mo sextodecimo.

CCCLVI.

(CARTA WILLELMI FILII ROBERTI DE BRAYTON'.)

lxiiijd.　Universis Christi fid. ad quorum noticiam hoc scr. pervenerit,
A.D. 1316. Willelmus fil. Roberti de Brayton, sa. in Domino. Noveritis,
etc., as in No. lxiiijc. H. t., Waltero Basset, Willelmo de
Rykale, Willelmo Edward, Thoma Orre de Brayton', Roberto
Etlaf' de Seleby, clerico, et aliis. Dat., etc., as above.

CCCLVII.

PARTICULÆ DOMINI ABBATIS DE SELEBY IN BRAYTONBERGH'.

lxiiije.　Mem. quod Abb. et Conv. de S. habent comunam in hoga[1] de
A.D. 1357. Brayton' pro xxxiij bovatis di. viz. comunam pro xvj bovatis
perquisitam quondam de antec. domini Willelmi Basset,[2]
et pro una bovata del Kirkland, et altera bovata vocata
Stranngeland', et pro quindecim bovatis in manibus
tenencium suorum de Brayton', unde Henricus Kemp' tenet
duas bovatas, Robertus de Gonvill' ij bovatas, Johannes
fil. Emmæ ij bovatas, Thomas del Hill' unam bovatam,
Laurencius Cocus unam bovatam, Johannes Marschall' ij
bovatas, Johannes filius Simonis Shephird' unam bovatam,
Johannes Laysing' unam bovatam, Johannes fil. Petri ij
bovatas, Adam del Castell' unam bovatam. Item alii participes

---

[1] In these charters, hoga appears to be synonymous with boscus; Anglice,
hag, as below, in Hamelton xj.
[2] Added in cropped margin to be inserted after "Basset," "und . . .
pro ij . . . de t . . . w . . . ."

Brayton. de Braiton' habent comunam in dicta hoga pro xxij bovatis di., unde dominus Thomas de Brayton v bovatas di., Prior de Drax iij bovatas, Robertus de Braiton' ij bovatas, Willelmus de Rikhall' ij bovatas, Johannes de Siweston' ij bovatas, Johannes Orre unam bovatam, Robertus de Gatesford j bovatam, et heredes domini Willelmi Basset quinque bovatas tenent, quæ quidem particulæ per diligentem examinacionem inquisitæ fuerunt et scriptæ in anno Domini m° ccc^{mo} lvij^{mo}.

Summa omnium bovatarum lvj.

Unde domino Abbati xxxiij bovatæ di.

CCCLVIII.

(CARTA DOMINI JOHANNIS DE VENELLA.)[1]

f. 100. Sc. præs. et fut. quod ego dominus Johannes de Venella de
lxv.   Gayteford d. c. et h. p. c. m. conf. Johanni filio Nicholai de Hemyngburg', clerico, unam acram terræ jacentem in feodo de Brayton, sc. in Langelay, inter terram domini Abbatis ex una parte et terram Martini filii Thurstani ex altera, et se extendit a terra Willelmi Totty usque ad teNram Walteri Basset de Braiton'; quam quidem terram habeo ex dono Adæ de Wytelay de Burton; tenend. et habend. prædictam acram terræ cum omn. s. pertin. lib. et aisiam. comunibus suis, viis, semitis et pasturis de domino feodi, li. qui. et pacifice, prædicto Johanni et her. s. vel s. assign.; reddendo inde annuatim domino feodi iiij^d tantum; viz. medietatem ad Pentecosten et aliam medietatem ad festum S. Martini in hieme pro omni serv. consuet. exacc. et demanda. Et ego prædictus dominus Johannes et her. m. vel assign. m. prædictam acram terræ cum pertin., ut prædictum est, prædicto Johanni et her. s. vel assign. s. contra omnes homines war. adq. imperp. et def. In c. r. test. h. p. scr. sig. m. apposui. H. t., Willelmo Gily.

CCCLIX.

(CARTA JOHANNIS FILII NICHOLAI DE HEMMYNGBURG.)

xvj.   Sciant præs. et fut. quod ego Johannes fil. Nicholai de Hemmyngburg', clericus, d. c., et h. p. c. m. conf. Deo et Eccl. S. G. de. S. et mon. ibidem Deo servientibus, et maxime ad opus eccl. suæ, j acram terræ cum pertin. in feodo de Braiton, in li. pur. et perp. el., jacentem in Langelay, inter terram domini Abb. de S. eX una parte, et terram Martini fil. Thurstani ex

---

[1] The Brayton charters are continued in the original writing and numbering on fo. 100, after those of Chelleslowe. See p. 229, *nn*.

Brayton. altera ; et se extendit a terra Willelmi Totty usque ad terram
Walteri Basset de Braiton ; tenend. et habend. de me et her. m.,
li. qui. integre et pacifice, cum omn. lib. et aisiam. præd. terræ
pertinentibus ; reddendo Coquinæ Abbatiæ de S. iiij^d, viz. ad
Pentecosten, et ad festum S. Martini in hieme per æquales
porciones, pro omni serv. seculari, exacc., et demanda.   Et ego
prædictus Johannes et her. m. prædictam terram cum pert.,
prædictis monachis et eorum success. contra omnes homines
war. acq. et def. inperp.   In c. r. t. sig. m. præs. c. est
appensum.   H. t., Johanne de Hangburg', etc.

CCCLX.
(CARTA RICARDI FILII JOHANNIS HENDELAYE.)

lxvij.   Sc. omn. præs. et fut. quod ego Ricardus fil. Johannis
Hendelaye de Seleby d. c. et h. p. c. m. sigillo meo roborata
confirmavi Willelmo Sparwe et her. s. vel suis assign., j acram
terræ jacentem in territorio de Brayton versus Todhill, inter
essartum quod vocatur Cleypitridding et terram Walteri
Foysting, et unum capud abbuttat super Todhilmore, et aliud
capud super Aumenerridding[1] ; tenend. et habend. de me et
her. m. sibi et her. s. vel suis assign. li. qui. bene et in pace,
cum omn. lib. et aisiam. ad dictam acram terræ pertinentibus ;
reddendo inde annuatim firmario de Seleby ij^d ad ij anni
terminos ; viz. medietatem ad Pentecosten, et medietatem ad
festum Sci. Martini in hieme, et mihi et her. m. j granum
piperis ad Natale Domini pro omnibus serv. exacc. et dem.
terrenis.   Ego autem Ricardus et her. m. dictam acram terræ
cum omn. pertin. dicto Willelmo et her. s. vel suis assign.
contra omn. homines imperp. war. adq. et def.   H. t., etc.

CCCLXI.
(CARTA WILLELMI SPARWE.)

xviij.   Sc. præs. et fut. quod ego Willelmus Sparwe de Seleby
d. c. et h. p. c. m. conf. Deo et Eccl. S. G. de S. et mon.
ibidem Deo servientibus, ad opus ecclesiæ suæ, unam acram
terræ cum pertin. in feodo de Braiton, in li. pur. et perp. el.,
jacentem inter terram Roberti del Hill de Brayton ex parte
occidentali et terram Henrici Ichegamen ex parte orientali,
et abbuttat ad unum capud ad essartum Elemos', et aliud
capud super moram de Braiton ; ten. et hab. de me et her. m.
sibi et her. s. li. qui. integre et pacifice, cum omn. lib. et
aisiam. prædictæ terræ pertinentibus ; reddendo inde annuatim

---

[1] For "Aumenerorchard" and "Cellerarorchard" see *Feodarium Pr.
Dunelm.* (Surt. Soc.) 192 *n.*

Brayton. firmario de Seleby ijᵈ, viz. ad Pentecosten et ad festum S.
Martini in hieme per æquales porciones, pro omni serv. seculari,
exacc. et demanda. Et ego prædictus Willelmus et her. m.
præd. terram cum omn. s. pertin. præd. mon. et eorum success.
contra omn. homines war. adqu. et def. inperp.   In c. r. test.
sig. m. præs. cartæ est appensum.   H. t., Johanne de
Hangburg', etc.

CCCLXII.

(CARTA JOHANNIS FILII JOHANNIS TANNATORIS.)

lxix.   Omn. Chr. fid. ad quos præs. scr. pervenerit, Johannes fil.
Johannis Tannatoris de Seleby, sa. in Domino.   Noveritis me
teneri et heredes meos imperp. in solucione iijˢ annuatim
solvendorum Abbati et Conv. de S., sc. cantariæ eorum, pro
quodam essarto quod jacet in feodo de Braiton ; ita quod
licebit eis distringere me et her. m. et catalla nostra mobilia
et in mobilia ubicunque fuerint inventa, in feodo ipsius Abbatis
et Conv., ad solucionem præd. iijˢ faciendam, si ad aliquem
terminum in ipsa solucione defecerimus.   In c. r. t. scripto
præsenti sig. m. apposui.   H. t., Waltero de Aula, Johanne
Juuene, etc.

CCCLXIII.

(CARTA MARGARETÆ FILIÆ WALTERI DE AULA.)

lxx.
c. A.D.
1246.
    Sc. præs. et fut., quod ego Margareta, filia Walteri de Aula
de Seleby, conc. dedi et h. p. c. m. conf. sig. m. impressa,
magistro Willelmo de Lichefeud et her. s. vel s. assign. et her.
eorum, totum illud essartum quod habui de dono præd. Walteri
patris mei, quod jacet in Langeley inter terram Henrici Juuenis
ex parte occidentali, et terram Roberti le Curtenay ex parte
orientali ; tenend. et habend. eidem Willelmo et her. s. vel s.
assign. et eorum heredibus, de me et her. m. jure hereditario,
li. et qui. cum omn. pertin. s. et aisiam. ad dictum assartum
pertinentibus ; reddendo inde annuatim mihi et her. m. unum
par cyrotecarum vel unum obolum ad festum S. Martini in
hyeme, et Sacristæ de Seleby, xijᵈ annuatim, viz., vjᵈ ad
f. 100v. Pentecosten, et vjᵈ ad festum S. Martini in hyeme tantum, pro
omni consuet. secul. exacc. secta curiæ et demanda.   Et ego
Margareta et her. m. prædictum essartum cum omnibus pertin.
s. præfato Willelmo et her. vel assign. s. et eorum her. per
præd. servicium contra omnes homines et ab omnimodis
demandis, sectis, et serviciis war. adq. et def. imperp. H. t.,
etc.

Brayton.

CCCLXIV.

(CARTA WILLELMI DE LYCHEFELD'.)

lxxj.
c. A.D.
1246.

Sc. præs. et fut. quod ego Willelmus de Lychefeld' dedi et qui. cla. Abbati et Conv. de S., totum jus et clamium quod habui vel habere potui nomine Walteri de Aula de Seleby, in essarto quod de dono ipsius habui in Braiton quod vocatur Stockyng', et se extendit in longitudine juxta viam ex parte orientali parci personæ de Brayton, et ex parte occidentali essarti David filii dicti Walteri ; ita quod nec ego nec aliqui meorum aliquid juris vel clamii nomine dicti Walteri in prædicto essarto de cætero poterimus vendicare ; ita quod omnia instrumenta dictis Abb. et Conv. ante istam donacionem per me facta viribus et effectu careant imperp. In c. r. test. præs. c. sig. m. apposui. H. t., etc.

CCCLXV.

(CARTA MAGISTRI WILLELMI DE LYCHEFELD'.)

lxxij.
c. A.D.
1246.

Omnibus hominibus hoc præs. scr. visuris vel audituris, magister Willelmus de Lycheffeld', rector ecclesiæ de Braiton, sa. in Domino. Noverit universitas vestra me concessisse, remis. et qui. cla. pro me et assign. m., Deo et Eccl. S. G. de S. et mon. ib. Deo servientibus, totum jus et clamium quod habui vel habere potui in uno essarto quod vocatur Stockyng', quod habui de dono Walteri de Aula, cum omn. pertin., et jacet inter terram Walteri de Aula de Langelegh, et viam quæ se extendit juxta parcum personæ de Braiton versus Berlegh ; hab. et ten. eidem eccl. et præfatis monachis imperp. li. qui. bene et in pace, sine aliqua contradicione vel impedimento mei vel assign. m. seu heredum eorundem assignatorum. In c. r. t. præs. scr. sig. m. apposui. H. t., Thoma de Bella Aqua, Ricardo de Berley, etc.

CCCLXVI.

(CARTA WILLELMI QUONDAM SERVIENTIS WILLELMI DE LICHEFEUD.)

lxxiij.

Omn. Chr. fid. h. scr. vis. vel aud. Willelmus, quondam serviens Willelmi de Lichefeud personæ de Brayton, sa. in Domino. Noveritis me relaxasse, concessisse qui. cla. et h. p. c. m. sig. m. roborata confirmasse imperp., de me et her. m., Deo et S. G. de S. et mon. ibidem Deo servientibus, in pur. et perp. el., pro anima mea et pro anima præd. Willelmi, et pro animabus antecess. et success. m., totum jus

Brayton. et clamium quod habui vel habere debui in quodam assarto cum pertin. quod habui de dono prædicti Willelmi, et fuit quondam Walteri de Aula, et jacet apud Wytecrosse, in territorio de Brayton. Ita vero hoc quietum clamavi quod de cætero nunquam ego nec her. m. sive per aliquem her. m. clamium inde neque jus vendicare nec exigere poterimus. Et ad majorem hujus rei securitatem, instrumenta quæ inde habui, prædictis monachis cum hac quieta clamacione tradidi in warentum imperp. H. t., Thoma Capellano de Braiton, etc.

CCCLXVII.

(CARTA WILLELMI SERVIENTIS DE BRAITON'.)

lxxiiij. Omn. Chr. fid. h. scr. vis. vel aud., Willelmus serviens de Braiton', sa. in Christo. Noveritis me ded. conc. et h. p. c. m. sig. m. roborata conf. imperp. de me et omnibus meis, Deo et S. G. de S. et mon. ibidem Deo servientibus, in pur. et perp. el. pro anima mea et anima domini Willelmi de Lychefeud, pro animabus antecess. et success. m., totum jus et clamium quod habui vel habere debui in quodam essarto quod habui de dono præd. Willelmi, et fuit dudum Walteri de Aula de Seleby, et jacet in Langeley in feodo de Braiton ; totum vero jus et clamium quod in prædicto essarto cum pertin. habui vel habere debui, præd. mon. ita qui. cla. quod de cætero nunquam ego nec her. m. sive per nos vel per aliquem nostri clamium neque jus inde vendicare poterimus nec exigere. Ut autem hoc donacio mea et qui. cla. rata et stabilis imperp. permaneat, instrumenta quæ inde habui præd. mon. cum hac quieta clamacione tradidi in warentum imperp. H. t., Thoma Capellano de Brayton.

CCCLXVIII.

(CARTA WILLELMI FOLIOT.)

lxxv. Sc. omn. præs. et fut., quod ego Willelmus Foliot, quondam rector Eccl. de Braiton', dedi, conc. et h. p. c. m. conf. Deo et S. G. de S. et mon. ibidem Deo servientibus, pro salute animæ meæ et patris et matris meæ et antecess. et success. m., in pur. et perp. el., ij acras terræ in mora boriali de Braiton, mensuratas cum pertica xxij pedum ; viz., quæ jacent in essarto quod prædicti monachi habent ex dono Willelmi filii Ranulfi Spurneturteys ; ten. et hab. sibi imperp. de me et her. m., li. qui., honorifice, et integre, et salute ab omni seculari servicio. Ego vero Willelmus et her. m. præd. terram cum libero introitu et exitu in pur. et perp. el. præd. mon. imperp. contra omnes homines war. et defendemus. H. t., Roberto de Willegby, etc.

Brayton.

CCCLXIX.

(CARTA RICARDI FILII HUGONIS DE DODINTHORP'.)

xxvj.   Sc. præs. et fut. quod ego Ricardus, fil. Hugonis de Dodinthorp', assensu et consensu Christianæ uxoris meæ, dedimus, conc. et h. p. c. n. conf. pro nobis et her. n. imperp., in pur. et perp. el., Deo et Eccl. S. G. de S. et mon. ibidem Deo servientibus, redditum vj^d annuatim percipiend. de Thoma Horre de Seleby, quem redditum idem Thomas consuevit reddere nobis pro vj acris terræ in Brayton ; ten. et hab. eisdem religiosis et eorum success. in pur. et perp. el. imperp. li. qui. bene et in pace. In c. r. t. præs. scr. sig. n. apposuimus. H. t., etc.

CCCLXX.

(CARTA ALICIÆ QUÆ FUIT UXOR ROBERTI JUUENIS.)

lxxvij.   Omn. h. scr. visuris vel audituris, Alicia quæ fuit uxor Roberti Juuenis de Seleby, salutem.   Noveritis me in pura
f. 101.   viduitate meæ remisisse, relaxasse, et de me et her. m. imperp. qui. cla. Deo et Eccl. S. G. de S. et mon. ibidem Deo servientibus et succ. s., totum jus et clamium quod habui vel habere potui nomine dotis vel alio modo in v acris terræ cum pertin. in territorio de Braiton, quæ vocantur Auizridding, prout jacet in longitudine et latitudine inter essartum quod fuit Johannis Schiring ex parte occidentali, et essartum Johannis Tannatoris de Seleby ex alia parte versus orientem ; ita quod nec ego Alicia nec aliquis ex parte mea jus vel clamium in prædictis v acris terræ, sicut prædictum est, de cætero exigere vel vendicare poterimus in futurum.   In c. r. t. h. scr. sig. m. apposui. H. t.

CCCLXXI.

(CARTA WILLELMI FILII ET HEREDIS ROBERTI COCI.)

lxxviij.   Sc. præs. et fut. quod ego Willelmus fil. et her. Roberti Coci de Braiton', dedi, conc., et h. p. c. m. conf., et de me et her. m. imperp. qui. cla. Deo et Eccl. B. G. de S. et mon. ibidem Deo servientibus et eorum succ., in pur. et perp. el., illud essartum cum pertin. quod jacet in territorio de Braiton versus Seleby, inter essartum quondam Roberti Gouk et venellam quæ se extendit versus Todhill ; ten. et hab. præd. religiosis et succ. s. in pur. et perp. el. imperp. Ego vero præd. Willelmus et her. m. præd. essartum cum pert. s. præd. religiosis et succ. eorum contra omn. homines war. et

Brayton. def. imperp.   Et, ad majorem hujus rei securitatem, ego præd. Willelmus præs. scr. coram viris fidedignis sig. m. apposui. H. t., Hugone de Mar, etc.

CCCLXXII.

(CARTA JOHANNIS DICTI DE REYGAT, FILII ROBERTI COCI.)

lxxix.   Omn. Chr. fidelibus h. scr. vis. vel audituris, Johannes dictus de Reygat, filius Roberti Coci de Braiton, sa.   Noveritis me remisisse, relaxasse, et de me et her. m. imperp. qui. cla. Deo et S. G. de S. et mon. ibidem Deo servientibus, et ad elemosinam ejusdem loci sustinendam, totum jus et clamium quod habui, et seu habeo vel habere potero, in quodam essarto quod vocatur Frostcroft cum pert., quod jacet in territorio de Braiton' versus Seleby, inter essartum quondam Roberti Gouk et venellam quæ extendit se versus Todhill ; ita quod nec ego nec her. m. nec aliquis nomine nostro jus vel clamium in prædicto essarto de cætero exigere vel vendicare poterimus in futurum.   In c. r. t. h. scr. sig. m. apposui. H. t., Waltero Basset de Braiton, etc.

CCCLXXIII.

(CARTA JOHANNIS FILII WILLELMI FILII MATILD' DE SELEBY.)

lxxx.   Sc. omn. præs. et fut., quod ego Johannes, fil. Willelmi fil. Matild' de Seleby, dedi, conc., et h. p. c. m. conf. Christianæ de Bugetuna et her. vel assign. s., j acram terræ cum pert. in territorio de Braiton, quæ jacet ad Sandwath, inter terram meam ex una parte et terram quondam Willelmi Rag' ex altera ; ten. et hab. sibi et succ. s. vel assign., li. qui. pacifice, et honorifice, cum omn. lib. com. et aisiam. ad dictam terram pertinentibus ; reddendo inde annuatim capitali domino, sc. domino Abb. de S., ij^d, sc. j^d ad Pentecosten et j^d ad festum S. Martini in hieme, et singulis annis mihi et her. m. j ob. ad Natale Domini pro omnibus serv. exacc. et demandis.   Et ego dictus Johannes et her. m. dictam acram terræ cum pert. dictæ Christianæ et her. vel assign. s., per præd. servicium contra omnes homines imperp. warantizabimus.   In c. r. test. præs. scr. sig. m. apposui.   H. t., Waltero de Aula, Dauid filio suo, etc.

CCCLXXIV.

(CARTA ROBERTI CURTENAY DE BRAITON'.)

lxxxj.   Sc. præs. et fut. quod ego Robertus Curtenay de Braiton', dedi, conc., et h. p. c. m. conf. Deo et altari B. Mariæ in Eccl.

Brayton. S. G. de S. et mon. ibidem Deo servientibus, in pur. et perp. el.
annuum redditum meum iiijᵈ, quem recipere consuevi de
Johanne Bercario de Braiton', pro quodam tofto in quo
inhabitant (*sic*) ; ten. et hab. prædictum redditum, li. qui. et in
pace, præd. altari et monachis. Et ego præd. Robertus
et her. m. vel m. assign., præd. redditum sicut prædictum est,
contra omn. hom. et feminas imperp. war. def. et adquietabimus.
In c. r. t. huic scr. sig. m. apposui. H. t., Ricardo Basset,
Hugone de Mar.

CCCLXXV.

(CARTA EDUSÆ RELICTÆ WILLELMI FROST.)

lxxxij.
c. A.D.
1246.

Sc. præs. et fut. quod ego Edusa, relicta Willelmi Frost
de Braiton', in pura viduitate mea et ligia potestate, dedi, conc.
et h. p. c. m. conf. Agildæ filiæ meæ, pro homagio et servicio
suo, totum illud essartum cum pertin. quod jacet in territorio de
Brayton versus Seleby, inter essartum quondam Roberti
Gouk' et venellam quæ se extendit versus Todhill' ; tenend. et
habend. sibi et her. s. vel eorum assign. et eorum her., de
altari B. Mariæ in Ecclesia conventuali de S., li. qui. pacifice
et integre, imperpetuum ; reddendo inde annuatim prædicto
altari vjᵈ, sc. iijᵈ ad festum S. Martini in hyeme, et iijᵈ ad
Pentecosten, et mihi et her. m. j ob. ad Natale Domini pro omni
servicio, exacc. et demanda. Et ego Edusa et her. m. totum
præd. essartum cum pertin. suis præd. Agildæ et her. s. vel s.
assign. et eorum her. pro præd. servicio contra omn. homines
war. adq. et def. imperp. In h. r. t. præs. scr. sig. m.
apposui. H. t., Willelmo de Lichfeld', etc.

CCCLXXVI.

(CARTA AGILDÆ FILIÆ WILLELMI FROST.)

f. 101*v.*
lxxxiij.
c. A.D.
1246.

Sc. præs. et fut. quod ego Agilda, filia Willelmi Forst (*sic*) de
Braiton, dedi, conc. et h. p. c. m. conf. Willelmo de Lichefeld,
rectori Eccl. de Braiton, pro quadam summa pecuniæ quam
mihi dedit præ manibus, totum illud essartum cum pertin. quod
jacet in territorio de Brayton versus Seleby, inter essartum
quondam Roberti Gouk, et venellam quæ se extendit versus
Todhill, quod habui de dono Edusæ matris meæ ; ten. et hab.
sibi et her. s. vel s. assign. et eorum heredibus, li. qui. integre
et pacifice imperp. ; reddendo inde annuatim altari B. Mariæ
in Eccl. conventuali de S. vjᵈ, sc. iijᵈ ad festum S. Martini
in hieme, et iijᵈ ad Pentecosten, et mihi et her. m. j ob.

Brayton. ad Natale Domini, pro omni servicio, exaccione seculari,
et demanda. Et ego Agilda et her. m. vel assign. m. totum
præd. essartum cum pertin. s., præd. W. et assign. s., et
eorum her., war. adq. et contra omnes homines imperp.
defendemus. In c. r. t. præs. scr. sig. m. apposui. H. t.,
Johanne de Hangburg', etc.

CCCLXXVII.

(CARTA ALICIÆ FILIÆ WILLELMI FILII RANULFI DE BRAITON'.)

lxxxiiij.   Omn. h. scr. vis. vel audituris, Alicia filia Willelmi filii
Ranulfi de Braiton', sa. in Domino. Noverit universitas vestra
me ded. conc. et h. p. c. m. conf. Deo et altari B. Mariæ
Monasterii de S., redditum j^d, illum sc. quem solebam
annuatim percipere de Willelmo de Richale de Braiton, viz.
de ij acris terræ jacentibus in territorio de Brayton inter
terram Roberti Orre et terram Johannis filii Martini capellani,
et [de] uno Butte, jacente in campo boriali ejusdem villæ; ita,
viz., quod custos altaris qui pro tempore fuerit dictum annuum
redditum per manus Willelmi de Richale et her. s. ad Pascha
annuatim percipiet. Et ego prædicta Alicia et her. m. dictum
annuum redditum Deo et altari B. Mariæ de S., sicut
prædictum est, contra omn. hom. war. adq. et imperp. def.
In c. r. t. h. scr. sig. m. apposui. H. t., Waltero Basset, etc.

CCCLXXVIII.

(CARTA WILLELMI DE LICHEFELD.)

lxxxv.
c. A.D.
1246.   Sc. præs. et fut. quod ego Willelmus de Lichefeld dedi conc.
et h. p. c. m. conf. Johanni filio Gamelli Orre et her. s., vel
cuicunque assignare voluerit, vj acras et dim. in territorio
de Brayton, cum communi pastura et aliis aysiam. infra villam
et extra eidem terræ pertinentibus, pro homagio et servicio suo;
illam sc. quæ jacet juxta Langeleyam et juxta terram Willelmi
Plumbarii, et terram Roberti de Stiueton; hab. et ten. li. qui.
pacifice, sibi et her. s. vel cui assignare voluerit, de me et
her. m.; reddendo inde annuatim mihi xviij^d pro omni serv.
exacc. mihi vel meis pertinente; sc. ix^d ad Pentecosten et
ix^d ad festum S. Martini. Ego autem R. de Cressy (*sic*) et her. m.
illi et her. s., vel cui assignare voluerit, præfatam terram contra
omnes homines warantizabimus; et si warantizare non poterimus,
dabimus ei escambium in territorio de Brayton ad valenciam.
Testibus hiis, Willelmo Capellano, etc.

Brayton.

CCCLXXIX.

(CARTA ROGERI DE CRESSI.)

lxxxvj.

Sc. omn. tam præs. quam fut. quod ego Rogerus de Cressi dedi, conc., et h. p. c. m. conf. Johanni filio J. Juuenis de Seleby, et cuicunque assignaverit, præter domum Relig., pro homagio et servicio suo, x acras terræ in territorio de Brayton mensuratas pertica xx pedum, cum omn. pertin. et aysiam., libertatibus et communibus, quantum pertinet ad' tantum liberum tenementum, quod melius et liberius tenetur in vasto præfatæ villæ de Brayton, in bosco et plano, in pascuis et in omn. aysiam. præfatæ villæ de Brayton pertinentibus, ten. et hab. in feodo et hereditate, illas sc. quæ jacent versus occidentem, propinquiores terræ domini Abb. de S., quam dominus Milo Basset monasterio S. G. de S. cum corpore suo præsentavit, li. qui. integre et pacifice, reddendo inde annuatim mihi et her. m. ij^s et viij^d pro omni servicio exacc. et demanda ; medietatem sc. ad Pentecosten et medietatem ad festum S. Martini. Ego vero et her. m. x acras prænominatas cum pertin. et libertatibus præfato Johanni et universis ejus assignatis, præterquam domui Relig., contra omn. hom. war. imperp. Hiis t., etc.

CCCLXXX.

(CARTA ROGERI DE CRESSY.)

lxxxvij.

Sc. præs. et fut. quod ego Rogerus de Cressy dedi, conc. et h. p. c. m. conf. Pagano fil. Johannis fil. Petri de Seleby et her. s. vel cui assignare voluerit, pro homagio et servicio suo, v acras terræ et dim. in territorio de Brayton, sc. quæ jacent in Wakyngley juxta essartum Willelmi Plumbarii ; ten. et hab. de me et her. m., cum omn. pertin., libere et quiete ; reddendo inde mihi et her. m. pro omni servicio et exaccione per annum xx^d ; medietatem ad Pentecosten et medietatem ad festum S. Martini. Et ego vero Rogerus et her. m. warantizabimus præfato Pagano et her. s., vel cui assignare voluerit, prædictam terram contra omnes homines imperp. Hiis t., etc.

BURTON; LUND.

CCCLXXXI.

CARTA HENRICI DE VERNOIL.

f. 78v.
j.

Sc. præs. et fut. quod ego Henricus de Vernoil d. c. et h. p. c. m. conf. Alexandro fil. Thomæ Personæ de

Burton. Kellington' et her. s., quinque bovatas terræ in Burton' cum pert., quas antecessores ejus de me tenuerunt, li. qui. et honorifice, cum omn. lib. et aysiam. præd. quinque bovatis terræ pert. infra villam et extra ; reddendo tamen michi annuatim et her. m. quinque solidos ad festum Sci. Martini pro omnibus serviciis. Et ego præd. Henricus de Vernoil et her. m. præd. Alexandro et her. s. præd. quinque bovatas terræ cum pert. contra omnes homines war. imperp., et ab omni forinseco serv. adquietabimus. H. t., Johanne de Burstall' et fratribus ejus, etc.

CCCLXXXII.

CARTA PHILIPPI DE BURTON'.

ij.   Sc. omn. tam præs. quam fut., quod ego Philippus de Burton' d. c. et h. p. c. m. conf. Thomæ de Barkeston pro homagio et serv. suo, unam bovatam terræ in villa de Burton', cum omn. pert. infra villam et extra, in feudo et hereditate ; ten. de me et her. m. sibi et her. s., li. qui. pacifice et honorifice, in bosco et plano, in pratis et pascuis, et in omn. comunis et aysiam. præd. villæ de Burton pertinentibus ; reddendo inde annuatim michi vel her. m. pro omni servicio seculari, exaccione et demanda, duos solidos ad festum S. Martini, et faciam ei unum cottum[1] de dimidia acra propinquiori villæ extra unam[2] versus occidentem. Et ego vero Philippus et her. m. præd. bovatam terræ et præd. cottum plenarie præfato Thomæ et her. s. imperp. war. ubicunque et contra omn. hom. H. t., Rádulfo de Willyby, Roberto de Barkeston.

CCCLXXXIII.

CARTA THOMÆ FILII THOMÆ DE BARKESTON'.

iij.   Omnibus hoc scr. vis. vel. aud., Thomas fil. Thomæ de Barkeston, sa. Noveritis me relaxasse, remisisse et de me et her. m. imperp. qui. cla. Johanni Forestario de Wykestow et her. s. sive assignatis s., totum jus et cla. meum quod habui vel habere potui in quinque solidis et duobus denariis redditus, una cum homagiis, releviis, wardis, escaetis, et in omnibus aliis serviciis suis quæ de eodem Johanne quondam pro quinque bovatis terræ cum pert. s. percipere consuevi in Burton juxta Braiton' ; ita quod nec ego Thomas fil. Thomæ de Barkeston, nec her. m., nec aliquis ex parte nostra, in præd. quinque

---

[1] Apparently a "cote" or defended enclosure ; see Ducange s. v. *Cotus* (3).
[2] Sc. "acram."

P

Burton. solidis et ij^d redditus, sive in homagiis, releviis, wardis, escaetis et omn. al. serv. s. sicut præd. est de cetero aliquod jus vel cla. exigere vel vendicare poterimus in futur'. Ego vero Thomas et her. m. præd. quinque bovatas terræ cum pert., una cum dicto redditu de eodem tenemento exeunte, dicto Johanni et her. s. sive assignatis s. contra omn. hom. war. adq. et inperp. def. ; in cujus rei tęst. præs. scr. sig. m. apposui. H. t., Johanne de Lascy, Radulfo de Paneli (sic), Rogero de Linyle (?), etc.

CCCLXXXIV.

CARTA EJUSDEM.

iiij. ˙ Sc. præs. et fut., quod ego Thomas fil. Thomæ de Barkeston d. c. et h. p. c. m. conf. Johanni For[es]tario de Wystow et her. s. vel s. assignatis, tres solidos redditus et sex denarios in Burton' juxta Braiton', quos Hugo fil. Widonis del Lund michi reddere consuevit, pro una bovata terræ cum pert. in Burton, quam quidem bovatam præd. Hugo de me tenet ad terminum vitæ ipsius ; hab. et ten. præd. Johanni Foristario et her. s. vel s. assignatis præd. redditum de me et her. m., li. qui. pacifice, et integre, cum reversione præd. bovatæ terræ cum pert. post mortem præd. Hugonis, sicut aliquo modo liberius teneri poterit imperpetuum. Et ego vero præd. Thomas et her. m. gratis præd. redditum et terram prædicto Johanni et her. s. vel s. assignatis contra omn. hom. ab omn. exacc. et demandis war. adq. et imperp. def. In c. r. t. huic scr. sig. m. apposui. H. t., Johanne de Lascy, etc.

CCCLXXXV.

CARTA JOHANNIS FORESTARII DE WYSTOWE.

v. Noverint universi ad quorum noticiam præs. lit. pervenerint, quod ego Johannes Forestarius de Wystow d. c. et h. p. c. m. conf. Johanni de Crull et her. s. vel s. assignatis, redditum ix solidorum et sex denariorum in villa de Burton' juxta Braiton' f. 79. quem percipere consuevi de istis tenentibus meis, viz., de Henrico fil. Henrici Cissoris pro duabus bovatis terræ in territorio de Burton', iiij^or solidos ; de Margareta Mutte pro j bovata terræ in eodem, duos solidos ; de Hugone fil. Wydonis del Lund pro una bovata terræ, tres solidos et vj denarios, quam quidem bovatam præd. Hugo tenet ad terminum vitæ ; ten. et hab. dictum redditum dicto Johanni de Crull et her. s. vel s. assignatis de præd. Johanne et her. s. ut præd. est, una cum

Burton. reversione præd. bovatæ terræ post mortem præd. Hugonis fil.
Wydonis del Lund', cum omn. pert. homagiis, wardis, releviis,
escaetis et aliis proficuis inde aliquo modo provenientibus;
reddendo inde annuatim michi et her. m. unum granum piperis
ad Natale Domini pro omnibus serv: secularibus, sectis, forinsecis
serviciis, cons. et demandis. Et ego Johannes Forestarius et
her. m. præd. redditum cum reversione præd. bovatæ terræ
et cum omn. pert. sicut præd. est, dicto Johanni de Crulle et
her. s. vel s. assignatis contra omn. hom. war. adq. et def.
inperp. In c. r. t. huic scr. sig. m. apposui. H. t., Johanne
de Lascy de Braiton', etc.

CCCLXXXVI.

CARTA JOHANNIS DE BERLAY.

vj. Sc. omn. præs. et fut., quod ego Johannes de Berley d. c. et
h. p. c. m. conf. Deo et Eccl. S. G. de S. et. mon. ibidem Deo
servientibus, in li. pur. et perp. el., annuum redditum quatuor
denariorum quem solebam percipere de iij acris terræ in bosco
de Gaiteford jacentibus in Routhmerker, cum homagiis et serv.
et omn. aliis rebus de præd. terræ et redditu provenientibus;
ten. et hab. dictis religiosis li. qui. pacifice et integre, in li. pur.
et perp. el. inperp. Et ne ego vel her. m. contra istam
donacionem, concessionem, et præsentis cartæ confirmacionem
in posterum aliquo modo venire poterimus, præsenti scripto
sig. m. duxi apponendum. H. t., Hugone de Lascy, Henrico
de Byrne, etc.

CCCLXXXVII.

CARTA HENRICI DE VERNOIL.

vij. Sc. præs. et fut. quod ego Henricus de Vernoil concessi et
qui. cla. de me et her. m. Deo et S. G. de S. et mon. ibidem
Deo servientibus, Euerardum fil. Adæ, qui fuit homo meus, cum
tota sequela sua et possessione tam mobili quam immobili.
Et pro hac concessione et qui. cla. dedit michi Petrus de Birkin,
procurator prædictorum monachorum, viginti quatuor solidos in
meo negocio. Et ut hæc concessio et qui. cla. rata permaneat
et stabilis, præs. scr. sig. m. apposicione corroboravi. H. t.,
W. de Pouelington', Ilardo de Heck', etc.

CCCLXXXVIII.

CARTA ADÆ DE BIRNE.

viij. Omnibus hoc scr. vis. vel aud., Ada de Byrn, sa. in Domino.
Noveritis me relaxasse et qui. cla. de me et omnibus meis

Burton. inperp. religiosis viris dominis Abb. et Conv. de S. et eorum
succes., homagium quod ab eisdem petii et clamavi pro v acris
terræ jacentibus inter le Lund' et Byrne in uno assarto quod
vocatur Robberidding', quam quidem terram Guido del Lund'
quondam de me tenuit, et annuum redditum unius denarii quem
dicta terra michi debebat; ita quod nec ego nec heredes mei nec
aliquis alius ex parte nostra quicquam de præd. homagio et
redditu de cetero ab Abb. et Conv. supradictis petere seu
demandare valeamus. In c. r. t. præs. scr. inperp. valituro
sig. m. apposui. H. t., Hugone de Mar, Waltero de Braiton',
etc.

CCCLXXXIX.

CARTA HUGONIS FILII WILLELMI DE LASCY.

ix.   Omnibus has lit. vis. vel aud. Hugo fil. Willelmi de Lascy de
c. A.D. Gayteford', sa.   Noverit universitas vestra me qui. cla. Deo et
1240.   b. G. de S. et Alexandro Abbati, et monachis ibidem Deo
servientibus, homagium Adæ filii Ricardi de Gaiteford, cum
omni sequela sua et catallis suis, de me et her. m. inperp.   Et
pro hac qui. cla. dedit michi idem Abbas decem solidos.   H. t.,
Radulfo fil. Alani de Thorp, Roberto filio Hugonis de Thorp',
etc.

CCCXC.

CARTA ROBERTI DE BARKESTON'.

x.   Sc. omn. præs. et fut. quod ego Robertus de Barkeston
d. c. et h. p. c. m. conf. et liberum feci et qui. cla. de me et
f. 79v. her. m. imperp., Thomam fil. Hugonis de Gayteford' cum omni
sequela sua, Deo et S. G. de S. et mon. ibidem Deo servientibus,
in pur. li. et perp. el., pro sa. an. m. antec. et succes. m.   Et in
h. r. t. præs. scr. sig. m. apposui.   H. t., Henrico de Berlay,
Ricardo filio ejus, etc.

CCCXCI.

CARTA DOMINI RICARDI DE BERLAY.

xj.   Omnibus Christi fidelibus, dominus Ricardus de Berlay, sa.
in Domino.   Vestra noverit universitas me caritatis intuitu
qui. cla. et h. p. c. conf., in pur. et perp. el., Deo et S. G. de S.
et mon. ibidem Deo servientibus, Hugonem fil. Radulfi de
Burton' cum tota sequela sua et omn. catallis suis mobilibus et
immobilibus, eisdem inperp. possidendis; ita hoc qui. clamavi
quod de cetero ego nunquam nec her. m. sive per nos aliquis

Lund. inde clamium habere poterimus. In h. r. t. huic scr. præs. sig. m. adhibui. H. t., domino Thoma de Bella Aqua, etc.

CCCXCII.

xij. Sc. præs. et fut. quod ego Gilbertus de Lund d. c. et h. p. c. m. conf. Willelmo Foliot, Rectori Eccl. de Braiton, et her. vel assignatis s. mes. cum tofto et crofto cum pert. s. quas habui in Lund, et omn. terras quas habui in territorio de Gaiteford et de Lund, cum omn. pert. s., et homagia et servicia et redditus istorum libere tenencium qui de me tenuerunt, et her. vel assignatorum suorum cum pert. s., scil., de Willelmo fratre meo ij solidos et unum denarium; de Hugone fil. Walteri ijˢ et unum denarium; de Rogero, et Eva sorore mea ijˢ; de Læticia xvj denarios; de Ricardo Scoilent vj denarios; de Alano fil. Lunæ iiij denarios; de Henrico de Wyteley duos denarios; de Thoma de Barkeston unum denarium; de heredibus Hugonis de Lascy unum denarium; de Roberto nepote meo octo denarios et vnas (*sic*)[1] albas cyrotecas et redditum et serv. quod ad me pertinuit de terra quæ fuit Eadwyni de Burton'; ten. et hab. de feudo et hereditate de me et her. m., sibi et assignatis suis, cum omni tenemento et libertatibus et cum jure et clamo (*sic*) quæ unquam ad me pertinuerunt vel ad antec. meos, sine omni retenemento, li. qui. pacifice et honorifice, infra villam et extra, in bosco, in plano, in viis, in semitis, in pratis et pascuis, in moris, in mariscis et in turbariis, et cum omn. lib. comunis et aysiam. ad præd. ten. et ad præd. terras pertinentibus; reddendo inde annuatim michi et her. m. unam libram cimini vel iijᵈ die Natalis Domini, et ad Pentecosten iiij denarios, et ad Assumpcionem B. M. xxᵗⁱd., et ad festum S. Martini duos solidos, pro omni servicio, exacc., et demanda, excepto forinseco. Ego vero Gilbertus et her. m. præd. terras et præd. homagia, servicia, et redditus prædictorum libere tenencium, et prædictum tenementum totum, integre et plenarie, cum omn. pert. s., præd. Willelmo et her. vel assignatis s. contra omn. hom. war. et def. imperp. Et ad majorem hujus rei securitatem præs. scr. sig. meo roboravi. H. t., Serlone de Brayton', Waltero de Aula, Thoma de Brayton', etc.

CCCXCIII.

xiij. Sc. omn. præs. et fut., quod ego Gilbertus fil. Michaelis del Lund d. c. et h. p. c. m. conf. Deo et S. G. de S. et mon. ibidem

---

[1] Read "duas."

Burton. Deo servientibus, in pur. et perp. el.; unam bovatam terræ cum omn. pert. s. in territorio de Gaiteford, illam viz. quam Henricus Peg tenuit aliquando, et unum toftum in villa de Gayteford' quod Galfrid Belle quondam tenuit, illud scil. quod jacet inter toftum quod fuit Laysing et toftum quod fuit Willelmi Neucumen, et unum toftum, et unum croftum, et unum pratum quod pertinet ad præd. toftum in le Lund, illud scil. toftum et croftum et pratum quæ Thomas le Neucumen quondam tenuit, et unam acram terræ in territorio del Lund', cujus scil. una dimidia acra

f. 80. jacet super Croslandes et alia dimidia acra in Brerelandes, et quinque perticatas terræ in territorio de Gayteford, quarum dimidia acra jacet super Kilnested et una roda in Langelandes apud Wythenes, et una roda de tofto meo juxta Tern, et una roda in Weststainlandes ; et totam partem meam terræ michi (et vj bovat' terræ in eis)[1] pertinentem in Routhmerker in territorio de Gayteford ; scil. inter Novam Chante et divisas inter Hamelton' et Gaiteford, et tres acras terræ in bosco de Gayteford' juxta divisam de Hamelton' et de Gaiteford, habuttantes ad unum capud super Herwik, et aliud capud in Routhmerker ; ten. et hab. li. qui. hon. integre et sol. ab omni serv., in pur. et perp. el., cum omn. pert. aysiam. et lib. præd. terris pert., in bosco et plano, pratis et pascuis. Ego vero Gilbertus et her. omn. præd. terras cum pert. s. Deo et S. G. de S. et præd. mon. in pur. et perp. el. contra omn. hom. inperp. war. et def. H. t., Herico (*sic*) de Berlay, Ricardo filio ejus, etc.

CCCXCIV.

CARTA WYDONIS DEL LUND' ET ALICIÆ UXORIS EJUS.

Omnibus hoc scr. vis. vel aud., Wido de Lund et Alicia uxor

xiiij. ejus, sa. in Domino. Noverit universitas vestra nos pro sa. an. nostræ et antec. et succes. nostrorum d. c. et h. p. c. n. conf. et de nobis et her. n. imperp. qui. cla. Deo et Eccl. S. G. et mon. ibidem Deo servientibus, in perp. el., totum ten. et feodum cum toftis et croftis et cum omn. aliis pert. quod habuimus vel

Gayt- habere poterimus infra villas, feoda et territoria de Gaiteford' et
forth, del Lund, et Burton' et de Byrne, et omnia alia terras et ten.
Lunde,
Burton et feoda, prata, assarta, redditus et homagia, warda, relevia,
Byrn. excaeta, servicia, sectas curiæ, nemora separabilia et comuna, pasturas separabiles et inseparabiles, vasta appropriata et approprianda, cum omn. pert., libertatibus, et comoditatibus dictis tenementis et feodis infra villas prænominatas et extra per omnia loca pertinentibus imperp., nichil nobis in præsenti vel in futuro inde retinendo ; ten. et hab. de nobis et her. n. li. qui.

[1] These words seem to be unintelligible.

Lund. pacifice et integre, cum omn. pert., ut in moris, mariscis, nemoribus, pratis, pascuis et pasturis, in viis, semitis, aquis, et molendinis, et in omnibus aliis rebus de præd. tenementis et feudis provenientibus inperp. ; faciendo pro præd. ten. et feodis her. vel assignatis Gilberti fil. Michaelis ·del Lund debita servicia et consueta pro omnibus serviciis tantum. Nos vero et her. n. præd. ten. et feoda cum omn. pert. et aliis prænominatis sicut præd. est Deo et Eccl. S. G. de S. et mon. ibidem Deo servientibus contra omnes gentes war. adq. et def. inperp. In c. r. t. præs. scr. sig. n. apposuimus. H. t., Hugone de Mar de Brayton'.

CCCXCV.
CARTA WIDONIS DEL LUND'.

xv. Omnibus hoc scr. vis. vel aud., Wydo del Lund, sa. in Domino. Noverit universitas vestra me pro sa. an. m., antec. et succes. m., d. c. et h. p. c. m. conf. et de me et her. m. inperp. qui. cla. Deo et Eccl. S. G. de S. et mon. ibidem Deo servientibus, in perp. el., totum ten. et feodum cum toftis et croftis et cum omnibus aliis pertinentibus, quod habui vel habere potero infra villas, feoda et territoria de Gayteford', del Lund', de Burton', et de Birne, et omnes alias terras et tenementa, feoda, prata, assarta, redditus, et homagia, warda, relevia, excaeta, servicia, sectas curiæ, nemora separabilia et comuna, pastura (*sic*) separabiles et inseparabiles, wasta appropriata et approprianda, cum omn. pert. lib. et comodatibus dictis ten. et feodis infra villas prænominatas et extra per omnia loca

f. 80v. pertinentibus imperp. ; nichil michi in præsenti vel in futuro inde retinendo ; ten. et hab. de me et her. m. li. qui. pacifice et integre, cum omn. pert. ut in moris, mariscis, nemoribus, pratis, pascuis et pasturis, in viis et semitis, aquis et molendinis, et in omn. aliis rebus de præd. ten. et feodis pert. inperp. ; faciendo pro præd. ten. et feodis her. vel assignatis Gilberti fil. Michaelis del Lund debita servicia et consueta pro omnibus serviciis tantum. Ego vero et her. m. præd. ten. et feoda cum omnibus pert. et aliis prænominatis, sicut præd. est, Deo et Eccl. S. G. de S. et mon. ibidem Deo servientibus contra omn. hom. war. adq. et def. inperp. In c. r. t. præs. scr. sig. m. apposui. H. t., Hugone de Mar de Braiton', etc.

CCCXCVI.

CARTA WIDONIS DEL LUND' ET ALICIÆ UXORIS EJUS.

xvj. Omnibus hoc scr. vis. vel aud. Wydo de Lund et Alicia uxor ejus, sa. in Domino. Noverit universitas vestra nos d. c. et

248   CARTULARIUM ABBATHIÆ

Burton. h. p. c. n. conf. Deo et Eccl. S. G. de S. et Abb. et Conv. ejusdem
loci et succes. eorundem, toftum et croftum et mes. in la Lund'
cum omn. pert. s. et cum homagiis et serviciis liberorum hominum,
et totam terram in Gaiteford', in Lunda, et in Burton', cum omn.
pert. s., quæ quidem omnia Willelmus Foliot, quondam Rector
Eccl. de Braiton' ex concessione Gilberti fil. Michaelis de la
Lund quondam tenuit ; ten. et hab. eisdem religiosis imperp., li.
qui. pacifice et integre, reddendo inde annuatim Roberto de
Burstall' et her. s. iiij denarios ad Pentecosten, et ad Assumpcionem B. M. xx^{ti} denarios, et ad festum S. Martini duos solidos
pro omn. servicio, exaccione, et demanda. Nos vero et her. n.
omnia præmissa præd. religiosis in omnibus sicut præd. est contra
omn. hom. imperp. war. adq. et defendemus. In c. r. t. huic
scripto præsenti sig. n. apposuimus. H. t., Hugone de Mar,
Alano Orr, etc.

CCCXCVII.

CARTA WILLELMI FOLIOT, QUONDAM RECTORIS ECCLESIÆ DE BRAYTON'.

xvij.   Sc. præs. et fut. quod ego Willelmus Foliot, quondam Rector
Eccl. de Brayton', d. c. et h. p. c. m. conf. Aliciæ quondam
filiæ Michaelis de Lund et her. s. qui de corpore s. exibunt, pro
homagio et servicio suo, toftum et croftum meum et mesuagium
meum in Lund', cum omn. pert. s. et cum homagiis et serviciis
omnium liberorum hominum meorum cum pert. s., et totam
terram quam habui in Gayteford', in Lund, et in Burton', cum
omnibus ubique pert. s. ; ten. et hab. de me et de illo cui jus
meum quacunque hora assignavero vel legavero, in feodo et
hereditate, li. qui. pacifice, honorifice, integre, et plenarie, sine
aliquo retenemento, in bosco, in plano, in viis et semitis, pascuis
et mariscis, in turbariis, comunis, et omn. lib. et aysiam.
prædictis terræ et tenemento pertinentibus infra villas de
Gayteford', de Lund', et de Burton', et extra ; reddendo inde
annuatim michi et illi cui jus meum quacumque hora assignavero
vel legavero [in]^1 duas libras cimini vel sex denarios ad Natale
Domini, ad Pentecosten iiij denarios, et ad Assumpcionem
B. M. xx^{ti} denarios, et ad festum Sci. Martini duos solidos, pro
omni serv. exacc. et demanda, salvo forinseco.   Et ego
Willelmus et ille cui jus meum assignavero vel legavero
prædicta ten. homag' et servicia et terras prædictæ Aliciæ et
her. s. [qui]^2 de corpore s. exibunt, warantizabimus.   Et ut
hæc donacio, concessio, et cartæ meæ confirmacio rata et

---

¹ Redundant in MS.   ² Not in MS.

Lund. stabilis permaneat, præs. scr. sig. m. apposui.   H. t., Roberto
de Barkeston', Thoma filio suo, etc.

CCCXCVIII.

CARTA EJUSDEM WILLELMI FOLIOT QUONDAM RECTORIS.

xviij.   Omnibus Christi fidelibus has literas inspecturis, Willelmus
Foliot, quondam Rector Eccl. de Braiton', sa.   Noveritis me
d. c. et h. p. c. m. conf. Deo et Eccl. b. G. de. S. et Abb.
et mon. ibidem Deo servientibus, in pur. et perp. el., totum
illum redditum quem solitus fui accipere de Wydone fil. Henrici
de Kelesay et Alicia fil. Michaelis de Lund uxore ejusdem
Wydonis, viz. prout continetur in una carta quam idem Wido et
Alicia uxor ejus habent de me de quodam tenemento in Lund
et quibusdam terris in Gayteford et Lund, et pro homagiis et
serviciis et redditibus quorundam libere tenencium, quorum
f. 81. nomina in eadem carta continentur, imperp., scil., sex denarios
vel duas libras cimini ad Natale Domini, unde una libra (*sic*) cimini
vel tres den. debent pacare Gilberto de Lund vel her. s., et ad
Pentecosten iiij^d, et ad Assumpcionem B. M. xx^{ti} denarios,
et ad festum Sci. Martini duos solidos, quos quidem denarios
iidem Abbas et Conv. debent accipere terminis prædictis statutis
de prædictis Wydone et Alicia uxore ejus, si quos adinvicem
habuerint.   Et de quibus vero prædictis denariis iidem Abb. et
Conv. pacabunt Gilberto de Lund et her. s. iiij solidos annuatim,
quos quidem quatuor solidos iidem Gilbertus vel her. s. pacabunt Willelmo de Burstall' tamquam capitali domino sive
her. ejusdem Willelmi, et iij^d sive una libra cimini penes Abb.
et Conv. in proprios usus inperp., cum. omn. pert. remanebunt,
et omnia alia comoda quæ de præd. ten., redditu, homagio, et
serviciis poterint contingere, ut de wardis, releviis, escaetis,
maritagiis et omnibus aliis rebus et libertatibus casu contingentibus occasione præd. ten. terrarum homagii, serviciorum,
et redituum. In c. r. t. h. p. scr. sig. m. apposui. H. t.,
domino Willelmo de Leuerton.

CCCXCIX.

CARTA THOMÆ ABBATIS DE SELEBY, WIDONI DE LA LUND' DATA.

xix.   Omnibus hoc scr. vis. vel aud. Thomas, Dei misericordia Abb.
A.D.   de Seleby et ejusdem loci Conv., sa. in Domino.   Noverit
c. 1261. universitas vestra nos d. c. et h. p. c. n. conf. Wydoni de
Lund' et her. s. de se et Alicia uxore sua legitime procreatis,
pro homagio et serv., triginta acras et unam acram et dimidiam

Burton. terræ arrabilis in territorio de Seleby et de Thorp, et unam placeam wasti ad excolendum, sicut jacet inter viam quæ ducit ad Thorp et assartum Henrici Siward in long. et lat., et iij perticatas in mora de Braiton' ad fodiendas sibi turbas ad dandas et ad vendendas pro voluntate sua, et porcos suos quos habuerint in eadem terra de propria nutritura per nemora nostra quæ dicitur le Northwod, liberos et quietos de pannagio, salva nobis et nostris fuga et libera warenna in eisdem terris, et salvis nobis et succes. nostris omn. appruamentis wastorum nostrorum pro voluntate nostra circa villas de Seleby et Thorp', et eidem et her. s. sufficientem pasturam ad pecudes suas; ten. et hab. sibi et her. s. de se et præd. Alicia uxore sua legitime procreatis, de nobis et succes. nostris in feodo et hereditate cum omn. pert. inperp. ; reddendo inde annuatim nobis et succes. nostris unum denarium annuum, scil. unum obolum ad Pentecosten et unum obolum ad festum Sci. Martini in hieme, pro omni servicio, salva secta ad curiam nostram, sicut cæteri liberi tenentes nostri faciunt. Nos vero et succes. n. totum prænominatum ten. cum omn. prænominatis, præd. Wydoni et her. s. de se et Alicia præd. uxore sua procreatis, contra omnes gentes war. adq. et def. inperp. Et sciendum est quod quocienscunque aliquis heres post antedictum Wydonem successurus in præd. ten. sine heredis (*sic*) corporis sui legitime procreato decesserit, totum prænominatum ten. ad nos et succes. nostros libere revertetur. In omnium præmissorum testimonium hæc carta in modum cyrograffi conficitur, cujus una pars sigillo nostro signata præd. Wydoni traditur, et altera pars prædicti Wydonis signata, nobis et succes. n. reservatur. H. t., Ada de Byrne, Johanne de Roucliue, etc.

CCCC.

CYROGRAFFUM INTER ABBATEM DE SELEBY EX UNA PARTE ET WYDONEM DEL LUND' EX ALTERA.

xx.
A.D. 1261.   Hoc cyrograffum testatur quod die Jovis proxima post Cineres, anno Domini m° cc° et sexagesimo primo convenit inter Thomam Abb. et Conv. de S. ex una parte, et Wydonem de Lund ex altera, super mutacione terrarum et aliarum rerum in hunc modum, viz. quod præd. Abb. et Conv. promiserunt et concesserunt præd. Wydoni quod quocienscunque aliquod letigium super terram de Gaiteford, de Lund, et de Burton', quam dictus Wydo dedit præd. religiosis per cartam suam in elemosinam inter Nicholaum de Burstall' et ipsum Wydonem oriatur ad defensionem juris ipsius et ipsorum pendente litigio,

Lund. auxilia, consilia, et expensas invenirent et exhiberent necessarias. Concesserunt eciam eidem Hivernagium[1] quod in eadem terra seminavit, ita quod ex præd. bladi colleccione nullum præjudicium eorum seisinæ et possessioni præd. terræ generetur, salvo præd. religiosis eorum et hom. Hivernagio in eadem terra quam dictus Wido de eorum dono tenet seminato, ad hæc

f. 81v. promisit et concessit dictus Wydo præd. Abb. et Conv. et eorum succes. fide media pro se et Alicia uxore sua sub pœna xxti librarum dictis religiosis solvendarum, quod ad costum et ad expensas præd. religiosorum venient ipse et uxor sua coram justiciariis de Banco vel alibi, citacione a curia Domini Regis præhabita, finalem concordiam in curia Domini super prænominatam terram de Gayteford, de Lund et de Burton facturam et recepturam, quod si præmissa facere recusaverint dabunt prædictis religiosis prædictas xxli ad voluntatem eorum quas ex eorum mutuo cognoscunt possidere, subjiciendo se et bona sua mobilia et immobilia potestati et jurisdiccioni cujuscunque judicis quem dicti religiosi ad hoc eligerint, et quod ipse habeat plenam potestatem destringindi (*sic*) eos, omni districcione quai (*sic*) decreverit ad solucionem memoratæ peccuniæ, omni excepcione remota. In c. r. t. mutuis scriptis sig. sua apposuerunt.

CCCCl.

CARTA WYDONIS DE LA LUND'.

xxj.
A.D.
1244-54.
Omnibus hoc præs. scr. vis. vel aud., Wydo de la Lund, sa. in Domino. Noverit universitas vestra me a viris religiosis Abb. Hugone et Conv. de Seleby quandam cartam feoffacionis recepisse, in forma quæ sequitur.

"Omn. hoc præs. scr. vis. vel aud., Abb. et Conv. de S., sa. in Domino. Noverit universitas vestra nos d. c. et h. p. c. n. conf. Wydoni de Lund' et her. s. qui de ipso et Alicia uxore sua exibunt, pro homagio et servicio, toftum et croftum et mes. in la Lund' cum omn. pert. s. et cum homagiis et serv. liberorum hominum, et totam terram in Gayteford' et in la Lund et in Burton', cum omn. pert. s., quæ quidem omnia habemus ex concessione Willelmi Foliot, quondam Rectoris Eccl. de Braiton', salvis nobis et Eccl. nostræ aliis terris, tenementis et serviciis quæ ex collacione fidelium in præd. villis habemus ; ten. et hab. de nobis et succes. nostris, sibi et her. s. de se ipso et de uxore sua prædicta Alicia procreatis, in feodo et hereditate, li. qui. pacifice et integre, in bosco et plano, in

---

[1] Winter-corn, *i.e.*, corn sown in the autumn.

Lund. pratis et pascuis et pasturis comunis, et cum omn. lib. et aysiam. præd. ten. pert. infra villas prænominatas, reddendo inde annuatim nobis et succes. nostris duas libras cymini vel sex denarios ad Natale Domini, et ad Pentecosten quatuor denarios, et ad Assumpcionem B. M. xx^{ti} denarios, et ad festum B. Martini duos solidos, pro omni serv., accione, et demanda, salvis forinsecis serviciis. Nos vero et succes. nostri omn. præd. ten. homagia et serv. et terras præd. Widoni et her. s. qui de ipso et præd. Alicia uxore sua exibunt war. quamdiu nobis fuerint warantizata. In c. r. t. huic præs. scr. sig. capituli n. apposuimus. H. t., Roberto de Barkeston'."

CCCCII.

CARTA HENRICI DE BERLAY.

xxij. Sc. præs. et fut. quod ego Henricus de Berlay d. c. et h. p. c. m. conf. Radulfo Medico de Gaiteford et her. s. vel cui assignare voluerit, præterquam hominibus religionis, pro homagio et servicio, tres acras terræ in bosco de Gayteford, scil. in Routhmerker, juxta divisas de Hamelton' et de Gaiteford; ten. et hab. li. qui. et honorifice, reddendo inde annuatim michi et˙her. m. iiij denarios pro omni serv. exaccione et demanda, scil. duos denarios ad Pentecosten et duos denario's ad festum Sci. Martini. Ego vero Henricus et her. m. præd. tres acras terræ dicto Radulfo Medico et her. s. vel cui assignare voluerit, præterquam hominibus religionis, contra omn. hom. war. H. t., Roberto de Barkeston, etc.

CCCCIII.

CARTA AGNETIS UXORIS JOHANNIS ORRE QUONDAM DE BRAITON'.

xxiij. Omnibus hoc scr. vis. vel aud. Agnes quondam uxor Johannis Orre de Braiton', sa. in Domino. Noverit universitas vestra me in ligia et pura viduitate mea remisisse, concessisse, et de me et her. m. inperp. qui. cla. Deo et Eccl. S. G. de S. et mon. ibidem Deo servientibus, unum toftum cum crofto in villa et in territorio de Gayteford, et cum omn. terris et ten. quæcunque magister Radulfus Medicus de Gaiteford et Johannes pater f. 82. meus tenuerunt in præd. villa et in territorio ejusdem, cum homagiis et serviciis, wardis et releviis, eschaetis, pratis et pasturis, et omn. rebus aliquo modo inde provenientibus imperp., salvis michi et her. m. tribus acris terræ quas ad præsens teneo in dominico meo in territorio de Gayteford ; ten. et hab. sibi et succes. suis li. qui. bene et integre, imperp. Et ne ego

Lund. et her. m. contra istas remissiones et concessiones et quietas clamaciones venire possimus inposterum, præs. scr. sig. m. apposui. H. t., Ricardo Hund de Seleby, etc.

CCCCIV.

CARTA AUICIÆ QUONDAM NEPTIS MAGISTRI RADULFI DE GAITEFORD.

xxiiij. Universis præs. scr. inspecturis, Auicia quondam neptis magistri Radulfi de Gayteford', et Emma soror sua, sa. in Domino. Noverit universitas vestra nos remisisse et quietum clamasse pro nobis et her. n. Deo et Eccl. b. G. de S. et mon. ibidem Deo servientibus, totam terram cum pert. quam præd. Magister Radulfus habuit et tenuit in villa et territorio de Gaiteford' et de Lund', et quicquid in præd. villis et territoriis aliquando juris nobis evenire poterit ; ita quod nos nec her. n. nec aliquis alius vel aliqua nomine nostro in præd. terra cum pert. aliquod jus vel clamium de cetero vendicare aut exigere poterimus. In c. r. t. sig. n. h. scr. præs. apposuimus. H. t., Wydone de la Lund', etc.

CCCCV.

CARTA MARGARETÆ ULTRA VSAM.

xxv. Omnibus hoc scr. vis. vel aud., Margareta ultra Vsam, sa.
A.D. 1259. in Domino. Noverit universitas vestra me constituisse et ordinasse Johannem le Juuene de Seleby attornatum meum ad ponendum Abbatem de Seleby vel suum attornatum in plenam seisinam de tota terra mea cum pert. quæ michi jure hereditario infra villam de Gayteford et in territorio ejusdem villæ per mortem magistri Radulfi de Gayteford Medici fratris mei. In c. r. t. h. p. scr. sig. m. apposui. Dat. apud Seleby, die Veneris proxima post festum Sancti Mathi Apostoli, anno Domini m° cc° l° nono.

CCCCVI.

CARTA MARGARETÆ QUONDAM UXORIS WALTERI ULTRA VSAM.

xxvj. Universis Christi fid. præs. lit. inspecturis, Margareta, quondam uxor Walteri ultra Vsam de Seleby, soror et heres magistri Radulfi Medici de Gayteford, sa. in Domino. Noverit universitas vestra me d. c. et h. p. c. m. conf. et imperp. qui. cla. Deo et Eccl. S. G. de S. et mon. ibidem Deo servientibus, in li. pur. et perp. el., unum toftum et croftum in villa de Gayteford', et unam bovatam terræ et dimidiam, cum omn.

Lund. pert., jacentem particulatim in feodo et territorio de Gayteford, et omnes alias terras et ten., prata, assarta, redditus et homagia et serv. et pasturas separabiles, et cum omn. aliis terris de vastis appropriatis et appropriandis, et cum omn. aliis libertatibus et pert. et comoditatibus dictis ten. infra villam de Gayteford' et extra pertinentibus; hab. et ten. eisdem religiosis imperp., li. qui. bene et integre, cum omn. pert. ut in moris, mariscis, nemoribus, pratis, pascuis et pasturis, aquis et molendinis, et in omn. aliis ad præd. ten. pert. Ego vero præd. Margareta et her. m. præd. ten. cum omn. pert. sicut præd. est præd. religiosis contra omn. hom. inperp. war. adq. et def. In c. r. t. h. p. scr. sig. m. apposui. H. t., Johanne patre Thomæ Abb. de Seleby, Johanne Juuene de Seleby, etc.

CCCCVII.

CARTA ALICIÆ CUM ANULO DE BERLAY.

xxvij.   Pateat universis ad quorum noticiam pervenerit hæc scriptura, quod ego Alicia cum Anulo[1] de Berlay, in libera viduitate, et ligia potestate mea, d. c. et de me et her. m. inperp. qui. cla. Deo et Eccl. b. G. de S. et mon. ibidem Deo servientibus, et eorundem successoribus, annuum redditum vj solidorum in villis de Gayteford et Seleby michi pertinentem, de quibus religiosis dictum redditum solebam percipere; ita scil. quod nec ego nec her. mei in dicto redditu jus vel cla. de cetero vendicare poterimus vel exigere. Et ne ego vel her. contra præmissa venire possimus in posterum, sig. Jacobi filii mei, quia sig. proprium non habui, præsentibus apponi procuravi. H. t., etc.

CCCCVIII.

CARTA WILLELMI DE HAMELTON' CLERICI.

f. 82v.
xxviij.
A.D. 1280-
1291.

Sc. præs. et fut. quod ego Willelmus de Hamelton', clericus, concessi, remisi et omnino de me et her. m. qui. cla. viris religiosis fratri Willelmo Abbati de Seleby et Conv. ejusdem loci, octo solidatas annui redditus cum pert. in Lund juxta Gaiteford, quas habui de dono et concessione Willelmi de Burstall', percipiendas et habendas eisdem Abb. et Conv. et eorum succes. per manus Willelmi Bate de Lund' et her. suorum, de ten. quod idem Willelmus Bate tenuit de me in villa de Lund præd., imperp., sine impedimento aliquo seu retenemento, cum omn. ad redditum præd. spectantibus quoquomodo;

[1] This lady had probably taken the mantle and ring of vowed widowhood.

Lund. ita viz. quod nec ego nec her. m. seu aliquis per nos vel nomine nostro quicquam juris vel clamii in præd. octo solidatis annui redditus de cetero exigere potero vel poterimus seu vendicare. In cujus rei test. sig. m. huic scr. duxi apponendum. H. t., dominis Johanne de Bella Aqua, Roberto de Berlay, militibus, etc.

CCCCIX.

CARTA WILLELMI DE HAMELTON', CLERICI.

xxix. Willelmus de Hamelton, clericus, dilecto sibi Willelmo Bate
A.D. 1291. de Lund, sa. in Domino. Quia concessi, remisi et qui. cla. domino Abb. de S. et ejusdem loci Conventui octo solidatas annui redditus cum pert. in Lund', quas per manus vestras de dono Willelmi de Burstall' percipere consuevi, vobis significo quod eisdem Abb. et Conv. de præd. redditu intendentes scitis (*sic*)[1] et respondentes. In c. r. t. sig. m. præsentibus duxi
July 21. apponendum. Dat. die Sabati in crastino Scæ. Margaretæ V., anno regni Regis Edwardi decimo nono.

CCCCX.

CARTA THOMÆ DE BELLA AQUA.

xxx. Sc. præs. et fut. quod ego T. de Bella Aqua conc. et h. p. c. m. conf. Wydoni de Kellesay et Aliciæ uxori suæ et eorum heredibus, vel assignatis unius eorum qui diucius vixerit, quinque acras terræ in Robberidding', quas Adam fil. Hugonis de Birne dimisit eisdem Wydoni et Aliciæ in feudo meo de Birne; ten. et hab. in feudo et hereditate, cum libero introitu et exitu, li. et qui. pacifice et honorifice, ita quod nec ego vel her. m. nunquam possimus inferre prædictis Wydoni et Aliciæ et eorum her. vel assignatis, aliquod gravamen vel molestiam occasione quod ipsi sunt ingressi in feudo meo. Et, ut ista mea concessio et confirmacio rata et stabilis permaneat inperpetuum, præs. scr. sig. m. roboravi. H. t., Willelmo Foliot, Radulfo de Gayteford'.

CCCCXI.

CARTA ADÆ DE BIRNE.

xxxj. Omnibus hoc scr. vis. vel aud., Adam de Birne, sa. in Domino. Noveritis me relaxasse et qui. cla. de me et omn. meis imperp. religiosis viris dominis Abb. et Conv. de Seleby et eorum succes., homagium quod ab eisdem petii et clamavi pro v acris

[1] Read *sitis.*

Lund. terræ jacentibus inter le Lund et Byrne, in uno essarto quod vocatur Robberidding', quam quidem terram Wydo del Lund quondam de me tenuit, et annuum redditum unius denarii quem dicta terra michi debebat. Ita quod nec ego nec her. m. nec aliquis alius ex parte nostra quicquam de prædictis homagio et redditu de cetero ab Abb. et Conv. supradictis petere seu demandare valeamus. In c. r. t. præs. scr. inperp. valituro sig. m. apposui. H. t., Hugone de Mar, etc.

CCCCXII.

CARTA WYDONIS DEL LUND'.

xxxij. Omnibus Christi fidelibus hoc præs. scr. vis. vel aud., Wydo del Lund, sa. in Domino. Noveritis me relaxasse et omnino qui. cla. Radulfo Medico de Gaiteford' et her. s. de me et her. m., omnimodas consuetudines et servicia quas exigebam in tota terra quam præd. Radulfus tenet de Abb. et Conv. de Seleby in villa de Gaiteford'; ita quod ego Wydo nec aliquis her. m. in præd. terra quæ fuit quondam de feudo Michaelis del Lund, nullum jus vel cla. de cetero poterimus exigere, set quieta præd. Radulfo et her. s. pro me et her. m. remaneat inperp. Et ad majorem hujus rei securitatem scr. præs. sig. m. apposui, etc.

THORP'.

CCCCXIII.

CARTA GAMELLI BARRET ET FILII MEI RICARDI, CONSILIO UXORIS MEÆ.

f. 83.
j. Notum sit omn. tam legentibus quam audientibus, quod ego Gamellus Barret et filius meus Ricardus, consilio uxoris meæ et amicorum meorum, dedi Eccl. S. G. et mon. ibidem servientibus Deo, quatuor bovatas terræ in Thorp' et in Burton, exceptis illis duabus bovatis quas prius dederam in el. in eadem villa. Has prædictas do ego in feudum præd. Eccl. imperp. possidendas, scil. quatuor bovatas de Torp tenebit Waldiuus eo modo in feudum quo eas dedi prædictæ Ecclesiæ, de Abb. et mon., redd. iiij solidos ad festum Sci. Laurencii; pro iij bovatis de Burtona dabit Abbas novem denarios eodem termino, et hoc censum habebo pro omnibus serviciis quod ad illas terras pertinet (*sic*), excepto geldo quod vocatur Danegeld. H. t., Ernaldo Presbitero de Braiton', etc.

Thorp'.
<h2 style="text-align:center">CCCCXIV.</h2>

CARTA ALEXANDRI DE RUHALE.

ij.
A.D. 1140-
1154.

Notum sit omn. tam præs. quam posteris, quod ego, Alexander de Ruhale, d. c. et h. p. c. m. conf. Deo et Eccl. S. G. de S., duas bovatas terræ in Thorp', ten. de me et her. m. cum omn. pert. in pur. et perp. el. Et hoc feci voluntate et concessu uxoris meæ A. ; ita ut ego et heredes mei adquietare debeamus Eccl. S. G. de S. redd. annuatim michi et her. m. sexdecem denarios ad festum Sci. Martini. H. t., Osberto archidiacono, Mathæo clerico, etc.

<h2 style="text-align:center">CCCCXV.</h2>

CARTA RADULFI FILII RADULFI DE RUALE.

iij.
Notum sit omn. præs. et fut. has lit. vis. vel aud. quod ego Radulfus fil. Radulfi de Ruhale d. c. et h. p. c. m. inperp. qui. cla. Deo et b. G. de S. et mon. ibidem Deo servientibus, pro sa. an. m. et antec. m., in pur. et perp. el., redditum quatuor solidorum et novem denariorum quem solebam percipere annuatim de præd. mon. pro iij bovatis terræ in Thorp' et iij bovatis terræ in Burton', quas quidem terras præd. mon. possident ex donacione antec. m.; volo et concedo quod inperp. possideant, ita viz. quod nec ego Radulfus nec aliquis her. m. aliquod jus vel cla. in præd. redditu sive in terris prænominatis de cetero exigere seu vendicare poterimus. In c. r. t. hiis præs. lit. sig. m. apposui. H. t., Willelmo de Pollington', Henrico de Goudale, etc.

<h2 style="text-align:center">CCCCXVI.</h2>

CARTA RADULFI FILII ROBERTI DE THORP'.

iiij.
Sc. omn. tam præs. quam fut. quod ego Radulfus, filius Roberti de Thorp', et heredes mei, quietum clamavimus domino Abb. de S. et Conv. ejusdem loci, totam comunionem quam habuerunt prædec. n. in nemore de Hamelton', præter comunem pasturam ad dominicos porcos nostros, et ad averia nostra de Thorp. Et, præter hanc quietam clamacionem, concesserunt nobis præfatus Abbas et Conv., essartum super vivarium de quo controversia erat inter ipsos et Robertum patrem meum, et divisa illius assarti versus fossatum de molendino, totum nemus et terram usque ad domum nostram, sicut in carta quam nobis dederunt continetur, retenta domino Abb. et Conv. et hom. suis de Hamelton' comuni pastura in eodem nemore. Et bene liceat domino Abb. et Conv. absque

Ꝗ

Thorp'. contradiccione essartare et fossare ad comodum eorum in nemore de Hamelton', et emendacionem quamlibet facere ad cariagium suum per aquam ex septentrionali parte de molendino. H. t., Simone Foliot, Johanne de Birkin, etc.

CCCCXVII.

CARTA PRIORIS DE PONTEFRACTO.

v. Omnibus hoc scr. vis. vel aud., Prior et Conv. Eccl. Sci. Johannis Apostoli et Evangelistæ de Pontefracto, sa. in Domino. Noverit universitas vestra nos divinæ pietatis intuitu d. c. et de nobis et Eccl. nostra de Pontefracto imperp. qui. cla. Deo et Eccl. S. G. de S. et mon. ibidem Deo famulantibus, annuum redditum triginta ij denariorum cum sex caponibus, quos consuevimus percipere de uno tofto et duabus bovatis terræ cum pert. jacentibus in villa et territorio de Thorp' juxta Seleby, scil. de illo tofto et duabus bovatis terræ quas Robertus Clericus tenuit de nobis in eadem villa, cum homagiis, serviciis, wardis, releviis, escaetis et omn. al. rebus inde aliquo jure provenientibus f. 83v. in li. pur. et perp. el., inperp. ; ten. et hab. eisdem religiosis et Eccl. suæ præd., li. qui. pacifice et integre, cum omn. pert. s. imperp. Nos vero et success. nostri præd. annuum redditum triginta duorum denariorum cum sex caponibus et omn. al. rebus prænominatis, Deo et Eccl. S. G. de S. et mon. ibidem Deo servientibus contra omn. gentes in li. pur. et perp. el. war. adq. et def. imperp. ; nichil nobis juris vel libertatis in præd. duabus bovatis terræ cum pert. seu in præd. annuo redditu in præsenti vel in futuro retinendo. In c. r. t. præs. scr. sig. capituli nostri apposuimus. H. t., domino Johanne de Birkin, etc.

CCCCXVIII.

CARTA ISABELLÆ FILIÆ HUGONIS DE THORP'.

vj. Omnibus hoc scr. vis. vel aud. Isabella fil. Hugonis fil. Roberti Clerici de Thorp, salutem. Noverit universitas vestra me reddidisse, remisisse, et de me et her. m. imperp. qui. cla. Deo et Eccl. b. G. de S. et mon. ibidem Deo servientibus et eorundem succes., in li. pur. et perp. el., unum toftum cum crofto, et Benecroft, et duas bovatas terræ quas Robertus de Thorp', Clericus, avus meus, quondam tenuit in villa de Thorp', cum omn. pert. s. infra villam et extra ; ten. et hab. dictis religiosis et eorundem success., bene et in pace, nichil juris vel cla. in præs. vel in fut. inde retinendo. Et ne ego vel her. m. contra

Thorp'. præs. instrumentum vel factum venire possimus imposterum,
sig. m. præs. scr. apposui. H. t., Roberto le Chaumberleyn,
etc.

CCCCXIX.

CARTA THOMÆ GRECKER DE THORP'.

vij. Sc. tam præs. quam fut. quod ego Thomas Grekker de
Thorp, d. c. et h. p. c. m. conf. Deo et Eccl. S. G. de S.
et mon. ibidem Deo servientibus, in pur. et perp. el., unam
acram terræ arrabilis jacentem in campo de Thorp' inter terram
dictorum mon. ex parte una, et terram Alani fil. Stephani ex
altera; ten. et hab. præd. religiosis et success. s., li. qui. pacifice
et integre, cum pannagio et herbagio et omn. al. aisiam. ad
præd. terram spectantibus, infra villam et extra, in boscis,
pratis, pascuis et pasturis. Ego vero dictus Thomas et her. m.
præd. religiosis et success. s. præd. terram cum pert., sicut præd.
est contra omn. hom. war. adq. et def. imperp. In c. r. t.
præs. scr. sig. m. apposui. H. t., Waltero capellano de
Seleby, Henrico Syward, etc.

CCCCXX.

CARTA THOMÆ MORFAR DE THORP'.

viij. Omnibus Christi fidelibus ad quos præs. scr. pervenerit, Thomas
Morfar de Thorp, sa. in Domino. Noverit universitas vestra
me d. c. et h. p. c. m. conf. Johanni de Crull', servienti
Abbatis de Seleby, et her. vel assignatis suis, seu cuicunque
dare, vendere, vel legare voluerit, quatuor acras terræ arrabilis,
cum s. pert., jacentes in campo de Thorp', ex parte australi
stagni Abb. et Conv. de S.; hab. et ten. præd. Johanni et her. s.
seu cuicunque dare, vendere vel assignare voluerit inperp.;
redd. inde annuatim michi et her. m. ille et her. s. seu assignati,
iiijᵒᵣ denarios ad duos anni terminos, viz. ad Pentecosten duos
denarios, et ad festum Sci. Martini in yeme duos denarios, pro
omn. secularibus serv. cons. et demandis, libere, solute, pacifice,
integre, et quiete. Et ego præd. Thomas et her. m. præd.
iiijᵒʳ acras terræ cum pert. præfato Johanni et her. s. vel
assignatis, ut præd. est, contra omn. hom. inperp. war. adq. et
def. In c. r. t. præs. scr. sig. m. apposui. Testibus
subscriptis, domino Waltero de Seleby, etc.

Thorp'.

CCCCXXI.

CARTA THOMÆ MORFAR DE THORP'.

ix.   Sc. omn. præs. et fut., quod ego Thomas Morfar de Thorp,
d. c. et de me et omnibus meis inperp. qui. cla. Deo et Eccl. S. G.
et mon. ibidem Deo servientibus, unum toftum cum crofto cum
duabus bovatis terræ in villa de Thorp, quas Adam fil.
Lescelinæ dudum tenuit, scil. quicquid habui de præd. bovatis
in dominico vel servicio, cum homagiis, serviciis, redditibus, in
f. 84. boscis, pratis, et pascuis, et omn. aliis rebus inde quocunque
modo vel jure infra dictam villam de Thorp' et extra
provenientibus, in li. pur. et perp. el., imperp. ; ten. et hab. li.
qui. pacifice et integre, cum omn. pert. lib. juribus et aliis rebus
dicto tenemento pert., in li. pur. et perp. el., imperp. Ego vero
Thomas et her. m. totum præd. ten. cum omn. pert. et omn.
aliis rebus, prænominatis Deo et Eccl. S. G. de S. et Abb.
et Conv. ejusdem loci et success. eorundem, in li. pur. et perp.
el. contra omn. gentes war. adq. et inperp. defendemus. In
c. r. t. præs. scr. sig. m. apposui. H. t., Hugone de Lascy,
etc.

CCCCXXII.

CARTA ALICIÆ (FILIÆ) QUONDAM ROBERTI CLERICI DE THORP'.

x.   Sc. tam præs. quam fut. quod ego Alicia fil. quondam Roberti
Clerici de Thorp juxta Seleby, d. c. et h. p. c. m. conf. Deo et
Eccl. b. G. de S. et mon. ibidem Deo servientibus, unum toftum et
unam bovatam terræ cum pert. in villa de Thorp', quæ jacent
ex parte australi stagni dictorum religiosorum ; ten. dictis
religiosis et success. s., li. qui. pacifice et integre, cum omn.
aysiam. ad præd. terram spectantibus, nichil juris vel libertatis
in præsenti vel in futuro michi vel her. m. inde retinendo. Ego
vero dicta Alicia et her. m. dictam terram cum præd. tofto
et omn. pert. s. contra omn. gentes war. adq. et def., in pur. et
perp. el., inperp. In c. r. t. præs. scr. sig. m. apposui. H. t.,
Waltero capellano de Seleby, Thoma capellano de Braiton',
etc.

CCCCXXIII.

CARTA ADÆ DE STIUETON'.

xj.   Omnibus qui h. l. sunt visuri vel audituri, Adam de Stiueton,
salutem. Noveritis me conc. et h. m. p. c. conf. Deo et
S. G. de S. et mon. ibidem Deo servientibus, duas bovatas

Thorp'. terræ in Thorp', cum omn. pert. s., in villa et extra villam, et in omn. locis, ex aquilonali parte vivarii præd. mon., quas Margeria mater m. eis in el. dedit cum corpore suo, solutas et quietas ab omni seculari serv. et exaccione, secundum quod carta ipsius Margeriæ matris m. testatur. H. t., Johanne de Byrkin, Willelmo Agillun', etc.

CCCCXXIV.

CARTA ROBERTI DE STIUETON'.

xij. Omnibus has lit. vis. vel aud., Robertus de Stiueton', salutem. Sciatis me conc., etc. (*as above, No.* xj). H. t., Johanne de Birkyn, etc.

CCCCXXV.

CARTA MARGERIÆ FILIÆ UMFRIDI DE RUHALE.

xiij. Omnibus ad quos præs. scr. pervenerit, Margeria filia Umfridi de Ruhale, salutem. Sciatis me dedisse et h. p. c. m. conf. Deo et S. G. de S. et mon. ibidem Deo servientibus, pro sa. an. m., antec. et success. m., cum corpore meo, duas bovatas, etc. (*as above, No.* xj). Et ut hæc mea donacio firma et stabilis permaneat, eam sigilli mei apposicione roboravi. H. t., Johanne de Byrkin, Willelmo Agillun', etc.

CCCCXXVI.

CARTA WALTERI DE WISTOW ET MATILDÆ FILIÆ ALANI BLEYK'.

xiiij. Omnibus hoc scr. præs. vis. vel aud., Walterus de Wystowe
f. 84v. et Matilda filia Alani Bleik', uxor ejusdem Walteri, salutem. Noverit universitas vestra nos spontanea et mera voluntate nostra d. c. et qui. cla. de nobis et her. n. Deo et Eccl. S. G. de S. et mon. ibidem Deo servientibus, unum toftum et duas bovatas terræ cum pert. in villa de Thorp, et servicium annuum duorum denariorum quod Petrus de Cokkefeld nobis reddere solebat pro duabus acris terræ in eadem villa, et cum homagio et relevio et omnibus aliis quæ aliqua occasione inde accidere poterunt, in pur. et perp. el., pro sa. an. n. prædec. et success. et her. n. ; ita scil. quod nec aliquis her. n. jus vel clam. in præd. ten. vendicare vel exigere poterimus. Et quod ista donacio, concessio et quieta clamancia robur perpetuum obtineat, præsens scripto scripto (*sic*) sigillorum nostrorum mutuo assensu inpressione roboravimus. H. t., Roberto Foliot, etc.

Thorp'.

CCCCXXVII.

CARTA ROBERTI FILII SCHIRING' DE THORP'.

xv. Omnibus hoc præs. scr. vis. vel aud., Robertus fil. Schiring' de Thorp', sa. in Domino. Noverint me d. c. et p. c. m. qui. cla. inperp. de me et her. m. Waltero de Wycstowe et Matildæ filiæ Alani Bleik', uxori dicti Walteri, et her. s. et assignatis s., pro viginti solidis quos michi dedit præ manibus, totum jus et clamium quod habui vel habere potui in uno tofto cum pert. in villa de Thorp, et in duabus bovatis terræ, cum omn. lib. et aysiam. præd. terræ pert. in villa de Thorp', quas Alanus Bleik quondam tenuit in eadem villa; ita quod ego Robertus fil. Schiring nec aliquis per me nec pro me nomine meo nullum jus vel clamium in præd. tofto et in præd. duabus bovatis terræ cum pert. de cetero poterimus vendicare nec exigere. In c. r. t. præs. cartæ sig. m. apposui. H. t., Hugone de Lascy, Wydone de Lund', etc.

CCCCXXVIII.

CARTA ROBERTI BLEIK DE THORP'.

xvj. Omnibus Christi fidelibus præs. scr. inspecturis, Robertus Bleik de Thorp, sa. in Domino. Noverit universitas vestra me d. c. et h. p. c. conf. Deo et Eccl. b. G. de S. et mon. ibidem Deo servientibus, in li. pur. et perp. el., duas bovatas terræ cum pert. in villa de Thorp quas Alanus Bleik, pater meus, aliquando tenuit in eadem villa; ten. et hab., li. qui. pacifice et integre, cum. omn. pert. dicto tenemento spectantibus. Ego vero Robertus et her. m. præd. duas bovatas terræ cum pert. Deo et Eccl. b. G. de S. et mon. ibidem Deo servientibus in li. pur. et perp. el., ut præd. est, contra omnes gentes imperp. war. adq. et def. In c. r. t. præs. lit. sig. m. apposui. H. t., Radulfo de Burgo, Thoma de Hayton'.

CCCCXXIX.

CARTA PETRI DE COCKEFEUD'.

xvij. Sc. omn. præs. et fut. quod ego Petrus de Cockefeld' d. c. et h. p. c. m. sig. m. roborata conf. Deo et Eccl. S. G. de S. et mon. ibidem Deo servientibus, duas acras terræ in territorio de Thorp quas habui ex dono Walteri de Wystow, quarum una jacet in Hauercroft in quatuor partibus, et alia jacet juxta terram Hugonis filii Roberti Clerici de Thorp', cum omn. pert., in li. pur. et perp. el.; ten. et hab., li. qui. et integre, cum omn. lib. s. et aysiam., sine diminucione vel

Thorp'. retenemento. Et ego Petrus de Kokkefeld et her. m. præd. duas acras terræ cum omn. pert. Deo et Eccl. S. G. de S. et mon. ibidem Deo servientibus, sicut præd. est, contra omn. hom. war. et def. inperp. In c. r. t. huic scr. sig. m. apposui. H. t., Milone Basset, Hugone de Lascy, etc.

CCCCXXX.

CARTA THOMÆ SNARTING' DE THORP'.

xviij.　Sc. præs. et fut. quod ego Thomas Snarting' de Thorp conc., et pro me et her. m. inperp. qui. cla. Abb. et Conv. de S. et
f. 85.　eorum success., totum jus et cla. quod habui vel habere potui seu quocunque modo in futurum habere potero, in hoga de Thorp', tam in bosco ibidem crescente, quam in pastura in eodem ; ita scil. quod nec ego nec her. m. aliquod jus aut cla. in dicta hoga vendicare seu exigere poterimus inposterum. Et, ne ego seu her. m. contra istam donacionem, concessionem, et quietam clamacionem venire possimus in posterum, sig. m. præs. scr. apposui. H. t., Johanne de Hanburg' manente in Seleby, etc.

CCCCXXXI.

CARTA PETRONELLÆ QUONDAM UXORIS THOMÆ SNARTING' DE THORP.

xix.　Omn. hoc scr. vis. vel aud., Petronilla, quondam uxor Thomæ Snarting de Thorp, sa. in Domino. Noveritis me remisisse et omnino de me qui. cla. totum jus et cla. quod habui vel habere potero nomine dotis in bosco de Thorp'bergh' et Braytonbergh', viris religiosis Abb. et Conv. de S. ; ita quod nec ego nec aliquis nomine meo aliquod jus vel clamium in præd. bosco de Thorp'bergh' et Braytunbergh' penes præd. religiosos viros de cetero exigere vel vendicare potero in futurum. In c. r. t. huic scr. sig. m. apposui. H. t., Johanne de Hanburgh manente in Seleby, etc.

CCCCXXXII.

CARTA SILVESTRI DE THORP'.

xx.　Sc. præs. et fut. quod ego Silvester de Thorp d. c. et h. p. c. m. conf. et de me et her. m. inperp. qui. cla. Deo et Eccl. b. G. de S. et mon. ibidem Deo servientibus, in li. pur. et perp. el., unum toftum et totam terram meam cum pert. quam habui in villa et campo de Thorp', ten. et hab. dictis

Thorp'. religiosis et success. s., in li. pur. et perp. el., nichil michi seu meis juris vel libertatis in præsenti vel in futuro inde retinendo. Et, ut hæc mea donacio firma et stabilis maneat imperp., præs. scr. sig. m. apposui. H. t., Waltero capellano de Seleby, Henrico Syward', etc.

CCCCXXXIII.

CARTA JOHANNIS STARRE, FILII ROBERTI STARRE DE SELEBY.

xxj. Sc. præs. et fut. quod ego Johannes Starre, fil. et her. Roberti Starre de Seleby, d. c. et h. p. c. m. conf., in li. pur. et perp. el., Deo et Eccl. b. G. et mon. ibidem Deo servientibus, unum toftum in villa de Thorp', cum sex acris terræ seu quibuscunque aliis terris seu ten. ad dictum toftum infra villam et extra spectantibus ; illud scil. toftum quod Henricus Philip de Seleby quondam tenuit ; ten. et hab. dictis religiosis et eorundem success., in li. pur. et perp. el., cum omn. pert., inperpetuum. Et ego dictus Johannes Starre et her. m. totum toftum cum dictis terris et omn. pert., sicut præd. est, dictis religiosis contra omn. hom. war. adq. et inperp. def. Et, ut hæc mea præsens donacio et confirmacio rata sit et stabilis inperp., præs. scr. sig. m. apposui. H. t., Waltero capellano de Seleby, Henrico Syward'.

CCCCXXXIV.

CARTA JOHANNIS TALBOT DE THORP'.

xxij. Omnibus hoc scr. vis. vel aud., Johannes Talbot de Thorp', sa. in Domino. Noveritis me remisisse, relaxasse et omnino de me et her. m. inperp. qui. cla. Deo et Eccl. S. G. de S., et Abb. et mon. ibidem Deo servientibus, totum jus et clamium quod habui vel habere potero in omn. terris et ten. quæ fuerunt Venator Silvestri avunculi mei, quondam venatoris ejusdem domus de Selby. de Seleby, cum omn. suis pert. ad eadem tenementa quoquo-modo spectantibus ; ita quod nec ego nec her. m. nec aliquis nomine nostro jus seu clamium in præd. ten. vel eorum pert. de cetero exigere vel vendicare poterimus inperpetuum. In c. r. t. præs. scr. de remissione et quieta clamancia pro me et her. m. sig. m. apposui. H. t., domino Roberto de Lascy, Johanne de Barne, etc.

CCCCXXXV.

CARTA PETRI PYE DE SELEBY.

xxiij. Omnibus hoc scr. vis. vel aud., Petrus Pye de Seleby, sa. in Domino. Noverit universitas vestra me d. et h. p. c. m. conf.

Thorp'. de me et her. m. inperp. qui. cla. Deo et Eccl. S. G. de S. et
mon. ibidem Deo servientibus, unum toftum, et unam acram
f. 85v. terræ jacentem infra villam de Thorp', cum omn. pert. s. ad
illud toftum et terram spectantibus. Et ego Petrus et her. m.
præd. toftum et acram præd. contra omn. hom. war. adq. et
def. inperp. In c. r. t. h. præs. scr.,[sig. m.] duxi apponendum.
H. t., domino Waltero capellano de Seleby, Johanne fratre
Abbatis.

CCCCXXXVI.

CARTA WILLELMI DE WYSTOWE.

xxiiij. Sc. præs. et fut. quod ego Willelmus de Wystow d. c.
et h. p. c. m. conf. et penitus qui. cla. Deo et S. G. de S. et
mon. ibidem Deo servientibus, totum jus et cla. quod habui vel
habere potui in duabus bovatis terræ in villa de Thorp', et in
annuo redditu unius [denarii][1] libræ piperis quem solebam
percipere de præd. bovatis terræ in eadem villa, cum omn.
homagiis, serviciis, wardis, releviis, et omn. aliis rebus inde
aliquo modo provenientibus ; ten. et hab. dictis mon. et eorum
succes. adeo libere, quiete, pacifice, et integre, cum omn. pert.,
prout in carta continetur [quam][2] Henricus avus meus habuit de
eisdem mon., quam sursum reddidi una cum carta præsenti.
In c. r. t. h. præs. scr. sig. m. apposui. H. t., Johanne de
Cawode, Johanne Juuene, etc.

CCCCXXXVII.

CARTA ROBERTI DE THORP' (sic).

xxv. Sc. præs. et fut. quod ego Hugo, filius Roberti de Thorp,
d. c. et h. p. c. sig. m. roborata conf. Mabiliæ quondam uxori
Daulini[3] de Hanburgh' et her. s. vel assignatis, annuum redditum
triginta et duorum denariorum, percipiendorum de tribus toftis
et octo acris terræ in Westhorp' in territorio de Hamelton',
quæ tofta et quas acras Alanus fil. Thomæ Jodun de me tenet ;
ten. et hab. dictum annuum redditum dictæ M. et her. seu
assignatis s. inperp., cum omni jure et dominio ad dicta ten.
pertinentibus, sine aliquo retenementum (sic) de me et her. m.,
li. qui. pacifice et honorifice. Et ad percipiendum dictum
redditum singulis annis a quibuscunque dictorum tenementorum
tenentibus, medietatem ad festum Sci. Martini in hieme, et
alteram medietatem ad Pentecosten, reddendo inde annuatim
michi et her. m. unum granum piperis pro omni servicio

[1] Underdotted.   [2] Omitted in MS.   [3] Roberti, p. 274.

Thorp'. seculari et exaccione et demanda. Ego vero Hugo et her. m.
dictum redditum, jus, et dominium, cum omn. s. pert. et lib.,
dictæ Mabiliæ et suis her. vel assignatis contra omnes mortales
war. adq. et def. inperp. H. t., Waltero capellano, etc.

CCCCXXXVIII.

CARTA WILLELMI POPELOW ET AGNETIS UXORIS EJUS, QUONDAM UXORIS JOHANNIS FORESTARII.

xxvj.   Omnibus ·hoc scr. vis. vel aud. Willelmus Popelow et Agnes
uxor ejus, quondam uxor Johannis Forestarii de Seleby, sa. in
Domino. Noveritis nos pro nobis et omn. nostris remisisse
et inperp. qui. cla. Deo et Eccl. S. G. de S. et mon. ibidem Deo
servientibus, totum jus et cla. quod habuimus vel habere
poterimus in tota illa terra quæ fuit quondam præfati Johannis
fil. Willelmi Forestarii in territorio de Thorp', pro xx^{ti} solidis,
uno quarterio frumenti, et uno quarterio siliginis, nobis a præd.
religiosis plenarie donatis. Et, ne nos aut aliquis alius ex parte
nostra contra istam quietam clamacionem venire possimus in
posterum, præfatis Abb. et Conv. subscriptos invenimus
fidejussores, viz. Henricum Juuenem de Seleby et Alanum
Franciscum de eadem, qui se ad istam quietam clamacionem
inperp. observandam pro nobis obligaverunt, facientes sua
sigilla simul cum nostris præsentibus appendi in testimonium
veritatis. H. t., domino Waltero capellano, Henrico Syward,
etc.

CCCCXXXIX.

CARTA HUGONIS FILII ET HEREDIS ROBERTI DE THORP'.

xxvij.   Universis Christi fid. hoc scr. vis. vel aud., Hugo fil. et heres
A.D.   Roberti de Thorp, sa. in Domino sempiternam. Noverit
1263-9.   universitas vestra me reddidisse, conc. et h. p. scr. m. conf. de
me et her. m. qui. cla. in li. ;pur. et perp. el. Deo et Eccl.
b. G. de S., et dompno Dauid, tunc temporis Abbati de S., et
ejusdem loci Conventui ibidem Deo servientibus, et eorundem
successoribus, capitalibus dominis feudi, totum tenementum
f. 86.   meum quod habui vel habere potui in villa de Thorp', tam
in dominicis et homagiis, quam in redditibus et serviciis, in
pratis, pascuis et pasturis, aquis, mariscis, boscis, nemoribus
et essartis, curiæ sectis et eschaetis, et omn. lib. michi et her. m.
occasione præd. ten. in villa de Thorp' et extra pertinentibus;
ten. et hab. de me et her. m. præd. Abb. et ejusdem loci Conv.
et eorundem succcess. prædictum tenementum, li. qui. pacifice et
integre, sine ullo inpedimento seu retenemento, cum libero

Thorp'. introitu et exitu cum carris et quadrigis possidendum. Et ego præd. Hugo et her. m. totum præd. ten. cum omn. aysiam. appendiciis et libertatibus ad præd. ten. spectantibus, contra omn. hom. war. et inperp. def. In c. r. t. præs. scr. sig. m. apposui. H. t., Adam de Byrne, Johanne Juuene de Seleby, etc.

CCCCXL.

CARTA ROBERTI DE WILLEGBY.

xxviij.
A.D. 1250. Omnibus ad quos præs. scr. pervenerit, Robertus de Willeby, miles, sa. in Domino. Noverit universitas vestra me et her. meos teneri Abb. et Conv. de S. scil. summo altari monasterii ejusdem, in una dimidia libra lib'i(?) incensi die transitus S. G., annuatim persolvenda pro quadam licencia michi et her. m. ab ipsis per cartam suam concessa, viz. quod michi concesserunt unam haeram[1] cignorum inperp. habendam in stagno suo, viz. duos cignos haerarios veteres cum sequela sua tantum unius solius anni. Ego vero Robertus et her. m. nuncquam plures cignos quam unam haeriam, scil. duos haerarios cum sequela sua unius anni in prædicto stagno habebimus ; finito vero anno

July 1. ætatis sequelæ prædictæ, ego et her. m. infra octabas Sci. Johannis Baptistæ ad ultimum totam sequelam prædictam extra præd. stagnum deponemus, et sine redditu removebimus ; ita scil. quod si aliquis cignus de præd. sequela unius anni post terminum prefixum in stagno prædicto inveniatur, Abbati et Conventui ut proprius cignus suis remanebit. Cigni vero mei et heredum meorum tale signum habebunt, viz. quod tam haerarii quam cingnoti in dexteris pedibus perforabuntur, et

Oct. 6. hoc signum eis inponemus infra octavas Sci. Michaelis. Et si quis cignus vel signotus (*sic*) sine signo prædicto inveniatur post illum terminum in eodem stagno, quietus, ut prædictum est, eisdem Abb. et Conv. remanebit. Dicti autem Abb. et Conv. præd. licenciam michi et her. m. concesserunt ita quod ego vel her. m. pretextu et racione cignorum ibidem existencium ut præd. est nichil amplius juris in præd. stagno nobis exigere possimus vel vendicare, quam quod ego habui in die istius concessionis. Facta fuit ista conc. anno Domini m₀ cc° l°, et in h. r. t. pr. scr. sig. m. apposui.

CCCCXLI.

CARTA ROBERTI DE WYLLEGBY.

xxix. Sc. omn. præs. et fut. quod ego Robertus de Willeghby d. c.

---

[1] An aerie (misspelt "eyrie"), or brood. Used in "Order for Swannes" (*c.* 1558) in the Lincoln volume of the Arch. Inst. (1850) as a verb ; "Such ground where any swan shall heiry," p. 306 ; "when they do heire," p. 309.

Thorp'. relaxavi et qui. cla. et h. p. c. m. conf. Deo et S. G. de S. et mon. ibidem Deo servientibus, pro sa. an. m. et patris mei et matris meæ et antec. et success. m., in pur. et perp. el., viginti sex denarios redditus per annum quos Ricardus de Langethwait michi aliquando solvere solebat de una bovata terræ in villa de Braiton', quam idem Ricardus dedit præd. monachis ; totum vero jus et cla. quod in illo redditu vel in præd. terra habui vel habere potui aut debui præd. mon. in pur. et perp. el. de me et her. m. inperp. dedi et qui. cla. Et ne ego vel her. m. contra istam meam donacionem et quietam clamacionem venire possimus inposterum aliquatenus, præs. scr. sig. m. apposui. H. t., etc.

CCCCXLII.

CARTA ROBERTI DOMINI DE WILLEGBY.

xxx. Sc. omn. præs. et fut., quod ego Robertus, dominus de Willegby, d. c. et h. p. c. m. conf. Thomæ fil. Stephani Albi de Thorp' pro homagio et serv. suo, duas bovatas terræ cum

f. 86v. pert., cum tofto et crofto eisdem bovatis pertinentibus in villa de Thorp', quas Adam fil. Lecelinæ quondam tenuit de me in eadem villa, ten. et hab. de me et her. m., sibi et her. s. qui de eodem exibunt, li., qui., integre, cum omn. libertatibus, comunibus, et aysiam. ad dictam liberam terram spectantibus, infra villam et extra, reddendo inde annuatim michi et her. m. duos solidos, scil., medietatem ad Pentecosten et med. ad festum Sci. Martini in hieme, pro omni serv., exacc. cons., et demanda, salvo forinseco servicio quantum pertinet ad tantam terram ejusdem feodi in eadem villa. Et ego Robertus et her. m. totum præd. ten. præd. Thomæ et her. s. qui de illo exibunt, contra omn. hom. inperp. war. adq. et def. H. t., domino Tho. de Bella Aqua,_etc.

CCCCXLIII.

CARTA DOMINI ROBERTI DE WILLEGBY, MILITIS.

xxxj. Omnibus Christi fidelibus ad quos præs. scr. pervenerit,
c. A.D. dominus Robertus de Willeby miles, sa. in Domino. Noverit
1246. universitas vestra me reddidisse, dedisse, qui. cla. de me et her. m. Deo et monasterio S. G. de S. et mon. ibidem Deo
Relax. de servientibus, totum jus quod habere clamavi aut potui in stagno
Cignis. de Seleby racione alicujus juris, permissionis, concessionis vel donacionis in cignis in eodem stagno habendis ; ita scil. quod ego nec aliquis heredum m. possimus ibidem aliquid jus vel cla. vendicare cignos in eodem stagno habendi, nec in longitudine nec in latitudine, scil. a fossatis prati domini Archiepiscopi Ebor'

Thorp'. usque ad molendinum de Seleby. Et quod ista donacio, reddicio, quieta clamacio perp. robur obtineant securitatis, præs. scr. sig. m. apposui. H. t., magistro Willelmo de Lichefeld' Rectore Eccl. de Braiton', Reynero Coco, etc.

CCCCXLIV.

CONVENCIO FACTA INTER RICARDUM ABBATEM [ET R. DE WILLEGBY].

xxxij.
A.D. 1240,
June 24.

Hæc est convencio facta inter Ricardum de Kelleshey Abb. et. Conv. d. S. ex una parte, et Robertum de Willegby ex altera, anno graciæ m° cc° quatragesimo, ad festum S. Johannis Bapt., viz. quod præd. Abb. et Conv. dimiserunt et qui. cla. dicto Roberto et her. s. omne jus et cla. quod habuerunt vel habere potuerunt in Habholme et in omn. aliis locis usque ad præd. terminum, a præd. Roberto sibi appropriatis. Dictus vero Robertus dimisit et qui. cla. de se et her. s. dictis Abb. et Conv. omne jus et cla. quod habuit vel habere potuit in exaltacione stagni de Seleby, manente stagno in eadem exaltacione et statu in qua fuit dicto die qua (*sic*) facta fuit ista composicio inter dictum Abb. et Conv. et Robertum, et in omn. aliis locis usque ad præd. terminum a præd. Abb. et Conv. eis appropriatis. Et, ut ista composicio imperp. rata et stabilis permaneat, utraque pars scripto alterius sigillum suum apposuit. Ada de Neytford', Johanne de Crikeleston, Thoma de Pollington', etc.

CCCCXLV.

CARTA ROBERTI DE WILLEGBY.

xxxiij.
A.D. 1243.

Omnibus ad quos præs. scr. pervenerit, Robertus de Willegby, sa. in Domino. Noverit universitas vestra me c. d. et p. c. m. conf. Deo et S. G. de S. et mon. ibidem Deo servientibus, quinque rodas terræ et undecim perticatas in longitudine de terra mea in Westcroft de Thorp', in escambium pro quinque rodis terræ et undecim perticatis in long. quas Radulfus Morfar aliquando tenuit juxta gardinum meum; et unam rodam terræ in eodem crofto in excambium pro quodam fossato quod feci in stagno suo juxta gardinum meum, viz. quæ jacent propinquiores Hugoni del Wra in eodem crofto de terra mea. Et quod nec ego nec her. m. post illud excambium in eodem stagno amplius fossare vel haiare sine licencia ipsorum præsumemus. Actum est, anno graciæ m° cc° quatragesimo tercio. In h. r. t. præs. scr. sig. m. apposui.

---

[1] Not mentioned in Torre's list, but see above, p. 215*n*.

Thorp'.

CCCCXLVl.

CONVENCIO FACTA INTER ABBATEM ET ROBERTUM DE WILLEBY.

xxxiiij.
A.D. 1247,
June 24.

Anno graciæ m° cc° xl° septimo, ad festum S. Johannis Bapt., facta fuit hæc convencio inter Hugonem Abb. et Conv. de Seleby ex una parte, et Robertum de Willegby, militem ex altera, viz. quod præd. Robertus pro se et her. s. concessit imperp. eisdem Abb. et Conv. et success. ipsorum exaltare stagnum molendinorum suorum de Seleby et omnibus modis ex

f. 87.

utraque parte æqualiter reparare per metas et bundas et usque ad superiorem partem metarum eodem die factarum a molendino usque ad domum Henrici Kelking'. Et non licebit eis ultra illas metas stagnum prædictum exaltare sine licencia præd. Roberti vel her. s. Et ne dictus Robertus vel her. s., contra istam composicionem ejusdem stagni per prædictas metas et bundas eodem tempore in salicibus et lapidibus factas exaltacionem venire aliquatenus possint inposterum, vel Abbas et Conv. ultra illas metas dictum stagnum exaltare, præsens scriptum sigillorum suorum apposicione tam Abbas quam Conventus quam idem Robertus in hujus rei testimonium sempiternum corroboraverunt. Et sciendum quod Abb. et Conv. concesserunt et qui. cla. præd. Roberto et her. s. parcum suum de Thorp', sicut in illo tempore includebatur, imperp., sine clamio tenendum et possidendum, et pro ista quieta clamacione præd. Robertus concessit et qui. clamavit pro se et her. s. et pro omn. hom. s. de Thorp eisdem Abb. et Conv. et eorum succes., Ruddeker, imperp. sine clamio tenendum et possidendum.

CCCCXLVII.

CONVENCIO INTER RICARDUM ABBATEM DE SELEBY ET ROBERTUM DE WILLEBY.

xxxv.
A.D. 1237,
Aug. 1.

Anno graciæ m° cc° xxx° vij° ad gulam Augusti,[1] acta fuit hæc convencio inter Ricardum de Kellesay, tunc temporis Abbatem de S. et ejusdem loci Conv. ex una parte, et Robertum de Willegby ex altera, viz. quod de comuni, utriusque partis assensu, partiti sunt inter eos comune nemus de Seleby et de Thorp' in quatuor partes, de quibus quarta pars, quæ propinquior adjacet villæ de Thorp', quæ de extendit in long. ab haia dicti Roberti usque ad altum collem juxta le Deppit de Flaxelay directe, remanebit dicto Roberto et her. s. sicut jus et

---

[1] St. Peter ad Vincula or Lammas Day, also called *Gula Augusti* from the throat of a tribune's daughter miraculously healed by St. Peter's chains— (*Durandi Rationale*, vii, 19).

Thorp'. hereditas ejusdem, in lat. vero a dicta parte de Flaxelay per albam quercum usque in essartum Arnaldi, et ab assarto Arnaldi usque in foviam essarti quod fuit Johannis Johannis (*sic*) de Wodehag'; totum vero residuum præd. nemoris, scil. iij aliæ partes, tam in long. quam in lat., dictis Abb. et Conv. integre remanebunt sicut eorundem jus, quia[1] autem dicta pars præd. Roberti vilior et deterior ceteris partibus quantum ad vesturam bosci esse dinoscebatur, dicti Abb. et Conv. præd. Roberto et her. s. xx^{ti} acras terræ adjacerunt (*sic*) de incremento, quæ jacent juxta Mikelmor in Roulandker versus aquilonem, usque Aldehegges versus orientem, de partibus eis contingentibus. Licebit autem tam Abb. et Conv. præd. quam dicto Roberto et her. s. infra proprias partes eisdem assignatas terras assidere, assartare, et comodum suum facere; ita quod non vergatur in destruccionem per quam possint amittere comunam suam, salva tamen utrique parte (*sic*) et suis comuna pasturæ, herbagii, et pannagii, sicut esse solet et debet. Sciendum est eciam quod præd. Robertus et her. s. non poterunt fodere turbas nec excoriare infra partes dictis Abb. et Conv. contingentes, nec dicti Abb. et Conv. nec sui infra partem dicto Roberto et her. s. assignatam. Ad prædicta autem in hoc scr. roboranda utraque partium scripto alterius sig. suum proprium apposuit. H. t., viro venerabili domino W. de Gray, tunc archiepiscopo Ebor', etc.

CCCCXLVIII.

CARTA ROBERTI DE WILLEYBY.

xxxvj. Omnibus hoc scr. vis. vel aud., Robertus de Willeby, fil. et her. Roberti de Willeby, sa. in Domino. Noveritis me remisisse, conc. et de me et her. m. imperp. qui. cla., totum jus et cla. quod habui vel habere potui seu potero in manerio de Thorp', cum omn. suis pert. et libertatibus, Deo et Eccl. S. G. de S. et Thomæ Abb. et Conv. ejusdem loci, et success. eorundem; ten. et hab. sibi et succes. s. in li. pur. et perp. el. imperp., nichil michi juris vel libertatis in præs. vel. in fut. inde retinendo, scil. in mes., terris, pratis, stagnis, aquis, boscis, mariscis, wastis, herbagiis, piscariis, turbariis, pascuis, pasturis, parcis, warenniis, et omn. al. lib. et aisiam. sive proficuis ad præd. manerium pertinentibus, ita scil. quod nec ego nec her. m. aliquod jus vel cla. in præd. manerio cum suis pert., nec in supradictis, de cetero vendicare aut exigere poterimus. In c. r. t. h. p. scr. sig. m. apposui. H. t., dominis Thoma de Gunneby, Thoma de Huck', militibus, etc.

[1] Quē in MS.; read "quemadmodum."

Thorp'.

CCCCXLIX.

CARTA ROBERTI DE WILLEGBY, MILITIS.

xxxvij. Sc. omn. præs. et fut. quod ego Robertus de Willeby, miles,
f. 87v. d. c. et h. p. c. m. sig. m. roborata conf. et de me et omn. m.
inperp. qui. cla. Deo et Eccl. S. G. de S. et Thomæ Abb. et
Conv. ejusdem loci et success. eorundem, pro sa. an. m., patris
et matris, antec. et success. meorum, manerium de Thorp', cum
homagiis, serviciis, wardis, releviis, redditibus, escaetis, villen-
agiis cum villanis, villenagia illa tenentibus, et omnibus
eorum sequelis, custodiis, auxiliis, nemoribus, parcis, lib., haiis,
parcis, pasturis, moris, mariscis, aquis, assartis, stagnis,
molendinis, vivariis, piscariis, warenniis, libertatibus et cum
omnibus pertinenciis, wastis ac rebus aliis in omn. locis et per
omnia loca ad præd. manerium pertinentibus, sicut jacet in long.
et lat. ex utraque parte stagni, nichil michi vel her. m. in præs.
vel in fut. inde retinendo, in pur. et perp. el., imperp. ; ten. et
hab. eidem Abb. et success. s. et Eccl. suæ prædictæ, cum omn.
prænominatis, in pur. el. inperp., faciendo inde michi et her.
serv. tantum quantum pertinet ad serv. terciæ partis feodi
unius militis, pro omnibus serviciis, sectis curiarum, et omn. al.
rebus et serv. inde provenientibus. Ego vero Robertus et her.
m. totum præd. manerium cum omn. pert. et aliis prænominatis
Deo et Eccl. S. G. de S. et Thomæ Abb. et Conv. ejusdem loci
et success. eorundem, per prædictum servicium de omnibus
terrenis serviciis debitis domini Regis, et Judaismo, contra
omn. gentes inperp. war. adq. et def. In c. r. t. h. p. scr. sig.
m. apposui. H. t., domino Milone Basset, etc.

CCCCL.

CARTA ROBERTI FILII ROBERTI DE WILLEBY, MILITIS.

xxxviij. Omnibus Christi fid. ad quos præs. scr. pervenerit, Robertus
fil. Roberti de Willeby, miles, sa. in Domino sempiternam.
Noverit universitas vestra me conc., h. p. c. m. conf., et pro
me et her. m. imperp. qui. cla., in pur. et perp. el., Deo et
Eccl. S. G. de S. et mon. ibidem Deo servientibus et eorum
success., manerium de Thorp juxta Seleby, quod habent de dono
Roberti patris mei, cum omn. pert. in boscis, planis, aquis,
mariscis, comunis, pratis, pasturis, redditibus, serviciis, wardis,
releviis, escaetis, et cum omn. lib. ad præd. manerium qualitercunque spectantibus, nichil juris vel cla. michi vel her. m. in
præsenti vel in futuro inde retinendo. Ego præd. Robertus fil.
Roberti et her. m. dictum manerium cum omn. supradictis

Thorp'. dictis religiosis contra omn. hom. ab omn. serv. cons. et demandis, tanquam pur. et perp. el., war. atq. et imperp. def. Et, ne ego dictus Robertus fil. Roberti vel her. m. contra præs. conf. et qui. cla. venire possimus in posterum, sig. m. apposui præs. scr. H. t., dominis Johanne de Bella Aqua, Roberto de Berlay, militibus, etc.

CCCCLI.

CARTA ROBERTI DE WILLEBY, MILITIS.

xxxix. Universis Christi fidelibus ad quos præs. scr. pervenerit, Robertus fil. Roberti de Willegby, miles, sa. in Domino sempiternam. Noveritis me pro me et her. m. remisisse et omnino imperp. qui. cla. Abb. et Conv. de S. et eorum success., illas decem marcas annuas in quibus iidem religiosi per cartam suam ad totam vitam meam michi tenebantur. Demisi (*sic*) eciam et pro me et her. m. inperp. qui. cla. eisdem religiosis et eorundem success., omnia debita, acciones, et demandas quas ab eisdem quoquomodo sive quacunque occasione exigere potero in futur'. Et si instrumenta vel scripta aliqua faciencia mencionem de præd. religiosis et me seu antec. m., in quorum manibus de cetero reperiantur, cujuscunque tenoris fuerint, volo et concedo pro me et her. m. quod pro nichilo habeantur, et nullius penitus sint momenti et valoris. In c. r. t. præs. scr. sig. m. apposui. H. t., dominis Johanne de Bella Aqua, Roberto de Berlay, Johanne de Melsa, militibus, etc.

CCCCLII.

CARTA ISABELLÆ.

xl.
f. 88. Omnibus hoc scr. vis. vel aud., Isabella filia Hugonis filii Roberti Clerici de Thorp', sa. Noverit universitas vestra me reddidisse, remisisse, et de me et her. m. imperp. qui. cla. Deo et Eccl. S. G. de S. et mon. ibidem Deo servientibus, et eorundem success. in li. pur. et perp. el., unum toftum cum crofto, et Benecroft, et duas bovatas terræ quas Robertus Clericus de Thorp', avus meus, quondam tenuit in villa de Thorp', cum omn. pert. s., infra villam et extra; ten. et hab. dictis religiosis et eorum success. bene et in pace, nichil juris vel clamii in præsenti vel in futuro inde retinendo. Et, ne ego vel her. m. contra præsens instrumentum vel factum venire possimus in posterum, sig. m. præs. scr. apposui. H. t., Roberto le Chaumberlayn de Seleby, Johanne de Hanburg' de eadem.

R

Thorp'.

CCCCLIII.

CARTA MABILIÆ, QUONDAM UXORIS ROBERTI DE HANBURG'.

xlj.
A.D.
1254-62,
or
1269-1280.

Omnibus Christi fidelibus ad quos præsens scr. pervenerit, Mabilia, quondam uxor Roberti de Hanburg', sa. in Domino. Noveritis me in legitima viduitate mea d. c. et h. p. c. m. c. Deo et Eccl. S. G. de S., et Thomæ Abb. et Conv. ejusdem loci, et success. eorum, quinque acras terræ arrabilis in territorio de Thorp', jacentes in orientali parte de Bondcroft, juxta le Frith', sicut metæ undique se condonant. Concessi eciam et dedi præd. religiosis quemdam annuum redditum triginta et duorum denariorum annuatim percipiendum ad Pentecosten et ad festum Sci. Martini in yeme, de tribus toftis et viij acris terræ in Westthorp' in territorio de Hamelton', quæ Alanus fil. Thomæ Jodun tenuit ; tenend. et habend. eisdem religiosis supradictam terram et annuum redditum, cum omn. s. pert., in li. pur. et perp. el., cum omni jure et dominio ad dicta ten. pert. imperp. ; nichil michi vel meis in præsenti vel in futuro inde retinendo. Et ego præd. Mabilia et her. m. supradictis Thomæ Abb. et Conv. et Eccl. suæ de Seleby et eorundem success. omnia supradicta in li. pur. et perp. el. contra omn. homines war. adq. et def. In c. r. t. præs. scr. sig. m. apposui. H. t., Radulfo de Hamelton', Henrico Siward, etc.

CCCCLIV.

CARTA MARGERIÆ FILIÆ ROBERTI CLERICI DE THORP'.

xlij.

Omnibus hoc scr. vis. vel aud. Marioria fil. Roberti Clerici de Thorp', sa. in Domino. Noveritis me in pura viduitate mea remisisse, concessisse et omnino qui. cla. pro me et her. m. imperp., Deo et Eccl. S. G. de S. et mon. ibidem Deo servientibus, totum jus et cla. quod habui vel habere potui in omn. terris et ten. in Thorp' juxta Seleby ex utraque parte stagni ; ita ut nec ego nec aliquis pro me vel pro her. m. jus aut cla. inde habere poterimus. In c. r. t. huic præs. scr. sig. m. apposui. H. t., Johanne de Hanburg' de Seleby, etc.

CCCCLV.

CARTA WALTERI DE WYSTOWE.

xliij.

Sc. omn. præs. et fut. quod ego Walterus de Wystowe d. c. et h. p. c. m. conf. Petro de Cockefeld et her. s. vel assignatis pro homagio et serv. s. duas acras terræ in territorio de Thorp', unam scil. in Hauercroft jacentem in quatuor partibus, et aliam jacentem juxta terram Hugonis fil. Roberti Clerici de Thorp', ten.

Thorp. et hab. li. qui. et integre, cum omn. lib. et aisiam. et omn. pert., redd. inde ann. pro omni serv. et demanda michi et her. m. vel assignatis duos denarios, viz. unum ad festum Sci. Martini et unum ad Pentecosten. Et ego Walterus et her. m. præd. duas acras terræ præfato Petro et her. s. vel assignatis contra omn. hom. inperp. war. et def. H. t., Rogero de Hamelton', etc.

CCCCLVI.

CARTA WALTERI FILII R. CLERICI.

xliiij. Sc. omn. præs. et fut., quod ego Walterus fil. Roberti Clerici de Thorp' qui. cla. Hugoni fratri meo et her. s., totum jus et cla. quod habui vel habere debui in duabus bovatis terræ cum pert. in Thorp', viz. quæ quondam fuerunt dicto Roberto patri meo (*sic*), super quas ego tuli breve domini Regis ad placitandum eum in curia Prioris de Pontefracto; ita eciam hoc qui. cla. quod de cætero nunquam ego nec her. m. inde cla. habere poterimus; huic scripto præsenti sig. m. apposui. H. t., Thoma de Barkeston, etc.

CCCCLVII.

CARTA HUGONIS DE THORP', VOCATI WARD'.

xlv. Sc. omn. præs. et fut., quod ego Hugo de Thorp', vocatus
f. 88v. Ward, d. c. et h. p. c. sig. m. roborata conf. Roberto fil. Ricardi ad Pontem de Thorp' et her. s. vel eorum assignatis, unum toftum in Thorp' et croftum, cum pert., viz. toftum quod jacet juxta viam inter toftum Alani fil. Ilbe et toftum meum ex altera parte, et croftum qui se extendit super le Frith'; ten. et hab. li. qui. et integre, sicut metæ præfixæ condonant, cum omn. pert. lib. et aysiam. ad dicta tenementa spectantibus, reddendo inde annuatim michi et her. m. unum denarium, viz. unum obolum ad Pentecosten et unum obolum ad festum Sci. Martini in hyeme pro omni serv. exaccione et demanda. Et ego Hugo et her. m. præd. croftum et toftum cum pert. præd. Roberto et her. s. sive assignatis contra omn. hom. et fem. imperp. war. et def. H. t., Hugone de Mar, Willelmo Edwardi, etc.

CCCCLVIII.

(CARTA RADULFI DE WILLEBY ET BEATRICIS UXORIS EJUS).

xlvj. Sc. præs. et fut. quod ego Radulfus de Willeby et Beatrix uxor mea d. c. et h. p. c. conf. Waltero Neue et her. s. iiij^or acras et dimidiam terræ arrabilis in territorio de Thorp', insimul

Thorp. cum tofto et mesuagio ad easdem acras pert., quas scil. Leuuinus tenuit in eadem villa, et unum essartum super Hachemor trium acrarum quod scil. præfatus Walterus inclusit; ten. eidem Waltero et her. s. de nobis et her. n. li. qui. cum omn. pert. in pratis, in pascuis, in bosco, in plano, et in omn. aisiam. infra villam et extra, reddendo inde annuatim nobis et her. n. xv denarios, scil. vij denarios et obolum ad festum S. Martini et vij denarios et obolum ad Pentecosten, pro omni serv. et seculari exaccione, salvo forinseco servicio. Et nos præd. Radulfus et Beatrix uxor m. et her. n. war. præfato Waltero et her. s. præd. terram cum pert. contra omn. hom. imperp. H. t., Ricardo de Hodleston', etc.

CCCCLIX.

CARTA ALEXANDRI DE RUHALE.

xlvij. Omnibus ad quos præs. scr. pervenerit, Alexander de Ruhale, sa. in Domino. Noverit universitas vestra me consensu et assensu Lenæ uxoris meæ et Rogeri her. m., pro sa. an. m., antec. et success. m., conc. et qui. cla. et p. c. m. conf. Deo et Eccl. b. G. de S., ad luminare ejusdem ecclesiæ, redditum iiij^{or} solidorum quos michi annuatim solvere solebant pro duabus bovatis terræ in Thorp' juxta Seleby, et duabus bovatis in Burton' juxta Brayton; ten. et hab. li. qui. sine contradiccione mei vel her. m., in pur. et perp. el., imperp. Ego vero Alexander et her. m. hanc donacionem et conf. dictæ Eccl. contra omn. hom. war. imperp. H. t., Johanne de Byrkyn, etc.

CCCCLX.

(CARTA ALEXANDRI DE RUHALE).

xlviij. Notum sit omnibus S. M. Eccl. filiis, quod ego Alexander de Ruhale, voluntate et consensu uxoris meæ, donavi et h. p. c. m. conf. secretario Eccl. de Seleby, inperp. ten. de me et her. m., duas bovatas terræ in Burton' cum omn. pert. s., solutas et quietas ab omni seculari serv. præter rectum Danegeldum et xvj^d annuatim, viz. viij^d ad Pentecosten et viij^d ad festum Sci. Martini. Testibus hiis, Umfrido de Gunneby, etc.

Quære composicionem inter Archiepiscopum et Abbatem de stagno post cartas de Snayth'.[1]

[1] See below, in Vol. II, Snaith xxxj.

Haþsay.

CCCCLXI.
CARTÆ DE HATH'SAY.[1]
(CARTA ROBERTI DE STIUETON).

f. 89.
j.

Omnibus has lit. vis. vel aud., Robertus de Stiueton, sa. in Domino. Noveritis me c. d. et h. m. p. c. conf. pro an. m. et an. patris et matris meæ, in pur. et perp. el., secretario S. G. de S., ad opus luminis ante altare B. Mariæ, servicium Hugonis fil. Ailrici de Hausay et heredum s., illud, scil., quod michi dedit pro terra illa quam in villa de Hausay li. et qui. et hon. de me tenuit, viz. simplex toftum ubi sita est domus cum orto quæ jacent inter toftum Roberti Sutoris et toftum Johannis Dernel, et novam rodam et Gullay et quæcunque ad me pertinent in Estker, et dimidiam acram prati in orientali cultura versus latus occidentale jacentem, scil. xij^d tantum pro omnibus secularibus accionibus, peticionibus, et querelis, vj^d ad festum Sci. Martini et vj^d ad Pentecosten. Ego vero Robertus de Stiueton' et her. m. dictam donacionem dicto secretario contra omn. hom. inperp. war. H. t., domino Johanne de Byrkin, etc.

CCCCLXII.
(CARTA RADULFI MOLENDINARII DE HAUSAY).

ij.

Omnibus ad quos præs. scr. pervenerit, Radulfus molendinarius de Hausay, sa. in Domino. Noverit universitas vestra me et her. m. teneri inperp. Abb. et Conv. de S. in xij^d annuatim eisdem persolvendis, vj^d ad Pentecosten et vj^d ad festum S. Martini, pro quodam tofto quod de eisdem teneo in villa de Hausay. Ego vero Radulfus et her. m. præd. redditum præd. Abb. et Conv. sine omni contradiccione et dolo et cavilacione fideliter ad terminos statutos persolvemus. Et si forinsecum servicium de prædicto tofto exigatur, dominus feudi vel ego et her. m. sine vexacione et expensis Abb. et Conv. respondebimus. In c. r. t. huic præs. scr. sig. m. apposui. H. t., Thoma de Bella Aqua, etc.

CCCCLXIII.
(CARTA WILLELMI DE EUERMU).

iij.

Sc. præs. et fut. quod ego Willelmus de Euermu conc. et h. p. c. m. conf. Hugoni fil. Walteri et her. s., tenementum quod Radulfus villanus tenuit in Hausay de Osberto de Baius,[2] cum omn. pert., scil. illud ten. quod Godefridus et Radulfus tenuerunt in eadem villa; ten. de me et her. m. in feodo et

---

[1] i.e., Haddlesey.   [2] Of Bayeux.

Haþsay. hereditate, li. et qui., reddendo michi et her. m. duas libras piperis per ann. pro omn. serv. michi pert., scil. ad festum S. Petri ad Vincula. Et pro ista conc. et conf. dedit michi præd. Hugo vj[s]. Hii sunt testes, Robertus de Euermu, etc.

CCCCLXIV.
(CARTA WALTERI DE EUERMOWE).

iiij.   Sc. tam præs. quam fut., quod ego Walterus Euermowe d. c. et h. p. c. m. conf. et qui cla. Hugoni fil. Walteri et her. s., Ranulfum fil. Ailsi, nativum meum de Hausay, cum toto sequela sua et cum omn. catallis s., de me et her. m. Et pro ista qui. cla. præd. Hugo dedit michi iiij[or] solidos et unum talentum.[1] Hii sunt testes hujus qui. cla., Robertus de Euermowe, Sigerus de Archeles, etc.

CCCCLXV.
(CARTA ALANI PRIORIS DE DRAX ET EJUSDEM LOCI CONVENTUS).

v.   Omnibus S. M. Eccl. filiis præs. et fut., Alanus Prior de Drax et ejusdem loci Conv., sa. Noverit universitas vestra nos c. d. et h. p. c. n. conf. Hugoni fil. Walteri et her. s., unum toftum in Media Hausay pro homagio et serv. suo ex occidentali parte ejusdem villæ, et xv acras terræ in bosco de Hausay quæ jacent in uno essarto versus divisam de Gaiteford, et vj acras prati in Mickelmersk' ; ten. de nobis in feudo et hereditate, li. qui. et honorifice, in omnibus aysiam. et comunitatibus præfatæ villæ de Hausee pertinentibus, reddendo nobis annuatim duas libras piperis infra octavas S. Petri ad Vincula pro omni sæc. serv. Hanc autem præfatam terram et prænominata tenementa war. præd. Hugoni et her. s. contra omn. hom. H. t., Paulino Decano, etc.

CCCCLXVI.
HATHELSAY.
CARTA RADULFI VILLANI.

j.   Sc. omn. præs. et fut. quod ego Radulfus villanus c. d. et
f. 89v. h. c. conf. Hugoni fil. Walteri et her. s., pro homagio et serv. suo, totam terram meam de Hausay quam habui ex dono Osberti de Banis, et quam Ranulfus fil. Ailsi tenuit, scil. unum toftum in Mediana Hayelsay[2] versus occidentem, et xv acras terræ in bosco de Hausay in uno essarto, et vj acras prati in

---

[1] The *talentum* is variously stated in Ducange as £100, £50, £1, a mark, and a besant.

[2] Haddlesey ; here and elsewhere the MS. has a dotted y, for þ.

Hathel- Mikelmersk', ad tenendum de me et her. m. in feudo et hereditate,
say.   li. qui. et honorifice, in bosco et plano, in pratis et pascuis, in
viis et semitis, in aquis et in omn. lib. et aysiam. villæ de
Hausay pertinentibus, reddendo inde annuatim michi et her. m.
unam libram piperis ad festum Apostolorum Petri et Pauli pro
omni servicio seculari et exaccióne. Et ego Radulfus et her.
m. warantizabimus præd. Hugoni præd. terram contra omnes
homines. Pro hac vero conc. et donacione dedit michi præd.
Hugo xx solidos de recognicione. H. t., Osberto Clerico de
Schirburne, Oton' de Barkeston', Umfrido de Villi (*sic*), etc.

CCCCLXVII.

CARTA HUGONIS FILII WALTERI.

ii.   Sc. omn. præs. et fut. quod ego Hugo fil. Walteri d. c. et h. p.
c. conf. Deo et Eccl. S. G. de S. et mon. ibidem Deo servientibus,
totam terram meam quam habui in villa de Hayelsay cum pert.
absque ullo retenemento, scil. infra villam duo tofta et sex acras
prati, et in terra arrabili xx^ti acras, ten. et hab. in lib. el. de
me et her. m. inperp., reddendo inde annuatim michi et her. m.
duas libras piperis ad festum Sci. Petri ad Vincula pro omni
servicio. Et ego et her. m. warantizabimus præd. terram cum
pert. præd. Eccl. et præd. mon. ubique et contra omnes homines.
H. t., Henrico Walensi, Roberto de Wykerlay, etc.

CCCCLXVIII.

CARTA ROGERI FILII GODRICI DE HAUSAY.

iii. Omnibus S. M. Eccl. fil. ad quos præs. scr. pervenerit, Rogerus
fil. Godefridi de Hausay, salutem. Noverit universitas vestra
me intuitu caritatis d. et c. et h. p. c. m. conf., pro sa. an. m. et
antec. et succes. m., et pro anima Aliciæ uxoris m., Deo et
b. G. de S. et Abb. et mon. ibidem Deo servientibus, duas acras
terræ integre et simul jacentes in parte orientali, infra assartum
meum quod jacet inter assartum domini Thomæ de Belewe et
assartum Hugonis de Lascy, juxta boscum de Gaiteford ; ten. et
hab., in pur. et perp. el., li. et qui. et honorifice, sicut aliqua
terra dare (*sic*) potest, concessi liberius et plenius, cum omn. lib.
ad illam terram spectantibus. Et, si præd. Abb. et Conv. præd.
duas acras fossatis includere voluerint, sine aliqua dilacione vel
contradiccione ad voluntatem et utilitatem eorum includere
faciant. Et ego Rogerus et her. m. dictam terram præd. Abb.
et Conv. contra omn. hom. et fem. inperp. war. Ut autem

Hathel-
say.

hæc donacio mea et conf. ratas (*sic*) et stabilis permaneat, huic scr. sig. m. inpressione munimine roboravi. H. t., domino Thoma de Belew, Hugone de Mar.

CCCCLXIX.

CARTA ROBERTI DE WILLEGBY.

iiij.

Sc. omn. tam præs. quam fut. quod ego Robertus de Willeby d. c. et h. p. c. m. conf. Deo et S. G. de S. et mon. ibidem Deo servientibus, pro sa. an. m., et pro animabus patris et matris m. et pro animabus antec. et success. m., unum toftum cum ædificiis et pert. in villa de Hausay, in pur. et perp. el., scil. unum toftum quod jacet inter toftum Radulfi Diaconi de Kelington' et toftum Ydanniæ de Polington'; ten. et hab. eisdem mon. de me et her. m. imperp., in feudo et hereditate, li. qui. integre, pacifice et solute ab omni sæc. serv., cum omn. pertinenciis, lib. et aysiam. præd. tofto pertinentibus, infra villam et extra. Ego vero Robertus et her. m. præd. toftum cum pert. in pur. et perp. el. præd. mon. contra omn. hom. war. adq. et def. inperp. H. t., Thoma de Bella Aqua, Milone Basset, Radulfo Diacono, etc.

NOMINA TENENCIUM.[1]

[T]enen-
tes Dom-
ini [Ab]-
batis de
[Sele]by
qui [ten-
en]t
libere
[tenemen]
ta.

A.D.
[12]47.

Nomina tenencium de Hathelsay anno Domini, etc., xlvij^{mo} Willelmus fil. Roberti tenet de domino Abbate de Selby unum mes. et xij acras terræ in Westhath'; Johannes Mallynson' de Gayteford' tenet de domino Abbate dimidium tofti quondam Willelmi fil. Nelson' in Westhath'; Thomas Gemme tenet de domino Abbate in Medilhath' j tofta (*sic*) et dimidiam bovatam terræ; Johannes fil. Adæ de Medilhath' tenet de domino Abbate j toftum et j croftum, j bovatam continentem iij acras terræ in Medilhathels'; Willelmus fil. Ricardi Balcok', mercer, tenet de domino Abbate j toftum et j croftum, j bovatam terræ in Medilhathels'; Willelmus fil. Milonis de tenet de domino Abbate j acram terræ in Westhathels', in illo loco vocato Estharr'.

CCCCLXX.

CARTA DAUID ABBATIS DE SELEBY.

v.
f. 90.

Omnibus hoc scr. vis. vel aud., Dauid, Dei gracia Abbas de S. et ejusdem loci Conv., sa. in Domino. Noveritis me conc. et dimisisse Euæ quondam uxori Adæ de Barkeston' et Isabellæ et Hawysiæ filiabus suis, unum mes. et unam bovatam terræ cum

---

[1] This entry is added by a later hand at the bottom of the page between iiij and v.

pert. in villa et territorio de Hausay, quæ habuimus de dono et permissione præd. Euæ, Isabellæ, et Hawysiæ ; ten. et hab. præd. mulieribus donec Isabellæ et Hawysiæ de maritagio providerimus, et prædictæ Euæ servicium per quod sibi victum et vestitum possit ʼdeserviri ; reddendo inde annuatim nobis et Eccl. nostræ iij solidos, viz. medietatem ad festum S. Martini in yeme, et alteram med. ad Pentecosten ; ita viz. quod præd. Eua nec Isabella nec Hawysia dictam terram vendere possint, seu aliquo modo alienare, nec easdem sine permissu nostro aliquatenus maritare. Et, si ita contingat quod prædictæ mulieres in aliqua parte contra tenorem hujus scr. faciant aut veniant, præd. mes. cum pert. et terra supradicta nobis ac monasterio nostro sicut terra propria revertetur, sine contradiccione vel inpedimento mulierum prædictarum. In c. r. t. nos Abbas supradictus pro nobis et Conventu nostro parti hujus scr. cyrograffati penes dictas mulieres residenti sig. n. apposuimus. Et quia præd. Eua, Isabella, et Hawisia sigilla sua non habuerunt prompta tempore confeccionis istius cartæ, idcirco ad earum peticionem alia sigilla parti penes nos residenti nomine earundem sunt apposita. H. t., Johanne de Seleby, etc.

CCCCLXXI.

CARTA ROBERTI DE WILLEBY, FILII ET HEREDIS DOMINI ROBERTI DE WILLEBY.

vj. Omnibus hoc scr. vis. vel aud., Robertus de Willeby, fil. et her. domini Roberti de Willeby, sa. in Domino. Noverit universitas vestra me constituisse Radulfum de Milford attornatum meum ad reddendum et ponendum Abbatem de S. in plenam seisinam de prato in Westhausay de quo fuit aliquando inter nos contencio, salva dote dominæ Aliciæ, quondam uxoris patris mei, de eodem prato et de omnibus serviciis domini Roberti de Eueringham, Hugonis de Lascy de Gayteford, et Henrici de Birne, pro tenementis suis in eadem villa, patri meo dudum debitis, et ad faciendum et ad signandum dominæ Aliciæ, uxori dudum patris mei, terciam partem suam in Habbeholme pro tercia parte manerii de Thorp', quam sibi vendicabit in dote de Abbate de S., quod si ipsa ibidem noluerit, assignat (sic) præd. Radulfus et faciat nomine meo præd. loco de Abbeholme præd. Abbati valorem terciæ partis manerii de Thorp', secundum tenorem instrumentorum inter nos factorum. In c. r. t. præs. scr. sig. m. apposui. Dat. apud Seleby, die Lunæ proxima.

CCCCLXXII.

CARTA ROBERTI DE STIUETON.

vij. Sc. omn. præs. et fut. quod ego Robertus de Stiueton feci liberos, et quietos clamavi de me et her. m. imperp., Ailricum de Hausay, et Petrum, et Adam, et Hugonem, et Robertum filios suos, cum omnibus sequelis s., et dedi hanc libertatem Deo et Eccl. S. G. de S. et mon. ibidem Deo servientibus, in li. pur. et perp. el., pro sa. an. m. et animarum patris m. et matris m. et antec. m. In hujus autem rei robur et testimonium sig. m. huic cartæ apposui. H. t., Ada de Bella Aqua.

CCCCLXXIII.

(CARTA CECILIÆ QUONDAM UXORIS WILLELMI NELLE DE HATHELESEY).[1]

viij. Omnibus hoc scr. vis. vel aud., Cecilia, quondam uxor Willelmi Nelle de Hathelesey, sa. in Domino. Noverit universitas vestra quod ego Cecilia, quondam uxor Willelmi Nelle de Hathelesey defuncti, remisi, sursum reddidi, ac quietum clamavi dominis meis Abb. et Conv. de S., totum jus et cla. quod habui vel habere potero in futurum nomine dotis vel alio quovismodo in quodam mesuagio in Seleby in vico qui dicitur Mikelgate, quod quidem fuit viri mei antedicti, ac postmodum Petri Houshold de Seleby ; ita quod nec ego nec aliquis ex parte mea in dicto mes. aliquod juris vel clamii exigere poterimus, seu de cetero vendicare. In c. r. t. præsentibus sig. m. apposui. H. t., Johanne le Chamberlayn de Seleby, Henrico Irwis de eadem, Waltero de Linberght' de eadem, Johanne Etelaf de eadem, Thoma fil. Yuonis de eadem, et multis aliis.

CCCCLXXIV.

HAMELTON'.

CARTA RODBERTI DE LACEIO.

Mon. Angl. III, 500; No. xii.

Cognitum sit omn. S. M. Eccl. fil., quod ego Rodbertus de Laceio concedo et confirmo donacionem et el. quam pater m. Hilbertus dedit Eccl. S. G. de S., et Abbati Benedicto, et monachis ibidem Deo servientibus, pro sa. sua et matris meæ et pro anima fratris mei Hugonis, ceterorumque amicorum suorum, scil. Hamelton', cum omnibus quæ ei adjacent, et hæc concedo et confirmo pro sa. m. ac omn. parentum m., ut monachi ejusdem Eccl. li. qui. in pura el. jure perpetuo habeant.

[1] In a later hand, and not numbered.

Hamelton

CCCCLXXV.

CARTA HILBERTI DE LASCY.

Mon. Angl. III, 499, 500 ; Nos. iv, xi.

ij.
c. A.D.
1107-1141.
Notum sit omnibus has lit. legentibus, quod ego Hilbertus de Lascy, pro sa. an. m. et pro sa. omn. parentum m., manerium Hamelton', cum omn. sibi adjacentibus, quod dedit avus meus Hilbertus Eccl. S. G. de S. et mon. ibidem Deo servientibus, in pura elemosina, confirmo et concedo eodem modo tenere inperpetuum. Et volo et confirmo ut teneant illam el. meam puram bene, honorifice, et quiete, ut tenuerunt die quo recuperavi honorem meum.

CCCCLXXVI.

CARTA HENRICI DE LACEYO.

iij.
c. A.D.
1141-1187.
Notum sit omn. S. M. Eccl. fil. præs. et posteris, quod ego Henricus de Lasceio concedo et præsentis cartæ testimonio confirmo donacionem illam quam fecerunt avus m. Ilbertus et pater m. Rodbertus et frater m. Ilbertus, Deo et S. Mariæ et S. Germano, de Hamelton' et de omnibus ad ipsum manerium pertinentibus. Super hoc eciam quietum clamo inperpetuum servicium unius militis quod ego requirebam a monachis de Seleby, nominatim de manerio, illo modo autem pro sa. an. m. et omn. prædec. m., et in adquietacione forisfactorum quæ feci erga Ecclesiam Dei et S. G. de S., concedo præd. manerium et præd. militis servicium esse puram el., li. sol. et quietam. H. t., Rodberto Sacerdote, Lamberto Medico, etc.

CCCCLXXVII.

CARTA ROBERTI DE HAMELTON'.

iiij.
Omnibus ad quos præs. scr. pervenerit, Robertus fil. Willelmi de Hamelton', sa. in Domino. Noveritis me vendidisse Abb. et Conv. de S. totam terram quam jure hereditario possedi in villa de Hamelton', cum omn. pert., sine aliquo retenemento ; totum eciam jus et cla. quod habui vel habere potui in terra quæ fuit Arnaldi avi mei in eadem villa ; ten. et hab. præd. Abb. et Conv. de me et her. m., li. qui. pacifice, et integre, imperp. Et ut hæc mea vendicacio rata stabilisque permaneat, præs. scr. sig. m. apposui. H. t., Ada de Bella Aqua, Thoma filio ejus, etc.

Hamelton

CCCCLXXVIII.

CARTA PETRI DE COKKEFEUD'.

v. Omnibus hominibus præs. lit. inspecturis, Petrus de Cokefeld', sa. Noveritis universitas vestra me d. c. et h. p. c. conf. Deo et Eccl. b. G. de S. et mon. ibidem Deo servientibus, in li. pur. et perp. el., redditum unius oboli quam consuevi percipere de Thoma de Grekker, de duabus acris terræ cum pert. in territorio de Hamelton', cum omn. homagiis et serv. ad præd. duas acras terræ pertinentibus; hab. et ten. eisdem mon. et eorum Eccl. inperp., li. qui. bene et in pace, sine aliqua contradiccione vel inpedimento mei vel her. m. sive assignatorum m. ; ita quod nec ego nec her. m., nec aliquis alius nomine meo in præd. duabus acris terræ cum pert., aliquod jus vel cla., homagium sive servicium de cetero exigemus vel exigere poterimus. In c. r. t. h. p. scr. pro me et her. m. sive assignatis meis sig. m. apposui. H. t., Radulfo de Hanburg', Hugone de Mar.

CCCCLXXIX.

CARTA ROGERI DE HAMELTON'.

vj. Sc. omn. præs. et fut., quod ego Rogerus de Hamelton' d. c. et h. p. c. m. conf. Deo, S. G. de S. et mon. ibidem Deo servientibus, pro sa. an. m. et pro an. patris et matris m., et

f. 91. pro animabus antec. et success. m., in pur. et perp. el., redditum decem et octo denariorum de quodam tofto in villa de Seleby annuatim percipiendum, viz. de tofto quod fuit Willelmi le Pinder in Gouckethorp, medietatem scil. ad Pentecosten et med. ad festum Sci. Martini ; totum autem jus et cla. quod in ipso tofto habui vel habere potui aut debui, cum omn. excaetis et comodis inde provenientibus, præd. mon. dedi et inperp. qui. cla. Ego vero Rogerus et her. m. præd. redditum de præd. tofto percipiendum præd. mon. in pur. et perp. el. contra omn. hom. inperp. war. Et si inde defecerit, de aliis terris nostris, præd. redditum supplebimus. H. t., domino Thoma de Bella Aqua, domino Roberto de Willeby.

CCCCLXXX.

CARTA EJUSDEM ROGERI DE EADEM.

vii.' Sc. omn. præs. et fut., quod ego Rogerus de Hamelton' d. c.
A.D. et h. p. c. m. conf. Deo et Eccl. S. G. de S. et Thomæ Abb.,
1254-62, et Conv. ejusdem loci, et success. eorundem, totam terram et
or
1269-80. pasturam de Giker quam de eisdem tenui, cum omn. homagiis,

Iamelton serviciis, redditibus, cum moris, mariscis, pratis, pascuis et
pasturis, et cum omn. pert. et aliis rebus inde aliquo modo
provenientibus; ten. et hab., li. qui. pacifice et integre, cum omn.
pert. [et] lib. comoditatibus dictæ terræ pertinentibus. Ego vero
Rogerus et her. m. totam terram et pasturam prænominatam,
cum nemoribus, arboribus, et cum omn. aliis prænominatis seu
inde provenientibus, Deo et Eccl. S. G. de S. et Thomæ Abb. et
Conv. ejusdem loci et success. eorundem, in li. pur. et perp. el.,
contra omn. gentes war. adq. et. def. inperp., salvo Margaretæ
filiæ meæ uno assarto [in] eodem loco quod vocatur Westriding',
quod ei ante istam donacionen dedi, et antedictis religibsis
servicio annuo trium denariorum de præd. assarto. In c. r. t.
præs. scr. sig. m. apposui. H. t., Johanne Juuene, magistro
Radulfo de Gayteford', etc.

CCCCLXXXI.

CARTA EJUSDEM ROGERI DE HAMELTON'.

viii.   Omnibus hoc scr. vis. vel aud., Rogerus de Hamelton' fil.
Willelmi de Hamelton', sa. in Domino. Noverit universitas
vestra me dedisse, remisisse, concessisse, et de me et her. m.
inperp. qui. cla. Deo et Eccl. S. G. de S. et mon. ibidem Deo
servientibus, omnia estoveria et ligna quæcunquæ habui seu
habere, secare, percipere consuevi, debui vel potero, in omn.
nemoribus villæ de Hamelton' spectantibus, nichil juris vel
libertatis michi vel meis in præsenti vel in futuro inde retinendo,
præter herbagium ad dominica averia mea, et pannagium ad
dominicos porcos meos ; ten. et hab. Deo et antedictæ Eccl. de
S. et mon. præd. ad omne comodum suum inde faciendum ; ita
quod nec ego nec her. m. nec aliquis ex parte nostra jus neque
cla. in. omn. prænominatis habere vel exigere de cetero poterimus, salvo herbagio et pannagio. In c. r. t. præs. scr. sig. m.
apposui. H. t., Henrico Siward de Seleby, Johanne Juuene de
eadem, etc.

CCCCLXXXII.

CARTA ADÆ DE HAMELTON'.

ix.   Noverint universi quod ego Adam de Hamelton' concessi et
sursum reddidi dominis meis domino Abbati et Conventui de
Seleby, capitale mesuagium meum et omnes terras et tenementa
quæ habui in villa et territorio de Hamelton' ex dono et
feoffamento Abb. et Conv. de S., una cum omn. aliis terris et
ten. quæ habui ex dono et feodo Rogeri de Hamelton' in eadem

Hamelton villa, cum omn. s. pert.; et illa remisi et qui. cla. pro me et her. m. præfatis Abb. et Conv. et Eccl. suæ S. G. de S. imperp.; ita quod nec ego nec her. m. nec aliquis nomine nostro jus seu cla. in eisdem ten. vel aliqua parte earundem exigere seu vendicare poterimus in futuro. In c. r. t. præs. scr. sig. m. apposui. H. t., dominis Johanne de Bella Aqua et Roberto de Berlay, militibus, etc.

CCCCLXXXIII.

CARTA WILLELMI ABBATIS DE SELEBY.

x.
A.D. 1280–93 or c. 1300.
f. 91v.

Sc. præs. et fut. quod nos Willelmus, miseracione divina Abbas de Seleby et ejusdem loci Conv., d. c. et h. p. c. n. conf. Adæ fil. Adæ fil. Berengeri de Hamelton' et Amiciæ uxori suæ, et her. de præd. Adam (*sic*) legitime procreatis, pro homagiis et serv. s., omnia ten. quæ idem Adam de nobis prius tenuit in villa de Hamelton' et nobis sursum reddidit, cum omn. s. pert. lib. et aysiam. in pratis, pascuis, boscis, viis, semitis et omn. comunibus pasturis; ten. et hab. præd. Adæ et Amiciæ uxori suæ et her. de præd. Ada legitime exeuntibus, de nobis et success. nostris et Eccl. nostra de Seleby, li., qui., integre et pacifice, cum omn. pert. s., sicut præd. est; imperp., salvis nobis omn. appruamentis circa villam de Hamelton' factis et faciendis; reddendo inde nobis et succes. nostris per an. duos denarios ad festum Assumpcionis B. M. V. pro omn. serv. sec. cons. et demandis. Et nos et success. nostri præd. ten. præd. Adæ et Amiciæ uxori suæ et her. de præd. Ada legitime procreatis, sicut præd. est, contra omn. gentes war. adq. et imperp. def. Concedimus eciam et confirmavimus eidem Adæ et Amiciæ uxori suæ et her. de præd. Ada legitime procreatis, totum tenementum quod habent de dono Rogeri et Willelmi de Hamelton'; ten. de nobis in capite, reddendo inde annuatim nobis duodecim denarios ad terminos consuetos, et faciendo unam sectam apud Seleby ad festum S. Petri ad Vincula, pro omnibus tenementis prædictis. Præterea concessimus eidem Adæ et Amiciæ uxori suæ et her. de præd. Ada legitime exeuntibus, quod habeant quamdam viam in bosco nostro de Hamelton', a domo sua de Hamelton' usque ad terram suam de Habbeholme; ita scil. quod libere possint cariare per bigas et carectas ea quæ sibi fuerint necessaria, et averia sua hinc inde ducere et fugare pro voluntatibus suis, absque impedimento nostro vel success. nostrorum. In c. r. t. sig. capituli nostri pro nobis et success. n., una cum sig. præd. Adæ pro se et her. s., huic cartæ cyrograffatæ alternatim sunt appensa. H. t., domino Johanne de Bella Aqua, domino Johanne Reygat.

Hamelton

CCCCLXXXIV.

CARTA WILLELMI DE GAYTEFORD'.

xj. Per præsens scr. pateat universis, quod ego Willelmus de Gayteford, fil. et her. Nicholai de Burstalle, remisi de et me et her. m. seu assignatis m. inperp. qui. cla. Deo et Eccl. S. G. de S. et mon. ibidem Deo servientibus et eorumdem success., totum jus et clamium quod habui seu habere potui in bosco quod vocatur hoga de Hamelton',[1] nomine alicujus pasturæ; ita viz. quod bene licebit dictis religiosis dictam hogam prout se extendit in long. et lat. pro voluntate sua fossis et sepibus includere, absque inpedimento mei vel her. m. Et de dicto bosco seu hoga comodum suum facere in long. et lat., tam in bosco quam in plano, sicut fossatis et sepibus undique includitur, prout melius viderint expedire, nichil juris vel cla. in dicta pastura seu bosco ibi crescente in præsenti vel in futuro inde retinendo seu vendicando. Et, ne ego dictus Willelmus nec her. m. seu assignati contra præsens scr. venire possimus in posterum, sig. m. præs. scr. apposui. H. t., Willelmo de Seleby, camerario, etc.

CCCCLXXXV.

CARTA JOHANNIS DE LASCY DE GAITEFORD'.

xij. Per præs. scr. pateat universis, quod ego Johannes de Lascy de Gaiteford', fil. et her. Hugonis de Lascy, remisi et de me et her. m. inperp. qui. cla. Deo et Eccl. S. G. de S. et mon. ibidem Deo servientibus, totum jus et cla. quod habui seu habere potero in hoga de Hamelton', nomine alicujus pasturæ ; ita quod dicti religiosi dictam hogam pro voluntate sua fossis et sepibus libere possint includere, absque impedimento mei vel her. m., et de dicta hoga facere comodum suum prout melius viderint expedire, vel jur. vel clam. in dicta pastura seu in bosco ibi crescente inde retinendo. Et ne ego Johannes vel her. m. contra præsens factum venire possimus inposterum, sig. m. præsenti scripto apposui. H. t., Willelmo de Seleby, camerario, etc.

[1] The richly wooded hill now called Hambleton Hough or Haugh. There is a local proverb about a greedy man, to the effect that

"Though Brayton Barf and Hambleton Haugh and Burton Bream (Broom ?) Were all in his belly, 'twould ever be team" (empty).

The two former are outcrops of the Trias (Bunter), and are the only hills in the neighbourhood. The Barf forms a prominent feature in the landscape as seen from Alkborough hill top in Lincolnshire.

Hamelton

CCCCLXXXVI.

CARTA JOHANNIS DE LASCELES.

xiij.　　Sc. præsentes atque futuri quod ego Johannes de Lascelles, pro sa. an. m. et patris m. et matris m., et pro anima fratris mei Roberti defuncti, et pro animabus antec. m. et amicorum, f. 92.　do Eccl. S. G. Asswinum de Byrkinga, qui fuit homo Roberti fratris mei dum vixit, ipsum et terram suam et domum ; insuper eciam terram illam quam emit a Losberto presbitero de Byrkinga, et essartum illud quod dominus suus, præd. Robertus, dedit ei, solute et quiete ab omni serv. et cons., in pur. el. ; ita ut singulis noctibus luminare inveniatur in claustrum. Pro hac autem donacione facient monachi unoquoque anno anniversarium pro anima ipsius Roberti, sicut pro uno monacho monasterii defuncto. Hujus rei testes sunt Petrus presbiterus Donecastr', etc.

CCCCLXXXVII.

HILLUM.

(CONVENCIO DE WASTIS, ETC.)

2d f. 92.[1]　　Notum sit omn. hoc præs. scr. vis. vel aud., quod ita convenit
j.　inter Abb. et Conv. de S. ex una parte, in crastino S. Barnabæ
A.D. 1255.　Apostoli, anno Domini m° cc° quinquagesimo quinto, et inter dominum Johannem de Eueringham, dominum de Birkin, ex altera, in hunc modum, scil. quod præd. Abb. et Conv., pro se ipsis et success. s. concesserunt et qui. cla. dicto Johanni et her. s., totum jus et cla. quod habuerunt vel habere poterunt, in toto wasto propinquiore villæ quod fuit aliquando del Northboys, inter Byrkyn et Hillum, tam in solo quam in herbagio, ac in omn. inde utilitatibus provenientibus, per fossata, metas, et bundas, ex consensu dictorum Abb. et Conv. et dicti Johannis factas et levatas ad fossandum, claudendum, et omn. modis et ingeniis comodum suum inde faciendum, et in omn. antiquis culturis et prisis et purpresturis[2] omnimodis, de wasto seu de solo alio, dicto Johanni et hom. s. et dominæ Isabellæ de Neuill', seu eorum antec., ante istam convencionem aliquo modo usque ad dictum diem appropriatis. Et quod dicti Abbas et Conv. de omn. istis præmissis acquietabunt dictum dominum Johannem et her. s. contra omn. hom. s., liberos et servos.

---

[1] There are two successive leaves numbered 92. The *recto* of the former one contains only four lines ; on the *verso* have been entered, *secunda manu*, two inquests, A.D. 1372, relating to fisheries in Crowle. These will appear in Vol. II, at the end of the Crowle charters.

[2] Enclosures of certain kinds.

Hillum. Præterea, præd. dominus Johannes de Birkyn pro se et her. s. concessit et qui. cla. Deo et S. G. de S. et mon. ibidem Deo servientibus, totum jus et cla. quod habuit vel habere poterit in illa placea quæ vocatur le Birre, sicut fossatis et sepibus undique includitur, et in toto wasto propinquiore villæ de Hillum quod fuit aliquando del Northboys, inter. Hillum et Birkyn, tam in solo quam in herbagio, ac in omn. utilitatibus inde provenientibus, per præd. fossata, metas et bundas, ex consensu prædictorum Abbatis et Conventus et dicti Johannis factas et levatas, ad fossandum, claudendum, et omnibus modis et ingeniis comodum suum inde faciendum, et in omnibus antiquis culturis et prisis et purpresturis omnimodis de wasto seu de solo alio dictis mon. et eorum hominibus seu eorum prædecessorum ante istam convencionem, aliquo modo usque ad hunc dictum diem appropriatis. Et quod dictus Johannes et her. s. de omn. istis prænominatis aquietabunt dictos monachos contra dominam Isabellam et omn. hom. s., liberos et servos. Præterea, concessit dictis mon. quamdam viam, latitudinis viginti quatuor pedum et longitudinis a Gaitebrig' usque Kekkefeldfrith', juxta fossata de Stockinghillum, mora de Merkesfen eodem modo et statu quo fuit ante istam composicionem remanente. Præterea, dicti mon. et hom. s. cum averiis suis se habebunt et tenebunt infra partes suas et divisas ex consensu parcium ibidem factas, sine comuna habenda vel petenda, versus dictum Johannem et her. s. Et præd. Johannes et tenentes sui se habebunt et tenebunt infra divisas et partes suas separatas sine comuna habenda vel petenda versus præd. mon. de S. Ad majorem autem securitatem hujus convencionis fideliter observandam, tam dictus dominus Johannes pro se et her. s., quam dictus Robertus de Eueringham, persona de Birkin, pro se et succes. s., qui omnia ista prænominata utrique parti concessit et quietum clamavit, præsenti scripto huic inde cirograffato penes dictos monachos residenti, sig. s. apposuerunt. Et prædicti monachi scripto penes præd. Johannem et her. s. residenti sig. comune capituli, una cum sig. domini Thomæ tunc Abbatis, apposuerunt. H. t., domino Ada de Eueringham', Johanne de Hoderode, Thoma de Bella Aqua, etc.

CCCCLXXXVIII.

(CARTA THOMÆ PRIMI EBOR. ARCHIEPISCOPI).

Mon. Angl. III, 500, 501; Nos. v, xiii.

ij.
A.D.
1070-88.
Notum volo fieri omnibus Sanctæ Matris Dei Ecclesiæ cultoribus, quod ego Thomas, Ebor' Eccl. Dei gracia

s

Hillum. Archipræsul, de salute animæ domini mei Regis Willelmi pariterque mei, necnon omnibus in Christo fidelium in futurum prævidens, has terras, Friston et Salebyam, ab omni consuetudine liberas et quietas, clericorum meorum consensu consilioque comuni, Ecclesiæ quæ in honore beatissimi confessoris Germani in diœcesi mea fundata est, donaverim, ita libere sicut superius dixi, excepta Christianitatis causa et celebracione anniversarii quod celebraturi sunt ejusdem Ecclesiæ fratres per singulos annos, pro peccatorum meorum remissione.   Hoc autem rogo et humiliter meos successores admoneo, ne hanc caritatis donacionem violare vel adnullare aliquatenus præsumant, set imperpetuum supradictæ Ecclesiæ, ejusque servientibus, pro remuneracionis æternæ gloria, adjacere permittant.   Hujus donacionis testes sunt Odo Baiocensis episcopus, etc.

CCCCLXXXIX.

HILLUM ET FRISTON.

(CARTA THOMÆ SECUNDI EBOR. ARCHIEPISCOPI).

Mon. Angl. III, 501, No. xiv.[1]

iij.   Omnibus videntibus et audientibus h. l., Thomas, D. g.
f. 92v. Ebor. Archiepiscopus, cum omn. canonicis suis, sa. et Dei
A.D. 1109- benediccionem.   Noverint tam moderni quam posteri et
1114. successores nostri, quod Nigellus cognominatus præpositus Archiepiscopi, cum fieret monachus in Eccl. Sci. Germani Salebiens., dedit eidem Abbaciæ duas carucatas terræ et dim., et quicquid ad illas pertinet, quas tenebat de feudo Sci. Petri Ebor. et meo in Hillum.   Quam donacionem ego secundus Thomas Archiep. Ebor., consentiente toto capitulo canonicorum meorum, concessi Deo et Sco. Germano, et Hugoni Abbati et monachis ejus ; viz., eandem terram et partem decimæ suæ de Hodleston, perpetuo possidendam, cum saca et soca, in pura elemosina, dimisso quidem omni terreno[2] servicio quod solebat prædictus Nigellus facere michi pro eadem terra.   Dedi eciam Gilberto, ejusdem Nigelli filio, duas alias carucatas terræ in Wete Wang' in escambio, ea causa ut libenter concedat donacionem patris sui,[3] et libenter concessit.   H. r. t. sunt Hugo decanus, Willelmus Tesaurarius,[4] Gilbertus Cantor, etc.

[1] See below, Friston No. 1.
[2] MS. has "terreni."
[3] Corrected from "mei."
[4] Possibly William Fitzherbert, afterwards "St. William" Abp. Ralph was treasurer in 1113.

CCCCXC.

(CARTA THOMÆ PRIMI EBOR. ARCHIEPISCOPI).

iiij.
A.D.
1070-1100.

Notum volo fieri omn. S. M. Eccl. cultoribus quod ego Thomas, Ebor. ecclesiæ D. g. Archiepiscopus, de salute animæ domini mei Regis Willelmi, pariterque mei, necnon omnium in Christo fidelium, in futur. prævidens, has terras, Friston, Hillum, Salebiam, clericorum meorum consensu, consilioque comuni eccl. Sci. Petri Ebor., cœnobiali ecclesiæ Salebiensi, quæ in honore beatissimi Germani confessoris in diœcesi mea fundata est, ab omnibus consuetudinibus tam ecclesiasticis quam aliis, li. et qui., in pur. el., donaverim. Hoc autem rogo, et humiliter successores meos commendo, ammonens, auctoritate divina pontificalique qua possum præcipio ne hanc caritatis donacionem a se vel a qualibet subposita persona minorari, violari, vel adnullari aliquatenus pati præsumant, set imperp. supradictæ ecclesiæ et ejus servientibus pro remuneracionis æternæ gloria, et pro remissione peccatorum meorum, adjacere permittant. Hujus donacionis sunt tam commonitores quam testes, Willelmus de Percy, Erneis de Buron, Osbernus de Arcy, etc.

CCCCXCI.

(CARTA CAPITULI SCI. PETRI EBOR.)

v.
c. A.D.
1109-14.

Hugoni venerando Abbati, et congregacioni Sci. Germani de Seleby, capitulum Sci. Petri Ebor. Ecclesiæ, salutem. Concessionem et confirmacionem illam ecclesiarum et terrarum et hominum quam fecit et quomodo fecit Thomas Archiepiscopus ecclesiæ Sci. Germani de Seleby, et nos concedimus, et literarum nostrarum testimonio confirmamus.

CCCCXCII.

(CARTA THOMÆ SECUNDI EBOR. ARCHIEPISCOPI).

vj.
c. A.D.
1109-14.

Thomas Secundus, D. g. Ebor. Archiepiscopus, Hugoni venerando Abbati et congregacioni Sci. Germani de Seleby, salutem. Quia Eccl. de Seleby Ebor. ecclesiæ potestati ita subdita est quod Ebor. Archiepiscopus jure eam ubique patrocinari et suis facultatibus augmentare ut crescat, et confovere fotu suo debeat ; propterea terras illas quas dederunt prædecessores mei, Thomas viz. atque Girardus, et aliqui vavassores eorum, ecclesiæ Sci. Germani, et quia habebat inde ecclesia sufficiens eorum donorum testimonium, idcirco omnes terras concedo et confirmo Abbatiæ Sci. Germani perpetuo jure et tran-

Hillum et
Friston.

quilla pace possidendas. Primitus, Minorem Selebyam et Fristonam, cum omnibus quæ eis adjacent ; dimidiam carucatam terræ in Hillum quam dedit eidem ecclesiæ Robertus de Bella Aqua ; duas bovatas terræ in Thorp quas Clamarhoth' dedit præfatæ ecclesiæ, et v acras quæ sunt juxta divisam inter Fristonam et Milford ; xviij acras terræ quas habet ecclesia Sci. Germani de elemosina Turstini de Lumby, consensu et dono filii ejus Gaufridi ; partem ecclesiæ de Stanningburg, et mansuram ubi habitaculum et officinæ monachorum consistunt, et duas alias mansuras et duas bovatas terræ ; omnia hæc in eadem villa de feudo Archiepiscopi, quæ dedit Radulfus ecclesiæ Sci. Germani consensu et voluntate domini sui Hereberti ; unam bovatam terræ in Wistow, et pratum de Haysted, quæ dedit Robertus ecclesiæ Sci. Germani ; terram vero et omnia quæ habebat Forno diaconus illo die quo suscepit habitum monachi ; unam quoque mansuram terræ in Clementesthorp et hominium Ingulfi et matris ejus Godrithe qui erant in cum mesnan (?)[1] ad Clementhorp ; omnes vero præscriptas terras consilio et assensu Capituli Sci. Petri. Concedo Abbatiæ de Seleby ecclesiam de Snaith, quæ est Sci. Germani. Volo et concedo ita esse quietas et solutas ab omnibus redditibus et consuetudinibus sicut sunt ecclesiæ de præbendis canonicorum Sci. Petri, necnon et Hillum cum supradictis consuetudinibus, quam villam Nigellus

f. 93.

præpositus meus meo consensu dedit ecclesiæ Sci. Germani. Testimonio Stephani abbatis, Gaufridi prioris, Stephani monachi, Nigelli de Albineio, etc.

CCCCXCIII:

(CARTA OSBERTI DE BRETTON').

[vij.]   Sc. omnes, tam præsentes quam futuri, quod ego Osbertus de Bretton' dedi, conc., et h. p. c. m. conf. Deo et S. M. et Eccl. S. G. de S. et mon. ibidem Deo servientibus, culturam quæ fuit Petri de Bretton super Betricehill, in pur. et perp. el., scil. ut teneant medietatem culturæ in dominico et de alia medietate recipiant servicium de Willelmo filio Petri de Bretton et de her. s. quod inde percepi. H. t., Johanne de Byrkin, Adam de Bella Aqua, etc.

CCCCXCIV.

(CARTA RICARDI DE KELLESAY.)

viij.
A.D.
1222-37.

Sc. omnes, tam præs. quam fut. quod ego Ricardus de Kellesay Abbas de Seleby, et conv. ejusdem loci, dedimus et

[1] So apparently in MS., but seems to be unintelligible.

Hillum et Friston. conc., et p. c. n. conf. Alano Noel et her. s. vel assign., pro homagio et servicio suo, quatuor acr. terræ et dim. in communi bosco de Birkin et de Hillum, jacentes propinquiores terræ suæ, ad majorem utilitatem sibi pertinentem ; habend. et tenend. de nobis et succes. nostris, sibi et her. s. vel assign. in feodo et hereditate, li. qui. et pacifice; reddendo inde annuatim nobis et succes. n. quatuor den. ad duos term. sc. ad fest. Sci. Martini in hieme ij d., et ad Pent. ij d., pro omnibus serviciis. Et sciendum est quod ego Abbas et Conv. de S. et succ. n. war. et def. dictam terram dicto Alano et her. s. vel assign. contra omn. hom. imperp. Pro hac autem donacione et conc. dictus Alanus qui. cla. pro se et her. s. dicto Abb. et Conv. de S. et succ. s. totum jus et clamium quod habent in communi bosco de Byrkyn et de Hillum ; ita quod dictus Abb. et Conv. de S. et succ. sui possint appruare dictum boscum ad voluntatem eorum ; salvo sibi et her. s. via sufficiente de domo sua et de terra sua usque ad villam de Byrkin, et usque ad communem pasturam suam de Merkesfen, et ita quod communis pastura de Merkesfen, et alibi, remaneat dicto Alano et her. vel assign. s., prout in carta sua continetur, quam habuit de donacione domini Thomæ de Byrkin. Et sciendum est quod ego dictus Abb. et Conv. ejusdem loci et succ. n. qui. cla. totum jus et clamium quod dicebamus nos habere in terram dicti Alani de nobis et de omnibus nostris, quam dominus Thomas de Birkin ei dedit. H. t., Roberto de Willegby, Thoma de Belew, Ricardo de Hodleston, etc.

CCCCXCV.

(CONVENCIO INTER ABB. DE SELEBY ET JOH. DE EUERINGHAM).

ix. Notum sit omnibus hominibus præsens scriptum visuris vel audituris, quod ita convenit inter Abb. et Conv. de S. ex una parte, et dominum Johannem de Eueringham, dominum de Byrkin, ex altera, in hunc modum ; sc. quod xxj acræ quas tenentes præd. Johannis habent de wasto, sc. Robertus persona de Byrkin, Rogerus Waspe, Alanus Champenays, Emma vidua, et Alanus filius Ricardi, dicto Johanni remanebunt, et dominus Abbas et Conv. habebunt in le Bure xxj acram (sic) de communi contra xxᵗⁱ acras prædictas. Præterea, totum residuum de le Bure remanebit dicto Abb. et Conv. integrum ; ita sc. quod dominus Johannes accipiet de communi in wasto penes se ad quantitatem præd. residui de le Bure, et ultra quantitatem ad valenciam secundum visum et æstimacionem legalium virorum ad hoc faciend. electorum, et totum residuum de wasto æque

Hillum et
Friston.

Agree-
ment for
the comon
of Hillom
comonly
called
Maspen-
more.[1]

inter eos dividatur, tam in valore quam in quantitate, et
præterea mora quæ vocatur Merkesfen dicto modo inter eos
dividatur. Et sciend. est quod Abb. et Conv. de S. acquietabunt
præd. Johannem versus omnes liberos suos qui sunt de homagio
suo de omnibus vastis captis, novis et antiquis. Et dominus
Johannes simili modo hoc idem faciet Abbati et Conv. de S.
versus omnes liberos suos qui sunt de homagio suo, et versus
dominam Isabellam de Neuille. Et prædictus Abbas et Conv.
concesserunt dominæ Isabellæ essarta sua quieta, sine calumpnia
vel querela Abb. et Conv. et liberorum suorum. Et concessum
est ex concessu partium, quod Abbas et Conv. ex parte sua et
dom. Johannes ex parte sua habeant liberam fugam suam in
omn. præd. wastis et boscis de le Northboys inter Hillum et
Byrkyn. Et sciend. est quod post divisas factas, ut provisum
est et prædictum, Abbas et Conventus et tenentes sui se
habebunt et tenebunt infra divisas et partes suas separatas,
sine communa petenda vel habenda versus dictum Johannem
vel her. suos, et præd. Johannes et tenentes sui se habebunt et
tenebunt infra divisas et partes suas separatas sine communa
habenda vel petenda versus Abb. et Conv. de Seleby.

CCCCXCVI.

(CARTA AUICIÆ QUONDAM UXORIS MARTINI FILII HUGONIS).

[x.]
f. 93v.

Sc. om. tam pr. quam fut. quod ego Auicia quondam uxor
Martini fil. Hugonis de Seleby conc., dedi, et qui. cla. Ricardo
de Hanburg' et her. s. vel assign., in libera viduitate mea,
totum jus et cla. meum quod habui vel habere potui in terra de
Hillum, sicut continetur in carta quam habuit de prædicto
Martino viro meo. Et in h. r. t. huic scr. sig. m. apposui.
H. t., Waltero de Aula, Johanne Camerario, etc.

CCCCXCVII.

(CARTA RICARDI FILII ROBERTI CLERICI).

xj.

Sc. omn. pr. et fut., quod ego Ricardus fil. Roberti Clerici de
Hillum dedi, conc. et h. p. c. m. conf. Ricardo de Hanburg' et
her. s. vel cui assignare voluerit, v acras terræ et j rodam in
territorio de Hillum, sc. in Manigates, quæ jacent inter viam
quæ se extendit versus Merkesfen et terram quæ fuit quondam
Martini fil. Hugonis de Seleby, juxta terram Thomæ de Bretton
versus solem, tenend. et habend. de me et her. m. illi et her. s.
vel cui assignare voluerit, li. qui. pacifice, honorifice, et integre,

---

[1] In a much later hand.

Hillum et Friston. cum. omn. pert. lib. et aisiamentis infra villam et extra, tantæ terræ pertinentibus; reddendo inde annuatim mihi et her. m. xv den. ad ij term., sc. vij den. et ob. ad Pentecosten et vij den. et ob. ad festum Sci. Martini in hieme, pro omni servicio, cons. exacc. et demanda. Ego vero Ricardus et her. m. præd. v acr. terræ j rod. cum omn. pert. dictò Ricardo et her. s. vel assign. contra omn. hom. imperp. war. H. t., Serlino de Bretton, Roberto de Redburne, Willelmo de Hamelton, etc.

CCCCXCVIII.

(CARTA THOMÆ DE DRAITON').

xij.
A.D.
1222-37. Sc. omn. tam præs. quam fut. quod ego Thomas de Draiton' dedi, conc. et h. p. c. m. conf. Ricardo de Hanburg' et her. s., vel cui assignare voluerit, pro homagio et serv. suo, totam terram meam quam habui in villa de Hillum, sine ullo retenemento, cum omn. pert. s. et lib. infra villam et extra, viz. totam illam terram quæ fuit aliquando Roberti de Huck, tenend. et habend. sibi et her. s. vel ejus assign., jure hereditario, de me et her. m., li. honorifice et integre; reddendo inde annuatim mihi et her. m. vijˢ et jᵈ pro omni serv. cons. et demanda, medietatem sc. ad Pentecosten et medietatem ad festum S. Martini in hyeme. Ego vero Thomas et her. m. totam præd. terram cum omn. pertin. lib. et aisiam. suis præd. Ricardo et her. s. vel cui assignare voluerit contra omnes hom. imperp. warantizabimus. Pro hac autem donacione et confirmacione præd. Ricardus dedit mihi xij marcas argenti præ manibus. H. t., domino Ricardo de Kellesey, tunc Abbate de Seleby, etc.

CCCCXCIX.

(CARTA ADÆ FILII RICARDI MACK').

xiij. Sc. præs. et fut. quod ego Adam fil. Ricardi Mack' d. c. et h. p. c. m. conf. Ricardo de Hanburg' et her. s. vel cui assignare voluerit, totum redditum meum et totum jus meum quod habui vel habere potui in villa de Hillum, in hominibus et in terris, et in omn. aliis rebus; sc. ij bovatas terræ servilis cum toto servicio et cum omn. nativis et tota sequela sua, et j bovatam liberæ terræ cum debito servicio; tenend. et habend. sibi et her. s. vel suis assignatis de me et her. m., li. qui. plenarie et pacifice, cum omn. com. lib. et aisiam. in bosco in plano, villæ de Hillum pertinentibus, adeo libere sicut unquam aliquis prædecessorum meorum liberius et plenarius tenuit; reddendo inde annuatim mihi et her. m. jᵈ, sc. ad Natale Domini, pro

Hillum et Friston. omni servicio et seculari exaccione. Ego vero Adam et her. m. totum redditum meum et jus meum in villa de Hillum, et omne quod prænominatum est, præd. Ricardo et her. s. vel cui assignare voluerit, pro servicio prænominato contra omn. hom. war. adq. et def. In h. r. t., h. scr. sig. m. apposui. H. t., Waltero de Aula de Seleby, Johanne Juuene, etc.

D.

(CARTA GILBERTI DE BIRNE).

xiiij. Sc. omn. præs. et fut., quod ego Gilbertus de Birne qui. cla. et h. p. c. m. conf. de me et her. m. Willelmo filio Ricardi de Roda et her. s. vel eorum assign., totum jus et cla. quod habui vel habere debui in quodam tofto in villa de Hillum, quod habui de Ricardo de Roda prænominato. Ita hoc quietum clamavi **f. 94.** quod ego nunquam de cetero, nec her. m., sive aliquis per nos, inde cla. habere poterimus. In c. r. t. præs. scr. sig. m. adhibui. H. t., Serlino de Bretton, etc.

DI.

(CARTA RICARDI DE RODA).

xv. Sc. pr. et fut. quod ego Ricardus de Roda, consilio et assensu filii mei Willelmi, dedi, conc. et h. p. c. m. conf. Gilberto de Birne et her. vel assign. s., unum toftum in villa de Hillum, in longitudine iiij percatorum et xj pedum, et in latitudine iiij percatorum, et jacet inter toftum Ricardi de Roda et toftum Petri fil. Rogeri ; tenend. et habend. de me et her. m. sibi et her. vel assign. s. in feudo et hereditate, li. qui. et integre, cum omn. aysiam. et libert. ad prædictam villam de Hillum pertinentibus ; reddendo inde annuatim ij^d pro omni servicio et demanda, sc. j^d ad Pentecosten et j^d ad festum Sci. Martini in hieme. Ego vero Ricardus et her. m. prædicto G. et her. vel assign. suis prædictum toftum ubique et contra omn. hom. et feminas war. imperp. H. t., Serlino de Bretton, etc.

DII.

(CARTA ROBERTI DE HUCH FILII ROBERTI DE HILLUM).

xvj. Sc. omn. tam præs. quam fut., quod ego Robertus de Huch, filius Roberti de Hillum, dedi, conc. et h. p. c. m. conf. Thomæ Makerel, cum Johanna filia mea, in liberum maritagium, totam terram meam de Hillum cum mesuagio, sc. croftum quod jacet inter mesuagium et exitum villæ versus nemus, et Scorecroft et Boycroft et Manigates, et Depsic, et novum

Hillum et
Friston. essartum, et Lund, cum. omn. pertin. ; tenend. eidem Thomæ et her. s. exeuntibus de præfata Johanne filia mea uxore ipsius Thomæ, de me et her. m., li. qui. et honorifice; reddendo inde mihi et her. m. annuatim pro omni servicio et exaccione et omnibus demandis, vij⁵ et j⁴ medietatem sc. ad Pentecosten et aliam medietatem ad festum Sci. Martini. Et ego et her. m. præfatam terram prænominato Thomæ et her. s. de præfata Johanna exeuntibus contra omn. homines warantizabimus. H. t., Ad. de Belewe, etc.

DIII.

(CARTA EMMÆ QUONDAM UXORIS ADÆ MACK').

xvij. Omnibus ad quos præs. scr. pervenerit, Emma, quondam uxor Adæ Mack' de Seleby, sa. in Domino. Noverit universitas vestra me in pura viduitate mea dimisisse, conc. relax. resign. et qui. cla. Abbati et Conv. de S., totam partem meam terræ quam Adam quondam maritus meus et ego aliquando in villa de Hillum habuimus ; totum vero jus et cla. quod in prædicta terra habui vel habere potui aut debui nomine dotis vel aliquo alio nomine jur' prædictis Abb. et Conv. de me et de meis resignavi et imperp. qui. cla. Et ne ego vel mei contra istam qui. cla. venire possimus aliquatenus imposterum, in pura viduitate et in ligia potestate mea præs. scr. sig. m. apposui. H. t., Waltero de Aula, etc.

DIV.

(CARTA SIMONIS DE COCKEFEUD).

xviij. Omnibus ad quos præs. scr. pervenerit, Simon de Cockefeud, sa. in Domino. Noverit universitas vestra me anno graciæ m cc xlv concessisse, relax. et qui. cla. Deo et S. G. de S. et mon. ibidem Deo servientibus, omnes terras ab ipsis et hominibus suis inclusas circa Hillum et Hamelton, communi de Hillum et de Birkin pertinentes ; viz. le Bure et omnia alia essarta eodem tempore fossata ; salva mihi terra quam juratus[1] mihi dedit de communi de Fareburne. Totum vero jus et cla. quod in dictis terris habui vel habere potui aut debui, prædictis monachis ad commodum suum omnibus modis faciend. de me et meis absque calumpnia quietum clamavi. Et ne ego contra istam qui. clam. ipsis pacifice possidendam venire possimus aliquatenus imposterum, præs. scr. sig. m. apposui, etc.

[1] Some jury.

DV.

CARTA H. FIL. EUDONIS DE HILLUM.

xviiij.
f. 94v.

Sc. omn. præs. et fut. quod ego Henricus filius Eudonis de Hillum dedi, conc. et h. p. c. m. conf. Roberto de Redburn' et her. s., vel cui assignare voluerit, unum toftum in villa de Hillum quod jacet inter meum et toftum Roberti de Stafford, viz., quod continet iij percatas in latitudine tanquam toftum meum extendit, et iij acras terræ in Sutercroft ex parte solis jacentes, tenend. et habend. sibi et her. s. vel ejus assign. de me et her. m. li. et qui., integre et honorifice; reddendo inde annuatim mihi et her. m. xvijd pro omnibus serv. cons. et demand.; medietatem ad Pentecosten et medietatem ad festum Sci. Martini. Ego vero Henricus et her. m. præd. toftum et præd. iij acr. terræ prænominato Roberto et her. s. vel cui assignare voluerit contra omnes *(left incomplete)*.

DVI.

CARTA RICARDI DE KELLESEY ABBATIS DE SELEBY.

xx.
A.D.
1222-37.

Sc. omn. tam præs. quam fut., quod ego Ricardus de Kellesey, Abbas de S., et Conv. ejusdem loci, dedimus, conc. et p. c. n. conf. Alano Noel et her. s. vel assign. pro homagio et servicio suo, iiij acr. terræ et di. in communi boseo de Birkin et de Hillum, jacentes propinquiores terræ suæ, ad majorem utilitatem sibi pertinentem; tenend. et habend. de nobis et succ. n. sibi et her. s. vel assign. in feodo et hereditate, li. qui. et pacifice; reddendo inde annuatim nobis et succ. n. iiijd ad ij terminos, sc. ad festum Sci. Martini in hieme ijd et ad Pentecosten ijd, pro omnibus serviciis. Et sciendum quod ego Abb. et Conv. de S. et succ. n. warantizabimus et defendemus dictam terram dicto Alano et her. s. vel assign. contra omnes homines imperp. Pro hac autem donacione et conc. dictus Alanus qui. cla. pro se et succ. s. dicto Abb. et Conv. de S. et succ. s. totum jus et clamium quod habuit in communi bosco de Birkin et de Hillum; ita quod dictus Abb. et Conv. de S. et succ. s. possint appruare dictum boscum ad voluntatem eorum, salva sibi et her. s. via sufficiente de domo sua et de terra sua usque ad villam de Birkyn et usque ad communem pasturam suam de Merkesfen; et ita quod communis pastura de Merkesfen et alibi remaneat dicto Alano et her. vel assign. prout in carta sua continetur quam habet de donacione domini Thomæ de Birkyn. Et sciendum est quod ego dictus Abb. et Conv. ejusdem loci et succ. n. qui. cla. totum jus et clamium quod dicebamus habere in terram dict.

Hillum et
Friston.
Alani de nobis et de hominibus nostris, quam dictus Thomas de
Birkyn ei dedit.   H. t., Roberto de Willeyby, Thoma de
Belewe, etc.

DVII.

CARTA RICARDI FILII ROBERTI DE LA RODE.

xxj.   Sc. præs. et fut. quod ego Ricardus fil. Roberti de la Rode de
Hillum dedi conc. et h. p. c. m. conf. Roberto de Redburne, pro
homagio et serv. suo, quandam partem tofti mei in Rode, illam
sc. quæ est proxima tofto Thomæ de Draiton, habentem in
longitudine xiij perticatas terræ, et in capite orientali vij
perticatas, et in capite occidentali iiij perticatas et ij pedes;
tenend. et habend de me et her. m. illi et her. s. vel cui assignare
voluerit præter domui de Seleby, libere et quiete, jure hereditario,
cum aisiam. et lib. ad præd. terram pertin. infra villam et extra,
absque ullo retenemento; salvo mihi et her. m. ingressu et
exitu ex parte australi ad fontem in curia sua; reddendo per
annum mihi et her. m. iiij^d pro omni servicio et exaccione mihi
vel meis pertinente, sc. ij^d ad Pentecosten et ij^d ad festum Sci.
Martini.   Ego vero Ricardus et her. m. war. præd. Johanni et
her. s. vel assign. præter domui de Seleby, prædictam terram
contra omnes homines imperp.   H. t., Ad. de Bella Aqua et
Thoma filio suo, etc.

DVIII.

CARTA OSBERTI DE BRETTON.

xxij.   Sc. om. tam præs. quam fut. quod ego Osbertus de Bretton
qui clamàvi Deo et Sco. Germano et Abbati et Conv. de S.
Thomam filium Willelmi, cum omni sequela sua et omnibus
catallis suis, liberum et quietum de me et her. m. imperp.   Et
pro hac qui. cla. ipse Thomas dedit michi j marcam argenti.
H. t., Johanne de Birkyn, etc.

DIX.

INCIPIUNT CARTÆ DE FRISTON.

CARTA NIGELLI COGNOMINATI PRÆPOSITI.

See Mon. Angl. III, 501, No. xiv.; *supra* p. 290.

j.
A.D.
f. 95.
A.D. 1109-
1114.
In nomine Patris et Filii et Spiritus Sancti, Amen.   Cognitum
sit omnibus hominibus qui has literas legerint vel audierint,
quod ego Nigellus, cognominatus Præpositus, antequam fierem
monachus in ecclesia Selebiensi, consentiente Thoma Archiep.

Friston. Ebor. domino meo, dedi et concessi Deo et Eccl. S. G. de S. et Hugoni Abb. et fratribus ibidem Deo famulantibus, ij carucatas terræ et di., et quicquid ad illas pertinet, quas tenui de feudo Sci. Petri in Hillum sine ullo retentu, et partem decimæ meæ de Hodleston, cum soca et saca, in liberam elemosinam perpetuo possidendam. H. r. t. sunt Thomas Archiep., Willelmus Decanus,[1] Willelmus Tesaurarius,[2] etc.

DX.

CARTA HENRICI DE LACEYO.

ij. Notum sit omnibus in Christo renatis quod ego Henricus de Laceio reddidi et qui. cla. Deo et Scæ. Mariæ et S. G. de S. sicut eam quæ debet esse monachorum propria et dominica, quam Herveius de Capell' et Rodbertus de Capello filius suus per purpresturam, et rectos fines et justas metas excedendo, injuste et absque judicio a monachis subtraxerant desicut[3] prædicta terra jure adjacebat maneriis monachorum de Seleby in Friston et Hillum, ipsis monachis semper calumpniantibus et in synodo reclamantibus. Hac autem convencione inter me et monachos hoc actum est, ut anima Hervei de Capell', quæ vinculo anathematis erat innodata, nominatim pro hoc purprestura, sit imperpetuum absoluta, et anima Rodberti de Capell', qui illam terram reddit et quietam clamavit ecclesiæ S. G. de S. et monachis ibidem Deo servientibus, sit in communione elemosinarii et oracionum in eadem ecclesia faciendarum, imperpetuum. Hii sunt testes, Radulfus episcopus, Paulinus filius ejus, Rodbertus Sacerdos, Lambertus Medicus, etc.

DXI.

CARTA ROBERTI CLERICI DE HILLUM.

iij. Sc. om. tam præs. quam fut. quod ego Robertus Clericus de Hillum dedi, conc. et h. p. c. m. conf. Ricardo filio meo et her. s., totam medietatem terræ quam adquisivi in villa de Hillum et extra in campis ejusdem villæ, tam ex dono bonæ memoriæ Gilberti Abb. de S. quam aliorum Abbatum successorum suorum, cum tofto meo quod primum ædificavi, et cum domibus et cameris et grangiis et aliis officinis, et cum alneto[4] et cum omnibus qua infra alnetum continentur, et cum omnibus supellectibus meis, et cum omnibus ad prædictam medietatem terræ in villa et extra pertinentibus; tenend. li. qui. et honorifice,

---

[1] The list in Hardy's *Le Neve* includes no William Dean of York before 1138.   [2] See p. 290n.
[3] Sicut.   [4] The alder bed.

Friston. sicut unquam prædictam terram liberius et quietius tenuerim. Et
Henrico filio meo et her. s. dedi alteram medietatem cum tofto et
ædificiis quæ sunt inter alnetum et toftum quod fuit Ricardi de
Stanford, et cum omnibus ad medietatem pertinentibus ; ita
tamen quod de servicio quod ad suam medietatem pertinet, ipse
et her. s. Ricardo fratri suo et her. s. annuatim respondebunt,
et Ricardus domino Abbati de S. et mon. ibidem Deo
servientibus respondebit, sc. de vjˢ et vjᵈ annuatim solvendis,
dimid. ad Pentecosten et dimid. ad festum Sci. Martini pro
omni servicio. Si vero contigerit quod alter eorum absque
liberis ex hac vita decesserit, vel vitam suam in aliquam domum
religiosam mutaverit, vel aliquo casu terram sibi assignatam
relinquere proposuerit, alteri fratrum et her. s. tota terra
prænominata cum omnibus ad eam pertin. li. et qui. remanebit,
salvo uxori suæ quod ad eam spectare debuerit. H. t., Ricardo
de Hodleston, Ricardo filio suo.

DXII.

CARTA DOMINÆ ISABELLÆ, QUONDAM UXORIS DOMINI SIMONIS DE
KELKEFELD (<i>sic</i>).</div>

iv.
A.D. 1249.
Omnibus h. l. vis. vel aud., domina Isabella, quondam uxor
domini Simonis de Kokkefeld, sa. in Domino sempiternam.
Noverit univ. v. me pro salute animæ meæ et anima dom.
Simonis de Kokkefeld et animarum prædecess. et succ. meorum,
in pura viduitate mea, conc. relax. et qui. cla. Deo et S. G. et S.
et mon. ibidem Deo servientibus, omnes terras ab ipsis et
hominibus suis inclusas circa Hillum et Hamelton, communi de
Hillum et de Birkin pertinentes ; viz. le Bure et omnia alia
essarta eodem tempore fossata et inclusa. Totum vero jus
et clamium quod in dictis terris habui vel habere potui aut
debui, prædictis monachis ad commodum suum omnibus modis
faciendum de me et omnibus meis absque calumpnia quietum
clamavi. Et, ne ego contra istam quietam clamacionem ipsis
pacifice possidendam venire possim aliquatenus imposterum,
Sept. 8. præs. scr. sig. m. apposui. Actum est anno graciæ m cc xlix,
ad festum Nat. B. M. V. Valete in Domino nostro Jesu Christo.
H. t., etc.

DXIII.

CARTA PETRI DE COCKEFEUD.

v.
f. 95ᵛ.
Sc. omn. pr. et fut., quod ego Petrus de Kokkefeud concessi
et remisi, resignavi, et de me et her. m. imperp. qui. cla. Deo
et S. G. de S. et mon. ibidem Deo servientibus, totam terram
illam, sicut fossato includitur, quam tenui de ipsis in territorio de

Friston. Hillum, et unum assartum in quo continentur viij acræ quod tenui de Ricardo de Rod in eodem territorio et de eodem feudo ; totum vero jus et clamium quod in dictis terris nomine Simonis de Kokkefeud fratris mei vel aliquo alio genere juris habui vel habere potui aut debui, prædictis monachis de me et her. m. imperp. concessi et quietum clamavi. Et ne ego vel her. m. contra istam quietam clamacionem venire possimus imposterum aliquatenus, omnia instrumenta de dictis terris habita prædictis monachis tradidi, et præsens scr. sig. m. apposicione corroboravi. H. t., Thoma de Bella Aqua, etc.

DXIV.

CARTA SIMONIS DE KOKKEFEUD.

vj. Omnibus h. c. visuris vel auдituris, dominus Simon de Kokkefeud, sa. æternam in Domino. Sc. me conc. ded. et h. p. c. sig. meo impressa confirmasse Petro de Kokkefeud fratri meo, pro homagio et servicio suo quod mihi fecit, [totam illam terram [foss]ato inclusam [in terri]tor' de Friston et Hillum quod mihi . . . . .]¹ de Ricardo de Hillum clerico per x^d per annum, similiter et totum nemus meum fossato inclausum, cum domibus ibidem constructis et construendis, quod tenui de Abb. et Conv. de S. per xij^d per annum ; tenend. et habend. præfato Petro et her. et s. assign. et eorum her., li. qui. pacifice et integre ; reddendo inde annuatim mihi et her. m̀. præscriptos x^d et præd. xij^d ad Pentecosten, et ad festum Sci. Martini in hieme per partes æquales, et pro decima totius præscriptæ terræ ecclesiæ de Birkin, dimidiam libram turis ad Nat. Domini pro omn. serv. exac. et consuetudine. Ego autem prædictus Simon et her. m. totam præscriptam terram cum pertin. et aysiam. infra villam et extra dictæ terræ pertin. et totum prædictum nemus cum domibus ibidem constructis et construendis, præfato Petro et her. et s. assign. et eorum her. per præd. serv. contra omnes gentes war. et adq. imperpetuum. H. t., Roberto de Willeby, Johanne Vauassore, etc.

DXV.

CARTA ALEXANDRI DE NEUIL'.

vij. Omnibus h. l. visuris vel auдituris, Alexander de Neuil', sa. Noverit univ. v. me qui. cla. Adam filium Ernisuæ cum tota sequela sua et catallis suis, de me et her. m. imperp., et eundem A. concessisse et dedisse monasterio S. G. de S., et singulis

¹ The words within brackets are added in a hand similar to the original one, in the margin, which is partly gone.

Friston. annis reddat eidem monasterio di. lib. ceræ in festo S. Germani, quod est Kal. Oct. H. t., Willelmo Decano de Redburne,[1] magistro Waltero de Seleby, etc.

DXVI.

CARTA ADÆ FILII ADÆ DE WYTELAY.

viij. Omnibus h. l. vis. vel audit. Adam fil. Adæ de Wytelay, sa.
c. A.D. Universitati vestræ notificetur, quod ego qui. cla. imperp. de
1219. me et her. m. Deo et monachis S. G. de S., in pur. et perp. el., totum jus. et cla. quod habui vel habere potui in ij bovatis terræ et di. quam Agnes fil. Hugonis a vita mea tenuit in villa de Hillum, cum omnibus aliis terris et pertin. quas in eadem villa tenuit, de quibus placitum motum fuit per me in curia de Seleby in præsentia Alexandri Abbatis per breve domini Regis. Ego vero Adam et her. m. hanc qui. cla. warantizabimus dictis monachis contra omn. hom., et, ut firma et stabilis permaneat, præsens scr. sig. m. apposicione roboravi. H. t., Johanne de Birkin, Ada de Bella Aqua.

DXVII.

CARTA ROGERI FILII PETRI DE BIRKYN.

ix. Omnibus Christi fidelibus ad quos præs. scr. pervenerit, Rogerus fil. Petri de Byrkin, æternam in Domino salutem. Noverit univ. v. me, intuitu Dei, pro sa. an. m. et antec. m., conc. ded. et h. p. c. conf. Deo et Beato G. de S. et monachis ibidem Deo servientibus, in perp. el., cum corpore meo, homagium et servicium heredum Reginaldi fil. Geue de tenemento quod prædictus Reginaldus de me tenuit hereditarie in villa de Baune pro vij[s] et vj[d] mihi et her. vel assign. m. inde annuatim solvendis. Concessi eciam eisdem relevia et escaeta
f. 96. et omnia quæ de prædicto tenemento mihi et her. vel assign. m. accidere vel pertinere potuerunt, imperpetuum ; reddendo inde annuatim Willelmo filio et her. Thomæ de Polington et her. s. xviij[d] ad terminos statutos in soca de Snayth pro omni consuetudine, servicio, et demanda. Et in h. r. t. præsentem cartam sig. m., munimine corroboravi. H. t., Waltero de Aula, Waltero tunc capellano de Seleby, etc.

DXVIII.

CARTA WILLELMI FIL. RICARDI DE RODA.

x. Omnibus h. l. vis. vel audituris, Willelmus fil. Ricardi de Roda de Hillum, æternam in Domino salutem. Noverit univ. v. me concess. et h. p. c. m. qui. cla. de me et her. m. imperp.

[1] See p. 226n.

Friston. Deo et B. G. de S. et mon. ibidem Deo servientibus, in pur. et
perp. el., totum jus et cla. quod habui vel habere potui in tofto
et x acr. terr. cum pertin. jacentibus in territorio de Hillum, quod
quidem toftum sine ullo retenemento cum x acr. Ricardus de
Roda pater meus prædictis monachis in elemosinam dedit, et
sua carta confirmavit. Et in h. r. t. præs. scr. sig. m. apposui.
H. t., magistro Roberto de Huck', Waltero de Aula.

DXIX.

CARTA RICARDI FIL. GAUFRIDI DE HANGBURG'.

xj. Omnibus Christi fidelibus ad quos præs. scr. pervenerit,
Ricardus filius Gaufridi de Hanburg', sa. in Domino. Noveritis me
ded. conc. quietum clamasse de me et her. m. imperp. Deo et B. G.
de S. et mon. ibidem Deo servientibus, totam terram meam de
Hillum, cum tofto et crofto, et virgulto quod habui de Thoma de
Draiton et Johanna uxore sua, reddendo inde annuatim prædicto
Thomæ et her. s. ij^s arg. pro omni servicio et dem. ad duos
terminos, sc. xij^d ad Pentecosten et xij^d ad festum Sci. Martini;
et, præterea, totam terram quam habui de Martino de Seleby, et
et totam terram quam [habui] de Ricardo fil. Roberti de Hillum,
et totam terram quam habui de Ricardo Abbate et Conv. de S.,
sicut cartæ prædictorum testantur. Et ut hæc mea donacio,
concessio, et qui. cla. rata et incussa (sic) permaneat, præs. scr.
sig. m. apposui. H. t., Thoma de Bella Aqua, etc.

DXX.

CARTA RICARDI FIL. GAUFRIDI DE HANGBURG'.

xij. Sc. omn. præs. et fut., quod ego Ricardus fil. Gaufridi de
Hanburg' dedi, conc. et h. p. c. m. conf. et qui. cla. pro me et
her. m. Deo et B. G. de S. et mon. ibidem Deo servientibus,
totum redditum et totum jus quod habui vel habere potui in
villa de Hillum in omnibus (sic) et in terris et in omnibus aliis
rebus, sc. duas bovatas terræ servilis, cum toto servicio et cum
omnibus nativis et tota sequela sua, et j bovatam liberæ terræ
cum debito servicio, in pur. et perp. el., tenend. et habend. li.
qui. plene et pacifice, cum omnibus communis, libertatibus, et
aisiamentis, in bosco et plano, villæ de Hillum pertinentibus,
sicut carta Adæ fil. Ricardi Make, quam de eo habui, plenius
testatur, quam cartam eisdem monachis tradidi in testimonium.
Et in h. r. t. præs. scr. sig. m. apposui. H. t., Thoma de Bella
Aqua, etc.

Friston.

DXXI.

CARTA THOMÆ DE DRAITON'.

xiij. Omnibus Chr. fid. h. l. vis. vel aud., Thomas de Draiton' et Johanna uxor ejus, salutem. Noverit univ. v. nos ded. conc. et qui. cla. pro nobis et her. n. Deo et S. G. de S. et mon. ibidem Deo servientibus, annuum redditum xxiv^d quem solebamus percipere de tenemento quod Ricardus de Hanburg' de nobis tenuit in villa de Hillum, cum homagio et serviciis et omnibus aliis rebus inde aliquo modo provenientibus. In c. r. t. h. p. scr. sig. n. apposuimus. H. t., Ricardo de Berlay, Thoma de Bella Aqua, etc.

DXXII.

CARTA WILLELMI SCHILLING' DE HILLUM.

xiiij.
A.D. 1254-62 or 1269-80.

Sc. præs. et fut. quod ego Willelmus Schilling' de Hillum dedi, conc. et h. p. c. conf. et de me et her. m. imperp. qui. cla. Deo et Eccl. S. G. de S. et mon. ibidem Deo servientibus, in li. pur. et perp. el., j toftum et j bovatam terræ in villa et territorio de Hillum, et omnes alias terras quascunque ego vel antecess. m. habuimus vel tenuimus, vel de jure habere debemus, infra

f. 96v. eandem villam et territorium ejusdem villæ, cum omnibus pertin. aysiam. appruamentis. et omn. aliis rebus inde aliquo modo provenientibus imperp. ; tenend. et habend. li. qui. et integre et pacifice, cum omn. pertin., in viis, semitis, moris, pascuis, et mariscis. Ego vero Willelmus et her. m. præd. toftum et præd. bovatam terræ in omnibus et per omnia, sicut prædictum est, prædictis religiosis contra omnes gentes de debitis domini Regis, et Judaysmo, et de omnibus aliis terrenis serviciis, war. adq. et def. imperp. In c. r. t. præs. scr. sig. m. apposui. H. t., Johanne patre domini Thomæ, tunc temporis Abbatis de S., etc.

DXXIII.

CARTA RICARDI DE RODA DE HILLUM.

xv. Omnibus h. l. vis. vel aud., Ricardus de Roda de Hillum, æternam in Domino salutem. Nov. univ. v. me ded. conc. et h. p. c. m. conf. Deo et B. G. de S. et mon. ibidem Deo servientibus, in pur. et perp. el., totum toftum meum, sine aliquo retenemento, quod aliquando tenui in villa de Hillum, et iiij acr. jac. in C°ochaic (?), et iij acr. jac. in le Fal, quas aliquando de me Robertus de Redburne tenuit, et iij acr. jac. in Depesik' quas

T

Friston. Willelmus de Stanford aliquando de me tenuit ; tenend. et habend. de me et her. m., li. qui. integre et honorifice, imperp. Ego vero Ricardus et her. m. præd. toftum et præd. terras, cum omn. pertin., prædictis monachis contra omnes homines war. adq. et def. H. t., magistro Roberto de Huch, Waltero de Aula, etc.

DXXIV.

CARTA JOHANNIS ROMANI, ARCHID. RICHEMUNDIÆ.

xvi.
c. A.D.
1246-56.

Omnibus Chr. fidelibus ad quos præs. scr. pervenerit, Johannes Romanus, Archideaconus (*sic*) Richemundiæ, sa. æt. in Domino. Universitati vestræ notum facio quod cum peterem decimas de cultura Abbatis et Conv. de S. quæ vocatur le Stocking' de Hillum, et præfati Abb. et Conv. prætenderent se immunes a præstacione ipsarum decimarum per privilegiam eis a Sede Apostolica indultum, nolens ad præsens privilegiis suis obviare, vel eas subvertere, concessi eisdem immunitatem præstacionis decimarum de præfato loco toto tempore vitæ meæ, salvo tamen jure Ecclesiæ de Friston' et ecclesiæ Ebor' post decessum meum. In c. r. t. præs. scr. sig. m. apposui.

DXXV.

CARTA WILLELMI DE CAMERA DE MILLEFORD.

xvij.

Pateat universis per præsentes, quod ego Willelmus de Camera de Milleford concessi pro me et her. m. dominis Abb. et Conv. de S. et eorum succ. quod habeant quendam cursum aquæ per medium calcetum et pratum meum de Lumby, a fontibus dictorum Abb. et Conv. usque ad manerium suum de Friston, de latitudine vi pedum, sine aliqua contradiccione mei vel her. m. ; ita tamen quod nec ego nec her. m. nec aliquis nomine nostro prædictum cursum aquæ per medium dictorum calceti et prati quoquo modo impediemus in futurum. In c. r. t. sig. m. præs. est appensum. H. t., Johanne de Raygat, Johanne de Lascy, etc.

DXXVI.

CARTA EMMÆ QUÆ FUIT UXOR W. DE BRETTON.

xviij.

Omnibus h. scr. vis. vel aud., Emma quæ fuit uxor Walteri de Bretton, sa. in Domino. Noveritis me concessisse in legitima viduitate mea, pro me et her. m., quod Abbas de S. et ejusdem loci Conv. et eorum success. de cætero habeant et libere teneant cursum cujusdam aquæ de fonte de Creswell, per medium

Friston. terrarum et tenementorum de Lumby, quantum in me est, usque ad manerium suum de Friston, sine impedimento vel calumpnia mei [vel] her. m.; ita quod prædicti Abbas et Conv. fossatum, ubi præd. aqua currit, pro voluntate sua possint reparare et mundare. In c. r. t. huic scr. sig. m. apposui. H. t., Johanne de Lasci, Willelmo Freman, etc.

DXXVII.

CARTA ROGERI DE BERLAY DE LUMBY.

xix. Sc. præs. et fut. quod nos Rogerus Belay (*sic*) de Lumby, Ricardus filius Johannis de Bretton, Robertus de Gayteford, Robertus Ben, dedimus, conc. et h. p. c. n. conf. de nobis et her. n., domino Abb. et Conv. de S., totum cursum aquæ currentem de fontibus dictorum Abb. et Conv. per medium pratum nostrum de Lumby, versus manerium suum de Friston, f. 97. sine aliquo impedimento vel contradiccione; ita quod nos nec her. n. contra hanc donacionem vel confirmacionem nostram aliquod jus vel clamium in prædicto cursu aquæ exigere vel vendicare poterimus in futurum. In c. r. t. h. scr. n. sig. n. apposuimus. H. t., Johanne de Reigat', Johanne de Lascy, Willelmo de la Chaumber de Midelthorp', etc.

DXXVIII.

CARTA ROGERI DE BERLAY DE LUMBY.

xx. Pateat universis per præsentes, quod nos Rogerus de Boylay (*sic*) de Lumby, Ricardus filius Johannis de Bretton, Thomas filius Johannis de Bretton, Robertus de Gayteford, Robertus Ben, concessimus pro nobis et her. n. dominis Abb. et Conv. de S. et eorum success. quod habeant quendam cursum aquæ de latitudine vj pedum per medium calcetum et pratum nostrum de Lumby, a fontibus dictorum Abbatis et Conv. usque ad manerium suum de Friston, sine aliqua contradiccione nostra vel her. m.; ita tamen quod nec nos nec her. n. nec aliquis nomine nostro prædictum cursum aquæ per medium dictorum calceti et prati quoquo modo impediemus in futurum. In c. r. t. sigilla nostra præsentibus sunt appensa. H. t., ut supra.

DXXIX.

CARTA EMMÆ FILIÆ ROBERTI DE LA GRENE DE LUMBY.

xxj. Pateat universis per præsentes quod ego Emma, filia Roberti de la Grene de Lumby, concessi pro me et her. m. Abbati et Conv. de S. et eorum successoribus, quendam cursum aquæ per

Friston. medium calcetum et pratum meum de Lumby, a fontibus dictorum Abb. et Conv. usque ad manerium suum de Friston, et quod habeant prædictum cursum de latitudine vj pedum, sine aliqua contradiccione mei vel her. m. ; ita tamen quod nec ego Emma nec her. m. nec aliquis nomine nostro præd. cursum aquæ per medium dictorum prati et calceti quoquo modo impediemus in futurum. In c. r. t. huic præsenti scripto in propria et legitima viduitate mea confecto, sig. m. apposui. H. t., Johanne de Regat', Johanne de Lascy.

DXXX.

CARTA BENEDICTI [DE] ASLAKEBY.[1]

xxij. Sc. omn. tam præs. quam fut. quod nos W., permissione
A.D. divina Abb. de S., et ejusdem loci Conv. dedimus, concess. et
1280-1313. h. p. c. n. conf. Benedicto de Aslakby et her. s. de ipso Benedicto legitime procreatis, unum toftum cum ædificiis, totam terram, pratum et tenementum, cum omn. pertin. s. quæ Robertus fil. Willelmi fil. Bernardi in villis et territoriis de Friston et de Hillum de nobis aliquando tenere consuevit ; tenend. et habend. de nobis et succ. dicto Benedicto et her. s. de se legitime procreatis, li. qui. pacifice et integre, cum omn. lib. aysiam. communis et pertin. suis quibuscunque, infra villas prædictas et extra, dicto tenemento aliquo modo spectantibus, sine aliquo retenemento, imperp. ; reddendo inde annuatim nobis et succ. n. xx^s sterl. ad ij anni terminos, unam viz. medietatem ad festum Sci. Martini in yeme et alteram medietatem ad festum Pentecostes, pro omn. secularibus serv. exacc. cons. et demandis. Et nos et succ. n. prædicta tenementa, sicut prædictum est, dicto Benedicto, et her. s. de ipso legitime procreatis, contra omnes homines war. acq. et imperp. def. In c. r. t. sig. capituli nostri præs. cartæ apposuimus. H. t., Johanne de Lascy de Bretton, Roberto de Pauely de eadem, Willelmo Freman de Hillum, Ada Underwod de Hamer, et aliis.

DXXXI.

(CARTA HUGONIS DE MILFORD).

xxiij. Sc. om. tam præs. quam fut., quod ego Hugo de Milford dedi,
f. 97v. conc. et h. p. c. m. conf. Deo et eccl. S. G. de S. et mon. ibidem Deo servientibus, ad opus ecclesiæ suæ, redditum xij^d annuatim, quos Rogerus le Charetter de Milford mihi reddere solebat, de ij acr. terræ de Brakenhill, in pur. et perp. el., pro anima mea et uxoris meæ et omnium tam prædecess. quam success. m., sc. vj^d in

---

[1] This charter is a subsequent addition by a different hand.

Friston. transitu S. G. et vj^d in deposicione S. G. Et ego et her. m. prædictum redditum prædictis monachis contra omnes homines warantizabimus. H. t., Martino priore de Sco. Andrea.

DXXXII.

FENTON.[1]

(CARTA RADULFI FILII HUGONIS DE FENTON').

j.   Sc. om. præs. et fut. quod ego Radulfus fil. Hugonis de Fenton' dedi, conc. et h. m. p. c. conf. Deo et eccl. B. G. de S. et mon. ibidem Deo servientibus, in pur. et perp. el., totam terram meam, id est, quæ jacet inter terram Petri fil. Ascelinæ et terram Willelmi fil. Hildæ de Skyreburn', et totam terram meam in Sutthemunde quæ jacet inter terram Ricardi militis, et terram Petri fil. Ascelinæ, et unum essartum quod Thomas filius Durandi et Rogerus frater ejus tenuerunt de me, et totam terram meam in Almcroft[2] quæ jacet inter terram Henrici de Camera et terram Nicholai de Warkestou', et unam acram terræ in Sualenebregefeld, et dim. acram terræ in Aldefeld, et unam dimidiam acr. terræ Alahesæ de Fenton, cum omn. pertin. s. et aisiam. et lib. ; ten. et hab. de me et her. m., li. et qui. ab omni serv. et exacc. seculari, imperp. Ego vero Radulfus et her. m. prædictas terras prædictis monachis contra omn. homines imperp. war. H. t., Ricardo de Hudleston, Henrico de Camera et Henrico fil. ejus, Willelmo fil. Rogeri, Waltero fil. Willelmi, Willelmo fil. Thomæ, Rogero fil. Willelmi, Gileberto Clerico, Stephano fil. Alexandri, Petro fil. Ascel', Henrico fil. Hamelin', Willelmo de Thalamo, et multis aliis.

DXXXIII.

(CARTA HENRICI FILII RADULFI FILII HUGONIS DE FENTON').

ij.   Sc. omn. præs. et fut. quod ego Henricus fil. Radulphi fil. Hugonis de Fenton' conc. et p. c. m. conf. Deo et B. G. de S. et mon. ibidem Deo servientibus, donacionem terrarum quas habent in territorio de Fenton' ex dono Radulphi patris mei, secundum tenorem cartæ quam dedit eis pater meus, ten. et hab. bene et pacifice sine contradiccione mei vel meorum, in pur. et perp. el. imperp. H. t., Ricardo de Hudleston, Willelmo fil. Rogeri, Waltero fil. Willelmi, Willelmo fil. Thomæ, Rogero fil. Willelmi, Gileberto Clerico, Stephano fil. Alexandri, et multis aliis.

---

[1] These three Fenton charters have been entered *secunda manu*.
[2] Or, Alnicroft ?

Fenton.

DXXXIV.

(CARTA HENRICI DE WIXSTOU.)

iij.   Notum sit omnibus, tam præs. quam fut., quod ego Henricus
de Wixstou dedi et h. p. c. m. conf. Deo et eccl. S. G. de S. et
mon. ibidem Deo servientibus, lx acras terræ in bosco de
Fentona juxta fossatam quam Archiep. Rogerus fecit, mensuratas
cum pertica xx^{ti} pedum, quæ sunt quasi de feudo Gileberti de
Barchester, in pur. et perp. el., tenendas li. et qui. et honorifice ;
ita tamen ut Robertus fil. et her. m. teneat prædictam terram de
eis, reddendo annuatim sacristæ de Seleby iv^s, ij viz. ad Pentecosten, et ij in festum Sci. Martini.   Et sacrista inveniet et
ministrabit Conventui pitanciam iij^s in anniversarium meum ut
servicium pro me fiat, et pitanciam xij^d in anniversarium Matild'
uxoris meæ, ut pro ea servicium fiat.   Robertus vero totum
forense servicium solvet et adquietabit.   H. t., Andrea
presbytero de Seleby, Roberto diacono, Malgero de Sciuet,
Fulcone de Seleby, Johanne Emptore, Johanne de Stalingb',
Roberto, Johanne, et Radulpho filiis ejusdem, Henrico, Ricardo,
de Monasterio.

AMEN.

DXXXV.

ERDESLAWE.[1]

HÆC EST CONVENCIO FACTA INTER RICARDUM ABBATEM DE SELEBY
ET JOHANNEM DE MELSA.

j.   Sc. om. qui has literas sunt visuri vel audituri, quod hæc est
A.D.
1194-1237. convencio facta inter Ricardum Abb. de S. et ejusdem loci Conv.
f. 98.   et Johannem de Melsa et her. s. ; sc. quod prædicti Abb. et
Conv. dimiserunt prædicto Johanni et her. s. imperp., totam
terram suam in Beuerlaco quam Willelmus de Stanford eisdem
Abb. et Conv. dedit in eadem villa, sc. in Haldik' Keldegate ;
reddendo annuatim Abb. et Conv. de S. ij^s ad festum Sci.
Martini apud Seleby, et ipsi Abbas et Conv. warantizabunt
prædictam terram præfato Johanni et her. s. contra omnes
homines.   Prædictus vero Johannes, assensu et consensu
Amiciæ uxoris suæ et her. s., dimisit præfatis Abb. et Conv. de
S. imperp. totam terram suam quam habuit in Erdeslawe, tam
in terris quam in serviciis liberorum hominum, sine ullo
retinemento, hab. et ten. imperp., sicut ipse carta sua confirmavit,
tenend. Michaeli de Sotil et her. s.   Et idem Johannes et her. s.
illam terram warantizabunt prædictis Abb. et Conv. de S. contra
omn. hom.   Et, ut hæc convencio rata et incussa permaneat,

---

[1] East or West Ardsley, near Wakefield.

Erdes-
lawe. imperp., sig. s. ex utraque parte confirmaverunt. H. t.,
Johanne de Byrkin, Adam de Bella Aqua.

DXXXVI.

CARTA RICARDI DE CRULL', CLERICI.

ij. Omnibus Scæ. Matris ecclesiæ filiis, præs. et fut., Ricardus de
Crull', clericus, æternam in Domino salutem. Noveritis me
tenere de domino Abbate et Conv. de S. hereditarie, totam
terram quæ fuit Michaelis de Sothil in Erdeslawe, et in haya
pro qua eis teneor per annum in redditu unius marcæ, viz. in di.
marca ad Pentecosten, et in di. marca ad festum Sci. Martini in
hyeme. Et in h. r. t. præs. scr. sig. m. apposui. H. t.,
Ricardo Gramatico, etc.

DXXXVII.

CARTA MICHAELIS FILII ELIÆ DE SOTHILL.

iij. Sc. tam præs. quam fut., quod ego Mich. filius Elyæ de
Sothil et her. m. debemus reddere domino Johanni de Melsa et
her. s. in quolibet anno j marcam argenti in festo Assumpcionis
Beatæ Mariæ pro toto essarto integro quod vocatur Thom'
Haye,[1] hoc quod Thomas de Eueringham dedit illi in maritagio,
quod tunc temporis fuit boscum, et præterea pro toto jure suo,
et pro toto servicio de terra sua, sc. de vj bovatis terræ in villa
de Erdeslawe, quod tenentes illius terræ illi facere consueti
fuerunt ; et ipse Johannes et her. s. warantizabunt michi et her.
meis prædictam terram et prænominatum servicium contra
omnes homines. H. t., Johanne, de Bircin, Johanne de Melsa,
etc.

DXXXVIII.

CARTA JOHANNIS DE MELSA.

iiij. Sc. omn. tam præs. quam fut., quod ego Johannes de Melsa
dedi, conc. et h. p. c. m. conf. Thomæ filio meo, pro homagio et
servicio suo, totum redditum meum de terra de Erdeslawe, sc.
j marcam arg., quam terram accepi cum uxore mea, quem
redditum prædictus Thomas vel her. s. accipiet de Michaeli (sic)
de Sothill vel de her. s., ad primum festum Beatæ Mariæ in
autumpno. Et ego Johannes et her. m. warantizabimus
prædicto Thomæ et her. s. prænominatum redditum contra
omnes. H. t., Johanne de Melsa de Bewich, Simone de
Sceftling', etc.

[1] " Tom's hay" or enclosure ?

Erdes-
lawe.

DXXXIX.

CARTA PHILIPPI DE HARPHAM.

v. Sc. omn. hanc cartam vis. vel aud., quod ego Philippus de
Harpham conc. et h. p. c. m. conf. Deo et eccl. S. G. de S. et
mon. ibidem Deo servientibus, terram quæ fuit Willelmi de
Stanford in villa Beuerlacy, sc. in Haldich Keldegat, quæ jacet
inter toftum quod fuit Johannis Pipeloripe et toftum quod fuit
Osberti le Berhose apud austrum, quam idem Willelmus de
Stanford, assensu et consensu her. s., in li. et perp. el. præfatæ
eccl. de S. donavit quando ibidem habitum monachi suscepit ;
reddendo annuatim mihi et her. m. vj^d pro omnibus serviciis,
sc. in festo Sci. Martini iij^d, et ad Pentecosten iij^d. Et, ut ista
mea concessio et confirmacio firma et illibata permaneat, eam
f. 98v. sig. m. appensione corroboravi. H. t., Roberto præposito
Beuerlaci, magistro Angoto, Philippo canonico, magistro
Milone canonico, etc.[1]

DXL.

(CARTA RICARDI DE CRULL' CLERICI').

vj.   Sc. præs. et fut., quod ego Ricardus de Crull', clericus, et
[Ist]a her. m. vel quicunque mei fuerint assignati, debemus Michaeli
carta tan-
git [ter] filio Heliæ de Sutyll et her. s. vel assign., iij marcas arg.
ras et ten. solvendas sibi nomine firmæ annuatim imperp., pro tota terra,
de Her-
deslowe, ædificiis, redditibus, homagiis, serviciis, et omnibus tenementis
quæ [q]ui- et tenuris cum pertinenciis, sine aliquo retinemento, quæ habent
dem carta in Erdeslawe, sc. ad Pentecosten xx^s, et ad festum Sci. Martini
[est in]
custodia in yeme xx^s. Et si contingat quod aliqua occasione ego
[Pr]ioris Ricardus vel succ. m. in solucione iij marcarum ad prædictos
Sci. Os-
waldi.[2] terminos defecerimus, concessi pro me et succ. m. sibi et succ. s.
ad quemlibet terminum dim. marcam solvere nomine poenæ
pro defectu solucionis iij marcarum. Ego Ricardus vel her. m.
vel assign. faciemus servicium quod inde fieri pertinet dominis
feodi illius, viz. domino comiti Warennæ et her. s. et domino
Abbati de S. et succ. s. ad terminos statutos, pro omni servicio
et demanda. Et sciendum est quod ego Ricardus nec her. m. vel
assign. racione firmæ iij marcarum pro prædicto tenementó ipsi
Michaeli et her. s. vel assign. annuatim pertinentis, nemini
imperp. faciemus relevium. In c. r. t. huic scr. sig. m.
apposui.

---

[1] What follows is added by later hands to the end of 98v.
[2] *i.e.,* of Nostell.

Erdes-
lawe.

DXLI.

(CARTA JOHANNIS SANSMERE).

vij.
A.D. 1402.
Nota
bene pro
Erdes-
lowe una
marca
annuatim.
. . . [a]s-
sign' Wal-
tero[R]ad
ford   in
. . . . suo
. . volent'
. . . . . .

Omnibus hoc scriptum indentatum visuris vel audituris, Johannes Sansmere de Erdeslowe, salutem in Domino sempiternam. Cum certæ terræ et tenementa cum pertin. in Erdeslowe, jacencia in quodam assarto vocato le Haye, et alibi infra limites villæ prædictæ, de Abbate et Conv. de S. et prædecess. s. immediate teneantur per servicium j marcæ bonæ monetæ cum pertin. annuatim ad festa Pentecostes et Sci. Martini in hyeme per æquales porciones reddend., prout in antiquis cartis inde confectis et coram me et aliis fidedignis ostensis plenius continetur ; de quo quidem redditu cum pertin. præd. Abbas qui nunc est et ejus Conv. et prædec. s. tam per manus meas quam per manus antecessorum m. tenencium terrarum et tenementorum prædictorum, et similiter illorum quorum antecessores mei statum inde habuerunt semper fuerunt seisiti : noverit autem universitas vestra quod ego verus tenens terrarum et ten. prædict. sponte et mera voluntate mea recognosco et fateor me et her. m. omnia ter. et ten. præd. cum pertin. de prædictis Abb. et Conv. et success. s. tenere imperp., per servicium unius marcæ bonæ monetæ Anglicanæ cum pertin. annuatim ad festa supradicta per æquales porciones fideliter reddendæ. Volo insuper et concedo pro me et her. m., quod quocienscunque prædictus redditus j marcæ a retro fuerit, in toto vel in parte non solutus post lapsum alicujus termini quo solvi debeat, tunc bene liceat prædictis Abb. et Conv. et succ. s. tam in prædictis terris et ten. quam in omnibus aliis terris et ten. meis cum pertin. in prædicto assarto vocato le Haye distringere, et districciones in hac parte captas abducere, asportare, et penes se retinere, quousque sibi et succ. s. de prædicto redditu j marcæ cum pertin. et ejus arreragiis plenarie fuerit satisfactum. In c. r. t. parti hujus scripti penes prædictos Abb. et Conv. remanenti sig. m. apposui ; alteri vero parti ejusdem penes me residenti, sig. prædictorum Abb. et Conv. est appensum. H. t., Johanne Amyas, Roberto Mauleuerer, Johanne de Brune, Ricardo de Drax, Johanne de Brerhagh, et Johanne de Byrne, et aliis. Dat. apud Selby, die Lunæ prox. ante festum Sci. Petri quod dicitur in Cathedra, anno Domini m cccc ij, et regni regis Henrici iiij post conquæstum Angliæ iiij.

Feb. 20.

Erdes-
lawe.

DXLII.

(CARTA JOHANNIS ABBATIS DE SELBY).

viij.
A.D. 1402.

Omnibus hoc scr. indentatum vis. vel aud., Johannes, permissione Divina Abbas de S. et ejusdem loci Conv., sa. in Domino sempiternam. Noveritis quod cum Johannes Sansmer de Erdeslowe quædam tenementa cum pertin. in Erdeslowe in quodam assarto vocato le Hay, et alibi infra limites villæ prædictæ de nobis et eccl. n. de S. tenet immediate per servicium j marcæ bonæ monetæ cum pertin. annuatim ad festa Pentecostes et Sci. Martini in hyeme per æquales porciones reddendæ, sicut in antiquis cartis nobis inde confectis mencio fit ad plenum ; qui quidem redditus a retro est non solutus per ix annos jam elapsos, in defectu ejusdem Johannis, ad grave dampnum nostrum et juris ecclesiæ nostra prædictæ læsionem immensam, unde de sua injuria nos contra ipsum maxime commovit, et pro jure ecclesiæ nostræ in hac parte prosequendo ad litem incitavit, cum ad instanciam et rogatum dilectorum nobis amicorum Johannis Amyas et Roberti Mauleuerer pacem fecimus cum eodem, et omnia arreragia supradicta a principio mundi usque in diem hunc sibi remisimus et relaxamus, sic ut idem Johannes redditum annuum prædictum ad festa supradicta per æquales porciones nobis et succ. n. libencius persolvat singulis annis de cætero in futurum. In c. r. t. parti hujus scripti penes præfatum Johannem remanenti sig. n. commune fecimus apponi, alteri vero parti penes nos residenti præfatus Johannes sig. s. apposuit. H. t., Johanne Amyas, Roberto Mauleuerer, Johanne de Brun, Ricardo de Drax, Johanne de Brerhagh, Johanne de Byrne, et aliis. Dat. apud Selby, die

Feb. 20.

Lunæ prox. ante fest Sci. Petri quod dicitur in Cathedra, anno Dom. m cccc ij, et regni regis Henrici iiij post conquæst. Angl. iiij.

DXLIII.

CHELLESLOWE.[1]

CARTA ROBERTI DE EUERINGHAM'.

j.
f. 99.

Universis S. M. Eccl. filiis ad quos præsens scriptum pervenerit, Robertus de Eueringham, æternam in Domino salutem. Noveritis me dedisse, conc. et h. p. c. m. conf. Deo et B. G. de S. et mon. ibidem Deo servientibus, pro sa. an. m. et Isabellæ uxoris meæ et omn. antecess. et success. m., totam villam meam de Chelleslow, cum omnibus pertinenciis, sine

---

[1] Chellow or Chel, in the township of Heaton, about 3 miles N.W. of Bradford.

Chelles-lowe. aliquo retinemento, cum omnibus libertatibus et aysiam. in bosco et plano, in pascuis et mariscis, et in omnibus locis prædictæ terræ pertinentibus ; tenendam et habendam de me et her. m. imperp., in pur. li. et perp. el., solutam et quietam ab omni sæculari servicio et exaccione. Ego vero et her. m. prædictam terram cum pertin. omn. et aysiam. prædictæ villæ pertin. contra omnes homines war. et def. et in omnibus adquietabimus imperp. Ut hæc autem donacio mea perpetuum firmitatis robur optineat, præsenti scripto sig. m. apposui. H. t., Roberto de Meinill, Waltero de Sturs, Roberto Vauassore, etc.

DXLIV.

CARTA ISABELLÆ QUONDAM UXORIS ROBERTI DE EUERINGHAM.

ij. Univ. S. M. Eccl. filiis ad quos præs. scr. pervenerit, Isabella quondam uxor Roberti de Eueringham, æternam in Domino salutem. Noveritis me in pura viduitate et ligea potestate mea concessisse et h. p. c. m. conf. Deo et B. G. de S. et mon. ibidem Deo servientibus, pro sa. an. m. et an. Roberti de Eueringham et omn. antecess. et success. m., totam villam de Chelleslaw cum omn. pertin., sine aliquo retinemento, cum omnibus lib. et aisiam. in bosco et plano, in pascuis et mariscis, et in omnibus locis prædictæ terræ pertinentibus, quam habent de hereditate mea et ex dono Roberti quondam domini et mariti mei ; tenend. et habend. de me et her. m. imperp., in pur. li. et perp. el., solutam et quietam ab omni sæculari servicio et exaccione. Et ut hæc mea qui. cla. et confirmacio perpetuum firmitatis robur optineat, præs. scr. sig. m. apposui. H. t., Johanne de Thornhill, Radulpho de Horebiri, Waltero de Ludeham, etc.

DXLV.

CARTA JOHANNIS DE LASCY.

iij.
A.D. 1211-1240. Johannes de Lascy Comes Lincolniæ, et Constabularius Cestriæ, omnibus ballivis et servientibus suis, sa. in Domino. Noveritis me recepisse in manu et proteccione mea totam terram quam Abbas et Conv. de S. habent de dono Roberti de Eueringham in Chelleslaw, quæ est de feodo meo, in Bradfordesdale ; quam quidem terram eisdem monachis carta mea confirmavi. Quare vobis mando, firmiter præcipiens quatinus prædictam terram manu teneatis, protegatis, et defendatis, pro posse vestro, eidem terræ vel monachis eandem tenentibus molestiam vel gravamen non inferentes, vel ab aliis quantum in vos (*sic*) est inferri permittentes. In h. autem r. t., eisdem monachis has literas meas patentes sig. m. signatas fieri feci. Valete.

Chelles-
lowe.

DXLVI.

CARTA JOHANNIS DE LASCY.

iiij.

A.D.
1211-1240.

Omn. S. M. eccl. fil. præs. et fut., Johannes de Lascy, Comes Lincolniæ, Constabularius Cestriæ, æternam in Domino salutem. Noveritis nos conc. et h. p. c. n. conf. Deo et B. G. de S. et mon. ibidem Deo servientibus, pro sa. an. m. et antecess. et success. n., totam terram de Chelleslawe cum omn. pertin. sine ullo retenemento, quæ est de feudo nostro in Bradeffordale, quam habent ex dono Roberti de Eueringham, sicut carta ipsius Roberti testatur, hab. et ten. de nobis et her. n., li. qui. pacifice et integre, in pur. et perp. el. li. et qui. ab omni sæculari servicio et exaccione imperp. Et, ut nostra concessio et confirmacio ratæ stabilesque permaneant, præsens scr. sig. n. posicione roboravimus. H. t., domino Ada de Novomercato, Jordano Foliot, etc.

DXLVII.

CARTA WILLELMI SCOTTI DE KALUIRL'.[1]

v.

f. 99v.

Notum sit omn. S. M. Eccl. fil. quod ego Willelmus Scottus de Kaluirl' dedi, conc. et h. p. m. c. conf. Deo et B. G. de S. et mon. ibidem Deo servientibus, in pur. et perp. el., medietatem essarti quod vocatur Hetunsty, illam viz. medietatem quod Suanus de Deneby quondam tenuit de Thoma de Thorneton in territorio de Allerton, sine retenemento, ten. et hab. li. qui. pacifice et integre, cum omn. lib. et aisiam. prædictæ terræ pertin., sicut carta Jursolæ matris meæ testatur. H. t., Johanne de Lungeuilers, Johanne de Tornil', etc.

DXLVIII.

CARTA JURSOLÆ FILIÆ THOMÆ DE THORNTON.

vj.

Notum sit omnibus S. M. eccl. fil. quod ego Jursola, filia Thomæ de Thornton, in viduitate mea dedi, conc. et h. p. c. m. conf. Deo et B. G. de S. et mon. ibi Deo servientibus, in pur. et perp. el. medietatem essarti quod vocatur Hetunsti ; illam viz. medietatem quam Suanus de Denneby quondam tenuit de Thoma de Thornton in territorio de Allerton, sine retenemento, ten. et hab. li. pacifice et integre, cum omn. lib. et aysiam. prædictæ terræ pertinentibus. Ego vero Jursola et her. m. prænominatam terram cum pertin. prædictis monachis war. adq. et def. ubique et imperp. H. t., ut supra.

[1] Calverley.

Chelles-
lowe.

DXLIX.

CARTA HENRICI FILII ROBERTI WALLENSIS.

vij.

Omnibus h. l. vis. vel aud., Henricus fil. Roberti Wallensis, æternam in Domino salutem. Noveritis me ded. conc. et h. p. c. m. conf. pro salute animæ meæ et antecess. m. Deo et B. G. de S. et mon. ibidem Deo servientibus, in pur. et perp. el. medietatem essarti quod vocatur Hetunsti ad me pertinentem in territorio de Allerton, sine ullo retenemento; ten. et hab. li. pacif. et integre, cum omn. lib. et aysiam. prædictæ terræ pertinentibus. Ego vero Henricus et her. m. prænominatam terram cum pertin. prædictis monachis contra omnes homines imperp. war. adq. et ubique defendemus. H. t., ut supra in prima carta.

DL.

CARTA DE QUARERA.[1]

A.D. 1291.
f. 102.

Omnibus Chr. fid. ad quos præs. scr. pervenerit, Frater Johannes de Lunda, prior de Marton in Galteris et ejusdem loci Conventus, sa. in Domino. Noveritis nos dedisse, conc., et h. p. c. n. cyrograffata conf. Abbati et Conv. de S. et eorum succ. imperp., iij acras quareræ nostræ in Theuesdale[2] cum fundo[3] et cum libero introitu et exitu per mediam villam de Theuesdale usque ad regalem viam quæ vadit ad Tadcaster; illas sc. iij acras cum fundo quæ abbuttant super quareram Abbatis et Conv. de Thorneton ex parte occidentali, sicut simul jacent juxta quareram Prioris et Conventus de Drax ex parte meridionali, quam idem Prior et Conv. habent de dono Willelmi le Vauasur ad terminum annorum; ten. et hab. prædictis Abbati et Conventui et succ. universis prædictas iij acras quareræ, cum libero introitu et exitu et cum fundo, in li. pur. et perp. el. li. qui. pacifice et integre; salvo nobis et succ. n. et assign. universis libero introitu et exitu quareræ residuæ ad lapidum dimissionem voluntariam asportacionem per easdem iij acras quareræ et fundum earundem, ita tamen quod per₁ lapides nec pulverem aliqᵃ (*sic*) ad eorundem Abbatis et Conv. [sit]

---

[1] This charter has no connexion with what precedes or follows it, and has been inserted here on a previously unoccupied page.

[2] At Tadcaster, Robert le Vavasour gave a charter to the Church of St. Peter at York to have a right of way to a quarry at the same place, *c.* 1225. *York Fabric Rolls*, 147 and note. The stone would easily go down the rivers to York and Selby, and to within short distances of Drax and Thornton.

[3] The *fundus* is here the level space adjoining the quarry, where the stone was laid previous to removal. See below.

De
quarera
in
Theves-
dale.

nocumentum, ultra mensem simul et semel occupentur quoquo modo, sub pœna amissionis lapidum quareram eandem et fundum occupancium, trina tamen amonicione rationali, earundem possessori præmissa. Præterea vero Abb. et Conv. et eorum succ. vel assign. pulverem et detencionem de prædictis iij acris quareræ ponent ubi alii ponunt, nec fundum de petra earundem vacuatum cum aliqua petra nisi de nobis empta vel emenda sub pœna præmissa nobis et succ. si fecerint habitura, occupabunt. Et nos prædicti Prior et Conv. et succ. n. prædictas iij acras quareræ cum fundo et cum libero introitu et exitu et aliis, sicut prædictum est, prædictis Abb. et Conv. et eorum succ. universis contra omnes homines war. adq. et def. imperp. In c. r. t. parti hujus scr. penes dictos Abbatem [et Conv.] existenti sigillum capituli nostri apposuimus ; parti eciam penes nos remanenti sigillum commune prædictorum Abb. et Conv. est appensum. H. t., domino Johanne de Reigate, domino Willelmo de Sco. Quintino, etc. Dat. in Capitulo nostro

Mar. 23. apud Marton', x Kal. Apr. anno Domino m cc xcj.

DLI.

MILLEFORD.[1]

(CARTA JOHANNIS DE NORTH MILFORD).

Noverint universi ad quorum noticiam præsentes literæ pervenerint, quod ego Johannes de Northt Milford et her. m. tenemur solvere Abb. et Conv. de S. et eorum succ. imperp. annuatim, dim. marcam arg. viz. ad festum Pentecostes et ad festum Sci. Martini in yeme, per æquales porciones, pro una carucata terræ quam habeo in Northe Milford ; illam sc. quam Mauricius de Ascerne dictis religiosis dedit. Dictam autem firmam solvere tenemur tanquam assignati domini Johannis de Birkyn, qui dictam terram de licencia dictorum religiosorum mihi et her. m. imperp. assignavit. Et si contingat, quod absit, me vel her. m. in solucione prædictæ summæ ad aliquem terminum in toto vel in parte deficere, ex tunc volo et concedo pro me et her. m. quod prædictus Abb. et succ. s. libere possint distringere in prædicto tenemento pro voluntate sua, et districcionem captam contra vadium et plegium retinere quousque eis de prædicta firma suæ plenarie fuerit satisfactum. In c. r. t. huic scr. sig. m. apposui. H. t., dominis Willelmo de Rither, Roberto de Holme, Franconi Tyheys, militibus, Roberto Palyn, Johanne de Lascy, Johanne de Sutton, et multis aliis.

[1] Inserted on the same page as the last, *secunda manu,* and not numbered.

Milford.

DLII.

MILFORD.

CARTA MAURICII FILII MAUGERI DE ASKERNE.

j.
f. 102v.
Sc. omn. præs. et fut., quod ego Mauricius, filius Maur' de Askerne, conc. dedi et h. p. c. m. conf. Deo. et Eccl. S. G. de S. et mon. ibidem Deo servientibus, pro sa. an. m. et antec. et success. m., totam terram meam de Northmilford, cum omn. aisiam. et lib., et cum omnibus rebus ad eandem terram spectantibus, infra villam et extra villam, sine ullo retinemento, imperp.; habendam et tenendam de me et her. in li. et perp. el., solutam et quietam ab omni servicio et exacc. ad me vel her. m. pertinente, et faciendo Johanni filio Roberti de Milleford, domino meo, et her. s., rectum servicium pertinens ad prædictam terram, sc., xs annuatim ad festum Sci. Martini, et rectum et debitum scutagium quantum pertinet ad j carucatam terræ, unde vj carucatæ terræ faciunt servicium j militis, pro omni seculari servicio et demanda. Et ego Mauricius et her. m. defendemus [et] warantizabimus prædictis monachis totam prædictam terram et elemosinam cum pertin., ubique et contra omnes homines imperp. H. t., Gilberto de Notton, tunc Senescallo de Ponte Fracto, etc.

DLIII.

CARTA JOHANNIS DE BIRKYN.

ij.
A.D.
1194-1237.
Omnibus h. l. vis. vel aud., Johannes de Birkin, sa. in Domino. Universitati vestræ notum fieri volo me recepisse ex dono Ricardi Abbatis et Conv. de S., quod mihi fecerunt pro homagio et servicio meo et her. m. et illorum quibus illam terram volo assignare; sc. totam terram suam de Milleford quam eis dedit Mauricius de Askerne, tenendam de eis libere cum omn. pertin., prout carta mea, quam de eisdem monachis habeo, testatur; reddendo ipsis annuatim ijs quamdiu prædictus Mauricius vixerit. Post mortem vero ipsius Mauricii, teneor ego Johannes et her. m. vel assign. m. reddere dictis monachis annuatim dim. marcam arg. pro eadem terra, medietatem ad festum Sci. Martini in yeme et medietatem ad Pentecosten. Et præterea ego et her. m. vel assign. m. defendemus prædictam terram versus omnes de omni servicio et onere. Et, in hujus rei testimonium, dedi eis hanc cartam sig. m. signatam. H. t., Oliuero de Ainecurt, Ada de Bella Aqua, etc.

Milford.

DLIV.

(CARTA JOHANNIS DE BIRKYN).[1]

Sc. omn. tam præs. quam fut., quod ego Johannes de Birkyn dedi, conc. et h. p. c. sig. m. roborata conf. Philippo de Gunnes, clerico, pro homagio et servicio suo, totam terram in Milford, cum toftis et croftis, et omnibus aliis pertin., quam sc. Mauricius de Askern tenuit, et Henricum filium Adæ, et Hugonem filium Henrici, et Adam filium Pagani, et Godfridum Maundeuill' et Robertum patrem suum, nativos meos, cum totis sequelis et posteritatibus suis, rebus et catallis eorum ; tenend. et habend. eidem Philippo et her. vel assign. s. de me et her. m. in feodo et hereditate, li., qui., pacifice, et integre, cum omn. lib. dictæ terræ infra villam et extra pertinentibus, sine aliquo retinemento ; reddendo inde annuatim pro me et her. m., sicut attornati mei perpetui, dominis feodi, xij[s] sterlingorum, sc. Abbati et Conv. de S. ij[s] ad festum Sci. Martini in yeme, quamdiu dictus Mauricius vixerit, et Johanni de Milford et her. s. x[s] ad eundem terminum. Post mortem vero dicti Mauricii, reddet annuatim dictis Abb. et Conv. dim. marcam arg. ad prædictum terminum, pro dictis ij[s], pro omni servicio et exacc., salvo forinseco servicio. Et ego Johannes et her. m. defend. et warantizabimus dicto Philippo et her. vel assign. s. dictam terram cum pertin., et prædictos nativos cum sequelis et posteritatibus, rebus, et catallis suis, per prædictum servicium, contra omnes homines imperp. H. t., Eudone de Lunguileres, Adam de Bellewe, Henrico de Grymston', Roberto de Hibernia, Paulino de Ulshelf, Willelmo de Bound, Willelmo de Gunnays, Adam de Insula, Willelmo de Jakelay, et multis aliis.

DLV.

ACASTER.

CARTA OSBERTI VICECOMITIS DE EUERWYKESHIRA.

j.
f. 103.
c. A.D.
1089-1112.

Notum sit omn. hæc audientibus, quod Osbertus, Vicecomes de Euerwyk' scira, dedi S. G. de S. et mon. ejusdem loci, Acastr' et quicquid habebam ipse in eadem villa, cum omn. consuet. s., sicut melius habui de Rege. Testimonio Thomæ[2] Archiepiscopi', Stephani Abbatis,[3] Nigelli de Albinio, etc.

---

[1] This charter is added *secunda manu*.

[2] Probably Thomas I, 1070-1101 ; possibly Thomas II, 1109-1119.

[3] Probably Stephen, the first Abbot of St. Mary's, York, c. 1089-1112.

Acaster.

DLVI.

CARTA RODBERTI DE ROS.

ij.
c. A.D.
1157.

Notum sit tam præs. quam fut., quod Rodbertus de Ros, Constabularius,[1] filius Petri Dapiferi, dedit Deo et S. G. de S. et Abbati fratribusque ibidem Deo famulantibus, illas v bovatas terræ quas ipse habuit in Acastra, perpetuo, in pur. el., et quicquid eis adjacet, solutas et quietas ab omni servicio et consuetudine, præter solummodo quod monachi reddent ei unoquoque anno vj^s et viij^d ad festivitatem Sci. Martini. Huic donacioni affuerunt Radulfus Prior de Sca. Maria, et Andreas Supprior de Sca. Trinitate, et Philippus Monacus ejusdem ecclesiæ, etc.

DLVII.

CARTA ROGERI DE MOBRAY.

iij.
c. A.D.
1150.

Rogerus de Moubray, Leising' et Chetell' et omnibus hominibus de Acastra, salutem. Sciatis me ded. et conc. Deo et Scæ. Mariæ et S. G. et E [liæ] Abbati et mon. de S., terram de Acastra totam de feudo meo, li. et qui., in perp. el., sic quod pro nullo disseisiantur. Et si aliquis eos disseisiaverit, ego ipse resaisio eos per hoc breve meum et latorem brevis.

DLVIII.

CARTA EJUSDEM ROGERI DE MOUBRAY.

iv.
A.D.
1153-4.

Rogerus de Moubray Willelmo, gratia Dei Ebor. Archiepiscopo, et omn. S. M. Eccl. filiis, salutem. Notum sit vobis omnibus me reddidisse et concessisse Deo et S. G. de S. et mon. ibidem Deo servientibus, terram de Acastra totam quæ de feodo meo est, li. et qui. in perp. el., pro salute mea et pro anima patris mei et pro animabus antecess. meorum. T., Willelmo de Merlow, Willelmo de Arches, etc.

DLIX.

CARTA ROBERTI TOYEL DE ACASTR'.

v.

Sc. omn. tam præs. quam fut., quod ego Robertus Tuiel de Acastr', consensu et assensu Rahenildæ uxoris meæ et her. m., dedi, conc. et h. p. c. m. conf. Deo et S. G. de S. et mon. ibidem Deo servientibus, pro sa. animarum nostrarum et prædec. n., unum toftum in Acastre, in pur. et perp. el., illud viz. quod jacet inter toftum Thomæ filii Odonis et toftum Roberti filii Reginaldi,

---

[1] Constabulas in MS.

U

Acaster. in quo contineri debet una acra terræ. Hoc toftum prædictum liberum ab omn. serv. et secul. exacc. ego Robertus Tuiel et her. m. warantizare tenemur. H. t., magistro Johanne capellano, Alexandro de Hoton', etc.

DLX.

CARTA ROBERTI DE TUYEL DE ACASTR'.

vi.
A.D. 1203.
Omn. h. lit. vis. vel audit., Robertus Tuel de Acastr', sa. Sc. me dimisisse et h. c. p. conf. domino Ricardo Abbati de S. et Conv. de S., toftum in villa de Acastr', quod jacet inter toftum Johannis le Lanerd,[1] inter terram Thomæ filii Odonis; hab. et ten. usque in x annos. Hæc autem convencio incepit ad Natale Domini, anno m cc iij ab incarnacione Domini. In fine vero x annorum recipiam toftum meum solutum et quietum ab Abbate præfato et Conv. Et pro hac dimissione dedit mihi prædictus Abbas et Conv. dim. marcam argenti. H. t., Andrea et Henrico, capellanis de Seleby.

DLXI.

CARTA WILLELMI FILII ROBERTI TUYEL DE ACAST'.

vij.
Sc. præs. et fut., quod ego Willelmus, filius Roberti Tuel de Acastr', conc. et h. m. c. conf. Deo et B. G. de S. et mon. ibidem Deo servientibus, donacionem quam eis fecit Rahenilda mater mea, in libera viduitate sua, de tota terra sua in villa de Acastr', cum omnibus ad illam pertinentibus, sine aliquo retinemento; salvo servicio domini Ricardi Malebisse, sc. iiijˢ et vjᵈ et una libra cymini annuatim solvend., sc. medietatem ad

f. 103ᵛ. Pentecosten et medietatem ad festum Sci. Martini. Et ut hæc mea confirmacio et concessio firma permaneat et incussa, præs. scr. sig. m. apposui. H. t., domino Ricardo Malebissa, Henrico de Byrkin.

DLXII.

CARTA WILLELMI FILII WILLELMI TUYEL DE ACAST'.

viij.
Omn. Chr. fid. ad quos præs. scr. pervenerit, Willelmus, filius et heres Willelmi Toiel de Acastr', sa. in Domino. Noveritis me conc., remisisse, et omnino de me et her. m. imperp. qui. cla. viris religiosis dominis meis Abb. et Conv. S. G. de S. et eorum success., totum jus et clamium quod unquam habui seu aliquo modo habere potero nomine hereditatis, vel alio modo, in uno tofto et dimidio, et ij acris

---

[1] Or "Lauerd"?

Acaster. terræ cum pertin. in villa et territorio de Acastr', jacentibus separatim inter viros religiosos Abb. et Conv. S. M. Ebor. et prædictos Abb. et Conv. S. G. de S. ; terra vero prædicta jacet in le Suthfeld et Wattecroft ; ita tamen quod nec ego prædictus Willelmus nec her. m. nec aliquis pro nobis seu per nos vel nomine nostro aliquod jus vel clamium in prædictis terris et tenementis cum omn. s. pertin. de cetero exigere vel vendicare poterimus in futurum. In c. r. t. sig. m. h. scr. est appensum. H. t., domino Johanne Sampson, Willelmo filio Hugonis, etc.

DLXIII.

CARTA WILLELMI KETEL DE ACAST'.

ix. Sc. præs. et fut. quod ego Willelmus Ketel de Acastr' dedi, conc. et h. p. scr. remisi, reddidi, et qui. cla. Abb. et Conv. de S., dominis meis, iij acras terræ in territorio de Acastr', quæ jacent in le Westridding' inter terram Adæ de Roma, ex una parte, et terram ejusdem Willelmi Ketel ex altera ; quas[1] quidem iij acras, una cum aliis tenementis de prædictis religiosis tenui in eadem villa ; ten. et hab. eisdem religiosis et succ. s. et eccl. s. tamquam feudam propriam imperp., ita quod ego nec her. m. nec aliquis per nos aliquod jus vel clamium in præd. tenementis exigere vel vendicare poterimus imperp. In c. r. t. sig. m. præs. scr. apposui.

DLXIV.

CARTA WILLELMI KETEL DE EADEM.

lx. Sc. præs. et fut., quod ego Willelmus Ketel de Acasterseleby, concessi, conf., et h. p. c. m. imperp. pro me et her. m. imperp. qui. cla. Deo et Eccl. de S. et mon. ibidem Deo servientibus, totum jus et clamium quod habui seu habere vel vendicare potui in bosco boriali villæ de Acasterseleby, sicut se extendit in longitudine et latitudine, ita quod non licebit mihi seu her. m. vel assign. aliquod jus seu clamium in dicto bosco seu pastura ejusdem de cetero vendicare vel exigere. Et, præterea, concessi et qui. cla. dicto monasterio de S., totum jus et clamium quod habui seu habere potui in ij acris terræ quæ fuerint (*sic*) Willelmi Tuel in eadem villa, quæ jacent in locis subscriptis, sc. dim. acra jacet in Braitswaytspen, inter terram Willelmi le Graunt et terram Adæ de Roma ; et dim. acra jacet in Douneaycstobe inter terram Thomæ in le Gaile, et terram Johannis filii Stephani ; et dim. acra jacet in Braytswayth inter

---

[1] MS. has "quos."

Acaster. terram dictorum Willelmi et Adæ; et dim. acra jacet in Lincroft inter terram eorundem. Et, ut præsens concessio et qui. cla. rata sit et stabilis temporibus affuturis, ego dictus Willelmus pro me et her. m. sig. m. præs. scr. apposui. H. t., domino Johanne Sampson, etc.

DLXV.

CARTA THOMÆ ABBATIS DE SELEBY.

xi.
A.D.
1255-62,
or
1269-80.

f. 104.

Omn. S. M. Eccl. fil. Thomas, permissione divina Abb. de S. et ejusdem loci Conv., sa. in Domino. Noveritis nos dimis. et conc. Hugoni le Ferur, civi Ebor., her. et assign. s., pro homagio et servicio suo, ij acras terræ arrabilis in territorio de Sutheacaster, quarum una pertica jacet in Brathemer, inter terram prædictorum Hugonis et Roberti le Graunt in Brathewayt; et alia pertica jacet in Brathemer, inter terram prædictorum Hugonis et Roberti; et una dim. acra jacet in Brathewaitspen inter terras Stephani de Monte et dicti Roberti; et alia dim. acra jacet apud Lincroft, inter terram dictorum Hugonis et Roberti; et tercia dim. acra jacet apud Douneayck' inter terras dictorum Stephani et Thomæ de la Gail, ten. et hab. præd. ij acras cum omn. s. pertin. et aysiam., sibi hér. et assign. s., de consensu nostro assignandis, li. qui. et pacifice imperp.; reddendo inde annuatim nobis et succ. n. ijs arg. ad ij anni terminos subscriptos; viz. ad Pentecosten xijd, et ad festum Sci. Martini alios xijd pro omni serv. secul. consuet. et demanda, salvis curiæ nostræ sectis. Nos vero et succ. n. prædictas ij acras terræ cum pertin. prædicto Hugoni, her. et assign. s. pro prædicto servicio, sicut dictum est, contra omnes homines et feminas, quamdiu fuerint nobis dictæ acræ warantizatæ, warantizabimus. In c. r. t. h. c. cyrograffatæ, cujus pars altera signo dicti Hugonis est signata, commune sigillum capituli nostri apponi fecimus. H. t., fratre Ricardo de Friston, fratre Rogero de Gellesay, fratre Alexandro de Ebor'.

DLXVI.

CARTA JOHANNIS FILII HUGONIS DE ACAST'.

xij.
A.D. 1283.

Sc. præs. et fut. quod ego Johannes filius Hugonis de Acastr', quondam feratoris,[1] dedi, conc., et h. p. c. m. conf. Adæ de Roma de Ebor', totam terram meam in Acastre jacentem[2] in locis subscriptis, cum quodam prato; sc. culturam meam in le

---

[1] Shoeing-smith, see No. DLXVII.
[2] MS. has "jacentes."

Acaster. Westfeld in Ouerstathecroft, quæ fuit quondam Eliæ Cokthe, sicut jacet in longitudine et latitudine inter terram Priorissæ et Conv. de Apelton', et terram Thomæ Cok[1]; et unum selionem terræ in Netheracast', jacentem inter terram Hugonis Cok, et terram Petri filii Willelmi; et dim. acram terræ in Ouerstathcroft, inter terram Priorissæ de Apelton' et terram Thomæ Cok; et ij acras terræ in le Westridding' inter terram Willelmi Ketel et exitum qui ducit de Apelton', abbuttantes in uno capite super le Scroochflat, et in alio super Swynegarthwra; et iiij seliones terræ in le Netherlese, inter terram Hugonis filii Willelmi et le Northwod; et ij seliones terræ in le Ouerlese, inter terram prædicti Hugonis et assartum Hugonis præpositi; et unam acram terræ in le Northwites, inter terram Willelmi Ketel et terram Johannis filii Albredæ, abbuttantem in uno capite super le Blacker et in alio super le Sick'. Et prædictum pratum jacet in le Northenge in longitudine et latitudine inter pratum Abbatis S. M. Ebor' et pratum Agnetis de Thornetona. Item, dedi et concessi prædicto Abbati ij acras terræ in territorio de Apelton, jacentes in essarto Julianæ de Stuteuill'; ten. et hab. totum præd. tenementum prædicto Adæ et her. s. vel assign. de me et her. m. cum libero introitu et exitu et cum omn. pertin. lib. et aisiam. s. ubique li. qui. integre, pacifice, et hereditarie, imperp., sine aliquo retenemento; reddendo inde annuatim mihi et her. m. unam rosam ad Nativitatem S. J. B., et Willelmo Ketel et her. s. pro prædicto tenemento in Acastre unum par albarum cyrotecarum ad Pentecosten, et pro prædictis ij acris terræ in territorio de Apelton, capitalibus dominis feodi unam sagittam ad Natale Domini, et x[d] ad festa Pentecostes et Sci. Martini in hieme per æquales partes pro omni serv. secul. exacc. consuet. sectis omnimodis et aliis demandis. Ego vero Johannes et her. m. totum prædictum tenementum cum suis pertin., ut prædictum est, prædicto Adæ et her. s. vel assign. pro prædicto servicio contra omnes gentes war. adq. et imperp. defendemus. Dat. in septimana Paschæ, anno graciæ m cc octogesimo tercio. H. t., Willelmo filio Hugonis de Acastr', Willelmo Ketel, Wydone de Apelton', Willelmo de Rouecestr'.

April 19 to 24.

DLXVII.

CARTA ADÆ DE ROMA DE EBOR.

xiij. Sc. præs. et fut., quod ego Adam de Roma de Ebor' dedi, concessi, et h. p. c. m. conf., et de me et her. m., tanquam dominis feodi, sursum reddidi Abbati et Conv. de S. et eorum

---

[1] MS. has "Tok."

Acaster. success., totam terram meam in Acaster cum prato meo, quam quidem terram habeo ex dono et concessione Johannis le Ferrur, filii Hugonis le Ferrur, prout continetur in carta dicti Johannis ; ita sc. quod nec ego nec her. seu aliquis ex parte mea jus vel f. 104v. clamium habere seu vendicare poterimus in futurum ; ten. et hab. dictis religiosis et eorum success. li. qui. pacifice, et integre, cum omn. pertin. et aysiam. dictæ terræ et prato pertinentibus imperpetuum. Ego vero dictus Adam et her. m. totum prædictum tenementum cum pertin. dictis religiosis, sicut prædictum est, contra omnes homines war. et imperp. defendemus. In c. r. test. sig. m. præs. scr. apposui. H. t., domino Johanne Sampson de Ebor', Rogero Basy de eadem, etc.

DLXVIII.

CARTA ROBERTI DE STOPHAM ET HAWISIÆ UXORIS EJUS.

xiv. Omn. h. l. vis. vel aud. Robertus de Stopham et Hawysia uxor sua, sa. in Domino. Noveritis nos tenere de Abb. et Conv. de S. unum mesuagium et vij acras terræ de antiquo feudo, et xij acras terræ de essarto in una cultura, et iij acras prati cum pertin. in eadem villa de Acast', mensuratas cum pertica xx pedum, quas aliquando Ricardus filius Johannis filii Daniel de Ebor' de ipsis tenuit in eadem villa, pro quibus nos et her. n. vel assign. n. annuatim solvere tenemur prædictis Abb. et Conv. vijˢ et j lib. insensi, ad terminos in carta ipsorum quam habemus constitutos. Et sciendum est quod nos et heredes nostros et assign. nostros spontanea voluntate nostra obligavimus ad solucionem iiijˢ magistro Hospitalis Sci. Leonardi Ebor' ad ij terminos solvendorum ; sc. ad festum Sci. Martini in hyeme ijˢ, et ad Pentecosten ijˢ, . . .[1] et una bovata terræ et tofto et crofto et redditu vjᵈ de uno molendino ad ventum in Stiuel[ingflet], quæ sunt de feodo Hospitalis Sci. Petri Ebor' ; et uno essarto quod non est de eodem feodo ; quæ omnia habent de Ricardo filio Johannis pro escambio prædictæ terræ, quam de eodem Ricardo in villa de Acast' emimus per assensum Abb. et Mon. de Seleby. Hanc autem solucionem sine fraude vel dolo ad terminos statutos fideliter servandam, tactis sacrosanctis in præsencia multorum bona fide juravimus. Et in h. r. t. præs. scr. sig. n. apposuimus. H. t., Alano de Katerton, etc.

---

[1] Something must have been omitted here.

Acaster.

DLXIX.

xv.
A.D.
1194-1214
or
1220-37.

Omn. ad quos præs. scr. pervenerit, Ricardus Dei gra. Abb. de S. et ejusdem loci Conv., æternam in Domino salutem. Noverit universitas vestra nos dedisse, conc. et h. p. c. n. conf. Roberto de Stopham et Hawisiæ uxori suæ et her. suis pro homagio et servicio suo, unum mesuagium et vij acras terræ cum pertin. in villa de Acast', et xij acras terræ simul in una cultura, quæ sc. jacent inter domum Ricardi filii Johannis et Lestrod[1] de Apelton', mensuratas cum pertica xx pedum; et iij acras prati quæ jacent inter essartum ipsius Ricardi super Vsam versus Landems[2], mensuratas cum eadem pertica; quæ prædicta, Ricardus filius Johannis filii Daniel de Ebor' quondam de nobis tenuit; hab. et ten. eisdem Roberto et Hawysiæ et her. s. de nobis in feodo et hereditate, li. qui. pacifice et integre, cum omn. lib. et aysiam. prædictæ terræ pertinentibus, infra villam et extra, cum libero introitu et exitu; et habebunt vj boves in pastura, ij equos, et ij vaccas cum sequela unius anni, et x porcos in herbagio; et ut habeant aucas suas in pace; reddendo inde nobis annuatim vij[s] et unam libram insensi pro omni serv. et exacc., sc. iiij[s] ad festum Sci. Germani quod est ante festum Sci. Petri ad vincula ad pitanciam monachorum, et iij[s] et j lib. insensi nobis ad festum Sci. Martini in hyeme. Et sciendum est, quod Robertus et Hawisia et her. s. capient per visum forestarii nostri rationabilia estoveria sua in bosco nostro de Acast', quantum pertinet ad unum mesuagium, et ad vij acras terræ de bovatis in eadem villa. Nos vero prædicta tenementa cum pertin. prædictis Roberto et Hawisiæ et her. s. contra omnes homines war. imperp. H. t., Alano de Katerton, etc.

DLXX.

xvj.

Sc. præs. et fut., quod ego Raginalda, filia Willelmi Mordac, in libera viduitate mea, dedi, conc. et h. p. c. m. conf. Deo et B. G. de S. et mon. ibidem Deo servientibus, in elemos., totam terram meam de Acaster, cum omnibus ad illam pertinentibus in pratis et pascuis, et omnibus aisiam. et liberis consuetudinibus, salvo servicio Ricardi Malebisse, sc. iv[s] et vj[d] et j lib. cimini annuatim solvend. ad ij terminos sc. ad Pentecosten ij[s] et iij[d] et dim. lib. cymini, et ad festum Sci. Martini ij[s] iij[d] et dim. lib. cimini.

f. 105.

Prædictam autem terram cum omn. pertin. prædictis monachis ego et her. m. war. contra omnes homines. Et ut

---

[1] Le strother, the marsh.   [2] Lande mers? land marsh?

Acaster. ista mea donacio recta permaneat et inconcussa, præs. scr. sig. mei apposicione roboravi.   H. t., domino Ricardo Malebisse, Henrico de Berlay, etc.

DLXXI.

CARTA WILLELMI FILII HUGONIS DE ACASTER.

xvij.   Omnibus ad quos præs. scr. pervenerit, Willelmus filius Hugonis de Acast', sa. in Domino.   Noveritis me tenere de domo de Seleby ij bovatas terræ in villa de Acast', quas Hugo pater meus tenuit, cum omn. pertin., excepto prato unius bovatæ terræ; reddendo eis inde annuatim v^s et iij^d ad ij terminos, sc. medietatem ad Pentecosten et medietatem ad festum Sci. Martini in hyeme.   Ego vero, tactis sacrosanctis in capitulo de Seleby, juravi quod fidelis domui de S. existam, et fideliter prædictam firmam ad terminos statutos persolvam. Si vero contigerit Abbatem et Conv. de S. aliquod essartum sive aliquod commodum de bosco vel prato vel de pastura velle facere, id facient sine contradiccione mei vel her. m., salva mihi et her. m. porcione mea quantum pertinet ad ij bovatas terræ prædictas quas de eis teneo, et salvo tenemento quod teneo de domo S. M. Ebor' in eadem villa de Acast'.   Et in h. r. test. huic scr. sig. m. apposui.   H. t., magistro Johanne de Langeton, etc.

DLXXII.

CARTA THO[MÆ DE ACASTRE].[1]

xviii.   Sc. præs. et fut., quod ego Thomas de Acastre dedi, conc. et
A.D. 1315. h. p. c. m. conf. Abbati et Conv. de S., v acras bosci cum pertin. in Acastre; illas viz. v acras quas de prædicto Abbate quondam tenui; habend. et tenend. eisdem Abbati et Conv. et eorum successoribus, li. qui. bene et in pace, de capitalibus dominis feodi, imperp.   Et ego prædictus Thomas et her. m. prædictas v acras bosci cum suis pertin. præfatis Abbati et Conv. et eorum successoribus contra omnes homines war. et imperp. def.   In c. r. t. præs. c. sig. m. apposui.   H. t., dominis Roberto de Rith' et Ricardo de Berlay, militibus, Thoma de Merston, Ada de Mikelfeld, Nicholas de Stiuelingflet, Henrico Irewis de Seleby, Johanne Chaumberlayn de Seleby, et aliis.   Dat. apud Acast', viij die Feb. anno r. r. Edw. fil. r. Edw. octavo.

---

[1] Hence, to the end of the last charter on f. 106, the entries are in various hands.

Acaster.

DLXXIII.

(CARTA THOMÆ KETEL DE NETHERACASTR').

xix.
A.D. 1315.

Sc. præs. et fut. quod ego Thomas Ketil de Netheracastr' dedi, conc., et h. p. c. m. conf. Abbati de S. et ejusdem loci Conv. unum mesuagium viginti et duas terræ, et ij acras prati et di. cum pertin. in Netheracastr'; ten. et hab. eisdem Abb. et Conv. et eorum successoribus, li. qui. integre, bene, et in pace, in li. pur. et perp. el., ab omni accione seculari et demanda quietam. In c. r. t. h. c. sig. m. est appensum. H. t., Radulfo de Scotton' de Seleby, Johanne Chaumberlayn de eadem, Henrico Irewis, Johanne Etelaf, Johanne de Hethensal, et multis aljis. Dat. apud Seleby, die Jovis prox. post festum Sci. Lucæ Ewangelistæ, anno Domini m° ccc^mo quinto decimo.

Oct. 23.

DLXXIV.

(CARTA THOMÆ KETIL DE ACASTR').

xx.
A.D.
1313-20.

Omn. hoc scr. vis. vel aud., Thomas Ketil de Acastr', sa. in Domino sempiternam. Noveritis me conc., remisisse et de me et her. m. qui. cla. imperp. Simoni Abbati de S. et ejusdem loci Conv. et eorum successoribus, totum jus et cla. quod habui vel aliquo modo habere potui in uno mesuagio, xxij acr. terræ et ij acr. prati et dimid., cum pertin. s. in Netheracastr', quæ quidem tenementa prædicti religiosi . tenuerunt ad terminum ex dimissione ; ita quod nec ego prædictus Thomas, nec homines mei, nec aliquis per nos jus vel clamium in prædictis tenementis de cætero exigere vel vendicare poterimus in futurum, sed ab omni accione ad eadem tenementa exclusi simus imperp. In c. r. test. huic scr. sig. m. appossui. H. t., etc.

DLXXV.

(CONVENCIO INTER ABBATEM DE SELEBY ET ALICIAM QUÆ FUIT UXOR THOMÆ KETEL).

xxi.
A.D. 1316,
May 18.

Noverint universi, quod die Martis in vigilia Sci. Dunstani Archiep., anno regni regis Edw. filii regis Edwardi nono, ita convenit inter dominum Abbatem de S. et ejusdem loci Conv. ex parte una, et Aliciam quæ fuit uxor Thomæ Ketel de Nether Acastr' ex altera, viz. quod dicta Alicia remisit et qui. cla. prædictis Abb. et Conv., totum jus et clamium quod habuit nomine dotis, seu quovis alio modo, in omnibus terris et tenementis quæ habuerunt ex dono et feoffamento prædicti Thomæ, quondam viri sui, in Nether Acastr' ; ita quod nec prædicta Alicia, nec aliquis alius nomine suo, de cætero in

Acaster. prædictis tenementis aliquid juris vel clamii exigere vel vendicare poterunt in futurum. Et pro hac concessione et qui. cla. prædicti Abbas et Conv. concesserunt prædictæ Aliciæ xiv⁸ redditus, et redditum ij bussellorum frumenti, et ij bussellorum avenæ, percipiend. singulis annis apud Nether Acastr' ad festa Pentecostes et Sci. Martini per æquales porciones, tota vita ipsius Aliciæ. In c. r. t. hiis scriptis bipartitis sigilla parcium alternatim sunt appensa. H. t., Radulfo de Scotton, etc.

C I V I T A S E B O R'.

DLXXVI.

(MEMORANDUM.)

i.

f. 105*v*.

Memorandum, quod de Waltero Basi descendebat Rogerus Basi, qui Rogerus feoffavit Abbatem de S. de uno mesuagio in Skeldregate. De illo Rogero descendebant quidam Rogerus et Ricardus. De illo Rogero Basi descendebat Hamundus Basi. De illo Hamundo descendebat Ricardus Basi, qui nunc est.

DLXXVII.

(CARTA ROGERI BASI CIVIS EBOR').

ii.

Sc. præs. etc. quod ego Rogerus Basi, civis Ebor', dedi etc. Deo et Eccl. S. G. de S. et mon. ibidem Deo servientibus, in li. pur. et perp. el., unum mesuagium cum omnibus ædificiis suis in civitate Ebor', in vico qui vocatur Skeldregate ; illud sc. mesuagium quod fuit quondam Walteri Basi patris mei, sicut se extendit in longitudine a via regia juxta Vsam usque ad viam quæ est juxta le Baille, et in latitudine a tofto meo quod quondam fuit Thomæ de Wistowe ex parte boriali, usque ad toftum meum quod quondam fuit Willelmi de Holteby ex parte australi, ten. et hab. totum prædictum mesuagium cum omnibus suis ædificiis, sicut prædictum est, dictis religiosis et succ. s. in li. pur. et perp. el. cum omn. lib. et aysiam. ad dictum mesuagium pertinentibus infra civitatem, imperp. Et ego prædictus Rogerus et her. m. prædictum tenementum cum omn. s. pertin., sicut prædictum est, dictis religiosis et succ. s. contra omnes homines war. acq. et def. imperp. In cujus, etc.

DLXXVIII.

(TESTAMENTUM ROGERI BASY, CIVIS EBOR').

iij.

A.D. 1336.

In Dei nomine, Amen. xvij° die Januarii, anno Dom. m ccc xxxvi, ego Rogerus Basy, civis Ebor', condo testamentum meum, etc. Item., do et lego Ricardo filio meo totum illud mesuagium meum in Skeldregate, sicut jacet in longitudine a regia strata

Civitas
Ebor.' de Skeldregate ante usque le Veuz Baille retro, et in latitudine inter terram Abbatis de S. ex parte una et terram quondam Simonis Teffanyman ex parte altera; ten. et hab. dictum mesuagium dicto Ricardo et her. de corpore suo legitime procreatis de me et her. m.; reddendo inde per annum pro me et her. m. Priori et Conv. Sci. Andreæ Ebor' viij. Et, si contingat, etc., tunc remaneat Thomæ filio meo, ut supra, tenendum, ut supra. Et si contingat, etc., tunc remaneat rectis heredibus meis.

<h3 style="text-align:center">DLXXIX.</h3>
(CARTA RICARDI BASY DE EBOR').

iv.
A.D. 1342. Noverint universi, quod ego Ricardus Basy de Ebor' teneor, et obligo me et her. m. acquietare venerabilem virum Galfridum Abb. de S. et ejusdem loci Conv. et succ. s., versus Priorem et Conv. Sci. Andreæ Ebor' et succ. s., de quodam annuo redditu viij^s et ejus arreragiis, unde mesuagium ipsorum Abbatis et Conv. in civitate Ebor' in vico de Skeldregate, quod quondam fuit Rogeri Basy, antecessoris mei, oneratur versus prædictum Priorem; ita quod si redditus ille temporibus futuris a retro fuerit non solutus, bene liceat prædictis Abbati et Conv. et succ. s. vel eorum ministris, in tenementis meis in Ebor' immediate jacentibus juxta mesuagium prædictorum Abb. et Conv. in vico prædicto, ad quorumcunque manus devenerit, distringere, et districciones sic factas retinere quousque dictis Abbati et Conv. et succ. s, vel prædictis Priori et Conv. et succ. s. de prædicto redditu et ejus arreragiis plenarie fuerit satisfactum. In c. r. Feb. 19. etc. Dat. apud Ebor' die Martis in prima septimana xl^{mæ}, anno Domini ccc° xlij^{do}.

<h3 style="text-align:center">DLXXX.</h3>
(BREVE REGIS EDWARDI III.)

v.
A.D. 1337. Rex vicecomiti Ebor', salutem. Præcipe Abbati de S. quod juste et sine dilacione reddat Priori Sci. Andreæ Ebor', unum mesuagium cum pertin. in Ebor'. Præcipe Willelmo del Gayl de Ebor' et Roberto fratri ejus, quod juste ei sine dilacione reddant eidem Priori unum toftum cum pertin. in eadem villa, quæ iidem Abbas, Willelmus, et Robertus de eo tenent per certa servicia, et quæ ad ipsum Priorem reverti debent per formam statuti de communi consilio regni nostri inde provisi; eo quod prædicti Abbas, Willelmus, et Robertus in faciendo prædicta f. 106. servicia per biennium jam cessaverunt, ut dicit. Et, nisi fecerint [etc.] Et prædictus Prior fecerit te securum de clamio suo prosequendo, tunc summoneatis per bonos summonitores prædictos Abbatem, Willelmum, et Robertum, quod sint coram justiciariis

Civitas Ebor.' nostris apud Westm' in octabis Sci. Michaelis, ostensuri quare non fecerint. Et habeas ibi summonicionem et hoc breve. Teste me ipso, apud Lincoln', xx die Augusti, anno regni nostri xj.

Rotulus xxviij.

DLXXXI.

(PLACITA CORAM JUSTICIARIIS DE BANCO).

vj. Placita apud Westm' coram R. de Thorp' et sociis suis, justiciariis domini Regis de Banco, de termino Scæ. Trinitatis **A.D. 1365.** anno regni regis Edw. iij, a conquæstu tricesimo nono.

Ebor. Ricardus Basy de Bilburgh summonitus fuit ad respondendum Abbati de S. de placito quod acquietet ipsum Abbatem de servicio quod Prior S. Andreæ Ebor' ab eo exigit de libero tenemento suo quod de præfato Ricardo tenet in Ebor', unde idem Ricardus, qui medius est inter eos, eum acquietare debet, etc. Et unde idem Abbas per Robertum de Acastre, attornatum suum, dicit quod cum ipse teneat de prædicto Ricardo in pur. et perp. el. unum mesuagium cum pertin. in Ebor', viz. per servicium celebrandi missas, dicendi oraciones, et faciendi alia divina servicia, pro quibus quidem serviciis idem Ricardus ipsum Abbatem acquietare debet versus quoscunque, prædictus Prior exigit ab eodem Abbate viij[s] per annum de mesuagio prædicto, et propter hoc distringit ipsum Abbatem in mesuagio prædicto, viz. per pannos lineos et laneos, et diversa utensilia domus, etc. ; ita quod non, etc., pro defectu acquietanciæ ipsius Ricardi, unde dicit quod deterioratus est, et dampnum habet ad valenciam xl librarum, et inde producit sectam, etc.

Et Ricardus, per Walterum de Askham, attornatum suum, venit, et defendit vim et injuriam quando, etc. Et petit quod prædictus Abbas ostendat quid habet de acquietancia, etc. Et Abbas dicit quod quidam Rogerus Basy triavus prædicti Ricardi, cujus heres ipse est, per quandam cartam suam dedit, conc. et conf. Deo et Eccl. S. G. de S. et mon. ibidem Deo servientibus, in li. pur. et perp. el., mesuagium prædictum cum pertin. ; ten. et hab. ipsis religiosis et succ. s. imperp. in forma prædicta: Et obligavit se et her. s. ad warant. acquietand. defendendum, etc. Et petit quod acquietet, etc. Et profert hic in curia cartam prædictam, quæ præmissa testatur, etc., cujus dat. est apud Ebor', die Veneris prox. ante festum Sci. Johannis Baptistæ, anno regni regis Edwardi, avi domini regis nunc, vicesimo. Et super hoc datus est eis dies hic a die Sci. Michaelis in xv dies per justiciarios in statu quo nunc, prece parcium, sine essonio,[1] etc.

[1] *Essoin,* excuse.

f. 106v.   *Blank.*

DLXXXII.
THORP JUXTA EBOR'.[1]
(CARTA R. DE MOWBRAY).

i.
f. 107.
c. A.D.
1150.

Rogerus de Moubray, omnibus Scæ. Eccl. filiis et omnibus hominibus suis, tam Francis quam Anglis, salutem.   Notum sit omnibus vobis me dedisse et concessisse Deo et eccl. S. G. de S. et mon. ibidem Deo servientibus, quoddam manerium meum juxta Ebor', nomine Thorp, cum omnibus pertin. s., in pur. el. li. et qui. ab omni seculari servicio, pro anima mea et animabus antecessorum meorum, et pro malefactis et dampnis quæ intuli prædictæ ecclesiæ ; ita ut monachi præfati suam voluntatem de prædicto manerio utcumque maluerint faciant. Ea tamen convencione, ut quando recuperabo custodiam castelli Ebor', dabo eisdem monachis excambium ad valenciam et ad voluntatem eorum in Ebor' schir'; et, postquam excambium habuerint, remanebit prædictum manerium in dominio meo. Monachi autem quamdiu prædictum manerium in manu sua habuerint, vel aliquis per illos, debeo illis contra omnes homines, et de rebus omnibus, manerium illud warantizare.   T., Waltero de Bueri, etc.

DLXXXIII.
(CARTA GILBERTI DE ATON').

ii.
Omnibus Christi fidelibus, Gilbertus de Aton', salutem. Sciatis me conc. ded. et h. p. c. m. conf. Deo et monachis S. G. de S. imperp. de me et her. m., pro salute animæ meæ et antecessorum et succ. m., totam terram quam Willelmus de Malteby tenuit de me in territorio de Thorp' super Vsam, sc. ij carucatas et iij bovatas terræ cum omn. pert. quas avus meus Gilbertus recepit de eisdem monachis in excambium de Hamelton, tenendas et habendas in li. pur. et perp. el.   Et, ut hæc mea donacio et qui. cla. stabilis et incussa permaneat, eam sig. m. apposicione roboravi.   H. t., Johanne de Birkin, Olivero de Gunneby.

---

[1] This is very faintly written *secunda manu.* Another hand has written " Mustardthorp."

Ebor.'

DLXXXIV.

EBOR'.

CARTA ROGERI BASI DE EBOR'.

f. 107v.   Sc. præs. et fut. quod ego Rogerus Basi, civis Ebor', dedi, conc. et h. p. c. m. conf. Deo et eccl. S. G. de .S. et mon. ibidem Deo servientibus, in li. pur. et perp. el., unum mesuagium cum omnibus ædificiis suis in civitate Ebor', in vico qui vocatur Skeldergate ; illud sc. mesuagium quod fuit quondam Walteri Basi patris mei, sicut se extendit in longitudine a via regia juxta Vsam, usque ad viam quæ est juxta le Baille, et in latitudine a tofto meo quod quondam fuit Thomæ de Wystowe ex parte boriali, usque ad toftum meum quod quondam fuit Willelmi de Holteby ex parte australi ; ten. et hab. totum prædictum mesuagium cum omnibus suis ædificiis, sicut prædictum est, dictis religiosis et succ. s., in li. pur. et perp. el., cum omnibus lib. et aysiam. ad dictum mesuagium pertin., infra civitatem, imperp.   Et ego prædictus Rogerus et her. m. prædictum tenementum cum omn. s. pertin., sicut prædictum est, dictis religiosis et succ. s. contra omnes homines war. adq. et def. imperp.   In c. r. t. huic scr. sig. m. apposui.   H. t., Johanne Sampson, Nicholao de Seleby, etc.

DLXXXV.

STIUELINGFLETE.

CARTA WILLELMI TRUSSEBUT'.

j.   Sc. omn. tam præs. quam fut., quod ego Willelmus Trussebut f. 108. dedi, conc. et h. p. c. m. conf. Durando clerico de Stiuelingflet', iij bovatas terræ in eadem villa et omnes ofnamas[1] meas, et unam sartam in Hehgeinge,[2] quam Ulfkil et Osbertus tenuerunt ; tenend. sibi et her. s. de me et her. m., cum omnibus liberis pertinenciis toti prædictæ terræ pertinentibus, infra prædictam villam et extra, sc. in bosco et plano, in pratis et pascuis, libere, et honorifice, et quiete ab omni servicio mihi et her. m. pertinenti ; reddendo nobis annuatim ille et her. ejus x^s, sc. xl^d ad Pascha, et xl^d ad Vincula Sci. Petri, et xl^d ad festum Sci. Martini.   Et ego et her. m. war. totam prædictam terram Durando et her. s. contra omn. hom.   H. t., Willelmo Capellano, Roberto de Rupe, Henrico filio Apolitæ, etc.

---

[1] Apparently portions of land *taken off* the common.

[2] A stroke is drawn over *ing*, but we should probably read ¡" High Ing," or ''Hedge Ing'' ?

Stiue-
lingflete.

DLXXXVI.

CARTA ROBERTI TRUSSEBUT.

ij.   Sc. præs. et fut. quod ego Robertus Trussebut concessi Durando clerico de Stiuelingflete donacionem quam pater meus illi et her. s. dedit, sc. iij bovatas terræ in Stiuelingflete, et omnes ofnamas meas, et unam essartam, tenend. sibi et her. s. de me et her. m. imperp., libere, honorifice, et integre, et quiete ab omni servicio, pro xˢ, sicut carta patris mei testatur, quam ipse dedit prædicto Durando. Et hoc ei dedi et sig. m. conf. H. t., Willelmo Capellano, Johanne de Daiuilla, etc.

DLXXXVII.

CARTA GAUFFRIDI TRUSSEBUT.

iij.   Sc. om. præs. et fut., quod ego Gaufridus Trussebut conc. et h. p. c. m. conf. Durando clerico de Stiuelingflete, illas iij bovatas terræ in eadem villa, et omnes ofnames, et unam essartam in Hehginge, cum omnibus necessariis suis sine wasto, ad focalia, ad materiem[1], et ad clausturam[2]; sc. ten. et hab. totum prædictum tenementum cum omn. lib. pertin. s. infra villam et extra, ipse Durando et her. s., de me et her. m., in feudo et hereditate, libere, honorifice, et quiete ab omni serv. et ab. omni exaccione mihi et her. m. pertinente; reddendo inde annuatim tantummodo xˢ, sc. xlᵈ ad Pascha, et xlᵈ ad Vincula Sci. Petri, et xlᵈ ad festum Sci. Martini, quas bovatas cum aliis pertin. prædictis, Willelmus Trussebut, pater meus, eis dedit et heredibus s., sicut carta testatur quam idem Durandus habet de patre meo Willelmo prædicto. H. t., Aubreia de Harencurt matre prædicti Gaufridi, Thoma de Eueringham, etc.

DLXXXVIII.

CARTA DURANDI CLERICI DE STIUELINGFLETE.

iiij.   Omnibus S. M. Eccl. fil. ad quos præs. scr. pervenerit,
A.D.   Durandus, clericus de Stiuelingflet, salutem. Noverit univer-
1205-10. sitas vestra me pro sa. an. m. et parentum meorum, et pro sa. animarum dominorum et advocatorum[3] meorum, sc. Willelmi Trussebut et filiorum suorum, et Hillariæ Trussebut dominæ meæ et succ. s., reddidisse me ipsum, et cum corpore meo dedisse eȝ conc., et h. p. c. m. conf., Deo et Eccl. S. G. de S. et mon. ibidem Deo servientibus, totam terram meam de Stiuelingflet, sc. iij bovatas terræ cum tofto et ædificiis in quo manere solebam,

---

[1] Building material, timber.   [2] Fencing.   [3] Patrons.

Stiue-
lingflete. et cum tofto quod Ricardus de me tenuit, et tofto quod Robertus filius Huche tenuit, et tofto quod Robertus filius Liolfi tenuit, et tofto quod Robertus de Aula tenuit, et præterea essartum meum versus Acast' in Hehinge, et xj acras, terra de ofnams versus Richale, et vij acras terræ juxta domum meam versus merediem; hab. et ten. li. qui., infra prædictam villam et extra, in bosco et plano, in pratis et pascuis et in omnibus locis, cum omnibus libertatibus prædictis terris pertinentibus ; reddendo annuatim dominæ meæ Hillariæ Trussebut et her. s. x^s tantum pro omni

f. 108v. serv. et exacc., sc. ad Pascha xl^d et ad festum Sci. Petri ad Vincula, xl^d, et ad festum Sci. Martini, xl^d. H. t., Roberto Walensi tunc vicecomiti Ebor', Ricardo Malebissa, etc.

DLXXXIX.

CARTA DURANDI CLERICI DE STIUELINGFLETE.

v.
A.D.
1205-10. Omnibus—manere solebam (*as above in No.* iv), et cum omn. pertin. s., et cum omnibus ofnams et essartis quæ tenui in villa de Stiuelingflet' ; hab. et ten. imperp., li. et qui. infra præd. villam et extra, in bosco et plano, in pratis et pascuis, et in omnibus locis, cum omn. libertatibus prædictis terris pertinentibus ; reddendo (*as above*). H. t., Roberto Wallensi, tunc vicecomite Ebor', etc.

DXC.

CARTA HELARIÆ TRUSSEBUT.

vi. Omnibus S. M. Eccl. filiis ad quos præs. scr. pervenerit, Helaria Trussebut, salutem. Noverit univ. v. me pro sa. an. m. et antecess. et her. m., conc. et h. p. c. conf. Deo et eccl. S. G. de S. et mon. ibi Deo servientibus, totam terram quam Durandus de Stiuelingflet eisdem monachis dedit, cum corpore suo ; sc. iij bovatas terræ cum omn. pertin. s. et cum omnibus ouenans (*sic*)[1] et essartis quæ idem Durandus tenuit in villa de Stiuelingflete ; hab. et ten. imperp., libere et quiete ; reddendo inde annuatim mihi vel her. m. (*as above*). H. t., Willelmo de Aubenay et Willelmo filio suo.

DXCI.

CARTA WILLELMI TUSCHET.

vij.
A.D.
1205-10. Omnibus S. M. Eccl. filiis ad quos præs. scr. pervenerit, Willelmus de Tuschet, salutem. Noverit univ. v. me conc. et qui. cla. Deo et S. G. de S. et mon. ibidem Deo servientibus,

[1] See p. 334 *n.*

Stiue-
lingflete. totam terram quam Durandus clericus de Stiuelingflete mihi
dederit in villa de Stiuelingflete, et unde me heredem suum
fecerat, de me et her. m. imperp. ; ita quod nec ego nec her. m.
aliquod jus vel aliquod clamium in illa terra habere poterimus.
H. t., Roberto Wallensi, Johanne de Birkin, etc.

DXCII.

CARTA DURANDI CLERICI DE STIUELINGFLETE.

viij. Omnibus h. l. vis. vel aud. Durandus clericus de Stiuelingflet,
salutem. Sc. me concess. ded. et h. p. c. m. conf. Willelmo
Tuschet et her. s., iij bovatas terræ cum omn. pertin. s. in
Stiuelingflet, sc. illas iij bovatas terræ quas tenui de Roberto de
Bulers et Hillaria uxore sua, cum tofto et ædificiis in quo
manere solebam, et cum tofto quod Ricardus de me tenuit, et
tofto quod Robertus filius Houche tenuit, et tofto quod Robertus
filius Liolfi tenuit, et tofto quod Robertus de Aula tenuit. Et,
præterea, essartum meum versus Acastr', et ij acras terræ de
Ouenaim[1] versus Richale, et vij acras terræ juxta domum meam
versus merediem, pro homagio suo et servicio; tenendam (*sic*)
in feodo et hereditate, li. qui. et solute ab omni serv. et exacc. ;
reddendo inde annuatim domino meo Roberto de Bulers et
Ilariæ uxori ejus, et eorum heredibus, x[s] per annum pro omni
f. 109. serv., sc. xl[d] ad Pascha Floridum,[2] et xl[d] ad Vincula Sci. Petri, et
xl[d] ad festum Sci. Martini. Et ego et her. m. debemus
warantizare tenementum prædictum Willelmo præfato et her. s.
contra omnes homines. H. t., Willelmo de Percy, tunc
vicecomite Ebor', R. priore Scæ. Trinitatis, etc.

DXCIII.

CARTA SIMONIS TRUSSEBUTT'.

ix. Sc. omn. tam præs. quam fut. quod ego Simon Trussebut de
Messingham omne jus quod habeo in Ricardo Agemund et in
omnibus quæ ex eo provenient, quietum clamavi a me et her.
m. pro xj[s] Deo et S. G. et Abbatiæ de S. et mon. ibidem Deo
servientibus ; hanc donacionem h. p. c. m. conf. H. t., Suano
persona de Lud',[3] et Josep filio ejus.

---

[1] See p. 334*n*.
[2] Palm Sunday. " Occurrunt turbæ cum floribus et palmis."—*Antiph. ad
Vesperas.*
[3] Luddington ?

v

DXCIV.

CARTA HENRICI FILII WILLELMI DE LEDES.

x. Notum sit omnibus tam præs. quam fut. quod ego Henricus,
filius Willelmi de Ledes, concessi, dedi et h. m. p. c. conf.
Johanni filio Daniel, pro homagio et servicio suo, et pro vj
marc. arg. quas mihi dedit præ manibus, ij bovatas terræ cum
pertin. in Stiuelingflet', illas sc. quas Paulinus de Ledes, rector
Hospitalis beati Petri Ebor' mihi dedit pro homagio et servicio
suo ; tenendas et habendas sibi et her. s. de me et her. m. in
feodo et hereditate, li. qui. in bosco et plano, in pratis et
pasturis, et in omnibus lib. et aysiam. infra villam et extra
prædictæ terræ pertinentibus; reddendo inde annuatim viijˢ arg.
et dim. lib. cimini, viz. iiijˢ et di. lib. cimini ad Pentecosten et
iiijˢ ad festum Sci. Martini pro omni serv. et exacc. seculari.
Et sciendum est quod ego attornavi præd. Johannem et her. s.
solvere Deo et Hospitali Sci. Leonardi Ebor', pro me et her. m.
prædictos viijˢ ad terminos statutos, quos ego et her. m.
tenemur reddere per annum pro firma ipsius terræ, et prædictam
di. lib. cimini [et]¹ heredibus meis apud Stiuelingflet ad præfixum
terminum. Hanc itaque terram prædictam ego et her. m. war.
præd. Johanni et her. s. contra omn. homines imperp. H. t.,
Thoma de Neuill', Johanne de Cawod', Gerardo de Skirwod',
etc.

DXCV.

CARTA RICARDI FILII JOHANNIS FILII DANIELIS DE EBOR'.

xj. Omn. h. l. vis. vel aud., Ricardus filius Johannis filii Danielis
de Ebor', æternam in Domino salutem. Noveritis me qui. cla.
de me et her. m. imperp. Abbati et Conv. de S., unam bovatam
terræ in Stiuelingflet, cum tofto et crofto et cum omn. pertin.,
infra villam et extra ; illam sc. quam tenui de Henrico filio
Willelmi de Ledes, et unum assartum quod jacet inter essarta
Walteri de Soureby super le flet,² et redditum vjᵈ, sc. de uno
molendino ad ventum, et totum jus et clamium quod habui vel
habere potui in uno mesuagio et vij acris terræ cum pertin. in
villa de Acast', et xij acris terræ et iij acris prati in eadem villa,
quas aliquando tenui de eisdem Abb. et Conv. ; ita vero
tenementum qui. clamavi quod nunquam de cætero ego vel
her. m. nec aliquis per nos inde clamium habere poterimus.
H. t., Alano de Katherton, Philippo de Faucumberge, Johanne
de Roucester, etc.

¹ Redundant.
² The *fleet* or rivulet now called " the beck."

DXCVI.

CARTA RICARDI FILII ADÆ DE STIUELINGFLETE.

xij. Univ. S. M. Eccl. fil. ad quos præs. scr. pervenerit, Ricardus
filius Adæ de Stiuelingflet, sa. in Domino. Noverit univ. v.
me dedisse, conc. et h. p. c. m. conf. Deo et domui S. G. de S.
et mon. ibidem Deo servientibus, totam terram meam quam tenui
aliquando de Roberto Longo de Kelkefeude in territorio de
Stiuelingflet, cum tofto in eadem villa eidem terræ adjacente ;
hab. et ten., li., qui., et pacifice in perp. el. sine aliquo retenemento
mei vel meorum. Et ego et her. m. illam prænominatam
terram præd. monachis contra omn. homines imperp. war., et
ad majorem rei securitatem huic scr. sig. m. apposui. H. t.,
magistro Johanne de Langeton', tunc clerico domus de Seleby,
etc.

DXCVII.

CARTA PETRI MAGISTRI HOSPITALIS S. PETRI.

xiij. Univ. S. M. Eccl. fil., Petrus magister et Conventus fratrum
f. 109*v.* Hospitalis Sci. Petri Ebor', sa. in Domino. Noveritis me
dedisse, conc. et h. p. c. n. conf. Henrico filio Willelmi,
pro homagio et serv. s., illas ij bovatas terræ quas habemus in
Stiuelingflet, ten. et hab. cum omnibus liberis pertinenciis s.,
infra villam et extra, prædicto Henrico et her. s., de nobis in
feodo et hereditate, li. qui. integre et honorifice ab omni serv.
et ab omni exacc. nobis pertinente ; reddendo inde nobis
annuatim tantummodo viij^s, sc. iiij^s ad Pentecosten, et iiij^s ad
festum Sci. Martini in hyeme. H. t., Stephano celerario,
Anketino, Suano, etc.

DXCVIII.

(CONCORDIA INTER ROBERTUM FIL. GERARDI ET ABBATEM DE SELEBY).

xiiij.   Hæc est finalis concordia facta in curia domini Regis apud
A.D. 1231, Ebor', die Sci. Botulfi, anno regni regis Henrici filii regis
June 17. Johannis quintodecimo, coram Stephano de Segraue, Roberto de
Lexington', Radulfo fil. Roberti, Briano fil. Alani, Willelmo de
Lund, Willelmo de Insula, et magistro Roberto de Scherdelaw,
justiciariis itinerantibus, et aliis domini regis fidelibus tunc ibi
præsentibus, inter Robertum filium Gerardi, petentem, et
Ricardum Abb. de S., tenentem, de iij bovatis et xxviij acris
terræ cum pertin. in Stiuelingflet, unde assisa mortis antecessoris
summonita fuit inter eos in eadem curia ; sc. quod præd.

Stiue-
lingflete.

Robertus remisit et qui. cla. de se et her. s. præd. Abbati et succ. s. et eccl. suæ de S. totum jus quod habuit in prædicta terra cum pertin., imperp. Et pro hac remissione, qui. cla. fine et concordia, idem Abbas dedit prædicto Roberto unam marcam argenti.

DXCIX.

[T]ENENTES DOMINI ABBATIS [DE SEL]EBY IN STILINFLET . . . FIRMAM DOMINO JOHANNI . . .

In primis, Johannes Pawe reddit eidem domino Johanni pro tenemento quondam Roberti Holt, ad terminum,   ij^s vij^d ob.

Item, Johannes Cartar reddit eidem pro tenemento quondam Walteri Fucher, ad terminum,   xvj^d ob.

Item, idem Johannes Cartar reddit eidem pro tenemento quondam Galfridi Raysse, ad terminum,   vj^d·

Item, Thomas filius Johannis Cartar reddit eidem pro tenemento quondam Johannis patris sui, ad terminum,   vj^d·

Summa,   v^s·

DC.

KELKEFELD.[1]

CARTA GODREDÆ FILIÆ HERMERI.

j.
f. 110.
c. A.D.
1150.

Notum sit omnibus matris Ecclesiæ fidelibus, quod ego Godreda, filia Hermeri, concedo Eccl. S. G. de S. terram quam pater meus habuit in Kelkfelda, sc. duas carucatas liberas et quietas ab omni seculari servicio, sicut ipse prius dedit eidem ecclesiæ. Illud quoque confirmo ut unica illius heres, tam de illa terra quam de ceteris ejus possessionibus. H. t., Roberto Sac' de Seleby, etc.

DCI.

CARTA A[LANI] COMITIS BRITANNIÆ.

ij.
c. A.D.
1150.

A. Comes Brit' et Angliæ, Dapifero suo et Conestabul' et Justic' et hominibus baronibus et hominibus (sic) suis tam Francis et Anglis, et omnibus hoc breve audientibus et videntibus, salutem. Sciatis quod ego concedo, et carta mea confirmo illam elemosinam quam Hermerus dedit et concessit Deo et S. G. et Conv. Eccl. de S. G. de S., et Gorreia filia ejus; sc. Calcefeld, eadem elemosina. T., Eustacio fil. Johannis, Scoll' Dap', etc.

---

[1] "In territorio de Stiuelingflet'."—No. DXCV. Now Kelfield.

Kelke-
feld.

DCII.

CARTA OSBERTI EBOR' ARCHIDIACONI.

iij.
c. A.D.
1140-54.

Osbertus, Ebor' Archidiaconus, Hugoni filio Gernagod' Dapifero, et ministris Comitis de Richesmund', salutem. Notum sit vobis me et Willelmum de Lac' et R. de Wysto' interfuisse audientes et videntes ubi Guderide filia Hermeri recognovit et testabatur donacionem patris sui quam fecit Deo et S. G. in pura elemosina, et nominatim de terra de Kelkefeld, et ipsa Guderide eandem donacionem concessit ut heres et confirmavit, et hoc scripto vobis significamus quod inde testes sunt; Val'(?) et Unfea (?) de Chipes testis est, et plures.

DCIII.

CARTA ROBERTI DE LELEYA.

iiij.
A.D.
1209-10.

Sc. omn. qui hanc cartam sunt visuri vel audituri, quod ego Robertus de Leleya remisi et qui. cla. Abbati et Conv. de S. totum jus et clamium quod habui in homagio et servicio Henrici filii Conani de terra de Kelchelfeld ; quod homagium et servicium prædicti Abb. et Conv. petierunt per breve domini Regis a præfato Henrico in comitatu Ebor'. H. t. Roberto Wallensi tunc vicecomite Ebor', etc.

DCIV.

CARTA HENRICI FILII CONEN.

v.

Omn. Chr. fidelibus ad quos præs. scr. pervenerit, Henricus filius Conem' (*sic*), salutem. Sciatis me caritatis intuitu et pro sa. an. m. et antecessorum et success. m. conc., ded. et h. p. c. m. conf. Deo et Eccl. de Sco. G. de S. et mon. Deo ibidem servientibus, unam bovatam terræ in territorio de Kelkefeld, illam sc. quam Hugo filius Alani tenuit cum tofto et crofto quod idem Hugo tenuit ; ten. et hab. li. qui. solute, honorifice, et pacifice, in pratis, pascuis, bosco et plano, viis et semitis, infra villam et extra, cum omn. lib. et aysiam. dictæ terræ jacentibus, in li. pur. et perp. el., quietam et solutam ab omni exaccione et secul. serv. imperp. Et ego Henricus et her. m. war. dictam terram dictis monachis imperp. contra omnes homines. Et, ut hæc mea donacio et cartæ hujus confirmacio stabilis permaneat et inconcussa, eam hujus scripti testimonio et sig. mei apposi-
-cione corroboravi. H. t., domino Ada Panel, etc.

Kelke-
feld.

DCV.

CARTA THOMÆ FILII RICARDI DE KELKEFEUD.

vj.

Omnibus ad quos præsens scriptum pervenerit, Thomas filius Ricardi de Kelkefeud, sa. in Domino. Noverit univ. v. me tenere de Abbate et Conv. de S. unam bovatam terræ in territorio de Kelkefeud, cum omn. lib. et aisiam. eidem terræ pertin., sicuti carta quam habeo de eis testatur ; ten. et hab. de eis mihi et her. m. li. qui. et honorifice ; reddendo eis annuatim j marcam argenti pro omni serv. ad eos pertinente ; medietatem sc. ad Pentecosten et medietatem ad festum Sci. Martini. Et in h. r. t. præs. scr. sig. m. apposicione corroboravi. H. t., Adam de Bella Aqua, etc.

DCVI.

(BREVE REGIS EDWARDI III).[1]

A.D. 1343.

Edwardus, Dei gracia Rex Angliæ et Franciæ et dominus Hiberniæ, vicecomiti Ebor', salutem. Si Abbas de S. fecit te securum de clamio suo prosequendo, tunc summoneas per bonos summonitores Thomam de Fencotes, Nicholaum Ward de Bubwyth, et Walterum Miole quod sint coram justiciariis nostris apud Westm' a die Sci. Martini in xv dies, ostensuri quare cum custodia manerii de Kelkefeld cum pertin. ad ipsum Abbatem usque ad legitimam ætatem Henrici filii et her. Conani de Kelkefeld pertineat, eo quod prædictus Conanus manerium illud de eo tenuit per servicium militare, ac idem Abbas in plena et pacifica seisina ejusdem custodiæ diu extiterit, prædicti Thomas, Nicholaus, et Walterus, prædicto herede infra ætatem existente, ipsum Abbatem a custodia illa violenter ejecerunt, ut dicit. Et habeas ibi summonitores et hoc breve. T. me ipso apud Westm. xv die Aug. anno regni nostri Angliæ xvij, regni vero nostri Franciæ iv.

Mem. quod breve domini regis, cujus transcriptum hoc est, liberatum fu[it] . . . . Rymyngedun receptori brevium et salvo custod. et exequend. per manus Roberti de Haldanby in castro Ebor., die Lunæ prox. ante festum Sci. . . . . . anno supradicto, in præsencia Johannis de Fenton, Johannis de Newton, Johannis de Byngham, Edmundi de Pothowe, Johannis de Cawod de Ebor', Rob . . . . ley ballivi de Bark', Johannis le Lytester de Seleby, Johannis de Schyreburne ballivi de Aynesty, Johannis de Esthorp clerici, et aliorum.

[1] Entered *secunda manu.*

Atheling-
flet.

DCVII.

ORDINACIO VICARIÆ DE ATHELINGFLET.[1]

A.D. 1307.
f. 110v.

In Dei nomine, Amen. Nos, Willelmus de Pykering', archidiaconus Notinghamiæ, executor una cum venerabili patre
domino Coventr' et Lich' episcopo [auctoritate sanctissimi
patris domini Clementis papæ] quinti ad inducendum viros
religiosos Abbatem et Conventum de Seleby in corporalem
possessionem ecclesiæ de Athelingflet, Ebor. diœc., eisdem
religiosis per eundem [patrem] in usus proprios concessæ, et ad
taxandum congruam porcionem pro vicario in eadem ecclesia
perpetuo servituro, conjunctim et divisim deputatus, sicut ex
tenore litterarum [prædicti santissimi patri] quas sub [vera
bulla in filo canapis pendente bullatas, non cancellatas, non
abolitas] nec aliqua parte viciatas, recepimus in hæc verba :—

A.D. 1306.

"[Clemens episcopus, servus servorum Dei] venerabili fratri
Coventr' et Lich' episcopo et dilecto filio Willelmo archidiacono
Notinghamiæ in ecclesia Ebor', salutem et apostolicam
benediccionem. Sacræ religionis honestas, sub qua dilecti filii
Abbas et Conv. monasterii S. G. de S. ordinis Sci. Benedicti,
Ebor' diœc., devotum Domino famulatum impendunt, promeretur
ut peticionibus eorum benignum impertientes assensum, illam
eis graciam faciamus, quæ sibi fore conspicitur oportuna.
Cum itaqua, sicut exibita nobis ex parte ipsorum Abb. et
Conv. peticio continebat, ipsi ecclesiam dicti monasterii, utpote
nimia vetustate consumptam, reparare intendant opere plurimum sumptuoso, dictumque monasterium, sic faciente malicia
temporis, in propriis redditibus adeo diminutum, ac tot et tantis
debitorum oneribus prægravatum, quod nedum ad reparacionem
hujusmodi faciendam, sed nec ad relevandas necessitates
eorundem Abbatis et Conventus, hospitalitatem servandam in
ipso monasterio consuetam, ac alia eis incumbencia onera
supportanda, propriæ ipsis non suppetunt facultates ; Nos,
volentes præf. Abb. et Conv. super hiis de alicujus subvencionis[2]
remedio providere, eorum supplicacionibus inclinati, parochialem
ecclesiam de Athelingflet' dictæ diœcesis, in qua ipsi Abb. et
Conv. jus patronatus habebant, cum omnibus juribus et pertin. s.

---

[1] This and the following *Ordinaciones* have been entered on blank leaves;
the gaps are caused by erasures of the passages relating to the Pope.
Canon Raine has kindly supplied the missing passages from Abp. Melton's
Register, fo. 184v. In Reg. Greenfield i, f. 78, is a document intituled
*Pronunciatio super appropriationem ecclesiarum parochialium de Snaith, de
Athelingflet, et Capellæ de Seleby, appropriatarum Abbati et Conventui de
Seleby;* d. May, 1310.

[2] MS. has "subvencionibus."

Atheling-
flet.

tam pro reparacione facienda prædicta, quam Divini cultu
Nominis inibi augmentanda, ac necessitatibus relevandis, eisdem
prædictis Abb. et Conv. eorumque succ. in usus proprios perpetua
[auctoritate apostolica] duximus deputandam, ita quod, cedente
vel decedente[1] ecclesiæ prædictæ de Athelingflet rectore, vel alio
quovis modo ecclesia ipsa vacante, Abb. et Conv. vel succ.
præfati possessionem illius auctoritate propria ingredi ac
apprehendere libere valeant, eamque in usus licite retinere
prædictos, diocesani seu archidiaconi loci aut cujusquam
alterius assensu minime requisito, reservata de ipsius ecclesiæ
proventibus pro vicario in ea perpetuo servituro congrua
porcione, ex qua comode sustentari valeat, et episcopalia et alia
incumbencia ei onera supportare.   Quocirca, discrecioni nostræ
per [apostolica scripta mandamus] quatenus vos vel alter
vestrum per nos, vel alium seu alios [auctoritate nostra
eosdem] Abbatem et Conv. aut success. vel procuratorem suum
eorum nomine, dicto rectore cedente vel decedente, aut alias
quovismodo ecclesia ipsa vacante, nihilominus in corporalem
possessionem ecclesiæ, jurium, et pertinencium prædictorum

f. 111.

inducatis, et defendatis inductos, facientes eis de illorum
fructibus, redditibus, proventibus, juribus, et obvencionibus
universis integre responderi, dictamque porcionem taxetis,
prout, consideratis ipsius ecclesiæ facultatibus, sustentacione
dicti vicarii ac omnibus ei incumbentibus, et aliis supradictis,
videritis expedire ; non obstante si aliquibus [a sede Apostolica
sit indultum quod interdici, suspendi vel excommunicari non]
possint [per literas Apostolicas] non facientes plenam et
expressam ac de verbo ad verbum de indulto hujusmodi
mencionem, contradictores auctoritate nostra, appellacione

Feb. 1.

postposita, compescendo.   Dat. Lugduni, Kaln. Feb.,
pontificatus [nostri anno primo]."

[Consideratis] ipsius ecclesiæ facultatibus, sustentacione
dicti vicarii, ac omnibus incumbentibus [tibi][2] et omnibus aliis
quæ [mandato Apostolico nobis] in hac parte directo plenius
continentur, decernimus et pronunciamus, quod vicarius qui pro
tempore fuerit pro sustentacione sua habeat et percipiat
imperpetuum, unum mansum in villa de Athelingflet, cujus
longitudo quinque perticatas terræ et latitudo quinquaginta
pedes contineat, unam bovatam terræ in campo ejusdem villæ,
et quatuor acras prati eidem bovatæ pertinentes, cum communi
pastura et sufficienti turbaria pro suis dumtaxat necessariis,

---

[1] MS. has "decendente."

[2] Omitted in MS. but supplied from Melton's Register.

Atheling-
flet.
unam placeam pro bercaria juxta bercariam dictorum Abb. et Conv. de S., quæ contineat sexaginta pedes in longitudine et viginti quinque pedes in latitudine, totam decimam fœni de baronia infra parochiam ecclesiæ de Athelyngflet prædictæ, decimam lini, canabis, curtilagiorum, pullorum, aucarum, gallinarum, purcellorum, lactis, lanæ et agnorum, necnon quascunque decimas personales et quadragesimales de tenentibus de dicta baronia, rebus et animalibus eorundem, [omnia] mortuaria pro defunctis, et denarios sponsalicios de hujusmodi tenentibus, quascunque minutas decimas et oblaciones de prædictis tenentibus, una cum oblacionibus factis ab aliis personis quibuscunque in purifica-cionibus, sponsalibus, et celebracione missarum pro defunctis, qui sunt de prædicta baronia, omnes oblaciones qualitercunque venientes ad truncum sanctæ Crucis in ecclesia de Athelingflet' memorata, taxantes porcionem ipsius vicarii in omnibus et singulis particulis supradictis ad supportandum onera episcopalia et alia quæ incumbunt; quæ quidem decretum, pronunciacionem, et taxacionem nostra prædicta, dicti Abb. et Conv. per Willelmum de Kendal', procuratorem eorum ad hoc specialiter constitutum, cujus procuratorii tenor talis est :—

A.D. 1307.
"Universis pateat per præsentes, quod nos Willelmus, permissione divina Abbas de S., et ejusdem loci Conventus, constituimus, facimus et ordinamus dilectum nobis in Christo Willelmum de Kendall, clericum, procuratorem nostrum ad audiendum taxacionem super porcione vicariæ ecclesiæ de Athelingflet faciendam per venerabilem virum dominum Archidiaconum Notingham', executorem una cum reverendo patre Coventr' et Lich' episcopo, [per sanctissimum patrem Clementem papam quintum super hoc] deputatum, necnon ad consenciendum suæ taxacioni, pronunciacioni, et decreto, ac ad omnia et singula facienda, quæ circa præmissa et ea contingentibus necessaria fuerint, vel eciam oportuna, si mandatum exigant speciale, promittente prædicto procuratore nostro in præmissis rem ratam haberi et judicatam sol[vi sub ypoteca rerum nostrarum]. In cujus rei testimonium sigillum nostrum quo utimur ad causas præsentibus literis apposuimus.
Sep. 11.
Dat. apud Seleby, iij Id. Sept. anno Domini m ccc vij."

Et Robertus de Thorp, vicarius dictæ ecclesiæ, personaliter coram nobis ad audiendum taxacionem nostram super porcione ipsius vicarii constitutus, pro se et successoribus suis quibus-cunque, acceptarunt, approbarunt, ratificarunt, et expresse

Atheling-emolagarunt.[1] Nosque Archidiaconus, executor prædictus,
flet. omnia et singula præmissa per Thomam de Whitewell, clericum,
notarium pupplicum, scribi mandavimus et in pupplicam
formam redigi, nostrumque sigillum apposuimus instrumento
præsenti. Acta et data in majori Ecclesia Ebor', anno ab
Incarnacione Domini secundum cursum et computacionem
f. 111v. ecclesiæ Anglicanæ millesimo trecentesimo septimo, indiccione
quinta, duodecimo die mensis Sept., præsentibus domino
Johanne capellano de Scardeburgh et magistro Ada de Pikering',
clericis, testibus ad præmissa vocatis specialiter et rogatis.

Et ego Thomas de Whitiwell, clericus Ebor' diœc., auctoritate
imperiali notarius pupplicus, prædictis decreto, pronunciacioni,
et taxacioni, prout suprascribuntur, una cum dictis testibus,
præsens interfui, anno, indiccione, die mensis, et loco
prænotatis, et sigillum prædicti domini Archidiaconi, executoris,
præsentibus literis per eum apponi vidi, eaque de mandato suo
propria manu mea scripsi et in pupplicam formam redegi,
meoque signo signavi rogatus.

DCVIII.

NOTA DE ORDINACIONIBUS VICARIARUM DE STALINGBURGH, REDBURN, CRULL, LUDYNGTON.

[Sta]lyng-   Universis præsentes literas inspecturis, Henricus,[2] permissione
burgh.   Divina Lincoln' episcopus, sa. in omnium Salvatore. Univ. v.
A.D. 1331. notum facimus per præsentes, quod, examinato registro de
ordinacionibus vicariarum[3] tempore bonæ memoriæ domini
Hugonis, prædecessoris nostri in Linc. diœc. factis, compertum
est in eo prout sequitur de verbo ad verbum, inter cætera
contineri :—

A.D. " Ranulphus de Thorn', capellanus, præsentatus per Abbatem
1232-3. et Conv. de S. ad vicariam eccl. de Stalingburgh, facta prius
inquisicione per R[obertum][4] Archidiaconum Linc. per quam, etc.,
ad eandem vicariam admissus est, etc., cum onere et pœna vicarii.
Et mandatum est eidem Archidiacono ut, etc. Consistit autem
ipsa vicaria in toto altaragio, exceptis decimis provenientibus de
curia Normany de Arcy, et excepta medietate decimæ agnorum
totius parochiæ, quas Abbas prædictus percipit."

---

[1] *Emologare*, confirmare, laudare, approbare, nostris *Emologuer—*
(Ducange). These words are all 3rd plural in MS.
[2] Burghersh.
[3] Hugonis Rot. de Instit. (Archid. Lincoln), anno xxiv.
[4] Robert de Hayles.

Stalyng-burgh. In cujus compercionis testimonium, sig. n. præsentibus est appensum. Dat. apud Parcum Stowe, viij Kal. Aug., anno Domini millesimo ccc^{mo} tricesimo primo.

Redburn. A.D. 1315. Universis præs. literas inspecturis, Johannes,[1] permissione Divina Lincoln' episcopus, sa. in omnium Salvatore. Univ. v. notum facimus per præsentes, quod, examinato registro de ordinacionibus vicariarum nostræ diœcesis plenius et rimato, compertum est in eodem inter cetera prout sequitur contineri[2] :—

c. A.D. 1229-30. "Vicaria in Eccl. de Reddeburn, quæ est Abbatis et Conv. de S., consistit in toto altaragio et in manso competenti, in vj aċris terræ, et uno tofto et fœno quod valet iij^s annuatim. Et facient rectores procuracionem Archidiaconi, et repparabunt domos vicarii sicut facere consueverunt."

In compercionis testimonium, sig. n. præsentibus est appensum. Dat. apud Parcum Stowe, iij Id. Aug. A.D. m ccc xv.

Crull. A.D. 1300-1320 Univ. præs. lit. inspecturis, Johannes,[3] permissione divina Linc. episcopus, sa. in omnium Salvatore. Univ. v. notum facimus per præsentes, quod, examinato registro de ordinacionibus vicariarum nostræ diœc. in eodem compertum est prout sequitur contineri[4] :—

c. A.D. 1231-2. "Vicaria in Eccl. de Crull, quæ est Abbatis et Conv. de S., ex dudum ordinata, consistit in toto altaragio et omnibus minutis decimis ad eccl. ipsam pertinentibus, et in ij bovatis terræ, cum vj acris prati, et cum manso competenti, salva inde dictis Abb. et Conv. una marca cum eam sibi deberi probaverint, per ordinacionem."

In cujus compercionis testimonium, sig. n. præsentibus est appensum. Dat., etc.

---

[1] Dalderby.

[2] In Bp. Hugh's Institution-roll (Archid. Stowe), anno xx (A.D. 1229-30) we find as follows :—" Consistit autem ipsa vicaria in toto altaragio cum tofto competenti, et valet v marc. Totalis autem ecclesia xx."

[3] Dalderby.

[4] Liber antiquus Hugonis Wells, fo. xx ; ed. Gibbons, p. 71 ; Rotul. Hugonis de Institutionibus (Archid. Stowe), anno xxiij (A.D. 1231-2). In the roll as follows:—"Consistit autem ipsa vicaria in toto altaragio et omnibus minutis decimis et in duabus bovatis terræ in villa de Crul, cum sex acris prati ad eandem vicariam pertinentibus, et in tofto competenti, et solvet vicarius j marcam annuatim Abbati et Conventui de Seleby."

[Lu]dyng-
ton.
A.D. 1327.

Univ. præs. literas inspecturis, Henricus[1], permissione Divina Lincoln' episcopus, sa. in omnium Salvatore. Univ. v. notum facimus per præsentes, quod, examinato registro nostro de institucionibus et ordinacionibus vicariarum tempore bonæ memoriæ Ricardi, quondam prædecessoris nostri, compertum est in eo contineri sub eo qui sequitur tenore :—

A.D.
1261-2.

"Robertus de Drayton, diaconus, præsentatus per Abbatem et Conv. de S. ad vicariam eccl. de Ludyngton, ipsis Abbati et Conventui [auctoritate apostolica[2]] concessæ in proprios usus, et vacantis per mortem magistri Roberti de Feriby, ultimi rectoris ipsius, tunc primo taxatam et ordinatam, facta prius inquisicione per magistrum Archidiaconum Stowe,[3] per quam, etc., ad ipsum vicariam est admissus, et in ea canonice perpetuus vicarius institutus ; et demandatum est dicto archidiacono ut ipsum Robertum, etc. Concistit (sic) autem dicta vicaria in manso competenti ædificando, in toto altaragio dictæ ecclesiæ, et in decima fœni totius villæ de Ludington, et æstimatur ad novem libras et tres solidos."

In cujus compercionis testimonium, sig. n. præsentibus duximus

Jan. 27. apponendum. Dat. Ebor' vj Kal. Feb. anno Domini, etc., xxvij^mo.

DCIX.
HAYSTED.[4]
IN WYSTOW EYNGES.[5]

COMPOSICIO FACTA INTER VENERABILEM PATREM WALTERUM, EBOR' ARCHIEPISCOPUM, ET RICARDUM ABBATEM DE SELEBY.

j.
c. A.D.
1225.
f. 112.

Notum sit omn. præs. et fut. ita convenisse inter venerabilem patrem Walterum, Dei gracia Ebor' Archiepiscopum, Angliæ primatem, et Ricardum Abbatem de Seleby et ejusdem loci Conventum, viz., quod dictus dominus Archiepiscopus concessit et dedit dictis Abb. et Conv., in pur. et perp. el., quinque acras prati in Haysted' propinquiores villæ de Seleby, pro quadam landa quæ vocatur le Baile, quæ jacet inter boscum de Schirburne et boscum de Scatholme, quam dicti Abb. et Conv. præfato domino Archiep. et succ. s. in pur. et perp. el. concesserunt ; ita quod dictus dominus Archiep. dictam landam claudere possit sine contradiccione, et quicquid ei placuerit de eadem facere. Dicti eciam monachi pratum suum, si eis placuerit, versus se claudent sine contradiccione dicti domini Archiepiscopi

[1] Burghersh.
[2] Erased in MS. but supplied from Bp. Gravesend's Institution-roll (Archid. Stowe), anno ivo. (A.D. 1261-2).
[3] Simon de Barton.
[4] Hasted, in the township of Wistow. (Yks. Arch. Jrnl., vii, 59).
[5] *Secunda manu.* "Eynges" is doubtless Ings or Meadows.

Haysted. et succ. s., nec aliquam comunam aut in terris aut in pascuis occasione illius prati vendicare poterunt, et tenetur uterque donum suum warantizare. Quod ut ratum et stabile inposterum perseveret, prædictus dominus Archiepiscopus huic scr. sig. s. apposuit. H. t., magistro G[alfrido] præcentore Ebor', magistro Ricardo Cornub' [canonico Ebor., magistro A. de Richem' canonico Ripon, Willelmo Foliot, magistro Rogero de Burton, H. filio Simeonis, Johanne, Willelmo de Wydendon, Roberto de Wistowe, Roberto de Berford, et multis aliis].[1]

DCX.

CARTA ROBERTI FILII HENRICI DE WISTOWE.

ij. Sc. omn. præs. et fut., quod ego Robertus fil. Henrici de Wistowe, concessu et voluntate heredum meorum, d. c. et h. p. c. m. conf. Deo et S. G. de S. et mon. ibidem Deo servientibus, unam acram et dimidiam prati in minori Haysted, quod jacet juxta pratum Hugonis de Stiueton' versus orientem, in pur. et perp. el., pro sa. an. m. et uxoris m. et her. m., possidendum li. et qui. ex omni sec. serv. et exaccione. H. t., Johanne de Byrkin, Thoma filio ejus, Hugone de Stiueton', etc.

DCXI.

CARTA DAUID, FILII JOHANNIS DE CAWOD'.

iij. Universis præs. lit. inspecturis, Dauid fil. Johannis de Cawod', salutem. Noverit universitas vestra me remisisse et de me et her. m. inperp. qui. cla. Nicholao fratri m., totum jus et cla. quod habui seu habere potui in octo acris prati in prato de Haysted ; ita viz. quod bene licebit dicto Nicholao, ubicumque et quandocumque voluerit, comodum suum inde facere absque impedimento mei vel her. m. In c. r. t. sig. m. præs. scr. apposui. H. t., Johanne de Wystow, Thoma fil. Roberti de eadem, magistro Rogero Coco, etc.

DCXII.

CARTA NICHOLAI FILII JOHANNIS DE CAWOD'.

iiij. Universis præs. lit. inspecturis, Nicholaus fil. Johannis de Cawod', sa. in Domino. Noverit universitas vestra me dedisse et h. p. c. m. conf. in pur. et perp. el., Abb. et Conv. de S. et eorundem success., iiij[or] acras prati jacentes inter Archiepiscopum Ebor. et Thomam fil. Roberti de Wystowe, et abbuttant super

---

[1] The portion in brackets, here substituted for the "etc." of the MS., is from Gray's Reg. Appendix (Surtees), p. 281, where references are given to Reg. Album, pars iii, 10a ; Claudius B. iii, 91b. We there find the readings "Bacle," "Stakeholme."

Haysted. Riuelingflete ex parte occidentali ; ten. et hab. dictis religiosis
et eorum success., li. qui. pacifice et integre, cum omn. pert. s.,
in pur. et perp. el. imperp. Ego vero dictus Nicholaus et
her. m. dictum pratum dictis religiosis contra omn. hom. war.
adq. et imperp. def. In c. r. t. sig. m. præs. scripto apposui.
H. t., Johanne filio Ricardi Forestar' de Wystow, Thoma filio
Roberti de eadem, Henrico Siward de Seleby, etc.

DCXIII.

BARDELBY.

CARTA WILLELMI DE ATON', CONCESSIONE GILBERTI FILII ET HEREDIS SUI.

f. 112v.　　Sc. omn. tam præs. quam fut., quod ego Willelmus de Aton,
j.　concessione Gilberti fil. et her. m., d. c. et h. p. c. m. conf.
c. A.D.　Roberto filio Roberti filii Alani et her. s., pro homagio et serv.
1163, or
1176-'95.　suo, totam terram ab Holsik' usque ad Brerflet sicut divisæ
condonant, usque in mediam aquæ Vsæ, cum omn. pert. s., et
pratum quondam in Angrum quod vocatur Goscroft, sicut pater
suus illud tenuit. Concessi eciam ei habere xxx porcos in nemore
meo de Barthelby absque pannagio, et herbergagium[1] suum
quantum pertinet [ad] ij bovatas terræ; ten. de me et her. m. in
feudo et hereditate libere et honorifice et quiete, in bosco et
plano, in aquis et mariscis, in viis et semitis, in pratis et pascuis,
et in omn. locis cum omn. libertatibus libero feudo pertinentibus;
reddendo michi et her. m. annuatim xxv solidos pro omni
servicio, scil. dimidium ad Pentecosten et dimidium ad festum
Sci. Martini, et faciendo forinsecum servicium quantum pertinet
duabus bovatis terræ in feudo quo xij carucatæ terræ faciunt
feudum j militis, salva comuni pastura mea in suo sicut ipse
habet in meo, et salvo passagio meo et familiæ meæ. H. t.,
Priore et Conv. de Seleby, Radulfo Foliot Archidiacono de
Hereford, etc.

DCXIV.

CARTA MARTINI FILII HUGONIS DE SELEBY.

ij.　　Sc. omn. tam præs. quam fut., quod ego Martinus fil.
Hugonis de Seleby reddidi, resignavi, et qui. cla. de me et
her. m. Radulfo de Thorp et her. s. vel assignatis, duas acras
terræ in campo qui dicitur Vtfeld ultra Vsam juxta Seleby, cum
omn. pertinenciis præd. terræ pertinentibus, quas Ricardus
Forestarius prius de me tenuit, et michi et her. m. vel assignatis
de se et her. s. qui. cla., scil. quæ jacent inter terram Silvestri

---

[1] Harbour, shelter.

Bardelby. Balcok' et terram quæ fuit Walteri ultra Vsam. Totum vero jus et cla. quod in illis duabus acris habui vel habere potui, dicto Radulfo et her. s. vel assignatis concessi et qui. cla. Et in h. r. t. præs. scr. sig. m. apposui. H. t., Waltero de Aula, Johanne Juuene, etc.

DCXV.

CARTA WILLELMI FILII ROGERI PISTORIS DE SELEBY.

iij.
Elemo-
sinario.
Sc. omn. præs. et fut. quod ego Willelmus, fil. Rogeri Pistoris de Seleby, d. c. et h. p. c. m. conf. elemosinario de Seleby, quicumque in elemosinaria ejusdem loci pro tempore fuerit, ad sustentacionem pauperum, iiij^{or} acras terræ cum pert. s. in territorio de Barthelby, viz. quæ jacent in Vtfeld inter terram Petri Colbe et terram Henrici le Aleman ; ten. et hab. eidem elemosinario et success. s. qui pro tempore fuerint, de me et her. m., li. qui. integre et honorifice, cum omn. lib. et aysiam. eidem terræ pertinentibus : reddendo inde annuatim capitali domino, scil. Radulfo de Thorp, et her. s., duodecim denarios, medietatem scil. ad Pentecosten et med. ad festum Sci Martini in hieme, et singulis annis michi et her. m. duos denarios ad Natale Domini, pro omnibus serv. cons. et demandis. Ego vero Willelmus et her. m. præd. iiij acras terræ cum pert. s. pro præd. serv., prænominato elemosinario imperp. contra omn. hom. war. et def. H. t., Henrico de Berlay, Ricardo filio ejus, Thoma de Bella Aqua, etc.

DCXVI.

CARTA WALTERI FILII HUGONIS FILII NIGELLI DE SELEBY.

iiij.
Omnibus hoc scr. vis. vel aud., Walterus fil. Hugonis fil. Nigelli de Seleby, salutem in Domino sempiternam. Noverit universitas vestra me d., c. et h. p. c. sig. m. roborata conf. Deo et b. G. de S. et mon. ibidem Deo servientibus, dimidiam acram terræ jacentem in territorio de Bardelby, in campo qui dicitur Vtfeld, inter terram dictæ domus et locum quod vocatur Rigdik', sicut se extendit in longitudine et latitudine ; ten. et hab. de me et her. m. dictis mon. et eorum success. li. qui. integre et pacifice, cum omn. pert. libertatibus et aysiam.
f. 113. comunis ad dictam terram infra villam de Barthelby et extra pertinentibus ; reddendo inde annuatim michi et her. m. duos denarios, scil. medietatem ad Pentecosten et med. ad festum Sci. Martini in hieme pro omnibus serv., exaccionibus, et demandis secularibus. Ego vero Walterus et her. m. præd. terram cum

Bardelby. pert. præd. mon. et eorum success. contra omn. hom. war. adq.
et def. imperp.   In c. r. t. præs. scr. sig. m. apposui.   H. t.,
Henrico Siward' de Seleby, etc.

DCXVII.

CARTA HUGONIS SADELER DE EBOR'.

v.   Omnibus Christi fidelibus præs. lit. inspecturis, Hugo
Sadeler de Ebor', sa. in Domino. Noverit univ. vestra me
d. c. et h. p. c. m. conf. Waltero Touri de Seleby, vij decem
seliones terræ cum pert. in villa et in territorio de Bardelby,
extendentes de super ripam Vsæ, et jacentes inter terras
Hugonis filii Fulconis et Matildæ Byscop, de me et her. m. sibi
et her. s. vel ejus assignatis, quas dictus Hugo lucratus fuit ad
assisam de Simone de Leyrton'; ten. et hab. de me et her. m.
sibi et her. s. vel ejus assignatis; cum omn. pert. et libertatibus
et aysiam. infra villam et extra quæ inde exiunt (*sic*) vel exire
poterunt; reddendo inde annuatim domino capitali illius feodi
decem denarios ad duos terminos anni, scil. quinque denarios
ad festum Sci. Martini in hieme, et quinque denarios ad
Pentecosten, pro omnibus serv. et demandis universis, et michi
et her. m. unum obolum ad Pentecosten. Et ego præd. Hugo
et her. m. præd. seliones præd. Waltero et her. s. vel ejus
assignatis contra omn. hom. war. et adq. et def. imperp.   In
c. r. t. huic præs. scr. sig. m. apposui.   H. t., domino Waltero
capellano de Seleby, Waltero fil. Hugonis de Angoteby, etc.

DCXVIII.

CARTA RICARDI FILII WILLELMI LE ACHATUR.

vj.   Sc. præs. et fut. quod ego Ricardus fil. Willelmi le Achatur[1] de
Seleby c. d. et h. p. c. m. conf. Rogero de Dorehem et heredibus
sive assignatis suis, duas acras terræ in territorio de Bardelby,
illas scil. quæ jacent in Vtfeld inter terras quas Robertus
Climber et Ricardus de ultra Vsa tenuerunt propinquiores ex
utraque parte; ten. et hab. in feudo et hereditate de me et
her. m. li. et qui. cum omn. pert. s., in bosco et plano, in pratis
et pascuis, et omn. aysiam. præd. terræ pertinentibus; reddendo
inde annuatim septem denarios, viz. michi et her. m. unum
denarium ad Natale Domini, et capitali domino et her. s. vj
denarios, mediet. ad Pentecosten et med. ad festum Sci. Martini
in hieme, et faciendo forinsecum servicium, cum acciderit, quod
ad præd. terram pertinet, pro omni serv. exaccione et demanda.
Ego vero Ricardus et her. m. præd. terram cum omnibus,

_____
[1] The purveyor; see N. E. Dictionary.

Bardelby. prænominato Rogero et her. sive assignatis s. contra omn. hom. war. imperp. H. t., Johanne Juuene de Seleby, etc.

DCXIX.

CARTA HENRICI BISCOP FILII HENRICI FILII HUGONIS.

vij. Sc. omn. præs. et fut., quod ego Henricus Biscop fil. Henrici fil. Hugonis Biscop, d. c. et h. p. c. m. conf. Deo et Eccl. b. G. de S. et monachis ejusdem loci [Deo] servientibus, in li. pur. et perp. el., homagia et servicia, wardas et relevia, maritagia et servicia militaria quæcunque Willelmus de Leyrton' seu Johannes Staynhard michi et antec. m. pro omnibus tenementis ultra Vsam quæ de nobis tenuerunt et facere solebant; scil. annuum redditum duodecim denariorum cum omn. serv. prænominatis et al. rebus inde aliquo modo provenientibus; ten. et hab. eidem eccl. et mon. ibidem Deo servientibus, in li. pur. et perp. el. imperp., li. qui. bene et in pace, cum præd. redditu duodecim denariorum, et omn. aliis rebus prænominatis, et per omnia sicut præd. est, nichil inde michi seu meis in præsenti vel in futuro retinendo. Ego vero Henricus et her. m.

f. 113v. præd. redditum duodecim denariorum cum aliis omnibus rebus prænominatis in omnibus et per omnia sicut præd. est antedictæ Eccl. b. G. et mon. ibidem Deo servientibus, contra omn. gentes imperp. war. acq. et def. In c. r. t. h. p. scr. sig. m. apposui. H. t., Waltero capellano de Seleby, etc.

DCXX.

CARTA RADULFI DE THORP'.

viij. Omnibus S. M. Eccl. fil. ad quos præs. scr. pervenerit, Radulfus de Thorp, sa. in Domino. Noveritis me divinæ pietatis intuitu et pro sa. an. m. et an. antec. et success. m., d. c. et h. p. c. conf., in pur. lib. et perp. el., Deo et S. G. de S. et mon. ibidem Deo servientibus, ad sustentacionem pauperum in elemosinaria, v acras terræ in campo qui dicitur Vtfeld juxta Seleby cum omn. pertinenciis et aisiam. præd. terræ pertinentibus, quarum tres Walterus ultra Vsam quondam de me tenuit, et michi vel her. m. vel assignatis quietas clamavit, et duas quas Martinus fil. Hugonis de Seleby quondam de me tenuit, et michi et her. m. vel assignatis quietas clamavit, scil. quæ omnes jacent inter terram Silvestri Balcok'; ten. et hab., li. et qui., integras et solutas ab omni sec. serv. et demanda. Ego vero Radulfus et her. m. præd. quinque acras terræ cum omn. pert. et aysiam. s. sicut puram, liberam, et perp. el. meam Deo et

w

Bardelby. S. G. et præd. mon. imperp. contra omn. hom. war. et def.
H. t., Ada de Bella Aqua, etc.

DCXXI.

CARTA HUGONIS FILII RADULFI DE THORP'.

ix.　Sc. præs. et fut., quod ego Hugo fil. Roberti de Thorp d. c.
et h. p. c. m. conf. Deo et Eccl. S. G. de S. et mon. ibidem
Deo servientibus, homagium et servicium, wardum, relevium,
exchaetum et omnia alia servicia Hugonis le Priurman de
Seleby et her. s. vel assignatorum, et annuum redditum
undecim denariorum, quem solebam percipere de præd. Hugone
pro uno tofto et crofto et duabus acris terræ cum pert. in
territorio de Baryelby¹ quas Fulco le Passur quondam tenuit ;
ten. et hab., li., qui. et integre, in lib. pur. et perp. el. imperp.
Ego vero præd. Hugo et her. m. præd. homagium et servicium,
wardum et relevium, cum præd. annuo redditu et aliis
prænominatis, præd. viris religiosis et eorum success. contra
omn. hom. war. adq. et def. In c. r. t. præs. scr. sig. m.
apposui. H. t., Johanne Juuene de Seleby, etc.

DCXXII.

CARTA WILLELMI DE LANGETWAYTH'.

x.　Sc. præs. et fut. quod ego Willelmus de Langewath' c. d. et
h. p. c. m. conf. Mabillæ amitæ m. et her. s., dimidiam marcam
redditus per an. capiendam, viz. de illis xxᵗⁱ et v solidis quos
Radulfus, quondam vir præd. Mabillæ, solebat reddere Hugoni
de Langewath' patri meo, scil. mediet. ad Pentecosten et aliam
med. ad festum Sci. Martini in hieme, pro illa scil. dimidia
marca redditus quam præd. Mabilla qui. cla. de se et her. s.
michi et her. m., quem scil. redditum præd. Hugo pater m.
dedit in lib. maritagium Radulfo de Thorp in villa de
Briddessale cum præd. Mabilla, quem Gaufridus reddere solebat
præd. Radulfo et Mabillæ. Et ego Willelmus et her. m. præd.
Mabillæ et her. s. præd. dimidiam marcatam redditus imperp.
contra omn. hom. war. Et ut hæc mea concessio, donacio, et
præd. qui. clamacio et hujus cartæ confirmacio incussa
permaneat imperp., huic scr. sig. m. apposui. H. t., Radulfo
de Gayteford', Nicholao filio Gerrardi', etc.

---

¹ Here and elsewhere read " Barþelby " ; (Barlby)

Bardelby.

DCXXIII.

CARTA HUGONIS WARD FILII ROBERTI DE THORP'.

xi.
A.D. 1263.
Carta
bona pro
fidelitate
omnium
tenencium
H. Ward
filii
Roberti
Thorpe
suo abbati
de Selby.
Nota
bene.

f. 114.

July 4.

Viris venerabilibus et discretis Johanni Juueni de Seleby, Waltero capellano, Johanni patri Abbatis, Henrico Juueni, et cæteris hom. et dudum tenentibus meis in villa de Bardelby, tam liberis quam servis, Hugo Ward, fil. Roberti de Thorp, salutem in Domino. Noverit vestra fidelitas, quod ego homagium, annuos redditus, et cætera omnia alia servicia quæcumque vos et antec. vestri michi et antec. m. facere consuevistis pro tenementis quæ de me in villa et in territorio de Baryelby tenuistis, omnia alia jura quæ in eadem villa et territorio habui, Deo et Eccl. S. G. de S. et mon. ibidem Deo servientibus in el. dedi, quapropter fidelitatem vestram devote exoro quatinus præd. Abb. et Conv. et eorum success. tamquam dominis vestris de omnibus serviciis et annuis redditibus et omnibus aliis rebus quas michi vel meis facere consuevistis, scitis[1] imperpetuum facientes respondentes, et intendentes. In c. r. t. præs. scr. sig. m. apposui. Data apud Seleby, die Mercurii proxima post festum apostolorum Petri et Pauli', anno Domini mº ccº. lx tercio.

DCXXIV.

CARTA JOHANNIS JUUENIS DE SELEBY.

xij. Sc. omn. præs. et fut., quod ego Johannes Juuenis de Seleby d. c. et h. p. c. m. conf. Willelmo Pipin et her. s. vel assignatis s., pro homagio et servicio suo, duos seliones terræ in territorio de Bardelby, jacentes super ripam de Vsa inter terram meam et toftum Hugonis Cogge, sicut metæ præfixæ undique condonant ; ten. et hab., li. qui. et integre, cum omn. pert. s., libertatibus, comunis et aysiam. ad dictam terram spectantibus ; reddendo inde annuatim michi et her. m. duodecim denarios, viz. vjd ad Pentecosten et vjd ad festum Sci. Martini in hieme pro omni servicio, exaccione et demanda. Et ego Johannes et her. m. totum præd. tenementum præd. Willelmo et her. s. sive assignatis contra omn. gentes imperp. war. adq. et def. H. t., Thomas de Drayton, etc.

DCXXV.

CARTA WALTERI PIPIN DE SELEBY.

xiij. Sc. omn. tam præs. quam fut., quod ego Walterus Pipin de Seleby d. c. et h. p. c. m. conf. Roberto le Boteler de

[1] Read "sitis."

Bardelby. Northdichton et her. s. vel s. assignatis, pro homagio et serv. s.,
duos seliones terræ in territorio de Baryelby, jacentes super
ripam de Vsa inter terram domini Willelmi de Aton' ex una
parte et toftum Walteri Spalding', sicut metæ præfixæ undique
condonant; ten. et hab., li. qui. et integre, cum omn. s.
pertinenciis, libertatibus, comunis, et aysiamentis ad dictam
terram pert.; reddendo inde annuatim domino Abb. de S. et
Conv. duodecim denarios, viz. sex denarios ad Pentecosten et
sex denarios ad festum Sci. Martini in hieme pro omni servicio,
exaccione, et demanda. Et ego præd. Walterus et her. m.
totum præd. tenementum præd. Roberto et her. sive s.
assignatis contra omn. gentes war. adq. et def. imperp. Et ut
hæc mea donacio, concessio et præsentis cartæ m. confirmacio
rata et stabilis perpetuo perseverat (sic) et inviolata, præsentem
cartam sig. m. inpressione roboravi. H. t., Willelmo Gily,
Johanne de Hanburg, Rogero Marescallo, etc.

DCXXVI.

CARTA ROBERTI LE BOTELER DE NORTHDIGHTON'.

xiiij. Sc. omn. tam præs. quam fut., quod ego Robertus le Boteler
de Northdichton' d. c. et h. p. c. m. conf. Deo et Eccl. S. G.
de S. et mon. ibidem Deo servientibus, in li. pur. et perp. el.,
unum mesuagium et ij seliones terræ jacentes in Baryelby[1]
Waterhuses, super ripam Vsæ, inter terram domini Willelmi de
Aton ex una parte et toftum Walteri de Spalding', sicut metæ
præfixæ undique condonant; ten. et hab. li. qui. integre, cum
omn. s. pert., comunis, pasturis, lib., et aysiam. ad dictos
toftum et seliones spectantibus. Ego vero dictus Robertus et
her. m. dictum toftum cum selionibus præd. mon. contra omn.
hom. war. adq. et imperp. def. quamdiu nobis fuerit warantiza-
tum. In c. r. t. præs. scr. sig. m. apposui. H. t., Willelmo
Gily de S., Roberto Camerario, etc.

DCXXVII.

CARTA HUGONIS WARD DE THORP', FILII ROBERTI DE THORP.'

xv. Sc. præs. et fut., quod ego Hugo dictus Ward de Thorp', fil.
c.A.D. 1279 Roberti de Thorp, d. c. et h. p. c. m. conf. Deo et Eccl. S. G.
Passa- de S. et Thomæ Abb. et Conv. ejusdem loci et success.
gium de eorundem, totum passagium quod habui in villa de Bardelby in
Vsa. flumine de Vse ex opposito villæ de Seleby, cum navi et tota
aqua, totoque rivagio et navigio navium, per feodum vel ad

---

[1] Read Barþelby.

Bardelby. feodum vel in feodum vel juxta feodum meum de Bardelby, pertranseuncium, veniencium, vel quocunque modo se contingencium, cum omn. pert. et omni jure dicto passagio pertinentibus, in li. pur. et perp. el.; ten. et hab. et possidendum, li. qui. pacifice et integre, cum omn. libertatibus, juribus, et aliis rebus dicto passagio pert., in li. pur. et perp. el., imperp. Ego vero præd. Hugo et her. m. totum præd. passagium cum omn. pert. et omn. aliis rebus prænominatis Deo et Eccl. S. G. de S. et Thomæ Abb. et Conv. ejusdem loci et success.

f. 114v. eorundem, in li. pur. et perp. el. contra omn. gentes war. adq. et imperp. def. In c. r. t. præs. scr. sig. m. apposui. H. t., dominis Roberto de Willeby et Thoma de Gunneby, militibus.

DCXXVIII.

CARTA HUGONIS DE THORP'.

xvj. Omnibus hoc scr. vis. vel aud., Hugo de Thorp, fil. Roberti de Thorp, sa. in Domino. Noverit universitas vestra me d. c. et h. p. c. m. conf. Deo et Eccl. S. G. de S. et mon. ibidem Deo servientibus, homag' et servicia, warda et relevia, [escaeta][1] et sectas curiæ liberorum hom. quondam tenencium de me et antec. m. in villa et in territorio de Bardelby, et omnes annuos redditus cum omn. pert. sine aliquo retenemento, quos ego vel antecessores m. de eisdem recipere consuevimus pro tenementis quæ de me et antec. m. in præd. villa et in territorio quondam

f. 115. tenuerunt, etc.[2] [scil. de Johanne Juuene de Seleby, octo solidos et duos denarios per annum. De Henrico Juuene, xvij^d. De Waltero capellano, iij^s et ob. De Willelmo Suyhiby,[3] tres den. De Willelmo filio Matild', vj^d. De Waltero fil. Agnetis, iij^d. De Henrico Biscop, duodecim den. De Petro socro Wynnæ, xij^d. De Rogero Bay, octo den. De Rogero Therling', iij^d. De Johanne Biscop, iiij^s et vj^d. De Willelmo Daubeny, decem den. De Willelmo Wateman, vj den. De Ricardo Hund', iiij^d. De Ricardo Hund, iiij^d.[4] De Martino le Tannur, decem den. De Ricardo Goll, unum den. De Thoma fil. Walteri, xxx^d et unum. De Thoma Page, duos den. De Hugone fil. Fulconis, decem den. De Johanne Hund', duos den. et ob. De Ricardo Hund minori, iij^d. De Johanne patre Abbatis, v^d. De Johanne Daniel, duos den. De Alano le Fraunceis, duos den. De Juliana Balcok, vj^d. De terra quondam Willelmi de Leyrton',

---

[1] Inserted *secunda manu*.

[2] Reference-marks to fo. 115, where the rents are inserted, as here given in brackets.

[3] Read Suþiby.

[4] Repeated in MS.

Bardelby. xx^{ti} et duos den.   De Elemosinario de Seleby, xiiij_{d,}   De Magistro fabricæ Eccl. et Sacristæ Eccl. de S., xij^d.   De Willelmo in le Wro, xvj^d.   De Hugone fil. Agnetis, iij^d.   De Thoma fil. Walteri, vj^d.   De Wyllelmo Stagge, iiij^d.   De Cecilia Spalding', xxx^d.   De Willelmo Pipin, vj^d.   De Alano Fauuel,[1] ix^d.   De Waltero Foxe, iij^d.   De Waltero de Scotton, iij^d.   De Radulfo super le Hill', unum den.   De Martino Tannatore, iij^d.   De Yuone le Mercer et Agnete ultra Vsam, xvj^d.   De Eua Schiring', iiij^d.   De Henrico ultra Vsam, nativo, iiij^s et vj^d.   Summa redditus ultra Vsam per ann. xlvj^s j^d] ;

f. 114v. et triginta porcos liberos sine pannagio in nemoribus de Bardelby [et Henricum ultra Vsam cum tota sequela sua],[2] et omnes alios nativos quoscumque habui vel habere potero infra villam et territorium de Bardelby, et totum passagium et tenementa et feuda, redditus et servicia, et wasta et nemora, prata et pasturas, et omnia alia jura quæcumque habui vel habere potero vel antec. m. habuerunt in villa et territorio de Bardelby, scil. ab Holsik' usque ad Brereflet, sicut divisæ condonant usque in mediam aquæ (sic) Vsæ, cum omn. pert. lib. et mariscis præd. tenemento spectantibus, in li. pur. et perp. el., imperp.; ten. et hab. li. qui. pacifice et integre, in bosco et plano, in aquis et mariscis, piscariis, passagiis, comunis, pratis, pasturis, et omn. aliis libertatibus præd. villæ de Bardelby ubique spectantibus; reddendo inde annuatim ipsi et success. eorum michi et her. m. vel her. Willelmi de Langethuayt, secundum quod dicti religiosi magis voluerint, octodecim solidos et iiij denarios ad duos anni terminos, scil. mediet. ad Pentecosten et med. ad festum Sci. Martini in hieme, pro omnibus serviciis, sectis curiæ, releviis, accionibus, et demandis. Ego vero Hugo et her. m. Deo et Eccl. S. G. de S. et mon. ibidem Deo servientibus præd. homagia, servicia, warda et relevia, exchaeta, sectas curiæ liberorum hom. quondam tenencium de me et antec. m. in villa et in territorio de Bardelby, et omnes annuos redditus prænominatos, et omnia alia prænominata, cum omn. pert., contra omn. gentes war. adq. et def., in li. pur. et perp. el., imperp. In c. r. t. præs. scr. sig. m. apposui. H. t., Johanne Juuene de Seleby, Johanne filio suo, Waltero capellano.

Marginal notes:

Et ipsum Henricum cum (sequela?) sua et omnibus catallis suis.

Nota concessio valde bona de omnimodis t[enu-ris?] Hollsyke et Birdflatt.

---

[1] Or Fannell?
[2] From No. xvij, q.v.

Bardelby.

DCXXIX.

CARTA HUGONIS FILII ROBERTI DE THORP'.

xvij.
A.D. 1279.
Omnibus hoc scr. vis. vel aud., Hugo fil. Roberti de Thorp', sa. in Domino. Noverit universitas vestra me inspexisse cartam meam propriam quam Abbati et Conv. de S. feci in forma quæ sequitur :—" Omnibus Christi fidelibus," etc., *as in No.* xvj.

f. 115.
Omnes vero præd. donaciones et concessiones pro me et her. m. Deo. et Eccl. S. G. de S. et mon. ibidem Deo servientibus et eorundem success., in omnibus et per omnia concedo et confirmo imperp. duraturas. Et ne ego vel her. m. contra aliqua præmissorum venire possimus in posterum, sig. m. præs. scr. apposui. H. t., Johanne fratre domini Thomæ Abbatis de Seleby, etc. Dat. apud Seleby, quinto
Nov. 17.
decimo Kalend' Decembr', anno Domini m° cc° lxx nono.

DCXXX.

CARTA HUGONIS DE LANGETHUAITE.

xviij.

f. 115v.
Sc. omn. præs. et fut., quod ego Hugo de Langethwayt, fil. domini Willelmi de Langetwayt, pro sa. an. m., antec., et success., d. c. et h. p. c. m. conf. Deo et Eccl. S. G. de S. et mon. ibidem Deo servientibus, in li. pur. et perp. el., imperp., totum annuum redditum quem consuevi percipere de Hugone Ward, fil. Roberti de Thorp', pro tenementis et feodis quæ idem Hugo et sui tenentes tenuerunt in villa et in territorio de Bardelby, infra istas divisas, scil. ab Holsik usque ad Brereflet, sicut divisæ condonant, usque in medium aquæ Vsæ, cum homagiis, servic', wardis, releviis, passagiis, et omn. aliis rebus et comodis de præd. tenementis et feodis infra præd. divisas provenientibus, nichil michi inde retinendo, et duas acras prati jacentes infra præd. divisas quas habui ex dono præd. Hugonis, imperp.; ten. et hab. li. qui. pacifice et integre, cum omn. pert., passagiis, boscis et planis, cum aquis, mariscis, communiis, præd. tenementis et feodis ubique spectantibus, imperp. Ego vero Hugo et her. m. totum præd. annuum redditum, cum. omn. pertinenciis per omnia, sicut præd. est, Deo et Eccl. S. G. de S. et mon. ibidem Deo servientibus, de omn. terrenis serv., sectis curiæ debitis domini Regis, et Judaismo quod potest peti, nomine nostro vel nomine patris mei contra omn. gentes in li. pur. et perp. el. war. adq. et def. imperp. In c. r. t. præs. scr. sig. m. apposui. H. t., Ricardo de Leuesham, Rogero clerico de Stalingburg'.

Bardelby.

DCXXXI.

CYROGRAFFUM DE PASSAGIO DE BARDELBY.

xix.
A.D. 1260,
Mar. 17.

Anno Domini m° cc° sexagesimo, die Mercurii proxima ante festum Sci. Cuthberti in quadragesima, apud Seleby, inter Thomam Abb. et Conv. de S. ex una parte et Willelmum de Aton, dominum de Bardelby ex altera, super contencionibus inter eos motis de passagio de Bardelby, quod præd. religiosi habent ex dono Hugonis de Thorp', ita convenit, viz., quod præd. Abbas concessit pro se et success. s. et Eccl. de Seleby invenire unam navem ad passagium præd. Abbatis et Conv. in Bardelby et in Seleby, et illam 'inperpetuam'[1] propriis sumptibus sustinebunt ad passandum, repassandum, quocienscunque necesse fuerit Willelmum de Aton' et her. s. et eorum uxores et cæteram familiam suam cum animalibus, peccoribus, et aliis rebus suis, in eundo et redeundo sine aliquo impedimento vel 'theolonium' ab eisdem recipiendo; pro hac autem concessione præd. Willelmus pro se et her. s. concessit et h. p. scr. s. imperp. conf. Deo et Eccl. S. G. de S. et Thomæ Abb. et Conv. de Seleby et success. eorundem habere et tenere et imperp. possidere præd. passagium de Baryelby ex opposito villæ de Seleby, et quod habent ex dono Hugonis de Thorp, li. qui. pacifice et integre, sine aliqua districcione vel calumpnia præd. Willelmi vel her. s., cum omn. pert. lib. et juribus prædicto passagio inperp. pertinentibus. Et ut ista convencio et præsens confirmacio firma et stabilis inperp. permaneat, parti istius scripti cyrograffati penes dictos religiosos residenti, Willelmus de Aton sig. s. apposuit. Et alteri parti penes Willelmum et her. s. residenti, Abb. et Conv. signum s. apposuerunt. H. t., Waltero capellano de Seleby, Johanne Juuene, etc.

DCXXXII.

CARTA WILLELMI DE ATON', MILITIS.

xx.
c. A.D.
1289-1306.
Quieta claman-
cia xxv
solid. red-
ditus pro
omnibus
ten. inter
Hollesyk
et Breer-
fleta.
f. 116.

Omnibus Christi fidelibus ad quos præs. scr. pervenerit, Willelmus de Aton', miles, sa. in Domino. Noverit universitas vestra me remisisse et omnino qui. cla. de me et her. m. imperp. Deo et Eccl. S. G. de S. et mon. ibidem Deo servientibus, in pur. et perp. el., totum jus et cla. quod unquam habui vel habere potui vel quocunque jure in futurum habere potero, in viginti et quinque solidatus (sic) annui redditus quos a dictis religiosis et eorum tenentibus nuper exegi; et quas xx[ti] et quinque solidatas redditus, Robertus fil. Alani de Thorp' quondam solvit antec.

[1] From this point, words which appear to be wrong in the MS. will be denoted by quotation marks without "sic."

Bardelby. meis, viz. pro tota terra inter Holsik' et Brereflet quam de ipsis tenuit; ita quod nec ego præd. Willelmus nec her. m. nec aliquis ex parte nostra aliquid juris aut clamii in supradictis viginti et quinque 'solidatus' annui redditus habere, exigere vel vendicare poterimus in futurum. In c. r. t. huic scr. sig. m. apposui. H. t., domino Stephano de Malo Lacu Archideacono Cliveland', etc.

DCXXXIII.

CONTENCIO INTER ABBATEM ET WILLELMUM DE ATON' DE MARISCO DE BARDELBY.

xxj.
c. A.D.
1289-1306.

xij acræ marisci.

Commuña pasturæ pro xij animalibus in crassand² tempore aperto.

Noverint universi, quod cum contencio mea[1] esset inter Abb. et Conv. Eccl. S. G. de S. ex una parte, et dominum Willelmum de Aton', militem, ex altera, de quadraginta acris marisci et alneti in Bardelby, et eciam de aliis contencionibus, sub hac forma quievit, scil. quod præd. Abb. et Conv. pro se et success. s. et Eccl. s. prædicta reddiderunt, remiserunt, et quietum clamaverunt præd. domino Willelmo et her. s. vel s. assignatis, viginti et viij[to] acras de præd. xl acris marisci et alneti, cum toto residuo totius marisci et alneti, exceptis duodecim acris præd. marisci et alneti, quæ remanebunt præd. Abb. et Conv. et eorum success. et Eccl. s. præd. inperp.; ita quod præd. Willelmus et her. s. totum præd. mariscum præter xij acras præd. possint includere, assartare, et proficuum illorum omnibus modis quibus voluerint inde facere, prout eis melius viderint expedire, salva tamen præd. Abb. et Conv. et success. s. et Eccl. s. præd. et hom. s. comuna pasturæ ad duodecim animalia grossa in toto marisco prædicto tempore aperto. Et pro hac reddicione, remissione et quieta clamancia, præd. dominus Willelmus de Aton' concessit pro se et her. s. quod præd. Abb. et Conv. et eorum success. et Eccl. s. præd. habeant et teneant præd. xij acras marisci et alneti de præd. xl acris propinquiores terræ s. versus Seleby, extendentes se in longitudine a prato Roberti Camerarii quod vocatur le Frith', usque ad mariscum et alnetum præd. Willelmi versus orientem, et in lat. a pratis del Vtfeld' usque ad mariscum et alnetum præd. Willelmi versus boriam, cum libero introitu et exitu; hab. et ten. eisdem Abb. et Conv. et success. s. et Eccl. s. præd. de præd. domino Willelmo de Aton' et her. s., in li. pur. et perp. el. imperp., salva tamen eidem domino Willelmo et her. s. comuna pasturæ in xij acris marisci et alneti tempore aperto, ita, viz., quod præd. Abbas et Conv. libere possint xij acras præd. marisci et alneti includere, assartare, et proficuum illorum omnibus modis quibus voluerint

---

[1] Read *mota*.   [2] See Ducange *s.v.* Crescentia, 3.

Bardelby. facere, prout eis melius viderint expedire; et præterea præd. Abb. et Conv. concesserunt pro se et success. s. et Eccl. s. præd., quod averia quæ de cætero capientur in dampno ipsius Abb. et Conv. suorum in campo et prato de Bardelby chaciabuntur et inparcabuntur ad faldam ipsius Willelmi, quæ sita erit juxta Holsik ex parte orientali versus Bardelby, in solo ipsius Willelmi; ita quod præd. Abb. et Conv. et hom. s. habeant racionabiles et competentes emendas secundum usum et consuetudinem patriæ antequam averia deliberentur. Et si contingat præd. animalia de falda præd. per djctum Willelmum vel her. s. vel hom. s. deliberari sine competenti emenda, idem Willelmus concedit pro se, her. s. et hom. s. quod rei veritas super deliberacionem præd. per octo fidedignos, ex consensu parcium clericos inquiratur, et per consideracionem eorundem racionabiliter emendatur. Et, præterea, præd. Abbas et Conv. concesserunt pro se et success. s. et Eccl. s. præd. quod ipsi sumptibus suis passabunt præd. Willelmum et her. s. et eorum uxores et cæteram familiam suam cum animalibus et peccoribus et aliis rebus s. a Bardelby Waterhuses usque in Seleby et e converso, et de Holme usque in Seleby et e converso, quocienscunque necesse fuerit ad passandum et repassandum. Et prædictus Willelmus concedit pro se et her. s. quod præd. Abb. et Conv. et eorum success. possunt distringere et imparkare extra tectum in feodo suo de Bardelby et non extra, pro
f. 116v. serviciis sibi debitis in eadem villa; et quod ipsi invenient unum certum hominem in loco suo, ad deliberacionem hujusmodi animalium, quocunque tempore petantur, in forma juris faciendam. Et, si contingat præd. Willelmum vel tenentes suos pro defectu deliberacionis non factæ dampnum incurrere aut gravamen, iidem Abb. et Conv. concedunt pro se et success. s. quod de dampnis eidem Willelmo et hom. s. illatis per consideracionem vj legalium hominum ex consensu parcium ad hoc electorum, satisfaciant competenter. Et præterea iidem Abb. et Conv. concedunt pro se et success. s. et Eccl. s. præd. quod bene liceat præd. Willelmo in feodo præd. Abb. et Conv. de Bardelby tenementa adquirere sine contradiccione Abb. et Conv. vel success. s., et ea tenere per servicia debita et consueta absque fidelitate facienda. In c. r. t. sigilla parcium præsentibus alternatim sunt appensa. H. t., domino Stephano de Malo Lacu Archidiacono Cliveland', domino Johanne de Bella Aqua.

DCXXXIV.

CARTA HENRICI DE LEYRTON'.

xxij. Sc. omn. præs. et fut., quod ego Henricus de Leyrton' dono et
concedo Deo et Eccl. S. G. de S. et mon. ibidem Deo servientibus, unum mesuagium cum omn. pert. in Bardelby, cum terra
arrabili, et cum toto prato et homagiis et serviciis, redditibus
quæcumque habeo vel habere potero ex dono Willelmi de
Leirton' avunculi mei, in eadem villa imperp.; ten. et hab. li. qui.
pacifice et integre, faciendo inde servic. Hugoni de Thorp' quod
pertinet ad præd. tenementum. Ego vero Henricus et her. m.
totum præd. tenementum cum omn. pert. Deo et Eccl. S. G.
de S. et mon. ibidem Deo servientibus contra omn. gentes war.
imperp. In c. r. t. præs. scr. sig. m. apposui. H. t., Johanne
Juuene de Seleby, Johanne fratre ejus, etc.

DCXXXV.

CARTA SIMONIS, FILII ET HEREDIS DOMINI WILLELMI DE LEYRTON', MILITIS.

xxiij.
A.D.
1263-9.
Omnibus hoc scr. vis. vel aud., Simon fil. et heres domini
Willelmi de Leirton', militis, sa. in Domino. Noverit universitas
vestra me pro me et her. m., et pro anima præd. Willelmi patris
mei remisisse, relaxasse et omnino imperp. qui. cla. Domino
Dauid Abb. et Conv. de S. et eorundem success., omnes
acciones, peticiones, querelas, et demandas quas habui vel
habere potui seu potero versus præd. Abb. et Conv. occasione
tenementi, terrarum et ædificiorum quæ præd. Willelmus pater
meus, dum vixit, in territorio de Bardelby, super ripam Vsæ ex
opposito de Seleby, habuit et possedit. Et, ne ego nec her. m.
contra ipsam remissionem, relaxacionem et qui. clamacionem
venire possimus in posterum, præs. scr. sig. m. apposui. H. t.,
Johanne Juuene de Seleby, domino Waltero capellano de eadem.

DCXXXVI.

CARTA JOHANNIS CAMERARII DE SELEBY.

xxiiij. Sc. omn. præs. et fut., quod ego Johannes Camerarius de
Seleby d. c. et h. p. c. m. conf. Deo et Eccl. S. G. de S. et
mon. ibidem Deo servientibus, in li. pur. et perp. el., quinque
acras terræ arrabilis in territorio de Bardelby jacentes in Vtfeld'
super ripam Vsæ in locis subscriptis, scil. iiij acras inter terram
Johannis dudum le Mercer et terram Martini Tannatoris de
Seleby, et v perticatas inter terram elemosinarii de S. et terram
præd. Johannis le Mercer, cum omn. pert. inperp.; ten. et hab.

Bardelby. eisdem religiosis, li. qui. pacifice et integre, imperp. Ego vero
præd. Johannes et her. m. præd. terram cum omn. pert. Deo et
Eccl. S. G. de S. et mon. ibidem Deo servientibus contra omn.
gentes et de debitis domini Regis et Judaismo war. adq. et def.
imperp. In c. r. t. huic præs. scr. sig. m. apposui. H. t.,
Johanne Crauncewick', Johanne patre Abbatis, etc.

DCXXXVII.

CARTA HENRICI JUUENIS DE SELEBY.

xxv.
f. 117.

Sc. omn. præs. et fut., quod ego Henricus Juuenis de Seleby
d. c. et h. p. c. m. conf. Deo et Eccl. S. G. de S., et mon.
ibidem Deo servientibus, in li. pur. et perp. el., quatuor acras
terræ arrabilis cum omn. pert. in villa et territorio de Bardelby
jacentes in Vtfeld super ripam Vsæ in locis subscriptis, s. duas
acras in Vthfeld inter terram Willelmi Wateman et terram
Ricardi Hund, et duas acras inter terram Juonis le Mercer et
terram dudum Siluestri Wallekok' (sic),[1] cum omn. pert., imperp.;
ten. et hab. eisdem religiosis, li. qui., pacifice, et integre in perp.
Ego vero præd. Henricus et her. m. totam præd. terram cum
omn. pert. Deo et Eccl. S. G. de S. et mon. ibidem Deo
servientibus contra omnes gentes de debitis domini Regis et
Judaismo war. adq. et def. imperp. In c. r. t. huic præs. scr.
sig. m. apposui. H. t., Johanne Crauncewik', Johanne patre
Abbatis, etc.

DCXXXVIII.

CARTA RICARDI DE CRULL'.

xxvj.

Sc. omn. præs. et fut., quod ego Ricardus de Crull' concessi
et qui. cla. de me et her. m. et assignatis m. Radulfo de
Hanburg' et her. s., vel cui assignare voluerit, unam acram et
dimidiam prati in Vtfeld in territorio de Bardelby, quæ jacent
inter pratum quod Henricus Alleman et pratum quod Walterus
Crclk' aliquando tenuerunt, sicut carta quam habui de Roberto
fil. Radulfi de Thorp' et her. s.,[2] v denarios et obolum, viz.,
med. ad Pentecosten et med. ad festum Sci. Martini in hieme,
pro omni serv. exaccione, et faciendo forinsecum serv. quantum
pertinet ad tantum liberum tenementum in villa de Bardelby.
Et in h. r. t. et veritatem, præs. scr. sig. m. apposui. Et insuper cartam inde quam habui de Roberto fil. Radulfi de Thorp',
tamquam assignato meo, illam eidem tradidi. H. t., Waltero
de Aula, Johanne Juuene, Henrico fratre suo, etc.

[1] Read "Ballekok."
[2] Supply "testatur, reddendo inde annuatim mihi et heredibus meis."

ardelby

DCXXXIX.

CARTA ROBERTI FILII RADULFI DE THORP'.

xxvij.   Sc. præs. et fut., quod ego Robertus, fil. Radulfi de Thorp',
c. d. et p. c. m. conf. Ricardo de Crull', clerico, et her. s. vel
cui assignare voluerit, unam acram et dimidiam prati in Vtfeld
in territorio de Bardelby quæ jacent inter terram quod Henricus
Aleman et pratum quod Walterus Crolk' aliquando tenuerunt;
ten. et hab. in feodo et hereditate de me et her. m., li. qui. cum
omn. pert. s. in bosco et plano, in pascuis, aquis et mariscis et
omnimodis aisiam. dicto prato adjacentibus, infra villam et
extra; reddendo inde annuatim michi et her. m. v denarios
et obolum, viz. mediet. ad Pentecosten et med. ad festum Sci.
Martini in hieme, pro omni serv., exaccione et demanda, et
faciendo forinsecum serv. quantum pertinet ad tantum liberum
tenementum in præd. villa de Bardelby. Ego vero præd.
Robertus et her. m. præd. acram et dimidiam prati cum omn.
pert. s. præd. Ricardo et her. s. vel assignatis per serv.
prænominatum contra omn. hom. war., adq. et def. imperp.
H. t., Waltero de Aula de Seleby, Waltero et Ricardo filiis
ejus, etc.

DCXL.

CARTA WALTERI ULTRA VSAM.

xxviij.   Sc. omn. tam præs. quam fut., quod ego Walterus ultra
Vsam reddidi et qui. cla. de me et her. m. Radulfo de Thorp' et
her. s. vel assignatis, tres acras terræ in campo qui dicitur
Vtfeld ultra Vsam juxta Seleby, cum omn. pert. præd. terræ
pert., scil. quæ jacent inter terram Siluestri Balcok' et terram
quæ fuit Ricardi Forestarii, et totum jus et clamium quod in illis
tribus acris habui vel habere potui, dicto Radulfo et her. s. vel
assignatis concessi et qui. cla. et ' hujus ' præs. scr. sig. m.
apposui. H. t., Walterus de Aula, Johanne Juuene, etc.

DCXLI.

CARTA RICARDI FORESTARII.

xxix.   Sc. omn. tam præs. quam fut., quod ego Ricardus Forestarius
reddidi et qui. cla. de me et her. m. Martino filio Hugonis de
Seleby et her. s. vel assignatis, duas acras terræ in campo qui
dicitur Vtfeld ultra Vsam juxta Seleby, cum omn. pertinenciis
præd. terræ pertinentibus, quas de eo tenui, scil. quæ jacent inter
f. 117v. terram Siluestri Ballcok et terram quæ fuit Walteri ultra Vsam,

Bardelby. et totum jus et cla. quod in illis duabus acris habui vel habere potui, dicto Martino et her. s. vel assignatis concessi et qui. cla. Et in h. r. t. præs. scr. sig. m. apposui. H. t., Waltero de Aula, Johanne Juuene, etc.

DCXLII.

CARTA MARTINI FILII HUGONIS DE SELEBY.

xxx. Sc. omn. tam præs. quam fut., quod ego Martinus fil. Hugonis de S. d. c. et h. p. c. m. conf. Ricardo Forestario de Seleby et her. s., pro homagio et serv. s., duas acras terræ in campo qui dicitur Vtfeld ultra Vsam juxta Seleby, cum omn. pert. præd. terræ pert., quæ jacent inter terram Siluestri Balcok' et terram Walteri ultra Vsam de feudo Radulfi de Thorp'; ten. et hab. sibi et her. s. de me et her. m. li. qui. et honorifice, cum omn. lib. et comuni in planis, pratis et pascuis præd. terræ pert.; reddendo inde annuatim michi et her. m. octo den. et obolum, scil. iiij^d ad Pentecosten et iiij^d et ob. ad festum Sci. Martini, pro omni serv. demanda et cons., salvo tamen forinseco serv. quantum pertinet tantæ terræ in eodem campo et ejusdem feudi. Ego vero Martinus et her. m. præd. duas acras terræ cum omn. pert. lib. et comunibus eidem terræ pert., præd. Ricardo et her. s. contra. omn. hom. imperp. war. H. t., Gilberto de Aton, Willelmo de Aton, etc.

DCXLIII.

CARTA MARGARETÆ QUONDAM UXORIS WILLELMI RAGE.

xxxj. Sc. omn. præs. et fut., quod ego Margareta, quondam uxor Willelmi Ragge de Seleby, in pura viduitate et ligea potestate mea, d. c. et h. p. c. sig. m. roborata conf., insuper qui. cla. de me et her. m., Johanni patri Abb. de Seleby et her. sive assignatis s., totum jus et cla. quod habui vel habere debui in tribus acris prati et dimidia in territorio de Bardelby, jacentes in Thurstanland', inter pratum sacristæ de Seleby et pratum Johannis Juuenis; ten. et hab. sibi et her. s. vel eorum assignatis, li. qui. pacifice et integre, cum omn. pert. lib. comunis et aysiam. ad dictum pratum spectantibus; reddendo inde annuatim capitali domino feodi, viz. domino Abb. de S. v^d, viz. duos den. et ob. ad Pentecosten et ij^d et ob. ad festum Sci. Martini in yeme, pro omni serv. exaccione et demanda. Et ego Margareta et her. m. præd. tres acras et dimidiam terræ cum pert., præd. Johanni et her. sive assignatis s. contra omn. hom. imperp. war. et def. H. t., domino Waltero capellano, Henrico Juuene, Henrico Siward, etc.

irdelby.

DCXLIV.

CARTA JOHANNIS PATRIS THOMÆ ABBATIS DE SELEBY.

xxxij.　Sc. præs. et fut., quod ego Johannes, pater Thomæ Abbatis de S., d. c. et h. p. c. m. conf. et de me et her. m. imperp. qui. cla. Deo et Eccl. S. G. de S. et ad pitanciam monachorum ejusdem loci et eorundem success., tres acras prati et dimidiam in territorio in Bardelby, jacentes in Thurstanland' inter pratum sacristæ de S. et pratum Johannis Juuenis, quas habui ex dono Margaretæ quondam relictæ Willelmi Ragge de Seleby, sicut carta ejusdem Margaretæ plenius testatur; ten. et hab. dictis religiosis et eorundem success. in pur. et perp. el. cum omn. pert. et lib. comunis et aysiam. ad dictam pratum spectantibus imperp. Ego vero Johannes et her. m. præd. pratum præd. religiosis et eorundem success., prout dictum est, contra omn. hom. war. adq. et def. imperp. Et ut hæc mea donacio, concessio et confirmacio rata sit et stabilis imperp., præs. scr. sig. m. apposui. H. t., Roberto le Chaumberlayn, etc.

DCXLV.

CARTA ROBERTI DE BARDELBY.

xxxiij.　Omnibus hoc scr. vis. vel aud., Robertus de Bardelby, clericus, sa. in Domino. Sciatis quod cum ego consueverim racionabilia estoveria[1] mea capere in alneto de Bardelby, et cum omnimodis averiis meis in eodem alneto comunicare qualibet

f. 118. sesona anni, racione tenementi mei in eadem villa, volens viris religiosis dominis meis, dominis Abb. et Conv. de S., graciam facere specialem, remisi et qui. cla. pro me et her. m. eisdem Abb. et Conv., totum jus quod habui capiendi hujusmodi estoveria in xij acris de alneto prædicto, quas idem Abb. et Conv. per quamdam composicionem inter ipsos et dominum Willelmum de Aton', quondam dominum de Bardelby, factam includi fecerunt, et eciam totum jus quod habui comunicandi in eisdem xij acris cum averiis meis; ita quod nec ego nec her. m. nec aliquis nomine nostro aliquod jus comunicandi in eisdem xij acris de cætero clamare potero vel poterimus seu habere, salva semper michi et her. m. comuna nostra in eisdem xij acris alneti cum omnimodis averiis nostris, tempore aperto. In c. r. t. sig. m. præsentibus est appensum. Data apud Ebor', die Jovis in vigilia apostolorum Simonis et Judæ, anno regni regis Edwardi vicesimo octavo.

[1] Estovers, here an allowance of wood.

Bardelby.

DCXLVI.

(CARTA ROBERTI CAMERARII DE SELEBY, ETC.)

xxxiiij.　Omnibus hoc scr. vis. vel aud., Robertus Camerarius de Seleby, Walterus del Hill', Walterus de Spalding, Adam de Sartrino, Walterus Balcok, Ricardus Etelaf, Willelmus Coccy, Robertus molendinarius de Thorp', Hugo Stute de Seleby, Willelmus Cok, (—) Biscop ultra Vsam, Henricus Biscop ultra Vsam, et Thomas fil. Roberti Bercarii ultra Vsam, sa. in Domino sempiternam. Noveritis nos remisisse, relaxasse et omnino pro nobis et her. n. inperp. qui. cla. Abb. et Conv. Eccl. S. G. de S. totum jus et cla. quod unquam habuimus vel habere potuimus in xij acris marisci et alneti quas præd. Abb. et Conv. habuerunt ex composicione pacifica inter ipsos et dominum W. de Aton' facta et ratificata; ita quod nec nos nec her. n. nec aliquis nomine nostro aliquod jus vel cla. in præd. xij acris marisci et alneti de cætero exigere vel vendicare poterimus inperp. aliquo modo, salva tamen nobis et her. n. comuna pasturæ in præd. xij acris marisci et alneti, tempore aperto. In c. r. t., etc.

DCXLVII.

CARTA RICARDI SPRING DE SELEBY.

xxxv.　Omnibus Christi fidelibus ad quos præs. scr. pervenerit, Ricardus Spring de Seleby, sa. in Domino. Noverit universitas vestra me d. c. et h. p. c. m. conf. Deo et Eccl. S. G. de S. et mon. ibidem Deo servientibus, et specialiter ad opus fabricæ ejusdem loci, in pur. et perp. el., unam acram prati quæ jacet ultra Vsam ex parte boriali prati sacristæ de Seleby; ten. et hab. præd. religiosis et success. s., li. qui. pacifice et integre, cum omn. aisiam. ad præd. terram spect., in pur. et perp. el. Ego vero Ricardus Spring et her. m. præd. acram præd. religiosis et success. s., sicut præd. est, contra omn. gentes war. adq. et def. inperp. In c. r. t. præs. scr. sig. m. apposui. H. t., Henrico Syward' de Seleby, Johanne Juuene, etc.

DCXLVIII.

(CARTA WILLELMI FILII ET HEREDIS RICARDI SPRING DE SELEBY).

xxxvj.　Omnibus Christi fidelibus præs. lit. inspecturis, Willelmus, fil. et heres Ricardi Spring de Seleby, salutem. Noveritis me conf. et qui. cla. Deo et Eccl. S. G. de S. et mon. ibidem Deo servientibus et eorum success., et specialiter ad opus fabricæ ejusdem loci, illam acram prati quam Ricardus Spring pater m.

ardelby. eis in pur. et perp. el. dedit, prout in carta sua plenius
continetur; ten. et hab., li. qui. pacifice et integre, cum omn.
aisiam. in pur. et perp. el.; ita scil. quod nec ego nec aliquis ex
parte mea aliquod jus vel cla. in præd. acra de cætero' vendicare
poterimus vel exigere. In c. r. t. præs. scr. sig. m. apposui.
H. t., etc.

DCXLIX.

(CARTA ROBERTI FILII RICARDI DE THORP').

xxxvij. Sc. tam præs. quam fut. quod ego Robertus fil. Ricardi. de
Thorp' d. c. et h. p. c. m. conf. et de me et her. m. qui. cla.
Deo et b. G. de S. et monachis ibidem Deo servientibus et
eorum success., annuum redditum unius denarii, quem de prato
ultra Vsam quondam Ricardi Spring de Thorp' annuatim
recipere consuevi; ten. et possidendum præd. religiosis li. qui.
solute, et integre; ita scil. quod nec ego nec aliquis pro me
aliquod jus vel cla. in præd. redditu de cætero vendicare
poterimus vel exigere. Ego vero præd. Robertus et her. m.
præd. religiosis et success. s. præd. redditum contra omn.
gentes war. adq. et def. imperp. In c. r. t. præs. scr. sig. m.
apposui. H. t., Henrico Siward, etc.

DCL.

(CARTA WYMARCÆ FILIÆ RICARDI DE THORP').

xxxviij. Omnibus hoc scr. vis. vel aud., Wymarca filia Ricardi de
Thorp', sa. in Domino. Noveritis me pure, sponte, et quiete
d., conc. et omnino de me et omn. m. inperp. qui. cla. Deo et
Eccl. S. G. de S. et mon. ibidem Deo servientibus, totam
terram quam habui vel habere potui seu potero in Thurstaneng'
ultra Vsam in territorio de Bardelby, nichil michi seu meis inde
retinendo vel vendicando. Et ne ego Wymarka et her. m., seu
aliquis alius contra istam donacionem, concessionem, et qui.
clamacionem de cætero venire possimus, præs. scr. imperp.
valituro sig. m. apposui. H. t., Johanne Juuene de Seleby, etc.

DCLI.

(CARTA WYMARCHÆ FILIÆ RICARDI AD PONTEM DE TORP).

xxxix. Omn. hoc scr. vis. vel aud., Wymarcha filia Ricardi ad
Pontem de Torp, sa. in Domino. Noveritis me in pura
viduitate m. sponte et quiete d. c. et omnino de me et omn. m.
imperp. qui. cla. Deo et Eccl. S. G. de S. et mon. ibidem Deo
servientibus, et maxime fabricæ Eccl. S. G. de S., totam terram

x

Bardelby. et pratum quam habui vel habere potui seu potero in Thurstanheng' ultra Vsam in territorio de Bardelby, nichil michi seu meis inde retinendo vel vendicando. Et ne ego Wymarcha aut her. m. seu aliquis alius contra istam donacionem, concessionem et qui. cla. de cætero venire possimus, præs. scr., imperp. valituro, sig. m. apposui. H. t., Johanne Juuene de Seleby, Henrico Juuene, etc.

DCLII.

(CARTA ADÆ FILII OSTREDÆ DE OSGODBY).

xl.
f. 118v. Omnibus hoc scr. vis. vel aud., Adam fil. Ostredæ de Osgodby, sa. in Domino. Noveritis me pure, sponte et quiete, d. c. et omnino de me et omn. m. imperp. qui. cla. domino Abb. et Conv. de S., et maxime fabricæ Eccl. ejusdem loci redditum ix denariorum quos Elias fil. Willelmi de Bardelby solebat michi annuatim reddere pro tribus acris terræ ultra Vsam in territorio de Barthelby, jacentibus inter terram Willelmi Grun ex una parte et terram Walteri capellani ex altera, nichil michi seu meis inde retinendo vel vendicando. Et ego vero præd. Adam et her. m., cum omn. appendiciis s. præd. redditum præd. Abb. et Conv., et maxime fabricæ Eccl. de S., sicut præd. est, contra omn. hom. inperp. war. adq. et def. In c. r. t. ego præd. Adam pro me et her. m. præs. scr. sig. m. apposui. H. t., dompno Waltero de Pollington monacho de Seleby, etc.

DCLIII.

(CARTA ALICIÆ QUONDAM UXORIS WALTERI FILII LEWER).

xlj. Sc. præs. et fut. quod ego Alicia quondam uxor Walteri fil. Lewer in viduitate m. d. et h. p. c. m. conf. Waltero fil. Fulconis et her. s. quibus assignare voluerit, totam terram quam habui ex dono Normancii patris mei ultra Vsam de feodo Radulfi de Thorp', scil. illam quæ jacet inter assartum quod fuit Adæ fratris mei et terram quæ vocatur Thurstanland'; ita scil. quod Walterus et sui her. faciant servicium quod ad dictam terram pertinet, viz. quinque denarios annuos domino Radulfo de Thorp' et her. s. et michi et her. m., de quibus præd. terram jure hereditario tenebunt, unum obolum infra Natale Domini pro omni serv. et exaccione, et in h. r. t. præs. scr. sig. m. apposicione roboravi. H. t., Willelmo tunc capellano, etc.

ardelby.

DCLIV.

(CARTA ALICIÆ QUONDAM UXORIS WALTERI FILII LEWER).

xlij. Sc. præs. et fut. quod ego Alicia quondam uxor Walteri fil.
Lewer, in viduitate mea, pro magna necessitate, vendidi et qui.
cla. Waltero fil. Fulconis et her. s. de me et her. m., totam
terram quam habui ex dono Normancii patris mei ultra Vsam
de feudo Radulfi de Thorp', scil. illam terram quæ jacet inter
assartum quod fuit Adæ fratris mei et terram quæ vocatur
Thurstanland'; ita scil. quod idem Walterus et sui her. faciant
serv. quod ad dictam terram pertinet, viz. v^d annuos domino
Radulfo de Thorp' et her. s. Et, in hujus vendicionis et
quietæ clamacionis testimonium, dedi illi hanc partam (sic)
præsenti sigillo signatam. H. t., Willelmo, tunc capellano de
Seleby, etc.

DCLV.

(CARTA THOMÆ FILII FULCONIS).

xliij. Sc. præs. et fut., quod ego Thomas fil. Fulconis dedi,
c., et h. p. c. m. conf. Johanni capellano de Seleby et her. s.
vel ejus assignatis, totam terram quam Walterus frater m.
habuit ex dono Aliciæ quondam uxoris Walteri fil. Lewer de
feudo Roberti de Thorp', illam scilicet quæ jacet inter essartum
Henrici de Spalding et terram quæ vocatur Thurstanland; ten.
et hab. sibi et her. s. vel ejus assignatis de me et her. m., li. qui.
honorifice et integre, et cum omn. lib. et aisiam. ad dictam
terram spectantibus; reddendo inde annuatim capitali domino,
scil. Roberto de Thorp' et her. s., quinque denarios, scil. duos
den. et ob. ad Pentecosten et duos den. et ob. ad festum Sci.
Martini in hieme, et singulis annis michi et her. m. unum ob. ad
Natale Domini, pro omni serv., exaccione, et demanda. Et ego
vero Thomas et her. m. præd. terram cum pert. præd. Johanni
et her. sive assignatis s. contra omn. hom. imperp. war. et def.
In hujus rei test. præs. scr. sig. m. apposui. H. t., Waltero de
Aula, etc.

DCLVI.

(CARTA ROBERTI FILII RADULFI DE THORP').

xliiij. Omnibus has lit. vis. vel aud., Robertus fil. Radulfi de Thorp',
æternam in Domino salutem. Noverit universitas vestra me
concessisse et qui. cla. et h. p. c. m. conf. Deo et b. G. de S. et
mon. ibidem Deo servientibus, in pur. et perp. el., totam illam

Bardelby. terram quam Walterus frater Thomæ fil. Fulconis habuit ex dono Aliciæ quondam uxoris Walteri fil. Lewer, illam scil. quam habuit de Thoma fil. Fulconis, sicut in carta ipsius Thomæ continetur, quæ jacet inter essartum Henrici de Spalding' et terram quæ vocatur -Thurstanland'; ten. et hab. sibi, li., qui. et honorifice, cum omn. lib. et aysiam. ad dictam terram spectantibus, salvis michi et her. m. annuatim ad duos terminos v^d. Ego vero Robertus et her. m. prædictam quietam clamacionem et confirmacionem, sicut præd. est, contra omn. hom. inperp. war. Et in h. r. t. præs. scr. sig. m. apposui. H. t., etc.

DCLVII.

(CARTA CECILIÆ QUONDAM UXORIS THOMÆ FILII FULCONIS DE SELEBY).

xlv.   Sc. omn. præs. et fut. quod ego Cecilia, quondam uxor Thomæ fil. Fulconis de Seleby, in pura viduitate et ligea potestate mea, qui. cla. et h. p. c. sig. m. munimine roborata conf. Deo et S. G. de S. et mon. ibidem Deo servientibus, totum jus et cla. quod habui vel habere debui in illa terra quam præd. Thomas maritus m. præd. mon. donavit, et jacet in Vtfeld' in feodo quondam Roberti de Thorp', juxta terram quæ vocatur Thurstanland; ita viz. hoc qui. clamavi quod de cætero nuncquam ego nec her. m., sive per nos aliquis alter, clamium neque jus vendicare inde poterimus. H. t., Johanne Juuene de Seleby, etc.

DCLVIII.

(CARTA CECILIÆ QUONDAM UXORIS ROBERTI DE THORP').

xlvj.   Omnibus hoc scr. vis. vel aud., Cecilia, quondam uxor Roberti de Thorp', sa. in Domino. Noveritis me in pura viduitate et ligia potestate mea d. c. et h. p. c. m. conf. Deo et
f. 119. Eccl. S. G. de S. et mon. ibidem Deo servientibus, totum annuum redditum v^d, quem solebam percipere de illa terra quam Thomas fil. Fulconis præd. mon. donavit, quæ jacet in Vtfeld' juxta terram quæ vocatur Thurstanland'; ten. et hab., in li. pur. et perp. el., imperp.; ita viz. quod nec ego nec her. sive assignati m. cla. vel jus de cætero vendicare inde poterimus. H. t., etc.

DCLIX.

(CARTA JOHANNIS FILII WALTERI LEWAR ET MATRIS SUÆ).

xlvij.   Sc. omn. præs. et fut. quod ego Johannes fil. Walteri Lewar et mater mea, qui. clamavimus omne jus et cla. quæ habuimus lardelby. vel habere poterimus, vel her. m. habere poterunt de Thoma fil. Fulconis vel ejus assignatis, totam terram scil. quæ jacet inter essartum Adæ de Spalding' et Roberti de Balne ; ten. et hab., li. qui. pacifice, honorifice, sibi et ejus assignatis, imperp.; reddendo inde annuatim michi et her. m. infra Natale Domini unum obolum, et capitali domino v^d, mediet. ad Pentecosten et med. ad festum Sci. Martini, pro omni serv. exaccione et demanda. H. t., Johanne capellano, etc.

DCLX.

(CARTA ROBERTI FILII RADULFI DE THORP').

xlviij. Omnibus has lit. vis. vel aud., Robertus fil. Radulfi de Thorp', æternam in Domino salutem. Noverit universitas vestra me conc. qui. cla. et h. p. c. m. conf. Deo et b. G. de S. et mon. ibidem Deo servientibus, in pur. et perp. el., unam acram prati jacentem juxta Holsick juxta pratum Willelmi le Fraunceis, quam habuit de dono Ricardi fil. Roberti de Thorp', sicut in carta ipsius Ricardi continetur; ten. et hab. sibi li. qui. integre et honorifice. Ego vero Robertus et her. m. istam qui. cla. et confirmacionem contra omn. hom. sicut præd. est inperp. war. Et in h. r. t. præs. scr. sig. m. apposui. H. t., Johanne Juuene.

DCLXI.

CARTA RICARDI FILII ROBERTI DE THORP'.

xlix. Sc. præs. et 'fut. quod ego Ricardus fil. Roberti de Thorp' d. c. et h. p. c. m. conf. Sacristæ Eccl. de S., unam acram prati juxta Holsik' juxta pratum Willelmi le Fraunceis, pro an. m. et uxoris m. et animabus patris et matris m. et omn. antec. et success. m., in pur. et perp. el., sed tamen ut ipsi et success. sui persolvant michi et success. annuatim ad festum Sci. Martini duos denarios. Et ego et her. m. war. præd. pratum antedictæ sacristæ et success. s. contra omn. hom. imperp. Et, ut mea donacio hæc rata permaneat, præs. scr. sig. m. apposui. H. t., Radulfo et Ada fratribus meis.

DCLXII.

(CARTA THOMÆ FILII FULCONIS DE SELEBY).

l. Sc. omn. præs. et fut., quod ego Thomas fil. Fulconis de Seleby d. c. et h. p. c. m. conf. Deo et b. G. de S. et mon. ibidem Deo servientibus et sacristæ de S., ad inveniendum vij sereos[1] coram altari B. M. V. in majori Eccl. de S., in pur. et

---

[1] Read "cereos."

Bardelby. perp. el., totam terram quam Walterus frater m. habuit ex dono Aliciæ quondam uxoris Walteri Lewer de feudo Roberti de Thorp', illam, scil., quæ jacet inter essartum Henrici de Spalding' et terram quæ vocatur Thurstanland'; ten. et hab. sibi de me et her. m., li. qui. honorifice et integre, et cum omn. lib. et aysiam. ad dictam terram spectantibus, reddendo inde annuatim capitali domino, scil. Roberti de Thorp' et her. s., v^d ad duos terminos, viz. ij^d et ob. ad Pentecosten et ij^d et ob. ad festum Sci. Martini, et singulis annis michi et her. m. unum obolum ad Natale Domini, pro omni serv. sæc. exaccione et demanda. Ego vero Thomas et her. m. præd. terram cum pert. prædictis mon. pro serv. prænominato contra omn. hom. war. et def. H. t., Waltero de Aula, etc.

DCLXIII.

(CARTA HUGONIS DICTI WARD' DE THORP' FILII ROBERTI DE THORP').

lj. Sc. præs. et fut. quod ego Hugo dictus Ward' de Thorp', fil. Roberti de Thorp', d. c. et h. p. c. m. conf. Deo et b. G. de S. et mon. ibidem Deo servientibus, in li. pur. et perp. el., totum annuum redditum v den. quem solebam percipere de sacrista de S., scil. de illa terra quam dicti religiosi habent ex dono Thomæ fil. Fulconis, viz. quæ jacet inter essartum Henrici de Spalding et terram quæ vocatur Thurstanland'; hab. et ten. li. pacifice qui. et integre, inperp. Et ne ego vel her. m. seu assignati contra istam donacionem, concessionem et præsentis cartæ confirmacionem in posterum venire valeamus, præs. scr. sig. m. apposui. H. t., Johanne Juuene, etc.

DCLXIV.

(CARTA RICARDI FILII HUGONIS FILII MAUE DE SELEBY).

lij. Sc. præs. et fut. quod ego Ricardus fil. Hugonis fil. Maue[1] de Seleby d. c. et h. p. c. m. conf. Roberto de Belton' et her. s. vel s. assignatis, unam acram terræ cum pert. in feodo de Bardelby, viz. in le Vtfeld, sicut jacet in long. et lat. inter terram Willelmi Irewys ex una parte, et fossatum quod vocatur le Neudik ex altera; ten. et hab. de me et her. m. sibi et her. s. vel s. assignatis, li. qui. integre, bene, et in pace, cum omn. lib. et aisiam. ubique spectantibus; reddendo inde annuatim domino Abb. et Conv. de S. iiij^d ad duos anni terminos, viz. duos denarios ad Pentecosten et duos denarios ad festum Sci. Martini in hieme, et michi et her. m. unum granum piperis ad

[1] Or Mane?

Bardelby. Natale Domini, si petatur, pro omni sæc. serv., exaccione et
f. 119v. demanda. Ego vero præd. Ricardus et her. m. præd. acram
terræ cum pert. præscripto Roberto et her. s. vel s. assignatis
contra omn. hom. war. adq. et def. inperp. In c. r. t. præs.
scr. sig. m. apposui. H. t., Johanne de Hanburg, etc.

DCLXV.

(CARTA JOHANNIS FILII ROGERI BAY).

liij. Sc. omnes præs. et fut., quod ego Johannes, fil. Rogeri Bay
d. c. et h. p. c. m. conf. Matildi uxori quondam Rogeri Bay,
unam acram terræ cum pert. jacentem in campo de Vtfeld' inter
terram Willelmi fil. Hugonis Irewys ex una parte, et novum
fossatum ex altera, cujus unum capud ostendit versus septem-
trionem et aliud versus meridionalem, pro quadam summa
peccuniæ quam michi dedit præ manibus; hab. et ten. de me et
her. m., sibi et her. s. vel. s. certis assignatis, li. qui. bene et in
pace, reddendo inde annuatim domino Abb. de S. iiijor denarios
argenteos, scil. ad duos terminos statutos, ad Pentecosten duos
den. et ad festum Sci. Martini duos den., et michi et her. m.
unum denarium ad Natale Domini, pro omni serv. et demanda,
[et] seculari exaccione. Ego vero Johannes præd. et her. m.
præd. terram cum pert. et aysiam. dictæ terræ pert. præd.
Matild' et her. sive assignatis s. contra omn. hom. war. et def.
Et ut hæc mea donacio, concessio et præs. c. m. confirmacio
rata et stabilis permaneat inperp., hoc præs. scr. sig. m.
apposicione corroboravi. H. t., etc.

DCLXVI.

(CARTA MATILD' UXORIS QUONDAM ROGERI BAY DE SELEBY).

liiij. Sc. omn. præs. et fut. quod ego Matild', uxor quondam
Rogeri Bay de Seleby, d. c. et h. p. c. m. conf. Hugoni fil. m.,
medietatem unius acræ terræ jacentis in campo de Vtfeld inter
terram Willelmi fil. Hugonis Irewys ex una parte, et novum
fossatum ex altera. Et unum capud ostendit versus septem-
trionem, et aliud capud versus meridionalem; ten. et hab. usque
ad finem vitæ meæ. Et, post mortem meam, prædicta acra
integra Hugoni fil. m. tamquam heredi m. legitimo redeat, cum
omn. pert. et aysiam. dictæ terræ pert. et her. s. vel s. certis
assignatis. Et ut hæc donacio, concessio et præs. cartæ m.
confirmacio rata et stabilis permaneat, hoc præs. scr. sig. m.
apposicione roboravi. H. t., Waltero capellano, etc.

Bardelby.

DCLXVII.

(CARTA MARIOTÆ UXORIS QUONDAM OSBERTI DE SELEBY).

lv. Omnibus ad quos præs. scr. pervenerit, Mariota uxor
quondam Osberti de Seleby, æternam in Domino salutem.
Noverit universitas vestra me conc., relaxasse et qui. cla. in
ligia potestate mea et viduitate, de me et omn. m. inperp. Deo
et b. G. de S. et mon. ibidem Deo servientibus, et ad
elemosinam ejusdem loci, totum jus et cla. quod habui vel habere
potui aut debui in duabus acris terræ jacentibus in Vtfeld', cum
pert., et quicquid ad me vel ad her. m. in præd. terra nomine
dotis meæ pertinet, viz. quas Osbertus maritus m. vendidit
Willelmo Jannibel, et redditum duorum denariorum præd.
elemosinæ, quem solebam percipere de Willelmo Jannubel vel de
her. s. singulis annis ad Natale Domini. Et in h. r. t. præs.
scr. sig. m. apposui. H. t., Johanne Juuene de Seleby, etc.

DCLXVIII.

(CARTA AGNETIS UXORIS WILLELMI TURNEGOS DE SELEBY).

lvj. Omnibus ad quos præs. scr. pervenerit, Agnes uxor Willelmi
Turnegos de Seleby, salutem æternam in Domino. Noverit
universitas vestra me conc. resignasse et qui. cla. in ligia
potestate et libera viduitate mea, de me et omnibus meis, Deo et
b. G. de S. et mon. ibidem Deo servientibus, et ad elem.
ejusdem loci, totum jus et cla. quod habui vel habere potui aut
debui in duabus acris terræ jacentibus in Vtfeld', cum pert., quas
Osbertus pater meus dedit michi in libero maritagio meo;
et redditum unius denarii prædictæ elemosinæ quem solebam
percipere singulis annis de elem. de Seleby. Et in h. r. t. præs.
scripto sig. m. apposui. H. t., Johanne Juuene, etc.

DCLXIX.

(CARTA RADULFI DE HANGBURG').

lvij. Sc. præs. et fut. quod ego Radulfus de Hangburg' d., c., qui.
cla., resignavi, et h. p. c. m. conf. de me et her. m., imperp.,
elemosinario de Seleby, quicunque in elemosinaria ejusdem loci
pro tempore fuerit, unam acram et dimidiam prati in Vtfeld' in
territorio de Bardelby, quæ jacet inter pratum quod Henricus
Alman et pratum quod Walterus Cok aliquando tenuerunt ; ten.
et hàb. de me et her. m., li. et qui., cum omn. pert. et omnimodis
aisiam. dicto prato adjacentibus, sicuti carta quam habeo de
Ricardo de Crull' testatur ; reddendo inde annuatim her. vel
assignatis Roberti de Thorp' quinque denarios et obolum, viz.

Bardelby. mediet. ad Pentecosten et med. ad festum Sci. Martini in hieme
pro omni serv., exaccione et demanda. Ego vero Radulfus et
her. m. præd. acram et dimidiam prati cum omn. pert. s.
prænominato elemosinario pro serv. prænominato contra omn.
hom. war. adq. et def. H. t., Johanne Juuene.

DCLXX.
(CARTA WILLELMI BUTTUR DE SELEBY).

lviij.　　Omnibus Christi fidelibus ad quos præs. scr. pervenerit,
Willelmus Buttur de Seleby, sa. in Domino. Noverit universitas vestra me qui. cla. de me et her. m. inperp. Deo et'
b. G. de S. et mon. ibidem Deo servientibus, ad elem. ejusdem
loci, unam acram prati jacentem in Bramersk, in pur. et perp.
el.; ten. et hab. dictis religiosis et eorum success., li. qui.
pacifice et integre, cum omn. [*unfinished*].

DCLXXA.[1]
(CONVENCIO INTER ABBATEM DE SELEBY ET GILBERTUM DE ATON').

lix.　　Noverint[2] universi præs. scr. vis. vel aud. quod cum inter viros
A.D. 1308. religiosos dominos Abb. et Conv. de S. ex parte una et
dominum Gilbertum de Aton', dominum de Bardelby, ex altera,
ortæ fuissent discordiæ et controversiæ de hoc quod idem
dominus Gilbertus de quibusdam tenementis in Bardelby inter
Holsik et Brereflet', quæ quidem tenementa ad seisinam
prædecessorum dictorum Abb. et Conv. ex dono et feofamento
Hugonis Warde devenerunt, homagium et serv. exigebat, viz.
tam de tenementis in dominicis quam in servicio dicto domini
Abbatis infra loca prædicta existentibus; et eciam de eo quod
dicti dominus Abb. et Conv. quosdam annuos redditus sibi
debitos de quibusdam tenementis in Bardelby in seisina dicti
domini Gilberti existentibus, necnon et arreragia eorundem
f. 120. reddituum exigebant; tandem, comunibus amicis intervenientibus super contencionibus et controversiis prædictis, partes
prædictæ conquieverunt sub hac [forma] viz., quod dominus
Gilbertus pro se et her. s. remisit et omnino qui. cla. dictis
domino Abb. et Conv. et eorundem success., et eciam heredibus
Hugonis Warde, mediis inter dictos Abb. et Conv. et præf.
Gilbertum . . . .[3] prædictis omnimodam accionem quoad dicta
homagia et forinsecum servicium inposterum exigenda. Et

---

[1] This and the two following charters are thus numbered to suit the
numbering in Vol. II, which was printed some time ago, and, in consequence
of a miscalculation, begins DCLXXI.

[2] This and the following entries under "Bardelby" are in various hands.

[3] Leaf injured here and below.

Bardelby. quod iidem Abb. et succ. s. tenementa præd. teneant quieta de
omnimodis serv. absque occasione aliquali vel calumnia d[icti]
Gilberti vel her. s. imperp.   Et præd. Abb. et Conv. pro se et
success. s. omnia arreragia re[ddituum] præd. usque ad diem
confeccionis præsencium eidem Gilberto remiserunt et omnino
pardonaverunt, salvis eisdem Abb. et success. s. redditibus
prædictis inposterum reddendis et faciendis.   Præterea idem
dominus Gilbertus consessit quantum . . . . pro se et her. s.
quod præd. Abb. et Conv. et success. sui præd. imperp. habeant
pasturam in tenementis . . . . . juxta tenorem cartæ Willelmi de
Aton' progenitoris ipsius Gilberti inde factæ Roberto fil. Roberti
fil. Alani de Thorp' antec. . . . . Hugonis Warde imperp.   Per
istam vero composicionem non intelligatur quod iidem Abbas et
Conv. vel eorum [success.] aliquam comuniam aliby quam infra
loca præd. inter Holsik et Brereflet', nec triginta porcos quietos
de pannagio in b[osco] ejusdem domini Gilberti vel her. s., nec
aliquid in loco qui dicitur Angrum habeant imperp., nisi tantum
servicia sibi debita pro [tene]mentis in Angrum; verumptamen
si animalia eorundem Abbatis et Conv. vel success. s. per
evasionem extra loca præd. . . . . da exierint, dum tamen non
sit per Wardef'm ?, sine inparcamento, dampno vel emendis inde
exigendis rechacientur.   In [super . .] est per partes præd. quod
neutra earundem heredes nec success. earundem per agistiamentum sine malicia earundem seu ten . . . . pasturam infra loca
præd. depascent, quod in alterius partis dampnum cedat vel
detrimentum in futurum.   Insuper eciam concess. . . . . . per
partes præd. quod venellæ infra loca præd. existentes in long. et
lat. et in eodem statu in quibus re . . . . confeccionis præsencium
extiterint ad commune commodum et aisiam. uteriusque partis
inperp. maneant.   Composicionem tamen . . . . dominum
Willelmum de Aton' patrem præd. Gilberti et prædec. ejusdem
Abb. de alneto de Bardelby confecta in omn. suis . . . . plenarie
observata.   In c. r. t. præd. Abb. et Conv. sig. s. uni parti
hujus scr. cirog[raffati] pe[nes] præd. dominum Gilbertum
residenti, et idem dominus Gilbertus sig. alteri parti ejusdem
scr. penes præd. Abb. et Conv. residenti alternatim apposuerunt.
H. t., dominis Gerardo Saluayn, Johanne de Neuyl, militibus,
Ro . . . . . . Osgotby, Waltererus (sic) Page de eadem, Stephano
de Kenerthorp', Roberto de Euerley, Johanne de Clif, et aliis.

June 13. Dat. apud . . . . . . die Jovis proxima post festum Scæ.
Trinitatis, anno Domini m¹ ccc° octavo et regni regis Edwardi
[fil.] regis Edwardi primo.

ardelby.

DCLXXв.

(CARTA WILLELMI DE ACTONA).

lx. Willelmus de Actona, omnibus amicis suis et hominibus præs. et fut. Francis et Anglicis, salutem. Sciatis me d. et c. et h. m. c. conf. Hugoni de Langthwayt, cum Alicia fil.`m., in liberum maritagium, et heredibus qui de ipsis procreabuntur, iiij marcatas terræ de redditu et iiij denarios in villa de Bardelby, scil. Haldanum cum tenemento et tota secta sua, Wadygu' cum tenura sua et tota secta sua, Osbertum cum tenura sua et tota secta sua, et toftum versus orientem proximum Osberto, quod michi solebat reddere xij denarios. Et in prato meo de Angrum, xv acras prati, et siccum illud quod est inter pratum et boscum. Et Wakelynum cum tenura sua et secta sua. Præter hæc, dedi ego præd. Hugoni et præd. Aliciæ fil. m. xxv solidos quos Robertus de Thorp' de [me] tenuit, quos idem Robertus de præd. Hugoni et Alicia et eorum her. tenebit. Prædictus Hugo et homines ejus prædicti habebunt liberam communam in bosco, in plano, in pastura, in aquis, in pasturis, pratis et in omn. aysiam. Prædictus Hugo et hom. sui habebunt in bosco meo xxx porcos de pannagio quietos, præterea porcos hom. suorum qui erunt quieti de pannagio. Et si evenerit quod assartum aliquod faciam in villa de Bardelby, quantum ad terram Hugonis præd. pertinet ei perficiam, ea vero quæ præd. Hugoni et hom. s. fuerint necessaria ad ædificandum et in domo Hugonis comburendum, racionabiliter de bosco meo inveniam. Omnia prædicta ego et her. m. war. præd. Hugoni et Aliciæ et eorum her. contra omn. hom. et feminas. H. t., W. Saluano, et Gerardo fratre ejus, Ricardo Decano de Samare, W. de Langthweys, etc.

DCLXXc.

(CARTA JOHANNIS DE SELEBY DE BARKESTON').

lxj. Omnibus hoc scr. vis. vel aud., Johannes de Seleby de
.D. 1316. Barkeston', sa. in Domino. Noveritis me concessisse pro me et her. m. Abb. et Conv. de S. et eorum success. quod ipsi et success. s. imperp. percipiant quolibet anno sex denarios redditus cum pert., de tenementis quæ Radulfus de Scotton tenet in Osgotby et Bardelby, volens pro me et her. m. quod præd. Radulfus et her. s. de omnibus serviciis quæ ad prædicta tenementa pertinent, præd. Abb. et Conv. et eorum success. intendentes imperp. sint et respondentes. Ita quod nec ego nec her. m. jus vel cla. in præd. redditu cum pert. de cætero exigere

Bardelby. vel vendicare poterimus in futurum.   In c. r. t. præs. sig. m.
apposui.   H. t., Johanne le Chaumberlayne de Seleby, Henrico
Irwys de eadem, Johanne de Hothensale,[1] et multis aliis.   Data
June 37. apud Seleby, die Dominica proxima ante festum Apostolorum
Petri et Pauli, anno regis Edwardi filii regis Edwardi nono.

---

[1] Read Hethensale (Hensall).

CORRIGENDA.

[3], l. 3, *read* Benedictus.

[36], l. 29, *read* et mala.

[54], headline, *read* MON. SELEBIENSIS.

26, note, *for* We, etc., *read* Perhaps for Unfredo de Albini, as in No. xix.

28, l. 10, *to* Thomæ, *append note*, Thom' in MS., but read Turstino, or suppose the charter to be false.

32, l. 3, *read* Roberto.

38, l. 15, *for* CARTA, *read* INSPEXIMUS; *add to date*, Feb. 4.

59, l. 6 from end, *insert* INSPEXIMUS EDW. III.

63, l. 30, *dele* OF.

68, *For* lxviii *read* lviii; this error has thrown the rest of the numbers wrong by ten.

104, l. 3, and 232, ll. 12, 14, *read* Hendelaic.

195, l. 6, and 204, 4 from end, *read* Berlay.

276, l. 14, *insert* parenthesis-marks.

280, NOMINA TENENCIUM should have been numbered as an independent paragraph.

290, ll. 2, 3. See Introduction, p. viii, l. 1, and note.

303, l. 25, *read* Geuæ.

320, l. 4 from end, *to* scira, *append note*, Probably Osbertus de Archis, who was Sheriff of Yorkshire in 1118. —Drake, *Eboracum*, 351.

INDEX.

Y

Drax, Alanus, prior de, 278; Tho.,
prior de, 219; prior de, 231, 317;
siege of, 7n.; Ric. de, 313.
Dreu, Sim. fil., 142.
Drop, Joh., 59.
Droury, Joh., 43.
Druri, Joh., 183.
Dublin, abps. Lucas, 30.
Duffeld, 6, 13, 15, 18, 21.
Dugdale, *Monasticon,* viii, ixn., x,
xin., xvin., xviin., xviii, xix ; see
Mon. Angl.
Dullyng, Will., 58.
Dunkehalgh, xvii, xviii.
Dunolm, Rog. de, 118.
Durandus clericus, 334, 335, 336,
337 ; see Stiuelingflet.
Durandi, Rog. fil., 309; Tho. fil., 309.
Durandi Rationale, 270n.
Durem, Joh. de, 120.
Durham, bps. Hugh Pudsey, 7, 17,
19; Ralph Flambard, 25, [24] ;
ch. of St. Mary-le-Bow at, [15]n.;
congregation of St. Cuthbert at,
[14]; pilgrimage to, 25; seals
from, xix, xx.
Duuigtum, [53].
East (Est).
Eastoft (Esse-), 1, 22, 32, 34, 51, 52,
53, 54, 55, 64, 65, 66, 67, 86, 87.
East windows, xiv.
Ebor., Alex. de, 324.
Ecclesia major, 192, 373.
Ecclesia, Will. de, 147, 148.
Edardi, Rob. fil., 213.
Edward Conf., King, vii, ixn., 26.
Edward I, vi, 30, 31, 32, 34, 38, 43,
44, 46, 67, 74, 122.
Edward II, 9, 10, 33, 34, 35, 36, 37,
38, 39, 40, 41, 42, 44, 45, 46, 51, 53,
55, 56, 59, 60, 61, 62, 63, 65, 66, 69,
70, 71, 73, 76, 77, 79, 80, 82, 85, 90,
96, 199, 378, 380.
Edward III, xv, 46(?), 49, 51, 54, 55,
56, 59, 60, 61, 62, 63, 65, 66, 67, 68,
69, 70, 71, 72, 76, 77, 79, 80, 81, 83,
84, 85, 86, 87, 89, 90, 342.
Edward, K., 113.
Edward, of Salisbury, [9].
Edward, Will., 206, 212, 215, 224, 229,
230.
Edwardi, Will., 275.
Egmanton, Tho. de, 8, 9, 10.

Eklesthorpe, Joh. de, 97.
Elannus, [43].
Eleemosynary charters, 178, etc.
Elemos., essartum, 232.
Elemosinarius, 351, 358.
Elfking, Henr., 187.
Ellerker, Al. de, 47 ; Dion. ux., ib.
Ellis, Mr. A. S., vin., xn.
Elmet, [52].
Eltham, 63.
Elvelay (Kirk Ella), 18, 27.
Elvestuett, 27.
Ely, bps. W. de Longocampo, 17,
19, 26; John de Hotham, 39.
Elyæ, Ric. fil., 109; Tho. fil., 141,
142; Will. fil., 133.
Emmæ, Joh. fil., 230.
Emologare, 346n.
Emptor, Joh., 310.
Emson, Ric., 86, 87, 88, 89.
Epilepsy (Caduca gutta), [3], [17].
Erdeslawe (Ardsley), 310-314.
Ernisuæ, Ad. fil., 302.
Essolui, Petr. fil., 202.
Est, nemus del, 168.
Estfeld, Will. de, 54.
Estharr', 280.
Esthorp, Joh. de, 342.
Estker, 277.
Estoft, Hen. de, 69, 70; Joh. de, 86.
Eswode, 171.
Etelaf, Gilb., 139 ; Joh., 282, 329 ;
Ric., 368 ; Rob., 230.
Ettelose (?), Rob., 46; Agn. ux., ib.
Eudo celerarius, 191.
Eudonis, Henr. fil., 297.
Euerardi, Hugo fil., 7, 13, 15, 18, 21.
Euerley, Rob. de, 378.
Eueringham, Ad. de, 96, 97, 289 ;
Joh. de, 288, 293 ; Rad. de, 121 ;
Rob. de, 281, 289, 314, 315, 316 ;
Isab. ux., 314, 315, Tho. de, 311,
335.
Euermu, Rob. de, 278; Walt. de, ib.;
Will. de, 277.
Eure, Joh. de, 35, 36.
Exeter, bps. Edm. Strafford, 92.
Extreme Unction, [50].
Eyrie (Aerie).
Faber, Elias, 112, 164, 168 ; Nich.,
144; Nich. fil. Godewyni, 144 ;
Rad., 118.
Fabric, 368, 370 ; history of, x-xvii.

120, 130, 133, 139, 141, 142, 149, 154, 155, 164, 165, 199, 203, 209, 213, 216, 219, 220, 224, 225, 227, 231, 233, 234, 239; ker, 109, 197; Edw., 87, 89.

Langeton, Joh. de, 328, 339.

Langriding, 145, 146.

Lasceles, Joh. de, 202, 203, 288; · Rob. de, 202, 288; Will. de, 223.

Lascy, Henr. de, 202, 203, 283, 300; Hen. de, earl of Linc., const. of Chester, [33], 1, 3, 32, 64, 66, 67; Hug. de, 213, 216, 218, 219, 227, 229, 243, 245, 260, 262, 263, 279, 281, 282, 287; Hugo fil. Will. de, 244; Ilb., or Hilb. de, 6, 13, 15 18, 21, 25, 282, 283; Joh. de, 6, 7, ·96, 97, 242, 243, 306, 307, 308, 318; Joh. de, de Braiton, 243; de Bretton, 308; de Gaiteford, 287; comes Linc., 315, 316; Matilda de, 202; Ric. de, 7; Rob. de, 264, 282.

Lathom, John, xvi.

Latimer, Will. le, 39.

Lauerd (?), 322n.

Laurencius forestarius abbatis (Forestarius).

Laysing, 246; Joh., 230.

Ledes, Hen. fil. Will. de, 338; Paulinus de, 338.

Leherton, Will. de, 141.

Leicester, 78.

Leicestershire, 23, 25, 73, 76, 80.

Leiherton, Will. de, 132; Hen. de, 152, 153.

Leising', 321.

Leland, Collectanea, vin.

Leleya, Rob. de, 341.

Leo, Joh., 132.

Leperton, Will. de, 114.

Lescelinæ, Ad. fil., 260, 268.

Lescy, Alanus, 161.

Le Strother (?), 327n.

Leuesham, Ric. de, 168, 359.

Leuerton, Will. de, 249.

Leuuinus, 276.

Levels, the, xv.

Lewer, Ad. fr. Al. vid. Walt. fil., 371; Al. vid. Walt. fil., 370, 371, 372, 374; Joh. fil. Walt. et mater sua, 372.

Lewyn, Will., 78.

Lexington, Rob. de, 339.

Leyc- (Leicestershire), 76.

Leyrton, Hen. de, 363; Sim. de, 352, 363; Will. de, 141, 152, 353, 357, 363.

Leyton, Will. de, 106.

Lichefeld, Will. de, 215n., 224, 229, 233, 234, 238, 239, 269n.; Will. quondam servicus Will. de, 234.

Lichinum, [54]n.

Lid- (Lyd-).

Light at altar of B.M., 189, 191, 192, 194, 195, 198; coram cruce, 196.

Lights at elevation, 197, 198; seven, on a hanging candelabrum, 192.

Lilleburne, 78.

Linberght, Walt. de, 282.

Lincoln, 57, 58, 332; and Lindsey, viii, ixn.; bps. Beaufort, 92; Bloet, viii, ix, 25, 26, 28; Buckingham, 91; Burghersh, 346, 348; Chesney, de, 7, 14; Dalderby, 347; Remigius, 12, 32; castle, 27; church of St. Bartholomew in, 27; earl of, 1, 3, 315, 316.

Lincolnshire, 12, 23.

Lincroft, 324.

Linyle, Rog. de, 242.

Liolfi, Rob. fil., 336, 337.

Liversidge, Mr. William, xiv.

Lod', 28.

Lof, Tho., 162.

Lond, Marg. de, 180.

Londesborough, Lord, xviii.

London, [18], [19], 12, 25, 28, 31; bps. Braybrook, Rob. de, 92; Ely, Ric. de (elect), 19; liberty of city of, 19.

London', Joh. fil. Rob. de, 156; Joh. de, 120; Mart. de, 103, 155; Rob. de, 103.

Long, Rob., 339.

Longocampo, Will. de, Chancellor, 17.

Longriding, 127.

Louet, Joh., 78, 81.

Louth (Luda), ixn.

Lovel, Joh., 83.

Lucca, 61.

Luci, Ric. de, 29.

Luda (Louth), ixn.

Luddington (Luding-), 45, 57, 59, 337n.(?); vicarage, 348; Pet. de, 45; Joh. de, ib.

Ludeham, Walt. de, 315.

z

334 ; Veuz Baille, 331 ; castle of, 342 ; church of, 306, 317n., 346 ; charters, 330-332, 334 ; Geoffrey, abbot of, [24]; Holy Trinity, priory of, 337; Hosp. of St. Leonard at, 326, 338 ; Hosp. of St. Peter at, 326, 338, 339 ; jurisdiction of abp., viii ; Osbert, sheriff of, 320 ; prior and conv. of St. Andrew, 331, 332 ; prior of H. Trinity at, [33]; St. Mary's abbey, xvii, [27] ; St. William window at,

[54]n. ; Skeldergate in, 330, 331, 334.
Yorkshire Arch. Jrnl., vi$n$., [54]n.
Yorkshire, rarity of monks in, [14] ; survey of, viii.
Yortheburg, Joh. de, 3.
Young (Juuene).
Yrwys, Hen., 46 ; Marg. ux., 46.
Yudios, 121.
Yue mercator, 111.
Yuonis, Tho. fil., 282.

THOS. CALDCLEUGH, PRINTER, DURHAM

INDEX.

CORRECTIONS AND ADDITIONS.

For Birkin beng, *read* Birkin Beng.

Pontefract, *insert* xviii.

Raine, Canon, *for* xix, *read* xx.

Insert Ready, Mr., xix.

Read Sacristy.

Selby Abbots ; Hugh de Lacy, Richard I, and W. de Aslakeby I, *insert* xix ; Robert Selby, *for* xvi, *read* xvii ; abbots, seals of, *for* xvii, *read* xx ; monks, list of, *for* xvii, *read* xx.

Shrewsbury, *for* xvii, *read* xviii.

Swans, *for* xvii, *read* xx.

Tanner, *for* xvii, *read* xviii.

Insert Tonge's Visitation, xx.

Insert Tucker, book-binder, xviii.

Walmsley, Tho., *insert* xviii.

York, St. Mary's abbey, *for* xvii *read* xix.

www.ingramcontent.com/pod-product-compliance
Lightning Source LLC
Chambersburg PA
CBHW020448270326
41926CB00008B/531